大公报人 张高峰

第一部
高峰自述：抗战生涯

张高峰 ◎ 遗稿
张刃 ◎ 整理

山西出版传媒集团
北岳文艺出版社

图书在版编目（CIP）数据

高峰自述.抗战生涯/张高峰著.—太原：北岳文艺出版社，2015.6
（大公报人张高峰/张高峰，张刃主编）
ISBN 978-7-5378-4433-8

Ⅰ.①高… Ⅱ.①张… Ⅲ.①张高峰(1918~1989)—自传Ⅳ.①K825.42

中国版本图书馆CIP数据核字（2015）第117434号

书　　名：高峰自述：抗战生涯
遗　　稿：张高峰
整　　理：张　刃
责任编辑：孙　茜
书籍设计：张永文
插图设计：阎宏睿
印装监制：巩　璠

出版发行：山西出版传媒集团·北岳文艺出版社
地　　址：山西省太原市并州南路57号
邮　　编：030012
电　　话：0351-5628696（发行部）
　　　　　0351-5628688（总编室）
网　　址：http://www.bywy.com
E-mail：bywycbs@163.com
经 销 商：新华书店
印刷装订：三河市华东印刷有限公司

开　　本：787mm×1092mm　1/16
字　　数：253千字
印　　张：15
版　　次：2015年6月第1版
印　　次：2019年1月河北第2次印刷
书　　号：ISBN 978-7-5378-4433-8
总 定 价：78.00元（全二册）

本书版权为本社独家所有，未经本社同意不得转载、摘编或复制

1940年在重庆

1942年在武大

1944年末在西昌采访与彝胞合影

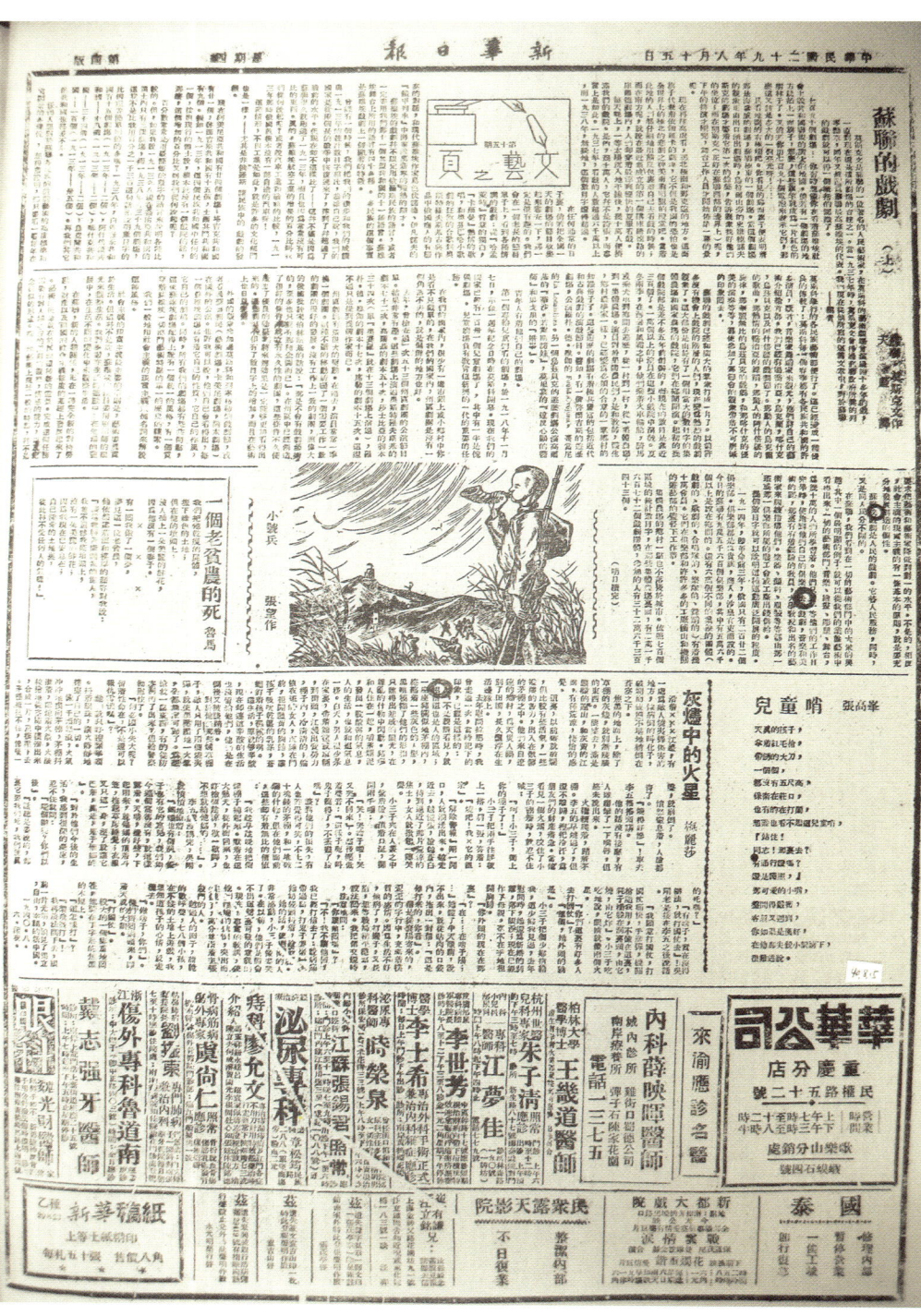

1940年8月15日《新华日报》登载《儿童哨》

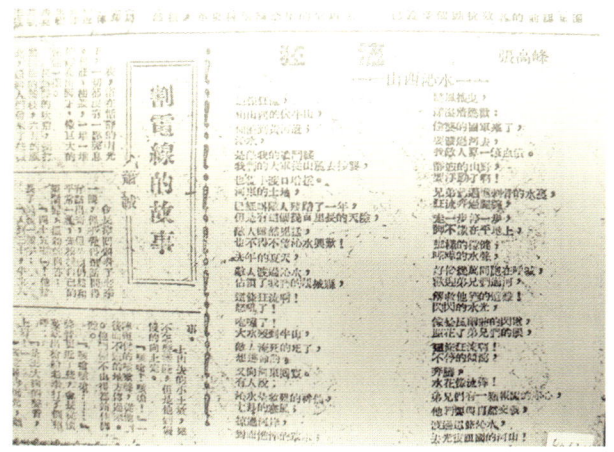

1940年12月10日《新华日报》登载《狂流》

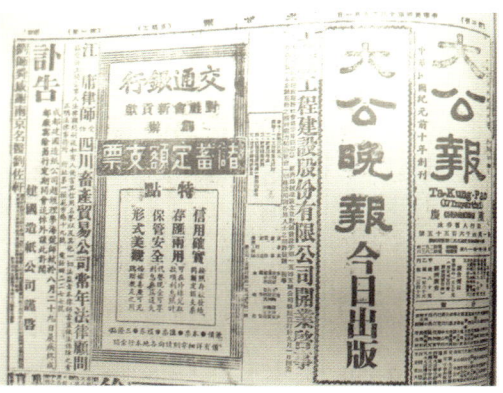

1944年9月1日《大公晚报》出版

毛泽东到重庆

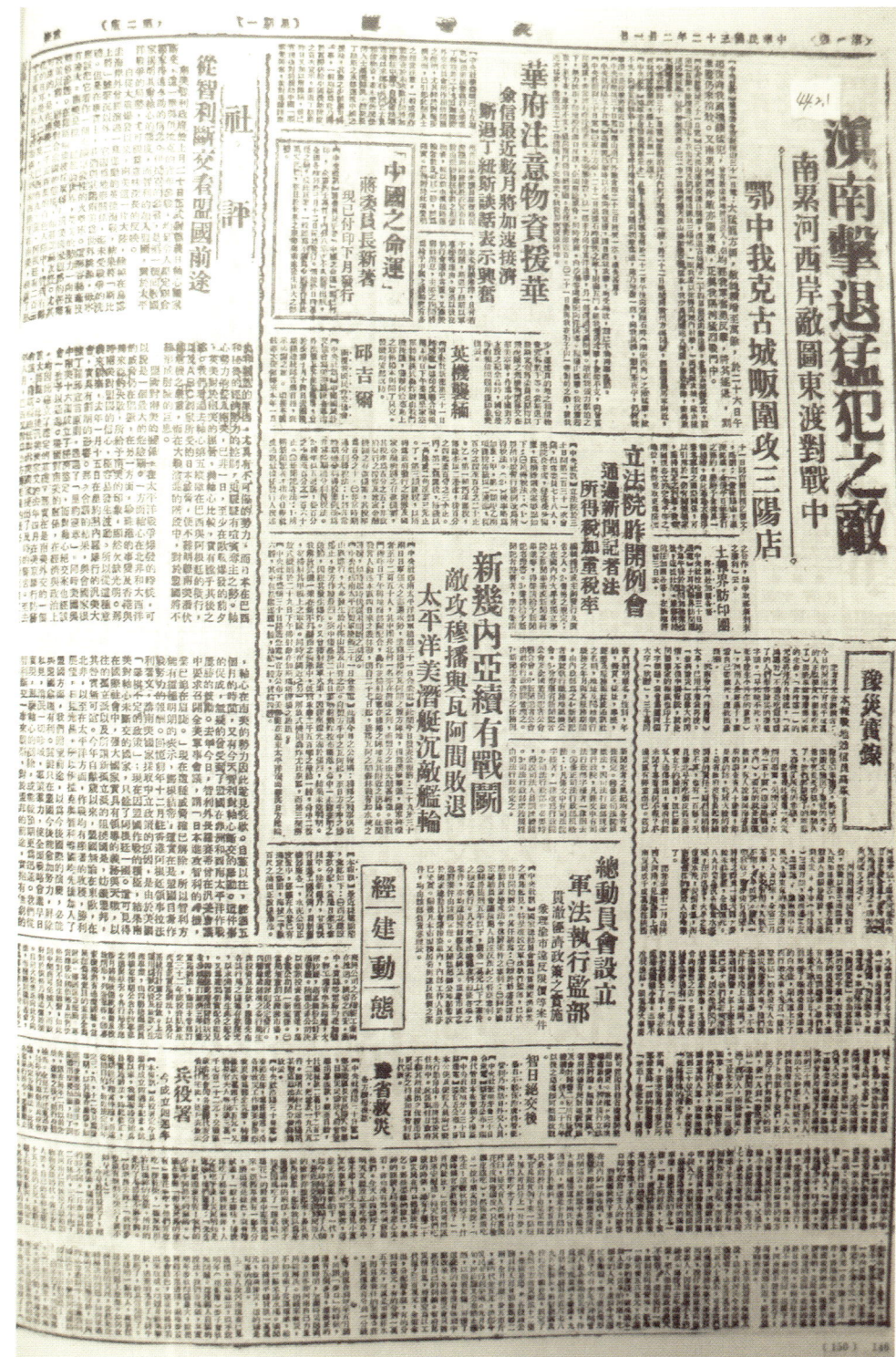

《豫灾实录》

河南灾情实录

左图:1944年在乐山(左起)方成、张荣善、张高峰

右图:1981年张荣善自美回国探亲,与方成、张高峰重逢

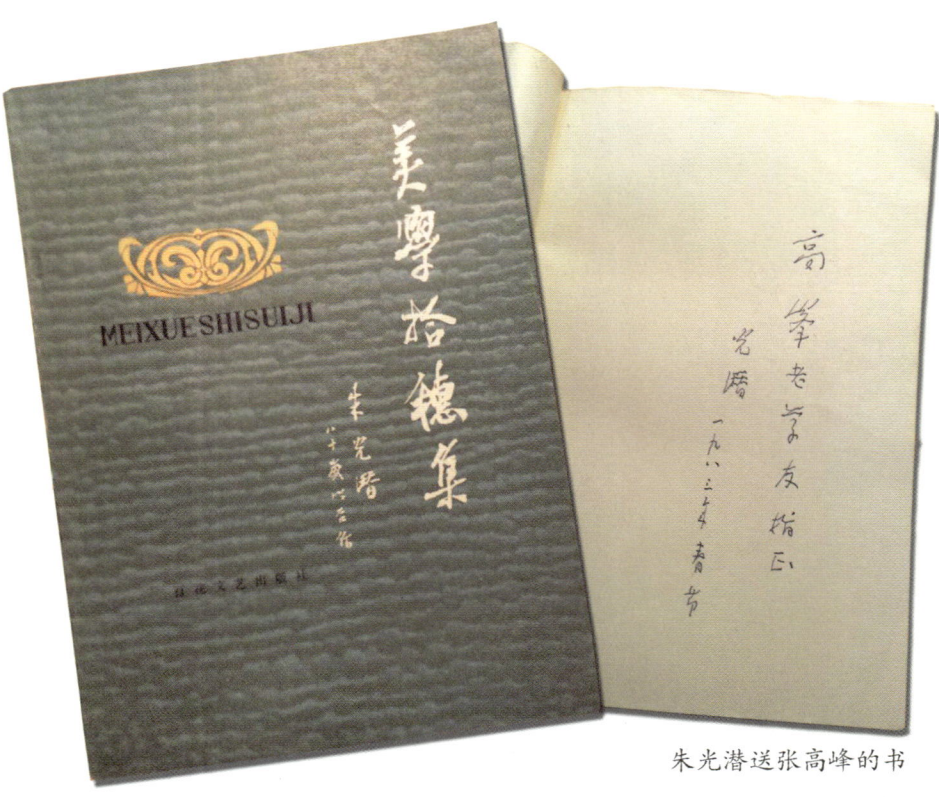

朱光潜送张高峰的书

致读者（代序）

先父张高峰（1918~1989），抗日战争初期踏上新闻工作之路，先加入范长江领导的国际新闻社和中国青年新闻记者学会（今中国记者协会前身），后入职大公报，从通讯员、记者到特派员，从抗战到内战，辗转于川西、中原、重庆、平津及东北各地采访、报道，他的作品以"战地通讯"著称。1949年以后，历经大公报改组、转型，至1961年被迫离开记者岗位，"下放"东北边陲，在大公报供职逾二十年。1963年改做文史工作，"文革"中被审查、批斗，再次"下放"，做了五年"农民"。1978年重新工作，继续从事文史研究，并连任天津市政协委员。工作之余，撰写了大量宣传爱国统一和改革开放的报道，成为他晚年创作高峰。

整理父亲的回忆录，出于以下几点考虑。

一、父亲生前曾以《萍踪漫忆》为总题，准备记述他记者生涯所经历的重要事件、人物，并列出若干题目，草成若干篇目，惜以精力不济、多病早逝而未完成，留下遗憾。

二、父亲去世后，我保存了他所有的文稿、书信、笔记、剪报（包括他在历次政治运动中写的自传、检讨），加之他与我的多次谈话以及图书馆存大公报，特别是我自己也做了二十多年记者，深知个中滋味，使得我有条件尽可能完成他的遗愿。

以上只是私人因素，若由此出发，可以结集纪念，却并无公开发表的意义。重要的是以下两点：

三、作为爱国知识分子、民主人士，父亲的一生经历了现代中国历史上两次大规模的战争和两个截然不同的社会，曲折坎坷，跌宕起伏，甚至具有某种戏剧性。把它如实记录下来，或可作为那一代知识分子命运的一个缩影、样本，留给后人研究。

四、作为新闻记者，而且与现代中国影响深远的大公报相关联，父亲的所

第一部·高峰自述：抗战生涯

见所闻、所思所写，尽管只是当时中国社会生活的某一地域、某一层面，但那毕竟是历史的一部分，是观察当时社会生活的一个独特视角。在某种意义上，完整的、宏观的历史，就是无数微观"碎片"的组合。况且，记者留下的文字都是即时的、原始的记录，白纸黑字，无可更改。较之学者的研究，更接近事实，因而更具有真实性和史料价值。

因此，在沉淀了多年，广泛阅读、反复思考之后，我决定整理父亲的回忆录。

这部《抗战生涯》是父亲个人历史的第一部分，记述了他在抗日战争期间的亲身经历和所见所闻。这个时期，正是他的青年时代（十九岁至二十七岁），抗日、求学、入职，颠沛流离，曲折复杂，以致成为他后来在历次政治运动中被重点、反复审查的历史，也因此留下了比较翔实的文字。

我知道，由亲属撰写或整理前人的回忆录，难免会有溢美、讳言，甚至失实、谬误。为了尽可能避免此类文字，我遵循自己多年做记者坚持的"客观、真实"原则，决定以父亲自述的方式，让他自己"说话"——即以他生前所撰文字（成稿及未完稿）为基本主干，间以其报道、笔记、书信摘录，以及与我的谈话，按照时序串联、整理而成。为保存历史原貌，保持文字个性，文中尽可能使用了原始资料。我的少量注解，也均取自有所依据的相关文字，以补自述之不足。此外，文中还适当地引用了他在"文革"中迫于政治压力，对自己经历和言行的部分"检讨"——虽然现在看起来十分荒唐可笑，但立此存照，俾有助于后人更直观地认识"文革"的荒诞和对于人性及历史的扭曲。同时，借以佐证我的整理工作"不溢美、不讳言"的初衷。

张刃　2013 年春
父亲去世二十四周年于京华

目录

第一部
高峰自述：抗战生涯

1/ 致读者（代序）
1/ 引子·家世

第一章
平津沦陷

3/ 北平的学生公寓
5/ 抗日救国与新闻理想
7/ 卢沟桥的枪声
10/ 迟来的报道
13/ 不做亡国奴
15/ 沦陷后的天津
18/ 屈辱流亡路

第二章
带笔从戎

23/ 战时南京一瞥
24/ 搞宣传的学生"兵"
26/ 随军增援台儿庄
28/ 军旅生活苦中乐
30/ 奇特的战斗序列
32/ 血战后的巡礼
34/ 南阳整训
36/ 武汉外围保卫战

第三章
颠沛流离

41/ 刘良模与邹韬奋
43/ 军人服务部与史沫特莱
45/ 冲出长沙大火

第一部·高峰自述：抗战生涯

| | 47/ | 在浙西北前线 |

第四章
初识国共

47/ 在浙西北前线
53/ 再晤范长江
55/ 国共合办游干班
58/ 叶剑英与南岳僧侣
59/ 北渡黄河走太行
62/ 孙殿英浑人浑话
64/ 我所知道的汤恩伯
67/ 抗战中的苏军
69/ 中国的"马奇诺防线"
72/ 与徐逸樵先生话旧

第五章
步入报坛

79/ 奔向大后方
80/ "青记"与国新社
83/ 重庆被轰炸的日子
85/ 我与范长江
87/ "范长江现象"
90/ 与大公报结缘
92/ 范旭东与川西"新塘沽"
95/ 中国纯碱与"洋碱"的苦斗
97/ 战时的内迁工厂
99/ 犍乐地区工业扫描

第六章
武大岁月

105/ 乐山的大学生活
108/ 教授群与我的恩师
110/ 我的同窗好友
114/ 读书之余
117/ 我与"新闻部队"
120/ 我上了"黑名单"

第七章
灾难中原

127/ 再赴中原战场
128/ 《豫灾实录》始末

目 录

133/ 停刊与逮捕的背后
138/ 续写饥饿的河南
143/ 黄泛区纪行
146/ 畸形的界首
149/ 人祸"汤灾"种种
152/ 唐人、《金陵春梦》及其他
156/ 流亡学生与"四行勇士"
159/ 来自沦陷区的消息
163/ 亲历中原会战
166/ 目击国军溃败
169/ 中原之战尾声
172/ 两遭逮捕回重庆

第八章
川西来去

177/ 再入武大前后
179/ 抗战后期的武大
182/ 追忆朱光潜先生
184/ 血肉筑成乐西路
187/ 当年西昌见闻
190/ 彝民与边务
193/ 鸦片、枪支、大烟灯
195/ 邓秀廷与刘文辉
198/ 与刘文辉一席谈
200/ 西康"鸦片之战"
203/ 战时工业的苦撑
206/ 冯玉祥的画与话

附录

208/ 无愧于国家和民族
　　——解读几位抗战老兵的通信

引子·家世

1918年农历十一月廿日,我出生在河北省宁河县(今属天津)芦台镇的一个没落书香家庭。

芦台是宁河四大名镇之一,蓟运河、(北)平沈(阳)铁路都从这里通过,交通便利,文风亦盛。我的祖上靠读书、科举,从务农到做官、经商、租佃,维系了三代富足,到我出生时,家道已经衰落,土地卖光了,浮财没有了,只剩下一所住宅。秀才出身、在县立中学教国文的祖父,不得不经常变卖家具、衣物,以及为他人做书画,以维持家庭开销。【注1】

我的父亲张继曾(1897~1925),是家族中第一个接受现代高等教育的人,也是"五四运动"的亲历者。北京大学化学系毕业后,回到母校天津南开中学任教。他本可以成为改变家庭命运的人,但可惜的是,年仅二十八岁时就患肺结核故去了,当时我只有七岁。我的母亲于漱石(1894~1972),在留日归来的外祖父鼓励下,是她们那一代最早"解放"缠足的少数人之一,接受过新式小学教育,粗通诗书。父亲去世后,母亲带着我和五岁的妹妹、四岁和两岁的两个弟弟成了孤儿寡母。到我十岁时,祖父把最后的房子也卖掉了,并宣布再也无力供养他的子孙。我们母子五人只得找房子另住,从此依靠亲友帮助和母亲做点针线活、教几个儿童识字,挣点钱维持生活。

家道的败落,很令我的祖父不甘,他希望我长大以后能够改变家族的命运;生活的艰辛,更让我的母亲感到痛苦,也把希望寄托在我这个长子身上,经常教育我"好好读书,将来为孤儿寡母争口气",以洗寄人篱下、遭人白眼的辛酸。

家庭的境遇、长辈的教育和生活的磨难，对我日后思想的形成、职业的选择和人生的道路，都产生了很大的影响。

【立此存照·张高峰在"文革"中的检讨 我在少年时代，根本不认识自己家庭的罪恶，甚至连"阶级"二字也没听说过，反而错误地认为，自己的家庭是什么"书香门第"，可惜已经破落了。祖父希望我这个长孙能够"恢复祖业"，重新"光耀门庭"，我也觉得自己有这样的责任。毛主席教导说："在阶级社会中，每个人都在一定的阶级地位中生活，各种思想无不打上阶级的烙印。"毛主席的教导使我认识到，罪恶的家庭对我思想产生了深远的恶劣影响，我的资产阶级世界观的形成，就是资产阶级的烙印，也是我后来所走个人历史道路的社会根源与思想根源。】

【注1：查清光绪六年《宁河县志》卷七，选举志中"乡举"栏下有"张廷良，同治壬戌（1862年）大挑一等，江苏试用知县"的记载，他便是张氏家族中第一个做官的人和"创业者"，是我父亲的高祖父。

"大挑一等"是清朝一种特殊的选官制度。为了给读书人更多做官和效力朝廷的机会，从乾隆年间形成定制，在三科以上会试不中的举人中，挑选人才给予任用，名曰"大挑"。"大挑"每六年举行一次，一等任用为知县，二等任以教职。奇怪的是，"大挑"不考文章辞赋，只看被"挑"者的相貌与应对能力。这大约也是当时官场的一种需要。

张廷良做了官，慢慢地置了家业，加之他的兄弟、后辈在家乡经营，逐渐发达起来。鼎盛时期，有土地若干，店铺若干，一时成为芦台镇上大户。可惜，后代子弟不争气，不仅不事农商，而且奢靡、挥霍，不过三代便把祖业糟蹋光了。到我曾祖父一代，已呈没落之势，其子侄中虽有发奋者，也无力回天了。——张刃】

大公报人张高峰
第一部
高峰自述：抗战生涯

第一章 平津沦陷

北平的学生公寓

1931年"九一八"事变发生时,我十三岁,正在天津读初中。东三省的沦陷,激起了全中国人民的抗日情绪,也感染着我。

1934年10月,天津发生了"南开拉拉队事件",当时我在现场,受到一次生动的爱国、抗日教育。事情的原委是,第十八届华北运动会在天津举行,河北省主席于学忠邀请各国驻天津领事光临开幕式。为了给大会助威助兴,也为了借机向观众宣传抗日救国,南开中学组成一支四五百人的拉拉队参加大会,占据了主席台对面的看台。开幕式进行中,他们在外号"海怪"的南开大学学生严仁颖(南开创办者之一严修之孙)的指挥下,用各种颜色的小旗子组成"勿忘国耻""恢复失地""还我山河"等标语,反复展现,引来全场数万观众的鼓掌欢呼。在场的日本领事恼羞成怒,蛮横地提出抗议,要求解散拉拉队,处分领队人。当局软弱无能,居然屈从,把组字撤销了,只允许喊助兴的啦啦词,使本来群情激奋的开幕式声色大减,观众无不气愤。次日,大公报发表社评《华北运动会的眼泪》,对南开学生的爱国行动深表赞赏。

此后,我转到北平读书。当时的北平,虽有外敌入侵的威胁,毕竟尚未兵临城下,人们还过着相对平静的生活。

在北平读书的各地青年学生,许多人是住在公寓的,那其实就是变相的学生宿舍。北平的学生公寓起源于辛亥革命之后。1913年,京师大学堂改名北京大学,成为全国第一所国立大学,吸引了各地学生前来就读。但当时校内的学生宿舍不敷使用,一部分学生便在校外租住民房。精明的商人抓住了商机,开创了一种新的行业——经营房产,专门出租给学生居住,命之曰公寓,以区别于接待过往旅客的一般旅馆。此即为北平公寓的由来。北平的第一家公寓就出现在东城沙滩北京大学附近,以后发展到全城。1930年代,正是北平公寓的极盛时期,估计全市不下百家。

第一部·高峰自述：抗战生涯

公寓差不多都是深宅大院，一律单间平房，按月计租，包括伙食费在内，一般家庭尚能够负担。有些学生在一家公寓连住三四年，直到毕业。那时，北平西城学校最多，所以公寓也多。北平最老的一家公寓叫"鸿雪缘公寓"，就开设在西单西京畿道。

在公寓比较集中的地方，又有很多"卫星店铺"围绕，专做学生的生意，如饭馆、杂货铺、洗衣坊、自行车修理铺等等。早晚还有走街串巷的小贩，前来兜揽生意。早晨，躺在床上就能听到胡同里传来买杏仁茶、豆浆、油条、脆圈、马蹄烧饼的吆喝声。入夜，又有夜宵送上门来。卖馄饨的、卖酱牛肉、猪头肉的、卖硬面饽饽的接踵而至，别是一番热闹。这些小商贩很会做生意，与学生们混熟了，都可赊欠，月底结账，彼此方便。

学生们在公寓里的生活丰富多彩。五湖四海的青年走到一起来了，"天涯若比邻"，无形中就缩短了地域之间的差距。读书之余，大家互相串门聊天，趣味盎然。东北学生与云南学生在一起，一个讲北国冰天雪地的景色，一个说昆明四季如春的风光，彼此神往；沿海省份与西北内陆的两地同学聊天，会惊诧于祖国的辽阔，地域的反差。每逢假期后开学，公寓里又是另一番情景。各地同学从家乡带来了各自的土特产、小食品，互相介绍、馈赠、品尝，颇似小型土特产交流会，那口福也是令人难忘的。这些，对我后来在抗战中走南闯北，颇有裨益。

1935年，大汉奸殷汝耕在日本人的扶持下组织了伪"冀东防共自治政府"，我的家乡宁河也被划入其势力范围。继而，日本帝国主义开始图谋平津，一向安定的北平也不平静了，公寓里时有骚动，不断发现要求国民党停止内战、团结抗日的传单或标语。驻北平的中央宪兵三团经常派人深夜闯入公寓，搜查学生，抓走他们认为可疑的人。公寓里抓人，公寓外就有人在墙上写"向蒋孝先讨回血债"的标语。（蒋孝先是蒋介石的侄子，宪兵三团团长，迫害学生的刽子手）

同年，"北平学生抗日联合会"成立，积极开展抗日救亡活动。12月9日、26日，更爆发了两次震动全国的北平学生抗日救亡游行示威运动。运动中，许多公寓成为秘密联络点，各学校的联络员到指定的公寓接头，互通消息。国民党当局为了破坏学生抗日运动，另外成立了"北平学生联合会"，显然，他们是不要"抗日"二字的。社会上称前者为"旧学联"，

第一章 平津沦陷

后者为"新学联"。这两个对立的学生组织斗争了一年多。

1936年12月13日，在纪念"一二·九运动"一周年的日子里，又传来了前一天西安事变的消息，轰动了社会各界。北平各学校、各公寓的两派学生更展开了斗争，一派支持张、杨逼蒋抗日，一派要打倒"劫持领袖"的"逆贼"，最后发展到上街游行示威。

"一二·九运动"和西安事变这两件事，震动全国，影响极大，我也积极参加了多次游行示威活动。那时，凡有爱国之心的人，无不反对内战，要求抗日。我更因为家乡沦入敌手，十分仇恨日寇。【注2】

1937年"七七事变"，8月，日本占领北平，学生公寓从此衰落，直到1945年日本投降，北平再也没有恢复公寓这个行业。

【注2：已故著名画家高马得先生是我父亲的中学同学，他在悼念老友的祭文中回忆说："'一二·九'以后，高峰找到我说，在家乡看到日本人耀武扬威的样子，实在忍受不了。要我介绍他参加抗日救亡活动。他说，干什么都可以，死也不怕！那时，学生运动已经进入低潮，形势很紧张，此时他来找我，给我留下很深的印象。后来听说他做记者揭露河南大灾，我想，这就是那个不怕死的张高峰！当年他那急切参加抗日的神情，又重现在我眼前。他的血是热的，看到千千万万的老百姓流离失所，他怎能不热血沸腾，怎能不为民申冤，怎能不向社会控诉?!"——张刃】

抗日救国与新闻理想

高中时代，除了抗日，我考虑最多的还有个人出路和职业问题。我偏爱人文社会科学，却不想去做公务员，因为那不仅受制于人，而且"一朝天子一朝臣"，主子垮了，手下必然"树倒猢狲散"。我的理想是做一个独立、自由的新闻记者，拿起一支笔"指点江山"，可以随时公开发表自己的意见。对社会事物，赞成的就歌颂，就支持；反对的就揭露，就挞伐；

自己不受别人的气,还可以为受欺负的人打抱不平,那是一个清高、超然的职业。而且,只要有社会就会有报纸,只要有报纸就需要记者,不怕失业。

我之所以做这样的选择,一方面与自幼失怙,家道中落,饱尝寄人篱下的困苦经历有关——因为穷困,交不起学费,我读初中、高中,曾经不得不在平津两地换过四个学校;另一方面是受到客观环境的影响。当时,《新生》杂志主编邹韬奋、大公报记者范长江等人写的文章风靡一时,很受青年学生欢迎;天津又是很有社会影响的大公报的发祥地,许多青年人都是它的忠实读者,都羡慕用笔和思想影响千万读者的报人,我也如此。

有了职业追求,我从中学时代起就为实现自己的理想做努力,一方面注意浏览各种报刊,课余多读政治、历史、文学书籍,丰富自己的知识,锻炼自己的文笔,并开始向报刊投稿。另一方面还曾和同学一起办过一份旬刊,向小学生宣传抗日。虽然后来因为赔本停刊,却也尝试了新闻工作实践。

1933年,日寇越过长城,进犯华北。时任热河省主席、奉系军阀汤玉麟不做抵抗,仓皇脱逃,拱手让出承德,放弃热河全境,一时舆论哗然,连张学良都不得不因此承担责任,被迫辞职下野,出国"考察"。汤玉麟残部溃退平津,散兵游勇横行街市,闹得人心惶惶。我激于义愤,写了一篇《可杀的汤玉麟》,指斥其抗日无能,害民有术,投寄并发表于天津中南报。这是我生平第一篇见诸报端的文章,而且是抨击时政,为百姓说话,我很高兴。其实,杀不杀汤玉麟并不重要,重要的是我通过报纸公开发表了自己的意见和主张。那年我十五岁。

读书、实践开阔了我的眼界,活跃了我的思想,我逐渐形成了两个观念:一个是,中国社会是不平等的,有人丰衣足食,有人饥寒交迫;有人有钱有势,有人受辱受欺。另一个是,中国社会是动荡的,内有军阀连年混战,国人自相残杀;外有帝国主义入侵,掠夺我国资源的同时压迫中国人民。因此,我渴求个人的自由、平等和国家的独立、和平。具体而言,抗日救国和做新闻记者,就成为我中学时代比较成熟和牢固的思想,并在我后来的人生道路上起了支配作用。

第一章 平津沦陷

【立此存照·张高峰在"文革"中的"检讨" 毛主席教导说:"资产阶级的自由主义是一种机会主义的表现。"我的青少年时代这段历史,充分反映了我的资产阶级世界观,突出的表现就是资产阶级的自由主义、个人主义。中学六年,我因为穷困不得不换了四个学校,读着书还搞刊物,又给报纸写稿,给通讯社干事,十几岁就这样拳打脚踢、变来变去,就是受了资产阶级自由主义的指使,这山望着那山高,总想给自己找一条最有利的道路。

毛主席又教导说:"自由主义的来源在于小资产阶级的自私自利性,以个人利益放在第一位。"归根到底,还是一个世界观问题。我就是为了个人的利益、个人所谓的"前途",表现了极端的资产阶级自由主义或机会主义。

我在中学时代,有些思想比较固定下来,例如,立志读到大学毕业,多捞取一些个人资本,最后去做出人头地的"无冕之王"——新闻记者。再如,当时民族矛盾突出,我和其他许多青年一样,迫切要求抗日,收复国土,这种思想也是比较坚定的。在我后来的反动历史道路上,这两种思想都反映了出来:先投靠国民党反动派的军队,参加了所谓的"抗战",后又读了大学,最后真的做了反动的资产阶级新闻记者。】

卢沟桥的枪声

1937年夏,我在北平高中毕业,等待考大学。为了糊口,经投稿相识的《亚洲民报》编辑介绍,到西城一家"大中华通讯社"当抄写员,负责刻写钢板蜡纸,印发新闻稿,供各报使用;有时也跟着记者跑跑新闻,每天工作两三个小时,每月可有七八元收入,以维持生活。

那时,华北局势日益紧张,日寇不断向平津增兵,并且经常以演习为名寻衅滋事,战争随时有爆发的可能。岌岌可危中,偌大的北平真的放不下一张安静的书桌了。

进入1937年6月,北平街头更明显看出局势的紧张。有关日军进攻北平的流言四起;西长安街冀察政务委员会门前,小汽车穿梭出入中南海;阜成门内武衣库二十九军军长宋哲元公馆和西四兵马司三十七师师长冯治安公馆门前也是车水马龙,军政要员频繁往来;二十九军全副武装的士兵，每天傍晚从西直门外和永定门外结队开进城里，分散住在各城门楼上、学校、庙宇等处，戒备日军可能的突然袭击，第二天天明又开出城外。北平市民都感到这是不祥之兆，预感战争就要降临头上。也有市民给战士们送去慰问品，表示支持他们抗日。

果然，7月7日，平西爆发了日军挑起的卢沟桥事变，从此揭开了日本全面侵华战争的序幕。8日，北平各报都在头版头条位置刊出卢沟桥事变发生的经过。为了了解日方态度，我特地跑到北平图书馆，查阅由日本驻天津特务机关主办的《庸报》。我清楚地记得，它在7月7日的一版上就报道了中日军队在卢沟桥发生冲突的消息，并且把责任推卸给中国方面。这个标题极不显著的报道，把《庸报》标榜的"中立"伪装彻底撕破了。

返回大中华通讯社后，我向社长李从军谈及此事。杨曾留学日本，竟说《庸报》消息灵通，言语间流露出一种羡慕的口吻。傍晚，该社记者杜非从卢沟桥方面采访回来，写了几条揭露日军暴行的消息，我照抄在蜡纸上付印了。正准备发稿时，杨某发现，大声呵斥杜非和我："这不是有碍日军名誉吗？怎么能发稿呢？"他毫不掩饰地暴露了亲日派的奴才嘴脸。那时，他正让我抄写他翻译的一本有关日本政治、经济概况的书稿。我一怒之下，付之一炬，从此再不去那家通讯社上班了。

北平城外的战斗激烈，二十九军拼死御敌。城内青年学生纷纷走上街头，发动市民去劳军。7月中旬的一天，我们一群同学携带西瓜、毛巾、肥皂等慰问品，分别骑车或乘车到宛平去慰劳抗日将士。在二十九军所属三十七师二一九团，我们了解到，宛平城守军是该团第三营金振中所部，是他们率先反击日寇，打响了全国抗战的第一枪。该团团长吉星文接待了我们，他说，军人守土有责，抗日是我们的本分。我们说，等待你们的捷报，迎接你们凯旋。此后，由冀鲁豫三省农民子弟组成的二一九团，打退了敌人的多次进攻。7月20日，日军猛攻宛平县城，吉星文负伤退阵，但他的团队从此名声大振，吉星文也被誉为抗日英雄。

后来读文史资料，始知直接指挥金振中部反击的，是二一九团的上级、一一〇旅旅长何基沣。何是抗日名将，1939年即秘密加入中共，1948年在淮海战场起义。据何基沣回忆，宛平之役中，刚从南京匆匆赶回的吉

第一章　平津沦陷

星文作战并不主动，甚至畏战，是在他的督饬下才开始反击的。因此，何基沣认为，称吉星文是"抗日英雄"不符合历史真相。还有人指出，在1939年夏的随（县）枣（阳）会战中，吉身为师长，临阵退缩，被张自忠痛斥。抗战胜利后，吉星文率部参加了内战，1949年退守台湾，任澎湖、金门防卫副司令。1958年8月金门炮战中，被炮火重伤致死。无论如何，当年的抗日者成为内战的牺牲品，这是他个人的命运，也是民族的悲剧。

宛平不保，北平危急。7月26日，日军向宋哲元发出最后通牒，要求驻守北平的中国军队完全撤退；27日，日军切断了平津交通，从廊坊向北平进犯；28日，二十九军副军长佟麟阁、一三二师师长赵登禹相继阵亡。当晚，宋哲元召集军事会议，做出了放弃北平的决定，次日即偕北平市长秦德纯等去了保定，留下张自忠代理冀察政务委员会委员长兼北平市长，以应付局面。

7月29日，北平沦陷，全城陷入一片不可名状的死寂，犹如恐怖世界。街头但见一群群亡国丧家的难民，一队队耀武扬威的日本兵，此情此景，令人心酸、痛楚！各交通要道都有荷枪实弹的日军把守，市民们能不出门的都尽量不出门，走在街上也是匆匆而过。与街面的萧条、凄凉形成对比的是，到处都飘扬着日本的太阳旗，什么"北平地方维持会""华北自治协会""国际观光局""中日亲善促进会""亚细亚协会""东亚协会""华北青年党部"等乌七八糟的日伪组织纷纷挂牌出笼，格外刺眼。

外地在北平读书的学生不堪忍受做亡国奴的耻辱，加之日本人到处抓捕青年，于是许多人纷纷化装出逃。八月初的一天，我把破旧衣物和自行车送到西单一家当铺，当了六七元钱，买了火车票，逃回家乡。

我知道，读大学与做记者都不现实了，必须先抗日。

第一部·高峰自述：抗战生涯

迟来的报道

北平沦陷后，社会舆论对于宋哲元在卢沟桥抗战中是否得力就开始有了批评，认为他身为华北军政首脑，对日存有幻想，因此，对战争事前缺乏足够准备，临敌又无坚守决断，以致最终弃守平津，丧失华北。这其中的许多内幕，我是抗战胜利后，在大公报北平办事处做记者时，通过采访才陆续了解到的。

宋哲元是西北军的重要将领，颇得冯玉祥赏识。1933年长城抗战中，他率部在喜峰口、罗文峪歼敌八千余人，他的二十九军大刀队更是杀出了中国人的威风。对此，国人尽知，连毛泽东都曾写信给他，称赞其爱国行动。宋哲元是有民族气节的，但同时又有根深蒂固的"保存实力，割据一方"的军阀意识，这不能不影响到他在抗战中的作为。加之他任委员长的冀察政务委员会中混入了不少汉奸，从中挑拨华北当局与南京政府的关系，以图达到投靠日本的目的。种种因素使然，才有了北平沦陷的那一幕。

事实上，卢沟桥事变发生时，宋哲元并没有在北平，而是回山东乐陵老家去了。七月中旬，宋哲元回到北平后，也没有积极组织抗战，反而下令拆除防御工事，"为时局和平创造条件"。及至日军大举进攻，他才不得不反击；佟麟阁、赵登禹两将军殉国后，他又不愿拼光自己的队伍，因此又选择了放弃平津、华北。

1948年"七七事变"纪念日前夕，大公报刊出北平报道《追忆"七七"话沧桑》，写道：

"七七"到今年已十一年了，那时候的局面是不能说"战争"两个字的。大小汉奸无论如何要求宋哲元和日本人谈"和平"。到了日本大军开到，日本军官才说，"和平是咱们私人之间的事，为了国家，我们不能不和你们战争。"

第一章　平津沦陷

"七七"前夕,有人向宋哲元献策。假如忍到无可再忍,而庐山座谈会也决定非打不可的时候,那时以二十九军的兵力,绝对可以把日军打到天津以东,等候援军。二十九军也不会受到这么大的牺牲。可惜这个机会错过了。

汉奸潘毓桂是当年日本人用来离间中央和宋哲元间感情的人,迷惑宋氏于华北自演独立局面,与日本人合作,宋氏迟疑不决。所以当"七七事变"发生时,宋未作应战准备,故除西苑之三十七师得于永定河岸布防,阻止日军进攻,至北平陷落后仍得撤至永定河以南固安等县,以后更于津浦线大名、徐州与日军周旋外,其驻防廊坊及天津之三十八师,均以未作应战准备受日军突袭而受挫;驻防南苑之赵登禹、佟麟阁所部更因未料到日军突袭,仓皇应战,遂致殉职。

十一年后的今天,大局虽胜利,而战争却未停。宋哲元的尸骨早在四川绵阳变为泥土【注:宋于1940年病故】,宋夫人带着不满二十岁的儿子在北平把大房子卖了,拖着活下去。张自忠的忠魂不死,虽允被国葬,而迟迟未举行,比他后死的倒先得到国葬的荣典。如今发治丧费一二亿元不够买棺材的,张氏的尸骨仍在重庆。在南苑战死的佟麟阁、赵登禹也相继入土,家族也是无法过活。佟的儿子在孙连仲部下作副官,赵的儿子还很小。

在战争中过生活的有冯治安与刘汝明,他们十一年来未放下枪杆,如今都作了总司令,一在徐州,一在郑州。原来的师长刘振三升为军长,原来的团长吉星文升任了师长。当时的北平市长秦德纯为今日国防部次长,天津市长萧振瀛发了财,成为银行大亨,却未带着一文钱归葬。石敬亭作了西安绥署的顾问,鹿钟麟则在北平避暑。十一年前的袍泽只剩了十分之一,除了几个大将外,小兵小卒大部都化了灰。

这篇报道在披露往事内情的同时,暗含比附、讽刺。"大局虽胜利,而战争却未停""他们十一年来未放下枪杆",是指抗战刚止,内战又起;对几位已故将领遗属生活的描述,实指政府愧对先贤;以此反衬活着的几位大员升官发财,又不无嘲讽;最后一句"除了几个大将外,小兵小卒大部都化了灰",发表时做了报道的副标题。可见,大公报记者、编辑的关注点最终都落在了老百姓的命运上。

与这篇报道同时刊出的，还有一篇记者采访律师何某，追述 1937 年 7 月 11 日他在平津火车上听到的两个日本人的谈话。日本人以为他不懂日语，因此毫无顾忌地谈到他们的作战计划。时隔十一年，虽然是迟来的报道，却也值得一读。

两个日本人的对话如下：

"这回打仗是怎么回事？既然知道天津驻屯军的兵力不够，不能制服中国军队，为什么不等关东军开到了再动手？"

"我们打算先把卢沟桥这个据点拿住，让永定河东岸的中国军队过不了河，在东岸把他们解决，所以先下手了。原想必是一打他们就跑，能够迅速把桥拿下，谁想到他们不跑，却顽强抵抗。"

"那么怎样办呢？"

"等关东军援兵来到再打他们。"

"关东军有几天可以开到？"

"再过四天。"

"山海关到北平火车不过八个小时，何以要四天？"

"我们虽然能利用铁道，但是铁路办事人员还多是中国人，如果我们把火车一直开到北平，我们的兵员多少、有什么装备，他们就可以知道了。如果我们把火车开到另一个地方，故意下车，然后集中，再用汽车把部队运到准备攻击的地方附近，就可以保守兵力的秘密。所以需要三四天。"

"在这几天内，如果中国军队攻击我们怎么办？"

"我们叫人对他们说：日本决不愿把事态扩大，只要宋哲元或张自忠不要听命南京，这局面就可以稳定。先把他们稳住，等我们兵力足了再揍他们。"

车到廊坊时，日本人还说："如果打北平，我们要先拿住这地方，这里还驻着一团中国兵，必须先把他们解决了，才可以直攻北平南苑。"

第一章　平津沦陷

从这段对话中，人们可以清楚地认识日寇的阴险、狡诈了。

不做亡国奴

我的家乡宁河县，自1935年起就已经是半沦陷区了，包括在汉奸殷汝耕伪"自治政府"管辖的二十二县之内，境内不驻中国军队，而由伪保安队维持地方治安。这支汉奸队伍有四个总队，相当于四个团的编制。它的几个头目几乎都是当年东北军的团级军官。第一总队长张庆余，第二总队长张砚田，驻地通州、顺义、香河；第三总队长刘佐周，驻地唐山及以东各县；第四总队长赵雷，驻地塘沽、芦台。

1936年，我在北平曾写了一篇文章，讽斥家乡的伪保安队认贼作父，为虎作伥。文章见报后惹恼了保安队长赵雷，派人到芦台家中抓我，并声言要"枪毙"。母亲闻讯后四处求告，甚至宁可交出我弟弟抵罪，也要保住我这个长子的性命。直到有乡绅出面作保，说我"还是个孩子，不懂事，在北平胡写了，且饶一回"。母亲甚至向赵雷下跪求情，一场风波才告平息。【注3】

北平沦陷前夕，在抗日舆论的感召下，冀东伪保安队第一、第二总队长张庆余和张砚田（曾任东北军五十一军军长于学忠部下团长）率部在伪"自治政府"所在地通州反正，杀死日军、日特五百余人，包括大佐、少佐等高级军官，还一度活捉了大汉奸殷汝耕（后来撤退时殷又趁机逃脱了）。由于它是"卢沟桥事变"以来发生在伪政权内部的起义，并且给日军造成重大伤亡，被日本人认为是"极大的耻辱"，事后疯狂报复，又在通州制造了屠杀惨案。这次事件影响很大，轰动全国，史称"通州事变"。

我回到家乡时，芦台已经完全沦陷了，不仅有维持会、保安队，更有日本兵耀武扬威，横行霸道。我在芦台街头看到日本华北驻屯军司令官香月清司的布告，命令中国人必须遵守"皇军"的各项规定，"如有违抗，以军法从事"。日本派兵驻在中国，已经是中国人民的奇耻大辱，如今日

第一部·高峰自述：抗战生涯

本驻军司令竟公然向中国人民发号施令，这口恶气，有良知的中国人是万难吞下的。

当时芦台在平津读书的学生大多都回来了，我们每天夜间三五成群地暗中收听南京中央广播电台的消息，关注时局的发展。大家都表示决不当亡国奴，摩拳擦掌准备参加抗日斗争。

1937年8月13日，日军又在上海点燃侵略战火，淞沪抗战爆发。中国已到"牺牲最后关头"，正如蒋介石7月17日发表的庐山谈话所称，"战端一开，那就是地无分南北，年无分老幼，无论何人，皆有守土抗战之责，皆应抱定牺牲一切之决心。……如果放弃尺寸土地与主权，便是中华民族的千古罪人。"从此，中国开始了全面的抗日战争。国民政府宣布承认中国共产党的合法地位，工农红军改编为国军序列第十八集团军。国共实现第二次合作，全国人民都为此欢欣鼓舞，拥护团结统一抗日，我也决心离开沦陷的家乡去前线参加抗战。

当时，一些亲戚朋友都劝我不要走，说我是家里的长子，我走了，母亲和妹妹、弟弟没有人照顾，如何生活？最好留下找个事做。做什么事呢？无非是当"顺民"，甚至做汉奸，给日本人干事。我决不会同意！所以还是决定走。祖父和母亲深明大义，他们支持了我的想法。

走到何处去？当时理论上有两种选择，一是南下到国统区，一是西去陕甘宁边区，但实际上我对后者几乎毫无了解，也根本没有想到过要到那里去，更不必说参加革命了。在我当时的思想意识里，国民政府就是中央，既然它现在抗日，就应该拥护它，追随它；国军就是"正统"，八路军也属它的建制，中央军更是主力。所以，我很自然地选择了投奔南京。

【立此存照·张高峰在"文革"中的检讨　到何处去参加抗日？这是一个政治问题，道路问题，也是思想认识问题。毛主席教导说："资产阶级、小资产阶级的思想意识，一定要在政治问题和思想问题上，用各种办法顽强地表现他们自己。"我决定到南京去投奔国民党政府，参加中央军去抗日，就是因为我站在资产阶级立场，用资产阶级的观点看问题。这是我的资产阶级思想意识在政治问题、道路问题上的表现。】

1937年9月下旬的一天傍晚，我剃去长发，打扮成一个学徒的样子

第一章　平津沦陷

（日本人到处抓青年学生），背着一个小包袱，带着几件随身衣物和母亲向亲友借来的五十元钱，告别了故乡，告别了年迈的祖父、孤苦的寡母和年幼的弟、妹，一个人走到火车站，准备乘夜车去天津。

因为不愿经受亲人离别的场面，我是悄悄出走的。临行前，我写了一张字条压在一只小碗下面，泣告祖父和母亲：国家有难，忠孝不能两全，请他们保重，等待抗战胜利，我再回家尽孝。当时根本没有想到，我这一去就是八年多，母亲望眼欲穿，祖父没能等到我还乡就去世了。

站在火车站的月台上，望着昏暗的灯光下荷枪巡逻的日本兵和稀稀落落的等车旅客，阵阵秋风吹来，我顿觉阴森、悲凉。那些日子，日军正陆续大批进关，平沈路火车没有正点，而且由于津浦路陷入战火，天津以南铁路已经中断。我的计划是从天津乘船先去青岛，然后再设法转道南京。

火车是从沈阳开来的，那时的沈阳已经属于"满洲国"了。车厢里的乘客多半是蛮横霸道的日本人和狐假虎威的朝鲜浪人，他们携家带眷，横躺竖卧，睡得很香甜。中国人进入车厢竟无立足之地，只好站在两节车厢的连接处，压抑着愤怒，相对无言。做了亡国奴便失去了人格和尊严，这更增添了我对日寇的仇恨！

【注3：我叔叔直到晚年仍念念不忘差点儿为兄"抵罪"的往事，埋怨祖母"封建意识太重"，为了保全长子，险些送了他的性命。这件事情每每成为家人笑谈。——张刃】

沦陷后的天津

天亮时分，车到天津老龙头火车站，日本人、朝鲜人都大摇大摆地出了站，只有中国人被留下，由持枪的日本兵逐个检查放行。我和一群旅客总算闯过了关。出了车站，一眼便发现，昔日红牌与蓝牌电车绕行的站前楼房（多是旅馆、饭馆和澡堂等）都被日本飞机炸毁了，只剩下一圈断壁残垣。

天津是 7 月 30 日沦陷的。

7 月 12 日，新任日本华北驻屯军司令香月清司到天津，与此同时，三万五千多名日军乘船在塘沽登陆。随后，日寇又不断从东北、朝鲜调集陆军、空军增援。而当时的天津市区，根据 1935 年蒋介石政府与日本签署的"何梅协定"，维持地方治安的只有三千多人的保安队和少量警察，显然无力抵抗有备而来的侵略者。28 日起，日军开始进攻天津，驻防天津外围的国军二十九军三十八师张自忠所部，一度从韩柳墅、小站、马场等地赶来增援，与日军在火车站、东局子、海光寺一带发生激战，孤军苦斗两天一夜，终以武器落后、寡不敌众而撤退。此后，日军飞机、大炮狂轰滥炸，使天津的交通枢纽老龙头车站附近、积极抗日的南开大学、商业聚集地大胡同，以及河北省政府（今金刚公园旧址）、省法院（今河北三马路）几成废墟。30 日，天津沦陷。

我雇了一辆有意大利租界捐牌的人力车，先去投奔住在那里的一位亲戚。车夫很善良，他把我的小包袱要过去，放在我座位下面的小木匣里。他说，这些日子逃到租界的人太多了，房租成倍上涨，现在只准空手人进去，携带东西的一律不准入内。在车夫的帮助下，我们在租界巡捕面前停下接受检查后便放行了。有民族感情的中国人，都知道患难时需要互相帮助和照应。

沦陷后的天津，被一种惊慌、痛苦、窒息的气氛笼罩着。街景萧条凄凉，一群群蹒跚往来的市民，一队队荷枪巡逻的日本兵，对比之下，令人心酸。全市看不到一面青天白日满地红的国旗，各处飘扬的都是日本的太阳旗；"中华民国"的字样自然也不见了，马路上张贴的日军布告，署的都是"昭和"年号；在英、法、意租界里，凡是宽阔的十字路口和高大平整的仓库铁皮屋顶上，都用油漆涂画着他们各自的国旗图案，目的是提醒交战各方，炮火不要伤害他们的利益；海河里的各国轮船也都高悬各自的国旗，日、英、美、法、意……五颜六色，独不见中国国旗。中国人民见此情景，谁不痛苦，谁不凄怆！天津沦为半殖民地城市已八十多年，一直任各帝国主义宰割；如今日本帝国主义要独噬天津了。我到亲友家中探访，彼此谈起所见所闻，无不感叹今后亡国奴的生活难熬，楚囚对泣，徒

第一章 平津沦陷

增悲伤。

日本占领天津后，一方面大肆宣传"中日亲善"，另一方面却强迫人民"献铜、献铁、献金"，为它扩大侵华战争搜刮物资。天津的治安情况很糟，而日租界上空却高悬气球，挂着"华界已恢复治安，请速回家就业"的标语。事实上，当时的天津人，但凡有可能的，大多逃到法、英、意等国租界或外乡避难，华界已经十室九空，每天下午五点多就看不到行人了，变成了阴森、恐怖世界。

"天津地方维持会"成立了，高凌蔚任会长，做了天津头号汉奸。街头的标语都是"华北自治""中日亲善""东亚共荣"……之类。维持会的"教科书修改委员会"开始删改所有的学生课本，尤以国文、历史课本为重点。凡是涉及中日关系的国耻历史内容一律删掉，因为有碍"邦交"和"皇军名誉"。大中学校增加四书注解、日文等课程，小学则直接用"日本好"的新课文。许多爱国教师不甘心为日本进行奴化教育，纷纷离职，另谋出路。

行销一时的大公报和益世报都停刊了，只有一份日本特务机关办的《庸报》继续出版，而且专门造谣，惑乱人心。说什么"中央军内部分化，各军阀反蒋空气浓厚""保定驻军和战两派对峙""党政要人相继逃亡，南京陷于无政府状态""（南京）居民恐惧日军轰炸，街市凄凉，全城为死气笼罩"云云。但这种宣传并无效果，因为根本没有人看。倒是有人用蜡纸油印南京中央广播电台的战事新闻，称为"小公报""小益世报"，在街头悄悄兜售。市民都盼中国军队再打回来，所以销路很好。

在天津的日子里，我每天早出晚归，四处联系一同南逃的同学。一天，我到北站外河北省立水产专科学校去找同学邵冠祥，没想到他在天津沦陷不久就被日本宪兵队逮捕杀害了。

邵冠祥是一位爱国青年诗人。他在水产学校学的是捕捞专业，喜爱的却是文学。1935年上学期，他和我都是高级职业班的学生（我只读了半年就退学了），那时他已经开始写诗，内容多是歌颂工人、农民、渔夫、战士的善良、勤劳、勇敢，痛斥帝国主义者的残暴、蛮横、凶恶。1936年3月，他在天津出版了自己的第一部诗集《风沙夜》，封面是诗人臧克家题字，内文由王亚平作序，列为《白河诗刊丛书》。邵冠祥在自跋中写道：

"走，大胆地走，在正确的路上走去，我决不回头"，"结束绮丽的幻梦般的吟唱，决心走向坚实。"1937年7月，他又出版了第二部诗集《白河》。他的诗，谴责日本帝国主义的血腥侵略，歌颂为民族生存而战的勇士，他"感叹的是，这污浊的城市，如今却给异邦人糟蹋着"。就在这部诗集出版不久，邵冠祥突然被日本宪兵逮捕，旋即传出他被杀害的消息，牺牲时年仅二十一岁。

1970年代末，有人在文艺刊物上著文，评论邵冠祥在三十年代诗坛的成就和影响。1981年，臧克家先生还写信向我询问邵冠祥的下落，他竟不知道邵早已牺牲。

屈辱流亡路

10月10日是国庆节。1937年的这一天，天津人似乎忘记了它是什么日子，毫无动静，也不可能有什么动静。这天清晨，我与约好的天津河北工学院陈树铭等七位同学，分别来到英租界的太古码头，登上驳船驶向大沽口，换乘挂着米字旗的英商"海口"轮，于当天下午起碇开赴青岛。

那天，我的心情悲喜交加。悲者，家乡沦陷敌手，我们被迫流亡，不知自己未来前途；喜者，毕竟要逃出虎口、魔掌了，不再忍受屈辱，也不至被迫拿枪打中国人，反而可以打敌人了。

我们买的是最便宜的统（货）舱票，每张十五元。上船后，便被水手赶着从唯一的舱口顺序沿铁梯钻进统舱。舱里不见阳光，靠几盏昏暗的电灯照明，男女老少几百人都蜷伏在铁板上过夜，臭气熏天。我们八个人找到一块地方，准备铺开两张毯子睡在一起，谁知过来两个广东籍的水手，命令我们付十元占铁板的"费用"，否则就不能铺毯子，只能坐着睡。我们与之争论，对方毫不让步，被迫无奈，只好照办。狗仗人势的水手竟然在这个时候勒索逃难的同胞，真是无耻之尤！

这是我第一次坐海轮，本应一切都感到新奇。若是在往常，我必在全

第一章　平津沦陷

船走走看看，长点见识。但此时此刻，早已没有那份心情了。我注意观察周围人的言行，又与几位交谈过，判定大部分旅客是平津流亡的学生与教师，少数是在平津工作的南方人。

船出港不久，迎面就开来了日本兵船。那些日本兵看到我们，便疯狂地挥手呼叫，也不知他们在喊些什么。我们船上竟有大胆的青年对喊："你们都去送死吧！"当时，我真的很佩服他的勇敢。不过也想到，如果不是船上挂了英国国旗，如果他们听懂了，后果也是不堪设想的。

船过黑水洋，颠簸得厉害，统舱里的人几乎都吐了。晕船的滋味真难受，我怀疑自己吐出的已经是胆汁，不然怎么会那样苦？我闭着眼睛，甚至盼望着翻船，死掉算了，免得再受痛苦。

第二天下午，船到烟台靠岸卸货，统舱的旅客都钻出舱口，一者换换空气，二者看看风光。大家首先发现的，是大小船只上悬挂的中国国旗！多少人的眼睛湿润了，好像在外受了委屈的孩子，又回到了母亲的怀抱，眼泪簌簌地流了下来。

当我们再回统舱时，发现我们睡觉的地方因为被打开卸货，又被那些水手霸占了，要继续使用，还得再付他们十元。我们据理力争，他们蛮不讲理，最后还是我们又付了钱。这件事把我们气坏了，大家发誓：打败日本回来，决不再坐外国轮船！

第三天，船到青岛。这是一座美丽的滨海城市，白墙、红瓦、绿树，在海上很远就望见了。船慢慢靠岸，岸上有人高举"欢迎平津流亡同学"的大横幅，我们又一次落下眼泪。

青岛的"平津流亡同学会"接待我们住进朝城路小学。这个同学会是学生自己的组织，我在那里遇到几位北平弘达中学的同学，才知道他们大部分是中华民族解放先锋队的成员，简称"民先"，当时在青年学生中很有威望，受到同学们的爱戴。如果不是他们在青岛接待，我们下了船还真不知将奔向何处。

在青岛只停留了一天，就听说敌人已经打到黄河北岸，济南防守吃紧，我们决定立即乘胶济路火车奔济南，抢时间去南京。

胶济铁路由德国人设计、投资修筑，据说枕木都是钢制的，车行摇晃得厉害，用了十二个小时才晃到济南。仍然有平津流亡同学会在车站接待，安排我们住到济南第一师范学校。

青岛的市面相对平静，济南却是人心惶惶，市内已经隐约听到黄河北岸的隆隆炮声，敌人沿津浦铁路打过禹城了。傍晚，我们正吃着发的馒头和咸菜，忽然有人来说，敌人有过河之势，山东省政府已经逃往济宁。今夜在济南车站停留的客货车皮全部南开，明天就没有南去的列车了。于是，我们急忙背起自己的小包，连夜跑到火车站，准备搭车去南京。

大公报人张高峰
第一部
高峰自述：抗战生涯

第二章 带笔从戎

战时南京一瞥

济南火车站人山人海，乱成一团。灾难临头，既无人售票，更无法管理，只见黑压压的人群在香火般的灯光下嘈杂蠕动，哭号喊叫。人们涌上站台，不管什么车，只要是车头朝南，都拼命地往上爬。我们几个同学被冲散了，我和陈树铭还在一起。慌乱中，我俩发现一个关闭的车厢窗口没有人，看里面又黑乎乎的。为了逃命，也讲不了公德了，我找到一块石头砸破了玻璃，一股臭气扑面而来，才知道那是车上的厕所。我们顾不得脏、臭，连蹬带爬钻了进去，踩着两脚屎尿一直站到徐州。有人下车了，车厢里松动了一些，我俩才"让"出厕所找到了座位，当然也只能僵直地坐着，直到浦口。下车时，我感觉自己浑身像散了架一样。

过长江抵下关，总算到了南京。这里虽然是首都，却没有人迎接我们这些流亡学生。宪兵检查倒是极严，说是怕敌特混入。向宪兵打听，才知道涌到南京的流亡学生成千上万，分住全市各处。那时，敌机几乎天天轰炸南京，学校全部停课了。教育部的平津流亡学生管理处，设在中华门里南京市立第一中学。我们住在那里，每天凭发的饭票吃饭，八人一桌，两荤两素一汤，伙食还算不错，唯不知下一步该怎么办，向何处去。

南京同样街头冷落，景色凄凉。行人往来都带着紧张神态，没有人悠闲逛街；许多商店都因为没有多少生意而处于半停业状态，也不再进货，只卖库存，随时准备逃难。

战时南京给我留下最深刻的印象就是空袭。淞沪抗战后，上海市区大部失守，敌机频繁轰炸南京，有时一天两三次，有时夜间也来，每次都是几十架，"轰轰"投弹而去。我们的空军力量太薄弱，无力在空中迎击，只能靠地面高射炮"嗵嗵"打一阵。阻挡不住敌机入侵，只好任其狂轰滥炸，每天都有人死于敌机轰炸之下。因此，南京全市大街小巷几乎都有防空洞，一半挖入地下，一半露出地面，顶上架方木，再覆盖很厚的泥土。

敌机来袭时，行人可以选择最近的防空洞躲避。我们曾多次钻进防空洞，屏息静听，飞机的"嗡嗡"声，炸弹的"轰轰"声，高射炮的"嗵嗵"声，能够分辨得清清楚楚。有同学开玩笑说，这叫"战火交响曲"。

日寇的残暴更加激发了学生们的抗战情绪，大家参军的心情更迫切了。不久，国民政府军委会的战时干部训练团、青年战地服务团、各部队的战地宣传队，纷纷来到流亡学生驻地招生。其中有一个二十军团干训班，招生的人宣传说，他们是中央嫡系部队，二十军团的基础就是当年在绥远百灵庙、北平南口抗日的十三军，军团长是汤恩伯。当时的平津学生对十三军和汤恩伯都有一些了解，从报纸和广播中知道他们在抗战中打过多场硬仗。例如，1937年9月，大公报记者范长江在从大同前线发回的报道中，描写汤恩伯指挥作战，"因为日夜操劳的结果，瘦得不成样子，两个眼睛深深地凹入，整个身体剩下了皮包骨头，我们惊异他消瘦得如此厉害，几乎有几分认不清楚……"，给人留下了很好的印象。因此，汤恩伯所部招生，有三百多人报名，最后考取一百多人，我是其中之一。

【立此存照·张高峰在"文革"中的检讨　毛主席教导说："看一个青年是不是革命的，……只有一个标准，这就是看他愿意不愿意，并且实行不实行和广大的工农群众结合在一起。"我违背了毛主席的教导，和国民党反动派结合在一起，从此走上了反动的历史道路。】

搞宣传的学生"兵"

1937年11月初，我们这批考取的平津大中学生，从南京乘火车到河南许昌，再步行到干训班所在地颖桥镇，开始接受训练。除供应服装、伙食外，每人每月发七八元零用津贴，同士兵待遇，我们就算"投笔从戎"了。实际上，我们并不扛枪作战，而是做抗日宣传工作，可谓"非军非民"。我自己更是始终没有放弃做新闻记者的念头，无论走到哪里，都不

第二章 带笔从戎

忘观察、笔记、写文章。

我们走后一个月,南京沦陷,日军制造了震惊世界的大屠杀惨案,不知留在南京的流亡同学会有几多罹难。由于投考了这个干训班,我们侥幸逃过一劫。否则,自己的命运也很难说了。

干训班有二百五十多名学员,由平津、开封、淮北、丹阳等地的学生组成,男生分三个区队,女生一个区队。我在第一区队,队长王廷勋是中央军校第十期的学生。受训内容分术科与学科,术科就是每天上午下操,练习立正、稍息、跑步、队列等,采用德国式步兵操典训练;学科就是每天下午听教官讲课,内容包括三民主义、国际时事、组训宣传、游击战术等,没有课本,全靠笔记。我们对那些课程并没有多大兴趣,倒是一位周教官讲授的侦察谍报课有点吸引力。他说,你们将来在工作中可能需要侦察地形、分析气象、测量桥梁河流,或者遇到日本间谍、汉奸,需要掌握相关的知识。可我们听了几次,没觉得有多少奥妙,因为没有什么技术,也没有工具、器材,不过是凭眼睛看,靠脑子判断罢了。周教官还别出心裁地组织我们搞了几次化装演习,要一部分学生化装成日本间谍混入村镇,另一部分学生去捉拿。我因为戴眼镜没法化装,虽然假扮过一次拉车的农民,出门就被抓住了,所以只能去捉人。但颖桥地方太小了,学生们又都彼此认识,结果化装的同学全部"落网",这门课也就草草收场了。

由于国共合作,1938年1月,共产党人张劲夫、朱穆之曾到班里主讲思想政治教育,潘梓年、刘季平做过报告,冼星海教唱歌曲。军团长汤恩伯也来训过话,记得他说,有两件事令他最伤脑筋,一个是,他的指挥所无论设在哪里,很快就有汉奸放信号,成为日军飞机轰炸和炮兵射击的目标;另一个是,他的部下任意枪杀俘虏,虽三令五申不准再杀,却始终没有交上一个活的日本兵。他说,不能不佩服共产党军队的政治工作,能够抓住民心和活俘虏。他还说,从北平南口撤下来时,正逢八路军开赴前线。在山西天镇、大同遇到了十年内战时的老对手彭德怀、聂荣臻,彼此握手言和,大家对过去的自相残杀深表遗憾,云云。

1938年2月,我们受训结业,分别组成三个工作队随军服务。我在第三队当队员,队部设在豫西伏牛山区的鲁山县城。我们的任务是组织训练民众，一是准备将来日军打到豫西时，发动民众上山打游击；二是准备将来征兵时，民众经过训练有个基础。我和五六个同学一组，被派到宝丰县滍阳镇工作，把我们刚刚学来的立正、稍息之类教给当地民众，并且向他们宣传为什么抗日、怎样组织起来、为什么要军民合作，以及要拥护政府和蒋委员长等等。这样的训练很枯燥，受训者又大多是农民，农活忙，对受训没兴趣，结果越训人越少，工作开展不下去了。我们找保甲长交涉，他们看我们不过是些二十来岁的青年学生，也是敷衍了事。结果我们只搞了二十多天，就因为战局变化而结束了。

【立此存照·张高峰在"文革"中的检讨　毛主席教导说："凡是要推翻一个政权，总要先造成舆论，总要先做意识形态方面的工作。"现在检查，我们当时所做的民众工作，就是在为国民党搞变相的所谓"训政"，是在民众不愿接受这种训练的情况下，为国民党反动派做舆论工作的。毛主席在《论联合政府》一文中指出："所谓'训政'就是国民党一党专政，早已丧失人心……"而我们就是在国民党的指挥下去搞这套反人民的一党专政。】

随军增援台儿庄

1938年3月，占领了济南和南京的日军，沿津浦路南北夹攻，北路占山东兖州，南路攻安徽蚌埠，企图夺取鲁苏豫皖四省咽喉要冲江苏徐州，打通津浦路。我军拼死抵抗，一场大战在即。

指挥我军两路作战的是第五战区司令长官李宗仁将军，他的司令部设在徐州的云龙山。汤恩伯军团接到的命令是增援。当时二十军团的兵力，名义上有十三军（汤恩伯军长）、五十二军（军长关麟征）、八十五军（军长王仲廉）三个军，实际编制只有五个师，分别为第二师（师长郑洞国）、第四师（师长陈大庆）、第二十五师（师长张耀明）、第八十九师（(师长张雪中）和第一一〇师（师长张轸）。我和七个同学组成抗敌宣传队，随

第二章　带笔从戎

八十五军八十九师（军长王仲廉、师长张雪中均为黄埔军校一期毕业生）师部行动。部队行军开始时全是徒步，每天少则五六十里，多则八九十里，甚至超过百里。团长以上的军官才有马可骑，自营长以下一律步行，是名副其实的步兵。

经过连日行军，我们由豫西到豫东，从界首进入安徽境内，向东南过蚌埠，又突然调头向北，到达豫东陇海路的商丘待命。显然，战局发生了变化。商丘距马牧集车站很近，可随时登车转津浦路，增援徐州南北两路的抗敌友军。

3月中旬的一天，八十九师奉命紧急出发，全师两个旅四个团，分乘六列火车开往徐州方向。我们宣传队随师部的参谋处、军需处、军械处、副官处及直属特务连、骑兵连、通信营、炮兵营、辎重营等约两千名官兵，乘坐第四列车。

八十九师的任务是截击南下日军，增援在徐州以北津浦路山东段坚守滕县的四十一军孙震部。我向师部参谋处副主席王刚询问前方情况，他说，日军已经占领山东邹县，滕县吃紧，守军有不支之势，所以才调八十五军增援，军部已在我们前面先行。

列车向徐州行进，沿途灾民、难民成群结队，有的竟挎着饭篮、背着包袱，冒着摔死的危险攀爬兵车，为的是到徐州逃生。他们哪里知道，那里也将成为战场。

列车到徐州时已近黄昏，站台上有许多青年男女学生忙着送茶水、喊口号、唱歌曲，鼓舞战士们的杀敌士气。还有的青年提着铁桶爬上火车头，用白灰水写下"杀出山海关，收复东三省"的大字，在列车厢板上写下"抗战到底！""誓雪国耻！""不灭倭寇誓不还！"等标语。他们的行动受到出征官兵的欢迎，纷纷报以热烈掌声。列车又开动了，站台上和车厢里齐声合唱"向前走，别退后，生死已到最后关头。同胞被屠杀，土地被侵占，我们再也不能忍受……"机车"突、突"的排气声像打着拍子，欢送战士奔赴沙场。

3月18日下午，太阳还未落山，列车在山东境内的临城附近突然刹车，远远望去，只见前面烟尘滚滚，还夹杂着枪炮声。原来，滕县已经失守，守城的四十一军一二二师师长王铭章、参谋长赵渭滨等壮烈殉国，日军矶谷师团正沿津浦路继续南下，坦克车卷着烟尘已经迎面冲来，与八十九师形成了遭遇战。

这是八十九师与矶谷师团的第三次交锋了。第一次是 1937 年 8 月在北平南口，第二次是同年 11 月在山西太原。前两次虽然是敌胜我负，但日军也被我杀伤惨重。这次双方遭遇，又是一场恶战。我们前面三个列车的战士已先后投入战斗。

敌人攻势很猛，以坦克、大炮掩护步兵，又有飞机盘旋投弹、扫射，一时硝烟弥漫，惊天动地。我军则以步枪、刺刀、手榴弹、甚至血肉之躯阻击。我们躲在洼处里看得清楚，深为战士们的英勇感到骄傲。未几，日军突破前面的防线，与师部及直属部队接火。此时，先头到达前线的八十五军军长王仲廉率领少数亲随，乘军部唯一的一辆大轿车赶到了我们面前。他匆忙下车，命令卫士用短枪把汽车打毁，即与八十九师师长张雪中率师部各处，指挥直属部队边战边退，让开正面，向东南方向抱犊崮山区转移。

军旅生活苦中乐

战斗激烈、残酷，每天都有伤亡，连我们这些从未上过战场的文弱书生也忘记了恐惧，无视死神的威胁，在火线上努力工作。我们毕竟年轻，时常苦中作乐。

增援伊始，在遭遇战的慌乱中，我顾不得背起从家乡带出的一条薄被，扔在火车上了。那是祖父送给我做念想的，很是可惜。抗敌宣传队的同学开玩笑说："如果鬼子当战利品拿到天津去展览，你们家人看到必吓一跳：啊哟！这不是我们孩子的铺盖吗？他战死了还是被俘了？"我说："你错了，那是我凯旋回家了。"引得大家一阵大笑。

战斗打响后，师部怕军粮断运，命令各部尽量自己携带一点粮食。我们宣传队八个人分到一袋面，大家轮流挑着行军赶路，很累，于是我建

第二章　带笔从戎

议，就近请老乡帮忙烙成大饼，大家平分，自己背自己吃，结果照这样办了。我也分到五斤大饼，"厨房"跟在身边，饿了就吃。战地生活虽然艰苦、残酷，却也别有一番情趣。

战时部队流动性很大，今天在这里，明天去何处？谁也不知道。部队到了小村庄，没有那么多的房子住，只好露天食宿。行军时我听到过战士们这样的对话："今天到哪儿宿营？""天大的房子地大的炕，到处都是家，何必问归宿，你就走吧！"

新兵上阵没经验，听见枪响便有人发慌。有轻机枪手听到敌人"啪、啪、啪"地打枪，沉不住气了，急忙扣动扳机，一梭子打过去，用枪声壮胆。排长发现了，对战士说："你注意了吗，鬼子对我们老是打三枪，像是问'怕——不——怕'，你不看准鬼子就打一梭子，'怕……'一怕到底。这不行，打不上鬼子又浪费子弹。下次鬼子再打三枪，你还两枪。他问'怕——不——怕？'，你回答'不——怕！'，既省子弹，又有气魄。"

战场上的战士们很令人敬佩。平日行军，每个战士都不仅要背枪支弹药，而且要带自己几天的干粮，只要不伤亡，这三四十斤重的"财产"就不能离身。战斗打响后，他们又必须全力以赴，甚至连生命都在所不惜。令人敬佩的还有炊事兵和通信兵。战士们吃完饭出发，炊事兵刷锅洗碗后走，但却要提前到达目的地，架起锅又烧饭，不然大家饿肚子。战斗紧张时，他们还要冒着枪林弹雨送饭到前沿。通信兵同样功不可没。那时，部队联络全靠有线电话，装备好一些的师，每个团才有一部手摇收发报机。在激烈的战斗中，如此薄弱的通信设施一旦被摧毁，联络中断，势必严重影响战局。因此，通信兵要昼夜轮番地冒着炮火检查线路，随断随接。他们随军行动也必须晚走早到。部队出发后，才能拆线拆电话；部队尚未到达，又要把线和电话架好，以保证联系畅通。我在战场的夜间看到过通信兵在野外查线路。战地的电线都是扔在地上的，他们拿着一根绑着"9"字形铁丝的竹竿，把电线套在圈里捋着前进，线断了马上能发觉、接好。夜间没有照明，山地里一失足非死即伤。

我们这些宣传队员整天随军跑路，途中休息时，就在路边的墙壁上刷标语，内容是"军民合作""肃清汉奸""收复失地""拥护领袖"等等，都是四字一句，把事先用马口铁刻好镂空的铁片按在墙上，用石灰水填涂,拿开铁片就成了,比自己用排笔写要快得多,也整齐。战斗开始后,买不到石灰,转移又频繁,标语刷不成了,我们改为组织民众运弹药、做向导、救伤员。后来,军委会政治部从武汉运来大量日文反战传单和归降优待证,我们又常常冒着敌人的炮火,尽量到前沿去散发。

抗日战争确实是全民战争。徐州会战数十万大军的弹药、粮草、伤兵,都要靠当地人民群众运送、救护;行军途中,大小村庄都有群众摆出开水缸,供战士们饮用;就是带路也少不得群众做向导,尤其是夜间行动。一个满天星斗的夜晚,我从师指挥部到某团指挥所,相距不过四五里路,又是平原,却因为找不到向导,竟在茫茫荒野转了一夜,结果连师部也找不到了。

跑了一天,实在太累也太困了,我摸到一处有我军标示的营地,看到一间屋子里地上睡了许多人,便钻进去找了个缝隙躺下了。一觉醒来,天已大亮,那一屋子人竟都没有动静,仔细一看,不禁大吃一惊,原来那都是没有来得及掩埋的牺牲战士!

战斗间隙,我写了通讯《我们在最前线服务》,投寄给邹韬奋先生在武汉主编的《抗战》三日刊发表,那成为我走上新闻工作之路的新起点。

奇特的战斗序列

徐州会战,日军出动的主力是板垣、矶谷两个师团及小米内旅团,配备有飞机、坦克、重炮。中国参战部队主要是孙连仲、庞炳勋、邓锡侯集团军及汤恩伯军团,但我们的一个正规师也不过有几门迫击炮,连队能有几挺轻重机关枪就算装备齐了。汤恩伯军团辖五个步兵师,只配属了德国造重炮一个营,已"为国军中的精华"(李宗仁语)。因此,我军只能用人海战术、血肉之躯与日军的机械化、重钢铁拼搏。

在一次战斗退却中,我们不断地卧倒在山坳的低洼处,躲避着横飞的弹片。天黑了,我们几个宣传队的同学竟与师部失去了联系,只能依靠天

第二章　带笔从戎

上的星星判断方向，寻找部队。结果直到第三天遇到了友军第四师的部队，才打听到八十九师的去向。在台儿庄东北的红瓦屋屯，我们看到了佩戴"雪"字臂章的战士时，才确认回到了八十九师的防区。

当时，各部队官兵的军装上没有标示军阶的领章和肩章，都佩戴布质臂章，上面印有代字。如八十九师师长叫张雪中，全师官兵的臂章代字为"雪"；第四师师长陈大庆字养浩，"养"字谐音"漾"就是四师臂章代字；八十五军军长王仲廉字介仁，臂章代字"介"；五十二军军长关麟征字雨东，代字"雨"，等等。臂章便于识别，便于联络，但缺点是容易暴露部队番号，因此，徐州会战后各部队改为胸章了，也有代字代号。

经过十几天的战斗，我在台儿庄外围跑了几百里路，看到了来自全国各地区各派系的参战部队。他们当中有中央嫡系汤恩伯、关麟征、王仲廉部；西北军庞炳勋、孙连仲、张自忠部；东北军于学忠部；川军邓锡侯、王赞绪、孙震部；以及桂系周岩部、滇军卢汉部等。各部队官兵各说各的方言，武器参差不齐，服装五花八门（唯一统一的标志是青天白日帽徽），例如，中央军用捷克枪，西北军用汉阳造，东北军用沈阳造，川军甚至还在用土枪、穿草鞋，滇军则戴法国式小钢盔，而孙连仲所部二十六军有很多士兵竟穿呢子军服，戴德式钢盔……那都是历史的产物，反映了当时中国新旧军阀割据的现实。这些庞杂的军队，民国以来曾多次卷入军阀混战的漩涡，彼此大动干戈，更殃及百姓，涂炭民生。如今面对外敌入侵，他们捐弃前嫌，同仇敌忾，争相出征，挽救民族危亡，也才出现了如此庞杂、奇特的战斗序列，真正体现了"地不分南北，人无分老幼"，全民抗战的局面。

同为西北军将领的张自忠、庞炳勋，曾因1930年蒋介石、阎锡山、冯玉祥的中原大战反目成仇。庞炳勋倒戈反冯，张自忠险遭不测，张曾发誓要报复庞。台儿庄战役中，李宗仁调张自忠所部支援庞炳勋。张自忠以民族大义为重，表示捐弃前嫌，绝对服从，迅速率部驰援，与庞炳勋所部合力击败了日军精锐板垣师团。一年后，张自忠在枣宜会战中壮烈殉国，而庞炳勋却在1943年叛国投敌，做了汉奸。此为后话。

中央军汤恩伯军团增援的第一个目标，就是坚守滕县的川军四十一军一二二师。可惜的是，援军未到，滕县已经失守。该师师长王铭章是在军阀混战中成长起来的将领。他在决战前夕动员部下时，仍为曾经参加内战而愧疚，慨然道："我们身为军人，牺牲原为天职。现在只有牺牲一切，坚守滕县，虽不剩一兵一卒，亦无怨言。不如此，无以对国家，也不足以赎川军二十年内战之罪！"王铭章最终壮烈殉国，以生命兑现了自己的誓言。

台儿庄战役中团结抗日，爱国统一局面，确实给人以鼓舞和信心。

血战后的巡礼

1938年4月7日凌晨，在李宗仁将军的指挥下，我军以孙连仲第二集团军为主的左翼兵团和以汤恩伯第二十军团为主的右翼兵团，在台儿庄及附近地区向日军大举反攻。双方展开了激烈的巷战、肉搏战，一时间，台儿庄内外杀声震天，血流成河。日寇很快便溃不成军，败走台儿庄。

8日，我从八十九师驻地赶往台儿庄。激战后的大地显得异常宁静，田野上桃花、李花、梨花盛开，沿途村庄却断壁残垣，十室九空，气氛很不协调。劫后余生的当地民众看着我这个陌生人，木讷地苦笑着，所幸大家都终于再不闻枪炮声了。

途中所见，证实这确是一次大捷，也确是一场血战。敌我双方战死者尚未及掩埋，尸横遍野。敌军着黄呢军装，戴黄褐色日式钢盔；我军池峰城部也着黄呢军装，颜色稍深，戴褐蓝色德式钢盔。因为天气转暖，有的尸体已经开始腐烂，散发着难闻的气味。我轻轻地从长眠的我军战士身旁走过，默默地向他们致哀。

敌军仓皇逃窜，丢下的武器、弹药、食品、衣物俯拾皆是，还有瞎了眼或受了伤的马匹。我在路上拾到两面写有"祈武运长久"字样的太阳旗和一些日军丢下的书信、酱油粉、罐头等，还有几个"千人缝"。"千人缝"是一种布质针线包，据说是在日本士兵出征前，由家乡妇女一人一针缝制而成，表示对战士的牵挂并祝愿他们安泰。战士随身携带,缝补衣物时也能引起思乡报国之情。但她们不会想到，如今这些士兵却做了望乡之鬼。

第二章 带笔从戎

台儿庄北门外的火车站，站房和站台都没有明显的破坏，站台上T字形横写"台儿庄"三字的站牌安然无恙，看来在车站没有发生激烈战事。同日，李宗仁将军由徐州赶来，他一身戎装，在"台儿庄"的站牌旁拍下了那张流传很广的珍贵历史照片。

敌人是向北逃窜的，所以台儿庄北门外一带敌人遗弃的东西最多。我在四辆被击毁的日军坦克旁伫立沉思：战士们要用多少血肉才迫使它们停了下来！坦克的后门是敞开的，我钻进去才发现，里面凡是可以拿走的东西都被人拿走了。我费了好大劲，拧下一颗大螺丝钉，作为战利品留做纪念。

这时候，外面天空中忽然传来了飞机的"嗡嗡"声，钻出一看，是三架日军飞机。一时无处躲避，我只好蜷缩在坦克里，挨过短暂轰炸。事后想想，真是太冒险了。如果敌机连他们的坦克一起炸毁，我就没命了。敌机飞走后，我看到一批记者来到战场（后来知道，其中就有范长江、刘尊棋、陆诒等人），他们是随第五战区长官部赶来采访的。远远的，我听到有人笑着说："从热河、南口、大同，到太原、济南，咱们一直跟着看打败仗，这次可真的是打了一场大胜仗啊！"大家围着坦克摸着看着，真的很开心。那时，我还是业余"记者"，与他们并不相识。没想到，不过两年，我们相继成为同行，有的还成为几十年的朋友。

走进台儿庄北门，满目疮痍惨烈，一片断壁残垣，全镇四千多户民房几乎全部毁于炮火了。许多地方余烟未尽；日军自己焚烧阵亡士兵的骨灰来不及拿走，还堆在街上。逃难的民众正扶老携幼陆续返回。留在镇内的劫后余生，惊魂未定，开始收拾家园。

令我惊奇的是，镇内邮局竟然已经利用两间倒塌的破房子恢复营业了！我不知道是谁指挥他们撤退的，撤退到了哪里？也不知道是谁又指挥他们，如此迅速地回来恢复营业？只是高兴地拿出随身的笔记本，请他们清清楚楚地盖了一个邮戳，上面印着"山东·台儿庄·二十七年四月八日"字样。这个盖有珍贵邮戳、具有重要纪念意义的小本子，和我在台儿庄战场上捡拾的几件战利品，我保存了近三十年，直到1966年"文革"中被毁掉，真是十分可惜。

台儿庄之战的胜利，意义绝不止于消灭了多少敌人，更在于打出了中国人的志气，建立了我们抗战必胜的信心。

第一部·高峰自述：抗战生涯

【立此存照·张高峰在"文革"中的检讨 学习了毛主席在《论持久战》一文中指出的"国民党四十万人打日本七八万人，算是勉强胜利"，我认识到，台儿庄一战，国民党打得很糟糕。】

南阳整训

台儿庄一战，汤恩伯军团两次大迂回作战，在台儿庄百余里方圆的区域内往返运动多次，歼敌约七千人，同时也付出了巨大牺牲。仅我所在的八十九师，就伤亡团、营、连长十二人，战士近四千人。四月中旬，八十九师以伤亡过重离防，开赴河南南阳补充整训。这是台儿庄战后，二十军团所属五个师中第一支离防的部队，接防的是该军团五十二军二十五师张耀明部。

部队在徐州以东陇海路碾庄、炮车等站登车。参战来时战士们坐了六列，凯旋时却只剩三列了。我和许多人都在心里默默悼念那些牺牲的将士们。列车经徐州、郑州转平汉路，在河南驻马店下车，往西步行到南阳，途中走了五六天。天气越来越热，在前方忙于作战未及换装的战士们热得没有办法，只好撕破棉衣往外揪棉花，结果扔得一路上都飘散着棉絮，成为军旅生活一景。

到达南阳，师部驻地在城边一座道教大庙玄妙观内。刚刚停住脚，三架敌机跟踪而至。我当时正在与师部的机要译电员陈某、军械处主任崔某一起说话，看到敌机来袭，又投弹又扫射，他俩坚持要跑，我说那更危险，一把没有拉住，他们已经冲出门外，结果双双被打死在院子里。我躲在大殿的一个香案下面，虽然不少匾额被震落，但香案厚实，我躲过一劫。

部队整训开始，台儿庄战役的得失成为我们这些随军服务的学生"兵"议论的话题。我们觉得，此役获得大捷，我军上下齐心，同仇敌忾，特别是各路部队的积极配合、协同作战，以及当地民众的支援、帮助，是获胜的根本保证。若论实力、装备，甚至战术，我们都处于劣势。例如，

第二章 带笔从戎

日军飞机支援地面作战，对我军的杀伤颇大．而我们却几乎看不到自己的飞机与之较量，更不用说制空权了，只能忍受或躲避敌机的狂轰滥炸。再如，我们是乘火车去增援的，就是说，敌人也可以利用铁路这个条件；我们的士兵作战英勇，却不懂得在阵地战中利用工事保护自己。没有破坏交通，没有野战经验，所以，我们首次接战，敌人的坦克、炮车就能够畅通无阻地随同步兵轻易地突破了我们的防线……学生们纸上谈兵，也算是参加抗战，经历过战争的考验了。

整训期间，除了教战士们识字、唱歌，有了闲暇，我就去逛南阳城，看武侯祠，长见识，开眼界，还是为了我的"记者梦"。

南阳是历史名城，三国时代的军事重镇，汉光武帝刘秀即在此起家。城里有一条热闹的大街，两侧商店林立，行人络绎不绝。从街头到街尾，一路都能听到"沙沙"声，那是鳞次栉比的玉器商店在琢磨玉石。南阳地处平原，城北却有一座独山产玉石，称"独山玉"。城里玉石商店的货品琳琅满目，有玉镯、玉簪、玉镇尺、玉笔洗、玉扳指、玉戒指、玉石章……价钱极便宜。

武侯祠建在南阳城西北五六里的卧龙岗，当地人都只说卧龙岗，不说武侯祠。没有走上卧龙岗之前，看不到什么建筑，到了岗上，首先看到的是一座雕工精致的石牌坊，上面镌刻着"千古人龙"四个苍劲的大字。穿过石牌坊，便可看到武侯祠有三个门洞的正门，传说那就是当年诸葛亮隐居的地方。进了武侯祠，院内松柏参天，正中有一木结构园厅，以草覆盖厅顶，厅前高悬"草庵"二字横匾，这自然就是那个"茅庐"了。里院室内有诸葛亮的塑像，还有岳飞手书的"出师表"，刻成的几通高大的石碑。室外种有竹子，竹子旁边的墙上嵌着一块郑板桥写的"难得糊涂"的石碑。游人到这里，总要买岳飞或郑板桥字迹的拓片作为游南阳的纪念。在那战火纷飞的年代，南阳的商业市场与武侯祠还能保持一份繁华与宁静，确实是很难得的。

在南阳相对平静的生活，很快又被日寇的进攻破坏了。

武汉外围保卫战

1938年6月，溯长江而上的日军攻占安庆，遇到我军有力抵抗；7月，九江失守，日军继续西进南下，一方面造成武汉外围局势紧张，另一方面有攻取南昌之势。8月，在南阳的八十九师奉命结束整训，随二十军团沿平汉、粤汉铁路，经武汉、株洲，赶到浙赣路的江西清江下车，北上高安，准备阻击南下之敌。不料，日军改变计划，由九江西进，攻下瑞昌，直指湖北阳新，迫近武汉。于是，我们又原路折返北上，到武汉以南贺胜桥下车，步行赶到鄂赣交界、长江南岸瑞昌附近的码头镇投入战斗，阻击日军西进。由此，保卫武汉的外围大战揭幕。

武汉三镇扼守长江、汉水，有平汉、粤汉铁路连接，为华中水陆交通枢纽，素有"九省通衢"之称。抗战爆发，南京失守后，国民政府移驻于此，武汉更成为当时中国的政治、军事和文化中心。日寇集中兵力进攻武汉，意在迫使中国政府投降。鉴于武汉在战略上的重要地位，国民政府决定调集重兵与日军会战。

以我亲历台儿庄、武汉两次战役的外行人观察，台儿庄之战多是在平原，部队相对易于机动，而武汉外围战在山地，峰峦起伏，部队转移困难。但此战中，我军比在台儿庄时多了几个炮兵团，还可以利用树木茂密的条件做隐蔽，八十九师师部就设在山头的树林里，电台则设在现成的山洞内。据说，那还是当年红军为防御中央军围剿而挖的，现在因为抗日却被国军利用了，想来令人不胜今昔之感。

这一仗同样打得惨烈。

就局部看，二十军团镇守鄂赣交界处，日军在海、空军配合下沿江西犯。长江上四十余艘敌舰用猛烈炮火轰击我沿江要塞码头镇，我军英勇抵抗，日军竟施放大量毒气，我军战士冒死坚守，数次退敌，终因火力不济弃守，但仍迟滞了敌人西进。

第二章　带笔从戎

从整体看，会战在长江南北两岸同时展开，交错进行。江北第五战区主要于大别山南北两麓与敌激战，江南第九战区主要于鄱阳湖以西沿南浔路、瑞武路一线迎击日军。其间发生大小战斗数百次，毙伤日军二十余万，而我军伤亡则倍于日军。武汉会战成为抗战以来战线最长、投入兵力最多，牺牲最大的一次战役。

武汉会战，我军投入的总兵力超过百万，但最后仍以失败告终，并且伤亡惨重。这是为什么？后来读《武汉文史资料》，时任汤恩伯军团第十三军军长的张轸在1938年9月28日的日记中写道："此次作战，最高统帅部拟定10月1日放弃武汉，所以作战要领以节节抵抗，节节退却，后退即可。"由此可见，蒋介石政府放弃武汉是预先拟定了的，国军高级将领奉命"且战且退"自然在"情理之中"，但却牺牲了那么多百姓子弟的生命。

在激烈的战斗中，我们这些抗敌宣传队员早已无暇刷什么标语，虽然出了几期油印的战地小报，也因为纸张、油墨都没有了而停刊，工作改为救治伤病员。

武汉会战时值夏季，从江西瑞昌到湖北阳新的公路上，拥集了几十万大军，而沿线老百姓逃得十室九空。军事上的被动防御、政治上的缺乏军民合作，加之部队纪律不好，对战役结果的影响很大，伤亡不少。此外，许多北方来的官兵于盛夏时节作战于南方山地，水土不服，病员占了几乎半数，不仅自己大吃苦头，而且削弱了部队战斗力。特别是湖北、江西流行疟疾和血吸虫病，城乡随处可见面黄肌瘦、头缠白布的病人，几乎无人幸免。

在瑞昌，我也染上了恶性疟疾，定时发烧发冷，虽蒙军医照顾，吃了几片昂贵的进口特效药奎宁，但依然反反复复，折磨得我越来越病弱，已经无法随军行动。躲过了日寇的枪弹，我不能因病送命，因此不得不请长假离开了前线（"请长假"即脱队，但不算"开小差"。战时开小差是重罪。）。原打算去武汉治疗，但走到贺胜桥，就听到了武汉失守，国民政府西迁的消息，我只好改道南下去了湖南长沙。

【立此存照·张高峰在"文革"中的检讨　1938年，我随军服务半年多，在国民党

第一部·高峰自述：抗战生涯

连战连败的情况下，还为反动派制造舆论，歌颂其"战绩"，宣传"军民合作""抗战到底"。毛主席教导说："军事镇压和政治欺骗，是蒋介石维持自己反动统治的两个主要的工具。"我就是充当了蒋介石政治欺骗的工具。】

大公报人张高峰
第一部
高峰自述：抗战生涯

第三章

颠沛流离

刘良模与邹韬奋

1938年10月，我流落到了长沙。举目无亲，漂泊数日，几乎身无分文了，不要说治病，连吃饭都成了问题。一天，我在街头看报，得知刘良模先生在长沙领导基督教青年会军人服务部的工作，不禁喜出望外，立即决定去找他。

刘良模先生是抗战时期著名的社会活动家，也是抗日救亡歌咏运动的倡导者。1934年，他就在上海创办了民众歌咏会，开始教唱抗日救亡歌曲。1935年，聂耳刚刚创作出《义勇军进行曲》不久，刘良模便第一个在上海向民众教唱。1936年冬，日军窜扰绥远，遭到傅作义部队的抗击。刘良模随基督教青年会战地服务团到百灵庙前线劳军，在塞外旷野上又亲自教唱、指挥部队官兵高唱《义勇军进行曲》，激发战士们的爱国热情，每次唱完，还连喊"杀、杀、杀"，发出震天吼声。这些豪壮场景，在当时的大公报、申报、生活周刊上都有文字或照片记载。

当时与刘良模同去劳军的天津青年会少年部主任杨肖彭，看到群众歌咏活动有如此效果，便约请刘先生到天津教唱抗日救亡歌曲，"放一把抗日烽火"。

"七七事变"前两三个月，刘先生应邀到天津。当时，根据1935年的《何梅协定》，中国驻军于学忠部已经撤出天津，河北省政府也从天津退驻保定，天津人民对主权丧失、日伪欺压十分愤慨。所以，刘良模来教唱抗日歌曲的消息传出，天津东马路基督教青年会礼堂里挤满了学唱的人们，我当时恰巧从北平回天津，也是学唱者之一。记得刘先生瘦高的个子，穿一身灰制服，戴银边眼镜，颇有学者风采。他拿着细长的指挥棒，声音洪亮地教唱"起来，不愿做奴隶的人们……""救、救、救中国……救国要奋斗""我们是要选择战，还是降？我们要做主人，拼死在疆场……""枪口对外，齐步向前……不伤老百姓，不打自己人……"那情景和歌声，给我留下了深刻印象。

　　刘良模教唱抗日歌曲，有他独创的普及方法。他在学唱的群众中挑选一些骨干，给他们"吃偏饭"，既教他们如何唱，又指导他们如何教别人唱，每人还发给一根指挥棍。这些人回到各自的学校、工厂、商店、机关，便成了教唱的"小先生"，很快就掀起了学唱抗日救亡歌曲的热潮，而且越唱越广泛。刘良模在天津"放火"五天，培养了不少民众歌咏力量，一时间，天津的大街小巷、码头、车站，到处都可以听到"起来，不愿做奴隶的人们……冒着敌人的炮火前进……"的歌声。

　　1938年台儿庄战役时，我从前线给邹韬奋先生在汉口主办的《抗战》三日刊写文章，刘先生也是这个刊物的热心撰稿人。他在一篇文章中谈到伤兵问题，与我在前线的感受不谋而合，这样，我们便成了彼此未谋面的通信朋友。

　　刘良模与邹韬奋相识较早，而我并不认识韬奋先生。出于对他的崇敬和与他建立通信联系的想法，我在投稿时曾附一信求教，并说我的行踪不定，待安定后再与他联系。1938年六七月间，我住在河南南阳时，又给韬奋先生去了一信。出乎我的意料，先生很快就亲笔复信给我，告诉我稿子已经刊出，稿费若干已按我前信所嘱寄某友人代存。他还卷寄一本刊有我稿子的《抗战》三日刊给我，信封所书也是他的亲笔。

　　当时，国民政府移住武汉，机构云集，加之日寇图谋进犯，那里的工作、生活都极紧张、艰苦。韬奋先生若不复信给我或叫他人代笔，都是可以理解的。然而，他从未忘记一个出版工作者对读者、作者的责任。这位大手笔待人如此热情，办事如此认真，我深为感动，终身难忘。我与邹韬奋先生虽然只有这一段交往，但他的为人、作风对我后来从事新闻工作却产生了深远的影响。

第三章　颠沛流离

军人服务部与史沫特莱

在长沙大四方塘（也叫荷花池）青年会，我见到了刘良模先生。自报家门之后，两人一见如故，他当即让我留下参加他们的工作，还给了我一些钱买药和衣物。

青年会的全称是中国基督教青年会，是以青年为主要工作对象的宗教社会团体。它的军人服务部是针对特定人群，适应时局需要而开展的一项特殊工作，其历史可以追溯到一战时期。抗日战争中，中国的青年会军人服务部曾有一个大发展，全国许多地方都有它的分支机构，在长沙的是第十支部，由刘良模直接领导。

这个支部的全体工作人员不过二十多人，平均年龄二十岁上下，除供应伙食外，每人每月发十元左右的零用钱，温饱之外，属于公益服务性质。不过，我们人数虽少，但活动能量大，工作以歌咏救亡为主，服务伤兵为辅，每天到处去教唱抗日救亡歌曲，如"游击队之歌""到敌人后方去""募寒衣""挖战壕""牺牲已到最后关头""工农兵学商一起来救亡"等等。画宣传画、出墙报、办图书室、演活报剧也是我们的工作内容。

我还曾被派到长沙的伤兵医院去，教唱歌曲之外，替伤兵写家信，组织群众为伤兵拆洗衣物等。一次，美国华侨捐募的一批慰劳品通过香港运到长沙，交给服务部发放。当我们把那些葡萄酒、骆驼牌香烟、沙丁鱼罐头、奶油饼干和加了葡萄干的大米粥送给伤兵们时，他们很高兴，有的人还闹出了用饼干夹沙丁鱼吃的笑话。战士们受到鼓舞，纷纷表示，伤愈立即归队，继续杀敌。

不久，服务部又组织了前方工作队，到平江前线服务。我担任第三组组长，带四位同工在平江县路口镇工作。由于武汉、岳阳相继失守，平江一带已成前线，而且是日军南下的必经要道，敌机常常来轰炸、扫射，镇上的群众几乎都跑光了。我们每天要接待前线下来的伤兵，为他们换药，招待他们吃饭、住宿，设法送他们去后方……工作十分紧张。

战争时期的伤兵问题，我在台儿庄战场上就有感受。在长沙，更见到大批流落街头的各路伤兵，由于当局疲于应对战事，无暇顾及伤兵，因此秩序混乱，屡生事端。当局曾经设法整治，但效果不佳，反不如我们军人服务部的工作有效。在平江，伤兵问题更严重。他们负伤下来，缺乏照料，一路步行退往后方，不仅缺衣少药，而且伤势恶化，往往情绪暴躁。我们尽心尽力为他们服务，就是为抗日做贡献，工作虽然苦累，但心情很愉快。

【立此存照·张高峰在"文革"中的检讨　歌咏是文学艺术的一种。毛主席教导说："一切文化或文学艺术都属于一定的阶级，属于一定的政治路线的。"检查我们搞的歌咏救亡，当时所唱的歌曲，大部分是现在揭发出来的黑帮或反革命修正主义分子贺绿汀、吕骥等作词作曲，不但没有阶级内容或调和了阶级关系，而且又多是愚弄人民拥护国民党抗日的，是属于资产阶级文艺的一部分，是为蒋介石集团、为国民党的政治路线统治服务的。我们做了他们的吹鼓手。至于救助伤兵，则是为国民党反动派保存了反动力量，是对人民的犯罪。】

刘良模是浙江宁波人，上海沪江大学文学系毕业，会写文章，还能说一口很不错的普通话、标准的上海话、广东话和流利的英语，能够与各种人士谈笑风生，这是他之所以成为社会活动家的重要条件。

刘先生是基督徒，但却并不要求我们信仰基督教。在服务部，我没有听说谁是基督徒，更没有人讲圣经。相反的是，刘先生还推荐我们读无神论的《大众哲学》（艾思奇）和邹韬奋先生的生活书店出版的《青年自学丛书》以及有关唯物论的书籍。

刘良模与许多进步人士是朋友，其中不乏共产党人。1938年，周恩来在长沙时，就曾应邀到青年会讲演，主持人就是刘先生。我到长沙后，刘先生邀请美国进步记者、著名作家史沫特莱女士在青年会作了一次讲演，我也有幸聆听。

1938年夏，史沫特莱从晋绥前线到武汉为八路军募捐。秋末，武汉失守后她到了长沙，就住在基督教青年会。因此，我多次见到这位活跃、热情的记者、作家，她也很愿意和中国的青年人交谈。一天，青年会贴出海

第三章 颠沛流离

报,请史沫特莱讲演,题目是《西北带来的呼声》,刘良模做翻译。小礼堂听众爆满,仍有人陆续赶来,于是又临时改在大礼堂。史沫特莱的讲演十分感人,很有鼓动性。她说,"我从西北战场来,从八路军的前线来。八路军是一支英勇的中国军队,它受到广大民众的拥护。敌人想要从它手里夺走一寸土地,不付出沉重的血的代价,那是办不到的!"又说,"这支可敬可爱的军队生活却十分艰苦,战士们每天只吃两顿小米饭就萝卜干,有些战士至今还在赤脚行军。我向大后方的人们呼吁,有钱出钱,有物捐物,支持八路军在敌后抗日!"她的话音刚落,就有人解囊捐款,也有人摘帽脱衣捐献。在《军民合作》的歌声中,礼堂里的几个纸箱很快就装满了。

冲出长沙大火

1938年11月12日深夜,我们劳累了一天,正在睡梦中,忽然被嘈杂的呼唤声惊醒,出门望去,长沙天空一片红光。我们急忙登上楼顶瞭望,发现全城多处起火,尤以繁华的商业中心八角亭一带为烈。看火势,我们判断,那绝非不小心失火,而是有人故意纵火。很快,长沙成为一片火海,各处电话也已不通。顾不得打听消息,我们开始抢运青年会和自己的东西。天将拂晓,火舌吐向青年会礼堂,大家又急忙放下东西,运水救火。

刘良模找到住在青年会的史沫特莱、鹿地亘(日本进步人士)等外国朋友,请他们立即设法与在长沙的陈诚、周恩来联系,尽快撤离。此时,大火四面烧来,我们救不了了,也只得逃命。大家手提肩扛一小部分衣物,冒着烟火闯出了大四方塘狭窄的小巷,上了马路。眼前是一幅灾难景象,全城百姓都在奔走逃命,人群中哭爹喊娘的声音此起彼伏。我们奔往小吴门火车站,沿途所见逃命的人们丢下的东西、商店失落的货物比比皆是,还看到不少军警举着火把四处点火,这才知道是当局放火烧了长沙,

第一部·高峰自述：抗战生涯

据说是因为日军进逼，以此"焦土抗战"，真是令人莫名其妙。

火车站前的空地上挤满了逃难的人群，地上还扔着不少家具、图册，一架完好的钢琴也在里面，据说那都是军委会的东西。车站里只停着一辆装甲列车，却看不到客车的影子。怎么办？大家商量的结果是去桂林，而当务之急是要尽快逃出长沙。

正在为找车发愁的时候，一辆中国红十字会的救护车开来，那司机认识刘良模，我们和救护队的许多人也熟。司机说，他刚从前线回来，没想到大火把队部烧得不知去向了。大家问起熟悉的救护队活跃人物章文晋（后曾任新中国外交部副部长、驻美大使）的下落，他说不知道。我们决定搭他的车南逃。

出长沙经湘潭、株洲一路南下。途中，汽车没有油了，我们只好步行。大家都已十分疲惫，饿着肚子，浑身泥灰，满面污垢，走路都东倒西歪的。我们相互搀扶，边走边打瞌睡，有人困得实在不行了，就把被单铺在地上睡一会儿。好不容易到了衡阳，我们才坐上去桂林的火车。那列车只有六节车厢，不及平时半数，挤满了逃难的人群，连行李架、座椅背、地板上都是人，摩肩接踵，想挪动一下都难，更别说饮食、方便了。就这样挨到了桂林。

长沙大火后，桂林抗日团体云集，周恩来、李克农、徐特立及范长江、胡愈之、邵宗汉等先后到了桂林，国新社、救亡日报、新华日报也迁移来了，桂林一度成为当时后方的政治、文化中心。但对于以教唱歌咏和服务伤兵为主的我们来说，却几乎没有什么工作可做。于是，住了几天以后，我们再次转移，目的地是浙江金华。据说那是刘良模接受了当时也在桂林的老朋友、共产党人薛暮桥的建议决定的。那时，杭州已经失守，金华成为浙江省政府驻地，相对安全，又靠近前线，比较适合军人服务部的工作。薛暮桥还给当时中共浙江省委负责文化工作的骆耕漠写了一封信，请他帮助安排。【注4】

【注4：据当年青年会服务部同工、曾任广西师范学院教授的欧阳柏先生回忆说，"军人服务部第十支部从很早起就有中共地下组织，也有人说刘良模本人就是中共秘密党员，因为是宗教界人士，不便公开，直到

1988年他逝世，也没有证实。但是，服务部的工作一直紧跟党的步调，面向群众，面向基层，积极扩大和巩固党的抗日民族统一战线。它在浙江的活动也是按照党的安排。这个团体里的人，后来仍然奋战在各个抗日战场，其中有不少成了党的中层骨干，有的则为民族解放事业献出了生命。"另据多位当年参加军人服务部工作的中共地下党员回忆，他们当时都秘密接受上级党组织的领导，许多工作是按照党的指示进行的，甚至秘密发展了共产党员或者"民先"队员。但对这些，我父亲当时并不知情。

——张刃】

在浙西北前线

从桂林到金华，走粤汉铁路经株洲转浙赣铁路，当时还有火车坐。一路上，我们在刘先生的指挥下，不忘教唱抗日救亡歌曲，大受乘客的欢迎，列车长甚至破例招待我们到卧铺车休息。

杭州失守后，金华成为浙江的军政中心。省主席黄绍竑、第十集团军总司令刘建绪等都驻在金华附近。黄绍竑是新桂系三巨头之一，比较开明，允许左右派共存。因此，进步文化人士聂绀弩、严北溟、骆耕漠等都在金华办刊物、做工作。1949 年以后，黄绍竑曾任政务院政务委员、全国人大常委，1957 年被划为右派分子。"文革"中受到严重迫害，自杀身亡。

我们在金华工作了两个多月。期间，周恩来回乡探亲路过金华，刘良模先生就把他请到了我们的驻地铁岭头，与大家见面并作了报告。周恩来从当前的抗战形势讲起，谈了战略方针和任务问题。他说，抗战是长期的，不可能速胜，需要有坚持到底的决心。我们的战略是以游击战为主，运动战为辅，同时深入发动群众，不断壮大力量，逐步争取由相持转入反攻。他还说，发动群众，不仅在城市，而且要把宣传工作深入到农村去，让全国的农民都自觉地参加抗战。他讲了近两个小时。那是我第一次系统地听到共产党关于抗战的主张。

1939年初,由邹伯咏带队,我们一部分人组成前方工作队,开赴浙西北安吉县梅溪镇,深入敌后做群众宣传、组织工作。

梅溪距日军防地只有六七十里路,与抗日前线近在咫尺。我们在那里教群众唱抗日歌曲、办识字班、画壁报、演话剧。我这个北平来的学生在浙皖交界的山区还成了"稀有人物",当地人听到北平话都新奇,流亡在那里的浙江临时中学还请我去用北平话讲演,现在想来挺可笑。【注5】

不久,忽然传来刘良模先生在金华被软禁、服务部驻地被搜查的消息。原来,国民党下令"限制异党活动",浙江当局把我们工作队深入基层、宣传民众的活动也列入其中了,并且限期离境。我们失去了依托,被迫撤出。后来,多数同工转赴萧山楼家塔又坚持了一年多,直到1940年刘良模先生被迫出国,服务部解散。我则因为不习惯南方生活,加之语言交流困难,决定离队北返,于是经江西上饶、南昌、萍乡到了湖南株洲,准备找机会北渡黄河,回家乡去抗日。【注6】

1938年在长沙,我与刘良模先生相识时,他二十九岁,我才二十岁。此后我们为友半个世纪,他待人诚恳、朴实、热情,我以"先生"称他,而他始终以老大哥的态度待我。1940年,他被迫赴美,1949年回国参加第一届全国政治协商会议,历任全国政协委员、常委,上海市政协副主席等职,我们除了在京津见面,主要靠通信联系,互致问候之外,相勉多为国家和人民做些事情。

1988年8月2日,刘良模先生在上海病逝,享年七十九岁。新华社报道称他为"著名民主人士、宗教界爱国人士和社会活动家",邓颖超、陈丕显、阎明复等送了花圈,江泽民、朱镕基等参加遗体告别仪式。接到讣告,我因病不能赴沪吊唁,写了回忆文章发表,遥寄悼念之情。

【注5】:欧阳柏先生回忆说,"我们从金华出发,到兰溪换船,经建德、桐庐到于潜,再翻过天目山就到安吉了。途经天目寺时,有个国民政府办的游击干部训练班。听说我们当中有人来自敌占区,就要求去做一次报告。大家推高峰去了。他在台上连说带比划,绘声绘色地诉说了敌占区人民生活的苦难和敌人的残暴,一千多人的会场鸦雀无声,人们都陷于愤

第三章 颠沛流离

怒和哀思。报告结束时,全场一片热烈掌声,持续两三分钟之久。"

——张刃】

【**注**6:青年会军人服务部是抗日战争中一支有特色、有影响,也做出了积极贡献的队伍。据相关资料,它的成员曾经达到五百余人,活动范围遍及十数省区,活动时间延续到抗战胜利,其影响所及和积极作用,值得作为中国抗战史的一部分给予应有的重视与研究。可惜,至少在我搜集资料的过程中,几乎很少看到有关抗战史的正式出版物对它有所论及。

——张刃】

大公报人张高峰
第一部
高峰自述：抗战生涯

第四章
初识国共

再晤范长江

1939年3月，我从浙江金华到了湖南株洲，听说在衡阳南岳有个国共合办的游击干部训练班，我想，这可能是我回家乡去参加抗日的一个途径和机会，于是准备前去投考。

在株洲车站的一家饭馆，我吃过饭下楼，忽然看到范长江正要上楼，两人巧遇。他带着汤轰震、张杰等人从桂林到株洲，正准备换车去浙江金华。我们见面很高兴，又相携回到楼上谈话。

我与范长江结识于1938年10月的长沙，是经刘良模先生介绍的。那时，他已经辞去大公报的记者职务，正全力投身于中国青年记者学会和国际新闻社的工作，团结进步新闻工作者宣传抗日。刘良模先生也是国新社的筹办者之一。

范长江是一位出色的记者。抗战前我在平津读书时，就喜欢读他在大公报上发表的西北旅行通讯。抗战爆发后，他在察（哈尔）绥（远）前线写的战地报道，曾经激励了前方将士和后方人民同仇敌忾的抗日情绪，也使我受到很大教育。

我与范长江第一次见面，是国新社在青年会举办的一次讲座上。刘良模先生介绍说："这位就是名记者范长江先生。"范连说："不敢，不敢。"范长江与刘良模同庚，大我九岁，看上去就是个精明强干的活跃人物。我们几个二十来岁的年轻人很喜欢这位谦虚的名记者，纷纷向他讨教，并请他签名留念。当他知道我们喜爱新闻工作，并且我还曾给邹韬奋先生的杂志写过台儿庄战场通讯时，马上就表示，愿意聘请我们为刚刚成立的国新社特约记者，还给每人发了一份特约记者证，要我们多写宣传抗日、宣传团结、宣传进步的报道。他的工作热情和敬业精神很能鼓舞和感染人，也是从那时起，我体察到，随时随地进行宣传，扩大联系面，是范长江做新闻工作的一个重要特点。

范长江对我们说，做一个合格的新闻记者，要有"富贵不能淫，贫贱不能移，威武不能屈"的精神，才能敢于坚持真理，敢于为百姓说真话。他还说，年轻人要有"读万卷书，行万里路"的志向，博闻强记，扩大知识面；要广交朋友，勤于笔记，深入和熟悉社会生活的方方面面，这样，写起稿子来，才能信手拈来，为作品增色。他的这些话，无异于给我们上了一堂做记者的入门课，对我后来从事新闻工作产生了很大影响。

1938年11月长沙大火之后，国新社总部迁往桂林。我在桂林短暂停留期间，还曾前去联络，记得那时范长江任社长，刘尊棋任副社长，黄药眠任总编辑，胡愈之、金仲华、刘思慕、陈同生（侬菲）等都是国新社的创办人或领导者。

1939年3月，我和范长江在株洲意外重逢，他向我询问了金华的情况和我的去向，然后拿出新拟定的国新社组织章程，让我看看并提出意见，同时吸收我由特约记者转为国新社正式社员。在我看章程时，他在饭桌上奋笔疾书，很快写成两封信，让我带到南岳游干班，交给分任训练班正、副教育长的汤恩伯和叶剑英。他在信中以朋友的身份勉励二人精诚合作，把游干班办好。范长江还介绍我担任湖南《观察日报》特约记者（后来知道那是中共地下党所办）。他带有现成的聘书，当场填写了交给我。

《观察日报》设在宝庆（今邵阳），社长杨隆誉是我认识的第一个共产党人（范长江是在1939年到重庆后才经周恩来介绍入党的），后改名杨赓，在重庆做过国新社办事处的负责人和新华日报编辑主任；抗战胜利后，1946年初曾在北平任中共《解放报》编辑主任，国共内战期间任新华社四野分社主任，1949年以后任《新观察》主编、北京通俗读物出版社副社长等职。我后来做大公报记者，始终与他有交往。当时，与杨赓一起办《观察日报》的，还有作家张天翼、历史学家黎澍、记者李锐（1949年以后曾任水利部副部长、毛泽东秘书）等人。后来写作历史小说《金陵春梦》的唐人（本名严庆澍）当时也在邵阳，我们相识后，成为几十年的朋友，直至他1981年病逝。

第四章 初识国共

国共合办游干班

1938年11月,武汉失守后不久,国民政府军委会召开了有共产党人参加的第一次南岳军事会议,检讨前期抗战,展望后期抗战。根据蒋介石提出的"二期抗战,游击战重于正规战"的意见,会议决定,国共两党合办游击干部训练班,培养抗日游击战的骨干力量。这个训练班直属军委会领导,国共两党分别派出高级干部参加领导和教学工作。蒋介石亲自兼任班主任,军委会军训部长白崇禧、政治部主任宋大涵为副主任,政治部副主任周恩来任总教官,第三十一集团军总司令汤恩伯任教育长,第十八集团军参谋长叶剑英任副教育长,黄埔一期生、时任汤部第四师师长的陈大庆任总队长。这样的阵容,表明两党合作是严肃、认真的。

游干班设在衡山山腰间的圣经书院,那是基督教会的一所宽敞建筑,周围苍松翠柏,鸟语花香,几座整洁、别致的西式楼房点缀在丛山之间,是一个幽美、恬静的学习好去处。

在游干班,我见到了办公室主任宋大涵,相谈后,才知道他曾是二十军团干训班第二期的总教官,我虽是第一期学员,他与我也算有师生名分。黄树滋是汤恩伯的同乡,做过多年汤的机要秘书,他引我去见了汤恩伯,转交了范长江的信。那是我第一次与汤恩伯对面交谈,他问了我的基本情况、如何认识的范长江、现在做什么工作、从浙江到湖南的一路印象如何,等等,并且鼓励了我几句。我们谈了半个小时,彼此留下了印象。

按说,在身为集团军总司令的汤恩伯眼里,我这个二十岁的小青年本是微不足道的,他为什么要召见我并且谈话呢?无非是因为当年范长江报道南口抗战,对他的"成名"起了重要作用。我带着范长江的信去见他,尽管信的内容与我本身无关,但汤恩伯仍然专门召见了我,一则表示对范长江的尊重,二则也因为我在范的国际通讯社做记者,可能有用。如此而已。后来,我也确曾写过几篇称赞汤恩伯抗日的报道,散见于湖南、重庆的报刊。

【立此存照·张高峰在"文革"中的检讨　毛主席教导说:"某种作品,只为少数人所偏爱,而为多数人所不需要,甚至对多数人有害,硬要拿来上市,拿来向群众宣传,以求其个人的或狭隘集团的功利。"对照检查,我被汤恩伯这个"大人物"召见,受宠若惊,以为他是关心青年,全然看不到他的伪装,更不能觉察到他对我的拉拢、收买。我写文章吹捧这个新式军阀,颠倒了黑白,欺骗了读者。这是阶级立场和阶级感情支配的必然结果。】

因为没有现役军人的身份,我不能入班学习。于是,便在山下的南岳小学谋得了一个做国文和体育教师的差事,同时给国新社与观察日报写稿。因为游干班有我在二十军团抗敌宣传队的几个同学,而且南岳小学的学生中有不少游干班学员子弟,经费也多来自游干班,所以,我常常到山上去会友、采访。

第一期游干班于1939年2月开学,全班分八个队,学生一千多人,大部是来自各战区国军部队带职位学习的中下官佐,有营连排长、参谋、副官、政工人员。也有地方政府的干部,包括保甲长在内。还有一部分中央军校湖南分校刚毕业的学生。如此看来,这个游干班与其说是国共合办的,不如说是共产党帮助国民党办的。它与当年的黄埔军校一样,都是专门为国民党培养军事干部的。

驻班主持日常训练工作的是汤恩伯和叶剑英。当时,汤三十九岁,叶四十三岁,都正值壮年,很有生气。汤中等身材,脸庞黑红,讲一口浙江官话,有点口吃;叶体态魁梧,潇洒文雅,说鼻音浓重的广东官话,比较善谈。他俩时常在清晨带领学生出操、爬山,午饭时也与部分学生共同就餐。每天午饭号声响起,两位教育长便并肩来到班本部大礼堂,值星官下令"立正——",叶按军礼止步,与学生一样作立正姿势,目送汤入座。值星官喊"坐下",全体学生入座后,叶才大步走到汤的左手边坐下吃饭。饭前饭后,还常常从饭厅里传出《游击队之歌》《我们在太行山上》《到敌人后方去》等雄壮的抗日歌声。不知这是国民党规定的制度,还是共产党的"官兵一致"原则的体现。但无论如何,这是感人的团结抗日景象。

共产党人是游干班的教学主力。叶剑英讲授"游击战争概论",十八

第四章 初识国共

集团军高级参谋薛子正（后曾任中共中央组织部副部长）和边章伍（后曾任驻苏大使馆武官）分别讲授"游击战战略"与"游击战战术"，吴奚如（曾任周恩来秘书）讲授"游击战的政治工作"。游干班政治部办有《突击》半月刊，撰稿主力也是共产党人。刊头是汤恩伯所题，他说，打游击就是要搞突击。

中共武装的游击战术世界闻名。十年内战时，国军充分领教了这种战术的威力。在游干班，汤恩伯曾笑谈当年他在鄂豫皖和湘赣边区"围剿"红军的情形。那时他任师长，在豫南潢川被红四方面军徐向前部打得落花流水，蒋介石一怒之下把他撤了职。在一次游干班全体大会上，他说，共产党的游击战就是厉害。他还对坐在身边的叶剑英说，"过去我们打你们，为什么老打不过？一个原因就是你们同群众的关系是鱼水关系。"叶剑英也曾公开向学生们作过红军长征的报告。他俩讲话都不拿讲稿，侃侃而谈，能讲几个小时。汤恩伯在讲话时甚至还引用过毛泽东的《论持久战》。大敌当前，两党"一笑泯恩仇"，团结合作，互教互学。

那时的南岳，只有两部小汽车，一辆是汤恩伯乘坐的美国黑色"别克"，一辆是南洋华侨胡文虎、胡文豹兄弟赠送给共产党的"道奇"，车厢两旁还印有永安堂"万金油"的虎豹商标，由叶剑英乘坐。学生们在路上遇到这两辆汽车，必立正敬礼；南岳百姓看到，则指指点点，哪位是国民党，哪位是共产党。两党合作为人们所乐道。据说，办游干班之前，两党曾有协议，国民党保证共产党人学习、生活的自由与安全，共产党保证不在游干班发展党员，双方信守承诺，没有发生过什么不愉快的事情。

周恩来对游干班主要是指导教学，没有安排主讲课程。他虽然常驻重庆，也曾到过南岳。1939年4月，他向游干班全体学员作了"中日战争之政略与战略问题"的报告。

在南岳，我还与孟秋江相遇。他那时应范长江之约，离开重庆新华日报到国新社做经理。他到南岳采访，黄树滋请他吃饭，特意叫我上山作陪。我和孟秋江都是国新社记者，后来又一度成为大公报同事。那次采访，孟秋江写了通讯，记得题目是《游击的熔炉》。的确，国共合办的这个训练班像熔炉一样，培养锻炼了一批抗日游击骨干。我想，这"熔炉"两字也应该是"紧密团结"的同义语吧！

第一部·高峰自述：抗战生涯

叶剑英与南岳僧侣

　　南岳衡山是五岳之一，最高处为祝融峰，有诗句形容它"祝融万丈拔地起，欲见不见青烟里"，说的是游人登山，总是要在云雾缭绕中才能寻觅到祝融峰。1938 年冬，叶剑英登临祝融峰时，曾即兴赋诗曰："四顾渺无际，天风吹我衣。听涛起雄心，誓荡扶桑儿。"表达了对日寇的轻蔑与抗日的信念。

　　衡山古迹名胜甚多，又是著名的宗教圣地，佛道两教并存，香火都很旺。衡山脚下有个南岳镇，我教书的南岳小学就在镇上，学校旁边有一座很大的佛教寺院祝圣寺，寺内有两位高僧名巨赞、暮笳。1939 年春，剧作家田汉以军委会政治部专员兼游干班讲师身份，带领一个京剧团到南岳演出他新编的《江汉渔歌》。暇时，便到祝圣寺看望老友巨赞法师，并认识了暮笳。经田汉介绍，周恩来与叶剑英也认识了他们。

　　1939 年 4 月，周恩来到南岳游干班检查工作，并接见了各界人士，应众僧之请，他提笔在纪念册上留句"上马杀敌，下马学佛"，一时在衡山各寺庙传为佳话。众僧人受到启发，决定筹办"南岳佛教救国协会"。某日，叶剑英到祝圣寺，与众僧交谈时得知此事，当场建议把"教"字改为"道"字，把"国"字改为"难"字，成立"南岳佛道救难协会"。他说，这样可以团结更多的宗教界人士，不仅和尚、尼姑，而且道士也能够参加进来。众人点头称是，接受了叶剑英的建议。

　　南岳佛道救难协会于 1939 年 5 月初成立。叶剑英应邀前往祝贺，即席发表了"普度众生要向艰难的现实敲门"的讲话。他说，"假使中国亡了，全国人民都会成为亡国奴，和尚也成了亡国和尚。所以，不论任何阶级和党派，现在都要团结一致把当前的敌人——日本帝国主义赶出中国去。看看在沦陷区被杀害的佛门子弟，看看南岳被炸毁的佛堂，连放生池里的鱼鳖都遭了殃。可见，敌人是不会放过每一个中国人的。你们生活在

第四章　初识国共

人间，不是在天堂，你们日夜修行、祈拜的殿堂与菩萨，也是在人间，不是在天堂。所以，我们感到威胁和可能遭到亡国的灾难，你们也是一样的。因此，你们就必定会参加到抗战的阵营中来……"无神论的共产党人讲出这样的道理，令在场的宗教界人士大为敬佩。几个月后，有青年僧侣三十多人组成"南岳佛教青年服务团"开赴长沙、湘潭等地，投入了抗日救亡活动。【注7】

1939年6月，游干班第一期结束，多数学员回到自己原有的岗位，少数由军训部分配工作，为前方的游击部队和在敌后组织游击队输送了一批骨干力量。汤恩伯回到河南前线，叶剑英回了延安。此后，国民党自己又办了两期，班址从南岳迁到了邵阳，教育长改由黄埔一期生李默庵担任。游干班第四期没有再办。

【注7：2010年秋，我到南岳游览，登祝融峰，拜祝圣寺，景致一如七十多年前。惟当年游干班所在的圣经书院已不复存在。经向当地人多方询问，终于辗转寻觅到旧址所在，却已划入某军事禁区，不得而入。远眺其内，尚可见一旧楼，据当地人说，那就是当年的班部，惜已呈破败之象，不禁慨然。当年国共合作抗日，留下一段佳话，为什么不能好好宣传一下，并且保存它的遗迹呢？那是历史，也是光荣，值得纪念，也值得研究。如果不加保护，一旦消失，是无法弥补和复制的。——张刃】

北渡黄河走太行

1939年7月，第一期游干班结业后，来自汤恩伯部队的学员要回河南前线。汤部驻扎在伏牛山与桐柏山之间地带，我觉得这是个回到北方甚至家乡去抗日的机会，于是，与唐人夫妇结伴，加入了过去二十军团干训班几个同学所在的战时工作队，从南岳出发，一路经湘西、川东、鄂西，步行两个多月才到达汤部驻地豫西镇平县。唐人夫妇留下来搞战地出版工作，我则继续北上，准备渡过黄河回到河北家乡去。

9月的一天，我到了第一战区司令长官部所在地洛阳。当时的司令长官是卫立煌（1941年中条山战役中国军惨败，卫立煌被撤职，由蒋鼎文接任），参谋长是郭寄峤。郭知道我要去河北，便介绍我与庞炳勋的参谋长贺保彝、冀察战区司令鹿锺麟的部分官兵结伴渡河，地点在洛阳以北约三十华里的铁谢渡口。那是黄河南岸的一个小村庄。某日黄昏，我们一行百余人到了黄河边等待上船，为的是躲避白天敌机扫射的威胁。

等船时，我在河边散步，偶然发现了汉光武帝刘秀之墓。一通高大的石碑刻得清清楚楚。刘秀在洛阳做了东汉第一位皇帝不假，但他死后是否葬在铁谢这个小地方，我则毫无所知。他墓地的柏树林，因为河风多从北向南吹，所以一律向南倾斜，成为特色。我徘徊良久，发思古之幽情，又想到面对的现实，怅然良久。站在河边北望，对岸山峦起伏，那就是传说中愚公移山的王屋山，东北方向是太行山，西北方向是中条山，过了黄河，便是济源县境，三面临敌，相距不过百余里，是背水作战的险要地带。

夜色中，我们分乘三只大木船，先用人工拉纤逆水而上，再扬帆顺风顺水而下渡河，如此竟用了两个小时。登岸后北上进入山西，到晋城住下。晋城刚刚收复不久，街头墙壁上还画有日本的太阳旗，但都被中国人添加了龟头、四爪，成了爬不动的王八。

经晋东南的晋城、长子、陵川，我翻越太行山到了豫北林县，那是敌、伪、我三方交错地带。原打算经安阳乘火车去北平，但发现日军盘查很严，没有"良民证"，要闯过几道关口很难，弄不好还有生命危险。不得已，只好放弃了北上计划。几个同行者返回了河南，我还想就地做些采访、报道，便留了下来，在晋东南、中条山一带又逗留了一些时日，陆续给国新社寄回几篇稿子，由它再转发给国内外报刊采用。

在晋东南，我还曾进入八路军的根据地。听说那里有一所"抗日军政大学太行分校"，很想去看一看。如果可以入学，毕业后能够进入敌后打游击，也不失北返家乡的机会。筹划中，巧遇一位北平的同学，刚刚从那所学校出来。我问起学校情况，说了自己的打算，他竟连说"去不得"

第四章　初识国共

"太艰苦",让我打了退堂鼓。如此"一念之差",我错过了"参加革命"的机缘。不过,八路军根据地的新气象和山西人民英勇抗日的斗志,给我留下了深刻印象,后来写成《儿童哨》和《狂流》两首小诗,投寄重庆《新华日报》发表,后来,作曲家麦新还将《儿童哨》谱曲,在解放区传唱,成为当时比较流行的抗战歌曲之一,也成为我那段经历的印记。

两首小诗如下:

《儿童哨》:天真的孩子/拿着红毛枪/带锈的大刀/一个个/都没有五尺高/保卫在庄口/也有的在打闹/想谁也看不起/这儿童哨/"站住!同志!/哪里去?有通行证吗?还是护照?"/那可爱的小嘴/盘问的严密/客气又周到/你如果是汉奸/在他那尖锐小眼睛下/很难脱逃

(载 1940-08-15 重庆《新华日报》)

《狂流》:这股狂流/由山西的中条山/倾泻到黄河边/沁水/是敌我的战斗线/我们的大军从山麓去抄袭/也从小渡口增援/河东的土地/已经叫敌人践踏了一年/但是/有这个几百里长的天险/敌人虽然凶猛/也不得不望沁水兴叹!/去年的夏天/敌人渡过沁水/占领了我们的阳城县/这条狂流啊!/怒吼了!/咆哮了!/大水殁到半山/敌人淹死的死了/想逃命的/又向河东回窜/有人说/沁水是救难的神仙/十月的寒风/掠过河岸/对面憔悴的草木/随风摇曳/洋溢着腾欢/偷袭的国军来了/要渡过河去/找敌人算一笔血债/静寂的山野/要浮动了啊!/弟兄们迈进刺骨的水里/狂流奔过腿腕/走一步/停一步/脚不像在平地上/那样的稳健/哗哗的水声/好像几万同胞在呼喊/欢迎弟兄们过河/解救他们的遭难/闪闪的水光/像暴风雨前的闪电/照花了弟兄们的眼/这条狂流啊!/不停的倾泻/奔腾/水花像流弹!/弟兄们有一颗报国的赤心/他们要与自然交战/渡过这条沁水/去光复祖国的河山!

(载 1940-12-10 重庆《新华日报》)

第一部·高峰自述：抗战生涯

孙殿英浑人浑话

北渡黄河之后，我在河南林县还曾有一段"奇遇"。

1939年的林县一带，是个很特殊的地区，国共、日伪的军政势力犬牙交错。林县以北有国民党冀察战区总司令兼河北省主席鹿锺麟与河北民军总司令李荫梧的队伍，林县以西有共产党八路军一二九师刘伯承的队伍，林县县城则被日军占领，有伪军驻扎。

我穿过太行山进入林县合涧镇，镇上有许多小商店，经营从敌后上海、天津等地贩运来的百货。我在街上闲逛，忽然发现墙壁上贴有署名"新编第五军军长孙魁元"的石印布告，大意是：抗战以来，魁元倾家荡产，军饷无法按时发放，请弟兄们体谅苦衷，忍耐一时，云云。看了布告，我想，孙魁元不就是孙殿英吗？这个当年挖了慈禧太后坟墓的盗陵匪怎么又当上军长了？有人告诉我说，孙殿英自知盗陵名声太臭，抗战开始后就改用本名孙魁元了。其实，世人都知道孙魁元字殿英，改名也是掩耳盗铃。至于那张布告用意何在？我始终不解。好像军队是他孙殿英私有的，他没有钱了，也就发不了饷了。又好像在"告"蒋介石的状，说蒋不按时发饷给杂牌军。至于"倾家荡产"，纯属谎言。

孙殿英1889年生于河南永城县孙家庄，幼年时在赌场做杂役，1922年投入豫西镇守使丁香玲部下，从此行伍。1928年，他率部盗掘了遵化清东陵乾隆皇帝与慈禧太后的陵墓，震惊全国，从此留下了"盗陵匪"的骂名。

清东陵有十五座帝陵，孙殿英为何专盗乾隆和慈禧两个陵墓呢？据我多年后采访清东陵守墓的满族老人说，当年孙的队伍驻扎在东陵四周，盗陵之前，他约请了我们上一辈的几位老人，胁迫他们讲述各陵埋葬情况，得知乾隆皇帝的裕陵修建时间最长，是东陵最大最宏伟的陵墓，殉葬品也多是珍贵文物。慈禧的陵墓在她生前曾经重修，越发精美、豪华，殉葬品多是珠翠玉钻等稀有饰品。因此，孙殿英才决定盗挖了乾隆和慈禧两个

第四章 初识国共

陵寝。

在合涧镇近郊的一所青砖瓦房院舍，我访问了孙殿英。他个子不高，一脸白麻子，人称"孙老殿"，又称"孙麻子"，此人獐头鼠目，浑人浑语，奇谈怪论甚多。我至今不忘者有二：

一曰"外江派"。孙殿英说："蒋委员长把江南的共产党游击队编为新四军，把我编为新五军，我跟共产党是哥们儿。委员长把我当'外江派'看待了。"真是奇谈！孙殿英凭什么与共产党论兄弟？以孙的德行，蒋介石不把他当嫡系是很自然的，但也没有愚蠢到在部队番号上划分远近的程度。廖耀湘是蒋的嫡系，任新六军军长，排在孙殿英的新五军后面，莫非蒋介石把廖耀湘也当成了"外江派"？

二曰"革命论"。谈起东陵盗墓，孙殿英自我解嘲说："民国以来，真正革命的是冯玉祥和我。他逼宫赶跑了宣统皇帝，我盗墓掘了西太后的坟。"又是怪论！盗墓与革命何干？他也能与冯玉祥相提并论？不过，对他这种说法的来历，我当时并不清楚。后来，我在天津见到冯玉祥的参谋长、1924年奉令逼宫的北平卫戍司令鹿钟麟将军，谈起孙殿英的"革命论"，鹿将军为我解开了谜团。鹿说，1930年，阎锡山、冯玉祥联合，与蒋介石展开中原大战，孙殿英叛蒋倒向阎、冯，任第四方面军第三路总指挥兼安徽省主席。大战前，孙殿英到洛阳参加冯玉祥主持的军事会议，冯见到孙便开玩笑说，"殿英老弟，我佩服你的'革命'精神啊。在反对清朝这点上，咱们是同志，我干活的，逼宣统出了宫；你干死的，盗了东陵，掘了西太后的死尸。"冯玉祥对孙殿英的揶揄嘲讽引得哄堂大笑。孙殿英不知羞耻，反而自鸣得意，此后逢人便说："冯总司令真伟大，他承认和我一起革清朝的命。"

孙殿英自诩"革命"，其实，他当时的副军长邢肇棠就是共产党人，但孙不肯通过邢与共产党合作，反而奉蒋介石之命，企图诱捕邢肇棠和另一位共产党人靖任秋，邢等闻讯脱逃，转入八路军根据地。此后，孙殿英与国民党驻豫北的军统、中统特务石磐等勾结，大搞"曲线救国"，明属国军，暗与南京汪伪往来，直至认贼作父，最终当了汉奸。

孙殿英行伍二十多年，先后投靠过张宗昌、孙传芳、张学良、蒋介石、冯玉祥、汪精卫以及日本人，是一个地道的土匪、兵痞、军阀、汉奸

"混合体"。1943年，日军进攻豫北各县，孙殿英的两个师一枪未放，即向日军投降，孙本人摇身一变，又成了汪伪政府的新五军军长，仍驻扎在林县一带。

1945年日本投降，孙殿英怕办他的汉奸罪，急忙四处活动。他通过许昌商人周金堂认识了第五战区司令长官刘峙的小舅子黄丛祥，把从慈禧墓中盗来的两枚翡翠戒指送给了刘峙的姨太太黄佩芬，据说黄把戒指放入水中，水呈绿色，黄大喜。于是才有了刘峙向重庆方面保举孙殿英的后话。孙再次变身，又成了国军第三纵队司令，积极参加了内战，1947年在汤阴被俘。共产党优待俘虏，据说还保证他多年养成的每天必吃一只老母鸡的"习惯"不改。未几，孙殿英病死了，结束了他既浑且匪的一生。

我所知道的汤恩伯

1939年11月，我北上未成，从山西垣曲过黄河，经河南渑池、洛阳、宝丰、南阳，返回了镇平县。

在三十一集团军总部，汤恩伯见到我，想起在南岳游干班见过面（他管我叫"眼镜"），知道我是国新社记者，认识一些文化人，便留下我做他的随从副官，专门负责接待来河南或汤部的文化界人士。在汤部，类似我这样的既无军籍也无衔级的"附员"很多，全凭汤恩伯的一句话，即可"就职"。记得我接待过的知名人士有剧作家宋之的、诗人方殷、作家罗烽、记者谷斯范、作家兼记者谢冰莹、翻译家钱新哲等。其实，这样的工作并不多，其他事情汤恩伯也不找我，因此我有时间不断地为重庆的国际新闻社、新蜀报、新华日报和洛阳的阵中日报、南阳的国民日报、湖北宜昌的武汉日报写文章，继续努力实现自己的"记者梦"。

1939年春，我在南岳第一次见到汤恩伯时，对他的印象不错。他身高不足一米七，体型矮胖，方圆脸，皮肤较黑，虽然身为中将司令，但衣着比较朴素，与我谈话时也没有"官架子"。后来还发现，他常常穿着士

第四章 初识国共

兵服装,与士兵一起吃大灶,并以"伙夫头"自居。因为不修边幅,很少有衣着整洁的时候,他身上甚至生了虱子。我写文章称赞他,就是受到了这些印象的影响。

同年冬,跟随汤恩伯左右以后,我才对他有了更多的了解,看到了他的另一面。

汤恩伯是浙江武义人,1898年生,在兄弟四人中居长,原名克勤,其二弟克宽曾任他部下军需官,1939年遇车祸摔死。另一个弟弟克仁,也在其手下任兵工厂厂长。1920年代初,汤恩伯通过同乡关系,结识了浙江第一师师长陈仪,得陈的资助去日本士官学校学习,从此认陈为恩师,据说其妻王竞白就是陈的外甥女(一说养女)。汤毕业回国后在陈麾下任参谋,1927年又被陈推荐给了蒋介石,汤与蒋拉上了浙江同乡关系。由于汤恩伯肯吃苦,特别是不时向蒋介石呈送手本、条陈,对诸多事务提出自己的见解,因而颇得蒋的赏识,一度当上了蒋的侍从参谋。1928年调中央军校第六期任大队长,又受到时任教育长张治中的倚重、拔擢,从此官运亨通。1935年,三十七岁的他已是中将军长。抗战初期,汤恩伯率部在绥远百灵庙和北平南口打了几场硬仗,通过大公报记者范长江的报道,声望名噪一时。汤之所以认识并任用我,也恰恰与我的记者职业有关。

与汤恩伯接触多了,我才发现他性情暴躁,嗜杀成性。据跟随汤多年的人讲,他曾说:"带兵的办法只有一个,就是把军队的人事权、经济权、杀人权掌握在自己手里。"他处分部下随心所欲,不合他意,甚至毫无来由,或撤职或枪毙,既不解释,也不上报。某日,我随他出行,只因汽车电瓶出了问题不能发动,他竟说司机"通敌""贻误军机",拉出去就要枪毙。某次,汤部租用商船,在约定的时间,汤恩伯到了船上发现不能按时起航,因不满,遂痛骂。一个船员辩解了几句,汤暴跳如雷,掏出手枪就把那船员打死了。又一次,他突然下令枪毙司令部副官翁某等四人,原因是他们曾在一起打麻将。当时,汤部上上下下都打牌,甚至赌博成风,何以副官处的几个人打牌就要枪毙呢?汤恩伯的理由竟是:"我好些日子没有枪毙人了,心里不好过。"结果,他亲自指挥卫士将翁副官当场枪毙了。1940年春某日,汤又命令枪毙第二十一补训处某团长。理由是,前些天该团派兵去接收壮丁,竟被当地老百姓缴了械。汤说:"这样的团长把我们的脸都丢光了，留着也没有用。"同样是因为给他"丢脸"，汤还枪毙了他的一个表弟。诸如此类的事情不胜枚举。当时，司令部的有些人一见汤恩伯要杀人，私下里都说，"总司令又发神经病了。"

汤恩伯杀普通士兵、杀老百姓如同儿戏，杀部下将领、地方官吏也不眨眼睛。檀自新，原系东北军马占山部下，1936年"西安事变"时为张学良所部骑兵师师长，抗战爆发后投蒋，1938年改编为中央军新五师，驻河南许昌，归汤部所辖。未几，在商丘被汤密捕暗杀，源于何罪，外界竟不知所详。鲍刚，原系西北军方振武旧部，1939年任豫鄂皖边区游击总指挥，1941年任汤部十三军副军长后，想从已被改编的自己旧部中选取部分骨干成立一个警卫团，引起汤的猜忌和不满。鲍刚对自己没有当上军长也有怨言。1942年，鲍向汤请假回老家安徽，汤怀疑他去投奔新四军或汪精卫，就派人设伏把鲍刚暗杀了。事后还把尸体运回总部开追悼会，反嫁祸于中共部队。他曾以贪污罪名杀了三位驻军所在地的县长，有部下提醒他，这样做有越权之嫌，汤即"补"了一个"奉上谕"的条子了事，天知道那"上谕"出自何人。

汤集团内部地域观念浓厚，裙带之风盛行，分浙江派、湖南派、江西派、陆大系、军校系、黄埔系等等，相互排挤，争权夺利，矛盾重重。汤恩伯自己虽然是日本士官学校出身，但为效忠蒋介石，却很重用黄埔系，黄埔学生如王仲廉、陈大庆、张雪中、石觉等都升迁很快，并且握有重兵。不过，为了形成钳制，汤对其他派系也搞"兼收并蓄"，但往往不及黄埔系权重势大，甚至"给官不授权"，因此养了许多高参、附员，挂着将校虚衔，实际上成为他的私人幕僚，甚至门下食客。而他的亲随则多为浙江同乡。

我与汤既不沾亲又不带故，年纪轻轻，无派无系，常常夹在不同帮派中间被推来拉去，过得很不愉快，知道此地不可久留。至于"副官"的差事，当时军中有顺口溜说："穷参谋，富军需，副官拍马屁，政训员吹牛皮，吊儿郎当是军医。"我不想拍马屁，也无意混"仕途"，况且我并无正式军籍，更不想就此行伍，念念不忘的还是要去做新闻记者。因此干了几个月，我就借汤部驻重庆办事处需要人的机会离开了河南。到重庆不久，我即办妥入学手续，到武汉大学读书去了。

第四章　初识国共

抗战中的苏军

在汤部期间，我了解到，抗战期间，苏联曾给了中国许多人力、物力的援助，个中又有一些摩擦。现就我知道的有关人和事，记述如下。

1938年9月间，武汉保卫战激战正酣，我在湖北前线见到过一位在空战中遇险跳伞降落的苏联空军飞行员，正由中国军队派人护送去武汉。这位飞行员的夹克背后清楚地印着两行字：苏联空军助战，军民一体保护。一看就明白它的用意。也是从那时起，我知道了有苏军支援我们抗日。后来了解到，1937年到1941年间，苏联先后派遣了三千六百多人来华支援中国的抗日战争，其中空军近千人，更有二百多名飞行员牺牲在中国战场。

1939年冬，国军组织抗战以来第一次主动的大规模对日攻势前夕，在湖北老河口李宗仁的第五战区司令长官部，我看到多位苏军顾问进进出出，似在参与战役的策划、讨论，也第一次知道，各战区长官部及各集团军总司令部都有苏军顾问，少则两人，多则三四人，据说最多时曾达五百余人。重庆军委会还设有苏联顾问事务处，处长是国民党元老于右任的女婿、被孙科誉为"国内研究苏联军事专家"的屈武，苏联顾问团团长是崔乃夫。

1940年初，我随汤恩伯到驻随县的第4师（石觉部）参观军事演习，随行的两位苏军顾问，一位叫波波夫（炮兵顾问），另一位叫斯米鲁诺夫（步兵顾问），都是高级将领。他们穿着中国军队的棉制服，带着翻译，一边与汤恩伯等交谈，一边还对演习指挥官指指点点，给我留下了工作很负责任的印象。

1940年春，我到重庆，经常看到许多苏联制造的吉斯牌大卡车跑在街头，据说是从苏联经新疆千里迢迢开到重庆的。车上装载了满满的物资，苫着大块的防雨布，有人问司机："拉的什么货？"司机一律回答："羊毛。"人们就以为那是运输西北羊毛的车，所以都叫它"羊毛车"。其实，那都是苏联支援中国抗战的军事物资。这些"羊毛车"一度遍布新疆、甘肃、陕西、四川。

我最后一次见到苏军顾问，是 1944 年 5 月中原会战时，在洛阳第一战区司令长官部，苏军顾问斯米鲁诺夫多次求见蒋鼎文，希望与之讨论战局。当时，蒋鼎文的部队已被日军打得七零八落，他自己也在准备逃命，哪里顾得上讨论什么战局，因此让他的参谋长董英斌挡驾。董还埋怨翻译说："都什么时候了，还来找麻烦。"那个姓孙的翻译跟我发牢骚："这个差事真难办。你不领着顾问去长官部吧，顾问有意见；你领着顾问去了吧，参谋长、长官又有意见。"后来，长官部索性派了一辆大卡车给顾问室，告诉副官，必要时开车送顾问去西安，意思是"送客走人，少添麻烦"。

国军中的苏联顾问，都配有俄文翻译。据第一战区司令长官部里的朋友私下告诉我，这些翻译大多都接受过军统的训练，实际上是安排在苏联顾问身边的"眼线"，负有监视其言行的责任，并且有每月定期报告制度，需要填写十分庞杂的内容，诸如顾问到过什么地方、见过什么人、说过什么话、要过什么资料、看过什么设施、对中日两军以及长官部的评价如何，等等，细致入微，让负责这项工作的人不胜其烦。

据我所知，中苏之间的不信任，始于 1941 年 4 月苏日签订的《中立条约》。该条约规定："倘缔约国之一方成为一个或数个第三国敌对行动之对象时，则缔约国之他方，在冲突期间即应始终遵守中立。"条约更附有两国政府声明，彼此"保证尊重'满洲国'和'蒙古人民共和国'的领土完整和不可侵犯"，公然以中国领土相互承诺，私相授受。这是苏联对日本侵华行径的默许和纵容，也是对正在艰苦抗战的中国人民的侮辱和背叛。该条约签字的第二天，中国政府外交部长王宠惠即发表声明，重申中国东北及外蒙古主权不容第三国妨害。此后，中苏关系恶化，苏联政府便中断了对华援助，并陆续撤回了苏联航空志愿队和苏军顾问。到 1944 年，国军中就已经不再有苏联军人了。

第四章　初识国共

中国的"马奇诺防线"

"马奇诺防线",是第一次世界大战后,法国为防止德国入侵而在其东北边境构筑的一条绵垣近四百公里的综合工事群,以时任法国陆军部长马其诺的姓氏命名。后来,它成为防御工事绵长而坚固的代称。

1938年10月,日军占领武汉、广州后,由于战线过长,兵力不足,被迫停止战略进攻,由最初的"速战速决"改变为较长时期的"持久战略",中国的抗日战争进入了相持阶段。此时,在我第五战区所辖华中鄂豫边区,出现了一条号称"中国马奇诺"的战略防线。这条防线并没有坚固的防御工事,也没有构成相互连贯的工事群,它靠着丛山耸立的地势、中国军队的英勇作战、民众地方自治武装的密切配合以及我军将领的有力指挥等因素,长期地巩固了这条防线。

1939年5月,日军敌酋冈村宁次率领精锐部队十余万人,向随(县)枣(阳)地区发动进攻。我军在第五战区司令李宗仁的指挥下,采用灵活机动的运动战,诱敌深入,成功对日军实行了反包围。先由汤恩伯与孙连仲所部合力收复新野、唐河。5月15日,我军发起全线反攻,与日军激战三昼夜,日军全线退却,我军先后收复枣阳、随县、桐柏等地区,日军被迫退回平汉铁路沿线和鄂中地区。此战达到了牵制和消耗敌人的战略目的。

1939年冬,华中日军又在武汉外围集中。我军为争取主动,在豫南、鄂北发起了"冬季攻势",给日军以极大威胁。为确保武汉,1940年5月,日军调集重兵分三路进犯,发动了枣(阳)宜(昌)会战。枣宜会战是继武汉会战以来,华中正面战场上规模最大的一次战役。我军以三十八万兵力抵抗日军十二万人,战役历时一个半月,以宜昌失守告终。中国军队阵亡将士三万七千余人,包括第三十三集团军总司令张自忠将军。日军付出阵亡七千余人的代价,占领了宜昌,但它企图消灭第五战区部队主力、解除武汉外围威胁的计划落空了。

枣宜会战结束后，为了宣传抗战，鼓舞民心，我以特约记者身份在第五战区主办的《阵中日报》上发表了通讯《鄂豫战区的橡皮防线》，用以比喻它虽非钢筋水泥筑成，但具有"弹性"，因此有利抵抗，克复失地。这条中国的"马奇诺防线"是由广大抗战军民用不屈的战斗意志和实际行动筑成的。

通讯全文如下（因战时新闻管制，军事所涉地名均以某某代替）：

有人称豫鄂战线为中国的"马其诺"，实在谈起来，它比"马其诺"还要坚强几倍。世界上"正有名的强国"日本，曾三次进攻这条防线，但是三次都是大败而归。这条防线并没有钢筋水泥的工事，更没有半座防御的碉堡，只是一片经不起炮弹的丛山，几十万中国的人民，那不过是软得如橡皮的防线。日本军阀曾用什么闪电战术吧，不管它闪电也好，快电也好，终击不碎我们这条橡皮防线。

地区的重要性

我所说的这条防线，在河南是由信阳起，经桐柏山、唐河县到南阳止；在湖北是由广水起，经小洪山、枣阳到襄樊止。连起来差不多是一个长条四边形，两个总点南阳与襄樊，就是敌人进攻的目标。不论南阳或襄樊，都是陕川的屏障，任其一被敌入侵占领，马上可以截断我们某与某两战区的联络，威胁豫鄂两省的军政中心，由南阳可以突荆紫关直袭西安，二路由襄樊可以西犯扰乱川北，这一个重要性敌人是认识得非常清楚，在我们对自己的这条生命线也把握得很牢靠。

敌人的"劫路鬼"

信阳往西往南多山地，山地上我们就可以建立游击队。不错，我们在桐柏山与小丛山中，从去年随枣战役之后，建立了某个游击队，这些游击队与其它游击队有不同点，它专任某某附近的游击，永远配合着正规军战斗，必要时也可以担任正规军的任务，是敌人西犯的"劫路鬼"。它的指挥部就在某某城下，站在山顶上，某某城全景看得

第四章　初识国共

很清楚，时常有便衣队顺着大路走进城里去探索敌情，当天不能赶回，就住在破庙里，第二天照样平安返回。敌人增兵或有新的企图，却是由他们很正确的传递出来。某某的伪军经他们的诱导之后，也多反正过来，"维持会"一度被捣毁。一年多他们发挥着很大的功能，原因是民运工作的成功。

铁钢式的保甲组织

豫鄂边区的保甲组织，严密得像钢铁，每一区或每一联保都有一副联通的电话，就是接近敌人二三十里的地方也常有电话，敌情的变动，在这里传递得非常快，自然在军事上是不会失掉戎机了。中国兵调动的神速，也出乎日本意料之外，这里为防范汉奸、敌探的活动，编好居民证与出入证，居民证带在身上，出入证是放在区里或联保办公处，有居民想往他乡，非经许可，不得自由出入，执居民证来换取出入证，才能得到出入的自由。如有意外发生，可以很快查出原因。在这种铁钢底下，汉奸不敢轻易混进来，就是早有汉奸混进在内，因为出入的惹人注意，也就只可卸职不干。

三个前哨县

桐柏、随县、枣阳是与敌兵毗连的三个县份，这三个县份担任前哨的工作，三位县长都是政府特任的人材。他们深明军事政治间进攻的重要，每个县份有一个地方干部训练班，分妇女与青年两组，一个月训练一次，每一区或每一联保都有一位指导员，每位指导员率领一个战时工作队，担任组训民众、除奸、宣传等工作，尚未服兵役的壮年，编成输送与担架队，输送队的人尽量编入，担架队每联保至少二十五副至三十副。所输送的路程以联保之间的距离为限，每人每三天值班一次，当战时就不一定了，可是每人每值着一次，发工洋三角。在这里没有请伕不到的事，也没有听说过伤兵或子弹发生过停运的现象。如果过境军队不按规章行事，胡乱抓伕，那么指导员站在第三者的立场，立刻劝解。此外，民间多余下来的食粮，也被县政府保管统制起来，敌人来了赶快移到安全的地方去。国军购米不到时，县政府或区署可以筹划代购。这样坚强的组织，敌人用尽他的战术，决打不开军民这铁环。

敌人三次进攻的失败

敌人对这条防线曾三费苦心，最费苦心的一次，要算五月间的大会战。敌人的兵力是七个师团，配合着机械化部队，以分进合击的战略，进犯南阳。不管他们兵力如何，战略如何，他们的这次路线仍为那条旧路线，两股主力一由信阳西犯，一由枣阳北进，这两条线的要点，就是敌人进犯没多时的南阳。任敌人向西向北伸长，我们的主力不在这两条线上，而是在两条线之中间地区。"聪明"的敌人常以为就这样中国兵算是被包围着了，其实我们的主力，每次都是埋伏在敌人的心脏，随时可以致敌死命。敌人所谓"包围网"愈紧缩，他自己愈崩溃得快些。大会战敌人的溃败就是这个原因。由于橡皮防线的存在，敌人不能由随枣用突出的态势向南阳进攻。

（载 1940-7-16 日《阵中日报》）

与徐逸樵先生话旧

1939 年冬我北渡黄河，以及后来被汤恩伯留用，除了思乡和抗日的主观意愿，还与徐逸樵先生有直接关系。

徐逸樵，1898 年出生于浙江诸暨，早年留学日本，东京高师毕业。回国后从事文教工作多年，抗战前在南京主编过刊物，写过很多政论。1937 年末，我参加了二十军团招收的平津流亡学生干训班，他以教育部科长的身份任第一期总教官；后来我们的抗敌宣传队又随他转战鲁南、赣北、鄂东，他与我有师生之谊。武汉失守后，我们分别近一年。1939 年 9 月，不期又在河南镇平重逢。徐先生时任汤部特派员，见到我们很高兴，说正准

第四章 初识国共

备找一些青年派往敌后各大城市，搜集日伪政治、经济情报回来做研究。我是河北人，又在平津读过书，便成为人选之一，有了北上之行。后来，他又推荐我做了汤恩伯身边负责文化工作的副官。当时我才二十一岁。

抗日战争中，徐先生曾先后应国军将领汤恩伯、蒋鼎文、胡宗南之邀，出任他们的高级幕僚，因为他们都是浙江同乡。他与汤恩伯更熟悉。后来我做大公报记者，在洛阳、西安、重庆等地，始终与徐先生保持联系，常到他家里聊天，因此又认识了徐夫人斯桂珍女士。日本投降后，徐先生出任国民政府驻日本军事代表团顾问，1948年还有信给我，以后便失去联系。

徐先生是一位爱国主义者。1949年以后，他既不去台湾，也不入日籍，辞去国民党政府职务后，潜心研究日本历史，为中日友好和两国关系正常化做了不少工作。1972年中日建交，他先后三次回祖国大陆探亲、参观，受到周恩来总理的接见，并出任全国政协常委。1978年第四次回来，他就在北京定居了。

1979年初夏，我接到徐先生的信，邀请我去他家叙旧，我们终于再次聚首。出乎我的意料，徐老八十一岁了，鹤发童颜，精神矍铄，动作利落，毫无老态。徐夫人七十六岁，虽稍显驼背，却不见几根银丝，只是眼睛更近视了。徐先生夫妇身体健康，令人欣慰。当我走进客厅时，徐老健步迎来，连呼"张高峰"。我急忙趋前问好，他用力地握住了我的手。徐夫人招呼我坐下说："咱们三十多年不见了。高峰今年多少岁？"我说："六十一岁了。"徐先生听了哈哈大笑，说："我们都老了。1937年在南京时你多大？""我十九岁。"四十二年过去，弹指一挥间。当年徐先生带领我们奔波于抗日战场的情景还历历在目，今天，我们曾经共同追求国家独立、富强的目标，正在变成现实。徐先生感慨地说："我们是老了，但祖国正年轻啊！这才是人民的幸福。"

我问徐先生，日本投降后，您这位文化人怎么做了军事代表团的顾问？徐先生说，"顾问"的差事是时任国民政府外交部长王雪艇（世杰）推荐的，主要是因为他的日文好，又熟悉日本历史。国民党驻日军事代表团团长先是朱士明，后是商震，徐先生都担任顾问。直到1978年9月回国定居，他在日本住了三十二年。

我们的话题自然转到了共同熟悉的国民党将领。

说到汤恩伯，我提起当年汤称霸中原，在河南横征暴敛，为害百姓的往事，并以亲身经历说明汤的为人残暴。徐先生说："他是个军阀，但这点我也是逐渐认清的，始知不能与之共事。"所以，1940年以后他就离开了汤部，到陕西创办省立政治学院。徐先生还说："汤恩伯是一个忘恩负义的家伙。"我问："此话怎讲？"徐说："杀陈仪就是证明。1949年共产党大军南下时，汤是京沪杭卫戍总司令，陈是福建省主席。陈曾找汤商量起义投诚事，汤竟向蒋介石告密，结果置当年资助他求学、举荐他升迁的陈仪于死地……"言语间，徐先生流露出悲愤之情。陈仪也是徐先生的朋友。徐先生说："汤恩伯不义，寿短而终，1956年病死在日本，还不到六十岁。其妻王竞白和子女流落美国，落得坐吃山空。"

徐先生问我："你还记得在台湾的陈大庆、王仲廉、张雪中、石觉等几位老朋友么？""当然记得。"我一一说出他们的别号、籍贯、履历、职务……徐先生奇怪我的记忆如此准确。我说："抗战期间，我多次随他们的部队行动、采访，那时也年轻，所以记得牢。特别是石为开（觉）将军，我更熟悉。1938年春台儿庄战役时，他做旅长，我们就认识。1939年冬季攻势中，他做师长，我在前线亲眼见他指挥万宅仁团拿下日军占领的花山。内战期间，他在东北、华北任职，我在承德、北平采访，都曾见过面。"

说到1939年的冬季攻势，我和徐先生共同回忆起那次抗战以来中国军队首次、也是唯一一次大规模对日军的主动攻击。战役历时三个多月，国军各战区动员参战兵力达五十多万人，与敌作战逾千次，歼敌三万多人，击毙日军中将、少将各一名。熟悉日本历史的徐先生说，对那次战役，连日本人后来都承认，中国军队攻势之猛，规模之大，斗志之旺盛，作战之顽强，为抗战以来所罕见；而日军付出的代价也是过去不曾有过的。他还意味深长地说，中国的抗战史，值得后人认真回顾、研究。

徐先生告诉我，陈大庆在台湾做到"国防部长"，已作古；王仲廉1947年冬因内战失利被撤职，去台后淡出军政界；张雪中后来任"国防部"中将参议虚职，没有实际工作，但他去台后办实业，对旧部多有资助；石觉曾出任金门防守司令、联勤总司令、国府顾问……徐先生说：

第四章 初识国共

"抗日战争中,这些国军将领都是立了功的,可惜后来打内战,又随蒋先生去了台湾。真希望这些老朋友能够像我们一样,有一天重新聚首,促膝话旧。"【注8】

我问徐先生:"大陆新中国成立后,您去过台湾吗?""没有。几次回国都经香港,曾路过台湾上空。"他指着夫人说:"老太婆问我,台湾怎么这样一点点?我说,就是一点点嘛,它是中国的一个省么,能有多大呢?呵呵……"我问:"您看,近年台湾有什么大的变化吗?"他说:"最大的变化就是台湾政府的两根支柱——美国和日本,失去了一根半。只是美国还向台湾出售武器,这是不明智的。台湾应该归回祖国了,这是两岸人民的共同愿望。"

【**注8**:父亲拜访徐逸樵先生是我陪同的。1989年,我父亲与徐先生先后去世,他们与在台湾的老朋友重新聚首的愿望没有实现,留下了遗憾。所幸,父亲生前看到了海峡两岸通邮和台湾开放赴大陆探亲的现实,并且高兴地见到了来自台湾、隔绝了几十年的亲人,这多少可以给他一点宽慰了。——张刃】

大公报人张高峰
第一部
高峰自述：抗战生涯

第五章

步入报坛

奔向大后方

抗日战争期间，祖国半壁江山沦陷，东北、华北、华南先后落入敌手，华中敌我犬牙交错，因此，西南地区，特别是四川成为了大后方，战时陪都就设在重庆。

1940年春末，我离开河南，经湖北宜昌乘坐"协庆"轮入川，不料船在丰都附近触礁，沉在岸边，只能改走陆路到重庆。因此，我有机会一睹著名的"鬼城"丰都。

少年时，就听大人们说四川鬼多，还有个丰都"鬼城"。当时，市面流通的铜质硬币，有各省制造的，大多是红铜色，唯独四川是黄铜的。据说四川各地的商店门口都放置一个水盆，顾客买了东西，要先把铜板放在水里"验明正身"：沉下去的是人，漂在水面的是鬼。这足以说明四川的封闭和与外界的隔阂。待我置身丰都，游历了"鬼城"见识了五花八门的"鬼蜮"之后，我却被四川人的文化、性格所感染，并在后来逐渐喜欢上了四川。

抗战八年，我在四川生活了四年多，并曾五次入川出川。第一次是1939年夏，我从南岳经湘西步行入川，过秀山、酉阳到鄂西，折向豫北，可算与四川"擦肩而过"；第二次是1940年春末，我从湖北宜昌乘船到重庆；第三次是1942年冬，我从重庆乘汽车，经陕西宝鸡到河南战地；第四次是1944年夏，中原会战后，我再经宝鸡入川；最后一次是1945年抗战胜利后，大公报天津馆复刊，我于同年底从重庆乘飞机北返，此后再也没有到过四川。【注9】

【注9：我参加工作以后，曾有多次机会到四川出差，每次回来，父亲都要问我四川的情况，还拿着地图，指点着他曾经生活、学习、工作过的地方，追忆当年情景，问我有何变化，甚至连当地的街道、风俗、小吃都会问到。我知道，他对那段生活是终生难忘的。——张刃】

第一部·高峰自述：抗战生涯

"青记"与国新社

第一次到重庆，举目无亲。但我知道，范长江就在这里主持国际新闻社重庆办事处的工作，地点在城里的两路口（后在日军轰炸中被毁，迁移到江北猫儿石）。我去看他，他很高兴我的到来，对我年来为国新社写稿子多有鼓励，又介绍我加入了中国青年新闻记者学会（简称"青记"，即今天中国记者协会的前身）。

我参加国新社，起初只知道它与国民党的中央社不同，是一个宣传团结抗日的进步新闻团体，它的成员也以追求进步的"青记"会员为骨干。国新社社员采写的稿件由办事处或总社编辑后，向海内外报纸征订、出售。我觉得，它就是一个提供有别于官方报道的特稿通讯社。但加入"青记"，特别是在重庆、四川生活，参加活动多了以后，我对这两个组织的了解才逐步加深了一些。

当时，抗战已进入相持阶段，海内外读者都十分关心前方的战况，但从中央社的官方战报中却很少看到翔实报道，即或有也是官样文章，不仅简短，而且不实，如小胜即报"大捷"，大败却仅"受挫"，"撤退"名曰"转进"等等。而许多活跃在各地的非官方记者，没有陈规陋习的约束，他们采写的战地通讯，往往能够比较客观、具体地报道某次战役的详细经过，有的还能根据不同的消息来源，分析战局态势，指出可能的发展，因此，战地通讯成为当时报纸上最受读者欢迎的内容。与此相关联，还有驻华外国记者由于不能从中国官方通讯社获得准确、翔实的信息，也就不能很好地完成其报道任务，因此很不满意，连国民政府军委会的国际宣传处都感到没有面子。

范长江等人正是抓住了这一契机，组织成立了国际新闻社。冠以"国际"之名，表示它面向海外供稿，以避免引起当局的猜忌。事实上，国内许多报纸（既有国统区的，也有中共根据地的。而且，延安就有"青记"

的分支机构）都采用国新社的稿子。在海外，供稿关系则包括了东南亚、印度、美国、澳洲等地的华侨报纸。香港星岛日报就刊登过我写的战地通讯。应该说，国新社的存在打破了国民党中央社的新闻垄断，成为抗战中短期内公开、合法的新闻机构。

"青记"叫"学会"而非"协会"，据说是因为国民党当局忌惮职业性社会团体，不允许组织或登记；而"学会"以学术性社会团体的名义备案，是一种掩护，同时也有利于教育会员，扩大队伍。

对新闻事业的追求和思想、理念的认同，是我加入"青记"和国新社的根本原因。"青记"发起人之一、国新社早期负责人刘尊棋先生，曾发表过一篇题为《新闻记者是干什么的》的文章，力主"记者必须坚持正义，明辨是非，鼓吹光明，揭露黑暗"，这与我的新闻理想是契合的。至于"青记"与国新社实际上是受中共领导，由周恩来亲自策划、指导，甚至有地下党支部的背景，我是在这两个组织被查封以后才知道的。对于我这样一个追求时代进步与新闻理想却无党派意识的青年而言，"青记"和国新社不仅接纳了我，而且扶助我走上新闻之路，这或许也正是抗战中中共统一战线政策的一种体现。

我虽无缘参加"青记"的创办，但对同仁介绍的"青记"成立大会上，新闻界前辈、国民党元老于右任先生说的一句话留下了深刻印象，他说，过去当新闻记者叫做"无冕之王"，现在不小心就会变成"无头之鬼"。这话很深刻，也很尖锐。我理解，他是说，在专制制度下，做一个忠于客观事实，敢于坚持真理，勇于为百姓说话的记者，可能成为一种"危险职业"。我羡慕"无冕之王"，也甘为"无头之鬼"，愿意为新闻事业冒险、献身。

国新社在经济上是合作性质，须交纳股金或年费才能被批准为社员。据我所知，国新社大部分社员是以稿费入股的，我也如此。国新社成立初期，曾与国民政府军委会的国际宣传处签有供稿协议，每月还能获得一部分经济收入。1939年这项协议终止后，国新社经济愈发拮据，仅靠社员稿费股金维持。因此，范长江在重庆的生活也是很艰苦的，全靠稿费养家，有时还要接济朋友。记得有一次，长江夫人沈谱大姐找到我，拿着长江当年在前方采访时用的一架军用望远镜，希望我设法帮助卖掉以补家用。我多次奔走也未能卖出。没能帮上朋友的忙，我内心一直歉疚。

国新社是一个朝气蓬勃的团体，对社员来说，国新社就像一个家，无论有无其他社会职业，谁都喜爱它，留恋它。我后来到乐山武汉大学读书，不仅继续保持着与社里的联系，而且每到重庆，必到社里流连。社里办的油印刊物《采访与写作》《社友通信》等，内容丰富多彩，刻印字迹清晰整洁，极受大家的欢迎。记得有一期还曾用社员的名字编了顺口溜，其中有"某某登上张高峰，在韩柳村林间散步"的句子。

国新社对社员、记者都是极负责的。尽管工作人员很少（我认识的有刘尊棋、杨赓、高天、于友等），可是我写的稿子只要被报纸刊用，社里必剪寄给我，并注明何时刊于何报（包括海外）。在那战争年代，我的行踪不定，通信又极困难，然而我写的战地通讯剪报却几乎是齐全的，这不能不感谢国新社同仁的操心、保管之劳。可惜，那些剪报在"文革"中都被毁掉了。【注10】

国新社成立两年多时间，从无到有，从小到大，在桂林、重庆、香港都设有办事处，它的社员、社友、记者、特约记者遍布全国各地、各个战场，向海内外一百五十多家报刊发稿，社会影响越来越大，终于招致国民党政府的忌惮。据后来披露的国民党特务机关秘查国新社与"青记"的报告称："该社网罗名报、名记者，放弃优厚待遇，建立合作社性质之通讯机构，别有用心……"云云。1941年皖南事变后，"青记"和国新社都被当局查封了。

【注10：1991年，为了求证父亲在"青记"与国新社的经历，我曾专程到北京于友先生家拜访。他非常热情地接待了我，并且拿出珍藏的"青记"名单，指着张高峰的名字说："你父亲是一位好记者，为人正直，有老一代进步记者的传统。抗战后期，我在重庆美国新闻处做翻译，与高峰还有往来，以后才分手。"他还指点我可以再找哪些前辈了解情况。1949年以后，于友先生的经历也十分坎坷，他参加了《光明日报》的创建，1959年却被打成"右派"，发配东北20年，1979年"改正"，重返新闻岗位，参与创建英文《中国日报》，任副总编辑，后来又主编民盟《群言》杂志。他对范长江的了解、研究，有其独到之处。——张刃】

第五章　步入报坛

重庆被轰炸的日子

　　重庆虽然是大后方，但生活并不平静。作为战时陪都，自然成为日寇重点打击的目标，一度更实施了残酷的战略性、毁灭性轰炸，企图以此摧毁中国政府的中枢机构，动摇中国人民的抗日信念。重庆被轰炸的那些日子，令所有经历过的人刻骨铭心。

　　1938年10月武汉失守后，日军飞机可以从武汉、宜昌起飞，长驱直入西南地区；又由于航程缩短，往返便利，因此对重庆空袭不断，且日益频繁。而我国空军自武汉空战遭受重创后，已无力应战，重庆卫戍部队的高射炮又数量有限，火力薄弱，也无力防空。因此，面对只能挨炸的窘境，政府只能动员各方力量挖山洞躲空袭，当时，重庆各机关、学校、工厂，甚至私人住宅都有自家的防空设施，更有公用的地下大隧道，可以容纳成千上万人躲避空袭。我到重庆时，全城已经遍布防空洞，有的还相互贯通，连成一片，每遇空袭警报，随处都有洞口可以供人们避险。

　　1939年至1941年间，日军轰炸重庆达到了疯狂的程度，昼夜轮番，一批接一批，每批数架或数十架不等，而且投下的多是燃烧弹，破坏力极大。有的日机投弹后，甚至肆无忌惮地实施低空扫射，更造成平民的大量伤亡。如1939年5月3日、4日两天的轰炸，死三千多人，伤四千多人，造成抗战以来重庆最大的空袭惨案。空袭还使重庆全城停电停水，大公报、新华日报、中央日报、新民报等十几家报纸，不得不于4日起出"联合版"，历时百余天，直到8月16日才又恢复各自单独出版。

　　我在重庆期间，亲身经历了几次日军轰炸造成的惨案。

　　1940年5月下旬，日军飞机对重庆实施了一次夜以继日、连续一周的"疲劳轰炸"，常常是前一批投弹刚去，后一批接踵而至，如此连续轰炸，目的显然在于迫使政府机关不能办公，医院不能救治伤病，商店不能营业，居民不能安生……用心极其险恶。由于昼夜轰炸，重庆百姓白天不能举炊，夜间不能开灯，生活陷于极度恐慌之中。在那次轰炸中，"青记"设在张家花园的办事处也被炸毁了，索性搬到江北猫儿石与国新社比邻而居。那次轰炸，更首次造成了因隧道空气不畅致成千上万人窒息死亡的大惨案。至于究竟死了多少人，始终无确切数字。人们只见运死尸的卡车昼夜开动，清理隧道就用了三天时间。尸体从朝天门、临江门和通远门运送出城掩埋，据当时指挥运尸的人说，仅朝天门运出去的尸体就有四千多具。有人据此推算，死亡超过万人。

1940年8月中旬，日机连续两天出动百余架次，分四批对重庆狂轰滥炸，报载："市区三十八处被炸起火，殃及商店、房屋两千余户，死伤者达五六百人。巴县县城被毁五分之四，重庆街市顿成大片瓦砾之地。"最恐怖的是，街头死尸横陈，肢体残缺，断壁残垣上溅着鲜血，树枝或电线杆上甚至挂着人肉……

空袭频繁，重庆人民的生命财产朝不保夕，转瞬间就会化为乌有。以致当时人们每天醒来后，要先把贵重财物收拾好，随时准备携带着躲避空袭；还要把被褥、衣物卷叠在一起，以便遭到轰炸后，即使被掩埋也能够完整地掘刨。如果散放在室内，一旦房屋倒塌，刨掘就困难了。

由于敌机的狂轰滥炸，许多单位、机关以及亲友之间失去了联系。到某处公干或探访，常常只能看到一堆瓦砾，上面插块木牌，写着"迁往×××办公"或"×××迁往×××"，你第二次按照新地址再找时，新址也许又成了一片瓦砾，插上木牌告诉你另一个新址。如此追踪木牌，追来追去，机关不知所踪，友人也不知去向，如果不幸被炸死，也就永远找不到了。

在频繁的空袭中，"呜呜"作响的警报器已不敷用，也不安全，于是改为在浮屠关等高处挂球示警，使全城都能看到。挂出一个红球是预行警报，两个红球是空袭警报，三个红球是紧急警报。解除警报挂绿球。那时候，重庆百姓出门，都习惯了时常远眺示警挂球，以防空袭。

我离开重庆后的1941年6月5日，又发生了一次新的大隧道惨案。那天，敌机从早到晚对重庆实施"疲劳轰炸"。由于天气炎热，在隧道里的时间过长，加之通风设备停电，空气恶化，人们逐渐感到窒息，于是乘隙争相出洞。而防守洞口的士兵却以"警报未除"阻止人们出来，结果秩序大乱，前面的人阻于洞口，多被后面拥上的人群践踏而死，并且堵塞了洞口，因此空气愈发不畅，导致后面更多的人窒息而死。据亲历者说，事后打开防空洞栅栏，"只见尸体重叠，几齐洞口，无法进出，并且尸身相互扭结不能分开，浑身汗水如流，可见垂死挣扎时用尽全力之惨状。"

惨案发生，舆论大哗，街谈巷议都是对政府的责骂；大公报连发四篇社评，主张追查责任，以平民愤；总编辑张季鸾更面见蒋介石，告诉他社会舆论激愤，并说，"这是长沙大火之后的又一次重大事件，你应该严办，以平息舆论，收拾人心。"在民怨沸腾的舆论压力下，蒋介石不得不下令组织调查，但最后，也不过是免去了重庆卫戍总司令刘峙兼任的重庆防空司令一职，给一位负责的副处长撤职处分了事。

直到1942年以后，在盟军配合之下，重庆加强了防空力量，才基本解除了空袭的威胁。

我与范长江

在重庆，通过范长江，我还结识了与他比邻而居的沈钧儒（1940年末，长江与沈的女儿沈谱结婚）、阎宝航（东北元老、后来的中共中央统战部部长阎明复之父）、陈翰伯（曾任商务印书馆总编辑）等先生，以及大公报著名记者徐盈、子冈夫妇，他们都曾给了我很多指教，对于我从事自己喜爱的新闻工作有很大帮助。我仰慕他们的学识，又看到许多过去在平津的同学都陆续入读了内迁后方的大学，也动了申请继续学业的念头。于是，我以"沦陷区学生"身份申请，经教育部批准，于1940年8月入国立武汉大学"借读"。

行前，我专程去看望了范长江。没想到，他对我上大学颇不以为然，主张在工作中自学成才，并以自己为例说，他并非什么大学出身（长江确实没有完整的正式学历），但照样做记者。我说，抗战以来，自己在大江南北颠沛流离，身心疲惫，很想找个安静的环境，一面读书一面调整，也为今后做记者打下更坚实的基础。因此，我还是告别了长江，去了武汉大学。

我没有接受长江的意见——放弃读大学，但长江对我的指教，我却始终记得。他曾给我一篇他写的文章，题目是《建立新闻记者的正确作风》，文章写道："有了健全高尚的人格，才配做新闻记者。"作为新闻记者，最低限度要："第一，必须绝对忠实，必须有最客观态度，……第二，必须生活于自己正当收入的工作中，无论如何个人不能取非工作报酬的津贴与政治军事有关之津贴。"记者的新闻报道要忠实于客观事实，记者的个人生活要严于律己，除了劳动所得，"不拿任何方面的一个铜板"，这成为我，也成为绝大多数范长江的追随者后来恪守的职业信条。

长江与我在重庆分手后的次年，由于"青记"与国新社被查封，他也被通缉，不得不去了香港，1942年又进入苏北新四军根据地。听说，他最初还曾写了几篇解放区印象记之类的通讯，传到延安审稿，结果延安方面只肯定了两篇可用，另外的几篇因为"不符合党的政策"而没有发表。此后多年，我再没有看到过他那脍炙人口、颇具特色和充满激情的新闻通讯。

我们再见面，已是日本投降以后了。

1946年春，我在大公报北平办事处做记者。一天，同在办事处、当时为中共地下党员的徐盈兄通知我说，长江秘密到了北平，住在西河沿翠明庄励志社（军调部中共人员驻地），希望与我见一面。我随即从办事处所在的灯市口去翠明庄看望长江。他正要出门，便约我一同到王府井北京饭店中共代表的房间谈话。这是我时隔近六年再次见到长江。略叙分别后的情况，长江便向我询问了一些国民党在平津的军事、政治、经济、教育等方面的情况以及我的看法，我据实以告。分手时，他特意嘱咐我，如果有人问起他到北平的事，就说不知道（当时他没有对外公开姓名、身份，而我知道他已经是中共的高级干部），当然更不要主动说起此事。我自然照办了。不久，他就到南京去了，是中共代表团的新闻发言人之一。

新中国成立后，长江先后主持过解放日报、新华社、人民日报的工作，但再也没有写过他擅长的新闻通讯，而且在1952年就调离了新闻界，去做行政和党务工作了。我们也没有再见面。

第五章　步入报坛

"范长江现象"

1957年10月,"反右"运动后期,我在《人民日报》上看到一篇署名范长江的文章,题目是《要"招"旧大公报之"魂"么?》。这是长江有针对性的一篇文章,也是他1949年以后公开发表的鲜见的文字。文章涉及了他与大公报的关系、他对大公报的认识以及他离开大公报的原因。文章开头写道:

> 右派分子要"招"旧大公报之"魂",据说是旧大公报有许多优良传统,值得继承,因此,他们想恢复旧大公报。当然,旧大公报办了几十年,经过许多人的劳动,是有一些可用的点滴经验的。但是作为旧大公报"灵魂"的东西,却是十分反动的,应当和国民党反动政权一样,坚决地加以埋葬。
>
> 旧大公报的灵魂是什么?表面上是"独立的民间报纸",就它的主要历史阶段说,实际上是一张善于投机、善于伪装的、忠实于蒋介石政权的报纸。这个报的工作人员中,有些进步和中间人士,但那时报纸的最主要的领导人的立场是十分反动的。

接着,他列举了自己在大公报亲历的几件事,以证明大公报负责人的"伪装"和"投机"。前者的例证是,胡政之对他讲了一番有关"诚信"与"大公无私"的话,他认为自己"如当时许多善良而天真的读者一样"相信了;后者则以西安事变后,胡政之同意发表他关于中共抗日民族统一战线的报道;而卢沟桥事变后,胡政之又"后悔"宣传抗日"抗"成了"民族罪人"为例,前后对比,作为他认定大公报"投机"的依据。

最后,长江写到了他脱离大公报的那段"公案"。他是这样表述的:

1938年秋，武汉已经准备撤退了，反共的逆流正在抬头，"一个党、一个主义、一个领袖"的反动言论十分嚣张。大公报主笔张季鸾要我学写社论，我就写了一篇《抗战中的党派问题》，主张各抗日党派"民主团结"，反对"一个党"的主张。他不同意我的看法。我就把这篇文章在邹韬奋主编的抗战三日刊上发表了。张季鸾很不高兴，约我谈话：

"你为什么发表这样的主张？！"他严厉地质问我。

"我认为这种主张正确。"我坦然回答。

"这种主张是蒋先生（即蒋介石）所反对的。"他说。

"我只能赞成真理。"我说。

"大公报必须以蒋先生的态度为态度！"他激动起来。这是他平日不肯讲的一句实在话。

"我个人还有我自己的态度。"我直截了当地回答。

"你是大公报的人，只能以大公报的态度为态度！"他恼怒了。

"我是中国人！我要以中国人民的态度为态度！"

从此我就离开了大公报。

长江的这篇文章，可谓是他与大公报彻底划清界限，并对大公报予以严词批判的一篇"征讨檄文"。尽管他在文中也不能不"点缀式"地承认，大公报"经过许多人的劳动，是有一些可用的点滴经验的""这个报的工作人员中，有些进步和中间人士"（否则，恐怕就过于有悖事实，也伤及曾经的同仁了），但从总体上，他彻底否定乃至"埋葬"了自己曾经服务，并且以此为平台而成名的大公报。

大公报是否如长江所说，"伪装""投机"，"忠实于蒋介石政权"？长江为什么在名声如日中天的时候忽然离开大公报？都是可以探讨的问题。而他与张季鸾是否有那么一番争论，因为没有第三者在场，恐怕很难证实真伪了。作为后学，我对长江与大公报的关系，没有资格更多地评说。但以我在大公报服务二十多年的经历与感受，我以为，长江的这篇文章至少不是客观的、实事求是的，而宁可认为是他在当时的历史条件和政治氛围下，不得不表明的一种立场和态度。如是，则我们就不能不承认，范长江

第五章 步入报坛

作为一个知识分子，同样有其自身的弱点和苦衷。诚如"青记"早期会员、加入中共早于长江两年、所写作品同样影响深远的大公报著名记者徐盈兄所说："长江是人不是神，不要把长江神化了。"我极表赞同：诚哉斯言。

由此，我又想，长江是一位才华横溢的、出类拔萃的新闻记者，为什么从抗战后期开始，就再也没有能够发挥他的才能呢？

1988年，夏衍先生在纪念长江的一次讲话中，似乎从一个侧面给了人们一个答案，他说："新中国成立以后，范长江这个名记者不写文章了，文章很少。这是为什么？这个问题我曾经对他说过，……我说，喉舌不能代表人民说话，那还是什么喉舌？耳目和喉舌的作用都不能达到了。他（范长江）说，不一定啰！我们现在是社会主义国家啦！跟苏联一样嘛！"由此，夏衍先生认为，范长江后来没有发挥他的积极性，没有发挥他的才能和作用，是苏联模式或斯大林模式的影响。

夏衍先生能够提出"新中国成立以后范长江不写文章了"这样的问题，已经比较尖锐，也很解放思想，但我觉得，对于范长江或曰"范长江现象"，仅从"苏联模式或斯大林模式的影响"考察是不够的，应该也有必要做更深刻的思考。这个题目恐怕要留给后人了。

有朋友告诉我，1961年，长江曾经写过一篇文章，题目为《记者工作随想》，他写道，"一张报纸，一个记者，其基础在群众，前途在群众；一个记者最基本的锻炼就是群众观点的锻炼，……领导也有糊涂的时候，群众是清楚的。如果和群众有密切的联系，你就会心中有底，就不至于像赌钱一样，跟着别人押宝，别人输了，你也跟着输了。"他还认为，"现在记者的生活是机关化的，不利于记者深入群众，和群众脱离久了，就很危险。"

这些话，是在长江离开新闻界近十年时写下的，他为什么要写这样的东西？不得而知。但它至少表明，长江的新闻情结未泯，并且有了新的思考。这篇文章，可以视为长江几十年新闻实践的思考和总结，也是他的肺腑之言，可惜，在他生前没有、也不可能公开发表；而他自己，却在"文革"中含冤去世了，至今死因不明。

一代名记者范长江，可惜了！

第一部·高峰自述：抗战生涯

与大公报结缘

说到范长江，不能不说大公报，说到我与它的关系。

抗战期间，大公报天津、上海、汉口三馆先后被迫关闭，又陆续建立了重庆、桂林、香港三馆，以重庆为大本营。1940年我到四川后，开始与大公报结缘。

1940年秋，我已到乐山武汉大学读书，同时做国新社记者。一天，读到在国内最有影响的大公报招聘西川通信员的启事，要求"投稿三次，合则聘约"。我对大公报仰慕已久，是它的忠实读者，认为它是为老百姓说话的报纸，因此，欣然积极应聘。于是，我精心采写了几条新闻，寄出第一次投稿。事后又想，内迁川西的大学很多，应聘者必定不少，感到自己没有把握和希望，便放弃了第二次投稿。不料，忽有一天，我接到重庆大公报通讯课寄来的聘书："兹聘请台端为本报西川通信员"，并有两条附注：一、以稿计酬；二、双方得随时解除聘约。前一条好理解，就是没有工资，不算正式记者；后一条有讲究，就是说，大公报可以随时不要我，我也可以随时不给它干，双方的权利是平等的。实际上，只有它解聘我，我不会不给它干。大公报是在考察通讯员的能力与人品。

我成为大公报通信员以后，便积极采访写稿。当时，武大所在的乐山县，沿岷江至犍为、宜宾，有许多由于抗战从沿海内迁的工厂，包括从天津、上海迁来的几个大厂，如著名的永利碱厂、久大盐厂、黄海化学工业研究社（以下简称"黄海化工社"）、中元造纸厂等。我有意识地注意采写这些工厂，特别是中国化学工业先驱、抗战中始终坚持生产科研，且与大公报有深厚情谊，并称"天津三宝"之一的"永久黄"的新闻，大公报都用大字号或加花边显著刊出。

譬如，1940年11月1日，重庆大公报刊登了我写的报道《黄海化学社之贡献　新法制盐可节省燃料半数以上》：

第五章　步入报坛

  抗战军兴，海盐来源断绝，各省食盐唯恃川省供给，供不应求，遂思增产。盐务当局鉴于土法制盐不独成本高，盐质杂，制造缓，且耗费燃料为量至巨，因委托黄海化学工业研究社设计改良。该社倡用枝条架以浓缩卤水，节省燃料不少。以塔炉试燃煤炭，结果原用四斤煤成盐一斤者，今仅用一·五至一·七斤即可。盐务当局遂通告各盐场应一律效仿。闻该社已派技术人员分赴川东资中及自贡一带推进，预料当可为国家省出一大批燃料也。

1942年8月，黄海化工社社庆，大公报特发贺电。我发回报道，记述了战时科学工作者的报国心胸与磨难：

  黄海化学工业研究社自"民国"十一年八月成立以来，至今已达二十周年。自入川以来，对于川盐改造颇有贡献。该社顷定本月十五日在五通桥西望关举行纪念仪式，并举办展览会。黄海社创办人范旭东氏预撰纪念词指出，此华西深山中之纪念会，十足显出中国学人之风格。二十年来中国正当历史上空前转变时期，所以贫弱，全由不学。如无人为中国创造新学艺技艺，则中国决无产生新生命之可能。黄海创立之微意，即邀集志同道合，静悄地干，期以岁月，果有成就，一切归之国家，决不自私；否则惟力是视，决不气馁。化工今日形成为民族长城，这岂是不出几把汗，不咬紧牙关，一代二代干下去建造得成的？而研究工作即系为建造长城之地基。二十年来，世人实望学术研究机关多注重眼前利得，要先应用而后学理，若干研究工作者莫不遭此磨折。"中国学人，到今天还在和环境争死活，说不上受国家社会的尊仰，潜心学术。这样如其还有所谓成功，不是自欺便是欺人。"范氏末称：二十年辛勤换得诸君头上白发与内心慰安，"求仁得仁，我替诸君高兴"云。

  做大公报通讯员，我基本保持每周至少发一次稿，大公报特辟了个栏目《西川简讯》或《乐山简讯》，每次刊登三五条短消息。遇有重大新闻则随时单独发稿。

我的稿子大公报几乎都刊用了,这就更增强了我的信心,加倍努力。大约不到半年时间,我又向报社提出一个不情之请,希望发给我一个政府交通部电信总局印发的"收报人付费新闻电报凭照",以便及时向报社发专电,加强报道的时效性。报社居然同意了,很快就寄来了凭照,发报地点列五处,宜宾、五通桥、乐山、雅安和西昌。同时还特别写信提醒我说,"这是对你的破格待遇,希望努力工作。"

大公报用人不问资历,唯才是举,合则用,不合则去。我是一个他们连面都不曾见过的青年学生,却成为大公报第一个有权发新闻专电的通讯员(大公报惯例,专电都由它的记者所发,且成为其一大特色),实际上成为大公报唯一的"以稿计酬"的记者。大公报如此信任,促使我认真为之工作,争取早日成为它的正式记者。

范旭东与川西"新塘沽"

范旭东是中国现代化学工业的奠基人,他先后创办了中国第一个碱厂(永利)、第一个精盐厂(久大)和第一个民办科学研究社(黄海),即闻名全国的"永久黄"。

说起来,我与"永久黄"还有乡谊。

我出生前后,范旭东先生正在塘沽创业,而当时的塘沽和我的家乡芦台同属宁河县,两地相距很近。童年时代,我就听说过范旭东其人和他创办的"永久黄"事业。读书时每次往返于芦台和平津,火车过塘沽,远远就可以看见永利碱厂那两座火柴盒式的办公楼和久大精盐厂那些白皑皑的盐坨。当时平沈铁路沿线只有塘沽这两个引人注目的大工厂,我很为自己的家乡自豪。

抗日战争爆发后,塘沽沦陷,"永久黄"被迫南迁。当时,在南京附近六合县的卸甲店,还有一个范旭东创建的永利硫酸铵厂,生产化学肥料,规模居亚洲第一。据说,该厂生产硝酸的车间,改动部分设备和工

第五章 步入报坛

序,就可以生产军火。所以,铵厂一建立,就引起日本军阀和财阀的注意。"七七事变"后,日本军方多次派人到天津、香港,追踪威胁和利诱范旭东与之"合作经营"铵厂。范旭东一律拒绝,并商之侯德榜,告诉全体员工:"宁沮丧,不受奠仪",决不与敌人合作。日本人不能得逞,也容不得中国有先进的化学工业,因此,南京沦陷前,日军飞机曾三次轰炸卸甲店的永利硫酸铵厂。范旭东又决定,凡是能够搬动的机器、材料、图纸、模型一律抢运西迁,笨重而无法移动的设备,则将仪器拆走,其余尽量破坏并投入长江,不为敌人所用。

此后,范旭东等带领一批技术骨干和老工人远走四川,开创了华西化工基地,选择岷江畔犍为县的老龙坝重建永利碱厂,在与之毗连的五通桥恢复黄海化学工业研究社,在内江县自流井建起久大盐厂,还把永利所在地老龙坝改称为"新塘沽",以纪念创业的艰辛,表示不忘国耻。

我常常跑到"永久黄"去采访,有幸与范旭东先生相识,与那里的一些职员成了朋友。既可获得新闻,又能排遣乡愁。

范旭东爱祖国、爱科学、爱事业、爱人才。他办企业绝非仅为"生财",其志向更在于振兴民族工业。因此,除了经营企业,他对人才的延揽、培养花费了很大的心血。他说:"中国土广民众,本不应患贫患弱。所以贫弱,完全由于不学。中国如其没有一班人肯沉下心来,不趋热,不禅烦,不为当世功名富贵所惑,悉心皈命为中国创造新的学术技艺,中国决产生不出新的生命来。我个人的意见,最好还是从青年方面拔选人才出来,加以培植,比较稳妥。……新生命一定可以造得出来。永久如此,黄海亦如此。事业的真正基础是人才。"

这些话,正是范旭东办实业的指导思想和他的用人之道。

范旭东还是一位有远见的企业家、科学家。他认为,要发展工业,必须使科学研究先行。调查与分析资源、进行专题研究、解决生产中的技术难题、培养技术力量,都属于科学研究部门的任务。因此,他创办久大精盐厂时就建立了一个化验室,专门研究解决生产中遇到的科学技术问题。创办永利碱厂后的1922年,又在久大化验室的基础上建立了黄海化学工业研究社,这是国内第一个私人创办的科学研究机构。抗战爆发以后,他宁肯失去"永久黄"的全部资产,也决不放走一个科技人员,几乎全部撤到四川，使企业在川西重建，继续他们的事业。

范旭东创业成功，还得益于他选聘的三位精明强干、富有事业心的助手，帮助他驾驭、领导、培植了更多的科技和管理人才。这三位助手分别是：久大精盐公司总经理李烛尘（曾任新中国轻工业部部长）、永利化学工业公司总工程师侯德榜（曾任新中国化学工业部副部长）、黄海化学工业研究社社长孙学悟（曾任新中国中国科学院学部委员），他们与范旭东合作无间，"沉下心来"经营共同的事业。难能可贵的是，为了使自己的事业延续下去，他们的第二代都有人学化工，并且献身于"永久黄"。其中包括，在久大工作的李烛尘之子李文明、在永利工作的侯德榜之子侯玉篪、在黄海工作的孙学悟之子孙继商。

范旭东尊重知识，尊重人才，不是停留在嘴上。他亲自出马，与平津几家著名的大学校长约定，每年化学系、机械系毕业的前三名学生，一律推荐给"永久黄"。这些名校毕业的青年到职后，都要先在"黄海"从事一段化验、分析实践，以考察他们的能力、所长，然后量才安排具体工作。为了培养各类人才，范旭东还在永利创办了艺徒班，招考高中毕业生，加以专业培训，使之成为技术中坚。有人粗略统计，新中国成立后，从中央到地方的化工领导岗位、技术部门，几乎都有"永久黄"当年培养出来的骨干。

范旭东重视人才，舍得智力投资。在"永久黄"，科技和管理人员都有优厚待遇，工资、居住、医疗、子女读书都有较好的条件，还不断选拔有为的科技人员出国深造。因此，他们都能安心工作，倾心倾力为企业服务。范旭东就这样依靠自己的科技和管理队伍，推动事业蒸蒸日上，使"永久黄"得以蓬勃发展。

"永久黄"办有一个内部刊物《海王》旬刊，每期刊头旁边都印有"永久黄"的团体信条："一，我们在原则上绝对的相信科学；二，我们在事业上积极的发展实业；三，我们在行动上宁愿牺牲个人顾全团体；四，我们在精神上以能服务社会为最大光荣。"这四句话是创业初期由范旭东倡导制定的，他要求"永久黄"全体职工遵照执行，自己更率先垂范。在战乱频仍的旧中国，能够提出这样内容的企业信条，可见范旭东的远见卓识，它对今天的企业家与从业者仍有启示意义。

第五章 步入报坛

中国纯碱与"洋碱"的苦斗

因为采访的关系,我听到了范旭东和他的团队以中国纯碱与英商卜内门洋碱竞争的轶事,颇为生动,且大长国人志气。

碱是人民生活离不开的东西,又是化学工业不可少的原料。但在1926年以前,中国没有自己生产的纯碱,人们只能食用天然碱,即把土碱化成碱水,稍加过滤后凝成碱块。由于加工粗劣,杂质很多,既不卫生又不能用于工业生产。而洁净雪白的工业碱,人称"洋碱",全赖进口。

二十世纪初,垄断中国碱市场的是英商卜内门公司。它用现代化学方法生产的洋碱质量远超土碱,而且价格低廉,不论工业、民用都受欢迎。第一次世界大战爆发后,洋碱供应中断,卜内门趁机提价,引起中国市场用碱恐慌,也促使早就有志用盐制碱的范旭东于1917年开始筹建中国的第一个制碱厂——永利,以摆脱外商的挟持。

范旭东兴办制碱厂面临两大困难,一是资金,二是技术。创建初期,他只筹集到四十万银元的资金,而技术则被卜内门等国外垄断集团封锁。著名的瑞典"苏尔维制碱法"是当时最先进的技术,范旭东与侯德榜便着手努力突破这个禁区。

经过六七年的苦斗,工厂设备安装完毕,生产技术条件也具备了。1923年,永利将开工的消息传出,卜内门公司竟勾结当时的北洋政府盐务署稽核总所英籍会办丁恩,宣布制碱用盐每百斤征税两角,以加大其成本,蓄意扼杀永利。而在此之前,北洋政府财政部已批准永利工业用盐免税三十年。范旭东据理抗争,向财政部控告盐务署"背信违法,摧毁碱业",舆论也斥责丁恩庇护英商,摧残中国工业,最终使卜内门与丁恩的阴谋未能得逞。

1924年,永利出碱了。可惜碱质不纯,红黑色间杂,因此销路不佳。此时,资金已耗去二百多万银元,超过最初资本的四五倍,而且生产的主要设备干燥锅也破裂了，永利只好停产。

危难时刻，卜内门上海经理李立德与伦敦总经理尼克逊幸灾乐祸，先后当面讥讽、利诱范旭东。李立德对范旭东说："你现在办碱厂没有条件，三十年后或可有望。"范旭东回答："我恨不得在三十年前就办碱厂，现在已经嫌晚了。事在人为，我一定要办成。"尼克逊在大连与范旭东会谈时，一再表示愿与永利在资金和技术方面合作，意图借此吞并永利。范旭东看破他的阴谋，直言："永利的股东只能是中国籍的公民，这点无可变通，你的愿望不可能实现。"两洋商怏怏败阵，但斗争并未从此结束。

永利停产了，股东们知难而退，谁也不肯再投资。范旭东不甘心失败，他一面求助于老朋友、久大精盐厂的李烛尘和金城银行的周作民，设法解决了资金问题；一面依靠富有进取精神的化工专家侯德榜，继续攻克设备与技术难关。侯德榜第二次去美国购置新的设备、探讨制碱技术。

又经过一年多苦斗，1926年6月29日，永利第二次开工了。这是一个值得纪念的日子——中国人制造出了纯净的工业用碱，其中的碳酸钠含量达到99%以上，足与卜内门的洋碱媲美。范旭东手捧白花花的碱面，激动地对侯德榜和工人们说："咱们就称它为纯碱吧，以便与洋碱区别。"这就是中国"纯碱"一词的由来。

永利纯碱确定"红三角"为商标，"红三角"中间有一个化学用坩埚，表示中国的现代化学工业开始腾飞。

永利掌握了"苏尔维制碱法"，生产出了高质量的纯碱。卜内门公司意识到自己的垄断地位不保，采取连续降低洋碱价格的策略，企图依仗雄厚的财力挤垮永利。范旭东沉着应战，"红三角"纯碱也随之降价。他还幽默地说："咱们奉陪到底。卜内门洋碱销量大，越降价它的损失也越大。让咱们中国的工厂和老百姓也买些便宜碱用吧。"

1926年8月，"红三角"纯碱参加美国费城万国博览会获得金质奖。从此，卜内门洋碱占领、垄断多年的中国市场逐渐被"红三角"纯碱取代。到了三十年代，卜内门公司被迫与永利签订了销售合同，双方按比例分配中国碱市场的总销量，"红三角"纯碱占55%，卜内门洋碱占45%，斗争胜负见了分晓。不久，"红三角"纯碱又打进国际市场，首先销往日本，而一向垄断日本碱市场的卜内门公司则做了永利驻日本的代销店，它彻底地认输了。

在永利碱厂的庆功会上，范旭东意味深长地说："各位的白发换来了纯碱。求仁得仁，求自己进步的人群，是永生的。"

战时的内迁工厂

抗战期间，我国沿海地区被日寇侵占，大批工厂被迫内迁。这些企业的生计，不仅关系中国民族工业的延续、生存与发展，而且对抗日战争的物资需求乃至最终胜利，都有着至关重要的意义。因此，我对它们始终关注，大公报也及时报道。

关于内迁工厂，1941年10月，大公报曾有"工厂内迁更能自由发展，环境虽困难亦不难克服"的报道。报道称："中枢公布资金内移，振兴实业后，记者走访执行调整工矿工作之某负责人，据称：抗战以来，迁建后方工矿，迁建工作多半完成，自本年四月以来，滨海企业家又纷纷集议迁厂至后方事宜，经济部会同有关当局曾尽量予以协助。迄至今日，困难自仍难免，惟能否打破难关，全在主持人之毅力如何耳。某氏更分析留（香）港之厂家所谓（内迁有）原料困难问题，其实据闻知，在港亦非绝无困难，如化工必需之盐，系来自中南半岛，煤则来自印度，面粉来自加拿大，包装什物来自美国。太平洋上风云日紧之今日，动辄受阻，若干方面反不如后方之能自由发展。且留居港沪，至必要时，亦易为外人所没收。今后迁建情况当更艰难，工矿业所负职责更为重大云。"沿海工厂内迁已为当时大势所趋。

内迁工厂大批入川，使战时四川成为当时中国工业最集中的地区之一。而川西岷江流域的犍为、乐山地区，即为内迁工厂的重要基地，大公报当然对它们给予了极大关注。我作为其西川通信员，报道内迁工厂动态，向读者阐释其重要意义，更是责无旁贷。应该说，战时经济报道，是抗战中新闻工作的重要内容。

第一部·高峰自述：抗战生涯

我存有 1942 年中国西南实业协会主编的《四川工厂调查录》一份。这项调查涉及四川各业工厂近七百家，分为十六大类，其中若干调查数据，可以反映当时四川工业的基本情况。

关于资本金，调查有确切数据的工厂计三百九十余家，资本数额合计为三亿四千四百余万元。其中首屈一指的是中国兴业公司，有资本一亿两千万元，其他各厂，资本在两千万元以上者一家，一千万元以上者两家，八百万元以上者一家，六百万元以上者两家，五百万元以上者一家，四百万元以上者七家，三百万元以上者三家，二百万元以上者十七家，一百万元以上者二十一家，一百万元以下十万元以上者一百五十四家，其他资本额最小的工厂，每家资本仅数百元。由此可见，当时中国工业的基础确实很薄弱，以这样的工业及其提供的产品支撑抗战，其艰苦卓绝可想而知，更难能可贵。

调查还对当时各工厂面临的困难做了分类。在六百九十二个工厂中，以器材方面困难者为最多，计二百二十八家，占了总数的三分之一，说明物资的匮乏制约着工业的发展。其次为资金困难，计一百八十七家，占总数的近三成，并且这个问题在抗战期中始终困扰着许多企业。其余的困难，则分别为生产成本高涨、技术人员短缺、动力缺乏、销路困难等等。至于因兵役、疏散、空袭、粮食供应引起困难的工厂，仅占总数的一成。

列举这些数据，一方面可做历史资料，另一方面，为作我关于犍为、乐山地区工业报道的参照。

建立工业基地，需要水源、燃料、动力、运输等多种条件。岷江流域的犍为、乐山地区，就有这样的天然环境：不仅江水无尽，更有石磷、石板溪、边河、金粟及铜河等五个煤矿，当时月产煤约三万六千吨；运输除水路外，还有陆路可通重庆、成都等地，原料及成品运输诸多便利。当时所缺者为电力，国民政府为弥补此缺，特在犍为专设了一座两千千瓦的岷江电厂。

犍乐地区具备了设厂条件以后，首先来此设厂的就是范旭东的永利公司（五通桥老龙坝），其次先后设厂者，有犍为县西坝的炼油厂、磨子场的川康毛织厂、五通桥化学工业公司的食盐副产厂，以及乐山青衣坝的木材干馏厂、马鞍山的嘉华水泥厂等。这些工厂多为战时新兴工业，几乎为抗战供给了各种需要。

第五章 步入报坛

犍乐地区工业扫描

抗战期间，我曾多次在四川犍乐地区采访，对上述工厂做过长篇报道。兹摘要如下，或可从一个侧面作为抗战时期大后方工业发展的历史资料。

工厂之神经

一个国家如欲达成工业化，则动力是必先解决的问题。战时沿海各工厂纷纷内迁，因之内地各工业区之动力问题已为政府所注意。以西川论，资源委员会先后在宜宾、自流井、五通桥建立了电厂。五通桥之岷江电厂专事供给犍乐地区各工厂之动力，实为各工厂之神经。

该电厂二十七年（1938）年底开始筹建，次年七月正式发电，当时只有两个二百千瓦的发电机，电力不足分配。八月，始将宜昌电厂撤下来之发电机装竣，电力增为五百千瓦。但锅炉仍只一个，稍有失灵，犍乐地区各工厂必得停工，影响生产极大，且平时电力仍感不足。幸有永利公司来五通桥设厂，自备六百千瓦电厂一所，超过岷江电厂一百千瓦，除供给自己用电外尚有富余。故岷江电厂乃由该公司购得三百千瓦电力，再转售犍乐地区各工厂，并可供给附近村镇居民用电。岷江电厂与永利公司之合作，支持了各工厂生产，也繁荣了犍乐地区。

犍乐地区工业天天在发展中，而动力也必须有增无减，故岷江电厂最近又将长沙湘江电厂之全部机器运来，费时一年半，装机完竣。新机之电力为两千千瓦，较之以前电力提高四倍，将为四川工业上之一大动力。

据介绍，建立电厂，除为各工厂解决动力问题外，其最初目的还在改良犍乐盐区的牛力推卤为电力推卤，如此可以增加生产。而据记者在盐区参观，改用电力推卤者甚少，多数仍沿用旧法，考其原因，系限于经济及机件与技术人员缺乏。

化学工业之母

用盐制碱，我国永利公司首屈一指。该公司所设之制碱厂，早在塘沽时每日之产量即达二百吨，除供销国内以外，尚可运销南洋、爪哇、苏门答腊以及婆罗门等地。以制碱工业论，日本公司对永利已经望尘莫及。

酸、碱、盐是化学工业不可缺少之原料，尤其是碱，世人称之为"化学工业之母"。但欲完成基本化工任务，单有制碱尚不足，应同时举办制酸、制盐工业，所以，三位一体之永利公司为我国开辟了新资源，新工业，其各厂规模之奇伟、成绩之优良，超过了远东的日本及欧洲的苏联。

战争的破坏给永利公司在物质上有莫大之损失，而永利公司同仁创业精神并未稍减。永利公司迁川以后，即有缜密之生产计划，同时政府也曾半命令式地要求该公司恢复原有之各厂，并创办炼焦厂及水泥厂，以供国防工业之需要。然因在国外购得之机器多滞于海外，虽有许多厂房早已建成，一时尚难全部开工。

永利公司目前暂以制碱为主。看一个国家用碱量之多寡，即可推知其工业进步之程度。因为碱为化工之基本原料，如肥皂、造纸、玻璃、炸药、纺织、洗毛、精炼油、染料、冶金、饮料、照相、医药等工业都离不开纯碱，所以，人的生活也离不开碱。由此可知，我们国家是如何的需要永利公司！

低温炼焦之成功

自烟煤中提制液体燃料及各种副产品，所产种类甚多，均为有机化工所必需之原料，且为国防工业之基础。

抗战军兴以后，海运中辍，后方物资需要殷切，政府鉴于此项工业之重要，乃于二十九年（1940）年初派人至犍为县一带考察，以该地区所产之烟煤，颇适宜于提制液体燃料。据此在犍为西坝村建立大厂，即今之犍为焦油厂。

焦油工业在美、德诸国尚属新兴，历史简短，在我国尤为首创，无从借鉴，创业至为困难，经十数月之努力，始完成初步计划。三十一年（1942）年七月正式出货，不但出品精良，且为全国仅有之低温炼焦厂（摄氏六百度），亦为我国工业界之大进步。

据悉，政府创设该厂之目的，系以制造液体燃料为主，如汽油与柴油，故经济部特规定有专案销售办法，不得由厂方自由买卖。此外之其他产品，可由厂方直接销售于民间或各工厂。现该厂员工达二百五十余人，其中生产工人约一百四十人。三十一年（1942）十月增添设备后，生产液体燃料每月达近两千加仑。其增产之速，实因该厂对技术之随时研究及改进。

液体燃料之副产半焦（即煤制气）用途亦颇大，其特点为无烟、易燃、耐用，可供木炭或煤炭汽车为燃料，亦可做工业燃料。西洋各国城市居民多乐用此种燃料，因其具备经济卫生条件。此外副产最多为沥青，每吨煤可出沥青二十公斤，其用途为干电池之碳极、蓄电器内之绝缘材料、铺设马路等，且为最好之防腐防锈涂料。该厂产品十余种，与舶来品比较，有过之无不及。

羊毛落在产羊地

澳洲固然是羊毛之名产地，而中国羊毛，尤其西北所产者，亦早闻名于世，惜国内毛织业不发达，我们的羊毛多输出国外，别人制成产品再以高价卖给我们，此不仅是一种损失，也是叫人脸红的耻辱。

战时敌人步步封锁我们，一切不能仰给国外，国内的毛织业不得不求改良与增产。四川犍为磨子场之川康毛织厂，即应时而起。该厂于三十年（1941）四月正式开工出货。资本由五十万元增至二百万元，员工由三百增至五百，其中技术工人有三百多，规模相当可观，每月生产量约为六千公尺。然因原料自西北运来之困难，加之机件缺乏，产量势必减少。该厂目前只制毛呢，不产毛线。

战时经营毛织业者，也有莫大困难。例如染料，必须向国外购买。海运断绝以后，几无来路，许多产品无法染色。有时为了一颗难配之螺丝，也只可停工。资金周转之不灵，亦颇影响生产。此为工业落后国家在战时必有之困难。相信战后始可解决。

该厂厂长王达甫先生称："羊毛好坏，须以其天然黏度、细柔、光润为标准。我国西北所产羊毛对于此三条件都能适合。国人实不应再迷信澳洲羊毛以及外国之毛织品，而忘却自己的富源。"俗话说"羊毛出在羊身上"，羊毛也应该落在产羊地，这才是我们工业的进步，才能真正地挽回我们的利益。

新兴的食盐副产

犍乐地区系井盐之名产区。食盐为化学工业之一，而食盐的副产品在化学工业上也有极大价值。

所谓食盐副产品，系用制盐之卤汁再制其他产品。卤汁者，即煎盐后所余之苦卤。犍乐两盐场每日所产之卤汁不下数十吨，往者多视为废物而弃之，殊为可惜。近年来，黄海化学工业研究社曾对卤汁做精细研究，据分析人孙继商君语记者："犍乐地区卤汁中含量最多者为氯化钙，其次为氧化镁，再次为溴，以上三元素皆有利用价值，实堪注意。"（溴可供为军需工业之原料）该社将分析结果送与食盐副产品制造厂参考。该厂为扩展业务，邀集犍乐盐商合资，扩大组织，增加资本，改称五通桥化学工业公司，专以制造化工原料及医药用品。其建厂宗旨说："利用废物，增益资源，供给需要。"

记者至该厂参观时，见到其所出之产品，计有氧化钾（炸药及火柴原料）；溴及溴盐（染料、医药及化学药品原料）；硫酸镁、碳酸钙（均为医药品、化妆品、橡胶工业原料）；氧化钡（电化工业、制革工业原料）；硫酸钡（医药、造纸及油漆工业原料）；硫酸钙（建筑工程及涂料用）；等等。

食盐副产品制造，在我国尚属新兴之化学工业，全国所有之是项工业，目前仅限于自贡与五通桥两产盐区，且以五通桥化学工业公司之工厂规模最大。

战时后方工业的坚守与发展，是中国抗战历史的重要组成部分，那么多爱国实业家、科技人员和工人，在极其艰难困苦的条件下工作，为抗日战争的胜利作出了不可磨灭的贡献。

大公报人张高峰
第一部
高峰自述：抗战生涯

第六章 武大岁月

乐山的大学生活

1940年8月下旬，我告别重庆，到武汉大学报到。

武汉大学是1938年春迁移到川西岷江之畔的乐山县的。从重庆乘船溯长江而上，经宜宾改乘小船走岷江，需要四五天路程。

当时，四川有不少内迁的大学，重庆有中央大学、复旦大学，成都有燕京大学、齐鲁大学，宜宾有同济大学……我为什么独选武大呢？这不仅因为当年武大在全国高校中名列前茅，更因为武大当时的校领导比较开明，校风也比较自由、民主，不似中大、重大被国民党控制得那么严密，也没有燕大的教会学校氛围。此外，以当时的交通条件论，乐山距作为战时政治文化中心的陪都重庆，比虽亦著名但远在昆明的西南联大近多了。我希望保持与重庆新闻界的联系，所以，去乐山是我比较理想的选择。

说当年武大在全国高校中名列前茅，首先在于它的教师群体中享誉国内外的知名学者甚多，这是当年武大的明显优势之一。也正因如此，武汉大学每年都和当时国内最著名的中央大学、浙江大学、西南联大联合招考新生，四校联考，被其中任何一校录取的，都是中学生里的佼佼者。武大倡导"诚、勤、严、勇"（诚实朴素、勤奋刻苦、严谨治学、勇于创新）的校风，特别是在抗战期间，师生含辛茹苦，筚路蓝缕，确曾为国家培养了一大批优秀人才。

说武大校领导比较开明，校风比较自由、民主，首先得益于校长王星拱先生。王先生是安徽怀宁人，留英十年，化工专家。1916年回国，即被蔡元培先生聘请到北京大学任理科学长（值得一提的是，他的同乡陈独秀先生时任北大文科学长，两人惺惺相惜，关系融洽。陈独秀后来的人生历尽坎坷，命运多舛，直至身后，王星拱先生每每施以援手，从未因陈独秀的身份而避讳、畏缩。1933年任武大校长，至1945年辞职，主持校政长达十二年。王校长主张学术自由，无为而治，反对党派活动介入学校，

第一部·高峰自述：抗战生涯

因此为当局所不满，1940年初，我入学之前，他曾一度险些被撤换。由于武大师生的强烈抵制，当局才收回成命。

我到武大读书，并非考取，而是"借读"。个中缘由是，抗战以来，我在大江南北闯荡了两年多，耽误了学业，不想再按部就班地读四年大学了，希望早点毕业，尽快实现我做记者的理想。借读可以插班，期末考试合格即可转正。战时的一切都打破了常规，我以"同等学力"申请，教育部居然批准了，所以我入学后直接读了政治系三年级。同年寒假前，第一学期通过考试后就转为正式生了，并且申请到教育部"战区流亡学生贷金"的资助。

乐山古称嘉定，又称嘉州，是川西一座古老、美丽、安谧的小城。它依傍岷江、青衣江汇合所在，江边就矗立着举世闻名的乐山大佛，登高远眺，峨眉巍然；俯瞰桑田，小桥流水；物阜民康，人杰地灵，古有苏东坡，今有郭沫若……这一切，我慕名已久。但是，当我看到1940年的乐山时，它却已是满目疮痍，伤痕累累。一年前的1939年8月19日，日军数十架飞机轰炸了乐山，竟炸毁了多半座城市，城里的繁华商业区几乎夷为平地，更造成数以千计的居民伤亡，武大师生十余人也未能幸免。

入学之初，日寇的凶残先给我"上了一课"，也愈发坚定了我发奋读书和抗战到底的信念。

战时的武大在乐山并没有集中的校区，而是分散在城内外十余处征募、租用的庙宇、公房、私宅里。校本部设在城里的文庙内，大成殿改作了图书馆，东西两厢改造为文法学院的教室，理工学院则远在城外。我们文法学院的第二学生宿舍在神龙祠，原来是座破庙，经改造成为大小寝室，住七八人、一二十人不等。室友可以自由选择，彼此邀约组合。因此，你来我往的搬家成为宿舍里的平常事，没有人诧异，也从未发生过不愉快。

抗战时期，物质生活艰苦，宿舍简陋也没有人在意。墙壁是竹篾编成，既不挡风，也不隔音，这还都不在话下。惟室内老鼠、臭虫猖獗，搅扰得我们不胜其烦。那些大老鼠犹如小猫，肆无忌惮流窜，甚至公然与人争食，连大猫都不敢去捉它。臭虫更是无处不在，有同学曾一夜捉到过六十只！以致王星拱校长开会时都不忘号召大家"努力消灭臭虫"。

第六章　武大岁月

战时，绝大多数学生经济拮据，特别是家在沦陷区的学生。政府给的贷金有限（以每月三十四斤半米为准折合成法币），起初尚够吃饭，后来物价飞涨，连吃饭都不够了。因此，每餐能够吃到缺油少盐的青菜、萝卜、豆芽，已是幸运。偶尔尝到肉味，无异过年。即使只吃米饭，也多掺有稗子、砂子、稻壳，甚至虫子、老鼠屎，且有霉味，同学们戏称之为"八宝饭"。

食宿条件恶劣，疾病自然难免。查 1942 年 9 月我发回重庆的报道，当年一月至六月，在武大校医室就诊的学生，即达九千六百多人次，其中，患疟疾、气管炎和流行性感冒的就占了半数，而当时武大的全体学生也不到两千人，可见问题之严重。

营养不良，缺医少药，使一些体弱的同学学业未竟便告别了人世。他们都陆续被葬在武大自己在乐山的公墓里。当时，武大有七个学生宿舍，同学们便把那公墓称之为"第八宿舍"，以怀念那些逝去的年轻校友。

1941 年，乐山还发生了一种被称之为"炧病"的怪病，患者初期四肢瘫软、麻木，吐泻不止，逐渐麻痹至呼吸系统，往往很快窒息而死。这种病在乐山地区引起人们的极大恐慌，后经设在五通桥的黄海化学工业研究社化验，才知道是当地卤盐内含有氧化钡中毒所致。找到了根源，才有了治疗办法，可惜，许多患者已经不明不白地送了命。我想，幸亏有了科学的化验方法，否则，又不知有几多年轻学子会死于非命。

即使在如此不堪的物质条件下，同学们求知的努力却没有丝毫懈怠。每天从早到晚，教室、自修室和图书馆里总是座无虚席，同学们都在发奋读书，刻苦用功。宿舍里更有不成文的"规矩"：禁止喧哗。如有访客，一律到外面扯谈。更有许多同学跑到街上的茶馆里去读书。这些场景，会一直延续到每天晚十点熄灯。

第一部·高峰自述：抗战生涯

教授群与我的恩师

抗战时期，武大是国内的名牌大学。但一所名牌大学的声誉，既不是校舍的宏大巍峨，也不是校园的美丽安谧。如果论这些，武大在乐山，真可谓寒酸、困窘。但武大之所以出名，却在于它的教师队伍学识博大精深，师德崇高感人。

为了培养和造就人才，武大校长王星拱千方百计罗织了一大批出类拔萃的教授，而且秉承了蔡元培先生的传统，不论其出身、学派，兼收并蓄。理工学院的师长我不太熟悉，在文法学院，我知道的，既有大师级的学者钱穆、熊十力，也有留学归来的青年才俊王铁崖、楼邦彦；文学院院长陈奎元、教授苏雪林，都与鲁迅形同水火，而中文系教授刘㶭龙，则在课堂上公开大骂胡适"激进"；文学家叶圣陶客居乐山，被武大请来专门讲授国文，经济学家杨端六，身为法学院院长，却顶着国军上将军衔……无怪清华大学教授曾秉钧曾经感慨：就教师质量而言，清华不如武大。

当时武大授课没有统一教材，皆由任课教授自编讲义或指定必读书目，而且多为原文著作，学生们要理解、掌握，就必须读书，所以图书馆常常人满为患。难能可贵的是，武大在乐山，尽管许多教学设备简陋，但图书馆藏却十分丰富。那是学校克服了搬迁时遇到的种种困难，才把在武汉珞珈山的图书、资料全部搬到了乐山，为我们提供了宝贵的精神食粮。

在武大，我有幸得到了朱光潜、吴大任、吴廷璆、王铁崖、杨东莼、杨人楩等诸位先生的传授，学业有成。此后几十年，无论讨教、拜望、奉函，我对他们始终执弟子礼，终生感谢他们对我的教诲。直到晚年，恩师们仍对我这"老"学生提供着帮助。

早在上中学时，我就拜读过朱光潜先生的《给青年的十二封信》和《文艺心理学》，对先生很是仰慕。入读武大，得知朱先生是教务长，我高兴极了，很快便与他相识，从此交往近半个世纪。

第六章 武大岁月

朱先生个子不高，前额宽阔，说一口安徽腔的官话，却长了一双很像广东人的眼睛，讲课或思考问题时总是往上看。或许是经年伏案的结果，他才四十岁出头，就有些驼背了，显得颇像一位老夫子。

当年武大的外文系是比较有名的，朱先生本身就兼外文系教授，由于他的关系，还请来了方重、陈源、钱歌川、戴镏龄、孙家琇等教授。朱先生主讲几门必修课，其中最难读的是莎士比亚，不及格便留级，所以每晚自修室里都有学生在"啃莎士比亚"。

我们一些爱好文学和新闻的同学，每年春秋两季，必请朱光潜、叶圣陶、苏雪林、钱歌川等教授一起郊游茶话，请他们指导学习和写作。每逢星期天或假日，我也常约一二同学去朱先生家请教。他家的陈设很简陋，最引人注目的便是满满的书架与书柜，硬皮精装的各种外文书籍、线装或平装的中文古籍，摩肩接踵无声地向来客透露着，它们的主人是一位博古通今、融贯中西的学者。

朱先生既是美学专家，又是博学大师，这是中外学术界所公认的。闲谈中，朱先生多次教导我们，做学问既要专，又要博，才会有成就。他解释说，"博"是扩大自己的知识面，"专"是把某一门知识的根基打深些，"攻其一点，打歼灭战"。朱先生自己就是这样做的，他一生研究美学，又博通古今，有丰富的社会科学与自然科学知识。他能够胜任武大教务长，与此不无关系。

由于兼职大公报通信员，除了上课，老师们的有些课外活动，我也设法参加，以获取新闻，加以报道。

1942年7月，英国驻华大使馆文化参赞蒲乐道到访武大，征求战后中英文化合作意见，内容包括交换教授、学生、图书等事项。武大由陈西滢、方重、杨人楩等教授举行茶会招待，席间，杨人楩先生谈起留英学生的话题，他说，过去中国学生在伦敦往往受歧视，与英国人很少有社交活动，因此，回国之后对英国并无感情，这不能不影响到两国更多的文化交流与合作。蒲氏对此表示遗憾，但他同时说，中国经过五年的艰苦抗战，中国人民表现出来的自强不息、英勇奋斗的精神，让许多英国人对中国的印象大为改观，相信今后两国的交往一定会有新的发展。我觉得，这是盟国人士对中国认识的一个重要转变，更是对中国人民艰苦抗战的肯定，值得让更多的人知道，于是就写成消息发回大公报做了报道。

武大恩师对我的帮助令我终生受益，并不限于在乐山求学时。

1961年，由于种种政治原因，我不得不离开了工作逾二十年的大公报，告别了倾注心血的记者生涯，被"下放"到东北黑龙江偏远地区，改做自己根本不懂的商业工作。为了"归队"，重操笔墨，我求助于时任国务院副秘书长、中央文史研究馆馆长杨东莼先生，是他举荐并帮助我调回了天津，转而从事文史工作的。

1980年代，我重操旧业，文史工作之余，常常为香港大公报、文汇报和新晚报写新闻。世界著名数学家陈省身教授回国创建南开大学数学研究所，"台湾"中央研究院院长吴大猷先生回国探亲，我分别采访了他们，并向海外做了报道，这其中的穿针引线人，就是时任南开大学副校长的吴大任先生。

朱光潜先生对我后来的人生转折和影响尤大，虽然我并非他的外文或美学弟子，但他对我的帮助也并不限于求学。容当后述。

我的同窗好友

在武大，我还有幸结识了多位意气相投、志同道合的同学，有的更成为几十年的知心朋友，乃至生死之谊，他们是我后来生活的重要组成部分。

最让我高兴的是，入学之初，我就遇到了北平弘达中学的同学、好友孙顺潮。他祖籍广东，生在北平，中学时代就喜欢美术，1935年"一二·九运动"时，就画过有关抗日的时政漫画。考入武大后，读化学系，和同学组织了一个"黑白社"，出壁报，每期都有他的一张漫画，反映的大多是我们的学习、生活情景，在同学中影响很大。那时，他的漫画署名"利巴尔"。1942年毕业后，他到距乐山不远的五通桥黄海化学工业研究社工作，我后来到"永久黄"采访时，必去看他。1946年，他彻底改行，走

第六章 武大岁月

上了漫画之路，并且颇有成就，成为著名漫画大家，他就是方成。

我与方成的友谊保持了半个多世纪，成为彼此最知心的朋友。武大毕业后，我俩虽然没有一起工作过，但从未中断过联系。特别是他后来也步入新闻界，我们有了更多的沟通。1956年大公报迁京，我家与方成家住的人民日报宿舍相隔仅一条永安路，那是我们来往最方便的一段时光。"文革"中，我们都未能逃脱厄运，却依然互勉保重。1972年，在河南五七干校"锻炼"的方成，还专程跑到天津，看望已经下放农村"插队落户"的我。

浩劫过后，方成的一幅《武大郎开店》，成为当时轰动全国的漫画佳作。从此他再次进入了创作高峰期，并且频繁巡回办画展，开讲座，近年来更转入幽默与讽刺的理论研究，不断地写出书来。他每次来信，谈的都是忙不完的工作。他说，"我们虽然都是小人物，但也是国家财富之属，多干一年是一年，为后人多留些遗产。""现在真得快干，加紧干了，时间太不够用了。"【注11】

武大同学中成为我几十年朋友的还有端木正、郑昌淦、潘守谦、孙国华、吴山（卢云）、杨仁政（杨苇堤）……

端木正与我同班，他原本应在1941年毕业，但1940年秋因为参加进步活动被国民党特务逮捕。校方通知了他父亲端木杰（时任国民政府军委会后勤部副部长）才被释放，可见国民党对进步学生的迫害是不问身份的。端木被释放后，休学半年才回校，校方坚持要他把半年的课补上——武大严谨治学，同样是不问其身份的。因此他和我一样，成了1942年的毕业生。由于生活清苦，端木家却比较富裕，因此，我们几个要好的同学常常"敲"他的"竹杠"，到街上去"打牙祭"。这些往事成为我们几十年的谈资。武大毕业后，他考入清华大学国际法研究生，1948年去法国留学。那时我已是大公报记者，正在北平，是我送他到机场的。

1951年，端木回国到中山大学任教，1957年被打成"右派"，从副教授降为讲师，"文革"中更"降格"为"牛鬼蛇神"。浩劫之后，中山大学初次评定职称，他又被"提升"为副教授。1979年，他从历史系调法律系做主任，近年更是"时来运转"，不仅频频在国内外讲学，更担任了民盟广东省主委、省人大代表等三十多个社会职务。我写信向他祝贺，他却十分淡然,来信说:"该当右派时只好当右派,该当牛鬼蛇神时也不由分说,现在该当人民代表了,也就既来之则安之。反正总结经验只有一条:就是要做好本职工作,守着书桌这个最牢固的阵地。其他的名义都是附带的。如果自己在教学与科研上栽了跟头,那才'永世不得翻身'。兼职过多,要想守住自己的书桌,非易事也。"这就是他的书生本色,教书才是他最大的乐趣。

端木每次到北京开会,必定通知我;只要可能,我必去北京,邀约方成、郑昌淦、潘守谦等同学欢聚。1985年夏,他到北戴河开会,首站先到天津看我,畅叙一夜才去报到。后来写信说:"可惜咱们南北相隔,如果还能像当年在一张自习桌上商量如何写嘉定新闻,那现在完全可以商量写点解放前军政界或学界的轶事。"可惜,这种美好的愿望再无机缘实现了。

1986年,他出任香港基本法起草委员会委员,我笑谈他"做了大官",他回信说:"兄弟至今未沾'官'边,人民代表、民主同盟都姓'民',而非'官'也。"为了拟定好基本法的条文,他殚精竭虑,几次来信谈修改经过,字里行间,一如他当年读书时的认真。谈到许多媒体要写他的专访,他真诚地说,"我有自知之明,不愿被人当做茶余饭后的说料。如果说,有人能写我的家庭和我个人,最适合、最有资格的就是你!"【注12】

1941年5月,国民党政府为加强对大学生的控制,由教育部推行"党化"教育,下令对应届毕业生实行"总考",即除了例行的毕业考试外,还要考试党义、国语等课,合格者才能毕业。武大历来实行学分制,修满即可毕业。面对当局无理要求,同学们纷纷集会、示威,强烈抵制。与我同系的好友、应届毕业的郑昌淦成为这次学潮的骨干。最后,校方采取了折中的办法,毕业考试照常,"总考"只要参加,交卷就算及格。大家就此敷衍了事。

在武大,我与许多不同系、不同班、甚至不同年级的同学成为朋友,都是由于志趣相投。当时,文法学院在文庙两边偏殿改造的几间教室上课,有时还要上大课;课间休息时,同学们都挤在文庙大殿前只比篮球场稍大的空地上休息,几乎天天见面,加之住宿自由组合,因此,即使不是同班,也都朝夕相处,彼此熟识。这样,我又结识了法律系的潘守谦、经

第六章 武大岁月

济系的孙国华等。1941年暑假,他们和郑昌淦一同毕业,经我介绍,到汤恩伯所部去做文化工作。此后发生的故事,更使我们结下了几十年的生死之谊。

郑昌淦后来成为中国人民大学历史系教授,著名明清史专家,著述颇丰。晚年致力于明清农村商品经济发展问题研究,十几年搜集史实、数据,亲笔抄录了数以万计的资料卡片,才开始动笔写作,为此谢绝了除教学任务之外的几乎所有活动。他对曾经的磨难看得很淡,说:"书生难挽狂澜。历史上的是非,有待历史去做结论。作为爱国知识分子,不过想尽晚年精力,为祖国的教育文化事业略尽绵薄而已,岂有他哉!"【注13】

【注11】:父亲晚年多病,几次住院。方成伯伯知道老友也在拼命般地写作,每次来信都会叮嘱他注意休息、保养,来日方长。只要有可能,他都会到天津探视。1989年春,父亲病重,方伯伯又一次从北京赶来。他是父亲生前见到的最后一位同窗好友。那天,我送方伯伯回招待所休息,他在路上谈起他们的友谊,感叹好友命运多舛,给我留下深刻印象。父亲去世后,方伯伯又多次把那些话写进了文章,可见他们情深意长。他写道:

"我和高峰是莫逆之交。他交友是真诚的,而且是持久不忘的,他走到哪里都会有朋友,能够找到帮手。对高峰来说,新闻事业和亲友之情,是他精神生活中不可或缺的两大支柱,少了哪一样他都会非常难过。然而并不限于私情,他有强烈的正义感。说来惭愧,我缺乏高峰对友人那种拳拳不忘的深情。……1946年,我从四川到上海,为寻找工作忙碌。我的第一幅见报漫画,就是经高峰推荐,发表在北平新民报上。后来又推荐连续发表在上海大公报。《观察》杂志主编储安平看到了,聘我为漫画版主编和特约撰稿人。……高峰对新闻事业孜孜以求,万难不变,至死不移的精神,在我国新闻工作者中是罕见的。……高峰的死,使我深感痛伤,难舍的是他那样深情的友谊,加上对他怀才未尽,天不假年的愧惜。他悄然离去了,却非无声无息,怀念他的人不知多少!每看到他留下的发表在众多报刊上的篇章,就会在人们心中浮起他那不知疲倦、长年奔波的身影和幽默动人健谈的风姿。他是令人难忘的。"

父亲去世后，我与方成伯伯始终保持着联系，我视之父执，他亦以子侄待我，多有教诲——张刃】

注 12：父亲没有写成端木伯伯的专访就去世了。1991年，端木伯伯出任全国最高人民法院副院长，致力于中国的民主法制建设和司法水平的提高。他一如过去，不失书生本色，每年都坚持往返于京穗之间，继续他钟爱的"教书匠"工作，专于国际法、现代国际关系史和法国近现代史。他依然关心着好友的后代，与我时有通信，多有勉励，直到2010年病逝。——张刃】

注 13：郑昌淦伯伯1987年就知道自己患了胃癌，并做了手术，但他心胸开朗，加倍努力工作。他的著作《明清农村商品经济》出版时，我父亲刚刚辞世。郑伯伯赠书与我，说这是他一生最重要的学术成果之一，就是为了驳"中国明清时期是自给自足的自然经济"说。我最后一次见到郑伯伯，他已病得很重，但与我谈话，依然是历史，是学术，许多话我久久不忘，前辈的哲人心态和学术精神，对我而言，不仅是感动，更是教诲。——张刃】

读书之余

在武大，许多同学或以兴趣爱好，或以信仰追求，或单纯为了联谊，组成了形形色色的社团，开展了丰富多彩的活动，举办了琳琅满目的壁报。这些社团的性质、活动和壁报的内容，涉及政治、经济、历史、社会、文学、艺术……真可谓学术自由，百家争鸣，也显示了莘莘学子的不拘一格，蓬勃朝气。

武大对学生参加社团、文体活动及业余爱好大开绿灯，热情支持。我在课余也参加了许多学生活动，譬如演出话剧。武大当时有学生组织的珞潮剧社、未名剧社、新星剧社等，最活跃的组织者是"抗战问题研究会"

第六章　武大岁月

的同学，我虽不是他们的成员，却是积极"票友"。记得我演过揭露日本间谍的《黑字二十八》（宋之的编剧）、回汉合作抗日的《国家至上》（老舍编剧）、反对汉奸的《夜光杯》（尤竞编剧）等。此外，打桥牌、郊游，也成为武大许多学生的课余嗜好。特别是峨眉山近在咫尺，经常可见我们的身影。

有意思的是，在乐山，由于学生宿舍没有开水供应，许多武大学生养成了泡茶馆的习惯。奢侈一点的，要一盘瓜子，沏一杯清茶，捧一卷书册，可以泡大半天。更多的学生，则只要一杯清茶，甚至一盏"玻璃"（白开水），照样可以消磨几个钟头。于人声鼎沸之中，心无旁骛、不受干扰地读书，成了许多同学练就的"功夫"。当然，泡茶馆，摆龙门阵，也是我们学习之余的一大乐趣，许多同学成为挚友，就是泡茶馆"泡"成的。由于泡茶馆的学生、老师很多，犹记得当年乐山城里，青衣江畔，茶馆林立，不下百家，而大小饭馆却相形见绌，只及茶馆半数。【注14】

武大的风气确实是自由、民主的，学校开放言论，民主办学，既有国民党、三青团组织，开设"三民主义"必修课，也允许讲授马克思主义、开设俄文讲座。这也成为它吸引学子的一个重要原因。1942年夏，我向重庆大公报发回武汉大学、四川大学和东北大学三校联合招生的消息，记载："乐山考区投考学生共二百七十人，志愿入武大者一百九十三人，川大六十九人，东大九人。成都考区投考学生共两千九百余人，志愿入武大者一千三百余人，川大次之，东大最少。"武大的吸引力可见一斑。【注15】

顺带说到当时武汉大学学生的构成。以1942年毕业生为例，应届毕业学生共二百三十四人，其中经济系竟占了三分之一，这些同学大多都到政府财政部门或资委会去工作了。居第二位的是机械系，而最少的哲学系仅两人。这从一个侧面反映了战时教育的需要，以及当时大学专业设置"按需供应"的取向。

我读政治系，本来就课程宽松，加之武大风气使然，得以有许多时间出去采访，因此不断为大公报写稿子。记得1941年8月某日，读了大公报发表的一篇社评《我们在割稻子！》，用冒着敌人的轰炸抢收粮食的消息鼓舞人民的抗日斗志，我很受启发。自己虽不会写评论，但可以写报道，于是，在1942年夏，也曾写过一篇"川西所见：稻收将竣，田间忙于收割杂粮；工业已立，始基矿藏仍待开采"的消息，大公报果然加框刊出：

【本报乐山五日发专电】川西大平原稻收将竣，玉蜀黍及大豆等杂粮开始收割。农夫农妇忙于工作，田间充满欢腾气象。目前塘水仍满，稻田苏息，正好恢复地力，为明年丰收朕兆。唯因肥料稍缺，选种技术稍差，田中除螟工作未能顺利推行，致产量未能超出去年过多，此尚有待于政府及工农团体之努力。岷江流域各大小工业在困难情形下奋斗，已立始基，且均有良好成绩表现。岷江两岸农产种多量丰，煤铁矿藏富饶，惟均限于小规模开采。为供给目前需要，仍须由政府指导协助。动力为发展工业最大因素，岷江电厂正努力适应需要，各厂铁工器材多仰永利铁工房供给，仍需另有来源，始能满足。各厂切实努力，除致力生产外，并积极训练工人，为国储才，以备将来。

【注14：我们自幼就知道，父亲最好的朋友都是武大同学。他们相知数十年，彼此推心置腹，无话不谈。每当他们相聚，谈起往事，我们便围拢来听故事。他们大摆"龙门阵"，我们却受到了为人处世的教育。有的伯伯出差到四川，给我父亲带回的礼物，每每都是沱茶，那是父亲终生所爱。

1981年春，旅居美国的张荣善伯伯回国探亲，父亲听说几十年不见的老同学回来，竟不顾住院数月，大病初愈，坚持要我陪同，扶杖登车赶到北京，与诸友欢聚。他们谈笑风生，仿佛又回到了当年在乐山的日子里。那以后，父亲日渐体弱，再也不能远行了。但诸位伯伯有机会过天津，必来看他；父亲则必相挽留，做竟夜长谈。更多的时候，他们还是书信往还，从不间断。父亲去世后，我与各位父辈通信或去拜望，仍得不少教诲,特别是对我承继父亲未竟事业做记者,更给了很多帮助。——张刃】

【注15：父亲对母校武大念念不忘，他尤其怀恋乐山，常常给我们讲当年在那里的学习生活，讲乐山文庙，讲嘉州山水，讲老师、同学的情谊，如数家珍，一往情深。他始终为自己没有能够再回乐山故地重游而遗

第六章　武大岁月

憾。1983年，武大校庆七十周年前夕，天津筹备成立校友会。父亲利用他社会联系广泛的条件，更凭着他对母校的一片爱心，多方奔走，积极促成。校友会成立时，大家推举他做秘书长，他几次推辞，说还是让年轻人干好，自己情愿干"老本行"，做个通讯员。校庆来临，许多同学回校祝贺，父亲虽然是校友总会理事，却因病不能远行。他在千里之外，遥祝母校发展、壮大，为祖国培养更多更好的人才。——张刃】

我与《新闻部队》

武大校本部和文法学院设在乐山城里的文庙内，那是武大学生的政治、文化活动中心。进大门左手上台阶，过石牌坊，二门（棂星门）左右长长的墙壁上，经常张贴着学生团体自办的各式各样壁报，琳琅满目。1940年冬，一个刊名奇特的壁报——《新闻部队》异军突起，引起了同学们的注意。

《新闻部队》是武大校史上第一个以学习、研究新闻采访与写作为目的、学生自己主办的壁报，它先后存在、断续出版了近三年时间，早期成员只有三个人，即政治系1943级的吴山、经济系1943级的杨仁政和政治系1942级的我，我是发起者、牵头人。

我入武大之前已经开始新闻工作。入学后，在与同学的接触中发现，很多人对新闻也有兴趣，可惜武大没有新闻系。谈起新闻的采访与写作，因为在乐山只能看到重庆、成都两地的三四种报纸，大家感到很不满足，希望看到其他地方，包括敌后的报纸。因此，我产生了搞一次全国报纸展览，让同学们开开眼界的念头。于是，我写信给重庆的"青记"和国新社，报告了我的想法，得到了他们的支持，允许我以"青记"会员的名义举办这个报展。我便约请与我同住龙神祠第二宿舍、习性相投的吴山和杨仁政同学一起筹备，他们很高兴地参加进来。

很快，我收到了"青记"和国新社寄来的全国各地，包括敌后、海外出版的铅印、石印、油印的日报、三日刊、周报等近百种。整理之后，展出的地点选在乐山县中山公园，时间在1940年末的寒假。展出时，我们特地编印了"报展专刊"散发给参观者。我写了"开场白"，说明这次报展的目的，是通过报纸展示新闻工作者肩负的推动社会进步的责任；抗日战争中，新闻部队更是一支生力军。吴山写了"开眼界"，谈看报展的收获，还摘录了新闻界知名人士潘梓年、范长江、成舍我、程沧波等谈新闻工作的"三言两语"。报展中最引人注意的是八路军、新四军在敌后出版的挺进报、拂晓报、号角报、新华日报（太行版）等，反映了当时敌后根据地抗日军民艰苦奋斗的生活和争取抗日战争彻底胜利的信心，体现了全国人民团结抗战的局面。报展的参观者大多数是武大师生，也有社会人士，许多人在留言簿上说，"看了报展，大开眼界。"【注16】

报展的成功和同学们对新闻工作的喜爱，又促使我设想在学校办一个以学习、探讨新闻采访与写作业务为宗旨的壁报，同时刊登包括武大在内的"大学新闻"，并适当地透露一些从各种渠道得来的"内幕消息"。我就此事商之吴山和杨仁政，他们都表示赞成并愿与我继续合作。于是，我们就筹备出版第一期。壁报定名《新闻部队》，表示它是一个讨论新闻业务的战斗集体。

1940年初冬的一天，《新闻部队》第一期出版了。按照计划，设置了《新闻采访》《新闻写作》《报纸摘编》《内幕消息》《大学新闻》等栏目，并且转载重庆国新社主办的《采访与写作》中的好文章。以后各期内容基本如此，明显地体现了《新闻部队》壁报的性质。

《新闻部队》纯粹是以个人兴趣结合的学生社团，没有任何政治背景，也没有什么政治目的和主张，但有一条我们互相默认的组织原则，即《新闻部队》成员不要国民党员和三青团员。这倒不是我们与之政治界限分明，而是因为我们从思想、情感上就不屑于有那种身份的人。相反，我们的政治态度是偏左的。杨仁政（后来我才知道他是中共地下党员）和吴山就是当时武大著名左翼社团"岷江读书社"的成员，我是自由主义者，也曾作为朋友多次参加他们的活动，因此，《新闻部队》的出现，在武大是很引人注意的。【注17】

《新闻部队》的三人组志同道合，武大毕业后，我们分别走上了新闻

第六章 武大岁月

岗位。吴山改名卢云，先后任大刚报、新华日报、光明日报记者，从事新闻工作四十多年；杨仁政改名杨苇堤，先后任金融日报、文汇报、教师报、光明日报记者。

【注16：杨仁政先生回忆说："报展会场布置简单，在一间可以容纳一二百人的大厅里，拉起了二三十根绳子，上面挂着一张张报纸，供人们两面阅读。观众一经涉足便被吸引住了，而且竞相传播，几天时间，观众竟达数千人，特别是武大师生，多数都去看了报展。……观众反应如此强烈，不是偶然的。原来，就在几个月前的1940年7月6日，国民党在乐山进行了一次大逮捕，抓走了一批共产党员和进步青年，武大的左翼社团也被摧垮了，学生运动步入低潮。反动党团分子乘机大肆污蔑共产党'破坏抗战''游而不击'……当时报纸控制在他们手里，广大师生苦于不了解真相。而这次报展中来自敌后的报纸，戳穿了国民党的谎言。……武大校园里许多人都在打听报展的举办者是何许人，右派断定他背后有共产党操纵，进步师生欢迎报展，也搞不清举办者有什么背景、动机，何以有如此胆量？他就是张高峰，一个进步学生，民主主义者。"——张刃】

【注17：杨仁政先生回忆说，"《新闻部队》与其他壁报风格迥异，不是以发表自己写的文章为主，更没有激烈的言论，但在选材上另辟蹊径，像报纸又像杂志，类似今天的'文萃'。内容新颖，令人耳目一新。人们常常可以从它那里看到许多平时看不到的东西。因而每次贴出，师生都竞相阅读。虽然它从未标榜过自己的立场，但人们慢慢察觉到，它与左派的《燎原》《文艺岗位》配合默契，互相呼应，于是都认为它是左派社团。"——张刃】

第一部·高峰自述：抗战生涯

我上了"黑名单"

我在武大的课外活动，最喜爱的是新闻写作。办过报展，出过壁报，还常常与志同道合的同学聚会，讨论问题，并且以真名"张高峰"在共产党的重庆《新华日报》上发表作品。我的这些活动竟然引起了国民党特务学生的注意，他们开始监视我的行动，我也感觉到了有人盯梢——对那几个特务，同学们都知道名字，他们搞过不少进步同学的黑材料。

多年以后，有同学查阅国民党档案证实，1941年4月到年底，国民党教育部在九个月内给武大连续下达七次密令，要求"严防异党分子混入教育机关"，"凡查出教员学生属奸党者，应让其退出"，"对师生往来信函及社交活动，应同军警配合，严密注意"，"奸党学生不能感化者应予开除，并通知警宪等机关加以监视或转入劳动营，以免后患"，等等。1942年春到同年8月，教育部又连续下达七次密令，其中，1942年2月27日的教育部秘263号训令称，"严密监视张高峰、唐宏镕（弘仁）。据报，他们利用'岷江''文艺协会'训练奸党，攻击政府"；5月25日教育部第012号训令称，"据密报，该校最近动态：奸伪分子赵琪、张高峰、蔡瑞武、唐宏镕等于4月12日在月儿塘开会，彼以目前同盟国失败，为建立新政权之最好机会，应尽力造成人民暴动，以达争取民众之目的……"云云。岷江读书社是当时武大学生自己组织的进步社团，我并非其社员，只是与其中的几个同学要好，参加过他们的活动，竟被列为榜首，个中奥秘恐怕只有"举报"的特务学生知道。但有此密令，我以后的遭遇也就不难解释了。

1942年夏，我参加完毕业考试，留校准备与重庆大公报联系入馆工作问题。一天，校长王星拱、教务长朱光潜和训导长赵师梅找我谈话，说接到军委会、教育部联合通知，强制武大十三名学生离校，我在其中且名列榜首。朱先生说，本来早就接到了通知，应该立即执行。因为知道我今年

第六章 武大岁月

暑假毕业，学校多方敷衍，放宽了时限，让我参加了毕业考试。赵师梅先生说，现在，我"应该爱护学校，不要再给学校找麻烦，早日离校"。当时，我除了感谢诸位先生的呵护、宽容，无话可说，答应尽快离校。

关于我被列入"黑名单"以及被强制离校，几十年来，我始终认为是自己年轻时追求进步，过于热情、活跃，加之国民党当局昏庸、特务横行所致。1949年以后的历次政治运动、审查，我也只是如实"交代"，并没有想到它与"革命"有什么联系。我甚至对当年校长王星拱、教务长朱光潜和训导长赵师梅几位先生找我谈话，还觉得他们胆小怕事，不能保护学生。

1984年，武大征集校史资料，当年与我一同办报展和《新闻部队》壁报的老同学、中共地下党员杨苇堤兄（即杨仁政，我们多年保持联系），来信要我写一写有关情况，我照办了。初稿寄给他以后，他认为我没有写出壁报的政治背景和作用。5月18日，来信详细谈了许多我当时根本不知道的事情，他写道：

> 1940年到1942年，正是武大学生运动低潮阶段。1940年7月6日，国民党在乐山大逮捕，当时白色恐怖十分严重。1941年1月又爆发了皖南事变，广大有正义感的师生虽然对现实强烈不满，但由于国民党的封锁，真相不明。报展的出现无异于在死水潭里投下一块巨石，难怪当时那么吸引观众。"张高峰"的大名不胫而走，也就很自然了。就你当时的主观动机来说，可能简单，但外人不会这么看，因此右派随即盯上了你，左派也感到你来路不明，（虽然）欢迎这个展览，但又担心是"打着红旗"，开始是戒备的。作为一个地下党员，当时我与你的接近，不仅是兴趣相投，我实际负有了解你的任务，也（向党组织）汇报过你的情况。以后的事实证明，这种戒备是逐步解除的。"岷江社"的许多活动吸收你参加，也不是偶然的。
>
> 这里有一个对比：高××与我同班同系，第一年又同搞"拓荒社"，由于吴××（他是地下党派遣打入三青团）的情报，得知高是复兴社成员，因而我们把"拓荒社"解散了。1940年5月，我们又不约而同地参加了"岷江社"，迎新会上相见，大出意外。尽管我和老

第一部·高峰自述：抗战生涯

高生活上很接近，但政治上的分野，我在"岷江社"的核心集团里是不断揭过他的，所以他仅是个名义上的社员，绝大部分活动不通知他参加，甚至次数远不及你这位社友。（抗日战争胜利后，老高有转变，那是后话）通过这一对比，你就不难悟出其中奥妙。统战对象不包括敌对分子，当时的形势很严酷，不得不谨慎。如果不是对你有所了解，党组织会立即批评、制止我的。在《新闻部队》，我只能算个小卒。如果说还有点作用，那就是充当了这么一个桥梁。

你说《新闻部队》的性质是"纯粹的个人兴趣结合，没有任何政治背景和政治主张"，我认为可以修改。它是有立场的，就是"三坚持"（团结、进步、民主），是党的主张。不过，它不是用言论来表达自己的立场，而是以选材体现自己的立场。展示解放区的报纸，发表潘梓年、范长江的三言两语，国民党肯这么干吗？这是为谁宣传，明眼人一看就清楚。无怪你上了黑名单。

我们经常在一起，不是一般的交朋友，作为一个地下党员，有党的纪律约束。由于我的身份，当年我不能对你透露半点口风。由于党重视《新闻部队》的影响，我实际上负有观察责任。后来事实证明，我们之间就没有戒备了。应该说，《新闻部队》还是有政治背景的。说它是党的外围不够条件，但有党的教育和影响，包括你早期参加青年记者学会和国际新闻社在内。

1942年，你和我、老大哥（赵琪）都上了黑名单，而你和老大哥更是"首犯"，头上有两个××（我只有一个），后来都曾被捕。此事值得一提。以后都"查无实据"，但你俩都吃了皮肉之苦，总是光荣。

《新闻部队》作为壁报，确实是一个新品种，别开生面。如前所述，它不以言论表达自己的爱憎，而是在选材上显示自己的倾向和立场。它像报纸，又像杂志，又有文萃、内幕新闻的色彩。客观地说，在当年武大的民主墙上，它与《燎原》《文艺岗位》鼎足而三，拥有最多的读者，是《政谈》《晓角》等不能比的。只是因为它人少，又有卢云和我在内，你又常参加"岷江社"的活动，所以不少人把它当做《燎原》的"分店"（当然不是，但说是"姐妹刊"是可以的），所以，连特务都说你参加了"岷江社"。

第六章 武大岁月

> 我们三人后来都成为名副其实的报人，你的《豫灾实录》、卢云在文汇报的一系列通讯，我在金融日报的《从一张人民日报看北平》，就是今天公之于众，也是经得起检验的，它反映了我们走过的道路。

这封信里所说的岷江社、拓荒社是当时武大的学生社团。《燎原》《文艺岗位》《政谈》《晓角》，都是学生办的壁报。

1984年9月3日，杨仁政兄再次来信说：

> 我于8月13日去京，见到了卢云。他建议，《新闻部队》史由你定稿。这次去京，与二十几位老同志见面，主要是落实地下党史的资料，也与中组部、中纪委有关同志联系了。中组部1984年7月24日又发了个22号文件，国际新闻社、桂林文化供应站、湖南观察日报、华闻报、联合日报（晚报）都确定为党的外围组织，计算革命工龄。你是老国新社社员，观察日报特约记者，这样，1940年冬的报展，就是一项重大的革命活动。我建议你把报展经过写一篇回忆录，单独发，给《武大校友通讯》或其他刊物，包括党刊。我们三人联名，因为当年我是地下党员，可以作为地下党有意识搞的一项活动。要特别联系1940年春成都抢米事件，罗世文、车耀先被捕和1940年"七六"大逮捕这个时代背景，这样，它的政治意义就突出出来了。

杨仁政兄还向我介绍了当年校方要求被列入"黑名单"的同学离校的背景。他们比我更早地接到过王星拱校长等几位先生的提醒："你们现在是读书，还是少搞政治活动为好。他们（指特务当局）有两个黑名单，一个是打两个××的，一个是打一个×的，打两个××的都要抓走，你们有些人打了一个××，再不停止活动，我们也没有办法救你们了。"如此说来，我被打两个××而没有立即被捕，还是"幸运"的了。杨仁政兄还说，"起初，同学不理解，还认为先生们是帮凶。其实，那是仁厚师长的一片苦心，是向我们通风报信，是在尽力保护同学。"

杨仁政兄解开了我多年并不知道的"谜底"，使我明白了自己为什么被国民党迫害。我很感谢他。不过，他作为当年的中共地下党员，可以也应该把他按照党组织的部署所做的工作列入自己的经历，但我作为报展、壁报的"始作俑者"和主创人，却不能也不应该把它们"提高"到中共地下党活动的"高度"，如同我加入"青记"与国新社，我只是"统战"对象而已。

　　历史吊诡，命运弄人。在当年的历史背景下，我后来的经历总是不断地被"卷入"国共之间的争斗：先是国民党说我是共产党，而我不是；后来共产党又说我是国民党，我同样不是。"文革"中，我更成了"国民党的残渣余孽"，说当年我在武大被迫害是假的，是"国民党故意掩人耳目，以便暗中破坏共产党组织。"我问"造反派"：我破坏了哪个共产党组织？有哪个共产党员是我出卖的？又有哪个共产党员检举我是国民党特务？他们答不出，却一直怀疑我。其实，我不过只是一个普通的爱国知识分子而已。好在时至今日，我的经历算不算"革命"，对我而言，已经不重要了。

第七章 灾难中原

高峰自述：抗战生涯

大公报人张高峰 第一部

再赴中原战场

1942年秋，我离开武大到重庆。在大公报，第一次见到了总编辑王芸生先生。他对我近年来积极为大公报写稿表示鼓励，并夸奖了一番，但对我入馆工作却表示一时难办。

我们谈到了中原战场和我比较熟悉的汤恩伯部队，谈到了经我介绍在汤恩伯所部"三一出版社"工作的几个同学来信，说那里没有什么前途，想辞职却不准，希望我这个"系铃人"去"解铃"，与他们共进退。王芸生听了很感兴趣。他认为，抗战相持阶段过去以后，将来反攻华北，中原必有大战，第一、第五战区首当其冲，汤恩伯所部将是先锋。因此，他鼓励我去河南工作，兼任大公报战地通讯员。经过权衡，我同意了。因为，战地报道比在后方更重要，我可以活动于两个战区之间，采访空间很大，也更有用武之地。我想，只要努力工作，多写像样的稿子，多发独家新闻，相信可以很快由通讯员成为正式记者。至于我再回汤部，则更多的是为了对同学、朋友有个交代。

临行前，王芸生给了我两个国民政府交通部颁发的记者专用"收报人付费新闻电报凭照"，供我向重庆、桂林两地大公报发稿用，发报地点注明为洛阳（第一战区长官部，蒋鼎文驻地）、叶县（第三十一集团军总司令部，汤恩伯驻地）、南阳（第二集团军总司令部，孙连仲驻地）、安徽界首（鲁苏豫皖边区总司令部，汤恩伯驻地）、湖北老河口（第五战区长官部，李宗仁驻地），这意味着，我的身份等同于大公报记者了。

1942年12月初，我从重庆出发，先到重庆以北五六十里的青木关，那是当时出入重庆的重要隘口。我打算在那里搭乘甘肃油矿的汽车去陕西宝鸡，然后转道河南。不料，我刚在青木关住下，就有军警来检查，把我扣留并押回重庆卫戍司令部稽查处。他们不相信我是去河南，却怀疑我是去陕北"投奔延安"。显然，这与我上了"黑名单"被强迫离校有关，我的行动仍然在特务的监视之下。

　　待我拿到自己确系去河南的证明并被释放，已经是一周以后了。经西安到洛阳时，我去第一战区长官部看望武大同学张炳耀，他是长官部的机要秘书。见到我就说，你的名字已经到了长官部，要我们注意你的行动，你要小心了。就是说，国民党对我的监视不仅在继续，而且扩大到河南乃至整个战区了。但我当时年轻气盛，也缺乏政治意识，并没有对此引起重视，依然按照自己的原定计划和新闻理念去工作了，这就埋下了我后来遭遇的伏笔。

《豫灾实录》始末

　　1942年底，我从重庆经陕西到河南，路过西安时，就发现一群群鸠形鹄面的灾民流落街头，衣食无着，他们中有的不时地向过往行人伸出枯瘦的手臂，乞求着施舍；有的无声地蜷曲在路旁，忍受着寒冬的侵袭。看着眼前这凄惨的景象，我想弄明白，这些人从哪儿来？为什么沦落到如此境地？

　　后来才知道，那些灾民都来自河南，河南遭遇了罕见的大灾。

　　由西安继续东行，陇海路上，西行列车载着成千上万的河南灾民逃往陕西，男女老少堆得像人山一样，沿途遗弃子女者时有所闻，失足毙命更为常事。

　　车到洛阳，更见一幅灾民图，但闻一片呼救声。战时的河南，三面临敌，只剩下洛阳到西安一段铁路通车。因此，河南各地灾民扶老携幼纷纷奔向洛阳，准备乘火车逃往陕西活命。

　　洛阳车站内外挤满了灾民，却苦于领不到盖了赈济委员会图章的白布条而无法上车。于是，许多灾民偷偷地钻进月台，不论什么车，先爬上去再说。有的不幸遇到路警，挨上几木棍或巴掌，又苦笑着脸退出来，因此，许多亲人常常被冲散，又遭到骨肉离散之苦。一位年轻人哭泣着对我

第七章 灾难中原

说:"先生,我娘与老婆都上了车,巡警不准我进站,眼看那火车要开了,谁领着他们要饭哪! 老爷,你给我说说情吧!"我同情地领着他到"难民登记站"去向负责人交涉,不料却跟来了同样情形的三十多人,有人甚至拿出钞票来企图向我"行贿",希望也能够被领着上车。我阻止了他们,更谢绝了那诚心诚意的"贿赂",一个人到里面询问详情。登记站里围满了几百人,两张破桌子旁,三位负责开条子的先生一面骂着一面盖图章,执勤的警察用一根柳条不停地敲打着灾民。我挤不进那重重人群,也无法回答那三十多位灾胞,便惭愧地从另一条路悄悄地溜走了。

洛阳街头的景色同样惨不忍睹。苍老而无生气的乞丐群像蜜蜂一样嗡嗡地追着行人,哀求着:"老爷,救救命吧! 饿得慌啊!"他们伸出来的手,尽是一根根的血管;再看他们的全身,会误以为那是一幅人的生理骨干挂图。"老爷,五天没有吃东西啦!"他们的体力跟不上吃饱了的人,一个个迈着踉跄的步子,叫不应,哭无泪,无声无响地饿毙街头。

从洛阳开始,我先后到登封、临汝、宝丰、叶县、鲁山、许昌等地采访,了解到,1942年从春到秋,河南全省旱灾、蝗灾、涝灾、风灾、雹灾、霜灾等接踵而至,加之1938年花园口黄河决口造成的水灾遗患,河南已是赤地千里,饿殍遍野,甚至出现了狗吃人、人吃人的惨剧,直成了"人间地狱"。而政府当局却谎报灾情,不顾灾民死活,依旧征粮、征兵、征税,逼得河南百姓走投无路,不少灾民不得不忍痛把妻子女儿卖到"人肉市场",换取一点维持生命的粮食……记者的良知与职责,使我下决心把河南灾情如实报道出去,为三千万河南百姓请命。

1943年1月17日,我向重庆寄出长篇通讯《饥饿的河南》。2月1日,大公报改题为《豫灾实录》,在要闻版全文刊出。

通讯开篇写道:

> 记者首先告诉读者,今日的河南已有成千成万的人正以树皮(树叶吃光了)与野草维持着那可怜的生命,"兵役第一"的光荣再没有人提起,"哀鸿遍野"不过是吃饱穿暖了的人们形容豫灾的凄楚字眼。"早死晚不死,早死早托生(再生的意思)",河南人是好汉子,眼看自己要饿死,还放出豪语来。

河南今年（指阴历）大旱，已用不着我再说。"救济豫灾"这伟大的同情，不但中国报纸，就是同盟国家的报纸也印上了大字标题，我曾为这四个字"欣慰"。三千万同胞也引颈翘望，绝望了的眼睛又发出了希望的光。但希望究竟是希望，时间久了，他们那饿陷了的眼眶又埋葬了所有的希望。

通讯描述了我自陕西到河南的一路所见所闻，继而披露河南一百一十个县全境遭灾，质疑政府责任，记述灾民苦难：

有人说河南省政府的调查是八十余县，而我敢大胆地说，省政府没有负起详细调查的责任。……况且豫北早有吃树皮甚至变卖子女的惨剧发生，这已经由私人通信传出，省府何能未闻？专署为何不报？

……河南是地瘠民贫的省份，抗战以来三面临敌，人民加倍艰苦，偏在这抗战进入最艰难阶段，又遭到天灾。今春（指阴历）三、四月间，豫西遭雹灾、黑霜灾，豫南豫中有风灾，豫东有的地方遭蝗灾。入夏以来，全省三月不雨，秋交有雨，入秋又不雨，大旱成灾。豫西一带秋收，荞麦尚有希望，将收之际竟一场大霜，麦粒未能灌浆，全体冻死。八九月临泛各县黄河溢堤，汪洋泛滥，大旱之后复遭水淹，灾情更重。河南就这样变成人间地狱了。

……密县、登封、临汝、宝丰是灾情比较重的地方，沿途灾民扶老携幼，独轮小车带着锅碗，父推子拉，或妇拉夫推，也有六七十岁老夫妻喘喘地负荷前进。子女边走边在野地里掘青草挖野菜拾干柴，这幅凄惨的逃荒图，这饥饿的路程，使我真无胆量再向豫中深入了。我紧闭起眼睛，静听着路旁吱吱的独轮车声，像压在我的身上一样。一路上的村庄，十室九空了，几条饿狗畏缩着尾巴，在村口绕来绕去也找不到食物，不通人性的牲畜却吃起自己主人的饿莩。……牛早就快杀光了，猪尽是骨头，鸡的眼睛都饿得睁不开。现在树叶吃光了，村口的杵臼，每天有人在那里捣花生皮与榆树皮（只有榆树皮能吃)，然后蒸着吃。一位小朋友对我说："先生！这家伙剌嗓子，什么时候放官家高粮呢？""月内就放。"我只可用谎话来安慰他。

第七章　灾难中原

　　每天我们吃饭的时候，总有十几二十个灾民在门口鹄候号叫求乞。那些菜绿的脸色，无神的眼睛，叫你不忍心去看，你也没有那些剩饭给他们。今天小四饿死了，明天又听说友来吃野草中毒不起，后天又看见小宝冻死在寨外。可怜哪，这些正活泼乱跳的下一代，如今却陆续地离开了人间。

　　最近我更发现灾民每人的脸部水肿起来，鼻孔与眼角发黑，起初我以为是饿而得的病症，后来才知是因为吃了一种名叫"霉花"的野草中毒而肿起来。这种草没有一点水分，磨出来是绿色。我曾尝试过，一股土腥味，据说猪吃了都要四肢麻痹，人怎能吃下去！灾民明知是毒物，他们还说："先生，就这还没有呢！我们的牙脸手脚都吃得麻痛。"现在叶县一带灾民真的没有"霉花"吃，他们正在吃一种干柴，一种无法用杵臼捣碎的干柴，所好的是吃了不肿脸不麻手脚。一位老农夫说："我做梦也没有想到吃柴火！真不如早死！"

　　河南已经恢复了原始的物物交换时代。卖子女无人要，自己的年轻老婆或十五六岁的女儿，都驮在驴上到豫东驮河、周家口、界首那些贩人的市场卖为娼妓。卖一口人，买不回四斗粮食。

即便如此，地方政府为征粮还在勒索。据当地百姓说，大灾之年比去年还逼得紧。交不上粮食，就把人带到县政府关起来，几天不给饭吃，还要痛打一顿，放回来叫卖地纳粮。然而，肥地一亩只能卖五六百元，不值一斗麦子的价钱；瘦地则根本没有人要。可叹灾旱的河南，吃树皮的人民，饿着肚子还在忙着纳粮。

通讯批评了地方政府救灾不力，并警告可能官逼民反：

　　省府去年八月间曾派人赴各县勘察灾情，作为请赈或救济之根据。九月初民政厅召集区县长，举行征购兵役粮食运输会议，规定了各县地方救灾办法十二条，条条是道，各机构公务员每人每日节余面粉二两，全月折缴小麦五市斤，或纳代金五元，但迄今灾民未得到半两。九月中旬，民政厅又公布禁止酿酒，以节省食粮，可惜了这"庄严"的命令，没有收到半点效果。各县救灾会只能募到自己的开销。

省府见灾情日重，将原定为以工代赈之三百万元，全盘拿出，分配给各县，有的分到四万元，有的分到一万五千元，这真是杯水车薪，而且在我住的叶县寺庄，灾民还没有分到一分钱。

由现在到明年五月间所谓"麦口"的时候，还有五个多月，这么长时间的饥饿，怎样叫灾胞挨过？且亦非河南自己力量所能解决。捐钱来救灾，不如直截了当运粮来，给灾民一点米汤水喝。没有彻底救济办法，粮价不会跌落的，灾民根本也没有吃粮食的念头，老弱妇孺终日等死，年轻力壮者不得不铤而走险。这样下去，河南就不需要救灾了，而需要清乡防匪，维持前方的治安。

……顷闻政府拟拨平米贷款一万万元救济豫灾，这的确是可喜的消息。有人说河南现在已见透雨，遍地绿苗，似乎说明年（指旧历）麦子丰收无问题。这种骗人自编的说法，我们要揭破。其实明年麦收问题最大，纵然目前不落透雨，遍地麦苗也会绿色，现在尚难得看出来收成。问题是谁来春耕？逃荒的逃走了，耕牛杀绝了，耕具当柴烧了。更聪明一点的人，应该往这些问题上想想。如何救济目前的灾民，当然是急待解决的问题。如何使逃走的灾民回来春耕，如何防止宰杀耕牛，也应该同时注意。明春的河南国防问题也不容许忽略！

严冬到了，雪花飘落，灾民无柴无米，无衣无食，冻饿交迫，那薄命的雪花，正象征着他们的命运。救灾刻不容缓了！

通讯文末注明"元月十七日于豫西叶县"，那是当时三十一集团军汤恩伯的司令部所在地。就是说，我揭露河南灾情，批评地方当局，并没有想到会触怒政府和驻军，更不知道自己"闯祸"了。

对于通讯标题的改动，我不太满意，觉得太客观了——"实录"就是照实记录，显得平淡无力。原题观点明确，读者一看便知道河南人民没有饭吃了，而这正是我写报道的目的。总编辑王芸生后来说，改题是为了通过新闻检查，题目不可过于刺激。事后看，无论标题如何平淡，内容"惹祸"却是必然的。

第七章 灾难中原

停刊与逮捕的背后

《豫灾实录》见报当晚,总编辑王芸生先生激于义愤,挥笔写下了社评《看重庆,念中原》,于2月2日刊出。评论说:

> 读了那篇通信,任何硬汉,都得下泪。河南灾情之重,人民遭遇之惨,大家差不多都已知道;但毕竟重到什么程度,惨到什么情况,大家就很模糊了。谁知道那三千万同胞,大都已深陷在饥馑死亡的地狱。饿死的暴骨失肉,逃亡的扶老携幼,妻离子散,挤人丛,挨棍打,未必能够得到赈济委员会的登记证。吃杂草的毒发而死,吃干树皮的忍不住刺喉绞肠之苦。把妻女驮运到遥远的人肉市场,未必能够换到几斗粮食。这惨绝人寰的描写,实在令人不忍卒读。而尤其令人不解的,河南的灾情,中央早已注意,中央的查灾大员也早已公毕归来,我们也听到中央拨了相当数额的赈款,如此纷纭半载,而截至本报通讯员上月十七日发信时,尚未见发放赈款之事,千万灾民还在眼巴巴地盼望。这是何故?尤其令人不忍的,灾荒如此,粮课依然,县衙门捉人逼拶,饿着肚纳粮,卖了田纳粮。忆童时读杜甫所咏叹的"石壕吏",辄为之掩卷太息,乃不意竟依稀见之于今日的事实。
>
> 今天报载中央社鲁山电,谓"豫省三十年度之征实征购,虽在灾情严重下,进行亦颇顺利"。并谓:"据省田管处负责人谈,征购情形极为良好,各地人民均罄其所有,贡献国家。"这"罄其所有"四个字,突出诸血泪之笔!
>
> 我们生活在天堂一般的重庆,重庆无冬,人们已感近几天的寒冷。尽管米珠薪桂,重庆还很少听到饿死人,一般人家已升起熊熊的炭火;而在河南,朔风吹雪,饥民瑟缩,缺衣无食,又有多少同胞冻馁而死!……现时的重庆,正近旧年,虽在限价令下,而百物跳涨,

第一部·高峰自述：抗战生涯

……一般摩登的食品店，卖空了架子还有人买，人们宁愿今天先撂下花花绿绿的钞票明天再来拿货。尽管贵，总有人买。这情形若叫河南灾民听见，不知作何感想？

……管理物价，本是极科学的事。行政效率若差，社会若无守法习惯，很难望弄好。目前重庆的情形，价是限了，限高了的就合法的高了，限低了的也跟着高了，纷纭复纷纭，买者卖者，遍市廛尽是违法之人。报载总动员会议已设立军法执行监部，安得监狱千万间，尽囚黑市违法人？……河南的灾民卖田卖人甚至饿死，还照纳国课，为什么政府就不可以征发豪商巨富的资产并限制一般富有者"满不在乎"的购买力？政府对重庆，也许将宽厚到底；但我们重庆人，却必须深切自省，莫太征逐物欲，在这灯红酒绿百货上市准备过年之时，应该勉抑酒食之欲，稍节馈赠之资，以移赈河南灾民。如此，还可以稍稍减轻我们的罪戾，略略安慰我们的良心！看重庆，念中原，实在令人感慨万千！

大公报的报道与社评，与河南省籍参议员在重庆国民参政会上为灾民请命相呼应，引起社会强烈反响，人民咒骂"前方吃紧，后方紧吃"，"前方马瘦，后方猪肥"，表达了对重庆花天酒地、河南民不聊生怪现状的不满。这一切触怒了当局，2月2日当晚，军委会即下令大公报停刊三天，以示"惩戒"，造成了当年轰动后方的一段新闻公案。

由于战时通讯困难，重庆停刊事件我是事后才知道的。让我感动的是，大公报并没有因此而责难于我，并且一如既往地刊发我的稿件。我觉得，大公报敢于把一个二十四岁年轻记者尖锐地披露灾情、批评政府的报道一字不改地刊登出来，不仅冒了相当的风险，更表明它作为一张有社会责任感和广泛影响力的大报的用人之道和独特风格。这件事更坚定了我做一个有担当的好记者的信念。

据报社老记者曹世瑛兄后来告诉我，停刊事件也给大公报带来了"意外收获"。当时，重庆大公报日销六万份，而战时后方只有手工制造、供应紧张的土报纸，停刊三日"节省"了十八万对开张；报社员工还得到三天休息。那年2月3、4、5日适逢农历腊月廿九、除夕和正月初一，平时

第七章 灾难中原

难得进城的报社职工正好利用来采买年货。而重庆市民听说大公报被处罚，都想看看报道与社评，于是到处去找报纸。又怕下次有重大新闻看不到，就赶去报馆营业部订阅，结果销路大增，复刊后大公报的发行量增至十万份。以致重庆同业见到大公报的人，都说"恭喜发财"！这个结果恐怕是当局没有想到的。

【立此存照·张高峰在"文革"中的检讨　党曾经给大公报做过"小骂大帮忙"的评语，我和王芸生的文章实际也是属于这种性质的。文章确实有点"小骂"，"小骂"也算是一点批评吧！毛主席教导说："国民党害怕批评，它禁止批评。"蒋介石、国民党做贼心虚，见到"小骂"也沉不住气了，不能"体谅"我和王芸生对它"大帮忙"的好意，反而说我和大公报造谣生事，攻击政府，于是就发生了毛主席所说的"国民党内狗咬狗的斗争"，还把我当做共产党逮捕了。】

重庆大公报停刊，河南当局抓人。1943年3月的一天，我在河南漯河突然被当地警备司令部逮捕，当夜被提审，才知道自己的罪名是"共产党嫌疑"。据说我的"同党"已在叶县被捕，我还是他们的"头目"，并且从我的住处搜出了《资本论》等"违禁"书籍。我当然拒不承认罪名。而后，又被解送叶县。途中，押解特务连夜把我绑起吊打，企图逼出我的口供去邀功，我知道他们认为我是"主犯"不敢打死我，所以坚不吐口。在豫西警备司令部，其司令吴绍周带着他的参谋长、军法官又提审了我，最后交三十一集团军总部由汤恩伯亲自过堂。汤明确提出了我写豫灾报道和曾在重庆新华日报发稿的问题，我据实回答，但不承认自己有共产党员身份。因为我确实不是共产党。由于查无实据，不能定罪，又不想轻易放过，他们便把我先后"管束"于漯河警备司令部、方城七十八军军部。

6月间，由于在汤部的朋友说项，汤恩伯找我谈话，说准备释放我，但要求我继续留在河南采访报道。我回答："如此一番，我在河南已很难工作。如果总司令放我，我保证三天之内离开河南地界。以中国之大，哪里都可以给国家做事。"汤见我不给面子，竟勃然拍案道："你这种态度，就是共产党！"我知道他嗜杀成性，便没有再坚持。汤恩伯命令将我遣送至皖西北临泉县的鲁苏豫皖边区总部"工作"，实际上被监管起来。虽然没有限制人身自由，也允许我就地采访、发稿，但不准离开汤部辖区。【注18】

第一部·高峰自述：抗战生涯

　　【立此存照·张高峰在"文革"中的检讨　毛主席在分析小资产阶级时说，这些人"胆子小，他们怕官，认为军阀来头那么大，不肯贸然参加革命"。我就是这种人。看到汤恩伯发了火，就不敢继续反抗了。但我思去之心未死，只能再找机会了。】

　　《豫灾实录》并不是大公报发表的第一和唯一一篇有关豫灾的报道，《看重庆，念中原》也不是王芸生写的有关豫灾的唯一社评。当时，无论大公报、新华日报，还是河南当地的报纸，都曾发表过一些豫灾报道，但当局并没有给予处罚。

　　那么，为什么发生了大公报停刊与我被逮捕的事件呢？我认为，关键在于报道与社评不仅披露了灾情，更抨击了政府，这在报道与社评的字里行间随处可见。王芸生更借题发挥，批评了政府在重庆限价政策的失败，加之大公报的社会影响、舆论地位，颇令政府难堪，才招致当局的公然迫害。而我的被捕，更有在武大时就被特务监视和迫令离校的背景。我赴中原采访及后来脱险回到重庆，曾四遭拘捕，便是证明。【注19】

　　【注18：天津老报人张道梁先生与我父亲有同乡、同学、同行之谊，他因缘结识了当年在七十八军任作战科长的郑平先生，了解到我父亲在河南被拘押的更详尽的情况，并写入《天津十二大报人》一书。其中有些细节，我也不曾听父亲讲过，感谢张道梁先生为他的生平填补了这段空白。

　　郑平毕业于黄埔军校第十四期，历任国军团长、参谋、军部科长及师参谋长等职，参加过抗日战争台儿庄、随枣、中原等多次战役，内战期间在东北，也曾与我父亲交往。九十年代末去世。

　　郑平回忆说，1938年台儿庄战役时，高峰就与汤部一些高级将领有过不少接触。1942年他到河南，可以说地生而人熟，也获得过汤恩伯的信任。只因他写的《豫灾实录》揭了汤的疮疤，使汤恼羞成怒，将高峰逮捕，拘押于漯河。漯河警备司令李铣和高峰熟识，在处理上感到为难：严了对不起朋友，不问又恐无法向汤交代。于是，他借口漯河距前线太近，以不安全为托词，建议将高峰转移到离平汉路较远的方城七十八军看管。汤同意了。

　　郑平时任七十八军作战科长，与高峰相识，遂向军长赖汝雄说情，并

第七章 灾难中原

保证高峰不会私逃。赖批准将高峰由看守所搬到军部参谋处，允许自由进出，采访写稿。这样，除少数高级将领外，一般官兵都认为高峰是常驻军部的随军记者，没有人知道他是被拘押的要犯。郑平还不时陪高峰看戏、聊天。谈起三国人物，高峰说："曹阿瞒说，宁可我负天下人，不可天下人负我。我和他相反，决不辜负你对我的信任。"原来，郑平曾了解到，有人劝高峰伺机逃走，被高峰所拒，所以他才敢向军部担保。高峰感激郑平对他的礼遇，戏说："我驻贵军，乐不思蜀了。"

1943年6月间，赖汝雄向汤恩伯汇报说，经多次审讯和调查，没有发现张高峰有任何政治背景。赖在电话中听汤说话的口吻怒气已消，便婉转说："张高峰的文章虽有措词不当之处，但基本还是有事实的。总司令看这事如何处置？"汤正想找个理由下台阶，便告诉赖："那就把他放了吧。送他到总部来，我有话跟他说。"据当时在场的汤的侍卫副官何元邦事后对郑平说，从来盛气凌人的汤恩伯，这回还向高峰道了歉，要高峰勿计前嫌，希望他继续留在河南采访。高峰婉拒，惹得汤很不高兴，遂将高峰软禁于毗邻河南的安徽界首。——张刃】

【注19：父亲去世23年后，由于电影《一九四二》的热映，他的名字和《豫灾实录》被人们一再提起，多有称道，以致有些夸大其词了。例如，我父亲被捕成为所谓"张高峰事件""蒋介石侍从室向汤恩伯询问张的下落"、张回到重庆后大公报"举行盛大酒会欢迎"等，都是有悖事实或子虚乌有的。

此外，王芸生先生在1962年曾奉命撰写旧大公报史料，提到《豫灾实录》时写道："这篇文章（指《看重庆，念中原》）不足写尽任务之万一，竟如此触怒蒋介石，摘去'民主''自由'等假招牌，公然压迫舆论。蒋的秘书陈布雷则说，委员长根本不相信河南有灾。说什么'赤地千里''哀鸿遍野''嗷嗷待哺'，委员长就骂是谎报滥调，并严令河南征缴不得缓免。蒋的刚愎自用、不恤民命，由此可见一斑。"（见全国政协《文史资料选辑》第27辑）一时成为当事者自己的"盖棺定论"。

就当年大公报停刊和张高峰被捕事件而言，说国民党"公然压迫舆论"是不错的，但同时需要指出的是，王芸生先生的那篇文章，是在当时特定的政治氛围下写成的，连他自己后来都认为是"最大的违心之作"，可见其说也不足为凭。从后来陆续解密的历史文献看，这段公案恐怕也不能简单地归结为"蒋的刚愎自用、不恤民命"。我以为，至少我父亲早就被当局监视的背景，王芸生先生是不知情的。汤恩伯没有致我父亲于死地，还坚持要他留在河南工作，一方面是因为查无实据，另一方面也有他的考虑——他不想"得罪"新闻界，特别是《大公报》，同时也希望张高峰继续"宣传"他治下的抗战"功绩"。只是未能如愿罢了。

"文革"中，我父亲被打成"反动文人"，为了自辩，也为了给受到牵连的子女一个交代，他重提此事，也只是想实事求是地说明，自己虽未"革命"，却也并非"反动"。他始终认为，自己报道豫灾，只是出于一个知识分子的良知，尽了一个记者的职业责任而已。事实上，他后来在内战期间还曾写过许多类似的抨击时政、指斥当局的报道，并且一再被追查。可见，富有正义感和百姓情怀，是他记者生涯一以贯之的风格。——张刃】

续写饥饿的河南

尽管因为报道豫灾"闯祸"而被捕、监管，但目睹大灾之年，洛阳、许昌、漯河等地的官员、富人依然寻欢作乐，妓院、饭馆照样灯红酒绿，而街头弃婴身上拴着"敬请仁人君子收养，弃婴父母感恩不尽"的布条，可叹仁人君子未到，弃婴已被寻食的野狗叼走……的现实，我无法改变自己关注百姓疾苦，以笔为之请命的初衷，于"管束"中继续从豫皖不断发回相关报道。不过，吸取《豫灾实录》的"教训"，我在报道中多写百姓苦难，而将"抨击政府"的文字夹杂于字里行间，以免再惹事端。

1943年5月，我在软禁中从漯河向大公报发回通讯《灾后话农情》，报道了新麦登场农民期盼丰收的情形：

大地春回，风和日暖，原野上的一切都在静静中新生，灾后的新

第七章 灾难中原

麦也欣欣向荣，遍野是娇嫩的绿色。每当黄昏的时候，我常到田垄间去散步，麦苗没过我的膝盖，麦穗上开着小小的黄花，四月正是它们芬芳的季节，河南农民的土话说"麦子在灌浆"。一阵晚风吹来，麦浪随风波动，由远而近，由田野流向附近的村庄。我好像在麦海里游泳一样，但觉得满身是劲，相信这中原大地上，再也不会饿死人了。

五月的太阳，正是它威风的开始，晒熟了许多果实。麦子转瞬间变成黄金色，已经迈到我的腰间，苗壮可爱。风可以吹倒灾民，却吹不断麦秆，似乎它比灾民还健康。麦穗像小孩的发辫一样，随风摇曳，向着每个行人点头，好像说："麦子快熟了！"

农民的大人孩子都跑到地里去，看守着将收割的麦子，女人家带着放满了针线的小箩筐，坐在麦地的旁边，做着针线活，缝两针向麦地望一眼，她们说："这不耽误事！"我几乎每天也到田里去，时常指着麦子开玩笑："老乡！这就是金子！"看麦子人都笑起来，"反正饿不死人啦！"他很相信我这句开玩笑的实话。半步也不肯离开麦地，纵然是昼夜不睡。因为他们有一个希望，谁也不觉得疲乏。当他们饿得慌的时候，不要再向那些吃饱了的人去求救，可以顺手折几根麦穗吃。也正因为麦子这样容易的被人拆掉，所以家家户户都在麦地里布岗守卫。

今年的麦子，一根麦穗有二寸长，最多的能打一百个麦粒。我常在田里与老农夫们谈天，他们说："这是十年来没有的收成。"我说："这实在等于中原大地上铺着二寸厚的麦子。"大家听了我的话，不约而同地发出笑声。我到河南将近半年，尽听到灾民悲惨无力的哭泣，从没有看到有人放声大笑过，愿从今天起，河南永远有农民的笑声！

小学生纷纷请假，回到家中去帮助父母农忙。在各村庄的寨外，你可以看到许多平坦的压麦场，老牛破车从不远的麦地，载着高高的麦岛，向麦场咯扭咯扭的赶来。麦场上铺满新的麦秆，面黄肌瘦的老头、小孩、妇女，赶着比人更瘦的牲口，他们都气喘喘的，那饥饿的可怕还留在人间！

收割麦子的没有多少年轻人,都是老弱妇孺,往年赶牲口"压场"的小伙子也见不到几个,我又想起河南"兵役第一"的光荣。不由得伸过我的两手去帮他们割麦。"先生,谢谢你,我们自己能割。"母亲把儿子放在腿的旁边,两手抓着麦穗,向我谢绝了。河南人是我们最能吃苦的人民,是老实可爱的民众。

河南的麦子丰收已无问题,灾民愁苦的脸上露出笑容。

"老乡,你的地可以收多少麦?"我每见到一位农民就这样问,他们说:"收的并不少,还帐,纳纳粮,够吃四五个月的。"

我算一算,一年有十二个月,月月要吃饭,收的麦子不够一年吃的。心中不免又为饥饿恐慌起来,再追问一句"不够一年吃的怎么办?"他们说:"主要靠秋收,有包谷、高粱、小米和各种豆类。"农民是清苦的,往年也是以杂粮为主食,战时他们更艰巨的负担着中原几十万大军的兵粮。我默祷天助秋季也丰收。

1942 至 1943 年,河南灾情最严重的是黄河两岸、豫西伏牛山区、豫东黄河泛滥区的各县,灾情稍轻的是豫南淮河两岸各县。新麦登场也只能给人们带来短暂的欣喜。我在中原一年多,大部分时间看到的,仍是百姓的艰辛。如果按照时间顺序重温 1943 年的河南城乡情形,看得会更清晰。

以下是当年重庆大公报刊发我的部分中原报道摘录:

1943-01-10　中原多雪,气候奇寒。无米无柴而又无衣之灾民,其何以堪!豫中豫西各县灾民无粮,往年作肥料之芝麻饼,在市上有摊售以食之者,花生皮,野青菜,榆树叶均为灾民主要食品。

1943-03-07　豫省黄河之决口一片汪洋,难民纷纷逃灾,地方驻军正发动民众抢堵中。近日沙河水平均涨一公尺。

1943-03-18　河南省府为救济灾情,令各县调查大户囤粮数量贷与贫户。实行以来营私舞弊案丛生,大户被捕或逃避者日众。

1943-04-26　豫灾正值青黄不接之际,灾民生计益濒绝境。叶县、禹县、鄢城等地,令由各保切实调查殷实富户,每户须收养老弱幼童三口或五口,至麦收之日止,现已强迫实行。

第七章 灾难中原

南阳警察局日前集合灾民,每人头上盖上"乞丐"二字绿印。凡有此印之灾民,每日可领法币一元糠麸四两。

1943-05-04 河南大麦正在灌浆,而因灾民太多,已开始割吃,恐小麦亦将未成先割,欣欣向荣之豌豆苗也都被吃光。榆树上常有五六十岁之老太婆,抖抖的折点树叶。两三岁之小孩,见到一根柴也拾起来,他们知道,没有柴是煮不熟野草的。

1943-05-26 洛阳附近发现瘟疫,各乡村缺乏良医,饥民又无钱请医,死于是病者已达五十余人。

1943-06-14 鹿邑县政府各办公室内,每人办公桌上写两行字:"这里的人,不要忘记外面垂死的灾民。"

1943-07-26 豫西叶县、襄城一带满天蝗虫,呼呼作响,全落叶县一带。早秋(小米、高粱、芝麻等)受害颇大。中原大饥馑以后,瘟疫流行,中西药品,利市五倍,病民痛苦万分。

去年河南灾重,牲口饿死或被宰杀甚多,今年收麦多靠人力。往年新麦十日即可入仓,而今已二十余日,尚有人忙着压场。秋种因无畜力,许多田地尚未能耕种。

1943-08-22 黄水淹没农村甚多,豫东道上又发现扶老携幼之灾民,沿途乞讨,尤以十数岁之孤儿,令人怜悯。

1943-10-26 自九月份起,过洛西上灾民日多,死亡率亦大,惨况不减上年。洛潼运送难民总站以原存掩埋费即将用罄,决向洛市各界劝募。中央将豫省之征购征实总额核减一百万石;惟豫中各县份无力缴纳,纷将土地权状送由乡公所代管。

1943-12-26 河南秋季因又遭蝗灾水灾,收成欠佳,现洛阳车站又有难民等待火车西去。

1944-01-17 豫北烽火连年,敌伪穷凶极恶尽情搜刮,人民陷于绝境。前年大旱,死亡相继,去岁复雨水失调,又有蝗灾,饥馑恐怖,混乱可怕。尤以温县、孟县、济源、博爱等县最为惨重。据谈哀鸿遍野,饿殍载道,百余里人烟绝迹。豫东黄汛以北各县虽多沦陷,唯在我政权下之人民土地仍多。但豫省当局视汛区为畏途,极少大员前往视察,故地方秩序紊乱,行政亦不划一。

1944年3月，与报道豫灾被捕时隔一年，我再次报道河南农情，并借地方政府官员之口批评救灾不力。

报道称：

> 立春前后，豫境普遍落雪，郑州一带且深达二尺，据老于农事者谈：春间如无雾雹等灾，麦子"养花"时不起大风，河南的麦收就有八成希望了。这样看来，豫灾似乎不严重，但如更深刻的研究一下，就会发现问题并不如此简单。因为今年旧历闰月，麦至后四月方能收获，所以，乐观的现象只能属于目前，等旧历三月、四月到来的时候，情形依然可虑。
>
> 据豫中某县县长告记者，他们只在报上看到省方配发赈款，却从没领过分文。赈款哪里去了呢？他说，大半都是被移作差款用了。去年河南征购征实，中央恩准核减一百万石，豫人方在欣慰，委购抢购以及配额即相继而来。据悉：豫北灾情甚于豫中，故豫中粮食乃大量北渡。去年春荒时节，有钱人多争相购地，今年他们不但不争着买地，反而欲将去年所买之地让卖主赎回。若问原因何在，所收粮食尚不够支差。在广大的河南农村中，佃农们多强制地主减租一半，否则即不予耕种："谁的地多谁遭殃！"
>
> 农业建设应该是河南一切经济建设的核心。整理残破的农村经济和焦头烂额的农业建设，将残破的河南农村经济加以整理，以支持抗战最艰苦的现局，以维持人民最简单的生活。

可惜，最后一段话只是我的一种美好的愿望。一个月后，中原会战爆发，河南人民不仅要面对天灾，更要经受人祸与战乱。

第七章　灾难中原

黄泛区纪行

我写《豫灾实录》，并没有写尽河南人民的苦难。那篇通讯所涉及的灾情，主要指旱灾、蝗灾、雹灾，且大多是写豫西，而豫东黄泛区的水灾遗患同样严重，情景十分悲惨。而且，据有关研究指，黄泛区的出现，对于中原地区生态平衡破坏极大，与旱灾、蝗灾等不无关联。但是，当时黄泛区的地理位置与军事态势有密切关联，当局不准有公开的报道或记载，日军也在利用黄泛区谋划军事上的攻守。因此，《豫灾实录》之后，尽管我对黄泛区曾经有过深入的采访，却不能做公开报道。

抗战胜利后，国民党政府公布了有关黄泛灾区的报告，透露了部分事实真相，我也才有机会写出了一篇"迟到"的报道——《淹死了三十二万五千人》，刊载于1946年2月23日的天津大公报。通讯开头写道：

> "黄泛"依字意解释，即黄河的泛滥。泛滥的实情以及为何泛滥？那为抗战而牺牲的三十二万多人是怎样淹死的？那被大水冲走的六十三万多难民是怎么过着逃难的生活？那留在泛区的几百万人民又是怎样过着朝不保夕的日子？！我们应该知道抗战期中这件惨绝的牺牲。

河南的水患并非天灾，而是人祸。

1938年3月，我随军增援台儿庄途中，就发现十字河以北的公路上有许多不知迄止的壕沟，宽约三四丈，深约两丈许，听附近的老百姓说，那是早在两个月以前奉令挖掘的，不知做何用。同年6月9日，当局在既未提前警告，也未组织疏散的情况下，就下令炸开了中牟县花园口的黄河大堤，试图以水淹大片土地的代价阻止日军快速南进。如此，滚滚黄河水迅速溃决，水势避高就低，犹如万千脱缰的野马，从西北直向东南倾泻，那些事先挖好壕沟，根本无法容纳，也无法疏导，只能任其泛滥，不可收拾。结果，豫东的中牟、尉氏、扶沟、鄢陵、通许、西华、淮阳、太康、柘县、鹿邑、商水、项城、洵川等十三县，皖北的亳县、太和、涡阳都被黄水吞没了。每当黄水漫向一个村镇，死的威胁就来了！人们在突如其来的恐惧中争相逃命，大人哭，小孩叫，不知多少人葬身黄水……几天以后，就可见数不尽的浮尸从水底下漂出来，更多的难民逃离了家乡，豫东十三县就这样变成了水底地狱，这地狱保卫了中原半壁破碎的河山，也淹毙了三十二万五千多无辜的河南人！

决堤还迫使黄河改道，过去在南岸的开封一变到了河北；自朱仙镇至周家口三百多里长的贾鲁河，连原来的河身都不见了；豫东所有的小河都变成黄河支流，六百多万人的家园陆沉在水底，河南平添了一个五千八百多平方公里的"内湖"。

我是1943年7月到黄泛区采访的，此时距黄河决口已经过去了五年。我这样写道：

> 道经平汉路漯河镇以东之逍遥镇，沿途难民络绎不绝，扶老携幼，饥困欲倒，有的靠着一辆独轮车，搬运他们唯一的财产——吃饭的锅碗。走不动的老弱妇孺，就以河堤为家，搭起草棚住下去，他们是希望水退了，好能早一点回到自己的屋里。
>
> 过逍遥镇二十几里，就到了泛区，站在河堤上东望，是一片无边的黄水。当时河风很大，浪花起伏的水面上，没有一只木船。偶尔可以看到两三只水鸟在天空上下飞翔，不知它们是捉鱼，还是寻找浮尸的烂肉。那凄凉的水面，正说明泛区人民无衣无食的生活。因为风大，河边的木船都不肯冒险渡泛。经过多次的交涉与恳求，算是请到一位胆大的船主。船往泛区的中心划去，要划过八里路，才能到达西华县坡廓三里。在泛区里，船工几次不能控制船向，船随着风向在惊涛骇浪的黄水里荡摇，我的心也在跳动。偶然在远处看见一所露在水面的屋顶或树梢，更增加了心理的恐怖。
>
> 经过五小时费力的划渡，船靠拢了西华县的城边。下了船，岸上的泥土软软的，稍一用力，两脚就会踏入地里。别人告诉我说，"这里的水刚退了几天。"又去了三里路的光景，才看到西华县的城墙。

第七章　灾难中原

那城墙较原来加高了半倍，结果我是翻过城墙进入西华县。为什么不走城门？黄水已经浸过了城门，城门在一个月以前就用沙包与泥堵上。城外的水已经没过城里的房顶，西华县被水包围着。城里的人民生活在那又险又怕的"水晶宫"里，不知哪天睡着觉就可能被水冲走。

西华县城里的居民没有好多少，县长张维明名义上是维持地方行政，其实他是修堤防水的工头。天天拿着一根小棍，到城墙上或城外一两里的河堤上，监督人民抢修堤坝。人民一偷工了，他就喊着："修哇！修哇！水来了淹大家！"堤工修错了，他又指示："坡度不够，水一淹就垮。"

我与张县长同时参观抢险时，他苦笑着说："水里的县长真难当！"他在"难"字上很用了一点力量。他的意思并不是难于防水，而是难于出丁出粮。全县的地被淹了三分之二，全县的壮丁跑了十分之八，仍照着原有的土地原有的人数出粮出丁，哪里去找？哪里去征？没有办法的时候，把灾情报告省府，请求免征。等到批文回来，指责说谎报灾情，但粮丁都还能核减一部。于是留着抢修河堤的一点青年人也慢慢地被征光了。老百姓那些被水泡霉了的麦子，自己也吃不成，天天等太阳出来的时候，晒晒捡捡，干了的送缴到集中仓库。自己没有存粮的人家，大人小孩饿得脸都发青，还要卖人或卖地，给国家完上这份"应负担"的军粮。泛区的人民多惨！谁为他们想过？他们为谁入了地狱？"能早一点喂了黄河鲤鱼，还算是有造化的人。"太惨了！

政府当局怕黄泛的水全部灌入沙河，沙河再泛滥，那又不知要淹死多少人，所以在沙河的两岸修起大堤。这一个修堤工程，曾动员过豫东二十几县的人民，工程之浩大虽然比不上长城，可是艰巨的程度也并不比长城容易，人民自备干粮，自带镐、铲，不管你的家里是否靠你为生，你也要去修堤，在堤上连一个住处都没有。这边刚修好，那边又冲垮，连续不断地修。等到真的全部完工，想要回家了，不幸又被拉夫的拉去，放下锄头，拿起枪杆。当完工人又去当兵。家里人都不会知道自己孩子们的下落。

在大风雨的夜晚，常发生决口的事。附近乡民听到锣声就要集合去抢险。夜晚人手一盏灯，在风吹雨打中抬土、打桩，长堤上一片凄凉哼唷之声。如果口子几十米宽，那就难为死工人们。抢险需要大量的土、树干、麻绳。堤的两岸五六里路内全是水，土先成了问题，不能在堤上挖了这块土去补那个决口，这等于挖肉补疮，永远治不好的。那么土到哪里去挖呢？只有临时一船船的从远处装来，如果水程小，还来得及抢修，如果水程大，等土运来的时候，口子又被冲宽了几倍，再堵已无济于事。就在这个时候，说不定多少工人的家已经被水给冲走了，他们不能再回去。

抗战八年，黄泛区的人民就过了八年朝不保夕的日子。他们怎样挨到今天？！请原谅我这支不会哭的秃笔，假若它会哭，那从头到尾写出来的应该全是灾胞的泪水。现在抗战胜利了，死的三十二万五千人已经死了，逃亡的六十三万泛区灾民，政府应该设法帮助他们回家，泡在水里八年的五千八百多平方公里的土地，也应该早点捞出来了。

抗战八年，河南多灾多难，人民太苦了！

畸形的界首

临泉原系皖西北一个小县，地处偏僻，抗战以前很少为人关注。抗战爆发，特别是徐州失守后，局面大变。陇海、津浦、京汉各铁路线的重要城市均被敌伪占领，物资流动受阻。而鲁苏豫皖交界一带，西自漯河、沈丘，东至阜阳，南从淮河北岸，北到涡河南岸，东西长七百余里，南北宽百余里的区域，几乎成为敌、伪、我"三不管"的"真空地带"，故称"边区"。1940年春，汤恩伯奉命建立了鲁苏豫皖四省边区总部及党政分会，自兼总司令和主任，对边区的军事、政治、党务（含特务）等工作一手独揽，既可防止敌伪扩张地盘，又可控制物资流通。

第七章 灾难中原

1943年夏，我到临泉后，被指定住在远离边区总部四五十里的刘兴镇。他们仍没有解除对我的怀疑，不准我接近总部，由界首警备司令部暗中监视。

刘兴镇的对河就是太和县的界首镇，是当时通往敌后的交通要道，前后方的信息很多。既然一时无法脱身，我又相对自由，索性安下心来采访、写稿。不过，我的报道内容有了一点自己明确而他人很难察觉的变化，那就是对汤恩伯及其所部的态度。

我知道，汤恩伯留我在中原继续工作，还是想利用我做大公报记者的条件，继续为他做宣传。他的边区总部办公室主任徐某就曾对我说，中央社随军记者组也住在刘兴镇，你可以用更多的时间给大公报写稿了。显然是在暗示我要为汤部"出力"。

如果说，抗战初期，由于受范长江报道的影响，仰慕汤恩伯所部"能打硬仗"，觉得汤是"抗日英雄"，又"平易近人"，我还愿意为之宣传的话，那么，后来跟随汤的左右，了解了他及其所部的另一面之后，我已经察觉自己的认识有偏颇，所以选择了离去，到后方读书。这次到河南采访，更多地听到了老百姓对汤部的不满，甚至诅咒，我自己又因报道豫灾被捕、刑讯、管束，使我彻底认清了汤恩伯的面目。因此，尽管当时我不能离开他的辖区，也明白汤留我的用意，但我感到，受制于汤可以忍耐，但再为之张目就是记者的耻辱了。那以后，在我发的河南、安徽报道中，都尽量避开有关汤部的内容，即使不得已需要敷衍，也绝不再公开出现汤的名字或所部番号，以此表明我的态度。

在中原一年多，我给重庆、桂林两地大公报的专电、通讯，多以《中原简讯》《豫皖杂缀》新闻专栏的形式发表。

抗战期间，日伪占领区的物资以津浦铁路的蚌埠为运转中心，经陇海铁路的商丘运到界首，再销往大后方。因此，界首成为抗战期间长江以北、黄河以南物资进出的唯一内地口岸，更是敌、伪、我三方贸易的重要枢纽，一时商贾云集，市面繁荣，批发、零售商店鳞次栉比，旅店、饭馆比比皆是，而且日货充斥市场，暗娼妓女更多，藏污纳垢，人称"小上海""小南京"，俨然花花世界。在我从界首发出的报道中，曾有这样的描述："界首街头花天酒地，由敌区带入之鸦片甚多，运带方法多将烟膏浆在袍罩上，变卖时只需一煮便可。市面之日本药极多，尤以花柳病药销路为广。嬉笑声中，杂有灾民'饿死啦！''饿死啦！'之哭声。"

界首的边区物资调节管理处，实为汤恩伯集团独资经营的贸易公司，由四省边区总部军需处长胡静如兼任处长；又另设鼎泰公司，经营项目包罗万象。该公司经理陈鼎彝曾说："除了天上的云、长江的水，只要运得走、能赚钱的，我们一律包干。"他们不断派出大批人员到敌伪占领的平、津、沪、宁等大城市采购百货、五金等物资，转运到大后方抛售，再从大后方套购物资转售敌伪区，如此倒买倒卖，获利丰厚。界首成为当时走私的大门。

汤恩伯还借助边区的特殊地理位置，勾结日伪人物暗中往来，彼此相互利用。汪伪皇协军军长、汉奸张岚峰驻商丘，曾亲自化装到临泉边区总部与汤见面，被汤委任以"先遣军总指挥"；伪新五军军长、汉奸孙殿英派他的参谋长谭松艇，叛国投敌的原二十四集团军总司令庞炳勋以及伪二方面军总司令孙良诚，都曾分别派人到临泉与汤恩伯联络，由汤介绍给军统驻界首站的人，陪同前往重庆活动。抗战胜利后，这些汉奸果然都被蒋介石"宽大"收编，并委以要职，又参加了内战。

军统驻界首的负责人沈某（天津人，南开学生）、钱某某（浙江人，燕大学生），原为"平津青年抗敌铁血锄奸团"（简称"抗团"）成员，都曾是爱国抗日的热血青年。后来，"抗团"被戴笠手下的特务处平津区长曾澈利用，成为军统外围组织，专在敌后平、津、京、沪各大学进行秘密抗日活动。在与他们的接触中，我发现，或许是"工作需要"的缘故，他们既与国民党有关系，又与汉奸、伪军往来，可谓"两头吃"。他们的任务，也很难说仅仅是"抗敌锄奸"了，只是我不知其详。不过，由于界首的特殊性，日本间谍却乘机出入、潜伏，搜集了大量中国军方情报。1944年春中原会战时，汤恩伯所部一触即溃，与此不无关联。

军统在界首的活动，与汤恩伯和戴笠的勾连有关。1943年，美国为军统训练和装备特务，先后成立了十几个特种技术训练班，第十班就设在安徽临泉，由汤恩伯自兼班主任。1943、1944年间，戴笠曾几次到河南叶县、安徽临泉访汤恩伯。戴笠时任军统局局长兼财政部缉私总署署长和战时货运局局长，到中原活动是有商业目的的。他派了亲信刘艺舟为河南缉私处处长，张树勋、王兆槐为界首货运分处处长，配备美国道奇大卡车数百辆,组成车队日夜往返于豫陕川路上,运送的都是紧俏物资。

抗战期间,日本曾有"以战养战"的政策,除了大肆掠夺我国的物产、资源外,一个重要手段就是伪造中国的法币,大量投入国统区,套购物资之外,更破坏法币的流通和信用。国民政府针对日寇的做法,以同样的手段以牙还牙。这个任务就交给了戴笠的军统。军统在重庆办有一个秘密印刷厂,从美国进口机器设备,专门印制敌占区流通的伪钞,运到界首后分发到敌后去使用,搅乱敌占区金融市场的同时,也套购了纸张、棉纱、棉布和其他工业品等大批物资,再运到后方出售、发财。据我所知,军统在界首的人员就曾使用这种被称为"特券"的伪钞。

人祸"汤灾"种种

1943 年前后,正是抗战最艰苦的阶段,地处中原的河南不仅是抗日前线,而且遭受着人称"水、旱、蝗、汤"四灾之害。如果说前三者是天灾,那么"汤"灾就是人祸,指的就是汤恩伯。

畸形的界首,只是汤恩伯集团在中原种种劣迹的一角。当时,汤恩伯身兼第一战区副司令长官、鲁苏豫皖边区总司令、边区党政分会主任等要职,统辖四个集团军,自诩"中原王",依仗位高权重,飞扬跋扈,其所部亦军亦商,横征暴敛,在更广泛的地域内为害百姓,因此成为河南人民的一大"灾星"。

汤集团在豫皖大做生意,为了师出有名,打出了"对日经济作战""抢运物资""为国为民""自力更生,长期打算"的招牌,其主要经济据点,除了皖北的界首,还有平汉路的漯河、陇海路的洛阳。汤恩伯的三十一集团军洛阳办事处,除了军务,更承担了调度车皮、转运物资经西安到后方的任务,其界首、漯河的警备司令部则负责保护走私。汤恩伯还在自己管区内的水陆交通要道设立关卡收取钱财;在漯河开办了卷烟厂,利用许昌的优质烟叶生产"中山门"牌高级香烟,大发其财。他在叶县的高级

第一部·高峰自述：抗战生涯

招待所，专事招待过往军阀、政客、学者、士绅，以拉拢关系。当时有传言，称汤恩伯的"副长官部"为"富长官部"，可见其奢华。

上行下效。汤恩伯所部驻防河南多年，没有打过几仗，却在驻地大兴土木，办学校、盖旅馆、筑兵营、开工厂、出报纸、设商店……向灾民征夫、征料、征兵、征粮。灾民不堪其扰，有人竟自断手指逃避工役、兵役。当时河南民间有流言："宁叫鬼子烧杀，不让十三军驻扎。"（十三军是汤恩伯起家的"王牌"）

汤恩伯扩军无度，兵多了，需要的给养、装备就多，给中原地区增加了沉重的负担，造成当地人民与军队的对立，也严重地影响了汤部官兵的士气。由于大肆扩军，需要枪械，汤恩伯将其所部修械所改建为兵工厂，并设有被服厂、军鞋厂、染织厂多处。许多河南老百姓都知道，汤部穿草黄色军装的是其主力部队，草绿色的则为杂牌军。杂牌军待遇差，骚扰百姓的事情时有发生。

所有这些，都为汤部后来的溃败埋下了伏笔。中原会战以后，传出"河南百姓不打日军，却缴了国军的械，还打死许多国军"的说法，不是没有缘由的。

汤恩伯在河南还曾搞过"抗战文化"，实际上是为自己制造舆论。1939年创办的三一出版社，就是这样的一个文化机构。它附属于汤部，却非正式建制，与军事无关。

前面说过，1943年我回河南，除了战地采访、报道，还有一个原因，就是到三一出版社与郑昌淦、潘守谦、孙国华等几位同学会合，商量如何"共进退"。他们是我介绍来的，我当然应该对朋友负责。

三一出版社下设编辑部、华中日报社及印刷所。编辑部的主要任务是编辑第三十一集团军战史丛书及《华中月刊》，人员多是从大后方投奔前线参加抗战的大学毕业青年。《华中日报》日出四版，主要行销豫皖地区，总编辑就是我的同学郑昌淦。

出版社因汤恩伯的干预和内部派系之争，关系复杂，先后有四任社长下台，平均任期不到一年。加之战时纸张、印刷困难，实际没有出版过什么书籍。1942年，诗人臧克家先生做代理社长时，与碧野、田涛等创办过一个刊物《大地文丛》，刚刚出版第一期，就因为刊登了含有宣传马克

第七章 灾难中原

思主义文艺观内容的文章,被汤恩伯追查、停刊。臧克家等人也不得不去职了。我到河南以后,"顶"了臧克家先生的"缺",依然做代理社长,但工作已基本停滞。同学们都不想干了,对我说,出版社早晚要垮,咱们得准备脱身。【注20】

不料,仅仅三个月后,因为《豫灾实录》,不仅我被捕、撤职,同学们也受到牵连,作为我的"同党"也被逮捕、审讯过。他们说,你是这桩"共产党嫌疑案"的头目,如果当时你承认了,大家都活不成。释放后,我们又一同被遣送至皖西北临泉县的鲁苏豫皖边区总部,同被"管束"起来。大家真的"共进退"了。有了这段经历,我们几个同学结下生死之谊,几十年过去了,无论怎样的遭遇,我们都相互关心,不离不弃。【注21】

【立此存照·张高峰在"文革"中的检讨　我介绍三位同学到三一出版社工作,不但犯下了为汤匪集团输送新的反动力量的罪行,也害了自己的同学,把他们推向了反动的历史道路。罪过在我,我向他们道歉,并愿意为他们证明。】

【注20:1989年3月,臧克家先生写信给我父亲,谈起他在三一出版社的经历,并再次询问1943年他们几个人被捕的详情。那时,父亲病重,已不能握笔。他生前写的最后一个信封,字迹扭曲,就是给臧克家先生的没有完成的信。——张刃】

【注21:潘守谦伯伯曾为中共地下党员,1955年因"胡风案"蒙冤入狱,我父亲不避嫌疑,不怕牵连,依旧时常去关照老友家人。潘伯母每念及此,总是感慨患难之交情谊难得。1978年初,潘伯伯"解放",尚未平反,即来信迫切希望与老友见面,我父亲那时也刚刚恢复工作,回信说:"你的心情我完全理解,只要一旦抽出空来,我立即赴京,约方成、昌淦两兄登门拜访,促膝话旧。晚年聚首的机会不多了,让我们痛饮畅谈一番。只怕那时你我相见不相识,我老得不成样子,会使你惊讶的。……"那年,他们几个老同学终于聚首了,还曾留下了最后的珍贵合影。

1986年,潘伯伯离休后曾到河南公干,特地去了叶县,回来写信给我父亲说:"四十多年以后旧地重游,感慨殊深。真难想象,作为大学毕业生，竟能在这种地方一待几年！我们这些人当然算不上英雄，但傻子是算得上的。"1988年，潘伯伯到美国定居，立即去找旅美多年已经全盲的孙国华伯伯，并写信告诉我父亲："国华非常想念你。我曾同他在旧金山的寓所抵足而眠数天，重温青年时代的旧梦。谈起我被全社会孤立时，唯独你敢前来看我，以及后来与方成等在我家聚餐的情形，他为之感动落泪。"可惜，父亲与这些情同手足的朋友再也没有见面。

我父亲去世后，潘伯伯从大洋彼岸给我写信说：

"你父亲的一生是老一辈正直知识分子的缩影。他同情不幸的人，数十年如一日。1956年我从监狱出来，他第一个在西单为我设宴压惊。1957年形势更紧，我成为'不可接触'的人之后，只有他还敢在深夜轻轻来叩我的门户。我同他相交半个世纪，知道他是能够敞怀大笑的。这种笑，当年在大渡河边的茶棚底下，在黄泛区的无人地带，我都见过。但近几十年来就再也没有见过，恐怕就连你们做子女的也都没有见过吧！想起这些，我的眼泪就不禁夺眶而出。身在异国，不能为你们分忧，深以为憾。请节哀。一切都要终结，一切都会成为过去。这就是世界，这就是人生，是无法抗拒的。"——张刃】

唐人、《金陵春梦》及其他

严庆澍也曾做过三一出版社的编辑，一度与郑昌淦等同事。1942年底我到河南时，他夫妇已经离开，去了陕西。十几年以后，他以"唐人"笔名，写了以蒋介石发家、崛起、落败为主线，记述中国现代历史的八卷章回体小说《金陵春梦》，名声大噪，其原名反倒鲜为人知了。

唐人祖籍江苏吴县，小我一岁。其夫人杨紫，祖籍天津，抗战爆发时在河南开封读书，后来到了湖南邵阳，在民众教育馆教书，与唐人相识相恋。1939年春，我与唐人夫妇结识也在邵阳。当时，我经范长江介绍，任邵阳《观察日报》特约记者，唐人在"军委会战地文化服务处"（又称"邵

第七章 灾难中原

阳战时书报供应所")工作。此前,他是湖南文化界抗敌后援会的成员,长沙大火后撤退到了邵阳,继续从事抗日救亡宣传工作。与他在一起的,还有钱俊瑞(后曾任文化部副部长)和邵宇(著名画家,曾任《人民画报》总编辑、人民美术出版社社长)等人。

1939年7月,我和唐人、杨紫夫妇随南岳游干班毕业学员组成的战时工作队,徒步两个多月到达河南,我继续北上,唐人夫妇就留在刚刚成立的三一出版社工作,唐人做编辑,杨紫做图书管理员。我北上未果回到河南时,他们还在那里。唐人那时的笔名叫"洛风",写作很勤勉。他的手稿本又大又厚,总是不停地写,纸张消耗很快,为他订本子的工人都奇怪他怎么那么能写。战时生活艰苦,唐人夫妇却依然很浪漫,唐人叫杨紫为"杨澍",是用自己的名字昵称爱人,可见情投意笃。不过,在我面前或与我通信,唐人说到杨紫,几十年都用她的小名"凤子"。

1940年春,我去了重庆,随后到乐山入读武汉大学。同年夏,由于杨紫怀孕,加之工作不愉快,唐人夫妇也离开了河南。那以后,经徐逸樵先生介绍,唐人做过一段中学教员,后又参加了中国银行西北运输处的工作,落脚在陕西宝鸡,奔波于西北西南的交通干线。1944年入内迁成都的燕京大学读书,兼任新闻系学生实习报纸《燕京新闻》经理。我们始终没有中断联系。

1946年夏,经燕京大学新闻系主任蒋恩荫介绍,唐人加入上海大公报,当时我在大公报北平办事处,我们又成为同事。年末,大公报台湾办事处成立。1947年"二二八事件"以后,台湾问题成为内地读者关注的热点,大公报派唐人到台湾主持办事处工作,出航空版,以扩展业务。后来,报社又调吕德润到台湾,加强报道力量,唐人也写了不少有关台湾的新闻。1948年11月初,王芸生先生偕夫人、小女儿,以休假旅游为名绕道台湾去香港,准备北上参加新政协会议。11月10日,又在香港大公报发表社评《和平无望》,实际上表明了拥护中共的立场。此后,大公报台湾办事处的工作开始受到限制,1949年5月底,终于被彻底查封。7月,唐人、杨紫夫妇带着四个孩子跑到香港,参加了香港大公报的工作。1950年10月,香港大公报编辑发行的《新晚报》创刊,唐人随即被调到新晚报,历任编辑、副总编辑。

第一部·高峰自述：抗战生涯

　　唐人写《金陵春梦》，是从 1952 年年中开始在新晚报连载的，每天一节，到 1955 年 9 月止，陆续刊登了"郑三发子""十年内战""八年抗战""血肉长城""和谈前后""台湾风云"等六部，引起读者极大兴趣，后来结集也是连续再版。特别是在大陆，当时作为"内部读物"，更显洛阳纸贵。

　　关于《金陵春梦》的写作内情、经过及某些细节，唐人生前自己已写过不少文字，后来有人再写，也大多"炒冷饭"，不赘述。我想说的是，唐人的写作生涯很苦。这不仅因为每天必须交稿发排，而且有相当大的压力来自家庭负担。他有八个子女，那时都还小，靠他本职工作（编报）的收入很难维持家庭开支——说来令人难以置信，他有几个孩子都是靠半工半读完成的大学学业。因此，他必须不停地写作。他曾给我写信自嘲说："我非职业作家，每天要编不少版面；我乃百分之百的业余作者，每天写万字以上者达十个年头，每小时两三千字的速度，回想起来不禁失笑，'粗制滥造'有如此者。三十年来未休息过一天，有如神话。"唐人这番话，从他每出一册作品必寄我样书的频率即可印证。再举一例："文革"前，每逢五一、十一，他一般都会回大陆参加观礼活动，那也是我们见面把晤的机缘。即使在北京需要参加各种活动，他每天也要完成必写的任务。而且，除了《金陵春梦》，他还以洛风、阮朗、江杏雨、张璧、陶奔、颜开、文书上士、公屋奎一等多个笔名，写过至少八十部小说和电影剧本，有人统计，他一生著述超过一千万字！无怪他成为"高产作家"。

　　"文革"中，我与唐人的联系不得不中断了。1977 年恢复通信后，他又陆续给我寄书，但"文革"中被毁掉的他的旧作，我无论如何补不齐了。更可惜的是，由于昼夜写作，过度疲劳，1978 年 9 月 12 日，他在办公室突发脑出血入院，因偏瘫竟致搁笔了。一年后的 1979 年 5 月，他才写来发病后的第一封信。那是他到广东从化温泉疗养院后报告病情的。他说："凤子送我来，已返港，家里事情太多。我半身不遂，何时返港尚未可知，要视治疗情况而定，但可以告慰故人者，弟情况颇佳耳。可勿念。"这样一封短信，他还念念不忘《金陵春梦》的出版和寄我样书的事。最后，他写道："如今句不成文，字不成形，乞恕。所以敢写，为慰老友耳。"那以后，我们又恢复了通信。

第七章 灾难中原

1980年7月，有刊物提出要为唐人写小传，以配合他的作品在大陆发行。唐人希望我为之执笔，竟在病中给我写了一封长达十四页的信，详细谈了他的经历、著述、家庭情况，信末说："由兄写我的文章，贵在知交，盼多批评，俾帮助我的提高。为了这'原始资料'，写得我有点'上气不接下气'，字迹太潦草，因此对大作（是清样，绝非原稿）我要求做一次核对，以减少我的歉意。出版前请务必给我一份，当在收到后二十四小时内航邮寄回。"唐人对读者负责的精神，于此可见一斑。而那封信是他在广东省人民医院用了三天时间才写完的！

唐人是达观的，病中来信也常常自我调侃。1980年春，他从广州连续来信说："为'伤兵自我检阅'，弟出席了广东省政协会议，情况还好。今后还可以做些工作，此老友所乐闻者也。""弟来广州，中西医会同治疗，不知半身不遂可否变成八分之一不遂，那我也满意了。""弟拟返回岗位，'老伤兵'裹创再战，不去计较形状是否'雅观'了。"……

他自己疾病缠身，却时时为朋友着想。1981年他到北京治疗，我准备偕同在天津的方纪夫妇去探视，他来信说："此次到京，凤子事多不能同来。咱们如能欢叙，大好事也。惟方纪、黄人晓伉俪不敢当。老方同我一样（偏瘫），不便远行。故对他们之来，'理论上不能欢迎'，乞兄明察，你也别对他们谈我的行期。"又说："知萧乾、子冈卧病，请兄代我问候……"每次看到他那热情洋溢的文字，我都为他高兴，但每次看到他那扭曲的字迹，我又常常为之惋惜。

1981年10月，唐人转到北京友谊医院继续治疗，但实际上他却在医院整理旧作，试写新作。10月17日，他复我一短笺："高峰吾兄：十四日示悉，先做问答题如下：一、弟估计要住（院）半年以上；二、现在行动仍不方便；三、上下公共汽车有困难，一般小车则可；四、吃饭能够自理，必须老兄喂我。一笑。五、目前不会去天津，因为我无意增加友好的精神负担。因此，你不要着急就来北京，咱们都上了年纪，你又刚刚恢复健康，先通几封信，已有面谈之乐。握手。 弟庆澍"

我万万没有想到，这竟是他给我的最后一封信。11月26日中午，他突发心脏病，抢救无效，与世长辞，终年六十二岁。屈指数来，我们的友谊整整四十二年。

唐人的追悼会我没有参加。凤子到京，他们的孩子来信，劝我及诸亲友不要去探望，说妈妈情绪激动，悲伤过度，若见病弱老友奔波，重提往事，不免徒增感伤。郑昌淦兄也来信说："你有病在身，走路都困难，若严兄九泉有知，也不赞成你来。保重身体，多做工作，也是严兄所希望于你我等者。"我能够理解凤子的心情和昌淦兄的心意，没有坚持去送老友大行。惟遗憾在唐人生前未能完成写他的稿子，他想再核对的愿望也不能实现了。我只能在这里记述一二，遥祭老友之灵。

流亡学生与"四行勇士"

战时界首的地理位置，使它成为沦陷区与大后方人员往来的必经之地。除去商旅之人，在界首最引人注目的人群之一，就是从沦陷区流亡来的学生。他们多是准备去往大后方继续求学的，却由于种种困难而迟滞于半途，他们的命运很令人同情。在豫皖期间，我对流亡学生的困境曾做过多次报道，如：

1943-03-18　沦陷区归来学生日众，中央战干团、中央军校近在界首、阜阳等地设招生处，但尚无招待宿食之机关，更无询问指导之机关。被困于界首无处投奔者常有人在。

1943-04-12　因河南饥馑，来归学生十有九人被车夫或店家敲诈。由北平行至洛阳，多已路费告罄，苦于不得入川。

1943-05-04　因敌方检查甚严，敌区归来青年多未带证件，而洛阳战区失业失学青年招训会则非有证件不收，学生苦之。

1943-06-14　平津京沪内迁学生多经河南，豫省府已通令尽量分送战区师范学校及各职业学校，逐渐减少战区中学班次。归来学生均对祖国抱有极大热望，而常有行至界首路费告罄，借贷无门者。救济工作极重要。

第七章　灾难中原

1943-07-26　据东北内迁学生云，东北十岁以下儿童均不知自己为中国人。听者甚为痛心。近因敌人压迫益甚，我东北同胞均怀念祖国，学生多谋逃大后方，而实际能进关者不多。

1943-11-01　沦陷区失学青年经皖豫内迁者为数最多，每日在界首登记者平均十五人以上，因乏妥善安置办法，学生彷徨，进退维谷。入秋以来，学生常有病倒途中者，情形可悯。据记者调查，目前救济战地失学青年机关名目繁多，系统有别并少联系。学生在此处领过内移护照，到彼处又领；此说彼能辅助旅费，彼说此能辅助，内移青年不知向何处投奔为佳。

1943-12-26　秋凉以后，每日由平津京沪内迁过界首者约百人以上，各旅馆终日人满。均谓敌后无法生活。

1944-03-12　平津学生受敌伪压制日甚，开春以来经界首内移者日达二十余人。能吃到白面大肉，他们都感到祖国的富庶。

流亡学生对投身祖国满怀期望，但却命运多舛，甚至失望。

1943 年 6 月，我在河南还有幸采访了淞沪抗战坚守四行仓库的谢晋元团部分战士。这是抗战期间我接触过的"抗日四大名团"中的第三个。除八路军陈锡联团，1937 年 7 月，在北平见过吉星文团；1938 年 3 月，在台儿庄见过罗芳珪团。

四行孤军撤退后进驻上海公共租界。谢晋元被暗杀后，继任代理团长是其麾下的雷雄。1941 年底太平洋战争爆发后，八百壮士（实际不足四百人）全部被日寇拘禁。此后，把他们分调三处，一部关押于南京监狱，一部送南洋做劳工，另一部由雷雄率领被迫到安徽做苦力。我见到的就是雷雄所部。

1943 年 1 月，雷雄等八十多人被押送到安徽和县裕溪镇，编成劳役队做运煤苦工。这些淞沪抗战的勇士们没有屈服，密谋逃脱。3 月 14 日工毕返队途中，由雷雄率领，突然向押送他们的鬼子反击，虽有三十多人牺牲，但五十人成功脱险，于 6 月初徒步到达河南叶县，受到当地各界的欢迎和慰劳。

在叶县，我采访了雷雄。他是湖南常宁人，军校毕业，坚守四行时当连长。讲到那场牵动举国人心的战斗，他回忆说，（1937年）10月28日午夜，战斗最激烈的时候，上海女童子军杨慧敏小姐冒着生命危险冲过火线，把一面国旗献给我们，最先接过国旗的就是我，然后才呈交团长。谢晋元团长说："这不仅是一面崇高的国旗，更是我们中华民族誓死不屈的坚毅精神！"这件事对拼死抗敌的战士们鼓舞极大。第二天，中国国旗高高飘扬在四行仓库大楼顶上那一幕，通过记者的电波传遍了全国、全世界。

  雷雄还向我讲述了他们的脱险经过。他说，"我们在芜湖对岸的裕溪口给敌人运煤，每天每人还发四角工洋，算作酬劳，但鬼子从中扣去一半作什么'储备金'。另外，每人每天发五支香烟，为的是让我们打发时间。弟兄们每天都聚在一起推牌九，由我做推家，钱输光了就押香烟，还时常发生争吵、打架。其实，那是我们蒙骗鬼子的一计。鬼子看我们醉生梦死，慢慢就放松了对我们的监视。牌桌成了我们的会议桌，大家秘密商量脱险的办法、步骤。3月14日那天，我们商量好了，三人一组，要和鬼子的监视队较量一下。当天下午由江岸运完煤，在回劳役队途中一个拐弯的地方，乘鬼子不备，我们下手了。一阵肉搏血战，夺了鬼子的两挺轻机枪、九支步枪，也牺牲了三十三位弟兄，但多数人终于冲出了死网，回到了祖国的怀抱。"雷雄还说，他们准备经老河口去重庆，向当局报告后，仍回战场，继续杀敌。

  采访了雷雄，我即向重庆、桂林发回专电，大公报报道了他们的行止。不料，雷雄率部到达老河口以后，竟染病不治身亡，年仅三十七岁。他终未能完成报国杀敌的夙愿。

  我知道，雷雄被日寇拘禁以后，由于精神郁闷，得了很严重的胃病。记得我在叶县采访他的时候，他就很消瘦，不能吃米饭，只能勉强吃一点面条。我想，他或许就死在这个病上。雷雄冒死回到祖国的怀抱，还没有得到多少温暖，却一瞑不视了。他没有战死沙场，病逝后也没有得到政府的褒奖，而这样的抗日英雄还有很多，国人不该忘记他们。

第七章 灾难中原

来自沦陷区的消息

沦陷区的消息，对于后方读者，特别是家乡被日寇占领的读者，是非常渴望的信息。战时中原是沦陷区与后方交界地，各种人员往来多，各路信息也多。我利用这个机缘，向大公报发回许多来自沦陷区的消息。今天读来，仍有些趣味。为保存原始资料，厘清时局脉络，仍以时间为序，摘录如下：

1943-01-10 敌在陇海路两侧掘护路沟，刻河南夏邑、商丘两县已在敌人监视下开工。闻该沟外侧积土处筑有机密掩体，并每十里留一路口设一岗楼，以防我军偷袭。鄂北随县、鹿城应山等处之敌，近日强迫各保长限期每甲送棉花百斤，作敌冬服之用。

敌近在各地组织"配给合作社"，凡我同胞之家产变价须完全交与该社经手，如婚丧大事需款多少亦由该社照章发给，其目的在防止敌后同胞变售家产内迁。

豫东敌近组织"宗教联合会"，就各县原有之宗教组织加以所谓调整与精神训练、工作指导，三十岁以内者为基干分子，三十岁以上者为辅佐干部，此乃敌人利用"宗教制华"之新把戏。

1943-02-23 敌犯立煌，陆空夹攻，空军跟追难民，沿途低飞投弹，机枪密射，死伤无数。敌步兵则到处杀人放火，鸡犬不留。立煌附近各乡镇殆成废墟，人无住处。

中原敌寇食粮与汽车均感缺乏，安徽寿县敌人已用商品换取我食粮，鲁西一带商用汽车一律被敌调充军用。

1943-03-07 开封之敌因我便衣队甚为活跃，布告市民禁止旧历年燃放鞭炮。

1943-03-26 敌在平津全力扫除英美文字，各商号英文招牌及广告均涂毁无遗，各中学每周仅有英文两小时，日文则六小时。

北平燕京大学校址为敌寇机关占用。协和医院一部改为敌伤兵医院。育英中学、汇文中学改为伪市立八中、九中。

平津食粮恐慌，人心不安。敌寇常召开对策会议，对食粮仍紧搜括不放。敌寇所发之"身份证"，证上有本人相片一张，手纹两个，如无此证，寸步难行。各家门口并钉有姓氏，年龄，籍贯，职业之门牌。我同胞有随时被敌查捕可能。

中条山战役我方被俘之士兵多被敌方运至黑龙江呼伦修筑防苏工事，计一年之久。据逃来者云，敌人在呼伦地下囤有大量汽油，并修筑公路。

1943-04-26　敌方认河南为"战时农产物仓库"，竭力提倡增产，特发给预付费配给各县，每亩预付三元五角，以资奖励增产。其目的在调查播种亩数及预知收获量，以便随时解救敌军粮荒。

1943-05-26　京沪两地之食粮，均被敌三井三菱两公司强行收买，备为军粮。京沪一带已呈饥馑现象，我同胞不堪其苦。

自太平洋战争爆发以来，敌在京沪大量搜刮我民间铜铁，规定每家献纳铜二斤铁一斤，已献纳者于门首贴有"收铜证"。如敌宪兵发现某户无证时，可即入宅，强迫搜缴。

敌在豫北之苛捐杂税甚多，近又规定"旅客捐"一种，由各地旅馆代收，收房金百分之五，已自今年一月九日开始强征。

1943-06-14　平津食粮均被敌伪搜刮一空，配给制度较前更严。纸烟配给方法尤妙，须持原空盒换买第二盒。

1943-06-29　北平敌伪自五月一日起严密检查户口，每月查四次，其目的在点查我青年数目，以便征用。

1943-07-13　敌为准备长期战争起见，在华北各地高唱"食粮增产运动"，视为"华北兵站基地"之冀鲁豫三省，许多麦田被改为稻田。我同胞被迫终日代敌寇开沟挖河以便灌溉，并被迫"集团耕种"，由伪中日实业公司监督。在山东昌邑县，规定男子每年需做二百日苦工，妇女小孩则五十日，我同胞不堪其苦。

1943-09-07　平津食粮被敌搜括一空，最近配给我同胞一种名

第七章 灾难中原

为五十四种混合面,内有米麦高粱糠麸皮青菜野草等,每人每日准领二十两,每斤伪币一元一角,食后腹泻,苦不堪言。

1943-09-26 新麦入仓以后,伪华北物资物价处理委员会即公布收买食粮政策,限我农民统于六月二十以前将所有食粮登记完毕。该布告称:"如商民违背政府意旨,不自动登记,或表示不协力者,当局决不宽贷"云云,准备强购我同胞之食粮。

北平敌伪自本年三月份起在各剧院强征"献机捐"。

伪华北政委会教育总署,因鉴于我中小学生不努力习日语,有碍"邦交",兹规定自本年度下学期起,各直辖大中学入学试验,皆须加试日语,采用间接强迫办法。

北平敌伪善用广播宣传,近在各中学内发无线电收音机,每当伪浪人公开演时,教师须停止讲书,全体学生端坐听取广播。

1943-10-26 豫北敌在博爱设一"忠河公司",制造大量毒品,力向豫北晋南豫西各村镇推销,实行毒化我国民的政策。

1943-11-22 沦陷区内,无论官场与私人应酬,第一步几皆为"赶猪"或"赶羊":赶猪指抽黑色之鸦片,赶羊指吸白色之老海(即海洛因)。其受毒化之程度可知。又,信阳一带敌兵时将军马窃出变卖,因每匹索洋仅三四千元,故我方民众争相购买。

1943-12-15 北平来客谈,九月上旬,天津伪庸报闹出大笑话。某日该报大字标题"冈村任华北共产军总司令"。冈村是华北派遣军中鼎鼎大名的人物,实应为"任华北反共军总司令",谁知掉了"反"字,多了"产"字,岂不是对皇军的侮辱?于是日寇一面派出特务追赶平津通车,沿途收回庸报,一面抓总编辑、编辑、校对、印刷工人,追问责任,大家只有互相推卸。至于其原因,有的说是校对故意,有的说编辑酒后吐露出内心的反抗,但总编辑应该在大样上改正,莫非他们都有意开玩笑?

1944-01-12 敌寇搜括华北食粮后,平津人民无法为生,纷纷内移。据确息,北平人口已减三十万。

1944-02-01 上月沪市某剧团演历史剧《岳飞》,暗指秦桧为汪逆。饰秦桧之演员表情语言均与汪逆相仿。某日陈逆公博观剧,各演员借机痛骂汉奸，陈逆恼羞成怒，立即下令停演。

1944-02-24　东京来人谈：（一）日本人力缺乏，国内各工厂工人、厨师、理发师、检验员多为女性。自由职业之作家均入军需工厂工作，并成立"文学报国会"。（二）敌钢铁日益恐慌，现极力提倡以木材造船，利用越南特产之轻质木材，强迫华工加速赶造。（三）敌采"飞机生产第一主义"，派大员到我沦陷各地搜刮资源，在其国内则严厉节制电力，以利生产。

1944-02-28　豫北豫东敌伪盛传中美飞机将往轰炸，故特不时演习防空，并遍贴中美空军标志。豫北食粮奇缺，麦每斗竟值洋八百五十元，致居民竞相南渡，另谋生路。闻敌兵每日亦仅能领得荞麦仁一大碗。民谣曰："今年没冬，明年没兵，后年太平。"陷区同胞必胜信念之坚定与希望之殷切于斯可见。

开封敌军司令部及宪兵队二百余人（全城仅有此数）采交换方式，于深夜分散借宿民宅，以防我军突袭。意大利投降盟国后，开封意人已全部被敌下狱。开封日本妓院目前不下二十余家。敌方称此辈妇女为"国防妇人"，每逢舞会，必在最前列。

1944-03-09　北平故宫内之铜铁器被敌强迫献出二〇九五斤。敌强令伪师范大学男女学生组织所谓勤劳服务队，运送煤炭。

1944-03-14　敌兵源缺乏，近在华北各地强征侨民。平津车站常有日侨对面泣别，并闻有老人卧轨自杀者。故近来平津车站已不售月台票，防止被征者之家属送行。又，被征之日侨有将家产立约典当或抵押与我同胞者。敌民气日益颓丧，可见一斑。

1944-03-20　敌统制华北各铁路，减少客车，抢运物资。平津自三月一日起又限制旅客，须先向伪警察局登记，获许后方可搭车。搬家亦需经过许可。

1944-04-13　敌在华北限制乘火车旅行后，并在平津大肆检查。敌寇近在平津大肆逮捕学生，先后入狱者已达七百余人。此系所谓"肃清思想"工作。信件检查亦严，寄信敌后者极应注意。

1944-04-16　敌后社会益趋紊乱，盗匪丛生，饿殍载道。敌在平津到处捕人。各大学教授亦多人被捕。天津工商学院已停课。北平辅

第七章　灾难中原

仁中国两大学亦难维持。人心惶惶,有一日三迁者。

沦陷区敌人的动态,实际上预示着战局的变化。

亲历中原会战

1944 年初,美军加强了在太平洋上的攻势,频繁出动空军轰炸日本,迫近其本土,威胁其对南洋的海运。日本为挽救厄运,于同年春策划在中国战场上发动一次大的攻势,目的在于占领并确保湘桂、粤汉及平汉铁路沿线要地,同时摧毁美军在中国的空军基地,阻止其对日本的轰炸。日方称此次战役为"打通大陆作战",由于战事在河南、湖南、广西进行,我方称豫湘桂战役。

这次战役,日军总共调集了约五十万人的兵力,是中日战争七年来最多的一次。战役的第一阶段就是中原会战。

1944 年 4 月 18 日拂晓前,日军从豫东中牟县强渡黄泛区,揭开大战序幕。敌人兵分三路展开攻势,一路西犯郑州,一路沿平汉铁路南迫新郑、密县,一路南侵尉氏,经鄢陵出许昌。与此同时,豫北新乡日军也渡过黄河,郑州被日军四面包围,至 22 日陷落。尔后,日军即以主力向陇海路郑州以西猛进,直逼洛阳。5 月 1 日占许昌,信阳日军沿平汉路北犯,5 月 8 日,南北两路日军会师,打通了平汉路南段。此时,驻山西垣曲的日军也渡过黄河进犯河南渑池,然后沿陇海路东进,与西进的日军形成了对洛阳的包围。5 月 19 日发起攻势,25 日即完全占领了洛阳。

中原会战爆发时,汤恩伯正在临泉的鲁苏豫皖边区总部,闻讯立刻赶回他的第一战区副司令长官部驻地叶县指挥。此时,界首驻军也顾不上管我了。我遂乘机脱身,投入战地采访。

当时,随第一战区长官部采访的记者,有中央社特派员黎友民,他配有电台。日军尚未进攻洛阳,黎就先跑了。随三十一集团军总部采访的中央社特派员李晓梅，也没有跟着汤恩伯走，早早就躲进了伏牛山。随鲁苏豫皖边区总部采访的中央社特派员沈琢吾，则留在安徽临泉没有动。战事激烈时，这些记者都自己逃命了，所以中央社发不出战地新闻，只能用军委会发表的战报做消息。我冒险坚守奔波，耳闻目睹了大战及汤部溃败的诸多场景，向重庆、桂林两地大公报不断发回战况报道。

其实，早在大战爆发前，日军就已经有了异常动向，我曾陆续发回报道。如，1944年3月2日，重庆大公报载我的中原电讯："半月以来，敌在郑州以北增兵，飞机不时出扰，似有企图，我方已严加戒备。"3月5日："北方各铁路之车辆均已减少，行李亦加限制，节余之车辆，敌专运物资并运敌兵进关。闻入关敌兵已万余人。"4月7日："近来，豫北沿黄河各县敌寇多自小据点撤至大据点，并于撤退前大举破坏，大据点中之各种物资亦加紧北运。敌复令其侨商立即与外界清理往来手续，并准出卖其不动产以便随时奉令撤退。但最近洛阳方面则纷传豫北豫东敌增援之讯。"事实上，日军的所谓"撤退"是在为进攻做准备。这一点，被后来公布的日军作战计划所证实。

战役4月18日打响后，汤部迅速败退，日军则步步紧逼。22日，郑州失守，战局已趋恶化，我向重庆、桂林两地大公报发回专电指出："中原守军连战连败，郑州今已失守，洛阳亦将不保。"结果，重庆版的消息被新闻检查所扣发，而桂林版则在徐铸成先生的主持下加花边刊出。

4月24日，我赶到洛阳，再发专电，详述战况发展：

敌于4月17日夜在中牟县出动，先强渡汛区，向西南我军进犯。首先与敌交战之部队为三十年（1941）反正之刘昌义部。该部复仇心切，死伤极重。记者于22日由叶县出发赴洛阳，途中三百六十里，到处目睹敌机三五成群，低飞扫射，大小村庄均被投弹，我农民与牛马伤亡颇众。登封以东已发生战斗。我军某部已赶往增援。洛阳已大半疏散，终日车马声，大批人民向西南移动。五家报纸已停刊三家。陇海路西安至洛阳间虽终日被炸，对河敌又用炮击，而行人并未减少，交通亦无影响。路轨随毁随修，员工精神可佩。记者某日在某地得晤汤恩伯将军，他正一人独坐在房内，一根冒着浓烟的香烟，像参

第七章 灾难中原

谋长一样的陪伴着他,"正在想",他说,想那战胜敌人的办法。他的脸越发来得像黑铁。

到5月3日,洛阳又是一番景象,我最后一次发洛阳专电称:

> 烽火照明了这古城半壁。日寇机群终日飞临上空。白天人们疏散野外,夜里洛阳仍旧万家灯火,人群拥挤,小贩满街,戏院前车水马龙,仅存的《大捷》与《阵中》两报迟守着洛阳城精神堡垒,墙上一张报纸吸引着来往路人,劳军运动正热烈进行。洛阳到西安的火车为避空袭,改在夜间行驶,但仍免不了敌人隔河炮击。而东来的人并不比西去的少。战争影响不了我们的工作,烽火摇动不了我们的洛阳。

最后这句话,如同我在4月24日报道的结尾处写了"我们希望国军以铁的力量去毁灭敌人"一样,无异于梦幻。汤恩伯没有想出战胜的办法,他的部队连战连败,那希望最终还是破灭了。

战事危急,兵荒马乱,我也不得不东躲西藏,5月20日到了豫西卢氏县,才找到一所邮电局,发出专电:

> 5月4日,敌军距洛阳六十里,中央社洛阳分社与《大捷》《阵中》两报先后撤退,其路线系由洛宁转卢氏。因战事急迫,均未能恢复工作。中原所有之铅印日报完全停刊,现仅有南阳之《前锋日报》仍照常出版,但已改为八开。中央社洛阳分社驻鲁山之特派员已随省府到内乡,随叶县X副长官部之随军组,则已避入鲁山以西之深山。
>
> 敌在中原作流寇式之窜扰,各地机关团体与眷属均忙于逃难,唯一之交通工具即民间之牛车。有人强迫牛车连送千余里之遥,农民不堪其苦。自4月底至5月上旬,洛阳至卢氏途中,逃难者络绎不绝。洛阳之第一战区、招训分会战区学生招待所与进修班,以及宜阳白杨镇之河北中学均仓皇西迁,学生衣物几全部遗弃,每人仅自负小包一个。
>
> 5月4日上午10时,有敌机一架至洛阳上空低飞摄影,被我高射

炮手击落，死敌两男一女。敌在前方用飞机散放传单，上写"打通平汉路，活捉汤恩伯"。其进犯中原，专以汤恩伯所部为攻击目标。双方虽死力格杀，但因武器悬殊，对战局不无影响。

5月25日，洛阳陷落，战役基本结束，日军只用了三十八天即占领了几乎河南全境，国军则丢了三十八个县城，损兵二十多万人。据日本方面资料，此役是其侵华战争中缴获最多的一次。

目击国军溃败

中原会战，国军溃败，汤恩伯与蒋鼎文的明争暗斗难辞其咎。

汤恩伯任三十一集团军总司令时，就既不愿被第五战区司令长官李宗仁指挥，也不愿受第一战区司令长官蒋鼎文节制，曾再三要求将自己的部队划归军委会直接管辖，实际上是希望由蒋介石亲自指挥。蒋鼎文身为战区司令长官，除了能指挥几支非嫡系或杂牌部队外，基本没有自己可靠的武装力量。而汤恩伯虽然是战区副司令长官，却兼任鲁苏豫皖边区总司令，在中原经营有年，将一个三十一集团军扩充为四个集团军，而且装备在国军中也是上等的，战斗力较强。因此汤恩伯并不买蒋鼎文的账。

汤、蒋的矛盾早已为日本方面洞悉。战后，日本防卫厅编著的《河南会战》一书中分析说："蒋鼎文下辖九个集团军（即除汤恩伯直接指挥的四个集团军外，还有李家钰、刘茂恩、孙蔚如、孙桐萱和高树勋的五个集团军）十九个军，约四十个师，总兵力判断三十九万人，然而长官的统帅能力较弱，战区的实权由副长官汤恩伯掌握。汤在重庆军中也是第一流人物，深得蒋介石总统的信任和部下的仰望。他直接指挥战区的四个劲旅集团军，约二十万兵力，因此可以断定，一旦我军进攻，其抗战核心即汤恩

第七章 灾难中原

伯及其直系军。"日本人的分析可谓洞悉就里,但战局的实际发展证明,即使是汤部这个"抗战核心",也没有能够有效抵挡住日军的进攻,更不必说蒋鼎文的杂牌部队了。

洛阳战局紧张时的某日,我在第一战区长官部见到汤恩伯,他由临汝匆匆赶来找蒋鼎文,大约是商议战况,但两人似乎谈得很不愉快,时间不长,只见汤恩伯一脸愠色,愤愤辞出。

洛阳失守前一天,在洛阳以西四五十里公路旁的一个村庄,我再次遇到从临汝前线败退下来的汤恩伯。他满脸颓丧神色,率领指挥所和卫兵、特务连,分乘一辆吉普、四辆卡车,选了一片林地驻下,立即用电话和电台与前方各军师长联络,结果十之七八没有回音。显然,他的部队已经溃不成军,指挥失灵。

第二天,蒋鼎文弃守洛阳,经过汤的指挥部,匆匆寒暄几句,就沿公路西奔洛宁去了。日军从东面攻打洛阳,他往西逃,自然安全。这天下午,汤恩伯决定丢下汽车,要他的副司令沈克沿公路开到豫陕交界的西峡口去等他,自己则率领指挥所步行进入伏牛山,奔嵩县、洛宁。但未过多久,汤又急派传令兵送来一纸命令,说进山后向导难寻,需要返回乘车走大路。

军队的向导,不过是熟悉附近道路的当地百姓。当指挥几十万大军的总司令找不到一个引路的向导,被迫改变行动路线,退出山道,乘汽车走公路,不得不去冒敌人轰炸、包围的风险时,可见其不得民心了。

洛阳失守后,蒋鼎文、汤恩伯的溃军纷纷向豫西的熊耳山、伏牛山、外方山里逃窜,沿途抢掠,激起民愤,地方武装群起反抗,各处都有民团打国军的事情发生。老百姓不仅不帮助国军,反而坚壁清野,不让国军停留,甚至缴械、打杀不少国军。第三十六集团军总司令李家钰就是在豫西被民团乱枪打死的,蒋鼎文、汤恩伯后来谎报其阵亡。汤自己的指挥所在逃往洛宁途中,连电台都被地方武装劫走了。退到西峡口时,当地自卫团竟不许他进城。前有地方武装阻击,后有日军追兵,汤恩伯真是走投无路了,他自己甚至都险些做了俘虏。

我曾在战地捡到日军飞机扔下的传单,用漫画讽刺汤恩伯和蒋鼎文。一张画着汤怒气冲冲指着蒋大骂:"你蒋铭三要负战败的责任!我老汤要去告状！"另一张画着汤的汽车贩运香烟做生意。还有一张画蒋鼎文一手抱着小老婆，一手抱着钞票在逃命。日本人完全清楚蒋和汤的矛盾。

中原告急，坐镇陕西的"西北王"胡宗南理应救援，但他为保存实力，不愿全力助战，甚至兵马不出潼关。所以，曾先后做过蒋鼎文、胡宗南、汤恩伯幕僚的徐逸樵先生后来说，蒋介石手下这三员大将如此自私、无能，当时人称"糨糊汤"，一点不假。

身为战区正副总司令的最高长官蒋鼎文、汤恩伯慌乱至此，其部下的作为可想而知。

5月下旬，在卢氏县的一个小村庄，我遇到了第一战区长官部政治部主任宋大涵。他是汤恩伯的亲信，举荐到长官部任职，实际上是汤安插在蒋身边的一颗"钉子"。他在逃跑中也带着自己的"小厨房"，顿顿还有腊肉吃，我和沈克就吃了他好几天。沈克原是石友三部下，后投张学良，再投蒋介石，在汤恩伯手下当了个挂空名的副总司令，整天吃喝玩乐，唱戏画画，无所事事。1943年，汤曾派沈"挺进鲁西，渗透敌后"，沈拿了数百万元军费，由临泉到界首，"挺进"了二十里便"停进"了，一住数月，优哉游哉，最后不了了之。这次中原会战西逃时，他还哼唱着"空城计"，连呼"司马懿的兵马来得好快啊！"

战役初期，汤恩伯手下的三十一集团军总司令王仲廉还曾率部在密县阻击日军，迫敌陷于守势，后又在禹县、襄城、许昌等地与日军激战，但终以失败告终。汤部向豫西撤退途中，又不断遭到地方武装的袭击。王仲廉率领的总部直属部队被地方武装包围在一个土寨子中并缴了械，王自己侥幸逃脱。

在西峡口，我曾与汤的副长官部通电话，接电话的是他的副参谋长苟吉堂，他不谈战局，却一味叫喊着让我设法照顾他的老婆，让兵站给他老婆送钱去。从西峡口到西安的路上，我看到汤的夫人王竞白带着儿女，坐着两辆大卡车，拉着细软往重庆跑；十三军军长石觉的夫人张复权抱着幼儿、十五军军长刘昌义的儿子和媳妇也在逃难。当初，这些官员都把家眷接到驻防地过太平日子，战乱中也只能仓皇逃命。

外有劲敌，内有大乱，将帅不和，上下不通，国军焉能不败？

第七章 灾难中原

中原之战尾声

中原会战最激烈的时候，许多记者都跑了，甚少战况报道。但1944年7月3日，重庆大公报刊登一则署名"辛霖"于6月21日发自西安的"中原烽火"报道，称：

> 中原战事渐趋沉寂。豫省各机关已由鲁山迁至内乡办公。本战区兵站机构亟待重建。豫西我军一面忠勇作战，一面协助农民，故军民关系已因此大见好转。行都日报系于五日停刊，因撤退仓促，仅带出铜模两副。中央社洛分社同仁于行抵洛宁县属之中山镇时被敌冲散，该分社主任黎友民脱险抵陕省，刻正准备转赴豫西南继续工作。

从"忠勇作战""军民关系大见好转""同仁"等用语看，这篇竭力为国军说好话的报道，显然出自与中央社有关联的记者之手，有刻意掩饰之嫌。而重庆大公报同年7月25日的另一篇报道，则比较客观地反映了当年大战之后的河南情况：

> 敌以洛阳之"洛"字与"落"字音同，对彼不利，故已将洛阳改为"浮阳"。又洛阳城关曾有惨烈巷战，房屋被毁甚多，敌虽一再招诱逃出市民，惟归者绝少，城关仍一片冷落。一度为敌所陷之卢氏县城，除县府尚属完整外，其他房舍被毁十之八九。
>
> 平汉铁路，敌已由新乡延修至漯河。陇海铁路，亦自郑州修至汜水，并恢复洛阳至观音堂之交通。又，敌已将陕州郑州一线黄河各渡口开放，迫我民众将丰收之小麦大量北运。
>
> 国立河南大学校长此次应变无方，以致大部图书仪器均为敌所焚毁或运走。师生多人遇害，商学院张院长，农学院王院长及殷教授均

第一部·高峰自述：抗战生涯

为敌俘。该校师生请政府彻底惩办王校长，迅速救出现仍困居深山之教授，贷款重建河大。

同年 7 月 15 日，重庆《新华日报》刊登的一位读者来信，更是直指中原大战"血的教训"。这位从河南逃到西安的读者写道：

……敌人抓住了我们军民关系的弱点加以利用，一改从前烧杀掳掠的作风，除沿途强索粮食外，也装腔作势，没有啥骚扰……这不能不说是一种可怕的政策，给了我们一个大教训：军民关系必须改善，政治机构必须改革。"谈到军队和地方官员，来信写道："我们的机械化部队占绝对优势，只是步兵跑得太快了，有些部队望风而逃……豫中各县县长在敌人未到之前就逃走了，听说长葛和新郑县长以弃职罪被枪决……战区中学生逃到西安的有三千多人，勉强维持生活，还有整天吃不到东西的。而委员们腰缠巨万，把太太都送往兰州，甚至迪化（乌鲁木齐）去了。

如此无能的军队和腐败的官员，怎能不打败仗？【注22】

中原会战之后，汤恩伯被撤职留用，但由于蒋介石的庇护，随后便调往贵州去任第三方面军司令了。陈诚奉命收拾中原残局，他曾说，会战失败的原因有四：将帅不和、军民不和、军政不和、官兵不和。可谓一语中的。但以我的观察，汤恩伯的溃败，还与他多年经营中原，没有积极抗敌，却大肆扩充兵力，形成了一个庞大杂乱的军事集团，给本来就十分穷苦的中原人民增加了更加沉重的负担有着直接关系。

汤恩伯掌握着四个集团军，即三十一集团军（总司令王仲廉，驻河南叶县）、十九集团军（总司令陈大庆，驻河南禹县）、二十八集团军（总司令李仙洲，驻安徽阜阳）、十五集团军（总司令何柱国，驻河南沈丘），下辖十二军（贺粹之）、十三军（石觉）、二十九军（马励武）、八十五军（吴绍周）、八十七军（顾锡九）、以及九十二、九十七共七个军，这是他的主力部队。此外，还有暂编第一军（王毓文）、第九军（霍守义）、第十五军（刘昌义）、第九十八军和骑兵第二军（徐梁）及陆续收编的杂牌部

第七章 灾难中原

队,如陈又新的"泛区游击挺进军总队"有近八十个纵队,兵力多者几千,少则数百,加之其他杂牌游击部队、地方武装以及南阳、镇平、唐河三个新兵补充师管区和补训处等,总兵力号称四十万,但真正能够实际作战者不过半数。

汤恩伯扩军无度,部队战斗力差,对其各级指挥能力就是一种挑战。此事平时不显,战时必然露馅。由于装备不一,纪律废弛,士兵们平日不知保境安民,战时反而争相逃命,给本来尚能作战的主力部队也带来了"雪崩式"的影响。即使汤恩伯想顶住日军,也无法控制局面了,结果只能兵败如山倒。

此外,如果说,抗战初期汤恩伯所部确实打过几场硬仗,他自己也比较注重军事问题的话,那么到了中后期,他手握重兵,权力扩张,特别是坐镇中原,有了地盘之后,也有了更大的野心,不仅要带兵,而且要问政治,抓经济,搞文化;不仅要做"中原王",甚至想攫取更大的权势。他养了许多与军事作战并无关系的高参、参议等浮员,依我观察,就是为今后扩张权势"储备"的"人才"或"关系"。例如,汤恩伯自己为中将军衔,却给一些手下幕僚以"同少将级"的虚衔,类似"同 X 级"的"校官""尉官"则更多,却都没有军委会的正式委任状,实际上都是编外人员。这些人的俸禄从哪来?国民政府不给,只有"吃空饷"了。如此上行下效,大小官佐层层吃下去,他的部队就堕落成"官肥、兵弱、马瘦"失去战斗力的庞杂集团,同时也失去了民心。

汤恩伯中原大败,也再次证明了"顺民心者昌,逆民心者亡"的道理。民心何在?如何才能顺应民心?如果汤恩伯再生,重回河南战场,他也可能会悟出战争胜败与人心向背关系的道理。

【注22】:近年来,有关中原会战中河南百姓不帮国军帮日军的说法很多,"不帮国军"已见许多史料,而"帮日军"却缺乏实据。这里引述秦孝仪编撰的《先总统蒋公思想言论总集》(第443页~453页)相关资料供参考:

1944年7月,中原战败后两个月,蒋介石在黄山整军预备会议上说:"⋯⋯我们国家的地位,军队的荣誉,尤其是我们一般高级军官的荣誉,可以说扫地以尽。——外国人已经不把我们军队当做一个军队，不把我们军人当做一个军人！这种精神上的耻辱，较之于日寇侵占我们的国土，以武力来打击我们，凌辱我们，还要难受！……有一些美国和苏联的军官和我们军队一同退下来的，据他们所见，我们的军队沿途被民众包围袭击，而且缴械！这种情形，简直和帝俄时代的白俄军队一样，这样的军队当然只有失败！……被民众袭击缴械的或许只有少数不良的部队，然而只要有这样军纪败坏的一个部队，就可以使我们整个军队的荣誉全部丧失！……我们军队里面所有的车辆马匹，不载武器，不载弹药，而专载走私的货物。到了危急的时候，货物不是被民众抢掉，就是来不及运走，抛弃道旁，然后把车辆来运家眷，到后来人马疲乏了，终于不及退出，就被民众杀死！部队里面军风纪的败坏，可以说到了极点！在撤退的时候，若干部队的官兵到处骚扰，甚至于奸淫掳掠，弄得民不聊生！这样的军队还存在于今日的中国，叫我们怎样做人?!"

蒋介石这番话，痛切之情溢于言表，也印证了我父亲当年在中原战场的所见所闻。——张刃】

两遭逮捕回重庆

亲历了中原大战，1944年5月底，我经伏牛山、终南山绕道至西安，准备取道回重庆。一天，在西安街头，我遇到了三十一集团军西安办事处处长陈某，他知道一年前我的"案底"，认为我是潜逃的共产党，当晚就派人逮捕了我。我说，那个案子早已了结。我到西安是看朋友，还要回河南战地。他抓不到什么证据，又以"漏报户口"为由，要我具结，我没有具结也被释放了。

此外，我又知道，我认识的两个从沦陷区逃到西安的女学生也被捕了。她们本来是投奔代表祖国的大后方的，竟然遭此厄运，实在令人气愤。

第七章 灾难中原

西安不可久留,我很快去了宝鸡,经川陕公路回到了重庆。因为大公报社在郊区李子坝,当天晚上已经没有车去,我便先在一个小旅馆落脚。不料刚刚躺下,来查店的宪兵从我的行李中搜出了我在河南前线捡拾来的日军传单,竟以"汉奸嫌疑"又一次逮捕了我。我申明是从前线回报社,他们依然不肯放人,直到第二天大公报为我出具了证明,才被释放。

回到重庆,我写了一篇通讯《中原战地归来》,报道会战经过,指汤部军纪涣散,庞杂混乱,失去了战斗力,也失去了民心,以致一败涂地。可惜稿件被新闻检查所检扣,胎死腹中。而我写的另一篇文章,投寄新华日报却发表了,标题是《"祖国的温暖!"》,记述了那两位女学生的遭遇。我写道:

瑞和珍在北平读了半年大学,因不堪敌人的压迫,带了极少的几个钱奔向祖国内地,先到自由区的界首见到我,我们三个人就邀约一齐到重庆来。

我们从界首起身到叶县的时候,就听说敌人已由中牟出窜,中原将展开大战,并且听说洛阳已经混乱。但我们仍冒了很大危险,到了洛阳,那是四月二十四日。

到了洛阳后,我们又以冲锋陷阵的姿态抓上了陇海车去西安,行三昼三夜算是到了西安。途中几次遭敌机的威胁。以后我因为职务的关系又返回河南,随军服务,于是就把瑞和珍两个孩子丢在西安,寄居在友人处。当河南战争吃紧的时候,西安也紧张起来了。阔人络绎的西迁,瑞和珍两个也很着急,因为种种的困难,她们无力离开西京一步,必须等我回到西安后,才能解决那些困难。在这个时候,有位邻居却开始对瑞与珍两个孩子怀疑起来:一、北平来的可能是汉奸?二、为什么人家都逃走了,她俩还留西安?三、她们居然还能安心地在看书?

五月二十六日,我由前方赶回西安的那天早晨,瑞和珍被捕入狱了!这多么惊奇。我经多方探询,才找到她们入狱的地点——第一警察分局,当时我还不知道她们是因何被捕,后经警察局的某君告诉我,我才知道原委。

我想了许多方法，才到狱中看到她们。瑞流着眼泪，像受了很大的委屈似的说："我们费了九牛二虎的力气，才回到祖国的怀抱来，而祖国给我们的却是这种毫无理由的逮捕！"我找不出好话来安慰她们，我们三个人的眼泪都潸潸地滴在石板上。

就在我去看她们的那天下午，瑞和珍又糊里糊涂地被释放出来了，向我哭诉。我只好告诉她们，这就是"祖国的温暖"！

这篇文章发表在1944年8月8日的重庆新华日报上，我使用了化名"张雷"。为什么用化名？因为当局早就注意到了我与新华日报的关系，一年前我在河南被捕，汤恩伯审讯我时，还曾问起我在新华日报发表新诗的事。况且，在西安、回重庆，我又两次被捕过。从1942年冬至1944年夏，我出川入川，一年多时间四遭逮捕，说明当局始终视我为"危险人物"，注意我的行踪，只是都没能查获足以定罪的证据，我才得以脱险。

大公报人张高峰
第一部
高峰自述：抗战生涯

第八章 川西来去

再入武大前后

1944年6月，我从中原战地回到了重庆。此时，豫湘桂战役已近半程，8月，日军占领湖南衡阳后，进逼广西，桂林大公报被迫闭馆，人员陆续撤退到了重庆，报馆一时人满为患。因此，以桂馆人马为班底，由徐铸成先生主持，开始筹办重庆大公晚报。即便如此，报馆还是不得不遣散了一些人。总编辑王芸生先生要我也等待机会，再做安排。我失业了。

困局重庆，陆续有朋友介绍我到政府机关或其他报社去工作，我都不感兴趣，婉言谢绝了。借住在朋友家，我徘徊、观望，夜深人静时常常思乡，很是伤感。离家已经七年，我漂泊南北，饱经磨难，吃尽苦头。特别是从1942年冬出川到1944年夏入川，前后不过一年多，当局不断找我的"麻烦"，四次逮捕我，大部分时光还处于近乎管束的状态，这是为什么？无非是因为我在武大的活动和那篇《豫灾实录》报道，不能见容于当局。我知道，只要他们抓住一点能够证明我是共产党的证据，就不会轻易放过我。也正因为我确实不是共产党，他们抓不到证据，才捕了放，放了捕，用纠缠的方法恐吓、威胁我。

我已近二十六岁，就业无着，且身心疲惫，深感人生道路的坎坷和社会现实的残酷。对国民党统治的心灰意冷，使我一度想过北上延安，换一个天地去生活和工作。我也曾几次避开特务的盯梢，到重庆新华日报去看望在那里做编辑主任的老朋友杨赓，谈了近两年来我的经历和遭遇。他给了我一些鼓励，希望我振作精神，面对现实。但我始终没有下决心向他提出去延安的要求，只是用化名写了那篇《"祖国的温暖！"》，以投奔后方（祖国）学生令人伤怀的遭遇，表达了对国统区的失望。内心里，我还是希望过一段相对平静的生活，等待我心仪的做大公报记者的机会。这或许就是"小资产阶级的摇摆性"吧。

第一部·高峰自述：抗战生涯

【立此存照·张高峰在"文革"中的检讨　毛主席教导说："知识分子在其未和群众的革命斗争打成一片，在其未下决心为群众利益服务并与群众相结合的时候，往往是带有主观主义和个人主义的倾向，他们的思想往往是空虚的，他们的行动往往是动摇的。"对照检查我自己，当时就是处于这样的状态。我本有意通过党组织介绍去延安，却迟迟下不了决心，还是因为个人主义的思想纠缠着我，只有个人利益，没有群众利益；对现实不满，既没有分析认识的能力，更没有斗争的勇气，于是就摇摆不定，徒有伤感，最终也没有开口提出革命的要求。毛主席又教导说："知识分子如果不和工农民众相结合，则将一事无成。"直到今天，我才恍然大悟，我的"一事无成"是因为走错了道路。】

此时，老友唐人来信，邀请我到内迁成都的燕京大学新闻系去与他一起进修，并说已经商得系主任蒋荫恩先生的同意。蒋先生也曾做过大公报记者，愿意提携后进。我商之王芸生先生，他同意我去读书，但却反对我去燕京大学，理由是大公报在成都已有记者张篷舟，不能再派记者了。于是我又提出，再回乐山武大，他表示同意，并且要我继续负责川西、西康方面的报道。

当然，我也曾想到两年前自己被强迫离校的"前科"，能不能回去？回去是否不利？都是问题。但我在重庆听说，校长王星拱重病住院，训导长赵师梅已经去职，原来监视我的特务学生也已毕业，重回武大似无大碍。为了妥善起见，我还是先给在校时关系很好的教务长朱光潜先生写了一封信，述说了毕业两年来，工作中深感社会情况复杂，自己的能力与知识不足以应对，希望再回学校读书深造的意愿。朱先生很快回信表示同意，并特意要我在王校长出院前报到注册。因为王先生做事谨慎，如果事先知道张高峰要回来，可能不会批准。

回武大之前，我又去看望了王芸生先生。他问我读书有无经济来源，我说，没有。准备到武大附近找个中小学去兼课。王芸生先生当即决定，由报社每月补助我法币一千五百元。这样，我实际上是由大公报资助去读书了。

第八章　川西来去

抗战后期的武大

　　1944年9月,我回到了乐山武汉大学,经朱光潜先生批准,注册插班入历史系三年级上课。其实,我的目的并非按部就班地学习,而是取得学生的注册资格后,选听自己感兴趣的历史课程,用更多的时间和精力继续为大公报写报道。[注23]

　　1944年,抗战已进入最后阶段,通货膨胀,物价飞涨,学校师生的生活愈发艰苦了。当时,武汉大学教授每人平均月薪法币六千元,按实际购买力折算,大约能够买百余枚鸡蛋,显然难以维持一家人的生计。教授如此,讲师收入还差,因此无法安心教学。有的教师上街挂牌卖画鬻字,有的师母摆摊出售自制食品,连校长王星拱先生家也自己种菜吃。由于待遇菲薄,甚至不能提供充足的路费,一向以教授阵容齐全著称的武汉大学,1944年新学期,政治系竟出现教授短缺,以致该系三、四年级有七门课程无法开讲,只好以史学系课程代替的怪象。

　　学生们生活水平比教师更低。大公报每月给我的一千五百元法币,也只够每天买一枚鸡蛋。入不敷出,我只能出去兼职,略有收入以补贴生活。当时,许多武大师生都在校外兼职兼课。如省立乐山中学,除校长外,其他各主任及教员几乎都是武大教授;乐山国立中央技专的训导长、训导员也多为武大师生。兼课者多了,小小的乐山城里各中小学已经容纳不下,于是有人就到乡村甚至外县去兼课,以致有些同学平时很难按时回校,只得"上课缺席,考试到场"——因为武大对学生的学业考核非常严格,稍有差池都不能通过。不过,武大师生四处兼课,对乐山当地文化教育的发展倒是起了相当的促进作用。

　　对教育事业困窘、师生生活清苦,当局无所作为,但对学校的学术、言论的监视和控制却丝毫没有懈怠。1944年秋,著名语言学家缪朗山教授应聘到校,开设俄文讲习班,介绍高尔基、屠格涅夫,引起当局注意,要求校方予以解聘。学生们愤愤不平，却也无可奈何。最后还是校长王星拱先生出面，说："教俄文就是'赤化'，那么，教日文岂不就是汉奸吗？"弄得当局无言以对，此事不了了之。但缪朗山先生的俄文课也停了。

　　1944年秋，为支持反攻缅北的中国驻印军对青年有生力量，特别是知识人才的需要，国民政府打破常规，发动中等以上学校学生参军，开展了一场"知识青年从军运动"。由于国民政府主席蒋介石亲自发动，国民党、三青团、政府兵役机关和教育部门大力推进，迅速形成了知识青年入伍当兵的热潮，此即为"一寸山河一滴血，十万青年十万军"的由来。到1945年1月，四川泸县补训区集中的来自乐山、宜宾、雅安、泸县、内江、富顺、自贡、威远、资中、德阳、罗江、绵阳、剑阁及西康省等各地从军青年就超过了一万两千人，其中包括乐山的武大、宜宾的同济和成都的华西、齐鲁、金陵、燕京、四川等七所大学学生，仅武大就有百余人。他们奉令被编为一个师。此外，航委会还派员来武大招考留美空军，录取了飞行军官五人，领航员三人。

　　以上这些新闻，我都在大公报做了报道，成为我重返武大的生活记忆。

　　除了上课、写稿，我还"重操旧业"，与几个要好同学恢复了1942年我毕业后已经停刊的《新闻部队》壁报。壁报的性质与内容与过去相同，只是办刊成员变了，也比过去多了。参加者先后有经济系的牟敦重、外文系的丁道源、历史系的刘祖尧，连我共四人。牟、丁与我同住第二宿舍，也是因为对新闻工作有共同的爱好，我约请参加的。刘是自己提出，经我们同意的。【注24】

　　抗战胜利后，我离开了武大，从此《新闻部队》便永久停刊了。它先后存在了两年多，对武大学生运动也没有做出什么贡献，如果说在同学中还有一点影响的话，那就是它引导自己的绝大多数成员先后走上了新闻工作之路。

　　也许是我的活动和大公报有关报道再次引起某方面的注意，我到校上课不久，有一天见到朱先生，他告诉我，和他住邻居的乐山驻军三十二补训处政治部主任刘琦生忽然问他："张高峰怎么又回武大了？"朱先生含混支应过去，但事后特意提醒我，你在教育部和乐山警备司令部是"挂了

第八章 川西来去

号"的"共产党嫌疑分子",今后还是多读书,少活动,免得找麻烦。先生一片苦心,我很感谢。其实,学校的一些师生也奇怪,张高峰为什么毕业两年之后,又回来读历史系三年级,这在武大是没有过先例的。为了自己的安全,那以后,我很少再参加学生活动,往来的同学也不多。

关于这个三十二补训处,还有一段"佳话"。该处处长韩某,一向私下做鸦片生意,发了大财。某日,军委会参谋总长白崇禧到武大"训话",韩某随侍左右,一幅正人君子的模样。学生们早就对其反感,在白崇禧"训话"后,就有人站起来说:"白总长,请你问问韩处长,他卖大烟挣了多少钱?"弄得韩某狼狈至极,白崇禧愤愤退场。

【注23】:2004年,天津老年时报开设"寻故人"专栏征文,我父亲在天津唯一的武大同班同学、时任南开大学历史系教授的辜燮高伯伯撰文回忆说:"1944年秋,高峰毕业后两年又回到武大读历史系,上三年级,和我同班,那时他已是大公报的记者。他虽然又注册了历史系,但我们没有同上过课。这可能由于选课不同,但更可能是为了便于去西昌采访有个方便的住处,因乐西公路是从四川省进入西康省的捷径。在1944~1945年学期末我班聚会时,他刚从当时西康省的西昌采访回来,同我们谈了采访情况。抗战时期,沦陷区学生颠沛流离,即便考上大学,当时的那点贷金也难以维持生活。因此,读大学,尤其是文科和社会科学的同学,在外兼事(现在叫打工)的不少。他们平常很少上课,只要参加月末考试就行了。但在我印象中,高峰并未参加期考,这更印证了他注册读历史系是为了有方便住处的揣测。不过1945年上半年,他还在乐山住了一段时间,因他参加当时武大一个社团的《莎乐美》(爱尔兰王尔德原著)的演出。高峰不仅文笔犀利、善言辞,且是学校著名的话剧演员。方成曾提到他们的《黑白社》(一个学生社团名称)吸收了'张高峰、丁景云,这两位是校内出色的话剧演员'。"——张刃]

【注24】:《新闻部队》壁报复刊在武大引起的反响,当年校友孙法理回忆录曾有如下记述:"学校的壁报中最为大气磅礴的是张高峰的《新闻部队》。第一期刊出便引起轰动效应。篇幅大、气魄大、字也大,洋洋

洒洒贴满了文庙东壁,还拐了个弯。激扬文字,纵论时局,观者如堵,久久不散。大家都知道张是已经毕业又回校就读的老大哥,正牌儿的报人。"
——张刃】

追忆朱光潜先生

朱光潜先生是我的恩师,他不仅教给我知识,更在我人生之路发生转折时(1942年被迫离校、1944年再入武大)给我以帮助和保护,我终生感念他。

1945年抗战胜利后,朱先生应北京大学聘请,辞去武大教职,出任北大西语系主任,全家迁到北平。那时,我做大公报记者,也常驻北平,依然常与朱先生见面。

1946年内战祸起,朱先生深感忧虑,每次见到我必询问战局,谈论国是,哀叹人民之痛苦不幸,痛斥政治之腐败黑暗。1948年冬季,解放军开始包围北平,国民党政府派专机,点名接一批教授飞南京,其中就有朱先生。我闻讯后特地去看他,他明白我的来意,主动对我说:"我不会走,为什么要走呢?"在历史发生重大转折的时刻,朱先生做出了自己的选择。其实,在此十年之前,即1938年,朱先生就曾为自己选择过道路——他从四川写信给在延安的朋友卞之琳,说中国的"希望在延安",并请卞之琳设法帮助他去延安工作。后来这封信辗转到了周扬手中,他给朱先生回信,热情邀请,可惜时过境迁,朱先生的愿望未能实现。直到1984年,周扬先生才公开了这封信,并发表在《人民日报》副刊《大地》上,引起了知识界的注意。我想,这或许是有意在为朱先生多年来在政治上的被误解而"正名"的吧。

我与朱先生的交往,在"文革"中一度断绝。1972年,我已下放农村三年,一天,在报上意外地看到了"朱光潜"的名字,说他出席了某个会议。就是说,朱先生被"解放"了。惊喜之余,我立即致信问候,朱先生

第八章　川西来去

也很快复我一信，记得其中有这样一句话："在文化大革命中，我受到了应有的冲击。"什么样的冲击是"应有的"呢？十年浩劫之后，他在一篇文章中给了我一个答案："关在牛棚时，我天天疲于扫厕所、听训话、受批斗、写检讨和外访资料，弄得脑筋麻木到白痴状态。"如此对待一个理应受人崇敬的著名学者，难道是"应有"的吗？！

1976年，"文革"结束了，我在天津被重新安排工作。一次去北京访友，特地到北大去看望朱先生。先生不在家，朱师母奚今吾一时认不出我，问道："你是哪一位？"我说："是张高峰。"她又惊异地说："你怎么变成这个样子了？"我也不知自己成了什么样子，想来十年煎熬，必是"面目皆非"了！朱师母高兴地亲自为我带路，去外语系办公室看望朱先生。进屋后，我边说"张高峰来看您"，边向朱先生深鞠一躬。先生放下手中烟斗，慢慢站起来，紧紧地握住了我的手，我能感觉到他激动的情绪。

记得"文革"前最后一次见到朱先生，大约是1963年，我陪方成去向先生请教美学问题。朱先生见到我们很高兴，一边笑着问方成，你这个化学系的毕业生怎么改行画了漫画？一边拿出自己新译的黑格尔的《美学》书稿借给了他。那时我们才知道，朱先生在用大部时间和精力翻译西方美学经典著作，争取晚年给后人留下更多的研究资料。"文革"中，这位大师级的教授被剥夺了教学资格，奉命去翻译联合国文献……时隔十几年，我们再见面，先生已经八十高龄，我也年过花甲了。朱先生告诉我："从牛棚'解放'出来以后，我又重理旧业，继续中断了多年的西方美学经典著作的翻译，现在已经译完了最难啃的黑格尔三卷本《美学》。"说着，先生露出兴奋、欣慰的神情。

师生畅谈，不知不觉间到了吃晚饭的时候。朱先生邀我去海淀一家回民馆吃涮羊肉，我不肯；又要师母到校内食堂买几个菜回家吃，我也不肯。二老都已耄耋之年，怎敢叨扰。我恭敬地鞠躬告别说："先生保重，我以后再来看望您和师母。"未曾想，那是我与朱先生的最后一次见面。

1983年春节，我照例给朱先生寄去贺年片，先生回赠了一本他写的《美学拾穗集》，内页写着："高峰老学友抧正。光潜，1983年春节。"那年，朱先生已八十六岁了。从字迹可以看出，他的手有些颤抖，但他不仅亲笔题赠，而且包书纸上的地址也是他的亲笔，由此推断，包书纸也是他亲手捆扎的。耄耋之人，自己能做的事决不麻烦他人，这就是朱先生的美德，怎不令人崇敬！

1985年夏，听说朱先生病倒，我奉函问候，8月得朱师母信，知道"先生去夏患脑血栓，两次住院，未能康复，头脑有时清楚，有时糊涂……先生这些年工作过于疲累，脑子受到严重损伤。"又说，医生为他会诊的结论是疲劳综合征，"朱先生太累了。"

是的，朱先生确实太累了。半个世纪以来，不论是在家里或办公室，每次我去看他时，总是见他在桌前叼着烟斗，不停地写，不停地读。特别是"文革"结束，年逾八旬的老人迸发出一股惊人的拼搏精神，在五六年之内翻译、著述、校阅了四百多万字的文稿，其中有黑格尔的《美学》、莱辛的《拉奥孔》、维柯的《新科学》等西方美学经典著作以及《美学拾穗集》《谈美书简》等，基本实现了他晚年的写作计划，丰富了美学研究的宝库。

1986年3月6日，朱光潜先生飘然而去，永远地去了，他把永恒美留在了人间。

血肉筑成乐西路

我重回武大，本不重在上课学习，既然朱先生又一次提醒我，为了不引人注意，躲避麻烦，更为了增加见识，多写报道，商得大公报同意，开学两个月后，我就请假去西康采访了。

从四川乐山到西康首府西昌，要走乐西公路。这条公路起于乐山，跨青衣江，过峨眉山，循大渡河经新场、金口河，翻越蓑衣岭至岩窝沟，过富林（汉源）、石棉、冕宁、泸沽，止于西昌，全长五百二十五公里，平均海拔两千米以上，穿越崇山峻岭，沿途河流湍急，是抗战中赶修出来、连接川康两省的交通咽喉要道。

第八章 川西来去

当初为什么要赶修乐西公路？因为抗战爆发后，我国沿海各口岸相继被日军占领，进口物资几乎断绝了路径。1938年8月，抗战期间我国西南联系境外的重要通道滇缅公路通车，缓解了进口问题。但进入大后方四川，特别是战时陪都重庆的物资，仍需绕道贵州，费时费力。因此，修筑乐西公路即可以作为四川连接滇缅国际公路的最便捷的通道。（此即川滇西路中段，前段为内江至乐山，后段为西昌至云南祥云）另有一种说法是，考虑到重庆万一失守，国民政府准备再迁都至西昌，那样，公路交通更是必不可少。无论哪种原因，修筑乐西公路已成为当时的战略急务，因此，蒋介石曾严令一年内必须筑成。但终因沿途崇山峻岭施工困难，尽管先后征调了川康两省三十六个县二十四万彝汉等各族民工，还是用了两年多时间（1939~1942），才以血肉之躯赶筑而成。其施工难度与牺牲远超滇缅公路，并且同样为抗战做出了重要贡献，因此，乐西公路被誉为"绝地通途""民族命脉"。

1940年夏，我入读武大时，乐西公路已经开工一年，武大所在的乐山县就征调了筑路民工近六千人，同时，全路数以十万计的民工给养、筑路材料、设备工具，也大都要从乐山运送。由此，我们陆续了解到更多地从施工现场传回的讯息，其中最令人震惊和慨叹的是，由于工期紧迫，一再调整，材料供应不上，施工缺乏经验，自然条件恶劣，加之缺粮、疲劳、疾病、工伤等原因，到1942年初通车时，工程伤亡人数多达三万人，其中死亡一万四千人。1941年2月，我曾从乐山发回报道称："川康交通大动脉，自乐山至西昌公路已完成五分之四，俟工程验收后，当局即考虑分段通车事宜。此系我胼手胝足之汉彝同胞协力，流血流汗所筑成，工程至为浩大。据西昌来人谈：沿途荒村均成闹市，尤以大渡河中心之富林镇为最繁华，商业资本正在发展。正式通车恐将在本年夏季云。"事实上，由于工程险峻、艰巨，乐西公路通车已经是1942年春了。

耳闻不如目睹。1944年10月末，我从乐山出发赴西康。当时，乐西公路通车不过两年多，却因负载过重，加之后来滇缅公路断绝，失掉原来军事价值，养路问题愈发不被重视，以致造成路面非塌即烂，桥梁失修，车行甚险。来往客车仅逢五逢十由乐山与西昌对开，全程最快也需要走七天。

第一部·高峰自述：抗战生涯

从乐山到峨眉，路况尚可。1941年，我登峨眉山时到过这里。那时，四川大学为避战火，迁至峨眉山麓的伏虎寺内，两千多师生涌入这个川西小县城，一度给峨眉县带来繁荣气象。1943年川大迁回成都，峨眉无形中变得荒凉了。同年一场大火，更使全城付之一炬，几乎片瓦无存。1944年我再到峨眉，只见城内住户与商店均以草木架起房屋，旧时街道已难辨识，于寒风中更显凄凉。一场艰苦抗战，给中国人民带来多少苦难。

当客车摇摇晃晃地爬上金口河大瓦山蓑衣岭时，岭巅积雪已逾半尺，既无人烟，亦无鸟啼，令人切身感受到了那确实是乐西公路最为险峻的一段。

蓑衣岭是当时川康两省的界山，因终年云雾弥漫，雨水滴零，行人翻越必备蓑衣、斗笠等雨具而得名。其险峻在山高路窄，路旁就是数百米的深渊，一旦汽车失控，便是粉身碎骨。这段工程完竣，付出了三千余人伤亡的血的代价。据《川省公路史志》载："昔日征调之民工，在蓑衣岭筑路无御寒衣被，一夜冻死仁寿、井研、犍为等县民工二百余人。"无怪当年通车时，时任国民政府交通公路总管理处处长兼乐西公路施工总队长赵祖康先生，特别撰文并题写了悲壮的"褴褛开疆"纪念碑，勒石于蓑衣岭上。碑文记曰："蓑衣岭乃川康来往要冲，海拔两千八百余公尺，为乐西公路之所必经，雨雾迷漫，岩石陡峻，施工至为不易。本年秋祖康奉命来此督工，限期急促，乃调集本处第一大队石工并力以赴，期月之间，开凿工竣，蚕丛鸟道，顿成康庄。员工任事辛苦，未可听其湮没，爰为题词勒石，以资纪念。"过往旅客读了，无不感佩筑路工的毅力与精神。

翻过蓑衣岭，就是更险峻的岩窝沟。远远望去，山腰间弯弯曲曲的公路，犹如绝壁上画出的一条细线。汽车在"细线"中爬行，穿山而过者三匝。车过处，上有令人眩晕的峭壁，下临望不见底的深渊，洞壁流水不知从何处来去，乘客人人胆战心惊。人说"蜀道难，难于上青天"，说的是四川剑阁行路难，但比起蓑衣岭、岩窝沟，剑阁之难恐怕也是"小巫见大巫"了。

行车尚且如此，当年筑路的艰险可以想见。据说，为了开山，当年民工们都是用绳子拴住腰，从几十米高的峭壁上悬挂下来盘石爬行，硬是用锤子、钢钎，生生在坚硬如铁的石壁上凿出了一条约四米宽的横卧"U"

形槽，仅容一辆汽车通行。为了打通这不到七公里的险要路段，竟牺牲了一千四百多人，平均每五米施工，就有一名民工丧生！有公路工程技术人员手记曰：全国抗战一寸山河一寸血，乐西筑路每米工程每米魂！

即使在那样艰险的条件下，许多民工每天劳动也在十小时以上，甚至夜间打着火把工作。有人在乐西公路工地上遇到三位分别来自山东、皖北的石工，他们拿很少的报酬，辛苦地劳作，只盼着早日修通公路。他们说："现在打仗，我们能做什么呢？我们没有钱，只有两只手，所以只能为国家做点粗活，也算是尽点本分，对得起良心。"这番朴实的话，闻者无不为之感动。乐西筑路民工对于抗战的贡献，无殊于前方作战的士兵。

乐西公路是中国抗战史上的一个奇迹，是中国筑路史上的一段史诗，凄苦而悲壮。我不知道现在的乐西公路是什么样子了，想必已不再那么艰险。但作为后来人，不应忘记当年那二十四万筑路民工，特别是那一万四千死难者对抗战胜利所做的牺牲。

当年西昌见闻

1944年11月初，我到达彝族聚居的西康省首府西昌。

西昌为古邛都国，至清朝始改为宁远府，属辖八县（西昌、会理、昭觉、盐源、盐边、越西、冕宁、宁南），曾两设治局（德昌、宁东），后来所谓"宁属"即指此八县。抗战之前，由于地处偏远、交通阻滞，曾有"到了西昌，回不了家乡"之说。

1939年宁属划归刚刚设立的西康省，1942年乐西公路通车后，国民政府及西康省陆续在西昌设立了一百多个机关，因此人口骤增，商业日盛，成为康省重镇。随着逐步开发，地方建设亦有进步，但又因汉彝杂处，特别是烟毒泛滥，所以社会、经济、政治、民族等问题历来复杂、棘手，较之内地多有特殊之处。

西康省有三属，即康定、雅安、宁远。西昌为宁属中心，而宁属又是西康最重要之一属。其面积最大，资源最富饶，文化教育也较为发达。因为重要，所以当时设有军委会委员长西昌行辕，作为中央监督指导机关。这在边陲之地也是比较特殊的。西康省在西昌设有屯垦委员会，由省主席刘文辉自兼主任，省财政厅厅长李万华兼副主任，并偕财政厅人员常驻西昌。这一切，都是因为宁属地方富饶，对于西康全省财政收入至关重要。此外，西昌还有靖边司令部，负有统率彝兵及治理边务责任。

西康全省为高原地带，与青海、西藏两高原接壤。西昌四周环山，附近有邛海，风景绝佳。宁属气候温润，宜于农耕，农林、畜产、水力资源都很丰富，适宜植棉养蚕，发展轻工业。那里各种矿产资源也十分富饶，除金银外，举凡重工业所需，如煤、铁、磷、铅、锌、镍等原料无不具备。仅据当时乐西公路附近的调查，会理、盐边的铁矿藏量即达三千万吨，含铁百分之七十；盐边、永仁一带的煤储量在两亿吨以上，含灰分仅百分之三；其他矿物都有相当储量且分布密集，地形优越便于开采，又极符合重工业建设需要的条件。这片处女地远在边陲，是我国西南的宝库。如果不是处于战争时期，西昌开发大有前途。据闻七十年代西昌成为我国重要三线工业基地，与其资源富饶不无关系。

乐西公路通车后，西昌交通状况大为改善，不仅人口增加，商业也发达起来，加之金融交易、邮政开通，西昌日趋繁荣。特别是水力发电厂的建设，更给西昌增添了现代文明——电灯、电话、电报，随之而来的还有广播电台，（机器大部分为南京中央广播电台撤退时转来）每日节目有川滇剧、藏语报告、西藏音乐等。深居荒蛮大凉山中的西昌，已经开始步入二十世纪文明。

西昌当时已有专科学校一所（西康技专）、中学七所、小学六所，学生两千余人。我到这些学校参观，看到它们的设备、设施简陋到了不可再简陋的地步，即便如此，西昌仍算是当时西康全省文化与教育的发达地区。而令我惊异的是，西康学生竟多擅"竹城"之技，常有学生在旅馆开房间打牌，且满嘴下流社会暗语。可见当时西昌社会流毒已祸及学生心灵。

西昌有"宁远"及"新康"两家日报，均五号字四开，纸张粗劣，印刷模糊。前者系行辕政治处所办，后者为当地驻军所办，机关报色彩浓

第八章 川西来去

重,销路不过千份左右。但两报都极力争取社会舆论主导地位,我到西昌时,两家报纸正为向刘文辉建议如何改善宁属社会、政治、经济状况而"打笔战"。西昌刊物原有《边政》与《新宁远》两种,均不定期;1944年,一群服务边疆的青年又创办了《边疆月刊》,内容多为关注宁属社会民生问题。

边疆服务站是中华基督教会办的公益性事业,以服务边民(不分汉彝)为宗旨,中心工作是教育、卫生,以及救济贫寒学生。他们在深山彝族地区兴建了两所边民小学,学生约百人,教授汉文;服务者同时向彝人学习彝语,以便于更好地为之服务。卫生工作除与卫生署合办的西昌卫生院外,并有巡回医疗队。我去采访时,看到他们那里设有免费宿舍,供进城医疗的彝族同胞居住,据介绍,经过他们医疗的彝族同胞已达万余人。

从教育、文化、卫生事业看,当时的西昌已不再闭塞。

在汉源县富林镇,我访问了号称"西康袍哥总舵把子"之一、川康边防总司令羊仁安。当时,羊已年近七旬,坐在麻将桌前,边打牌边与我谈话。他的下属对我吹嘘说:"我们羊司令可以在牌桌前坐一天,不喝茶,不闭眼,照样赢钱。"后来,羊仁安起身邀我入室谈话,竟横卧烟榻,喷云吐雾起来。一个军官模样的人则与之对卧对吸,还"盛意"请我"来吃两口",我只得婉言谢绝。西昌烟毒之烈,由此可见一斑。

羊仁安在西昌是个传奇人物。1878年,他就出生在富林镇,自幼生性好斗,学拳习武,四处惹是生非。及长,混迹于哥老会,以武艺强,敢拼命出名,很快升为舵把子(首领)。中年以后,适逢军阀混战,他周旋于蒋介石中央势力与刘文辉地方势力之间,左右逢源,步步高升,官升川康边防总司令。

这样一个草莽霸主,抗战期间还做过一件救助盟军的好事。

1944年8月某日,美国空军一架运输机从印度经驼峰航线飞往成都途中,因机械事故,七名美国飞行员被迫跳伞,飞机坠毁在凉山州黑马溪,那里距汉源富林约六十华里。羊仁安得知消息,即派人翻山越岭赶往救援,用滑竿将美国飞行员接回富林镇羊府,不仅请来医生为他们疗伤、护理,还请厨师专为他们做西餐吃,照顾非常周到。我到富林时,那几位美国飞行员已经康复离去。临别时,他们曾表示要支付费用,羊仁安说,日本人侵我国土、杀我同胞,你们帮我们打日本人,这点开销就算我支持抗日,尽一份心意了。据说,羊仁安救助美国飞行员的义举获得了美国朝野赞许,罗斯福总统还专门为其颁发了金质奖章。

羊仁安后任国民党新编第十一军军长、西南第二游击副总指挥、康北行署主任,1950年3月在汉源被俘,1951年被处决。

彝民与边务

1940年代,宁属八县人口总数约为二百一十万,其中彝族有一百五十万左右,汉人仅占三分之一。加之地处偏远,彝民与边务成为西康边区的特殊社会问题。

彝族在古代即为我国西南重要少数民族之一,以大凉山为聚集之地。彝族的来源,历史上传说不一。据史籍所载,虞舜时代,三苗数次在江淮荆州之间为乱,后退至康藏地区,为西南诸夷接纳,所以有人说,彝族远祖可能杂有苗族血统。至汉武帝通西南夷,置犍为郡,统制各族,彝族应为其一。后蜀诸葛武侯西征,"五月渡泸,深入不毛",据说七擒七纵的孟获就是彝族领袖,所以又有许多彝人自称孟获后裔。还有学者称,魏晋时代的辽人即后来的彝人,自汉代起由云南逐渐北移进入四川,至唐宋时代始次第进占宁属各县高山深处定居。总之,彝族历史其说不一。

彝族人分黑彝、白彝和娃子三种。黑彝为贵族,自称"黑骨头";白彝据说是黑彝掳去的汉人后裔,已逐渐失去其文化与语言,自称"白骨头",居从属地位;娃子为初掳去之汉人,是奴隶。

我在宁属所见,黑彝大多庄重自持,崇尚勇武,不事劳作,嗜酒似饮水。而白彝面孔多与汉人相似,但说彝语,多衣衫褴褛,因为历史上曾为黑彝奴隶,养成习惯,故以服从为美德。白彝因受汉人文化影响,多愿与汉人接近,且常说:"我们都是汉人。"

娃子、畜群、枪支,是黑彝的重要私人财产。娃子被掳去之后,要循

第八章 川西来去

例痛打一顿，谓之"见面礼"，以使之服膺。为防止娃子潜逃，颈上系以粗绳，强迫劳作，生活不如牛马。作为黑彝的奴隶，娃子等同于商品，可以任意买卖，经过几次变卖转入深山，就是想逃也没有出路了。

彝民古代社会情形，因未查到历史记载，不可枉言。以我观察，抗战时期那里仍处于近乎原始形态。他们不分姓氏，而分家族或支系。家庭以男子为主体，掌控家庭一切权力，女子没有财产继承权。婚姻制度方面，黑彝与白彝不通婚，更不与汉人通婚。实行一夫一妻制，亦有一夫多妻的例外。儿子结婚即与父母分居，从无大家庭。

彝民没有社会政治组织。古代所设的土司，至抗战时已没有多少统治权力。临近城市的彝民已被分别编成保甲，由地方政府统治。但十之八九以上的彝族人，仍归各家自然形成的领袖统治。甲家与乙家发生冲突，即由各家领袖率领作战，谓之"打冤家"。

我在西昌曾深入高山彝区，见彝民已开始使用铁器，但极粗陋笨重，且大部分是从汉人手中换取所得，他们自己则没有制造铁器的设备与技术。彝族农耕技术也很落后，主要农作物为玉米、洋芋、燕麦等。土地属祖传私有，也有租佃制度。彝区虽有土木工程，但没有泥瓦匠人，房屋建筑简单，垒起墙壁，覆以茅草或木板即成。彝民的金属工艺水平，能够打造一些粗劣的耳环或手镯之类。比较精细一点的是纺织技术，能用羊毛制披毡，每人一件，日为衣衫夜为铺盖。其生产方式落后可想而知。

彝民的物质生活原始、简陋。其房屋低矮，室内无桌椅之物，我去采访，也只能席地而坐。屋内置两个火坑，谓之"锅庄"，吃、睡均在其旁。彝民无被褥，男子每人有一披毡，无论冬夏可随地而卧。女人着裙而不着裤，已婚女子梳两股发辫，头上戴有青布者为已做母亲。两耳佩耳环，亦有手镯或戒指，但样子奇特。

彝民的主要食物为洋芋、玉米、燕麦，贵族也吃米。奇怪的是，他们杀牛羊不用刀，而用大棒打杀，切成的肉块硕大，连同内脏一起煮熟。我在彝区采访，某保长曾打死一只小羊招待，其味难闻，勉强下咽。彝民没有喝开水的习惯，口渴便随处饮用生水。彝区极少交通工具，也没有正规的道路，终年赤足行路，足底如铁，不畏荆棘，矫健善走。走远路或参加大典时，偶尔骑马，但据彝民自称，骑马不如走路。

第一部·高峰自述：抗战生涯

彝民迷信，伤病靠杀牛宰羊以驱逐病魔，或请僧侣（彝民称"比姆"）来家念经文祈祷，而不知服药。彝族虽有文字，但由于没有学校，所以识字者甚少，据我所访问的土司称，不过百分之一。"比姆"是彝民中屈指可数的识字者，因此地位高贵，彝民有难解问题，即请教于"比姆"。

彝民的商业行为大多仍为物物交换，即用过剩的家畜、皮革向汉人换取布匹、盐巴、铁器等物。法币只在靠近汉人较多的彝区流通，深山彝区使用的货币仍为银元，一块约合法币四百元。

由于彝民众多，管治复杂，边务问题历来是西康省要政之一，而边务又以有一百五十万彝民的宁属为重要。所以，西康省政府特别在西昌设立了宁属屯垦委员会，专以治理彝民为工作中心。屯垦委员会划宁属八县为十三个政治指导区，据当时的官方统计，已向政府"投诚"的彝民约有六十六万人，此数可信亦可疑。

早在1942年9月，大公报报道西康省民政厅长冷融视察西昌报告称："宁属公务员皆先私后公，省府饬办之事，或地方应办之事，完全置之不理。咸以为地处边远，省府鞭长莫及，为所欲为，毫无忌惮。县区之间，上下勾结，狼狈为奸。凡一般平民不敢为或不忍为者，县区各长一一为之，视为当然。如包庇种烟，贩卖走私，囤积居奇，侵吞路款等等，不一而足。因此数年来，宁属吏治之坏已达极点。"文末说他"言之不胜唏嘘"。

我在西昌采访所见，彝区人民平时除负担政府粮赋及土司头人的各种徭役外，还要支应各种杂差，名目繁多，不胜枚举。所以彝民都觉担负过重，痛苦殊深。

【立此存照·张高峰在"文革"中的检讨　采访彝族部落的过程中，我是同情彝族受压迫、被剥削的痛苦的，同情他们处于十分落后的社会环境。但是，因为我不会、更不懂得用阶级分析的方法观察问题，所以提出了"若论治彝，首先必须清明地方政治，管束治彝者的纪律，统一治彝的机构。治彝者不可歧视彝民，更不得从中敲诈；治彝机构名目繁多，彝民无所适从。治彝者须先使彝民信服，再论治边"的错误观点，实际上是在提倡"清官政治"，提倡"改良主义"，根本没有涉及社会革命的必要性。】

第八章　川西来去

鸦片、枪支、大烟灯

西昌地区历史上就以种植和贩卖鸦片闻名，由此又衍生出的枪支买卖，成为当时当地最为突出且复杂的两大社会问题。可以说，当时当地各行各界都与贩卖鸦片、枪支的生意有着或多或少的关联。而与此相照应的，就是吸食鸦片的泛滥。

1939年西康建省后，作为鸦片传统集散地的西昌，烟毒问题更趋严重。由于当局奖励开发，凡有钱人都可以自由合股组社，因此宁属乡间"垦殖社"林立，大片的土地上到处开满美丽的罂粟花，每年出产害人的鸦片未知凡几。

鸦片传至彝区之初，彝民并不知道此为何物，待发现这种东西不仅可以卖钱、换物，而且价值昂贵，有利可图，于是开始大种特种，以致当时的彝区几乎无地无烟。一方面，鸦片变卖后可以换取粮食等日用品，另一方面还可以直接换枪换子弹。不仅如此，更多的彝民还学会了如何熬制鸦片，且吸食者日众，给这个本来就落后的民族带来了新的灾难。

我在西昌采访发现，那里种植鸦片的，以彝人最多，汉人次之；而公开贩烟者，则几乎全是汉人。理论上，商民暗中贩毒是非法的，倘若被官方查获，烟土必没收，人亦遭处罚。但是，官方与军队贩毒，却无人敢过问。乐西公路上，常见成群骡马大队出入川康，据说一驮数量惊人。更有汽车满载出康入川，所运货物从不许沿途警察检查，否则便会引起武装冲突。

彝民常"打冤家"，互相残杀，所以十分喜爱杀伤威力更强的现代武器，但他们不会制造，又没钱买，或想买也买不到，于是纷纷以鸦片向汉人换取。在西康，有"大烟出去，大枪进来"之说。当时的行情，一支"中正式"步枪可换二百两鸦片，约值八十万元（法币，下同）；一支手枪可换三百两鸦片，约值一百二十万元。交易价格如此之高，利润如此丰厚,引得做这种生意的人蜂拥而至,连远在中原的商人都赶来发财。与我同车到西昌的某人,就从河南带来手枪子弹二百发,据他说可以卖到四万银元。殊不知那两百发子弹可能制造出的罪恶,岂止四万银元可以赎回?!

  我在西昌采访所见,吸毒是公开的,各村镇十家有九家"点灯"(当地人称大烟灯为"红灯"),街头烟馆鳞次栉比,数不尽,查不清,真正的"红灯高照",乌烟瘴气。为了一口大烟,地方上鸡鸣狗盗防不胜防,各种犯罪层出不穷。初抵西昌时,我住在一家旅馆,相邻房间住了一位年轻女客,是到西昌来寻夫的。当晚,忽有几个无赖闯入,对她百般调戏,后竟实施轮奸。我路见不平,意欲报警抓捕,店家却再三劝阻,说那些人都是"便衣队",横行街市,作恶多端,要我免惹事端。事毕,无赖们扬长而去,果然无人敢管。店家说,这类事件在西昌不足为奇。

  西昌烟毒猖獗,政府也曾禁烟。宁属屯垦委员会通令所属八县,普遍设立瘾民检验所,并规定每乡设一所;西昌还设有禁烟监督机关,曾将禁烟不力的汉源县长撤职查办。但最终究竟禁了多少烟,监督到如何程度,我采访之后却不得而知。相反,我了解到,西康驻军与各县区政府为维持开销,公开抽取烟税与灯捐。普通灯捐分三等,一等灯捐每天六十元,每日按户征收,各烟馆已成习惯,从不拒缴。我在发回的报道中写道:"西昌,这座已经穿上近代文明外衣的城市,为什么还留着黑暗的内衣呢?莫非是等待着人民之觉悟,政治之修明,法治之威严,才肯脱去吗?"

  由于西康地方当局对烟土税捐横征暴敛,后来发展到每当鸦片割浆之时,地方驻军便趁机到丰收的地方进行所谓"清剿烟毒"行动,将果实尽数掠走,令种植鸦片的烟民辛苦一年毫无所获。人民不堪其苦,1946年初终于引发了西康的"鸦片之战"。

第八章　川西来去

邓秀廷与刘文辉

鸦片、彝民、刘文辉，三位一体，缺其一则不能称其为西康。那么，刘文辉如何治理西昌呢？

1944年冬，我在西昌采访二十多天，也为等候刘文辉的到来。我向重庆大公报发回专电称：

> 西昌汉夷杂居，畜业发达，为康省重镇，惟物价极高。闻刘主席文辉将来此地视察政情并处理夷务。大凉山各夷族闻讯后，推选首领多人赴富林恭迎。刘氏已五年未来康南，故当地准备热烈欢迎，各住户及商店均以红色装饰门面，市民不胜其忙。夷民纷纷自负干粮，赶往附近乡镇恭迎云。……记者参观准备刘氏检阅之部队训练，见多数弟兄尚不会"向后转"，也有的不会持枪。考其原因，系新兵刚刚学会基本动作即行逃遁，于是补以新兵，只可再由"向后转"开始，如此之旧的去新的来，故永远自基本动作始，此亦不足为怪也。（注：当时称彝族均用"夷"字，这里引用原文中未做改动，下同）

11月27日，刘文辉抵西昌视察，我跟踪采访了他的一系列活动，发回的报道开篇就写彝族百姓喊冤的场景：

> 自西康建省，宁属八县划归西康以后，主席巴特尔只到过康南一次，到今天已经有五个年头了。康南最近积压许多问题，等待刘氏亲来解决。十一月二十七日，他再度驾临康南，万民腾欢。当日汽车站集合了五千多人，恭迎刘主席南巡。他自己连卫士共乘汽车七辆，警备森严。在恭迎行列中，奇特的队伍是那怪装的几百夷胞，唔唔叫着表示欢迎。刘氏刚下汽车，就有许多夷民向他递状申冤，甚至痛哭流

涕。记者见一申冤告文，知其一家大小都被地方官与恶棍勾结杀死，家产被霸占，地方政府未能为之洗冤，所以他冤到主席面前。

刘文辉这次到西昌，主要目的是处理彝务与边务问题。因为，此前不久，治理宁属十余年的靖边司令邓秀廷病逝，彝务、边务问题丛生，甚至酝酿民乱，必须刘文辉亲自出面解决。

邓秀廷曾是西昌的"坐镇"人物。他是汉族人，1889年出生于冕宁县一个彝汉杂居的村落。幼时家贫，虽无文化，却聪慧好学，处事机警，因为精通凉山彝语方言，生活习性也如彝族，故颇得彝民青睐。二十岁便被人推举为地方总团，带领百余团丁，凭借几十条枪，绥靖地方治安，数年名声大噪。1926年，邓秀廷在羊仁安的支持下，清剿彝区匪霸，焚毁彝寨上百座，杀掉剽悍黑彝奴隶主近千人，从此确立了他在彝民心目中的威权地位。

邓秀廷治理彝务、边务的主要办法是，在彝区编联保甲，加强统治。这种制度排斥黑彝势力，保甲长多由白彝中的头面人物或能人担任，负责管理保甲内各项事务。这种形式后来逐渐发展成为著名的"四十八甲"制，管辖彝民三万多户数十万人。邓秀廷规定，在四十八甲境内，不准抢劫、不准绑架人口、不准"打冤家"、服从征调等，使得社会比较安定，亦为彝汉人民称道。邓还把四十八甲彝民视为自己的机动兵源，指派应征，须自带干粮与枪支，他负责配给弹药，却不给粮饷，照样能够招之即来挥之即去。抗战爆发后，刘文辉为笼络、利用这支地方势力，将邓部纳入他自己的二十四军编制，设靖边司令部，委邓为中将司令官，并宣布："此后夷患，全权责成邓司令剿办，不使稍感掣肘。"

邓秀廷与刘文辉发生矛盾，是在修筑乐西公路与清剿黑彝奴隶主孰先孰后的问题上。邓坚持先修公路，使国际援助物资尽快入川，说这是抗战大局；刘文辉却要邓先打西会道上屡屡抢劫的大奴隶主阿俄长发，说这是治安大事。两人相持不下，刘文辉颇为不满。但碍于邓秀廷在彝区的地位、作用，刘却也无奈。

1944年7月19日，邓秀廷病死，宁属震动，人心惶惶，数千彝民日夜哭号于邓氏宅前屋后，如丧考妣。当时的西昌《宁远报》载："邓氏弥

第八章 川西来去

留时,犹念念不忘目前抗战及宁属夷务,特遗嘱家属及部属,服从政府,效忠国家,开发边疆,奠定宁属永治基础。"蒋介石及国民党党政军首脑纷纷送挽联或题词致哀,蒋介石的挽联是:"巩固若长城,方欣泽被邛泸布德扬威名;飘零悲大树,缅怀功隆辅弼众生慰龠功。"民盟主席、著名教育家黄炎培则盛赞其"忠勇智诚,奠安宁属,功在民族,利在国家"。

邓秀廷病逝,也使被他强力压制多年的汉彝矛盾、彝族内部矛盾显现出来,酝酿着更大的冲突。正是在这样的背景下,刘文辉不得不到西昌处理邓秀廷身后的彝民与边务问题。

抵达西昌的第二天,刘文辉即召集彝民代表四百余人训话。他说:"以前,有少数办理彝务的人员不把你们当人,拿些小惠小官来哄骗你们,互相残杀,使大家没有出路。我这次来,对这些不法官员一定清查惩办。今后,只要你们服从政府,一切都给你们保障。"刘文辉还再次强调了他以前提出的政策:汉彝平等,黑白平等,不准打冤家,不轻用武力,不收见面礼,不取投诚费。刘文辉所说,确实是彝务问题的症结,也正是处理边务的途径。问题在于,这些政策并不能得到有效的执行。

第三天,在西昌各界欢迎刘文辉的大会上,驻西昌委员长行辕主任张笃伦、县参议会议长杨某,率先向刘文辉提出了民间疾苦及禁烟问题,刘文辉回答说:"法内之科,随抗战以俱来,希望大家忍耐度过。法外之扰,请大家检举,本人负责解决。"于是,众人当场纷纷诉说西昌各政府机关给人民的"法外之扰",声称,类似苦情实在太多了,应该赶快解决。说到惩治不法官员,刘文辉突放"豪言"道:"本人向来信佛,此次南来视察,我将破除佛戒,准备杀人!"借以表示他有清明西康政治的决心。

刘文辉的这番话,曾给西康人带来一线希望,期盼一切"法外之扰"从此收声敛迹,让穷苦百姓重见天日。然而,直至我离开西昌,并未闻刘文辉"杀人"。

与刘文辉一席谈

11月30日,我有了一次单独采访刘文辉的机会。

谈话从治理彝务问题开始。刘文辉说:"我此行即以处理彝务问题为中心。不必讳言的是,靖边司令官邓秀廷死后,问题很多。过去被邓秀廷驱逐的彝民稍有骚动。宁属治理彝务的机关又分为两派,即邓秀廷所辖四十八甲与屯垦委员会发生对立。本人此来,决心统一治彝机构,今后彝务问题完全由宁属屯垦委员会办理。现已编成保甲的彝族同胞约有八万人,枪约三万枝,彝务问题可谓大部解决。下一步是努力扩大、稳固问题。"就是说,刘文辉已下决心废除四十八甲制度,埋下了日后冲突的祸根。

刘文辉承认,禁烟也是西康省政府的急务之一。他说:"禁烟与彝务,实际上是一个问题的两个方面。我可以绝对负责地说,目前宁属种植鸦片者,汉人已没有,而彝民仍很多。对已编成保甲的彝民,其种植的烟苗都能铲尽;准备投诚的彝民,政府也可以尽力铲除其烟苗;而深居高山的'野彝'地区,政府武力及政权都还不能达到,所以铲烟工作颇多困难。"

我说,先生此话确也是实情。铲烟固然应从办好彝务下手,但如果严禁汉人吸烟、贩烟,彝民则无利可图,那时,即使不铲烟苗,它不也将自灭吗?刘文辉对此表示认可,说他一定"决心禁灭烟毒"。后来的事实证明,西康烟毒未灭,反而激起民变。

我问:"先生治康以来,自认最大的进步是什么?"刘文辉答:"当推教育。本人'民国'二十一年开始主持西康事务时,西康各地几乎不见学生踪迹。经过十余年的努力,目前已有小学生九万余人,中学生八千余人,最近并在筹设西康大学。"我问:"共设几院?何时开学?"刘答:"拟设七院,分别在康定、雅安、西昌三地成立,定三年完成,经费预算一亿两千万元,自明年开始设立。"

次年,抗战胜利,局势演变,刘文辉所说并未兑现。

第八章　川西来去

采访归来，我深感鸦片泛滥、彝族贫苦与汉彝隔阂、矛盾是西康的突出问题，曾在大公晚报连续发表"川康纪行"通讯一组，其中提出："进一步治边之途径，不外禁烟、教育、交通、通婚为要者"，意在提供当局参考。我是这样分析的：

禁烟。夷人种植鸦片，据闻一季之收获可抵四季之农收，不但可获重利，且可换取汉人枪支。近来新式枪支流入夷区者，无法统计其数量。夷人枪多肆无忌惮，并与地方武装之悬殊甚大，埋下隐患之根。

教育。近来夷人已知教育之重要，亦愿入各治夷机关所办之边民小学学习汉文。无奈已设立之边民小学只有几所，且多自费，贫苦夷民不得入学，且无一所边民中学。故我们主张，政府不但应免费收容夷民子弟入学，且应速设立中学。教育方法除普及知识外，应多注意生产教育，以改良夷民之生产技术。相信数十年后，必能发挥其"同化、进化"作用。

交通。夷民至今仍保守原来之习惯，实因避居深山，与外界交往机会极少，生活无从改善。故交通为历代治边人士最注意之问题。地方政府应多在夷区开辟交通路线，使政治力量随之达入夷区。汉夷交通畅达，商业之交易必更频繁，汉夷间之隔阂亦可能化为乌有而达到合作。

通婚。造成汉夷间隔阂之最大原因，莫过汉夷之不通婚，据闻自古至今尚无一人打破。一旦夷区教育普及，夷人生活逐渐改善，汉夷之知识水准接近，政府再从中鼓励，此习惯亦不难打破。

【立此存照·张高峰在"文革"中的检讨　我站在资产阶级立场，仅从表面上看到汉族与彝族关系紧张，隔阂很深，看到彝族各方面的落后，却不懂得那是反动的社会制度和反动的民族政策造成的，不懂得要解决少数民族问题，就得推翻蒋介石集团的反动统治这个根本的道理，因此，我提出的主张治标不治本，表面上是同情彝民，实际上是有利于反动统治阶级的主张。】

西康"鸦片之战"

西康社会问题和民族矛盾的积累,终于引发了一场"鸦片之战",当局称之为"暴乱",并予以武力镇压。

"暴乱"始于刘文辉实行的"武装铲烟"。1946年5月起,大公报连续报道:"川康武装铲烟,农民与军队激战死伤甚众"、"西康铲烟风潮已如星火燎原,糜烂未已"……而刘文辉却声称:"昔年治边者,不外威服、分化及羁縻三种办法。余则以德化代替威服,以同化代替分化,以进化代替羁縻,自信西康今日之所以安宁,全赖'三化'政策推行之效果"云云。

1947年1月,事态终于失控,爆发了大规模的军民冲突。先是荥经、天全两县民众抗拒政府征收公烟,遭到刘文辉所部的武力镇压,天全县彝民竟将刘部某团击溃,令其损失枪械二百余支,伤亡五百余人,民众也伤亡千余人,民房被烧千余户。此后,西康又连续发生大小军民冲突六十余次,波及芦山、雅安等县,2月,芦山灾民代表到成都请愿,并招待记者称:芦山县境人民损失甚大,春耕无法下种,成群灾民嗷嗷待哺。重庆行辕主任宋大涵发表谈话,一方面认为,"康省在军事方面有切实整饬之必要",要求刘文辉"召开政治检讨会议,以谋革新"。另一方面宣布,处理西康事件要执行"剿匪安民,刷新政治,整顿军队"的方针。

大公报报道此次事件时有如下描述:

西康主席刘文辉在雅安连日于炮声隆隆中进行会议,入晚即实行戒严,人心恐怕万分。雅安城内一方面见有部分被威武所征服的绅士忙于开会,一方面见有大批伤兵不断抬进,实为一种极富讽刺性的对照,盖民军正与官军在雅安城外二十里之紫石里镇一带展开血战也。当政治检讨会开幕之前夕,程治武率千余人号称要到雅安参加会议,

第八章 川西来云

乃于一日起在城外与官军发生激战。

1947年1月18日，西康在（南）京人士请愿并招待记者称："刘文辉统治西康以还，摧残教育、勒种鸦片、包办省政、奴役康民，终至酿成民变。雅属各县民众数万人为保护生命财产计，组织西康政治革新运动委员会，誓以血肉争取康人生存。"同时要求中央政府：一、迅速惩办刘文辉。二、立即调二十四军离康，另派纪律严明之国军接防。三、请中央速派公正大员主持康政。四、彻底根绝西康烟毒。五、切实建设西康，安定西康大局。

西康事件使我想起当年的所见所思，便写了通讯《西康问题不容忽视》，发表于1947年2月11日大公报。我写道：

> 西康正闹着严重的"军民之战"，但官方对此事缄默，未有详细报道。记者于三十三年（1944）曾旅行西康，当时即感西康政治漆黑一团，民不聊生，但因彼时抗战正处艰苦时段，纵有评论川康之文字，必被检扣。今国土光复，一切亟待刷新，期国家入富强之途，记者愿以此文报道西康政情，再请贤明政府重视西康问题。
>
> ……因夷人文化低落，难免被汉人轻视，治夷者更想尽办法压榨夷民。夷民称治夷者为"汉官"，汉官每用"以夷治夷"之办法治理夷务。西昌有靖边司令官邓秀廷者，夷人奉之为神，邓即以此政策治夷十余年，夷人心口皆服，城里有名之四十八甲（均为夷人），由邓统率。此时刘文辉已在西昌成立"屯垦委员会"，与四十八甲对立，盖夷人有雄厚之武力（用鸦片换枪支），该会有意争取，故与邓暗斗多年。三十三年（1944）秋天邓秀廷忽病卒，四十八甲夷人群起造反，互相虐杀，以报邓秀廷时代之仇恨，屯委会更从中怂恿，汉人亦多遭残死，"以夷制夷"之政策失败。……
>
> 邓秀廷死后，刘文辉亲至西昌，集夷民代表训话，保证为夷民造福。视今日西康之乱，夷民幸福如何可知。
>
> 近年以来，刘文辉在西康之声势治大，夷人作乱既大兴戡伐，夷人畏刘，多愿归化。……夷人更成为压迫之对象。凡与汉官初次见面

者，往往须缴"见面礼"若干；若武装之夷人欲投诚汉官统率者，须缴"投诚费"若干。且驻军时常入山剿夷，抢走银锭与鸦片。夷民恨汉人入骨，以后甚少归化者。屯委会门前写出两大标语"不要见面礼，不收投诚费"，但夷民对汉人政府之层层剥削早有戒心，稍有活路，决不投诚。

夷民在川康边境约有百万，占西康人口三分之一，故西康之民族问题不得不注意，治夷方法应首重民族之平等，保护其原有之社会组织，协助其进步，发展交通，畅疏汉夷间之来往，进而奖励汉夷通婚，打破民族界限，数十年后，当无严重之民族问题。

……二十年来刘文辉在西康之建树如何，政府与人民尽知。三百万人口之西康无一所大学，专科学校也仅西昌有国立中央技术专科学校一所，其学风之坏，闻名全城。省私立中小学亦寥寥可数。宁属一带藏有丰富金钢铁，刘除奖励"垦社"外，从未奖励开发矿产。再以省政府之组织而论，奇妙无比。省府应设康定，但刘本人常驻于雅安，去康定偶尔为之。财政厅在西昌设办事处，财政厅长率领一部职员常驻于西昌，康定财政厅等于虚设。实际雅安为西康之政治中心，刘之一切干部训练机关均设此。西昌为西康之经济中心，宁属在西康最富，鸦片尤多，地方税收有赖于此。记者初入西康时，同车之一军官（刘之部下）谓："云南龙主席是一省，我们西康可称一国。"听后令人心危。盖指西康交通不便，又天高皇帝远，地方政制无人过问，不合中央之制度者极多，刘文辉可自由设置。

西康全省闻名之军队，为刘文辉自兼军长之二十四军，该部队内多刘之同乡。各地大抵均受制于军人。西昌各城门，随时可看到人民诉冤之告白。西康人民受冤，从无处告诉。

呜呼西康人民！政府若再不整顿西康省政，而一味因循下去，终有一日大乱。政府之不幸，尤人民之不幸也。

1947年3月，西康事件在当局强力武装镇压下逐渐平息，但大公报的报道说："西康战乱之悲剧，有人投诚后全家仍被烧死，乡民武装报仇，粮尽饿毙者甚众。"其社评更称："以飞机轰炸落后人民，非明智之举。

第八章　川西来去

……地方政治的黑暗，民族问题的复杂，政府置之不顾，硬认为叛乱必须施诸武力，这是危险鲁莽的举动。民不畏死，奈何以死惧之！"

【立此存照·张高峰在"文革"中的检讨　我把彝民起来造反说成是刘文辉压迫的结果，固然有些道理，但没有触及问题的本质。刘文辉与彝民的关系是阶级对立关系，被我解释为官民关系，似乎只要换一个"清官"或者"官"改一改统治方法，彝民就不反抗了，民族问题就解决了，这是荒谬的，是极大的错误。】

战时工业的苦撑

西康归来，1945年春夏之交，我又几次沿岷江而下，到乐山的竹根滩、五通桥，犍为的磨子场以及金沙江与岷江汇合的宜宾等地去采访。这一带因为有水源和电力，内迁工厂较多。它们坚持生产，为国家、民族生存和抗战胜利做了很大贡献。

我先后采访过永利碱厂、黄海化学工业研究社、毛纺厂、发电厂、造纸厂、瓷器厂，发表过《犍为地区》《川南纸老虎》《川南瓷娃娃》等通讯。

进入1945年，抗战已至最后阶段，也是许多内迁工厂的苦撑关头。2月，春节过后，我对岷江区域各工厂艰苦奋斗的情形做了报道：

记者近赴西川五通桥等地参观各工厂，综合各工厂情形，均在原料价格飞涨，机件缺乏，员工薪金微薄之艰苦环境下坚持，且永利公司虽在旧历年关亦未放假，仍积极工作。又岷江电厂之二千千瓦发电机，经一年半之久始装置完竣，今日已正式发电，其电力较前高出四倍。今后乐山犍为附近各工厂之动力更无问题，予川西工业区之助力甚大。

犍乐地区虽已成为战时工业基地，但基地仍有着许多苦闷，这苦闷足以削弱工厂之生产，甚至缩减寿命。

抗战爆发后，沿海各工厂历尽艰苦，分别内迁，为了供应后方之需要,奋勇在后方建厂。抗战初期,益为蓬勃。民二十九年夏(1940),物价开始跃进,工业生产日感困难,因困难而发生各种苦闷,是以再生产过程难以维持。其主要原因为,一,物价日涨,成本递增,资金周转不灵;二,社会上大多数人之购买力日见削减,市场则愈显萎缩;三,实亏虚盈,租税压力日增;四,限价成品却并未限价原料;五,利率高涨,借贷不易,负担日重。

由于以上原因,生产成本势必增高,所需资金亦日益加多,资金周转困难又必向银行贷款,此乃工业界维持现状之唯一法门,利率因之日趋高涨。国家银行由一分二厘之月息涨至三分五厘,票据贴现则为四分五厘。复因社会购买力衰弱,售价不能与成本比例增加,故只可亏蚀。若售价愈增,无异紧缩市场。加之战时运输困难及其所受阻挠,如沿途关卡检查等,也使市场缩小。分配失调,产品滞积,工业资金搁浅,生产消费之循环律受打击而脱节,于是困难横生,陈陈相因,乃形成生产过程濒于中断的恶化现象,加深了工业生产之悲惨命运。

救济战时工业,实为政府刻不容缓之责任。

【立此存照·张高峰在"文革"中的检讨 现在检查,我的这些文章都是写资本家经营的工厂,是为他们宣传吹嘘的,没有半点工人阶级的声音,因此是反动的。联想到毛主席延安文艺座谈会讲话中有关"歌颂与暴露""爱与恨"的教导,我认识到这是一个阶级立场与阶级感情问题。回想我当时到各工厂去采访时,心目中根本没有工人阶级的地位,访问的对象都是资产阶级的厂长、经理、工程师,几乎没有和工人谈过话,怎么能不写出歌颂资产阶级,爱资产阶级的文章呢?这不是随意采访、信笔写来的问题,而是为资产阶级采访,为资产阶级写作。】

1945年7月,我再次沿岷江南下宜宾采访。报道称:途中连日有雨,久旱的川西南喜获甘霖,农作物欣欣向荣,丰收无虞;市场米价连日狂跌;宜宾交通日益发达,银行林立,商业繁荣,连文化事业都出现复兴景象,出版的日报竟有四家,为四川各县之冠。这些,犹如给胜利在望的抗战增添了喜气。

7月12日,我向重庆发回永利公司计划复员的专电:

第八章 川西来去

> 永利公司总经理范旭东，总工程师侯德榜两氏自美返国后，周前曾联袂抵五通桥视察所属各厂，并召集同人谈话，勖勉为战后中国工业努力。该公司本身复员工作已有详细之计划，闻将在湖南某地设立炼焦厂、水泥厂。现范氏已回渝出席参政会，侯氏暂留厂内代巴西设计碱厂，该公司设计部已着手是项工作。

受到抗战即将胜利的鼓舞，范旭东壮心不已，又为进一步发展中国化学工业设计新的蓝图，亲自动手拟出一个宏伟的"十厂计划"，准备新建、重建和扩建有机化学、无机化学、农肥、陶瓷、玻璃等十大工厂。为了解决建厂资金问题，他于1945年5月在美国与华盛顿出进口银行商妥一千六百万美元的信用贷款，但这项贷款要由中国政府担保，到期照付本息。

范旭东回国后，即在重庆向行政院呈报请求核准。当时的财政部长孔祥熙，早就企图插手"永久黄"，便想趁此机会入股。范旭东认为，孔祥熙这类人物只会做官不会办工业。他们一旦插手，成事不足，败事有余，只好婉转谢绝。孔未得逞，就不在保证书上签字。范旭东又去找行政院长宋子文，宋也是拖延时间，不予批复。范旭东对国民党政府如此扼杀民族工业的行径极其愤恨，他对人说："若不是为了振兴中华，国富民强，我才不受他们的挟持、欺压呢！要是为了吃饭、享福，把永利、久大收拾收拾，够我享受几辈子的。"不久，范旭东忽然病倒了，黄疸病与脑血管病同时发作，1945年10月4日在重庆逝世，终年六十二岁。

范旭东之死引起社会极大震动，舆论界纷纷发表消息和评论，缅怀先生毕生兴办民族化学工业的不朽功绩，指责国民党政府压制民族工业发展。中共重庆新华日报更发表了尖锐评论。范旭东先生的葬礼上，国共领导、各界人士人都送了挽词、挽联。毛泽东的挽词是："工业先导，功在国家。"周恩来与王若飞的挽联是："奋斗垂卅载，独创永利久大，遗恨渤海留残业；和平正开始，方期协力建设，深痛中国失先生。"翁文灏的挽联是："为工业界痛惜此材，成绩已昭，足裨世用；是胜利后一大损失，典型尚在，永式来贤。"卢作孚的挽联是："塘沽既成犍乐又成，不朽清辉光史乘；为建国惜为人群惜，岂仅私痛哭先生。"

范旭东刚刚看到抗战的胜利，壮志未酬，含恨离世。1984年，他的半身塑像在南京化学工业公司所属氮肥厂庭院里重新树立起来,作为人们对他的永久纪念。

冯玉祥的画与话

在川西,我常跑黄海化学工业研究社,除了采访的需要,还因为那里有我的好朋友方成。他从武大化学系毕业后,就到了黄海工作。不过,他更喜欢画漫画,早在学校时,就曾为同学们和学生社团的壁报画过许多漫画,署名"利巴尔",已经很有名气。

某日,我在方成那里意外地看到一幅冯玉祥将军的画,画着三个平列的辣椒,中间是一个绿色青椒,两侧是红色长尖形海辣,用笔很好,并题诗曰:"红辣椒,绿辣椒,吃起来味最好;大家多吃些,定把倭寇全打跑。"上款"顺潮先生",下款"冯玉祥(图章),卅二·十一·廿三"。孙顺潮是方成的本名。

方成告诉我,1943年11月间,时任中央军事委员会副委员长的冯玉祥先生到乐山,向各界发表演讲,动员大家"抗日献金救国"。武大的同学邀请冯先生座谈、联欢。会面时,冯将军勉励同学们好好读书,学到本领,做中华民族的好儿女,为衰老的祖国争口气。同学们知道他喜欢写字作诗,临时到街头买来纸张,请他写对联。他有求必应,挥笔大书,几乎每人一副。分手时,他还亲自指挥大家合唱《打回老家去》。后来冯先生又到黄海参观,方成当场画了一张速写送给他,他高兴地说:"礼尚往来,我也画张送你。"于是就有了我看到的那幅画。

此事过去了几十年,方成走南闯北,始终珍藏着冯先生的画。八十年代,我还曾问起,他复信说:"'文革'中,我所藏的许多名人字画都被毁了。因为这幅画不大,夹在许多书里,没有被发现。'四人帮'垮台后,整理残局时才找出来裱好,装在镜框里,很怕被什么纪念馆知道后要去。也曾有人建议我写文章和发表这幅画,我都没有照办,因为它很珍贵,我

第八章 川西来去

实在舍不得送人。"

冯玉祥行伍出身，靠自学通文墨，能写能画，还是中外交口称誉的"丘八诗人"。他的诗诚挚、晓畅、通俗。周恩来曾说过："丘八诗为先生所倡，兴会所至，嬉笑怒骂，皆成文章。"那首《辣椒诗》正是如此，他把抗日战争的艰苦比做吃辣椒，并且教诲年轻人，坚持下去就能打败日寇。

1945年暑假，我到重庆住了一段时间。8月15日，日本正式宣布无条件投降时，我正随民生公司初航长江的"民联轮"采访，后经泸州到了内江。20日，冯玉祥将军从成都经内江返重庆，我与将军曾有一面之缘。他穿一身灰布中式罩衣，一双布鞋，可谓名不虚传的"布衣将军"。他说话很幽默，当知道我是河北人时，竟说："咱们是老乡。"我知道他是安徽巢县人，怎么成了河北老乡呢？他笑着解释道："不错，我老家是安徽，可我是在河北长大的。光绪十九年，我十一岁就到保定了，是戴着小辫投入清军吃粮当兵的啊。"冯先生语调中带着浓重的保定味儿，令人大笑。我又以抗战胜利后的国内团结问题，求教于冯先生，他形象地比喻说："把锅灶打破，大家吃不成。"次日，重庆大公报即以"冯委员抵内江谈团结"为标题，刊登了我发的这样一句话的新闻专电。

抗战胜利了，和平建国任务艰巨，"锅灶"问题牵动着全国人民的心。大公报电召我速回重庆，准备复员。我告别了武大，也结束了八年艰苦曲折的抗战生活，开始我新的新闻工作之路。

附录：无愧于国家和民族——解读几位抗战老兵的通信

在父亲的遗物中，朋友的来信数以千计，我都保存下来了。为了整理父亲的遗稿，我曾经一一拜读过这些来信，它们不仅有助于我了解父亲的经历，理解父亲的为人，而且为我认识历史、解读历史打开了一个独特的视角。

这里辑录的，是几位经历过抗日战争的老兵、也是父亲的朋友与他的通信。这些信的主人经历各异，但在1937年末，与我父亲都曾是国民党军二十军团干训班的学员，后来又一同上过战场，有的人直到抗日战争末期，还曾与我父亲共事，可以视为我父亲个人历史的参照。

我把它们整理出来，公之于读者，是希望更多的人，特别是年轻一代以及后人，对这些当年为了国家独立和民族解放，曾经冒死疆场，而后来却没有受到应有尊重的人，有一些更具象的了解，并由此对曾经发生的历史，有一番更真实的认知。

抗日战争爆发时，这些人大都不足二十岁，都还是学生。他们毅然投笔从戎，是因为他们都不甘做亡国奴。起初，他们并非正规军人，但他们凭了自己的文化知识，凭了青年的满腔热血，奔波于抗日战场，宣传鼓动，救治伤员。后来，他们当中，有的正式从军了，有的战后转业了，也有的由抗战而内战，成为"反革命分子"……无论后来的人生道路如何不同，1949年以后，他们却都因为曾经服务于或参加过"国军"而遭受不公正的待遇。这也是他们彼此的联系后来中断了数十年的根本原因。

改革开放以后，国家气象一新，许多被颠倒的历史、事物逐渐恢复了本来面目，他们才开始通信，彼此叙说各自那几十年的遭遇，表述他们对祖国和平统一的强烈愿望，倾吐愿为民族复兴贡献力量的心愿，以及对自己年轻时的选择无怨无悔的心境。惟其如此，这些通信才显得弥足珍贵。特别是，由于是朋友之间的私人通信，没有忌惮，也无须遮掩，因而更真实，甚或具有某种史料价值——我始终认为，原生态的资料更接近历史真相。也正因如此，我决定以原文摘录（删节隐私部分）的方式公布这些通信。

由于年代久远，物是人非，我已无法逐一确认通信者的身份和经历了，即使其中仍有人健在，也都已年近百岁了。因此，我只能就我所知，对通信中若干需要注解的地方加以说明。好在通信中许多事情写得很清楚，读者不难理解。

考虑到通信的私人性质，文中大多没有使用通信者的全名。其实，历史上能够留名的人物凤毛麟角，但历史却是芸芸众生创造的。重要的不在姓甚名谁，而在参与了历史的创造。正如这些信中不止一个人说到的：无愧于国家和民族。如此足矣。

张刃

文通来信

……现在余悸渐消，反而离死也近了。即使是"害人"吧，也害不到哪儿去了。于是，开始试投写信，联系到若干老友。

略表一下我家几个"狗崽子"的情况：1943年我生子，小名毛四；1949年衢州新中国成立后生子新生；璐璐在济南师范读书时你见过，给她买鞋，吃饭。从她告诉我以后，记到今天，还要记下去。那个特殊的年代，值得记忆的事实在太少了。她毕业后分配回母亲身旁。1965年学慧死，毛四当了泥瓦工；新生初中；璐璐结婚，生一女。毛四生一子一女，皆在北京岳家。他现在一个街道工程队当队长。月月回家，钱全买火车票了。大儿媳贤孝，我离家二十五年，史无前例的十年停止了请假探亲，大儿媳与毛四往返几千里，到苏浙皖交界的山沟里来看我，我很感念。这也是史无前例的。当时当地、我周围的人都挑大拇哥。反正，我没见过别人有这样的子媳来探望过"反革命"老子的。也是在那个年代，新生两次来陪我喂蚊子。这姐仨，那年月不好过，找对象都困难，可也都稀里糊涂地结婚了。新生在他妈妈死后，就从初中辍学了，多年来在各地架高压线，生活一直不稳定。翻过拖拉机，割过盲肠炎，毛四膝盖也骨折过。那时，我每接到这类家信，都是几夜睡不好，几天饭不香啊！

我现在下肢蹒跚，平衡难保，举步挪体，时常摔倒，有时大小便失禁，怪哉怪哉。虽然如此，但我一息尚存，还是要快活地活下去。尽可能读书看报，给孩子们做些辅导。每天早起，在门前乡间小路"散步"——蹒跚的步子，若我的眼睛是录像机，那我身旁的景物都是山摇地动的。孩子们欢笑着超过了我，我流不出汗，但羡慕他们流汗的小红脸。

第一部·高峰自述：抗战生涯

你我都年老体弱，且多病痛，来日无多，应当珍惜目前，争取时间，恪尽绵薄，为振兴中华出力，以偿夙愿。

礼桐文革受冲击，一夜之间三百多张大字报上了他家墙，老母亲也吓死了，一切家私被打砸抢抄光。守纬在青岛，曾到武汉看望涂建堂。云翔与我二十五年厮守一地（庆峰也是二十五年，但比我们晚四年），相濡以沫，友情可贵。1951年的冬天是个严冬，我就是在他送给我的一件他儿时穿过的薄棉背心中度过的。

国华还在香港否？1950年元邦去港就是投奔他的。

我的病因季节关系，入冬即重，双腿已不能行动自如，双臂呆滞不灵，看来，将成为木乃伊了。

(1982-11-01)

【张刃注：文通，1937年10月与我父亲同船从天津逃往南京，同为二十军团干训班学员，后正式从军，参加了抗日战争。1949年在上海任国民党第三方面军总部法官，1951年以"反革命罪"被捕判刑七年，刑满后留场，实际劳动改造二十五年。1975年作为"原国民党县团级以上人员"获宽大释放。学慧，文通妻。

"璐璐在济南师范读书"事，指文通入狱后，许多人避之不及，我父亲不忘旧情，不忌嫌疑，资助其女求学。

"苏浙皖交界的山沟"指劳改农场。

涂建堂与守纬等亦为二十军团干训班学员。涂建堂1949年5月任国民党军师长时起义，后历任解放军师长、黄冈军分区副司令员、湖北省水利厅副厅长等职。

国华，即孙国华，我父亲的武大同学，曾任三一出版社编辑。晚年在美国。元邦，即何元邦，曾任汤恩伯侍卫副官，1949年去台湾，后移居海外。礼桐、云翔、庆峰见后文。】

屈指算来，四十年没见面了，没有见过你的容颜，没有听过你的声音，该是多么想念！1946年你到无锡我家中，可巧我不在，你只跟学慧说了些知心话，学慧都告诉我了，领会到老朋友真正的关心。可是，当时限于认识和条件，我是迟疑不决的，敷衍下去……1975年我安置转业回家后，也因环境不好，气不太顺，懒于写信，显得与你疏淡了。自从我被列为统战对象后，想与你密切联系，可是病发手瘫，不能握笔了！

附录

在海外的友人，究竟谁沉谁浮，谁生谁死，皆不可知也！反正我心里总是有良好的祝愿，热切的希望。我们可以说是总角兄弟，共生死的手足。我想通过合法渠道向他们打招呼，叫他们知道我尚在人间，不要轻信谣言。

关于汤恩伯与陈仪的事情，我当时身临其境，似乎可补充些细节、素材，但无关宏旨，算了吧。因为这关系到政策水平和世界观的问题，更要实事求是。

我的病痛仍然日甚一日，连对着录音机说话也感到吃力、困难，声音微弱，严重失真。笔录吧，孩子上班，一日三餐已忙得神魂颠倒，哪能铺纸执笔？真希望你能来，带着稿子，我们共同探讨一番。

(1983-05-03)

【张刃注："四十年没见面了"，指1944年中原会战时他们分手；"1946年你到无锡我家中"，指时任大公报记者的我父亲，由重庆经上海、无锡北返天津途中；"说了些知心话"，指我父亲曾劝他不要卷入国共内战；"迟疑不决，敷衍下去"，指他最终没有脱离国民党军队。

"汤恩伯与陈仪的事情"，指1949年春解放军南下，汤恩伯时任京沪杭卫戍总司令，据守上海。时任福建省主席的陈仪曾试图劝汤恩伯起义投诚。陈对汤有资助求学、举荐升迁之恩，不料汤竟向蒋介石告密，处死了陈仪。文通时在汤恩伯身边工作，故有"可以补充细节、素材"之说，可惜终未留下文字。

"我的病痛仍然日甚一日"，文通自1983年起，已经病重卧床，他的大部分来信，都是他口述，女儿或孙辈代笔。】

暑期已过，又盼走了中秋、国庆、全运会，青年读书、文艺繁茂，香港回归有了进展，台湾同胞先觉分子回大陆参加四化，在在鼓舞人心，增强振兴民族、统一祖国的信心。

国华全家移居美国，港庄可能易手。他双目失明，又患多种疾病，商场压力、诱惑，闪展腾挪、巧取豪夺下的国华，日子不会好过，我更悬念他了。裕治是豁达人，退休了烟酒不断，每日朝夕锻炼，只是目力稍逊，减少爬格子，多加修理电器，亦调节平衡之道。他对诗词、历史、小学素养高深，代人翻译英、日资料亦勤。昨函抄来词两阕，盖颖桥轶事耳。

第一部·高峰自述：抗战生涯

噫，俱往矣，只留下美好记忆与无限惆怅。他使我想起了1938年秋冬在鄂湘边幕府山的战地生活，未知尚能忆起曾代我捉过毛衣上的虱子否？

宋雪亭先生1940年去昆明时，将部分书籍衣物嘱我保管，1942年我离开郧阳时那批东西也留下了。后来成了犯罪证物，我也吃了官司。虽以不起诉结案，但迄今未向宋先生交代。人生旅途将尽，应当对宋先生说明白。据"文革"期间来外调揣测，宋先生可能在某军事院校工作。

我行动困难，下肢软弱，双膝不能控制，挪动不得，我说跟冷库里冻的半扇肉差不多，好苦啊，好急人啊。我成了害群之马了。写信对我是最艰苦的劳动了，写不完的信。

(1983-10-19)

【张刃注：裕治，二十军团干训班学员，后加入中共。1948年在北平，接受地下党指示秘密活动。我父亲曾参与其中，我家同时借住在他家。"文革"中，裕治亦因"历史问题"被审查。

信中所说"1938年秋冬在鄂湘边幕府山的战地生活"，其时我父亲已经离开汤部，是他没有经历过的。

宋雪亭，曾任三一出版社副社长兼编辑部主任。文通为宋的东西"吃了官司"，仍要在"人生旅途将尽"时交代明白，可见对朋友的忠诚。"文革期间来外调"，成为当时被隔离审查的许多人借以了解友人近况的有效途径。我父亲亦如此。】

【张刃注：文通来信中，夹有一封我父亲给他的没有写完也没有发出的回信草稿，按时间推算，应在1983年。内容如下：

璐璐代笔的信收到。当时我正住医院，肺气肿、肺心病，心率快到每分钟一百六十次。迟复，歉甚！

你们约我去太原，我早就盼望见你一面。可是如今病魔缠身，步履艰难，力不从心了。我原希望你能来天津，一者咱们见面，二者你也看看家乡的变化，谁知你也行动不便了。此时此刻，我很自然地联想到1937年10月我们在南京做平津流亡学生的生活，以及后来在颖桥、鲁山的情景，那时我才十九岁，你也不过二十出头。四十六年过去，你我都成了老朽，步入垂暮之年。

你的病，我很惦念，确诊否？是什么病？至盼多加珍摄，万万保重，我们力争在生前能够见到一面。

宋涛、文强、诸葛容等分别在全国政协、湖南省政协、浙江政协出版的文史

附录

资料上写过汤恩伯，我都看过。以文强写的较为详细，诸葛的最不行。你可设法从山西省政协文史委员会查阅。至于与海外哪些人联系，如何联系，最好找太原或山西的对台办商量，听听他们的意见。

礼桐等久无信。人老了，手也懒了，高兴了就写几句。家务多、身体又不好的，大概都不是勤于写信的。我本是信件有来必有往的，现在也不敢这样说了……】

今岁金秋故人又来，并拟访你我，内心激动，感奋不已，若无意外，老兄弟可面晤把握，倾诉一切。几十年空白，几十年悬念，几十年猜臆，几十年祝愿，几十年期待，或可部分化解。感谢上苍，感谢友谊，感谢人情，感谢历史。

天气转寒，我病步步难关，摔破的罐子，补不起来了。吃药进补，聊尽人事而已。但愿能够支撑见过元邦，也能瞑目了。

近年政策对头，儿辈撒手大干，也算一种政治营养吧。

蜗居避寒，又不能书写，外界往来断绝，请告故旧动态为盼，为慰。

(1984-09-10)

【张刃注："故人来"指何元邦回国探亲。】

元邦来信道歉，说不克分身，只能等下次晤面了。元邦昙花一现，引我相思万千。我想念在台老友，但官方渠道三年未打通。不过，元邦回台，定告故人，我们还活着，容他们回味思索吧。

轶千兄也有信来，他内兄赵子刚1948年随陈诚去台，1949年我逗留台北时，就住在他家。他夫妇俩的养女小宝，多年在我家，直至1956年学慧带孩子们迁并，才结婚留居无锡。小宝距我所在最近，对我有支援。1963、1965、1974年三次请假回山西，皆以小宝家为中转站。海外友人情况，元邦开列了名单，总算把窗户纸捅了个窟窿，见到亮儿了。

(1984-09-29)

【张刃注：小宝，1942年河南灾荒中被人贩子从农民手中买来的女孩，一度落入烟花巷，后被文通夫妇收养。

"1949年我逗留台北"指文通曾随国军到台湾，后来还是回到了大陆，此后即以

"反革命罪"入狱。

"三次请假",指文通从劳改农场请假。轶千,见后文。】

  信债欠了半年,今天璐璐来,书写有人,略表微忱。
  你说今年可能来并,十分翘切,但愿天助天成,得以晤对。去年元邦已订好机票,结果未能成行。小郑几次来并开会,忘了我的地址,亦属憾事。这些美好的设想,中意的憧憬,都鼓励我等待,安慰我未被抛弃。
  最感念国华两次赠金,子刚、元邦亦寄钱来。既感惭愧,又觉安慰。潦倒暮年,知心几人,隔海援救,难能可贵。
  你我合作,做历史的见证人,理所应当。唯我握管困难,殊非易举,自当勉力以付。在期待你的约期时,我希望日月走得慢点,完成我们的历史任务。许多事记不清了,需要我们互相印证、提示、补充。在抗拒病魔,缓解病痛方面,我希望日月运转快点,否则我的丧期要超过我们的约期。

(1985-02-26)

  附： 璐璐来信
  高峰伯伯：提笔给您写信,真是百感交集,有很多话,可又不知从何说起。在我爸爸的朋友中,您对我的帮助最大,这是我永远铭记在心的。听说您可能来,我代表全家欢迎,并希望您早些来。我爸爸身体很虚弱,每天主食吃不了一两,周身疼痛,止疼药对他已不起作用。说话无力,吃饭、喝水都要人喂,每天几乎都睡在床上,身体消瘦得很,已成了皮包骨了。我们做儿女的看到这种情景,很难受,但又没有办法！爸爸卧床两年,整天思念老朋友。每当接到朋友的信,如获至宝,非常高兴,但自己又不能动笔,只好欠债了。给您写的那封信,是他休息了两次才口述完的。

(1985-03-01)

  【张刃注：此为文通生前给我父亲的最后一信,由其女璐璐代笔并附一信。一个多月后,文通就去世了,未能完成"做历史的见证人"的遗愿。他所说"我的丧期要超过我们的约期"不幸而言中,我父亲与他终未能再见一面。尤为可惜的是,其女璐璐,一生坎坷,也只比其父多活了两年。信中"小郑"指郑昌淦。】

附录

云翔来信

  颖桥一别，转瞬将半个世纪矣。忆及那时情景无不使人向往。

  我自1938年离开二十军团，前往武汉考入中央军校十六期。武汉形势紧张，随校西迁成都，1939年毕业后分派七十一军，1942年赴云南保山抗击日军进攻滇缅公路，我随二百师直开缅甸旧京曼德勒，与日军做激烈战斗，师长戴安澜阵亡，后被日军截断归路，大部英勇牺牲，少数人经过原始森林退入印度。后来日军侵入云南边境，我军抗敌于怒江一线。七十一军三个师是淞沪抗战劲旅，军纪严明，战斗力甚强，敌人不能越雷池一步。1944年，我又随远征军赴印度。1947年调南京国防部第二厅任少校参谋，解放前夕曾随部撤退至广州，后到重庆。新中国成立后逃脱不了罪责，被判刑，曾与文通兄相遇在江苏农场，一起改造了二十五年之久，直到1975年，人民政府对原国民党县团级以上人员宽大释放，转业回地方工作，才获得真正的自由。

  我这一生真是死里逃生，坎坷曲折，难以尽述。现在一家工厂任绿化工，种树养花倒还自在。工资每月六十元，生活还过得去。就是年龄大了（今年已六十七岁），力不从心。据说我们没有退休，还须做下去，不知要到何年何月。

  看报拜读大作"南岳游干班"，至感亲切。忆及当年国共合作，共同抗日的情景，何等融洽！你在政协工作，对政府政策熟悉，请代为查询，对我们这样身份的人究竟如何对待？费神之处，不胜感谢。

(1984-04-04)

  上月我去武汉，见到分别了四十年的外甥，他回大陆探亲。相见之下，已面目全非。分别时他才十八岁，现已垂垂老矣！人事沧桑，不胜感慨。近来由台湾回大陆探亲的人很多。我在武汉遇到一位十六期的同学。十六期去台同学大部已退役，在位的都官居要职。我已加入黄埔军校同学会（南京地区）。同学会的目的系联络同学感情，致力祖国统一。

(1988-07-11)

  【张刃注：云翔投身抗战，从服务到从军，并参加了滇缅抗战，如果不是后来继续服役，卷入内战，算得上抗日英雄了。但他与文通同命运，劳动改造二十五年，死里逃生。六十七岁还在工作，月工资六十元，仍愿为"致力祖国统一"努力，可叹！】

铁千来信

倾接云翔兄函告吾兄身体近来欠和，在家休养，但仍笔耕不辍，可佩可佩。闻兄曾邀树铭相聚，同地相处，勤来勤往，亦一幸事。萍踪之人，故友半零落，你吾关山远阻，且鹤发齿摇，垂垂老矣，何日能相逢？每念及此，不胜吁嗟。

文通为人忠贞，热忱，遭遇坎坷，不寿而终，所幸子女均已自立。海外其他故友均健康寿颐，何日祖国统一，相聚一堂？每念及此，不尽依依。

(1985-06-18)

季明来信

文通热情不减当年，迩来沟通旧友信息，得庆鱼雁往还。正盼兄之佳音，果然惠然而至。欣欣之情，彼此当有同也。

忆昔八年抗战，与兄相处虽暂，然相知却深。兄之坦荡真诚，铭刻在心。三十多年来，虽动荡也难忘却——纵难忘，却难再，个中苦，缠绕心头，岂能"一切忘记"乎？

胜利迄解放，友朋情况，尚略能传闻，迨后，均讳言矣。吾辈岂有弥天之罪乎？！常思当年随军转战，虽无建树，然奔走南北东西，自认无愧对国家民族之处。"残渣余孽"之分，纵强忍，实难首肯也。

新中国成立后，弟转行教育，1953冬回原籍。原期碌碌教坛，不思天旋地转，心情郁郁，蹉跎岁月，恍然又三十余年矣。

近接文通兄函，雁北早寒，腿伤移步艰难；兄亦时喘，冬季多不能按时工作。故友多逾花甲，此诚自然规律，惟望多加珍摄。弟体虽佳，亦时有力不从心之感。

(1983-11-15)

【张刃注：季明来信只此一封，后来朋友们都再没有他的消息，想来不是不堪回首，便是驾鹤西行了。他信中流露的心境，却是溢于言表的。】

尧天来信

不久前刚托一位老同事代为寻访你，五天前就收到了你的来信。心里的高兴劲儿就不必说了。看完信，为文通的逝世难过。我们之间刚刚互通了一两封信，不料竟成永诀。

我是1957年出席"鸣放座谈会"，在书记指名敦促下谈了谈自己"不成熟的感想"（运动中有些做法伤人的心；新中国成立后放手发展党团员可虑）而被打成"极右"的，1958年4月被开除公职，送到板桥去劳教，1964年底调到张家口附近沙岭子农场，1969年1月分批疏散到张家口各县农村插队，1974年底又先后被劳教队收回，后被安置到X县当了工人。1979年3月改正了错划，1980年平反了历史问题，1981年恢复了错开二十六年的党籍。我已于前年10月从砖瓦厂离休。我与老伴先后两次离婚，1979年才恢复，她也离休了。这些年，好事变坏事，坏事变好事，（老同事们说，我若不是早早进了劳改队，"文革"中很难活命）我体验得太多了。这对我倒是很必要的教育。

我今年六十六岁，多年来虽然身处逆境，却始终乐观，充满信心。这几年虽然个人的问题都解决了，看看周围这无法无天的不正之风，心情反而沉重。但愿国家事业真能否极泰来。我总觉得，按目前这"头痛医头脚痛医脚"，光靠打针吃药，甚至广用冷敷、热敷的办法，是难使病情好转的。也许我又由"极右"转到"极左"去了。我才不希望"不幸而言中"哩！

(1985-04-16)

【张刃注：尧天是他们同学中的一个"异数"，既曾服务于国民党军，又是共产党员，还是"右派分子"，"左右"均沾。晚年仍为国运忧思，但命运多舛是无可避免的。】

礼桐来信

得来信，深感四十年岁月，风风雨雨，说来绝非等闲。若非故友情深，若非长寿，是不能读到你的来信了。

抗日烽火，千里流亡，鲁山萍逢，邓县束装，聚聚离离，国破家亡，何曾去记你是哪儿人氏，我是何许人也。待各自一方，始感当初大意，朋友连个地址也没有，又哪儿去找伊人啊！这要归功于文通，这个人热情奔放，无愧燕赵儿女。

我是全班唯一一个福建福州人。胜利后解甲退役，1947年转来福州家乡。1949年不少友人经闽赴台，而后亦即音信杳然。但愿人长寿，千

第一部·高峰自述：抗战生涯

里共婵娟。台湾回归之日，或许还能话白头。

我 1951 年参加市贸易公司财会工作，半路出家，以勤补拙，总算充数。到史无前例，人妖颠倒，真是在劫难逃。我放过牛，牧过羊，也罢，我倒安之若素。我没有错，我走过的路，也没有什么可后悔的。我问我心，无愧于国家、民族。就这样，我还是折腾了几年。追"永远健康"自我爆炸，隔月就获得了自由，审时度势，还是"且锄明月种梅花"的好，于 1972 年就退休了。现在家中干伟大的工作——掌勺！视之于你仍与笔墨为缘，笔锋健旺不减当年，至为羡慕。

时在报刊上读到你的大作。我不学无术，对文史接触不多，但总以太史公列陈涉于世家是独具慧眼的。宁折不弯更是难能。惜后世曲笔多于直笔，这也难怪搞史的人，不提着头来写，是写不出什么的。我有一个偏见，就是"尽信书不如无书"。怎么形成这样的顽固之疾，自己也说不准。如果有朝一日，秉笔直书多将起来，我这顽疾是可以治愈的吧。我希望能更多地看到你的铿锵文章。文章千古事，得失寸心知。看的人轻松，写的人又岂止废寝忘食。写到此，我又想到，不明白历代王朝为什么知识分子总是被杀戮的对象？扯到无边际了，打住。

我这里有你一张照片，四十年来保存下来了，证明我没有忘记你。（多不简单，"文革"中家都被翻箱倒柜查抄了，书画皆尽遭劫，你的照片竟劫后余生！）现在拣出来隆重奉还给你。我断定，在风风雨雨的日子里，走南闯北的你，不一定还有这张珍贵的照片。什么都在变动中，这照片总算是静止的一瞬。让你看看当年英姿，也让你的晚辈看看你这个当年曾经越千山万水，无愧于中华的英雄儿女！更望侄辈珍惜青春年华，不然转瞬垂垂老矣。我未能免俗而常常想起过去，当然不是什么依恋。

(1982-11-15)

文通有信来。身虽半残，热情不减当年。他曾提及你说沈醉拟写汤某罪恶一生，今后如见之于报刊请剪裁寄我。千秋功罪，后人总要评说。但曲笔终不为识者所取。落井下石那是丑表功。

我辈生逢奇世，从出娘胎始，就是军阀混战，八年烽火，三年战云，解放啰，该稍事喘息了，可二三十年胡折腾，国无宁日，家无宁日，一事无成，垂垂老矣。谁使之？谁由之？无辜还得受罪，说来是够泄气的。但愿今后生活是美妙的。

我战后归家，地处僻隅，几同隔世，若非文通提及旧友近况，我将一无所知。想来文通已道及。

(1982-12-16)

老想给你写几个字，而一拖再拖。前不久读徐铸成的《风雨故人》，其中提及到天津"承老友张高峰兄陪游"，我想别无分处，必是你了。一时又想给你写信，但懒散成了痼疾的我，还是拖了下来，真是该打。现在能告诉你的，亦只是我还活着而已，除此勉强能说的是，有时跑跑图书馆，找几本书打发日子。

若说九灾十八难，黄巢杀人八百万，在劫难逃，怪谁都是多此一举。你是"文革"中人，能数得清冤魂吗？这仅仅是指喝墨水、动笔头的，各行各业呢？冤魂是天文数字了。雨过天晴，现在不搞株连，再不必怕祸延子孙了罢。安度晚年，享受家庭乐趣，即使青菜萝卜，也胜似玉馔珍馐。

一直牵肠的是季明久无讯，去信如石沉大海。你有所知否？只要健在，倒无须告我。如果奉召西去，那真难受。人老了，尽往倒霉的地方想。

"三通"虽不明通，暗通还是频繁的。彼岸诸友是否有所知近况？如有通讯处，我想向他们问候起居。

(1986-12-28)

伯干二班先在鲁山，后迁至邓县，戴安澜来当教育长。时间在1938年春末夏初。戴没有给同学上过课讲过话，来也无声，去也悄悄。我对戴有些好感，是由于戴常在班外空地打网球，对手配合不好，球常常出界，勤务兵拾球累个不停。我对此道早年颇有爱好，其时手痒，就凑上去挥拍，双方还能适应，后来还打了几场。戴在班时间确实不长。

我和庆峰、季明等人分发在八十九师，部队在武汉外围和日寇小打几日。我和庆峰在王纲团，就被派上当督战队，真个是稀里糊涂的干上去。待换防时，才知道战地叫田家坂。沿途尸臭熏天。后来八十九师驻平江南江桥整训，我才知道戴是副师长。

第一部·高峰自述：抗战生涯

　　1938年冬末，戴奉调二百师，说是机械化部队。戴起行时，我们十六个同学曾列队唱歌欢送。不是因为他是副师长，而是因为师生之谊关系。之后，我们几个同学写信给戴，表示想去该师。后得王树森传递戴的口信说，不是不要同学们来，因为这对张（雪中）师长有所不便……不曾料到，我们唱歌送戴，竟是易水诀别。

　　戴殉国后，我曾得有一册记载其生平和戴的日记，不幸于文革被抄走无下落。但其中有一则日记我记得很清楚："连续三次蒙委座召见，实为人生奇遇……"这是戴写于远征前夕，证之后来马革裹尸，血染沙场是殉国，不也是报知遇之恩吗？戴是好样的一代完人。中共对戴殉国也是有唁电的。

　　海峡那边已可回大陆探亲，我们在那边的同学可有音讯？同学们日见其减，不敢想。有所知，望兄见告。

(1987-10-25)

　　【张刃注：礼桐是这些人中最超脱的一位。抗战胜利后即解甲归田，并未参加内战，但同样没能逃脱被"冲击"的命运。他对历史的观察与思考，自有其独特的视角。"伯干"即汤恩伯二十军团的干部训练班。举办第二期时，我父亲已经上了台儿庄战场。】

陈树铭来信

　　接到你的信，我和之杰见了面。我很高兴，说明这些人还在，更可贵的是人们的情谊还在。我们见面几乎都不认识了。前次还是"文革"之前。又是二十多年过去了！人生能有几个二十年呢？！

　　轶千来信，说他耄耋之年精神恍惚，出门需要人伴随。他多年清苦生活，退休金只有三十多元，加上一切补助也不过五十元。

　　我每天瞎忙，总想着有许多事都没有做。说来可笑，如果我有一支生花妙笔，把它写出来，一定是一种新奇的境界。青年时代没有努力，新中国成立后被打入另册，现在已经到了暮年！但我还是常常想入非非，想做点事。有朋友说我：你总想用石头砍天吧？回想一下，我砍了好几次天了：第一次，参加抗日战争，差一点在河南打上游击战；第二次回天津组织了三青团地下组织，抗日；第三次参加了裕治学长的共产党地下工作。

虽然没有挂号,但实际工作了。我当时也没有想着当什么党员,或新中国成立后弄个官做。如果当时追着入党,就不是今天的局面了。人生实在有意思。到今天,我才明白,成功、失败,主要是看好风头。可惜我太笨,更不喜欢看风头。

(1986-09-05)

【张刃注:陈树铭是河北工学院学生,1937年10月与我父亲同船逃离天津到南京,又同入二十军团干训班。抗战中期回到天津,故有"组织了三青团地下组织抗日"之说,内战时也曾参加中共地下党活动。因为抗战期间我父亲始终在后方,他对流落在天津的我的祖母、叔叔多有照顾,(之杰即我二叔)因此,我自幼即尊他为"老伯"。"文革"中,他被抄家、批斗,父亲、叔叔都曾带我悄悄地去探望。父亲去世后,老伯对我多有教诲,并鼓励我子承父业,做个诚实的新闻记者。】

我已退休三年,一直在外面补差,每天仍在骑自行车,和"铁驴子"结下不解之缘。

社会变化如此之大之快,如何,如何。是非功过,总有一天分晓。中华民族美德付东流矣,不堪回首忆当年啊。偶感二首:

回首七七年,膏药不值钱。季才特天真,激情挽狂澜。虽云沧海粟,扪心不愧天。壮志虽未酬,仍存丹心间。

春华常在不知愁,平生坎坷岂罢休。古稀已成白驹过,再拼余生献人间。

七七抗战五十年,回想人间才清闲。壮志未酬人仍在,愧对先烈实汗颜。

年轻时代一切崇洋,认为中国不强都归罪于旧,以致对古老的诗词都反对而不学。老来才认清了它的优美。没有时间从头学了,只好变成顺嘴胡诌了。

(1989-01-08)

【张刃注:补差,指退休之后再找一份工作,以补在职时的收入之"差"。我父亲收到此信后不久即因病入院,4月去世。】

第一部·高峰自述：抗战生涯

武震江悼文：《难忘故人张高峰》摘录

　　读 2002 年 12 月 31 日暮南先生在"春秋"版上发表的《新闻同行张高峰》之后，心潮澎湃，悲恸万分，一幕幕往事涌上心头。高峰的一举一动、一言一行、音容笑貌都呈现在眼前。心绪翻腾，久久不能平静，激动之情难以抑制。在这个世界上我失去了一位尊敬的导师、可信赖的朋友、志同道合的同志、共赴国难的亲密战友、朝思暮想了 60 多年的同窗。永别了，竟连见上一面的最低希望也成泡影。

　　"七七"事变后，风云骤变，硝烟弥漫。全国各界人民抗日情绪空前高涨，不愿做亡国奴的声音响彻云霄。青年学生更是意气风发，群情激昂，投入抗日救亡的最前线。许多平津流亡青年学生汇集在当时的首都南京，听候指派。住在南京中央大学里的是一批风华正茂、热血沸腾的学子，为挽救祖国的危亡，为坚决抗日，走到一起来了。从早到晚，抗战的歌声此起彼伏，抗战的传单小报到处飞扬传播，抗战短剧不断演出，抗战讲演慷慨激昂，"抵御外侮、还我河山"的呼声传遍校园。一天早饭桌上，我认识了张高峰。他那时的名字叫张之俊，他大我两岁，我 18，他 20（都是虚岁）。我初中毕业，他高中毕业。我们俩一见如故。

　　台儿庄会战，敌我双方部队集中在台儿庄一带。高峰住总部，我在师里，相距约有十多华里。一天下午，高峰买了几个猪蹄子，邀我们去打牙祭。猪蹄下锅后久煮不烂，吃完后天已大黑。回去的路上枪声不断，心情紧张。幸有伴同行，胆子大了许多。这个时期高峰已向报刊投稿，写过一篇采访十三军某团长的通讯，忘记在什么报上发表过。高峰谈笑风生，文笔流利，以一个高中学生当上名报大公报的记者，实属不易。

　　"长沙大火"之前夕，我们退到长沙；高峰常和我们见面。告诉我周恩来要在基督教青年会演讲，可以带我去聆听。他交游广泛，认识人多。我很愿意跟他一瞻当代名人的风采。第二天他又来了，说是报名听讲的人太多，青年会容纳不下，只好作罢。

　　不久我又调回河南。部队经常换防，调动频繁，行军多在夜间，常常走着路打盹。白天敌机跟踪，低空扫射，限制了集体行动。当时部队官兵多数穿草鞋，是稻草所编，容易破，不耐穿，时高峰常下基层采访，还给

附录

我捎来一双用旧布条编织的草鞋，穿上不磨脚，又结实，穿了很长时间。

1942年战事呈胶着状态，没有大的战斗，也没有结束战争的迹象，国事沉闷，战场沉闷，人们的心情也沉闷。抗战初期的热情渐渐冷却下来，师、团里的一点点文娱活动，根本满足不了众多人的文化生活，所以致大面积大场面的赌博形成风气。我的思想也很紊乱，又走在十字路口。决定弃职深造时，得到高峰全力支持。从此我们失掉联系。

新中国成立后，我看到过高峰在报上发表的报道。由于我的成分高，出身不好，不敢和高峰通讯联系，他也无从知道我的坎坷处境，内心思念之情，无时冰释，却也无可奈何。待到我恢复公职后，到处打听，也听不到高峰的消息，前几年我还给天津老年时报的编辑写过信，询问张高峰的下落（那时尚未开展"寻故人"活动），也未见作复。一生匆匆过，留下长相思！

（原载2003年5月9日天津《老年时报》）

【张刃注】：这是我所见公开发表的回忆我父亲的文章中，唯一一篇出自抗战时期他的同学之手的文章。从文中所述经历看，作者应为我父亲1937年末在南京参加二十军团抗敌宣传队的同学。其中说"他以高中生成为大公报记者"有误。可见他们几十年不曾联系。但从字里行间，可以一窥他们当年的生活。

关于1938年秋在长沙听周恩来讲演的情形（彼时周确在长沙），以及父亲如何支持朋友"弃职深造"，我未曾听父亲讲过。武先生此文亦是对他抗战经历的一段补充。】

大公报人 张高峰

第一部 高峰自述：内战观察

张高峰 ◎ 遗稿
张刃 ◎ 整理

山西出版传媒集团
北岳文艺出版社

图书在版编目（CIP）数据

高峰自述.第2部，内战观察/张高峰著.—太原：北岳文艺出版社，2015.6
（大公报人张高峰/张高峰，张刃主编）

ISBN 978-7-5378-4433-8

Ⅰ.①高… Ⅱ.①张… Ⅲ.①张高峰(1918~1989)—自传Ⅳ.① K825.42

中国版本图书馆 CIP 数据核字（2015）第 117435 号

| 书　　　名：高峰自述：内战观察
| 遗　　　稿：张高峰
| 整　　　理：张　刃
| 责任编辑：孙　茜
| 书籍设计：张永文
| 插图设计：阎宏睿
| 印装监制：巩　璠

出版发行：山西出版传媒集团·北岳文艺出版社
地　　址：山西省太原市并州南路 57 号
邮　　编：030012
电　　话：0351-5628696（发行部）
　　　　　0351-5628688（总编室）
网　　址：http://www.bywy.com
E－mail：bywycbs@163.com
经 销 商：新华书店
印刷装订：三河市华东印刷有限公司

开　　本：787mm×1092mm　1/16
字　　数：385 千字
印　　张：24.25
版　　次：2015 年 6 月第 1 版
印　　次：2019 年 1 月河北第 2 次印刷
书　　号：ISBN 978-7-5378-4433-8
总 定 价：78.00 元（全二册）

本书版权为本社独家所有，未经本社同意不得转载、摘编或复制

1946年在沈阳

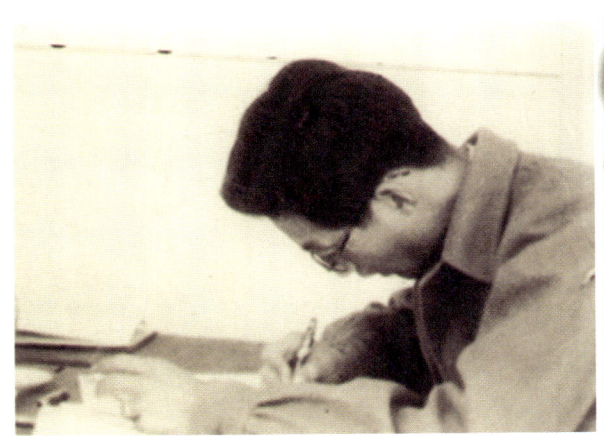

1947年秋在沈阳

1947年在沈阳大公报办事处

1948年9月30日上海《大公报》登载《我们要活命》

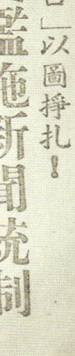

1949年1月19日香港《大公报》披露重庆当局扼杀新闻自由

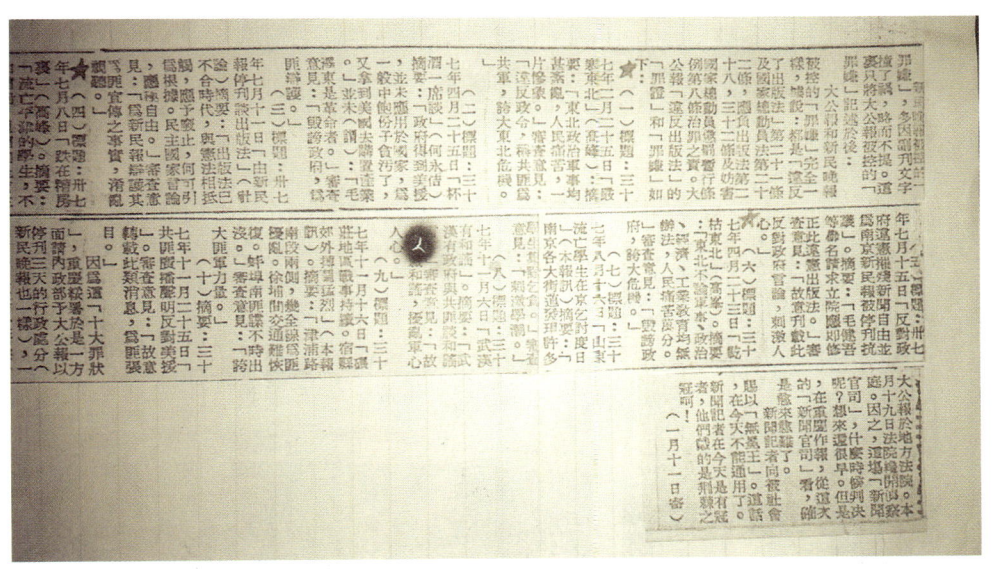

1949年1月19日香港《大公报》披露重庆当局开列大公报"罪状"

1949年1月15日最后一天的天津《大公报》

1946年沈阳中苏联谊社

《大公报》天津旧址

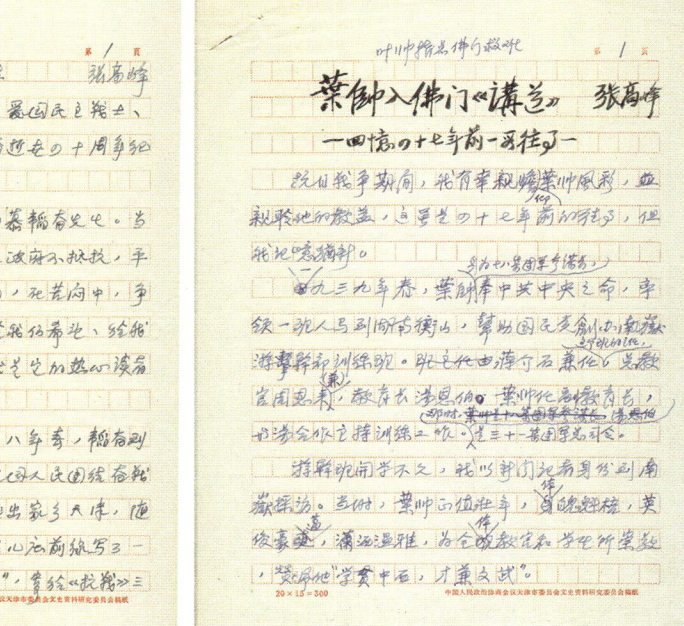

张高峰手稿

张高峰手稿

1978年9月13日给洛风的信

1987年8月19日给曾敏之的信

1972年春高峰与方成　　　　　　　　　　方成漫画高峰

1980秋方成、高峰、郑昌淦、潘守谦、端木正在北京（左起）

写在前面

艰苦卓绝八年抗战，中国人民终于打败日寇，扬眉吐气了。战后，举国上下都渴望休养生息，建设国家。然而，和平竟是短暂的，仅仅十个月后，就爆发了全面内战。三年时间，国家腥风血雨，人民水深火热，国民党政权更是风雨飘摇，最终以败退台湾一隅结束了对中国内地的统治。历史发生了翻天覆地的转折。

从抗战胜利到内战结束，父亲做《大公报》记者、特派员，先后在重庆、平津、东北采访，亲历了期间诸多重要事件，采写了大量报道，特别是在内战主战场之一的东北以及北方政治文化中心北平的经历，更是他记者生涯中最重要、最丰富多彩的阶段——正值二十七岁至三十岁的年华，肯于奔波，勤于写作，报道最多，也最详尽。以下记述的，就是他亲历亲见的那段历史。

就记者职责而言，父亲客观地记录了当时的政治、军事、经济、文化以及社会生活的动态与演变；从个人情感来说，他主观上更希望通过自己的报道，披露内战带给人民的灾难与痛苦，当年他写的长篇通讯，大多与此相关。因此，这部自述以局势演变为经，重要事件做纬，侧重于纪实报道，穿插了幕后故事。为了弥补岁月销蚀记忆的差错，特别是后人整理的主观性，本文尽可能使用或依据他当年的报道——如把他当年的诸多长篇通讯直接融入自述，以及他后来写的零散回忆，以保存历史原貌，对读者负责，供后人思考。

此外，内战期间，父亲在北平、东北曾与《大公报》著名记者徐盈、彭子冈、吕德润长期合作，考虑到史实叙述的连续性、完整性，文中同时引述了他们的部分有关报道，并加以注明。但《大公报》当年所发新闻专电多不署名，因此，凡是能够辨析的，都尽可能作了区分；对无法确认的，只好笼统记述。

我之所以引述各前辈的文字，也是为了纪念他们的友情，弥补他们生前的缺憾。1978年，"文革"后文坛复苏，许多知识分子开始着手写回忆录，我

第二部·高峰自述：内战观察

父亲从文史研究的角度也曾邀子冈写一些，彭阿姨回信说："我记忆力不好，旧事难落笔，写不了回忆录。胡兰畦等在写，我则认为写回忆录是大人物的事。"1980年以后，她中风卧床，即使想写也写不成了。1989年，我父亲去世，徐盈伯伯在病中给我写信，再次谈到他们当年在一起工作的日子和几十年的情谊，鼓励我设法搜集整理父亲的文稿。90年代初，我与吕德润伯伯聊天，谈起他与我父亲在东北的往事，我请他写出来留给后人，吕伯伯说，他与我父亲讨论过，条件还不成熟，再放一放吧。2004年3月，吕伯伯来信，赠我一册抗战中他随国军远征缅北的战地通讯集，并说："我在东北写的通讯也在收集中，如整理齐，也准备出书。你处有高峰文存否？如有请复印一份给我。"还说，"我现在走路困难，很少出门。你如有空，盼来玩。"我即前去拜望。我坐在吕伯伯面前，他确实显得苍老了，在房间里走动都困难。但他的思维仍然很清晰，依然用他那带有家乡口音的普通话给我讲述过去的故事。我们主要谈了当年的报道，他一一指点哪些可用，哪些不可用，哪些需要注解，并嘱我再做收集。那天临别时，他坚持送我，还一再感叹后人继承父业者太少，似有无限遗憾……后来，因为收集困难，加之工作忙乱，这件事竟搁置了。现在，我想我可以尽力了却父辈的心愿了。

张　刃

目录

第二部
高峰自述：内战观察

1/ 写在前面

第一章
胜利之初

3/ 欢庆胜利的日子

6/ 谈判侧记

10/ 不了了之的对日索赔

13/ 隔着玻璃看审案

15/ "罢宴"蒋介石官邸

19/ 伤残、失业的抗日军人

22/ 棉花·黄金

25/ 民主建国会与李烛尘

第二章
短暂和平

31/ 游子还乡

33/ 军调部成立

35/ 北平办事处

38/ 两封读者投书

40/ 东北的阴云

44/ 《解放》三日刊事件

48/ 故都景象三札

53/ 看审日本战犯记

56/ 巨奸入狱一幕

58/ 房产争夺在北平

60/ "可耻的长春之战"

第三章
东北烽火·1946

- 67/ "中间偏左"立场
- 71/ 崩落中的沈阳
- 75/ 警觉日本东山再起
- 81/ 军调小组与东北停战
- 86/ 军事调处名实俱亡
- 89/ 首席代表
- 92/ 从朝阳到平泉
- 96/ 内战中的热河
- 100/ 蒙旗自治问题初探
- 104/ 承德北平道上见闻
- 106/ "红军票"始末
- 111/ 关内关外"通与不通"
- 116/ 举步维艰的东北工矿
- 121/ 工业链条的恶性循环
- 125/ 东北接收一年间
- 129/ 东北人民伤透了心
- 133/ 东北飘雪的时候

第四章
东北烽火·1947

- 143/ 多难的辽东半岛
- 147/ 大连接收一波三折
- 152/ 东北态势
- 157/ 寂寞的鸭绿江
- 161/ "请看今日东北之教育"
- 166/ "关系网"与"新闻官"
- 170/ "停进军"与"总餐宜"
- 176/ 沈阳"帅府"轶事
- 181/ 1947年夏季的东北大战
- 187/ 魏德迈到沈阳
- 191/ 于斌及其他
- 194/ 东北"新政"
- 198/ 秋冬大战

目 录

第五章
东北烽火·1948

- 205/ 一言难尽写东北
- 211/ 惹恼南京的《东北在变》
- 215/ 严寒中的东北
- 220/ 新闻检查与巧妙周旋
- 224/ 从关内看东北
- 229/ 东北元老"请愿"
- 234/ 日渐"干枯"说东北
- 240/ 《观察》中的"烂污东北"
- 245/ 急转直下的东北战局
- 249/ 回首东北三年

第六章
故都学潮

- 257/ "反饥饿、反迫害"风潮
- 263/ "反美扶日"运动
- 267/ 跌在"糟房"里
- 272/ "七五"惨案始末
- 277/ 特刑庭与大拘捕
- 284/ 五万青年渡难关

第七章
风雨飘摇

- 291/ 病态的北平社会
- 295/ 目击处决王揖唐
- 299/ 我陪徐悲鸿出庭记
- 304/ "金圆券"与罢教风波
- 309/ 北平围城杂记
- 317/ 胡适在北平的日子
- 328/ 战云笼罩下的文化城

第八章
翻天覆地

- 337/ 走向崩溃的平津
- 341/ 国民党告我"三宗罪"
- 347/ 火光中局势开朗
- 356/ 大公报的停刊与改组
- 359/ 评价旧大公报之我见

附录

- 365/ 张高峰年表
- 371/ 后记

大公报人张高峰
第二部
高峰自述：内战观察

第一章
胜利之初

欢庆胜利的日子

进入1945年8月，抗日战争局势急速变化，中国胜利在望。

8月6日，美国在日本本土的广岛投下第一颗原子弹，盟国再次公告敦促日本投降。8日，苏联对日本宣战。9日，百万苏联远东军攻入伪满，先后占领满洲里、呼伦等地；同日，美国的第二颗原子弹投下日本长崎。11日，东京广播，日军已取消一切军事行动，中、美、苏、英四国宣布接受日本投降；重庆中国统帅部召开紧急会议，讨论日本乞降，要求全国军民严守岗位，命令全军将士继续打击日寇。12日，大公报发行第一万五千号，全体员工、同人开会庆祝，迎接抗战胜利的到来。14日，苏军越过大兴安岭，直驱伪满"首都"长春。同日，蒋介石首次电邀毛泽东到重庆"共商国是"。

8月15日晨7时，中、美、苏、英四国首都同时广播了日本无条件投降的消息。当天的大公报，以特大字号刊出标题：日本投降矣！同日，蒋介石发表广播讲话，希望此次战争为最后一次战争，今后努力和平建设，并宣布该年停止征兵。

8月16日，大公报发表社评《日本投降了》，开篇引述杜甫诗句："剑外忽传收蓟北，初闻涕泪满衣裳。却看妻子愁何在？漫卷诗书喜欲狂。白日放歌须纵酒，青春做伴好还乡。即从巴峡穿巫峡，便下襄阳向洛阳。"欢欣之情，跃然纸上。

社评说：

日本投降了！抗战结束了！在八年苦战之余，得见这胜利的伟大日子到来，我们真是欢欣，真是感激，在笑颜上流下泪来！……近百年来，尤其自甲午战争这五十年来，中国受这个后起的邻邦的侵略压迫，真是耻辱重重，记不胜记。……中国本无负于日本，且毋宁还有

灌溉提携之谊；但是日本一旦羽翼丰满，便以侵略中国甚至灭亡中国为国策。……日本军阀的暴戾凶残，比之西方的纳粹，简直是有过之无不及。到今天，豪强半世纪的日本失败了，海陆空三军解甲投降了。勃然而兴，厥然而倒，其命运正如日本的樱花，开时极为绚烂，极盛时便倏然凋谢。

社评特别指出：

> 在我们欣庆胜利到来之时，国内也有一个令人兴奋的新闻，就是：蒋主席致电毛泽东先生，请其赶日来渝，共商国是。这真令人兴奋欣慰。当此重大时会，国家今后的几年治乱，人民固然全体有责，而其转捩与善导，毕竟握于一二贤明领袖人物之手。蒋主席既掬诚相邀，期共商讨；毛先生自然也应该不吝一行，以定国是。果使国家的统一与团结完成于一席谈，那真是喜上加喜，不但八年抗战为不虚，且将奠定国家建设的千年大计！忠贞爱国的中国人，都在翘待毛先生的惠然肯来了！

1945年8月，全中国都沉浸在抗战胜利的喜悦、狂欢之中。

那些日子，恰逢重庆民生轮船公司的"民联"轮初航长江，我正随船采访。这艘船原名"美川"，是美孚公司的油轮，经民生公司收购，改装蒸汽引擎，并加长十米，成为当时川江轮船之最，后来为抗战胜利复员运输做了很大贡献。记得船靠泸州时，传来日本投降的消息，全城沸腾，乘客狂欢，码头上一位卖橘子的老汉高兴得逢人就说："日本鬼子投降了，我那当兵的儿子也该回家了，我请大家吃橘子，不要钱！"

民生公司在船上举行了水上茶会，总经理卢作孚先生精神甚佳，笑容满面地与来宾寒暄。他接受采访时说，抗战以来，民生公司为战时运输，全力以赴，不计其他，抢运各类人员一百五十余万人，物资百余万吨，损失船只十七艘，牺牲职工百余人。

卢作孚先生所说是有根据的。特别是1938年秋，武汉失守，国民政府西迁，大批撤往重庆的人员和内迁工厂的物资屯集在入川必经的宜昌，

第一章 胜利之初

一时不能及时启运,又不断遭到敌机轰炸。在卢作孚的谋划下,民生公司集中全部船只和业务人员,采取分段运输、昼夜兼程的方式,冒着敌人的狂轰滥炸,经过四十天奋战,终于在宜昌失陷前,将全部屯集的人员和物资抢运到了四川,为抗战,为国家,保护了各类人才,保存了工业命脉。这次中外瞩目的抢运行动,被誉为"中国的敦刻尔克大撤退"。

采访中,谈到民生公司今后的发展,卢作孚先生说,中国的造船业历史悠久,但至今仍不发达。除了战争破坏与技术问题外,还受到各种客观条件的制约。譬如时下,民生公司营业亏损,且随物价上涨而逐月增加,负担极重。现在抗战胜利了,希望大家努力和平建设,也使中国的造船业能有一个大发展。他对国家、民族和事业的未来是充满信心和希望的。

可惜的是,随之而来的内战打破了他的梦想。和平以后,他选择了留在大陆,担任了全国政协委员、西南军政委员会委员。不料,1952年的"五反"运动中,他竟被指为"不法资本家",民生公司的许多骨干更遭到清洗、逮捕,甚至处决。在惶惑与痛苦中,卢作孚于当年2月8日吞药自尽,临终留给妻子遗嘱:借用民生公司家具送还;民生公司股票交给国家;今后生活依靠儿女;西南军政委员会证章送还。个中心境,一言难尽。

据传,毛泽东谈到中国的民族工业发展时,曾说"有四个人不能忘记"(搞重工业的张之洞、搞纺织工业的张謇、搞化学工业的范旭东、搞交通运输业的卢作孚),但卢作孚仍蒙冤近三十年。直到1980年,有关方面才对他作出正确的评价,称卢作孚先生"为人民做过许多好事,党和人民是不会忘记的"。此为题外话。

结束了对"民联"轮的采访,我在宜宾换船继续溯江而上,回到武大。不久即接大公报电召,要我回重庆报到,准备复员北上。

我到重庆时,李子宽、徐铸成和曹谷冰、孔昭恺已分别带领一班人马去上海、天津筹备大公报复刊,徐盈、彭子冈、吕德润则已派赴北平、东北。我暂留重庆做外勤记者,按照采访部的分工,负责外交、内政、司法等相关新闻的报道,同时给大公晚报采写社会新闻。时任大公报采访主任的是王文彬,记者有曾敏之、陈凡、高集、高学逵、黄克夫等。

分工外交报道,并非我对外交有什么研究或兴趣,而是因为国民政府外交部里有我的几个武大同学，报社认为我有采访的便利条件而已。但当时，国共和谈进程艰难，双方已经在晋东南发生了较大规模的军事冲突（上党战役），各地也不时擦枪走火，国共内战日益迫近，因此，国民党政府的外交、内政基本没有什么作为，虽有大事件，却无大进展，可报道的新闻不多。而我在重庆只工作了三个多月，相关报道也有限。倒是我对社会问题的关注，还留下一些值得记述的旧闻。

谈判侧记

1945年8月28日，毛泽东到重庆。国共和平谈判开始时，我还在川西采访，未能亲历中国历史上的那个重要时刻。但这件事对于当时中国的前途、民族的命运实在太重要了，没有人不关心。我回到重庆后，继续关注它的进程与发展。

子冈写的那篇脍炙人口的通讯《毛泽东先生到重庆》，生动地描写了毛泽东的举止、神态，为人津津乐道。谁也不曾料到，十二年以后，她竟因此获罪，其中的两段文字成为她被打成"右派"的"证据"之一。子冈是这样描写毛泽东的：

> ……"很感谢。"他几乎是用陕北口音说这三个字，当记者与他握手时，他仍在重复这三个字，他的手指被香烟烧得焦黄。当他大踏步走下扶梯的时候，我看到他的鞋底还是新的。无疑的，这是他的新装。……记者像追看新嫁娘似的追进了张公馆，郭沫若夫妇也到了。毛先生宽了外衣，又露出里面的簇新白绸衬衫。他打碎了一只盖碗茶杯，广漆地板的客厅里的一切，显然对他很生疏。他完全像一位来自乡野的书生。

这样的描写，被指为"恶毒污蔑、刻意贬低伟大领袖"。

第一章　胜利之初

今天，许多被颠倒、歪曲的历史逐渐恢复了它的本来面目，有关重庆谈判的真实记录相继公开。这里补充几段我所知道的重庆谈判期间鲜为人知的文字。

其一，重庆谈判前夕，时在美国的胡适先生，从纽约给毛泽东一封电报，以美英政党民主竞选执政为例，希望中共"痛下决心，放弃武力"，政治解决与国民党的争端，做一个"不靠武装""前途未可限量"的政党。他的这个意见，也曾对出席联合国成立大会后仍在纽约的中共代表董必武谈过。胡适电文要点如下：

> 润之先生：顷见报载，傅孟真兄转述兄问候胡适之语。感念旧好，不胜驰念。二十二日晚与董必武兄长谈，适陈述鄙见，以为中共领袖诸公，今日宜审查世界形势，爱惜中国前途，努力忘却过去，瞻望将来，痛下决心，放弃武力，准备与中国建立一个不靠武装的第二政党。公等若能有此决心，则国内十八年之纠纷一朝解决，而公等二十余年之努力皆可不致因内战而完全消灭。……中共今日已成第二大党，若能持之以耐心毅力，将来和平发展，前途未可限量，万万不可以小不忍而自致毁灭。今特陈述，用供考虑。
>
> 　　　　　　　　　　　　　　　　　　胡适，八月二十四日

从胡适的电报中，可以看出：一、他与毛泽东是有交谊，且彼此尊重的。傅斯年还是中间人。二、他对国共两党之争仍抱有政治解决的幻想。三、他对美英政治制度确实推崇。这些固然是当时以他为代表的部分中国知识分子的情愫使然，但他却有意无意地"忘记"了一个对于中共至关重要乃至生死存亡的关键：单方面要求中共放弃武力，任由国民党宰割，是万万行不通的。因此，胡适不可能得到毛泽东的回应。此后历史巨变，他的这封电报也很少被人知晓了。

其二，重庆谈判期间，9月5日，毛泽东单独会见了大公报总编辑王芸生、编辑主任孔昭恺和采访主任王文彬，并发表谈话。次日，大公报发表消息，披露毛泽东谈话称：

来渝五日，与中央谈商团结问题，目前尚未可能有确切之结果以慰国人，可以说者仅为内战决可避免。我国政令军令如果再不统一，的确为不得了之事体。然统一之政令军令必需建于民主政治之基础上。只有包括各党各派无党无派代表人士之政治会议，始能解决当前国是，民主统一之联合政府始能带给全国人民以幸福。……毛氏末评论中苏条约称，该条约为远东和平之保障。有人认为对我国之民主运动不利，实则相反，可拭目待之。又有以为苏联以国民政府互为对象而惊讶，实则除国民政府而外，自无可为对象者。然条约亦并未束缚苏联对中国政治批评之权，舆论仍可说话，前数日苏联红星报撰文谓中国应走向民主政治，对我两党团结寄予殷切之期望。中国获得强有力之盟邦，可勿忧心于被其他国家侵略。毛氏表示愿谈商早获结果。

上述谈话，后人多只引述前半部分，说明中共反对国民党"一党专政"的态度与立场，而将毛泽东对于苏联与国民党政府签订的"友好盟约"的评价"忽略"了。但这却是十分重要的内容，字里行间既有对中苏盟约的肯定，也有对国民政府的承认。但在后来的历史进程中，这些又都发生了很大变化，以致都"不作数"了。而我在内战中的采访经历，却与这个历史背景相关。

毛泽东为什么单独对大公报记者发表谈话？我想，无非是大公报更具民间或曰中立立场，其报道更能为读者所接受的缘故。此后的9月20日，毛泽东再次与王芸生等长谈，并应邀率周恩来、王若飞等出席了大公报的欢迎宴会，也不外因此。正是在那次宴会上，发生了王芸生向毛泽东提出"共产党不要另起炉灶"，毛泽东回答"不是我们要另起炉灶，而是国民党灶里不许我们造饭"的那段公案。同样是在那天，毛泽东为大公报写了后来广为流传的"为人民服务"的题词。

其三，毛泽东离开重庆后，大公晚报发表了一组"花絮"，题为《重庆四十四日的毛泽东》，披露若干细节如下：

★毛泽东来渝共计四十四日，但其原定计划则为十天。来渝及离

第一章　胜利之初

渝之日，均为晴朗长空，和风送爽。

＊张治中部长市区之寓所桂园，邻美军魏德迈总部，早属车水马龙之地。自供毛氏来渝旅居后，乃更川流不息。桂园花木，独绝丹桂，中秋时节，园内飘香。

＊蒋主席与毛氏共谈，先后在十次以上。闻第一次握手后，即表示恢复民十三年合作精神（注：指1924年国共第一次携手北伐）。

＊毛氏以城中红尘扰攘，始终夜返乡居。其地在红岩村之上，十八集团军办公处所在。毛氏来渝后，略增警备。下汽车至其地，尚需循小径徒步五分钟。

＊团结商谈，毛氏虽未直接出席磋商，但是项繁琐已颇刺激其神经，每每午夜不眠，需服安眠药片少许，始能入睡。

＊毛氏嗜纸烟，手中青烟缕缕，绵绵不绝。来渝后，友亦时有以舶来品赠之。座上客恒发现，其敬客者皆名贵品。

＊九月底，雾罩山城，秋雨频频，气温顿降。毛氏来渝未备寒衣，闻曾在渝添置少许。

＊毛氏会客至多，尤喜做长时间之交谈，每有问题反复研究，至满意始止。故在渝期间无日不在谈话中度过。

＊渝中友朋，咸谓一别二十载，毛氏湘音无改，故十月八日军委会大礼堂上，毛氏谈话，全部听懂者亦不多，唯其强调"和为贵"一点，则悉能领会。

＊蒋主席指定侍从室，拨大汽车及吉普车一辆供毛氏使用。十八集团军亦有汽车一辆。此三车入市首尾相接，做团结状。

＊毛氏生活简单，对米面均无偏爱。在北方吃惯了麦面小米，彼虽生自鱼米之乡，来渝后对大筵亦颇淡。

＊毛氏公余喜静，红岩村宿处已半入山，犹谓不胜烦扰。

＊有以谈判进行迟缓质之毛氏者，答曰：几千年留下的问题，几十天谈妥，哪有如此容易?!

值得一提的还有，关于重庆谈判，大公报无论报道、标题，始终用的都是"团结商谈"字样，可见舆论对和平建国的祈盼。

不了了之的对日索赔

抗日战争，如果从"九一八事变"算起，日寇在中国横行了十四年，不仅给中国人民带来了深重灾难，而且给中国社会、经济、文化造成了巨大损失。战后，作为胜利者，中国对日本索赔理所当然，同盟国也很快把这个问题提上了议程。

1945年9月我回重庆后，即接手对日索赔的新闻报道，虽然多次到有关机构采访，写过一些程序性消息，但直到年底我离开重庆，却没有多少实质性进展。此后，内战全面爆发，国民党自顾不暇，更谈不上对日索赔了，结果不了了之。

据我所知，内战爆发前，国民政府对日索赔做了以下工作：

战后，教育部率先成立了战区文物保存委员会、清理战时文物损失委员会，对于收复区各项文物损失情况的调查、现存文物的整理与保护，以及日本劫夺我文物的追还与赔偿，做过比较详尽的讨论，并且派代表分四区（京沪、武汉、平津、粤港）督导调查工作，又决定举办全国文物损失登记。嗣后，内政部成立了抗战损失调查委员会，着手在全国更大范围内调查抗战损失。

1945年11月5日，盟国赔偿委员会决定，为剥夺日本进行战争的生产能力，防止军国主义复活，加重日本的战争赔偿，即把日本工业设备的大部分拆迁给各战争受害国，作为战争损失赔偿。为此，该委员会指示各国分别调查、统计战争期间的损失，以便确定具体赔偿方案。委员会还派出代表鲍莱（美国人）到中国做实地调查，但其正式开展工作，已是1946年的事了。

11月中旬，国民政府行政院召集内政部、外交部、交通部、经济部、军政部、财政部及侨委会等机关，商讨对日索赔问题，准备拟订方案，提交盟国赔偿委员会。据此，内政部提出的抗战损失调查内容分类，计有：

第一章 胜利之初

人民伤亡、私有财产损失、各级政府及所属机关公有财产损失、公私立学校财产损失、公营民营事业财产损失、人民团体损失、古物书画损失、国家财政收入减少及支出增加、沦陷区天然资源及金融破坏损失、沦陷区敌人经营工矿交通及其他事业所受损失、中国公私机关或人民在敌国领土或占领区内损失等项，分由各省组织详细调查，以便要求赔偿。

12月中旬，为了使损失调查与对日索赔两项工作配合、衔接，内政部抗战损失调查委员会撤销，工作纳入行政院赔偿调查委员会内，同时要求各地，限于1946年2月前完成调查统计。

12月底，中国抗战文物损失调查团赴日，作初步调查。据闻，当时日本有收藏文物机关八十余个，私人收藏者四百余家，自甲午战争以来，劫夺或购藏我国珍稀文物达十五万件之多。中国政府表示，对被日本劫夺的文物，将无条件收回；对日本民间购藏，将作价回购，并在日对我赔偿内扣除。

与此同时，中、美、英、苏等十一个国家组成的远东委员会成立，作为战后对日索赔以及对日政策的最高决策机构。中国抗战损失赔偿调查委员会的《中国对日要求赔偿说帖》提出，日本侵华战争期间，中国被侵占地区占全亚洲沦陷区的百分之四十五，拥有全国人口百分之八十的地区均遭日军破坏蹂躏。因此，中国应获得不低于赔偿总数百分之五十的份额。

此后，我离开重庆调北平工作，对日索赔报道转手他人。

据后来所知，抗战损失统计结果，中国军民伤亡人数总计超过三千五百万，各种损失按当时价格计算不下六百二十亿美元。

按照1946年3月美国政府制定的《临时赔偿方案》，将提取日本工业设备实物的百分之三十，作为直接受日本侵略国家的赔偿物资，其中中国可得百分之十五。但是，随着国际政治格局的演变，美国出于对抗苏联的战略考虑，由打击日本转而扶持日本，对其赔偿范围一再缩减。直到1948年初，日本赔偿中国的部分机器、设备才分批运到，据说约值两千二百五十万美元，不及实际损失的万分之四。随同这些物资而来的，还有日本归还所劫我国书籍近二十万册。

1949年5月，美国政府指令盟总，取消了对日本工业设备拆迁计划的执行，实际上停止了日本对各盟国的赔偿。

由于美国政府的政策转向和对日本的扶持，战后日本工业并没有得到有效的打击，甚至依然强于我国。1946年"九一八事变"十五周年时，我任大公报特派员，常驻东北。基于对国耻的反思和对当时中日工业经济状况的了解，曾发回一篇报道，题为《"九一八"看两国生产工业必须赶上日本》，报道说：

> 今日"九一八"，我们以战胜国看战败国日本的工业，实难对胜败二字不表示怀疑。
>
> 盟国拆卸日本机械赔偿的办法规定，日本可保留水力电五百万千瓦，火力电二百一十万千瓦，钢铁年产三百五十万吨，酸三百五十万吨，苛性苏打八万五千二百吨，纯碱六十三万吨，工具机器两万七千台，钢珠轴承两千二百万日元，轻金属一万五千吨，商船十五万吨。反观今日中国，全国电力不足百万千瓦，钢铁若和平立即实现，一年后计划产二十万吨，酸约四万吨，苛性苏打不足一万吨，纯碱不足四万吨，工具只约二百台，钢珠轴承根本谈不到，轻金属目前亦无，造船亦在计划中。仅从数字来看，我们也可醒悟了。
>
> 拆卸日本剩余机械，盟国分配尚未决定，目前又谈及苏联在东北拆走机器问题。在技术上又包括拆卸日本何厂及拆卸之机器何者分与何国，中国能分得之比例亦未定。前闻日本竟要求盟国把中国全部纺织厂搬入日本，以为日本生产，赔偿盟国战费，幸而未准。然此种口气在今日闻之，仍如置身十五年前之火药库。即使将日本机器运至中国，此批运费及装置费，以目前的物价计，一吨即须百万元，在军事第一之今天，怕这事也没人着急了。

这就是我所知道的战后中国对日索赔的经过。

第一章 胜利之初

隔着玻璃看审案

抗战胜利前后，时任财政部直接税署署长高秉坊的"贪污舞弊案"，成为当时陪都一大新闻，引起社会广泛关注。我接手报道此案时，已是审理的第二阶段。

高秉坊是孔祥熙的亲信，也是中国政府开征所得税的倡导者与创办人。他主导的税制改革增加了国库收入，却得罪了既得利益集团；加之他恃才傲物，因此与国民党CC系的陈果夫以及中统、军统特务组织结怨。1945年初，孔祥熙失势，交卸财政部长等职，陈果夫等借机罗织材料，诬称高"贪污舞弊，植党跋扈"，激怒了蒋介石，1945年2月初，以"与人串通舞弊，挪用公款经商"为由，责令将高秉坊撤职，交法院查办。

1945年5月，重庆地方实验法院对高秉坊案开庭审理，竟然罔顾事实、证据，无理判决高秉坊"处死刑，褫夺公权终身"。高的辩护律师章士钊愤然说："如此暗无天日，《六法大全》尚有何用？"连当时的司法院长居正都斥责司法行政部长谢冠生及重庆法院院长查良鉴说："你们上下其手，对高案如此处理，司法之尊严安在？"

高案的判决引起社会各方关注，认为司法不公，量刑不当。社会贤达吴蕴初、李烛尘、丁惟汾等代表迁川工厂等社会团体，要求法院公正审理，保障人权。奉命行事的财政部长俞鸿钧也不得不呈请蒋介石慎重处理。孔祥熙更明白陈果夫等人"项庄舞剑，意在沛公"，遂拜托美国驻华大使赫尔利向蒋说情。由于各方呼吁、压力，蒋介石不得不在1945年8月，责令最高法院撤销原判，发还重庆地方法院重新审理。

10月20日，重庆地方法院开庭重审高案。此案几经反复，久悬不决，愈发引人关注，所以，许多记者一早便纷纷而至，都想向读者做一个翔实的报道。我是其中之一。

以往，高案都是在比较宽敞的第六庭审理，不知为什么，那天改在既小又暗的第五庭了。那里三面是墙，一面是窗，如果关上门窗，简直密不透风。法庭周围更是法警林立，据说那天是"调查庭"，要闭门秘密进行，不允许任何人旁听。果然，开庭之前，院长汪廉亲自率领法警，驱赶外围有意旁听者，新闻记者也不例外。于是，我们退到与法庭连接的小礼堂内。我与几位同业在"天下为公"的四个大字标牌下徘徊，深以不得旁听为憾。

在法院，一切当然都要依法办事。我想，既然要求旁听，也要依法请求。情急之下，我忽然记起，在《法院组织法》中有一条规定："法庭不公开时，审判长应将不公开之理由宣示。"并且，"前项情形审判长仍得允许无妨碍之人旁听。"我想，新闻记者采访，对高案绝无妨碍，这条理由很充分。于是，我上楼去拜访汪院长，请求法庭允许我们旁听。结果，汪廉叫书记官朱国澜代见。我说明了可以旁听的法律根据，朱疑惑地说："没有这样的规定吧？"我肯定地说"有"，并请他拿来一本《六法全书》查看。果然，在《法院组织法》第十章"法庭之开闭与秩序"第六十八条查到了。朱国澜无话可说，便让我去请求审判长的允许。无奈审判长一直不下庭，我又不能闯进去，因此仍不得门径而入。

守着一条好新闻，我却采访不来，自己痛苦，也为读者苦闷。但既然来了，总要告诉读者一些信息。于是，我继续观察庭外情形，琢磨回去怎样写这条报道。

高案的审判长是刑庭推事李坚夫。那天到庭的除了高秉坊，还有他的"同案"姚遐龄，以及他们的辩护律师。高妻唐蕴则与我们同坐在与法庭相连的小礼堂内，候传入庭。她手握小黑皮包，两颊显得红润，眼睛直望，默不作声，拒绝接受采访。另外一群出入小礼堂的人，大多佩戴着财政部专用的红甲骨文证章，听口音多山东人，显然，他们很关心既是同僚又是同乡的高秉坊。有顷，法庭宽大了五分钟，我乘机站上门外的板凳，向法庭内引颈，隔着玻璃窥视，像看哑剧一样，观察庭内各色人等的动作、表情和神态。里面除审判长、法警外，并无陪审员。只见审判长问了什么，律师站起来回答。高秉坊面孔黑红，穿黑色棉衣，坐在一条长凳上，大约是对律师的发言表示满意，还几次露出了微笑……我不懂哑剧，无法"破译"庭内细节，只好将以上情景实录，报告读者。报道名之曰

第一章　胜利之初

《隔着一层玻璃看审高秉坊记》。

11月9日，高案再审，这次是公开的。我除写了一条消息，还发了一则《旁听杂记》，以庭上各位的动作、神态、问答、语气作了描绘，如：审判长李坚夫是广东人，问话多广东音；证人中有一位管账先生，四川人，常以"啥子？"回问；高秉坊则用十足的山东话回答，偶有数目字或年月日，他会用手摸脑袋想一想怎么说，显得十分谨慎。审判长讯问前湖北税务管理局副局长孔令其时，孔又常以"不知道"作答。高妻唐蕴回话时善于避实就虚。法官问："你在长寿开过工厂没有？"唐答："长寿在哪里？我没有去过，不知道。"问："据调查，你们生活极豪华，不做生意，如何维持？"唐做不屑状，仰首答曰："叫证人来对证好了。"……这样的记述，暗喻了庭审的荒唐与困难。

那以后我离开了重庆，未再报道高案。1946年1月，重庆地方法院在陈果夫等势力的压力下，仍判处高秉坊无期徒刑。据说高蒙冤入狱后，致力教化犯人，获得褒奖并提前出狱。1950年后，高秉坊在湖南省政府中任职，仍做税务工作。

"罢宴"蒋介石官邸

大公报办公在重庆市郊的李子坝，记者中只有我和曾敏之住在市内通远门中一路的营业部楼上。我们不仅在工作中密切合作，而且成为朝夕相处的好友。白天忙于采访，晚上埋头写稿，临睡之前，有时到马路对面小酒馆打二两泸州大曲，买一盘白斩鸭翅膀，边饮边谈一天的采访见闻，别有一番情趣。

敏之小我一岁，祖籍广东梅县，我则生于天津宁河。两人当年都不过二十六七岁，没有成家，在一起时常嬉戏，他称我"高峰小子"，我则叫他"鸣鸡（敏之）"。两人有时同道采访，遇到某些贪污腐化现象或涉及政府与高官声誉的棘手新闻，敏之喜欢说"干掉它"，意思是不必怕，要敢去碰硬。我俩在一起"干掉它"的事很多，最难忘的一件是在蒋介石重庆官邸闹"罢宴"。

1945年10月，重庆还沉浸在抗战胜利的喜悦之中，复员、还都、返乡的工作紧张，新闻也多，记者很忙。一天，我接到驻重庆美国新闻处朋友的电话，说当晚蒋介石夫妇在山洞官邸举行酒会，欢送中国战区美军驻重庆陆海空军官兵回国。我与敏之和新华日报记者鲁明相偕，由美国新闻处派车送往采访。

到了蒋公馆，客厅里已经有中央社、中央日报、扫荡报、新民报、新蜀报等十几位记者到场。我们签到后坐在沙发上聊天。不一会儿，国民党励志社总干事黄仁霖走了进来。此人专门负责接待美军，又是蒋夫人宋美龄的侍从副官，一贯盛气凌人。他拿起签到簿审视了一番，问："新华日报来了几个人？"语气中含有不欢迎的意思，鲁明坐在沙发上说："你自己看上面写着几位。"把黄顶了回去。他又问："哪位是张高峰先生？大公报来了两位吗？"我也坐答："你说得不错。"彼此明显有了对抗的意味，客厅里沉寂下来。黄仁霖转而发问："你们怎么得到消息的？"无人回应。各报都有自己的消息来源，没有义务向他报告。黄又问："中宣部通知你们了吗？"言外之意，此事应该由中宣部统筹，甚至让中央社发独家新闻，连在场的几家右派报纸也没有份儿。我们三人听得明白，顿感厌恶、愤怒，彼此轻轻碰肘，会意"闹"它一下，给黄一点颜色看。于是一同起身，大步向外走去。黄仁霖没有想到大公报、新华日报记者会来这一手，急忙劝阻道："三位请留步，吴（国桢）部长马上就到。"然而，我们根本不理睬他，拂袖而去，以示抗议。我们维护记者的尊严，黄仁霖无可奈何。次日，大公报、新华日报都没有发本报记者采写的消息。

时光荏苒，白驹过隙。四十二年后的1987年10月，时任香港文汇报总编辑的敏之回大陆，特地绕道天津，派车接我到他下榻的饭店一叙。老友临门，我喜出望外，不顾常年哮喘与步履艰难，扶杖登车前往。

坐在车里，往事纷呈眼前。1945年底，我与敏之在嘉陵江畔分手，弹指四十二年，只有通信而未再晤面。这期间，"政治恶浪"迭起，许多朋友"呛水"，度着困惑与艰难的岁月。敏之与我也不例外，他被打成"右派"，我被冠以"报棍"，经历自不必说。所幸耳顺之年，迎来了安定团结

第一章　胜利之初

的盛世年景，心情振奋，各自又在新的岗位加倍努力工作，追补失去的岁月。我们都已年近古稀，促膝谈心的机会还能有几回？我真希望即刻见到他。

那天，敏之牺牲了一次参观机会，留在宾馆等我叙旧。难得啊，分别四十二年才又重逢！敏之来到楼梯口迎我，两人紧紧地握手，相互寻找彼此年轻时的容貌、神态。痕迹不多了，若是在街头相遇，定是不敢相认的。敏之身体虽很健壮，但毕竟是祖父辈的人了，额发都已脱落，而我则"面目皆非"，一副老态。人终究是要老的，可贵的是心不老。敏之还在上夜班编报，我也做着"业余记者"，对于新闻事业，我们仍壮心不已。两位古稀之人忆及当年峥嵘岁月，又谈起"罢宴"蒋公馆的往事，我笑着说："就那么一次采访蒋介石的机会，还让咱们给'闹'没了。"【注1】

【**注1**】：1989年4月，父亲病逝，曾敏之伯伯闻讯至感悲痛。给我写信说："你父亲一生对人、对事、对国家可告无愧，他是一个胸怀磊落、正直热情的新闻记者，他的贡献会为人们永记的。"随后，他在香港大公报撰文追忆老友。他写道：

"从江南旅行归来，就看到天津寄来的讣告：张高峰去世了。

对着这个噩耗，不禁泫然久之！近年来，常为老朋友的辞世而难过，先有彭子冈，又有张高峰，他们都是我平生所敬重的同事、战友，一旦与世长辞，怎能不凄梗于怀呢？

屈指算来，与高峰相识已四十多个春秋了。我们相聚于抗日战争时期的重庆。他是大公报派赴中原采访的战地记者，亲见中原百姓流离颠沛、挣扎于饥饿线上的惨状，亲历因抗战不力、放弃国土导致哀鸿遍野的惨境，激于新闻记者的正直良知，他写了许多令大后方的人惊心动魄的战地通讯，报道了许多冲破新闻封锁的重要新闻，终于触怒了蒋介石，下令将大公报封闭三天示儆，形成了轰动一时的新闻大案，高峰也因此从中原调回重庆受到管束。就是在这样的背景之下，我与高峰相识了。

我是在日军进攻湘桂时奉命作战地采访，最后撤到重庆的，在报社营业部的二楼，与从河南回来的高峰住在了一起。

高峰为人豁达开朗，热情幽默，以快笔著称。我们住在中一路的小

第二部·高峰自述：内战观察

楼，面临闹市，当一天的采写工作完成之后，两人就各携白酒、鸡腿、花生……从外面回来，准备作夜宵痛饮之用。这时候，两人对饮，纵论时局，交谈心事，毫无保留，相知之深，与日俱进。大家都是青年，面对着抗日战争局势的逆转，国破家亡的感受，后方荒淫无耻的局面，不禁慷慨激昂，悲愤交集。当时由于烟酒食糖专卖，国民党一个高官有严重的贪污舞弊行为，我与高峰决心揭发，以一句'干掉它'作口头禅以互相勉励。这句话直到数十年之后，与高峰通信，他还以'干掉它'在信中向我开玩笑，问我现在是否还有"干掉它"的热情？我回信引蒋捷的词说：'而今听雨僧庐下，鬓已星星也'，已消失当年的壮志了。

　　高峰在50年代初期还从事新闻事业，后来就被安排转业了。以他随国民党汤恩伯部队做战地记者这一段历史，当然逃不过历次政治运动所加的迫害，他也在折磨中衰老下去了。这些年来出任天津市政协委员，写了许多文史回忆录的文章，他对国民党的将领特别熟悉，写了他们的生平，具有珍贵的史料价值。

　　因为与高峰数十年不见，1987年10月，我决心到天津找高峰叙旧。见到他时，我十分难过。他已是手持拐杖、步履蹒跚、满头白发、面容憔悴的形象了，两人凝视久之，才凄然互相拥抱！我们找到一家饭馆，叫了酒菜，重温在重庆中一路小楼上对饮雄谈的往事,可是高峰因肺气肿却不能饮酒了。追念山城时代勃发的英姿，真如隔世。却不料这次会面竟成永诀了！

　　在天津与他相聚时，曾写一诗相赠：嘉陵往事忆豪情，今日樽前鬓已星。君有如椽文史笔，何妨慷慨记平生？可是他来不及记下平生的经历，就走了。北望津门，以此悼念！"

　　同年，曾伯伯辞去了他在香港文汇报的职务。对于我承继父业做新闻记者的选择，他写信说："我与你父亲在过去时代的记者生涯，毕竟是老一辈的事了，比起你们来辛苦得多。如果我们有可取之处，当是具有良好的职业道德，受到社会尊敬。如今，拜金主义盛行，作为传媒、监督的新闻记者颇受诟病，希望你能洁身自好，保持崇高形象，做一个成功的记者。而成功的途径，是要在主观上应有德、才、识的条件去开拓的。"这番话是对我的告诫、教诲，也是对老一辈记者情操的述怀，更成为我后来职业信条的一部分。——张刃】

第一章　胜利之初

伤残、失业的抗日军人

为了记者的尊严，我和敏之可以拒发蒋介石欢送美国军人的新闻，但我们不能不关心中国抗日军人的命运。战争中，许多军人为了国家、民族流血、负伤、致残，他们后来的境遇却很少被人关注。

1945年9月，我曾专程到坐落于四川乐山青龙嘴镇的"荣军第一盲残教养院"采访，所见所闻令人心酸，后来被我写成通讯发表。报道以《我们都瞎了！》为题，开篇就写道：

> 这里有五百多个瞎了眼睛的人，甚至连腿也断了。人身上的器官残缺以后，生活上必有许多痛苦，如果再没有适当的工作和娱乐来调剂这苦闷的生活，他们的性情可能会反常，会动手打人，开口骂人，还希望一天到晚有个女人陪伴。
>
> 街头川流不息往来的盲军，脸上没有血色，牙齿是黄褐色的，每人都穿着一套不合身的灰军装，头上放着一顶偷工减料做成的小帽——因为太小，只能放在头上。他们人手一根竹竿，'笃、笃'地走着。附近有个茶馆，盲军三五成群地围着谈天，有时一阵哈哈声，却令人可怕。与其说他们是在大笑，不如说他们是在大哭。瞎了眼睛的人，有说不尽的痛苦！更奇怪的是，几乎每个盲军身边都有一个三分像人七分似鬼的女人，陪伴着他们出入民宅。从表情上显出他们有着火热的亲密，不难推测出他们之间的微妙关系。一天到晚，五百多个盲军，就这样荡来荡去，游手好闲地瞎活着，没有半点正常的事情做。

荣军院是一所西式平房院落，周围有绿树，院中有红花。从外表看，足能给路过或参观的人留下一个好印象。然而，它光鲜的背后，却是种种

第二部·高峰自述：内战观察

凄惨。

那天是星期日，荣军院的院长不在。我径直走进了盲军的寝室。他们睡的全是木板炕，有几个正病着，腰间盖着一层薄军毯，躺在炕上呻吟。荣军院没有医药给他们治病。

两个盲军瞎着眼睛在屋里谈天，我向他们打招呼，他们很惊奇地站了起来，连忙请我坐下。一位河南籍的盲军还从军毯边摸出一根香烟来招待我。他说我是两年来第一位进院来访问的外人。他们都显出很兴奋的样子。我们谈话的时间长了，闻声而来的人也多了，似乎每个盲军都有与外人谈话的兴趣和欲望，他们的生活实在太单调了！

这里的一千多只眼睛已瞎了四五年了，陆续转送到荣军院来。战争中，他们中了日寇施放的催泪毒气，缺医少药，很快眼睛就瞎了。从此进入了一个永远看不到光明的黑暗世界，生活发生了彻底改变，有的在后来又因为目盲而失足断腿，更加不幸。

这五百多"瞎英雄"，生活十分清苦。上等兵的薪饷是每月法币六十元，一等兵五十五元，二等兵五十元，此外有特别费五十元，菜金四十五元。每人每天二十五两米（旧制十六两一斤）。如此待遇，连一天三顿饱饭都很难维持。"谁还愿意活下去?!"他们几乎异口同声地对我说。

吃不饱饭，院里又不能组织他们从事生产，贴补生活，于是有人约几个朋友，凑点本钱，到附近乡间做点小买卖。但是，他们都是盲残，虽有耳朵，却难得听辩出是非、善恶。一群瞎子总不免有时会被睁眼人骗了。常有刚刚积蓄了几个钱，出去做生意被坑骗，血本无归，又扶着那根老竹竿空手回来的。

院里虽有一块待开垦的农田，却连自己的青菜都供应不了。他们告诉我，前些天，因为有人偷挖了附近老百姓的青菜，一群瞎子被打伤了四个，还要被丢到河里去。盲军问："先生，我们还是人吗?"我一时竟不知该说什么，无法回答，心里只感到对他们的愧疚。其实，这愧疚应该是政府的、社会的。

走出他们的房间，我在院子里参观。院子里有一座礼堂，里面空荡荡的，只有国父的遗像孤独地挂在墙上。盲军说，那里一年到头也没有过活动，戏剧、音乐更从来没有进过教养院的大门。院里还有一间阅览室，门

第一章　胜利之初

上一把大锁，想来里面也不会有什么书籍，即使有，对于一群盲军来说也等于虚设，装饰而已。瞎了眼睛的人，需要的是真正有用的东西。凡是看不见、用不上的，在他们都认为是假的。假的东西多了，他们越发苦闷，苦闷极了，就不免要去发泄，因此，盲军打人、骂人、捣毁商店的事，时常在街头发生。他们的人生还有多少乐趣？

带着辛酸、愧疚，我结束了采访。回来写报道，我的眼前总是浮现着临别时的那一幕：十几位盲军向着我声音的方向行礼告别，其中一位还大声叮嘱："先生，请在报上写写我们的苦情！"

……

抗战胜利后，大批官兵编遣复员，又出现了军人失业问题。

1945年10月间，我在重庆民生路关帝庙附近发现，经常有三五成群的军人出入，他们衣衫褴褛，面有菜色，一副穷困潦倒的模样，并且明显营养不良。了解后才知道，那都是日本投降后，因部队编遣而失业的军官。因为十之八九是外省人，编遣以后无处谋生，所以都奔陪都重庆而来，而且愈集愈多。他们有的携带家眷，有的孤苦漂泊，终日无所事事，便出入关帝庙内的茶馆消磨时间。来的多了，关帝庙成了他们临时集会的地方。

某日，我走进了关帝庙，探访这群流离失所的抗日军人。

一位出身军校的失业军官知道了我是记者来采访，迎头就说："我们抗战八年，打败了鬼子，却抗掉了官职，抗碎了饭碗。这是什么道理？！"一句沉痛、悲愤质问的背后，是他们面临的困境：没有工作，衣食无着，甚至连住处都没有。在沿江码头的趸船上，在较场口的小饭摊，在磁器口的街头，都可以看到他们失落、无助的身影。

他们自发组织了一个失业军官登记处，分为军校毕业与行伍出身两类，互相联系，互相帮助，目的都是请求政府救济。据他们说，政府本来定有救济办法，先由军校毕业生调查处登记，审查学籍，再到铨叙厅交验证件（铨叙是旧时一种叙官制度，按资历或劳绩核定官职的授予或升迁），核定军阶后造册送军政部，最后由军委会军官总队收容。但是，登记开始后，已有千余人申请了，需要的证件也交验了，但却一束束放入了公文箱，再无下文。失业军官们饿着肚皮，等待着遥遥无期的军阶核定。

我问："军阶核定很难吗？"他们说："铨叙厅一定要军委会的任职命令，没有命令的不予审核。那些官老爷就不替我们在前方作战的人想一想，战场上连长阵亡了，排长马上奉命升调或代理；排长阵亡了，班长也是如此。一次战役下来，许多调升的军官，往往是接到前方长官的一个电话就任职了，这在战场上是常事。况且，我们都是营、连、排长之类的下级军官，哪里会有军委会的任职令？"因此，他们请求政府改善登记办法，提高工作效率，从速解决失业军官的生活问题。他们说，凡有任何可以证明官职的证件，查明关系，就应该审核认定。

比起军校毕业的军官，失业的行伍军官们命运更苦。这些自幼扛枪打仗的人，基本没有什么文化，有的连自己的名字都会写错，想给上峰写个呈文，也要请人代笔。他们又比较老实，很少会请愿之类。尽管他们在关帝庙内自行登记的已有五百多人，也希望得到政府救济，可是开了几次会，却什么问题也没有解决。

采访归来，我对那些失业军官寄以同情，更替政府感到惭愧。因为，不管他们是否曾经流过血、负过伤，政府总得承认他们为国家当过兵、抗过战。今天抗战胜利了，却是他们流浪、求乞的开始，这无论如何是政府的耻辱。

棉花·黄金

抗战胜利后，国民政府还都前，重庆市场受多种因素的影响，呈现出某些怪象、乱象。我曾多次探访、报道，写过纸烟贩卖、制假的交易，写过鱼市场把头的欺行霸市，记忆较深的，是重庆穷人缺冬衣，以及黄金、美钞市场的疯狂。

1945年10月末，已是深秋时节。重庆街头许多士绅、淑女已经穿上了冬装，但更多的穷苦人却"全家都在西风里，九月衣裳未剪裁"，瑟缩着身子，穿不上棉衣。

第一章　胜利之初

那年，重庆的棉花价格一路高涨。因为复员开始后，大批抗战时内迁的人员，困守西南八年，急于还乡，更有"接收人员"赴任，加之所携物资，一起涌向仅有的水陆通道，交通工具明显不敷使用，民生所需的棉花自然难得及时运到重庆。

往年，四川的棉花一向来自陕西与湖北。抗战时期，政府对花纱实行统制，不得自由买卖，多年来由政府统购，实行专运专卖，供应还不致断档。从1945年10月开始，虽然取消了花纱统制办法，棉商们可以自由买卖了，却又缺乏了运输工具。

靠陆运的陕棉，由宝鸡驮到广元，最少须半月，多则一个月，这势必赔本的生意已经无人问津。陕西的棉农们只好忍痛任棉花腐烂在田里。我问棉商："多少收购一点来卖，不是总比腐烂了要好吗？"棉商说："先生，你哪里能算出这里面的损失？现在陕棉压价都没有人收购。水花三斤才得干花一斤，如果收下来卖不出去，再加上收割的工费，岂不干赔本？"我问："那么，今年冬天重庆会没有棉花卖吗？"棉商说："那倒不会，已经有许多棉商到湖北去收购了。而且，过去囤积的棉花也开始上市了，只是价格要贵些。"

如此说来，在只有一条水路可以运棉而且运输力量有限的情况下，重庆市场仍然会有棉花的。不过，那又只限于"有能力"购买的人群。且看湖北棉花的流通过程。

抗战胜利，宜昌通航以后，重庆的几大棉帮——黄陂帮、酆都帮、涪陵帮、渝帮等，纷纷至宜昌、沙市一带收购新花。九月初，新花不过一万七千元一担，由于收购者越来越多，十月末已涨到四万五千元一担。宜沙一带的棉花行栈眼见有利可图，便把从棉农手里收购来的棉花囤积起来，等重庆的轮船一到，就知道"钞票来啦！"，立刻抬高棉价。而重庆去的运商却也不急于收购，等轮船走了，棉价跌落，他们才用游击方式四处收购。行栈与运商就这样"捉迷藏"式地缠斗，谁能把握时机，谁就能得利。

运商把收购的棉花交轮船运到重庆，卖给本地铺商，因为加入了运费、人力、佣金，此时的棉花价格已经比收购时至少贵了三成。等到弹成花出售，所有的捐税及运费又都转嫁到买棉花的消费者身上，因此越卖越贵。据棉商说，由于运输困难，棉价有涨无跌。湖北的棉花四五百元一斤，重庆却已经卖到九百元了。这样的高价，对阔人来说不过是一张钞票的事，而穷人身上却实在负担不起这张"纸"了。抗战胜利第一年的冬天，重庆的穷人们却要向瑟瑟寒风递降书了！

重庆的穷人为寒衣发愁，有钱的人们却在为发财疯狂。

战后的重庆，金融市场日渐活跃，加之美军驻华，美援涌入，黄金、美钞成为逐利者的新宠，许多人被它们弄得神魂颠倒。

1945年11月某日，我以好奇的心情到重庆陕西街钱业公会采访，观察那些因黄金、美钞价格涨跌而跳来跳去的人们。

这里原本是钱商市场，同业间的交易也只限于汇兑、存款、放款、贴现以及调拨头寸，但自从被黄金、美钞"打进"以后，汇兑、存放款只好让步，成为当时重庆唯一公开的黄金、美钞市场，事实上又完全是黑市。

一进大门，首先引人注意的是两块匾额，上书"利涉大川""珠树增源"。不错，那里熙熙攘攘的五六百人都是为利而来，没有谁是怀着善心的。只要走进这个市场，如果你今天不打算损人、坑人，那你明天就要准备倾家荡产。

做黄金、美钞生意的人，非常"守时"地早早到来，等候着开盘。这个市场每天分为早午两场，早场自上午八点半至十点半，午场自下午一点到两点。虽然时间不长，却有一番生死较量。

一间大厅内分为三个交易场所，中间做美钞，右边炒黄金，左边办汇兑。因为各银行还没有在收复区设立分支行，所以汇兑业务比较冷落。交易场内既没有桌子，更没有椅子，五六百人挤在一起，几乎是相拥而立。他们绝大多数穿着西装，少数人仍穿长袍，最奇特的装束是，身上穿着西装，手里拿着旱烟袋，俨然两个世纪，显得颇为滑稽。他们谈生意的时候，要凭自己的力气，你拥我挤，像厕所里的蛆虫一般，乱哄哄地蠕动着。

忽然，有一只手伸在众人的头顶上，嘴里喊着，手指上表示着数目，那就是价钱。由一到十，都可以用一只手掌来表示。但那只是尾数。比如一千六百八十元，只要用手指伸出一个表示"八"的代表数就够了。那一千六百元的整数，在前一天收盘时大家都知道的。一个人伸手后，就会有

第一章 胜利之初

人接二连三地伸出手来,有的是八十五,有的是七十五,他们开始在价格上较量了。这时,你不能只看他们的手指表示的价目,还要看他们的手心,手心向内是"买进",手心向外是"抛出"。所以,你看的是一会儿手心,一会儿手背,买卖双方的讨价还价,让人看得眼花缭乱。如果两只手彼此一击,便是"成交"了。双方马上交换名片,或掏出香烟来联络一番,再慢慢走出市场去交涉。

这些做黄金、美钞生意的人究竟都是干什么的?我无从知道。听口音,江浙人多。每人胸前都挂着一个证章,大约是作为有权交易的证明。

黄金、美钞价格的跳动风云莫测,小本买入卖出的人们,势单力薄,只有求菩萨保佑。拥有大资本者,却很有把握在几个小时内大发横财。他们的办法并不复杂,就是在跌价时大量买进,一旦涨价立刻抛出。或者把自己存的黄金、美钞尽量抛售,迫使价格下跌,跌到相当程度,小本人家眼看要蚀本,于是也随着抛出。于是,大资本者再迅速买进。到第二天,市场势必涨价,他们很轻易地就发了一笔财。而这一切,都需要资本做依靠。

抗战胜利后,因为美国"吃香",所以市场上做美钞生意的人最多。但是,美钞价格的波动是随着美军总部所在的上海行情而波动的,所以,许多人又想尽办法探听上海行情,以图牟利。行情的掌握又成了关键。有人今天笑着进来,说不定明天就会哭着出去。正可谓"黄金美钞跳上跳下,逐利之徒有哭有笑"。

重庆市场一瞥,或可从一个侧面映衬战后陪都的社会景象。

民主建国会与李烛尘

1945年12月16日,中国民主建国会在重庆创立。

我与民建会的部分创建人的往来,有些渊源。如黄炎培先生的儿子黄季刚、李烛尘先生的长子李文采,都是我的大学老师,李的三子李文明又是我的武大同学。因为这些关系，我与黄炎培、李烛尘两位先生有了交往，进而对民建会的创建过程及其性质也稍有了解。

民建会为一部分产业界及文化教育界人士所组成，从1945年8月开始筹备。鉴于当时复杂的政治形势，工作颇为慎重，仅筹备会议就曾开过二十多次。它的政治纲领是反对独裁，要求民主；反对内战，主张和平。在当时国共争端日渐公开、升级，内战迫在眉睫的情形下，这样的政纲自然受到各界的重视，认为民建会的创立，对于国家的和平、统一将产生积极的作用，是对人民事业有利的政治组织。

民建会的成立大会，我到会采访。大会代表二百余人，推举胡厥文、黄炎培、黄墨涵为主席团。首由胡厥文先生报告成立宗旨称："集合不偏不私之人士与闻国事，表达公正之主张。其动机固亦由于对于国事现状之伤心失望也。"继由黄炎培先生报告筹备经过，说明民建会有别于一般党同伐异的政体，"不斗争但辨是非，为人民之生活幸福而努力。其精神以国家之利益为先，团体及个人利益次之"。如它的组织原则草案中有一条"重在选贤与能，而不限定候选人必属于本会"，就体现了"天下为公"的精神，也说明了创立者的无私。会上，彭一湖先生致词，提出"不右倾，不左袒"为民建会的行事准则，并希望由民建会"纠正并扶持在日益堕落中之污浊的政治道德"。黄墨涵先生致词，说明参加组织的动机，"本天赋民权，要与闻国是而已"。章乃器先生是民建会纲领及宣言的起草人，他以自己服务社会三十年的经验，说明必须与闻国事的道理，"尤以中国社会缺乏'公意'，应由公正人士结为团体起而造成之"。会议讨论了政纲草案、组织原则草案、章程草案，并通过宣言，选举理监事后结束。

1946年1月8日，民建会举行第一次各界招待会时，中共代表董必武、王若飞、陆定一等出席。民建对旧政协的初步意见，也首先在中共主办的重庆新华日报发表。这些迹象表明，民建会信任中共，中共也是支持民建会的，这成为后来中共与民建会"长期共存，互相监督，肝胆相照，荣辱与共"的基础。

我与民建会的关系，李烛尘先生是重要纽带。

李烛尘先生是中国工商界知名人物，人们尊称他为"烛老"。1881年，他出生在湖南永顺县毛坝乡，青年时代到日本留学，认识了湖南同乡范旭

第一章　胜利之初

东先生，两人都学化学，又都有"实业救国"的志愿，于是结为友好。范旭东先毕业回国，1914 年在天津塘沽创办了久大精盐厂，从此结束了中国人吃含有大量杂质的粗盐的历史。李烛尘 1917 年毕业回国，范旭东便请他到塘沽担任了久大精盐厂的厂长，从此他与天津结缘。

范旭东奋力为中国化学工业拓荒，继久大精盐厂之后，又在塘沽创办了与世界一流制碱工业企业、英国的卜内门公司对抗的永利制碱厂、中国第一家民营科研机构黄海化学工业研究社，在南京兴建中国第一个生产化肥的硫酸铵厂，为中国民族化学工业的起飞，伸展出不可或缺的制碱、制盐两翼，并且形成了著名的"永久黄"实业团体。李烛尘作为范旭东的忠诚合作者，在"永久黄"的成长过程中，付出了三十多年的心血，创造了一整套高效率的经营管理方法。在动乱的旧中国，他为"永久黄"挡风遮雨，赢得了职工们的尊敬。他是"永久黄"领导者中年龄最长者，因此人称"李老太爷"。

1937 年日本发动全面侵华战争，范旭东、李烛尘断然抗日，决定"永久黄"内迁，李烛尘受命担任总指挥。他一面布置尽量拆迁设备，防止资敌；一面尽力保护技术人员，安排撤退。先到武汉，最后撤至重庆，分别在四川内江、乐山重建久大、永利、黄海，坚持科研、生产，支援抗日战争。

李烛尘是学工科的，有科学头脑，一向重视调查研究，曾先后到山西、内蒙古、新疆等地勘察盐碱资源。沿途的见闻，为他平添不少愤慨。他看到了人民的艰苦生活，看到了国民党统治的腐败无能。特别是抗战时的陕、甘、新之行，使他产生了对延安的向往，对中共的期望。回到重庆后，他开始与周恩来指派的徐冰取得联系。他的早已参加中共的长子李文采从德国留学回来，也对他有过很大的影响和帮助。

1945 年日本投降后，毛泽东到重庆与蒋介石会谈，李烛尘在大公报上写文章表示欢迎。毛泽东在重庆招待产业界人士，李烛尘应邀出席。毛泽东当场盛赞范旭东、李烛尘创办中国化学工业的贡献。会后，李烛尘对友人说，"炉火纯青"四字，毛泽东先生当之无愧。一个工商业者有这样的行动、这样的言论，自然引人注目，他在重庆的社会、政治地位不断上升，不久又参加了民主建国会的发起活动，他还以社会贤达身份代表产业界参加了旧政协，积极主张国共合作，消弭内战，和平民主建设新中国。

抗战胜利后，李烛尘回到天津，领导接收久大、永利和复员工作。蒋介石忙于打内战，在经济政策上"偏枯北方"，李烛尘带头为北方工商界呼吁，要求共存。1949年1月，解放军兵临天津城下，得到中共地下党支持的李烛尘，公开出面规劝国民党天津警备司令陈长捷、市长杜建时等投降。他们不听，最后被俘。

天津解放后，李烛尘当选为天津工商联主任委员、民主建国会天津分会主任委员。1949年9月，李烛尘代表产业界参加了新政协会议。新中国成立后，他又出任中央人民政府委员，并同时担任全国工商联和中国民主建国会中央副主任委员。1950年，他在天津领导工商界四万多人举行抗美援朝爱国示威大游行，发动捐献支前运动，在全国起了带头作用，得到毛泽东的电报嘉奖。1952年，李烛尘响应政府号召，代表永利、久大申请公私合营，在资本主义工商业的社会主义改造中，他又是一个带头人。

没有了企业的牵挂，李烛尘便被中央从天津调到北京，一面参加全国工商联、中国民主建国会的领导工作，一面参加中央人民政府工作，先后担任食品工业部、轻工业部部长。"文革"开始时，李烛尘年事已高，忽然病倒，卧床一年多，1968年10月7日逝世，终年八十七岁。

1950年，经李烛尘先生介绍，我在天津加入了民建会。当时，曾有人问我，你是一个记者，为什么参加了民建？这样的疑问，显然是对民建会的性质有误解。有人认为，民建会是单纯的资本家组织，而我是靠工资收入的脑力劳动者，何必扎进资本家的堆里？其实，民建会从创立之日起，就不单纯是资本家的组织，它的成员半数是民族工商业者，半数是与民族资产阶级有密切联系的知识分子。况且，许多民族工商业者本身就是知识分子，而许多知识分子也是民族资产阶级出身。况且，历史上，现实中，世界上哪个党派能没有知识分子参加而有所成就呢？

大公报人张高峰
第二部
高峰自述：内战观察

第二章

短暂和平

游子还乡

1945年12月1日，天津大公报复刊，当天发表社评《重见北方父老》称：

> 一别八载余，今天重与北方父老相见，我们真有说不出的欣慰与感慨。……大公报是生长在北方的。自1902年创刊于天津，……数十年岁月中，为国家为人民曾不断尽其报道与言论之责。大公报是北方的报，大公报离不开北方，北方没有了大公报也必定倍感寂寞。但是，大公报竟然离开了北方，离开了八年多！是谁叫大公报离开北方的？乃是空前的外患，严重的国难。

社评历数自"七七事变"后平津沦陷，天津大公报义不受辱，断然停刊，先后经上海、汉口、香港、桂林四馆开闭、迁徙，"最后，只有重庆大公报守护国家中心，坚立言论岗位，几只秃笔，一张烂报，做到敌人投降，胜利到来。八年多来，大公报不啻曾转战了全国，倍经忧患与惊险。……这八年多，本报同人颠沛流离，从事言论工作，以绵薄之力贡献于抗战，却无时不在怀念北方。……大公报的家乡在天津。"社评特别指出：

> 抗战胜利了，问题纷纷，而最大的一个课题是建国，是把中国建成一个现代化的国家。要建国，岂可无北方？纯朴勇毅的人力在北方，主要的建国资源在北方，国家无北方，就根本不够建国的条件了。……在北方，敌军尚未完全缴械，汉奸还一个未办，更有恼人的军事纷扰在蔓延着，岂容我们心情轻松？一切事，我们希望政府有做法，努力做；我们做国民的，也要时刻不忘国家，不忘本身的职责，不忘国家的前途，努力尽到我们的匹夫匹妇之责。……抗战胜利，是

第二部·高峰自述：内战观察

> 中华民族大翻身的第一步，还有更艰巨繁难的工作在前头。我们应该珍重互勉，发奋为雄，为国家建基业，开太平！建国大业，长路漫漫，北方人实分担着特重的责任，我们更要珍重，更要努力！

这篇社评表明了大公报对抗战胜利之初国是问题的基本态度，也表明了对北方，特别是华北、东北问题的重视。正是在这个背景下，我于1945年末奉调北上，先从重庆搭国民政府还都专机到南京，在上海稍作停留，经北平转天津。我这个离家八载的游子，终于回到了家乡，参加大公报天津馆的工作。

一别八年，天津变得既熟悉又陌生了。熟悉的是乡情乡音，陌生的是社会景象。1937年10月我离开天津时，日军只占领了华界，中国人还可以到英法等国租界躲避。1941年太平洋战争爆发后，英法都成为日本的"敌国"，租界也被占领，天津完全成了日本人的天下，许多战前还只住在日租界内的日本人，纷纷迁出，遍布天津，到处都留下了侵略者的痕迹。胜利后，许多道路都不得不重新命名了。日寇作孽太深，中国百姓恨之入骨，以致日本投降后，天津街头时常发生老百姓见到日本人就打，打得他们抱头鼠窜的事件。

抗战胜利后，最早进驻天津的不是中国军队，而是美国海军陆战队的先头部队。美军张贴布告称，他们是应中国政府的邀请来津，目的为解除日军武装，恢复合法而无日本势力的地方政府，维护法律与秩序，恢复人民和平生活。驻天津的日军签降、受降的也不是国民政府官员，而是美军司令骆基将军。

大公报先期复员人员早于美军抵津。为尽快复刊，即与当局交涉，着手接收报馆旧址，一是旧日租界四面钟对面的昌和洋行（"九一八事变"后为日商占据达十四年），成立了经理部、营业处。二是旧法租界电灯房后大楼，设立了编辑部。筹备一个多月后，天津大公报即正式复刊了。不久，国民党政府宣布，"为贯彻新闻自由之既定方针，电饬各收复区，自电到之日起，即将所有新闻检查予以取消。"这对我们的采编工作是有利的。

当时，天津馆的经理是曹谷冰，编辑主任孔昭恺，外勤课主任曹世瑛，要闻编辑有贺善徽、谭文瑞、刘念真（后来去了香港）和我。总编辑张琴南和继任编辑主任赵恩源等都是后来才到的。

大公报用人，实行采编岗位轮换。做过一段时间记者，要回编辑部做一段时间编辑，改稿子、做标题，然后再外派出去。这样既有利于记者与编辑的沟通、合作，相互理解、体谅，又锻炼记者成为多面手。当然，编辑也有临时抽出去采访或转为记者的。在编辑部历练出来、表现出经营管理能力的某些人，还会调到经理部任职，如此，报馆的整体运行就更加得力和流畅了。胡政之先生就是一位既懂经营管理又擅妙笔著文的好手。

1946年1月3日，大公报发表社评《新年三愿》：一愿和平息争，大家过安谧的日子；二愿民主进步，人人都不要拂逆潮流，兜圈子，开倒车；三愿人民幸福，少受灾殃。我在津馆做编辑不过三个月，经手编发的时政新闻，却与此三愿大相径庭。抗战胜利后的和平生活，仅勉强维持了短暂的十个月。

军调部成立

我离开重庆时，那里正在积极筹备召开政治协商会议。会前，社会各界都呼吁国共双方停止武装冲突，希望政治协商不要在枪炮声中开始。

1946年新年伊始，局势果然有了转机。

1月6日，天津大公报刊发重庆专电：国共双方协商同意停止冲突、恢复交通，由张群、周恩来、马歇尔组三人团实施。

10日重庆专电：政协会开幕前商妥停止冲突实施办法，将在北平设军事调处执行部，由政府、中共、美国三方代表组织。

11日重庆专电：停止冲突令下！（特大字号标题）政府已转发各部队，限命令到达时即停止军事行动。中共代表亦已通知延安转发各部队。专电并详细描述了停战令签字时的情形：

停止冲突之命令于十日午后三时于马歇尔特使官邸之客厅中正式签字。厅内炉火盛旺，暖意洋洋，与会者皆笑语，令人兴奋无已。停止冲突命令及附件等分陈于厅内之会议桌上。马歇尔、张群、周恩来分别在文件上签署。马歇尔以成功完全由于双方之诚意，故谦不与两代表共同拍照。张周两代表遂坐于会议桌上留签字照片，起立后并热烈握手，亦被摄入镜头。签署毕，马歇尔特使首先致词，谓参加这盛举极兴奋，而成功完全由于政府与中共双方解决问题诚意所致。张群致词，对马歇尔之协助表示感谢。周恩来向马歇尔、政府代表及参与会谈之所有人员致谢，并希望国共两党之合作能持之永远。此历史之盛事遂告完成。

12日本市讯：停止冲突消息传来，天津物价普遍下跌；北平电话：市民欣闻停战，咸盼粮价物价下落。行营主任李宗仁表示乐观局势，盼望一切按照规定早日实现，使北方交通早日恢复，物价可能降低，裁兵整军计划得以实施，人民早点过上安定日子，使八年来剥去几层皮之经济逐渐复苏。

13日北平电话：军调部三方代表（美国罗宾逊、政府郑介民、中共叶剑英）率部分工作人员飞抵北平，分住北京饭店三层楼内。军调部职员均佩圆形徽章，标有中英文图案字，两端麦穗，上方有三环相连，做团结之象征。罗宾逊对政治协商会议及执行部前途均深表乐观，但同时认为"任务至艰巨"。郑介民连称"不算旧账"，相信一定能够全部停战。他说，"九年未能成功的谈判，再谈我们一定老了。"叶剑英自称"土包子"，从未来过北平，只听说北平可爱。他说，"团结是世界历史的喜事。我来时，政治协商会议才开了三天，但代表们十分公正坦白，空气祥和。总之，盼对和平建国有一个各党派、无党派所共同承认的纲领，然后再谈政府的组成。"叶并表示，同意应先停止宣传战，希望新闻界朋友帮忙促成团结。

15日北平电话：军调部发出和字第一号命令："永年附近之政

第二章 短暂和平

府军与中共军应照政府与中共代表在重庆商定之办法，停止冲突，并各留原地，停止敌对状态，恢复城内外交通，并允许粮食商品出入。"（永年县在冀省西南，刻在被包围中）

16日综合消息：冀绥豫热枪声未停，东北共军攻占营口。军调部决定先成立若干执行小组，以便派赴未停战区域执行任务。美军连日出动飞机，在各冲突地区散发停战命令及对某一地区的特殊命令。"停战命令堪比稀有之纸弹飞舞于炮火未停战区之上空。此项纸弹以白色卡片纸印刷，右角有头带式之红布条钉于其上，亦如满天白鸽有红尾，表示和平将临。"

18日北平电话：执行部三委员招待记者，郑介民、叶剑英分别答记者问。罗宾逊最后发言耐人寻味。他首先说明美国人的中立地位，一切按照在重庆议定的方案执行，"这是中国的决议案，不是美国的决议案，两位同意，我无异议。"有记者问，如果国共双方皆不肯停止冲突，则将如何？罗答："我也没有办法。"

北平军调部从成立到解散，不过一年多，见证了国共内战从局部摩擦到全面爆发的过程，这也是我后来的重要经历。

北平办事处

细心的读者会发现，前述军调部活动报道，有专电、电话、综合消息、本市讯等几种形式。它们的区别是什么呢？对天津大公报而言，专电都是来自各地记者的电报，综合消息多为本市讯或专电节录，而电话则来自本报北平办事处。

早在天津大公报复刊之前，北平办事处即已恢复工作。其任务是同时向重庆、上海两地大公报发专电，因天津近在咫尺，随时可通便捷的长途电话，此即"北平电话"的由来。电话报道往往是口述成章的，这需要记者具备相当的功力。

北平历来是中国北方的政治、文化中心，即使不是作为首都，在全国也具有举足轻重的地位。因此，大公报在北平配备了强有力的采访力量，最初即是徐盈、子冈夫妇。他们都是大公报的资深记者。徐盈以经济分析报道见长，子冈以社会问题报道著称。

关于军调部，子冈的报道绘声绘色，颇具特点。请看1946年1月18日天津大公报刊登的子冈通讯《三委员在北平》：

> 军事调处执行部的三委员到北平四天了，人们对他们的注意与热望，不下于蒋主席之来北平。二百万北平市民之能读报的也就只占十分之一，但一般的都具有很浓厚的新闻常识。三委员像和平之神，他们来的翌日，金价粮价棉布价转跌，虽然这几天在回涨，零售商还在赚钱卖。"看津浦通车的消息""看释放张学良的消息"，北平的报章像是时局的温度计，又像炎夏时节枝头的知了，他们喊着，把人民的心给跟着掀起。
>
> 北平这座城，在三委员未来时正在作粮价物价的涨价竞赛，涨得人们晕了头。市政当局一个劲儿喊平抑、惩罚，但是捉几个奸商有什么用呢。平粜与救济面粉如石沉大海，连一丝涟漪也引不起来。三委员之来给市政当局解了围，在叶剑英参谋长初到北京饭店接见很多新闻记者的时候，一位官方报纸的记者坦白地对他说："您再不来不得了啦，北平二百万人民盼了您多久了。"叶笑着，于是谈着城市乡村的呼吸相连的问题。叶氏谈到"中国内部冲突本应由中国人自己解决，现在弄得由美国朋友参加帮忙，我们一方面感激，一方面惭愧"。这消息后来印到报上变成叶氏不赞成马歇尔参加三人小组了，外国记者对此注意非凡，所以十七日上午叶氏在北京饭店对四五位外国记者郑重声明这点。
>
> 外国记者也一窝蜂地到北平来了，他们最感兴趣的，除了目前执行部的工作外，就是蒋主席在平设告密箱的效果。他们有的要去张家

第二章 短暂和平

口了,过去他们是偷偷摸摸去,现在随了大局好转,他们可以大模大样自天而降了。为了交通工具不在我们手里,说不定中国记者去反而不大容易。现在很多中共干部和技术人员已自张垣(地名)出来,我问:"有女的吗?"执行部的政治顾问徐冰笑说:"我们的女的到这大城市来得先受一番训练,真是土包子啊!"

北京饭店目前虽非执行部专用,但警卫仍如同战服团包用时一样,美国宪兵在每层楼上守卫,这对于政府代表是司空见惯,对于中共代表却有点那个。美国代表罗宾逊在三楼,政府代表在二楼,共党代表在一楼。当局替政府代表找了德国饭店,替中共代表找了翠明庄来下榻,但双方干部仍旧住在北京饭店里,互相联络商洽至为便利,而且非常巧合地,郑介民与叶剑英是广东同乡,他们外貌除了后者多一撮黑须外,颇有似是而非之处,都是方圆脸,结结实实的。

郑介民委员是留日学生,他的对手却是留俄学生。郑氏下机后便说要坐火车回去,他也许有把握才说这句大话,"半个月以后津浦通车"的消息已经不仅给予他一个人以喜悦。据说张垣到北平之间,也只有五十里路的铁轨尚未修好。

他们三个委员有时候一起在北京饭店里吃黄油面包,有时一齐出席宴会,十八日午后招待记者们。为了慎重,问题是事先提出的,而且预发出入证,因为办公人员尚未到齐,三位委员尚未正常地到协和医院去办公。想不到 P.M.C. 今天为了中国兄弟的协和也来效力。

政府负责新闻发布的是中宣部大将季泽晋,他向记者声明,与中宣部全无关系了,完全算执行部的人。他的中共对手是龚澎女士,他们在重庆便已很熟,所以工作颇为便利。龚澎抵平以后每夜忙到三点才睡。新华日报颇想在北平出版,据说筹备起来并不困难,只要政治协商会议真的带给全国以和平以及言论自由。

十三日午夜是停战时间,但在这时间的前前后后,政府及中共双方都接到不少互相攻击的战报。据季泽晋说:恐怕是难免的。我们的交通通讯工具太差,也许有局部通知不到的地方。中共方面则陈毅、贺龙、聂荣臻、粟裕、毕占云全来了"万万火急"的电报。十八日三架飞机载小组人员去赤峰、集宁、济南督查停战了,今后继续还要有人出发。

　　李宗仁氏也说，中国内争如同一个家庭里兄弟的失和，不劳驾邻居的劝解也可以和好的，这和叶剑英说法刚好如一，那么在邻居上来帮忙以后，想来和好更是指日可待的事了。

子冈的愿望当然是好的，但事实并非如人所愿。
比较起来，徐盈看军调更冷静。1月26日，徐盈报道：

　　重庆之政协会议与北平之执行部呼吸相连，而民主与和平息息相关。执行部二十四日发表第四号公报，说明若干地区冲突告一段落。执行小组工作正在展开。政府代表郑介民表示，需要更多译员转赴前方，展开工作。中共方面亦表示愿调十三个军区之参谋长来平，以主要干部做小职员，以便即可解决一切。双方均在忍耐极限上获得一致之解决办法。

这"双方均在忍耐极限"的判断，不久便被事实证明了。

两封读者投书

　　做报纸的编辑，除了编发记者的稿子，选发读者来信也是一项重要内容。读者来信来稿，反映着民声民意。
　　抗战胜利后，国民党政府派出大批人员到各收复区接收，其中许多人大搞"五子登科"——抢房子、车子、条子（黄金）、女子、馆子（吃喝），闹得人心尽失。为此，胜利才一个多月的9月27日，重庆大公报就曾发表社评，疾呼"莫失尽人心"。
　　我到天津不久，即看到一封读者来信，以切身体验指斥当局"劫收"有道，治理无能。于是编发《读者投书》：

第二章 短暂和平

两个多月前，贵报重庆版发表社论《莫失尽人心》。当时大家读了以后，除了失尽人心的大员没有什么感想外，我敢说一般的人没有一个不交口称赞的。两个月前，沦陷区收复尚不久，所以确实尚未失尽人心。可是到了今天呢？最显明的事实是物价问题，白米白面我们是不常吃，也不大打听价钱，只以我每天不可或缺的棒子面来说，今天差不多合伪币三百元一斤了，煤块七十五元一斤，其余柴菜油盐无不青云直上。物价如此的威胁，我们老百姓真到了快饿死的时候了。一天除了愁叹典卖以外，只是在这绝望的深渊里来拼命。当初日寇盘踞华北的时候，物价上升不已，人民只是关上了门在家里咒骂，每日烧香念佛的只求我们的胜利来临。胜利来到了，沦陷区可怜的老百姓看见中央大员自天上飞来后，真如子女见着亲父母一样，觉得这一回可好了，一切一切全有办法了，第一是棒子面绝不会再到二百多元一斤了，于是喜极而泣，乃至涕泪交流。没想到喜极而泣的眼泪还没有擦干，现在老百姓可又哭了，哭的是，不但棒子面比日本鬼子在这儿还加倍的贵，并且我们的贤明当局连一丝的办法全没有。我们是五强之一呀，一切一切最低限度应当比敌伪霸占这块地方的时候好一点，才对得起这群温良驯顺的老百姓。有些脑子不清的人说，物价涨成这样，当局丝毫没办法，还不如日本在这儿时候好呢。这固然是因气愤而说出如此糊涂话，可是老百姓除了求饱食暖衣外，他们哪里有什么其他希望呢。恳请贤明当局救救老百姓吧！

战胜的中国百姓生活艰难，战败的日俘日侨呢？请看另一封读者来信：

天津物价越涨越凶，人民生活叫苦连天，国军也在吃着无油无盐的伙食。反观日俘日侨锦衣玉食的生活，实在是太舒服了。日侨住着有暖气设备的洋房，穿着崭新的衣履，漫步街头，大食堂、大金店、大百货公司都有他们成群结队的足迹。日俘的生活更令人惊羡。他们虽然缴了杀中国人的武器，但把粮食、冻肉、燃料……大批的留着，饱食终日，有时还盗卖换酒，来个酩酊大醉。你可以看见南货厂、海光寺、法商学院、工业学校堆积如山的白米、煤炭、咸鱼、冻肉……让屠杀我们八年的日本俘虏吃得红光满面,一肥二胖;你又可以看见抗战八年出生入死的国军营养不足,在四郊冷得发抖,守护着天津。这两幅画面一对照,令人太痛心了!蒋主席在日本投降后固然说过"要爱敌人",但我们对日人过分宽大了,宽大得使他们不承认战败,宽大得爱敌人不爱自己了。所以我们要提醒当局,改正这不合理的现象。

抗战胜利不到半年,欢欣鼓舞已成明日黄花。国运艰难,民不聊生,此情此景,不能不令人沮丧。

东北的阴云

抗战胜利后,国共双方在东北的争夺始终没有停止,并且有愈演愈烈之势。由于东北的重要城市、铁路、港口都在苏军的实际控制之下,中共得益于苏联的帮助,迅速扩充了在东北的武装力量和占领区域;而国民党的军队开赴东北却处处受阻,连没有武装进驻东北的行政接收人员,也不得不又退回关内,迟滞于平津。此外,苏军在东北大肆拆运工业设备,不仅招致中国人的愤怒,而且引起大洋彼岸美国、英国的警惕,先后提出警告、抗议,美国人甚至明确表示,准备"采取措施,阻止侵略"。……

如此多的外交、内政问题交织,使得东北局势愈加复杂。

大公报很早就注意到东北问题的重要性,因此,早在 1945 年 10 月,政府第一批接收人员出关时,即特派记者吕德润随行到了东北,持续不断发回相关报道。

11 月,国军在东北各港口登陆不成,决定从陆路出关,由此与共军发生军事冲突,是为东北内战之始。吕德润兄报道称:

第二章　短暂和平

接收大东北，形势演化，已面临意外大困难。海陆空各方面，条条大路通东北，国军所能达者惟河北境内秦皇岛一处，国军入东北首须经过山海关，而该处已先为共军所占，国军前进遭逢阻碍，两军冲突多日，死伤不少。偌大东北，若共一步步打过去才得接收，何堪设想。……据十余日之观察，深觉东北情况令人焦虑。……今后美海军将不再运输国军赴东北各港登陆，对事态演变，取客观地位。若干美国记者均望我政府与中共迅速获得圆满决定，两党既均以中国人民为号召，何忍八载抗战之余再起内战；东北人民沦陷敌手最久，何忍令东北人民再受战争痛苦。

12月5日，吕德润兄随政府接收人员再返长春，报道称：

……长春街头可见"希望国共合作，拥护联合政府""欢迎联合军"之标语，报纸皆以民主团结为口号，并纷载新华社所发消息，并刊载朱德对美记者之谈话，谓不反对国军进至长春铁路沿线，惟望事先与中共协商，建立民主联合政府，承认东北地方自治。报纸被检之天窗乃以代表国民党，颇足令人玩味。毛泽东之《论联合政府》等书与三民主义建国大纲等书均公开发售。平民对此次来人多不露表情。电台播唱"松花江上"，记者闻及"那年那月"之句，黯然久之。东北民众十四年来历尽艰辛，今国土重光，对祖国想望是一片光明，因隔离日久，对党派之事多无所知，皆以国家第一，而希望今后过太平岁月。日俘及日侨已见减少，且多老幼妇女。周前天寒，闻已有冻死者，十四年之暖室主人，今日开始领略朔风滋味。中共部队已不在市上公开出现。

12月下旬，国民党接收人员到沈阳、哈尔滨，吕德润兄随行，对接收问题颇表乐观，他报道称：

此次旅行，从多处可说明中苏盟好条约之有效。苏方人士对中国之团结前途普遍关切。……其对中国之友好实不必怀疑。不但使记者对东北问题看法已感轻松,且认为中苏邦交已树立一基础。至于苏军部分之军纪问题,不能代表全体,亦不能与主管混为一起。苏军当局对破坏军纪者多处以极刑。

中共在东北之组织力,目前无精确估计;其对东北三市之接收,亦未闻有破坏行动。人民对真八路之作风尚无恶感。部分县市间中共亦有组织,但对将来各省市之接收态度尚待证明。一高级共产党员语记者,彼不承认东北各地武力皆为真八路,并斥为土匪。彼辈多为伪满时代作恶多端之警察与特务,集结武力作政治资本,以待双方出价。此辈组织散漫,人民对之甚为怀恨。

东北人民十四年在苦难中,坚贞不屈,幼小儿童对祖国更为仰望。人民过去受日本压迫甚重,对党派观念极淡;唯对国家观念甚强,对蒋主席仰望之高,较他地人民绝不低落;对汉奸怀恨极深,希望政府代彼等清算十四年之血债;对接收人员及将来作风尤为注意,对国家团结热望无穷。亡国滋味,彼等体会最深,等了十四年,希望自此可抬头,挺胸见人。

此行观察,认为目前东北确呈光明之象。各地接收,苏军及人民均可协助。各省接收大员可以早来,不必一定等待军队。事实上部分武力亦不足恃,可恃者在本身之作风。今后东北问题完全是国内政治问题,东北之民心尤不可失。国内如早日得一团结局面,当地再树一良好政治作风,东北之接收实为易事。

1946年1月15日,国军开入沈阳,但苏军撤退迟缓。2月下旬,《雅尔塔秘密协议》公布,重庆等地发生反苏游行示威之后,东北问题迅速成为舆论关注焦点,但来自东北的消息却仍然没有苏军撤退的迹象。直到3月中旬,先是驻沈阳的苏军在事先没有通知中国政府的情况下突然他调,至14日撤退完毕,国军一部入城接防;继而驻四平的苏军也开始撤退,国共双方的军队曾为进驻发生激战;下旬,驻长春的苏军亦有撤退迹象,但直到月末,并无继续。显然,苏军是在有计划逐步北撤。

与苏军撤退同时发生的,一方面是东北接收迟缓,中共乘机巩固根据地,并在黑、吉两省成立了省政府。另一方面是国民党东北行营人员由锦

第二章 短暂和平

州推进至沈阳,熊式辉再次出关坐镇,并照会苏方,将由中长路运输军队。国共双方不仅采取实际行动,而且发动宣传攻势,中共重庆新华日报指责"沈阳国军扩大内战,进攻民主联军"。国民党军委会发言人反驳:"国军根据中苏友好条约规定前往接收,自为应有之责任。依据停止冲突命令,国军开入东北不受任何限制,此亦为中共所同意。"并指"国军接收沈阳之际,共军竟向沈阳四郊不断进攻,并破坏电厂,危及沈阳治安与秩序。国军接收辽阳抚顺铁岭等地,共军复纠集兵力,分于各地向国军猛施攻击,并先后攻占政府已接收之省县"云云。

鉴于东北问题日趋严重,重庆方面,张治中(接替张群)、周恩来、马歇尔三人小组不得不把东北问题提上议程,协议决定派军调小组去执行停止冲突命令。但国民党同时声称:"共党最近所提之停止冲突命令延展至东北及派执行小组一事,政府为体念东北同胞早日恢复地方秩序,在原则上虽已同意,但此自不能与一月十日共同颁布之停止冲突命令内'国军开往东北不受任何限制'之规定有所抵触;且共党军队更不能以此为借口,而阻挠国军接收苏军已撤退之地区,或竟攻击国军业已收复之地区。"

3月底,东北局势终于出现转机,军调部发表第二十一号公告,决定派遣四个执行小组到沈阳,而后再分赴各地执行调处任务。3月30日、4月2日,三方代表先后飞抵沈阳。此时,东北战局已有一触即发之势:国军入开原抵四平,长春四周共军集结,并加紧实施经济封锁;共军切断电源,沈阳城内电灯忽明忽暗,二百余万市民苦盼和平。随军调部人员飞赴沈阳的徐盈兄在当天发回的专电中称:"沈阳这个'中国内战温室'的混乱正逐日增加,执行部的工作能力因此又得进一步之试验。"

4月3日,大公报发表社评《执行小组到东北》,指出:

> 举目东北,烽烟弥漫,不是第二次世界大战未了,而是我们内部的冲突还在进行。执行小组能到东北调处,实在太需要了。同时军事调处由关内扩展至关外,也指明一种事实,就是停战必须是全面的。关内战事停了,而关外仍打个不休,这个矛盾的事实,很容易让全国人民怀疑关内各地停战的真实性,怀疑是否暂时休战?这样发展下去,地方受不了,国家也受不了!必须东北的军事冲突也停下来,国内才算真正停战。

第二部・高峰自述：内战观察

《解放》三日刊事件

　　东北局势紧张，北平也不平静。

　　国民党政府接收北平后，设立了军政首脑机关：委员长北平行营（主任李宗仁）、第十一战区长官司令部（长官孙连仲）。1946 年初，根据国共《双十协定》确认的"和平建国"基本方针和"两党长期合作，坚决避免内战，建立独立、自由、富强的新中国"的原则，北平又相继出现了几个引人注目的机构：除军调部外，还有中共主办的《解放》三日刊（总编辑钱俊瑞）和十八集团军驻北平办事处（处长由副参谋长滕代远兼）。这些机构的存在和这些人物的活动，使北平这个传统的文化中心，又成为当时北方政治、军事都敏感的城市，大公报当然会作为采访重点。

　　1946 年 3 月末，为加强北平的报道力量，报社把我从天津编辑部调北平办事处继续做记者。未几，便遇到一场国共纠纷的风波，我与子冈合作进行了追踪报道。

　　4 月 3 日清晨六点多，我在办事处刚刚洗漱完毕，突然接到上海申报驻北平记者张剑梅打来的电话，他说，中共的《解放》编辑部昨夜被军警搜查，逮捕了许多人。我问他是否同去现场采访，他说，申报记者到那里去采访"不适宜"，所以才特意与我通气。他认为大公报记者去采访最合适，并愿意听我的"二手"消息，再发报道。我没有考虑什么"适宜"与否的问题，马上拨叫《解放》编辑部的电话，试探事态发展。我想，如果叫不通，可能线路被掐断，说明情况比较严重；若能叫通，事态或许比较缓和。结果叫通了。我说明了身份，并特别强调了与编辑主任杨赓的老朋友关系，以取得对方信任，接电话的人表示欢迎我去采访。

　　我骑着自行车，从灯市口办事处直奔宣武门外方壶斋胡同。越走近《解放》编辑部，街头的人越多，伫立路旁交头接耳，像在议论什么，又像是看热闹的。门牌九号的两扇大门敞开着，一位八路军战士站在门口，

第二章 短暂和平

我上前问他是《解放》编辑部的人吗,他反问我是大公报记者吗,显然,他是奉命在门口等我的。

那位战士引导我穿过一个宽敞的大院,来到一座楼里,接待我的竟是周扬。他当时以化名主编《解放》的副刊。周扬告诉我,天亮以前,国民党当局出动军、警、宪联合突击搜查,捕走总编辑钱俊瑞,编辑主任杨赓,记者、编辑范元甄、张维冷等二十九人,现扣押在外城二区警察分局。迫于当局压力,许多报纸的记者不敢报道,他希望大公报能够尽快将此事公诸社会。

下一步的采访任务无疑是繁重的。我先回到办事处,准备与子冈商量如何处置(徐盈刚刚随军调小组去了东北),她与在北平的很多共产党人都熟识,其弟彭华(1949 年以后曾任外交部新闻司司长)就是军调部中共方面的工作人员。此时,子冈已经骑车来上班了,我把情况讲了一下,稍作研究后,我们决定先去外城二区警察分局了解情况,并设法见到被捕的中共朋友。

早晨九点左右,我和子冈到了宣武门外梁家园警察分局。在传达室交了两张名片,要求拜访分局长。当门卫领着我们进二门后,在大院的右侧看到一排五间宽的没有门窗的敞篷,里面有十几个人坐在堆积的木料上看书、谈话。我俩与杨赓和范元甄等打了照面,互相微微点头示意:"我们来了。""知道你们会帮助。"杨赓是我的朋友,1939 年春,他在湖南邵阳与黎澍、李锐等主办中共地下党的《观察日报》,我曾任特约记者。范元甄(李锐之妻)是子冈的朋友,两个月以前,子冈到解放区张家口采访,范即以新华社记者身份接待了她。今天在这样特殊的环境打了照面,彼此当然都急切地希望谈几句,但此时不便声张,我们要先找警察分局长。

大公报记者的迅速到访,令分局长杨恩禄感到很惊讶。碍于大公报的声望,也只好勉强接待。让座后,杨拿起我们的名片看了看,故作友好地说:"当年在重庆开国民参政会时,我担任大会警卫工作,认识几位贵报记者,咱们也算是老朋友了。"我俩随声附和,客套一番:"老朋友在北平巧遇,很是难得。今天一上班就来麻烦你了。"随后开始问答式的谈话。

我:"请问为什么要逮捕这些共产党人?"

杨:"不是逮捕,是临时拘留。因为他们到北平没有报户口。"

子冈:"说句笑话，别见怪。如果把在北平没有户口的人都抓起来，警察局非挤破不可。"

　　杨:"哈……"

　　我:"果如杨局长所说,这些共产党人没有报户口,你们将如何处理呢?"

　　杨:"我想，只要他们承认错误，报上户口，会很快释放的。"

　　子冈:"分局有权力放人吗?"

　　杨:"我们听警察总局的命令。"

　　我:"据解放编辑部的人说，今晨到方壶斋九号去搜查时，政府出动了军警宪三方的武装人员。看来是有计划的行动?"

　　杨:"……"

　　再问无益，我们告辞，表示还要到警察总局去采访。杨恩禄送我们出来，走到二门里那个大敞篷前，我装作临时动议，突然问杨:"可否和他们见个面?"杨毫无戒备，顺口回答:"可以，可以。"他绝没有想到那些被捕的共产党人之中有我们的老朋友。我们趁机与之握别:"请留步，再见。"他也应声说"再见"，竟转身回办公室去了。

　　我和子冈径直走进敞篷里，钱俊瑞、杨赓等急步迎来。在握手的刹那之间，杨赓递了一封事先写好的信给子冈，请转叶剑英。我们告诉他们，杨恩禄不敢承认是逮捕，只说是临时拘留，事情可以转圜。

　　出了警察局，子冈和我分道扬镳，她去了景山东街十五号（当时北平人称"叶公馆"）给叶剑英送信；我奔往警备司令部、十八集团军北平办事处继续采访，始知办事处和滕代远私邸亦被搜查、捕人，并查清了当局出动军警的部队番号、人数等情况。

　　叶剑英看了子冈送去的信，发表了简要谈话。当晚七时，又由滕代远在北京饭店举行中外记者招待会，披露了这一事件，抗议国民党破坏和平民主。当晚，我们即向大公报上海、天津、重庆三馆发了专电、电话，次日公开见报:

　　　　三日晨，政府出动九十二军一四二师四二六团、宪兵十九团、三个警察分局的军警宪特等三百多人，分两次搜查中共解放报编辑、发行两部、十八集团军副参谋长兼北平办事处处长滕代远公馆，逮捕共产党人四十八人，分别扣押在外城二区、内城二区、内城四区警察分局。

昨晨三时许先抽查户口，军警宪兵及便装带枪人一同大事搜查，无所获而去。五时许又来，解放报钱俊瑞、杨赓等二十九人悉被拖打捕去。到捉第二批人时，经该报副刊编辑周扬与警宪谈及蒋主席保障人民自由之诺言，要求非法逮捕须负一切责任时，警宪乃退去。当捕去钱俊瑞等人时，解放报人员曾找出一穿绿呢大衣少校级军人为首脑，大喊"捉特务"，且为之留影为证，该人乃一面持枪向后瞄准，一面逃走。捕人之卡车亦经该社留影。上午十时，内二区首先将滕公馆秘书李新等五人释放，并要求具结。李以无罪何能具结，乃拒绝而归。解放报二十九人及发行部人员共四十三人，迄晚犹未释放。

叶剑英氏昨日接见本报记者称：中共人员非法被捕事发生在北平，殊为不幸。滕副参谋长于事后赴行营、长官部、市府等机关询问，均答称不知，证明为特务分子所为，意在制造事件，破坏和平民主事业。中共在执行部工作之人员至为义愤，但叶氏已嘱彼等以冷静态度处理，依法与主其事者力争。执行部中共人员仍照常办公。罗瑞卿参谋长曾与政府代表详商此事。中共要求：释放被捕人员；惩治捕人者，并向中共道歉，赔偿损失；保障以后不发生此等事件。

4月4日，我和子冈整日奔走采访，继续报道事态进展：

北平解放报四十八人被捕事，记者四日午往外二局访杨恩禄督察长，据称深夜军警宪抽查户口系奉总局命令，否认有携云梯、翻箱倒柜、撕毁稿件，打人及以步枪刺刀相向等事。并称：不能接受中共所提道歉、赔偿、护送释放、保证以后不发生类似事件等条件。警局但愿被拘留者自行离去。记者旋访问被拘者，据其中之女仆告记者，彼被搜查时，鞋子亦须一一脱下，盖恐鞋底中缝有子弹。抽查户口时，有女警参加。

中共代表叶剑英、罗瑞卿、李聚奎等，分别访问或写信给北平行辕主任李宗仁、第十一战区司令长官孙连仲、北平市长熊斌等，提出强烈抗议，要求立即释放被捕的中共人员。又据滕代远氏称：中共不怕胁威恐吓。言论自由业经开放，故中共在北平办报，准也要办，不准也要办。

　　北平警备副司令胡伯翰昨对记者说明三日晨之户口大检查，系因近来北平治安情形不佳，户口与保甲整编三月半始完成，故举行全城性之抽查，并非专对付某一方面者。至下层军警宪执行命令时，技术或有不周，亦属可能之事。至漏报户口是否即须带局，而不凭拘票，胡氏称不谙警政，未作断语。

　　同日，叶剑英亲自到警察总局看望被转押于此的被捕中共人员，提出交涉。北平警察局局长陈焯当面向中共人员表示歉意，并保证以后不再发生同样事件。全部被捕人员释放，一场风波乃告了结。当晚，翠明庄中共代表燃放鞭炮，高举旗帜迎接释出人员。

　　北平《解放》三日刊事件突然爆发又迅速结束，国民党自食苦果。不过，国共双方的斗争并未结束，一个多月后，国民党当局还是以"未经中央核准而已发行，于法不合"为由，最终下令查封了在北平的《解放》编辑部与新华分社。

故都景象三札

　　我到北平办事处之后，与徐盈、子冈三人合作搭档，没有什么明确的报道分工，谁熟悉哪个方面谁就多注意去采访。例如，子冈熟悉北平的社会情况和百姓生活，我则关注教育界、政府动态，徐盈除了他擅长的经济报道，还负有办事处的领导责任。

　　如果比较我们三人的报道风格，或可从下面三篇同样是描写抗战胜利之初北平景象的通讯节选中，看出一点端倪和区别。

　　徐盈的通讯写于 1945 年 11 月，那时他与子冈刚刚从重庆飞到北平，

第二章　短暂和平

恢复办事处。通讯的题目《这就是北平》，他写道：

> 北平，中国的文化城，八年来却变成了奴隶城，表面上好像一切依然如故，但她所缺少的便是五四以来传统的那个"自由主义"的灵魂，显得好不虚空。
>
> 八年来，日本人除了榨取这古城的广大物资外，同时也移植去了古城的灵魂、传统，达到了思想统治的目的。一个没有灵魂的躯壳，任他如何美丽，终不免是个绣花枕头，令人难对他有真正的爱恋，何况这枕头已成古董，只够摆在六国饭店的橱窗里，如木乃伊般供人凭吊。
>
> 文化城走上了奴隶命运的路，天啊，这就是北平！
>
> 收复区和大后方的区别最大的一点，就是不十分明了抗战的意义。以此故，对于压迫了他们八年的暴敌一旦投降，反而觉得他们是多么可怜，因而便能切实做到"爱敌如己"的格言，毫无愧色。"虽然日本也该有这么一天，但是，但是……"
>
> 四万武装的日本兵仍乘着他们的黄卡车横冲直撞，他们在搬运粮秣物资，在拆他们架设的电线网，这四万多日本兵不仅是集中，而且像是备战。十二万没有枪杆的日本侨民，更是充满着大街小巷，他们和她们散步、育儿、买菜、乘人力车访友，有的在新月饭店、东兴楼饭庄和吉士林西餐厅，用他们容易得来的钱挥金如土。侍役照旧以日语应侍，恭谨不堪。而那些一夜变为新贵的敌伪特工人员，对于他们的旧主人仍然深深鞠躬，争着会账，以示忠心无他。
>
> 从太平洋血战回来的美国大兵却不能不奇怪，他们睁大了眼睛问道："这是什么意思？顶不好！"可是，北平人反而见怪不怪，直到美国人看不惯而动手打日本人时，方才敢跟着拼命。据说平津一带打日本人的首先动手者，都是由于盟友的仗义。
>
> 日本人到走的一天，还是不敢相信被他们统治过的羔羊，但羔羊却早已怜悯他们了。仅有的是，儿童们还尚少"爱敌"。和平以后，日本儿童没有一个敢再在街上行走，因为没有一次不被这些"小暴徒"们袭击与毒打。这里，可以看出北平可喜的新生代！

北平的风沙依然,最大的愿望是在治安条件允许时,到宛平卢沟桥去看看那些石狮子是眼泪干了没有。抗战第一个"七七"纪念日,敌人曾在那里立了纪念碑,到今天,那碑仍在卢沟桥畔。卢沟桥,应该认为是我们的圣地,归来的人应向它忏悔,再用一座新的纪念碑来代替了敌人的那座碑。

然而,有多少人回来想起卢沟桥?有多少人想起过忏悔?北平会不会再变成奴隶城呢?北极的寒流正向北平行进,中国正在寻求阳光。不用和平、民主、团结,文化城没有重建的可能。

我的通讯写于1946年4月,题目是《春天的北平》:

北平十几天来晴空万里无云,站在北海的白塔上俯瞰全城,已是满目青翠。北海公园从早到晚游人不绝,人群中再看不见和服,也听不到木屐的声音。从今年起,北平有了春天。

平津的日本侨民,真够得上说是受优待了。这些降客们不但多数没有集中,而且过着比我们还优裕的生活。他们还生着火炉,住着西式洋房,吃着日本国内都没有的"料理",十家有九家还装着电话。汽车被接收了的人家仍是不习惯在地上走,出门的时候,一个电话到汽车行,又是四轮当步了。

有一天,我与一位正准备回国的日本人西登闲谈。他在嘴上非常关心我们的东北问题,其实他在惋惜日本在东北十四年的经营,而骨子里却又盼望着中苏开战,或是美苏僵持。他说:"中国兵纪律不好,把日本人的手表、钢笔都拿了去。"我开玩笑似的说:"日本兵的纪律更不好,他们跑到中国来杀人放火。况且你们的手表、钢笔,是用中国人的钱买的,当然应该留下。"

人在儿童时代的心理反应最快。战后各地兵源困难,后方到处都有抓壮丁的事情发生,于是小孩们也学会了,三人一群两人一伙地做着"抓壮丁"的游戏。日本投降快八个月了,汉奸迟迟不审不办,而物价却天天上涨,家家都在嚷着"棒子面贵了"。纯洁的儿童难免在心理上又有了一种新的刺激反应。北平的孩子们喜欢在春天做抽陀螺

第二章　短暂和平

的游戏。现在多了一个新花样：一边抽着陀螺，一边唱着"抽汉奸！抽汉奸！棒子面，卖一千"，愈抽愈带劲，好像是想把汉奸抽死，或使棒子面立刻跌价。但是，什么时候才能审汉奸呢？什么时候棒子面才跌价呢？

如果有人问：敌人在北平八年来留下的"功德"是什么？那就是需要七亿元处理费才能运走的一百三十五万吨的垃圾。以目前北平市每月收入的一亿两千万元计算，要半年不做其他开支，才能运走这巨量的垃圾。可是这问题又不能不解决，不然垃圾愈来愈多，北平就可以到处修筑"万寿山"了。

日本人"功德无量"，临走还给我们留下这么一笔大的负担！为什么我们不能让他们大人小孩一起出动，来给我们清除垃圾？据我们所知，每个日本人都还有钱吃自己的饭，不妨学后方征工的办法，让他们自带干粮，这也并非是虐待俘虏。

北平的"小市"是日本投降后新兴的市场。前门外、宣武门外、德胜门外、南河沿都有小市。这些又脏又乱的市场人流熙熙攘攘，在物价逼人的时候，谁都想买点便宜东西，所以这里比东安市场、西单商场热闹得多，货物也比商场的齐全，不过全是旧的、破的、烂的。走在小市上，触目是小气得像玩具一样的日式家具，我好像是到了日本。偶然也可以看到迈着日本步伐的日本人到小市上来卖东西，愈发地增强了小市上的东洋气味。真没有叫人想到，"大日本的文明"都集中在这么一个龌龊的角落了。

上次蒋主席到北平时，设了几个控诉箱，人民都感到一种兴奋，纷纷告密。等到蒋主席去后，所有收到的信件，分门别类地交到行辕秘书处、司法行政部、北平行辕、市政府分别处理。听说十封有八封是控告汉奸的。但是，要求改善电灯、修理马路、增加待遇的诉苦信却转到了法院。谁能不感到我们办事的混乱？

北平已经到了春暖花开的醉人季节，人们都在到处寻找春天，但是，春天在哪里呢？

子冈的通讯同样写于 1946 年 4 月，稍迟几日，题为《北平的春天》，

第二部·高峰自述：内战观察

时间、题目似与我写的"撞车"，但内容、风格迥异：

久居北平的人们诅咒它的春天：迷眼的风沙，纸窗整天呼噜呼噜像海啸，桌上浮土一会儿便多厚。但是在后方蛰居了几年的人们跑到这儿来，正像玻璃缸里的鱼儿又回到了江河，可以自由自在地游泳了。

这是胜利以后第一个春天，从各方向来的人们特别为这个春天欢欣。冬天关在室内的时候多，还感觉不出北平的辽阔无边，还记不起来这古城是遗留着多少绮丽的景致。当我每天骑车经过中山公园或北海的时候，只要我一闭眼，知道它有多么深远，经过的红墙有多么漫长，就仿佛我没有受到什么拘束。

然而在另一方面，北平是过得多么紧张啊。东北是它的贴邻，首先感受到振荡。那边混乱，这边也太平不了。北平人是有兴致听口述新闻的，有那闲暇，有那心情，所以许多人在传播东北见闻，就好像他们亲自看见的一样。

蔡文治参谋长嫌新闻记者们太喜欢滥发军事三人小组去来的新闻了，他是不能了解人民想知道这些事是有多么迫切。来了或是去了，也就帮助说明事态的进展。虽说八年来北平人没挨过一颗炸弹，但他们理解到战争为他们带来多少灾殃，不和平又会把肚皮都饿瘪。

北平人关心军调部比关心旁的机关还厉害。执行部的人一律臂上有一个三连环的布章，东安市场的商人最熟悉他们，做买卖的当儿便好问"和八路谈商得怎样啦？"，陪上一脸笑容。

先于审巨奸，战犯总算先审了。旁听的人还不少，八年留在沦陷区的人民知道他们谁是谁，谁犯过多大的罪恶。日侨还有七八千没走，他们越后走的越是有办法的，所以近来东城的头等糖果店，如正昌、法国面包房，专作他们的买卖就够发财，据说他们因为归国限制带钱，所以便尽量花费。

北平的巨奸们还在陆军监狱里消磨大好春光。他们享有相当自由，王揖唐仍高卧中央医院，孙世庆、赵少侯也可以自由求医。法院的监房预备了，旁听证发下了。巨奸们何日审讯还不知道。

学生们进步了，碰到深夜带走同学的事情时，必要追诘自何处来，往何处去。因此才挽救了临大几个同学被深夜带走问事的性命，工学院文学院最近都有人幸庆生还。

北平市立中小学教员的罢教是这儿教育界的军事。沦陷期间，北平俗话说"三贱"：坐电车、吃咸盐、请教员。今日想不到仍能应用。北平不乏一生致力教育事业的老教员，她们把青春消磨在一代代一班班的课堂里。在目前这种待遇下，恐怕将来再也找不到这样的范例了。在一般学校中已无教员公共伙食，而是在课余教员分别蒸窝头吃咸菜，这可以活画出今日教员的贫穷。

看看本埠报纸的戏报，也可以找到一点北平的春天，五年辍演的程砚秋又在登台义演了。《日出》《雷雨》演个不停。后方的《日本间谍》《万世师表》《野玫瑰》等话剧也在上演之中。

听到看到，不少人在闲话春天，偶见北平蓝天下杨柳如丝，引起一些八年在重庆所未有过的春天的感觉，所写不尽是春天的事，便也算春天吧。

徐盈、子冈、我合作愉快、默契，从此成为几十年的挚友。

看审日本战犯记

抗战胜利后，审判战犯与惩治汉奸是中国老百姓非常关注的两件大事。但政府迟迟没有动作，人民很不满意。1946 年 4 月，北平终于有了即将审判战犯的消息，我也因此有了近距离观察、采访的机会。

1946 年 4 月初的一天，我走进北平西四北大街石碑胡同二号采访。门口"十一战区军事法庭"的大木牌下，站着两个背短枪的宪兵。这里关押着一百六十八名日本战犯，他们将受到中国法律的审判，由曾经被他们视为奴仆的中国人决定他们的命运。

第二部·高峰自述：内战观察

法庭的西院是拘留所，日本战犯被分别拘押在九间囚室，昔日耀武扬威的他们，从西式洋房钻进了牢狱。我去参观时，他们竟在草褥大木炕上叩起头来。每个战犯都向参观者陪着装出来的笑脸。但那笑脸是可怕的，掩盖不住他们内心的狰狞。那个当年率领兽兵到处杀人放火的日军司令内田银之助也不得不鞠躬了。他们的"威风"，随着战胜而来，又随着战败而去。

囚室内阳光充足，白粉墙壁，十分清洁。战犯们的大衣挂在墙上。他们有的在看书，有的在下棋，大多数在低头沉思，默默无言。有的战犯的面孔上难免带着某种惭愧的表情。沦为阶下囚的他们，或许总算恢复了一点人性。

第一战犯室内拘押着敌一一八师团长、驻津司令内田银之助与敌华北情报机关主持人茂川秀和，他们是战犯中的重犯。内田约五十岁，刚刚洗过脸，面孔上有一种苦涩的表情。他向我行礼后，我问："哪个是茂川秀和？"想认识一下这个以阴谋手段屠杀中国人的刽子手。"我是茂川。"另一个中年男子恭敬地回答。他似乎很愿意有人跟他谈话，但谁又愿意听他那套鬼话呢？没有人搭理他。室内还有一个战犯梁泰一，自称是广东人；另一个叫野崎丰的，自称是台湾人，他们好像是在以此"申诉"自己不是日本战犯，是被"冤枉"的。但无论他们是否撒谎，是否中国人，只要是罪犯，就不能逃避刑罚。

走到第四战犯室，一个满脸长胡子的战犯喊了一声"敬礼！"，同室的战犯一齐作叩头状，样子既可恨又可怜。那个喊"敬礼"的家伙，就是当年发号施令统制华北煤炭的门头沟煤矿日本总裁、曾奸淫无数中国妇女的白岛。如今，他又发号施令叫日本人向中国人行礼了，真是滑稽的对比、讽刺。白岛旁边跪坐着的是他的女秘书穗积武子。她脸色苍白，不肯正视参观的人们。因为前几天有美国记者给她拍照，所以，今天她很担心我这个记者再给她照相，其实，我并没有带相机去。她尽量低下头去，我只能看见她的半张脸，看得出，她的确表示出了羞愧。白岛说，他统制华北煤炭的时候，煤价便宜，而他离开了，煤价就贵起来了。日本战犯的无耻、狡猾，白岛算是一个代表人物。

第七战犯室正对门的墙壁上，贴着他们自己写的"严守规律，卫生尊

第二章 短暂和平

重，静肃谨慎"的标语，有的囚室里还养着盆花。

1946 年 4 月 10 日下午两时，军事法庭首次公开审理日本战犯案，我到庭采访。主审法官张丁阳庭长说："我们不用刑讯。法律怎样规定，我们就怎样判决。"这句话，让那些专用坐电椅、灌凉水等酷刑对付中国人的战犯们听到，不知该做如何感想。

虽然受审者都不是大战犯，但仍有百余中国人旁听，他们想听听日本人现在还有什么话说。

受审战犯共五人，他们分别是敌华北交通公司丰台警务段分所长山口利春、四二零四部队军曹香川信义、敌华北交通公司石德线贡家台警务分所长堤正胜与警务员鹿又忠治、丰台警务段会计员竹内嘉一郎。他们对法庭指控的罪行，都只承认事实，却又都以"听上峰的命令，不得不出此"做托辞，否认自己的责任。法庭指定的律师也为他们做了辩护。只有香川说了一句："今后中国是东亚的领导者。我对过去因战争而牺牲的人表示悼意。"

4 月 16 日，军事法庭宣判：战犯山口利春杀死三十二名中国人，并以过电、灌凉水酷刑加诸被害人，依法判处死刑；香川信义与其部队长（已死）共同活埋中国人一百二十八名，依法判处死刑；堤正胜与鹿又忠治各杀死中国人一名，依法判处死刑；竹内嘉一郎连续伤害人身并强购食粮，依法判处徒刑五年。各战犯于审判长宣读判决书时均直立俯首敬听，昔日威风荡然无存。当翻译官称"依法处死刑"时，各战犯脸色苍白。山口利春请求更审，被审判长以终审判决驳回。执行日期俟军委会复核后决定。

4 月 20 日，第二批战犯公审。26 日，军事法庭宣判：林西敌宪兵队长高贝胜、敌华北军电通县大兴所长高桥铁雄、天津敌清水部队宪兵曹长黑泽嘉隆等三战犯，均以"连续共同杀人，判处死刑"。宣判后，黑泽突发野蛮，咆哮公堂，对所判表示不服，经庭内宪兵镇压，以脚镣还押。

见证了日本战犯被绳之以法，旁听的中国人无不欢欣。

第二部·高峰自述：内战观察

巨奸入狱一幕

平津沦陷八年，出了一批臭名昭著的汉奸，他们认贼作父，作恶多端。抗战胜利后，人民强烈要求惩治这些民族败类。1945年11月起，平津当局陆续逮捕了一批大汉奸，其中包括伪华北政委会著名的"三王"（王揖唐、王克敏、王荫泰）和川岛芳子。

1946年4月22日，首批三十二名大汉奸被军事机关移交法院受审。我因采访关系，目睹了巨奸入狱的一幕。

那天中午时分，三辆武装押送的卡车载着三十名巨奸，开到设在北平的河北高等法院。王揖唐（伪华北政务委员会委员长）、董康（伪华北政务委员会司法总长）则因病用担架置于救护车上，自中央医院及董宅分别押解到案。经检察官逐一点名后，各犯身佩写有姓名、号码的白布条，悉数解送彰仪门外第一监狱。车队途经和平门、骡马市，沿路布岗，车行缓慢，路旁民众驻足围观，大为欢欣，儿童们更是鼓掌欢呼。

下午一时许抵达监狱，各犯下车后在院内鹄立，等候传唤问讯。他们当中，张仲直（伪华北电业公司北平分公司经理）着西装，在一群着长袍的汉奸中颇显另类；管翼贤（伪华北新报社长、情报头子）着蓝布大褂，故作文化人模样；钱稻荪（伪清华大学图书馆馆长）穿白獭灰袍，俨然教授风度。许修直（伪北平市长）面型如鸭头，奇丑无比。各犯多带有毛毯、皮大衣或小提包。

巨奸们最初在阳光下被法院、监狱人员和记者注视时，尚多低头，略显羞愧之色，未几便露出无耻之态，谈笑如常，并向法警探询狱中伙食。迨获悉所食者为窝头咸菜，并可由家中送食物时，都很高兴。吴赞周（伪河北省省长兼省警备司令）还说："窝头我是吃惯的。"他们甚至对狱中如厕问题都不忘探询，当法警告以每屋皆有便器时，又大乐："那就好了。"此情此景，让我想起子冈采访大汉奸王荫泰时王逆说的一段话：

第二章 短暂和平

"蒋主席说不问职守但问行为。所以，国民党来了，我是否有罪还难说，共产党来了，便没有我的命了。"这些巨奸果然深谙势利人情，我注意到，他们与法官谈话时无不笑脸逢迎，且有轻拍法警肩头的小动作，以示亲近，活现出他们当日如何谄媚敌人的丑恶嘴脸。

法官传唤、问询，逐一将各犯收监后，又到卧于树荫下的王揖唐、董康二人担架边查问。王揖唐已六十八岁，病入膏肓，到了每隔四小时必须注射强心针的程度。他头蒙毛巾被，大汗淋漓，双颧瘦削。法官唤讯再三，王竟无声息，只好由法警按手印了事。董康虽年近八旬，神志尚清，但随时须大小便。一问履历，便自前清时他中进士说起，搞得法官很无奈，只得草草收监。

几天后，趁汉奸家属探监的日子，我又到监狱采访。

第一监狱分仁、义、礼、智、信五所长形大牢，每所约有四十间小牢。三十二个巨奸都住在仁字牢里，每人一间，每间门槛上有号码，门前有卡片，写着犯人入牢日期，背面写有姓名、年龄、籍贯与罪名。卡片下有一个如邮筒样的长方形窥视窗口。由于监狱规定，参观者不能与犯人谈话，我只好从方孔看群奸了。

透过方孔，可见每间牢里有一个木板床，一张长方桌，一把破椅子或方凳，一个高于人头的窗户。床上铺着各犯自己带来的被褥，有的床边还放着橘子、饼干、鱼肝油等，看来，这些汉奸还希望用这无限的补品来维持他们那可能有限的生命。

文化汉奸管翼贤胸前放着一本线装书，躺在床上不动，看上去似乎在睡觉。但我知道他是闭着眼醒着呢。俄顷，他果然睁开眼，望见有人从方孔看他，立即又闭上了。池宗墨（伪冀东防共自治政府政务长官）的房间与张仁蠡（伪天津特别市市长）的房间紧挨着。他们两个都在睡觉。池宗墨是老牌汉奸，曾在我的家乡作恶；张仁蠡是清末重臣张之洞之子，当了汉奸，为人唾骂，辱没祖宗。许修直在房间里躺下又站起，站起又躺下，显然住在大牢里实在不习惯。伪情报局长林文龙过去天天讲演，拍日本人的马屁，现在站在牢房里，望着窗外，一声不响地出神。欺骗的对象没有了，逢迎的主子没有了，他只好永远闭嘴了。

王揖唐与董康两个老贼，因为年高病重，监狱特许他们住在医务所的两间病牢内，牢房的大小还不如他们家中的厕所。王揖唐也在睡觉，头对着门，我只能看到他那灰白的头发。床前放着一个破痰桶。狱方特准他的外甥随同服侍。他每天只能喝点稀饭了。董康坐在一把靠墙的椅子上，闭着两眼喃喃地在嘟囔些什么，像小学生背三字经似的。不知他是否想到，自己在构建中国刑事与监狱法制方面曾经的建树，今日竟加于自身了。

每星期二、五，是接见家属的日子。一早，群奸的家属便拿着饭盒与换洗衣服来了，他们逢迎法警，客客气气，全无过去的颐指气使了。接见室中间隔着一张铁丝网，汉奸们由法警押着，站在网内一米处，家属站在网外，每次可以谈话三十分钟，但不准耳语。见到家属，汉奸们会产生莫名的悲哀，甚至落泪。许修直说："早知道有这出戏，当初……"钱宗超说："做了狱中人，实觉惭愧。"法警们则说："当的哪门子汉奸呢？活该！"

【立此存照·张高峰在"文革"中的检讨　我写的关于战犯与汉奸的报道，虽然多少有点民族立场，带些民族仇恨，但现在重新认识，还是为国民党做了宣传。因为国民党对战犯、汉奸都不是真心逮捕，更迟迟不做处理。审战犯还搞了一套资产阶级法庭的律师辩护，为战犯强词夺理。我的文章都没有涉及这些本质问题，而是告诉读者，似乎国民党真的把汉奸入狱了，真的处理战犯了，这就是为国民党做了宣传，是对人民犯下的罪行。】

房产争夺在北平

国民党接收大搞"五子登科"，在北平，各路人马都在抢房子，甚至抢到学校的头上来了。1946 年 5 月，我到北平市教育局采访，了解到，北京大学、交通大学、市立六中、七中、女三中和六十八所市立小学都在闹房荒，以致有近千名孩子面临失学。

教育是国家社会的事业，谁听说过国立学校闹过房荒？即使是私立学校，也不致如此之多因无房而让那么多的孩子失学。况且，北平的这种怪

第二章 短暂和平

象还是随着抗战胜利而发生的。

据采访所知，当时北平的市立小学、民众学校、简易小学、幼稚园共有二百四十六处，其中有一百零八处是租用民房为校舍。抗战胜利前，房租很便宜。如清化寺小学月租仅联币四十元，东四十二条幼稚师范月租最贵，也才联币两千五百元。胜利后物价暴涨，如果仍付原租金，谁家也不肯再出租那么便宜的房子。学校加不起房租，难怪房主赶着搬家。校长们被房主逼得天天往教育局跑，教育局又被校长们逼得天天跑市政府、行营长官部。

在市教育局，我眼见七八位小学校长为校舍问题来往奔波，请求"代为交涉""协助办理"。满嘴里、满呈文全是这类字眼，真是难为了这些忙活一个月也混不到半饱的校长们。

"昨天房主拿着菜刀来到学校，说我们不搬家就请杀死他。"一位校长向教育局的主管科长报告。更凶的房东跑到学校，不问青红皂白就把校长往外推，校长们又不能率领学生应战。阜成门内顺城街小学校长说："房主率领家属突于昨日迁入学校，强占校舍，我们只好让人家住。"说完，他几乎要哭了。

这么多的学校闹房荒，市教育局责无旁贷，理应为之解决困难。但教育局不是接收机关，更没有力量去抢房子，于是只好向教育部驻北平特派员办公处交涉，经教育部批准，将已接收的敌产二十六处拨交市教育局办学校。可是这些敌产的门口不是站着卫兵，就是贴了封条，还有的做了衙门、变成公馆。特别是各色各样的封条，今天是甲机关封了，明天又换了乙长官，如同变戏法一般，令人摸不到头脑。结果，教育局只勉强接收了十处，其余无法接收的，只能再请求行政院下令处理。

教育局的人给我看了四月末行政院的指令，内称："呈件均悉，军队驻扎学校已分行军事委员会转饬迁让，其余各节分交河北平津区敌伪产业处理局及教育部核办，仰即知照，此令。""迁让"固然是好消息，然而，什么时候才能实现呢？教育局奉令后，连日派人去交涉，却都碰了软硬钉子："这里不可能搬家，你们不必再来交涉了！"东观音寺三十六号有二十一间房子，"占领者"某少将如是说。东皇城根十九号有十八间房子，守房子的士兵说："这是留待我们团长家眷来住的。如果学校要用，请向军部去交涉。"老君堂十号被河北省某厅某科长与某股长两家"瓜分"。大觉胡同十一号被某参谋"占领",石驸马后宅38号成了某军眷属"宿舍"。更令人哭笑不得的是,西直门内半壁街十一号国立北平高级工业职业学校的宿舍,竟被清除垃圾的工人占用了,赶也赶不走,学生代表向负责当局交涉,反遭到"你们为什么不早占"的质问。

以上,都被我如实写成报道公之于报端了,报道最后写道:

> 北平的房子真的恐慌到如此程度吗?遣返了十几二十万日侨日俘留下的房子呢?请你从封条的缝隙往里看,就可找到答案了。许多房子空起来,几千学生却找不到安心读书的地方。
>
> 北平的房屋争夺战正在开始,若要平息,倒也用不着军调小组,只要把不必要的封条启封,军属让出学校,强占敌产的政府官员们自动撤退,这"战争"马上可以平息。不仅救了一万多名小学生,也算是为国家提倡了教育。走笔至此,我又想起北大老教授杨振声的话:"办教育要得不到社会的扶助,那教育就没有法办。"

我的报道见报后,因为揭露了某些政府官员、军官眷属占据房子的丑行,还有人找我兴师问罪,我只能不理睬或应付了事。

"可耻的长春之战"

1946年4月,大公报与重庆新华日报为了东北的长春战役打了一场"笔墨官司",几十年来不断被人提起。这件事本来与我无关,不料后来竟被牵涉其中,因此值得记述一笔。

1946年3月中旬起,苏军开始从东北撤退,长春作为曾经的伪"满洲国首都"、当时的东北政治经济中心,成为国共争夺的焦点之一。4月15日,上海大公报以"长春苏军昨已撤去,共军进攻接踵而来"为题做了报

第二章　短暂和平

道，并以副题"国土既归来，还流同胞血！"表明了它对内战的态度。4月16日，又发表了王芸生写的社评《可耻的长春之战》。社评说：

> 在苏军纷纷撤退之际，在东北的内战形势却在加剧的进展，且已在许多地方纷纷打起来了。……尤其可耻的，是长春之战！这两天，东北方面的军报雪片飞来……我们坐在关内深夜编报的报人，读着这络绎而来的电报，手在颤，心在跳，眼前闪烁俨若看见凶杀的血光，鼻腔酸楚，一似嗅到枪炮的硝烟。
>
> 苏军刚刚迈步走去，国军接防立脚未稳，中共的部队四面八方打来了，且已攻入市区。多难的长春，军民又在喋血……中国人想想吧！这可耻不可耻？

尤其社评里有这样一段话：

> 所谓军事冲突，实已到了最伤天害理的程度。进攻的战术，常是用徒手老百姓打先锋，以机枪迫击炮在后面督战。徒手的先锋队成堆成群的倒了，消耗了对方火力以后，才正式作战。请问这是什么战术？残忍到极点，也可耻到极点。

4月18日，重庆新华日报发表社论《可耻的大公报社论》进行反击，在指责国民党破坏停战协议，攻取东北多地后，指出：

> 对于大公报社评作者，凡是国民党法西斯反动派打击人民、撕毁诺言、发动内战等事情，哪怕天大的事，都是不"可耻"的，只有人民对于这种反动派还一还手，那就不得了，那就是"可耻"的了。大公报社评作者如此反对人民，应该是够"可耻"的了吧。
>
> 大公报里是有好人的，但它的社评作者原来是这样一个法西斯的有力帮凶。

针对"用徒手老百姓打先锋"的批评，新华日报社论说：

我们也请问大公报社论作者，这几句话，是负责任的话，还是只当放屁放一放的呢？你说进攻的战术，含沙射影，当然指的是东北民主联军进攻长春的战术而言，你从什么地方知道东北民主联军用这样的战术？拆穿了说，除了专门造谣反共反人民的特务机关那里以外，除了从国民党的"素有经验的特工同志"办的报上抄来以外，世界上找不出这样的战术。……你在反人民这一点上，真正做到家了，真正"残忍到极点，可耻到极点"！

这场论战，曾经在相当长的一个时期内，被作为大公报对国民党政府"小骂大帮忙"的例证，而且几成定论。直到改革开放以后，大公报研究不再是禁区，才有人提出讨论，以史料论证长春之战确实伤害了许多无辜的百姓。但是，论者引述的史实却多有讹误，常常错把1946年4月的长春之战与1948年5月起的长春被困混为一谈，由此把后来的报道者我也牵涉其中了。

实际情况是，王芸生所写社评的依据——"东北方面的军报雪片飞来"，多指大公报东北特派员吕德润的报道。他在1946年3月27日从沈阳发回的题为《春天里的秋天》通讯中写道：

可怜的还是被人"民主"的老百姓。怕闹来闹去，这群被口号呼喊的对象，连听听的机会都没有了。一个例子：政府军和共产军在盘山一带打了一仗，共产军方面打第一线冲锋的是没有什么武器的人，当然后面还有正式的部队，那一仗胜负如何我迄今并未注意，我只知道双方有一万五千中国人死了！

那么，吕德润报道的依据又是什么呢？他继续写道：

一位参加那一役的政府军官说，对那些没武器的中国人他不知道怎样放枪。当然，他的枪是放过的，假如今后这些没武器的人仍被逼着从共军方面扑上来，他仍将开枪。法库一役双方死伤惨重，战场上据说有两万多死尸。

第二章　短暂和平

应该说，吕德润的报道，同情的是"可怜的老百姓"，痛惜的是战争使"双方死伤惨重"，而没有特别偏袒某一方。这在他的报道中有明显的主观表述：

> 当然，类似的"著名"战役还有，将来谁也不保险不再发生。假如这些战役是在一年前，那该是多么勇敢的冲锋或辉煌的战绩呀！我当了两年多随军记者都没有赶上这样的场面，可是今天呢？可怜那些死了的东北老百姓呀！他们等了十四年的祖国同胞，今天还没有彼此看清面孔便迷糊的死了！他们的冤魂不远，他们是死不瞑目的。

吕德润所说"我当了两年多随军记者"，是指他 1944 年随中国远征军赴缅甸参加对日作战的经历。这里，他显然是在把抗日与内战做对比，为"等了十四年"（指东北沦陷）的老百姓喊冤。

如果说吕德润的报道只是"孤证"，那么请看大公报另一位记者徐盈几乎在同时（4 月 14 日）发自东北开原的报道。他随军调小组去长春，路遇国军部队，他写道：

> 战争是残酷的，……有位士兵说："匪军自四面八方黑压压的来了，我们都不忍心的来扫射他们，可是不能不扫射呀！人就像割草一样的倒下去。我们的机枪不但不必用掩体，反而因为死人堆得多了，必须随时来抬高。"副长官部估计，我与对方的伤亡比例最少是一比七。在东北被压榨了十四年的老百姓，想不到胜利之后又在成群结队的当炮灰。谁说东北人不是命苦呀！

大公报人张高峰 第二部
高峰自述：内战观察

第三章 东北烽火（1946）

1946年6月爆发的国共全面内战，是中国现代历史发生根本性转折的重要事件。而交战双方在东北地区的较量，又是这场战争的关键节点，东北内战的结果决定了国共最终的胜负走向。

正是在那个风云变幻、遍地烽火的岁月，我任大公报特派员，常驻东北近两年，亲历了这场历史活剧。

关于"特派员"，需要做一点说明。特派员是大公报记者中的最高一级，即专门派出采访的记者，如驻美特派员朱启平、驻英特派员萧乾等，国内特派员多一些。在什么情况下，谁是特派员，全由总编辑决定，记者事先并不知道。我派往沈阳后，先是上海大公报刊出我的报道时，标明"本报特派员"，这是王芸生决定的。以后，天津、重庆、香港三地大公报再刊用我的报道，也都改为"本报特派员张高峰"了。

大公报员工的提级和薪酬的增加，概由编辑部、经理部、工厂的领导们研究决定，职工无权过问。一般是论年资的。我每次提级增薪，都是在领工资时才知道的。

"中间偏左"立场

1945年10月，吕德润兄随东北行营出关，已经工作了半年。1946年5月，我被派到东北以后，在分工上，先是他负责采访上层，如东北行营、长官部、外交部特派员（蒋经国）办事处等，我负责采访中下层，如省市政府、铁路局、生产管理局、财政部特派员（陈公亮）及中宣部特派员（余纪忠）办事处等。后来我俩又一度分驻长春、沈阳。1946年秋冬，吕德润兄开始兼顾关内报道，后调上海，再驻台湾，我则逐步接手东北的全盘采访、报道。1948年春，我返回北平，仍间接负责东北报道，直至年底。

说到大公报的立场，不能不说到作为大公报记者的我，和同样报道过东北问题的吕德润、徐盈两兄当时对内战所持的态度与立场。这关系到我们所做报道的主观倾向性和客观真实性。

大公报是民营报纸，向以"不党、不卖、不盲、不私"为宗旨。面对国共之争，它与当时的许多知识分子一样，奉行所谓"第三条道路"，以"有别于"国共两党及其舆论机关。作为它的记者和我们的报道，也大体因循此道——尽管大公报从不曾对记者下达过"指示""要求"之类。但我们对国共之争与内战问题的认识，一如对中国社会其他问题的认识一样，不能不受到当时的社会历史条件、自己所受教育以及新闻理念、职业追求的影响，政治立场在某种程度上是趋同的，即我认为的"中间偏左"立场。

新闻报道以真实为第一生命，真实的重要前提是客观。但是，记者对新闻价值的判断、素材的选择，却又不能不受主观意识（包括政治立场）的支配，由此产生报道立场问题。以下引述几段我们三人各自最初对东北战时的观感，看我们对内战所持的态度。

1946年3月，吕德润兄对于日益蔓延的内战，曾在报道中写下这样一

第二部·高峰自述：内战观察

段内心独白：

我不知应祈祷谁来解决这个问题。今夜沈阳又停了电，街上一片漆黑，桌上一条颤抖的烛光，外面戒严了，连狗吠声也听不到。在黑暗里人们常常想起鬼来，于是我祈祷那些在内战中死掉的冤魂，今夜应该分批出动，给那些有力量作践你们的政治家军事家们托梦去，告诉他们，你们是人！你们死得委屈！你们现在还没闭上眼！求他们开恩饶恕了你们未死的父老兄弟姊妹们！

1946年4月，徐盈兄随军调小组到东北，他写道：

站在沈阳街头，坐在美军给我们的吉普车上在各处走，看一看在这次战争中翻身的苏联和没落的日本，想一想在夹缝中的中国人，要怎样来求今后的自处？是战争，还是和平？每天徘徊在"世界和平万岁""中华民国万岁"（标语）下的人们，不能永远在那里静观了，希望越大的人常常会得到更大的失望，东北人民的大希望不应该拖成大失望。……以东北的资源、人力，建起一个征服世界兵工厂的黩武者之梦是幻灭了。制造兵器的机关如今怎样来转化为和平服务呢？……每个到东北来的人应有一个起码的认识，祖国不应成为日本的统治方式的接管者。十四年奴隶生活的解放者，要来接种民主，不要来接种战争。

1946年6月，我到沈阳不久发回的报道中写道：

东北的局面是谈谈打打，打打谈谈，弄得老百姓头昏眼冒花，他们认不清是谁先打谁，只以为今天的内战是争地盘。至于政权是什么，他们不懂。"我们夹在中间了！"老百姓常这样说。

从去年国军入关就在打，断断续续打到今天。究竟打死了多少人，无从统计。我只知道政府又在东北招募新兵六万人，共产党也在征兵，但数目不详。被敌人压榨了十四年的东北人该多需要安定，不

第三章 东北烽火·1946

幸今天又要去当内战的炮灰。他们对祖国多悲哀，对胜利多失望！"怎么还打内战呢？"老年人、年轻人都在发这样的疑问。这有谁能解答呢？

反对内战、同情百姓，我们的立场和心理显而易见。

需要说明的是，徐盈兄是 1938 年入党的中共党员，当时为秘密身份。他的活动、报道是否另有隐衷，我不便揣测。而吕德润兄和我当时都没有党派身份，我们都曾与国共双方打交道，有的还是朋友，但我们的报道并不具党派色彩。如果说有所倾向，也都是出自个人的思想与立场。特别是我，"反对内战，同情百姓"八个字，左右着我后来的采访、报道，以及其他社会活动。回顾我在内战中的经历，首先指出这一点，有助于说明我在整个内战期间的思想、活动和文字。

【立此存照·张高峰在"文革"中的检讨】 战争一开始，我就认为那是国民党依靠美国搞起来的内战，而美军又在中国横行霸道。出于民族自尊心和爱国思想，我非常反对内战，反对美蒋。可是，因为我是资产阶级的新闻记者，也就同时具有资产阶级的反动政治观点，所以，我又把内战看成是在朝的国民党与在野的共产党之间的"党争"，似乎都是为了一党私利，这个认识不仅荒谬而且反动。在我看来，内战的主要责任在国民党，但共产党也不是没有一点责任。因此，要反对内战，首先应该反对国民党，同时也要向共产党做必要的呼吁。我以为，这样才是一个记者的"公正"态度。其实，这是最不公正的反动态度，因为它混淆了是非，对国民党和共产党不加根本区别，从而对国民党发动内战的非正义性和共产党进行解放战争的正义性也就不能加以区别了，而是含混、笼统地把这场战争看成了不义的内战。

毛主席教导说："中国共产党是坚决反对内战的，就我们自己的愿望来说，我们连一天也不愿意打。"可是，"如果蒋介石一定要中国人民接受内战，为了自卫，为了解放区人民的生命、财产、权利和幸福，我们就只好拿起武器来和他们作战。这个内战是他强迫我们打的"。毛主席的教导清清楚楚地指出了国民党是内战的罪魁祸首，共产党是被迫作战的，没有任何责任问题。我对内战的看法，完全违背了毛主席的教导。我虽然也反对内战，却在反对国民党的同时，还要向共产党做"必要的呼吁"，实际上就是把共产党也作为内战责任的一方了，客观上解脱了内战罪魁祸首国民党的罪行。

解放战争期间，我的政治态度，先是幻想走"第三条道路"，做一个"不偏不倚"的新闻记者。后来随着形势的发展，眼见国民党搞得一塌糊涂，日益不得人心，终有

第二部·高峰自述：内战观察

垮台之日；而共产党越战越强，声势越来越大，很可能战胜国民党，因此我的政治态度转变为"中间偏左"，即对国民党不抱任何幻想，对共产党则"靠而不紧"。具体表现是，一方面揭露国民党统治的腐败、罪恶，另一方面与共产党朋友保持着友谊，能帮助的地方就帮助，不能帮助也绝不出卖朋友；写报道时，凡涉及中共军队一律称"共军"，而绝不按照国民党的要求称之为"共匪"（当时我认为，共产党是一个政党，代表人民掌握着一部分政权，称之为"匪"是对它的污蔑。何况我还有共产党朋友，称朋友为"匪"，于情于理都讲不通）等等。但同时，我也没有主动要求为共产党朋友做些什么。我的这种态度，正如毛主席教导的那样，认为"国民党是不好的，共产党也不见得好，看一看再说"。实际上还是抱着"第三条道路"不放，想做无党派的记者，这是一种政治投机，也是掩盖了自己"实右"的本质。

实际上，从 1939 年到 1949 年的十年中，我在湖南、四川、北平、沈阳、长春等地，与地下或公开的共产党员断断续续都有交往，这本来应该说是好事，但现在做触及灵魂的检查，我有活的思想在支配。一方面，我认为共产党人是正直的、坦率的、明智的、有胆识的，所以愿意和他们交往，在他们需要的时候帮助他们。另一方面，我对国民党的统治不满，特别是日本投降以后，我像许多知识分子一样，把希望寄托在共产党身上，因此我也愿意靠拢共产党。但我毕竟是资产阶级知识分子，具有以"我"为核心的资产阶级世界观，我只能与共产党人交朋友，却不能参加共产党去搞革命，仍始终愿意做一个无党派的"不左不右""清高、超然"的新闻记者，所以我对党采取了机会主义的态度。

我的这种政治态度，在抗日战争中和内战爆发前就有所表现。例如，1939 年，我在湖南任《观察日报》特约记者，该报是中共地下党主办的，曾一度被国民党查封。报社印了一部分抗议书寄给我，希望我在国共合办的游干班散发，结果，我只给了一些朋友、学生，而未敢公开散发。这是受人之托未能忠人之事，因为我怕被人怀疑我是共产党。1944 年中原大战后，我回到重庆，新华日报的几位中共朋友请客招待我，并约我写文章揭露国军的腐败无能。我知道国民党一直在监视我，怕再招祸灾，但朋友盛情难却，最后只敢化名写了一篇在西安的遭遇。1946 年初，范长江以中共高级干部的身份秘密到北平见我，向我了解国民党的有关情况，我也只是如实做了回答，而没有主动提出为党多搜集一些情报。这都是我对党"靠而不紧"的表现。直到平津解放前夕，尽管我参加了一些中共地下党的活动，但仍抱着这种态度。可见资产阶级反动立场的顽固性。】

第三章　东北烽火·1946

崩落中的沈阳

大公报增派报道力量到东北，是因为当时那里的外交、内政、军事、经济各类问题交织，错综复杂，已经成为全国关注的焦点。我做大公报特派员，就常驻在东北的政治、经济中心沈阳。

沈阳是 1946 年 3 月苏军撤退后才由国民党接收的。我到之前，吕德润兄、徐盈兄都曾陆续报道过沈阳接收之初的情景：

> 行营及长官部两大机关移沈后，房屋及家具需用物均以千计，对敌伪产业乃有再度处理之举，地方负责人至感困难。某日人自其原住地被逐出觅得新栖处后，指游浪无家者曰："我们是小小的苦，他们是大大的苦！"
>
> 北陵飞机场热闹非凡，每有贵客到达，即由警察布岗，临时净街，禁止通行历数小时之久。有谓此地警察数月未发饷，如此爱国家爱要人，殊为难得，而对人民有些需索乃亦可原谅。
>
> 沈阳已成为一大垃圾堆，其工业化程度最高之日本租界（满铁附属区）之污秽程度亦与日俱增。因水电俱无，二十七万日侨赖救火用之井水度日。晚上戒严，灯火甚少，到处看不到光明。
>
> 沦陷十四年，日人以征服者自居，过去都不懂中国话，近来临时抱佛脚者已可说简单语句。东北饭店之日本下女且开始说 Yes，No，前月之"赫拉少"（俄语）已不复闻。大街上最多的是雇用美女从事招待及慰安的广告，雇用自十六岁至二十五岁的女人。娱乐场所除美女招待之舞场、酒店外，尚有苏人经营之电影院，在放映苏联和美国电影。
>
> 日本人家家户户门上置有不间风雨、日夜永在之国旗及"热烈欢迎国军"之标语。沈阳较小街道仍用日人所用旧名称，钞票亦以伪满

币为主，车站购票亦可出示旧"良民证"为身份证明。其尤刺目者，则为堂堂布告声称，奉经济委员会核示，一切捐税概依伪满旧制征集，且追缴旧欠。即改改名辞之劳，似亦不屑为。

敌伪时代之特务人员不仅未减少，且有被重用者，唯在光复后之地区内不便公开活动，故多采取轮转制度，即甲地老班子移至乙地，而乙地之班子则移丙地。闲来无事，且彼此作丑表功之举，因之亦时有口角。

沈阳春暖，天气虽晴朗，但人心沉闷。战事新闻已乏刺激性。物价在一周间扶摇直上，猪肉上月每斤五十元，今日已涨至六十五元，其他类此。美钞亦有行市，每元合流通券二百零二元。

我到沈阳后，最早发回的一条专电这样描述沈阳之夏：

百度（华氏）左右的温度也热不透冰凉的人心。苍蝇繁殖最凶，到处嗡嗡作响，再加上天空的飞机，真烦闷死人。大局将明或将暗，谁也说不出来。东北人民再也没有去秋的兴奋。长官部再三发布督促人民检举战犯办法，可是人们无动于衷。已捕获的七十余名战犯，人们检举者不及十分之一。中国事，常有"打虎不成反伤人"，或说了白说。老百姓的态度也是多一事不如少一事。沈阳周末夜舞会甚流行，上周杜长官招待，本周徐主席招待，并邀请中外人士参加。闻下周由另一首长招待。楼窗口不时送出华尔兹乐声，三五成群的难民踏着蹒跚的步子走过街头。

观察一些时日后，我以《崩落中的沈阳》为题，写了长篇通讯，比较详尽地报道了收复后的沈阳景象。

沈阳沦陷十四年，如果不考虑外敌奴役、没有自由的因素，应该说，它在日本人的经营下，已经成为一座高度工业化的城市，生活也比较有秩序。日本投降，苏军、国军相继进入后，人们说，沈阳完全变了，变得贫困且无序。

我初到沈阳所见，马粪满街，垃圾成山，却没有人管。比垃圾还多

第三章　东北烽火·1946

的，是满街着装混乱的国军官兵或假官兵，连不是军人的烫发女人也穿着军装招摇过市。有的商人也穿军装，为的是应付那些穿军装的顾客。军人在当时沈阳的地位，由此可见一斑。

沈阳市面有"三多"，但说法不同，有说"三轮、苍蝇、破马车"，有说"垃圾、下女、破马车"，还有说"封条、标语、破马车"。总之，沈阳的破马车不少，街头的马粪、垃圾更多，绝非几十或几百个专职清道夫所能清理的，以致到处堆积如山。无奈，当局官员不得不亲自扫街示范，日本侨民也结队出动，清除与日俱增的马粪，而中国人却只是围观。堆积的垃圾带来了更多的苍蝇，在饭馆吃饭不小心，都可能落进苍蝇。沈阳市民说："今年苍蝇之多为十几年所罕见。"至于下女、标语、封条之多，那都是日本投降后出现的怪象。

沈阳的马路上有电车道却没有电车，家里有自来水管却没有水用，铁西工业区街头有数不尽的电灯杆，也找不到几盏能亮的路灯，老百姓只能望着满街的电线点油灯。因为电源不足，只有政府机关与官舍有电灯。至于电话，十之六七是叫不通的。

走进沈阳闹市小西门，最引人注目的是数不清的大小金店，以及收买金银首饰的招牌。沈阳人说，因为关内外隔绝十四年造成的差价有利可图，自从国军进驻，沈阳最发达的就是金店生意，以致许多卖百货的商店也临时改成金店了。关内的金子往关外跑，坐飞机来的"人物"时常会带几条金子，换回大批的流通券，到关内利用差价兑换法币，大发其财。金子多了，又使得关外物价飞涨。当局为控制物价下达了金银业统制令，但金银业主说："宁舍爹和娘，不舍金银行。"统制令下，明市变成了黑市。

过去日本人定名的"大和区"改称和平区了。那里有两个大建筑物，留下了足以令人回味的历史痕迹。

一个是日本的"忠魂碑"，碑顶有一颗子弹模型，当地人称之为"炮子坟"，原为纪念日俄战争中阵亡的日军将士。"九一八"以后，关东军总司令本庄繁下令在旁边又立了一个碑，用以纪念"为世界和平而牺牲"的日军。光复后，那个碑、那颗"炮子"还矗立在马路旁，炫耀着"日本精神"，除了碑底附近生了些许野草之外，没有什么损毁。本庄繁的字迹还在，只是被人画了几个王八。

第二部·高峰自述：内战观察

另一个建筑物是旧南满站前的"红军纪念塔"，那是苏军退出沈阳之前修的。塔高十丈，塔顶是一辆苏式坦克车模型，比日本那颗"炮子"又高大许多，让凡是坐火车来沈阳的人一下车就能先看到"苏联的力量"。

与日俄纪念物形成对照的，是政府宣传的"精神堡垒"——街头标语，写着"抬起头来，挺起胸膛""建设第一""胜利第一"及"礼、义、廉、耻"之类。我写道："较之坦克车与子弹，我们固然显得文明许多，却也令人感觉'缺乏实力'。"

沈阳是一座工业城市，到过沈阳的人不必走进工厂，只要登高一望，看看全城密如森林的烟囱，就可以想见沈阳工业发达到何等程度。那些工厂过去容纳过三十二万工人。日本投降后，工厂大部分被苏军拆毁了，不仅毁灭了东北工业的前途，而且等于拆毁了三十二万工人的家，他们失业了。接收后，有关当局根据各厂的破坏程度和生产需要，重新着手基础工作，一部分厂矿慢慢复工了，但仍有半数工人失业。失业断了生计，久了势必饿死，许多工人不得已另谋生路，摆小摊、打短工。有人连摆小摊的本钱都没有，又缺乏体力，只好铤而走险，以偷抢、赌命为生。难怪某接收负责人说："东北的'劫收'不亚于关内，或有过之无不及。因为除了政府机关外，老百姓也在'劫收'。半年来，沈阳虽有数以十万计的失业工人而没有发生大的骚乱，这是原因之一。"

沈阳的技术工人很多，可惜被迫失业或改行了。大公报沈阳分销处雇用的二十个报差，有十八个都当过工人。他们或懂得建筑，或会造机车，随便拿出一张图纸，就有人可以说得头头是道。一次，我抱怨火炉盖不好用，报差老李听了，说："这好办，赶明儿我给你去重新翻一个。"原来他曾当过五年翻砂工人。我感叹地写道："这么多工人不能再凭他们的技术养家糊口了，只能出卖劳力，混碗饭吃。这对他们个人不仅痛苦，而且可惜，对国家发展工业也是一大损失。然而，政府为了打仗，顾不上这些了。"收复后的沈阳，文化教育也是一幅衰落景象。街头没有几家书店，开张的也没有几本书。我几乎走遍了沈阳的书店，看到里面陈列的无非是《流行名歌集》《影星生活内幕》《台儿庄血战》《蒋主席及其将领》等，全是几十页的小册子。读书人和学生们只能到日本人的旧书摊去找工具书或参考书。我这样描写：

第三章　东北烽火·1946

到东北临大参观，发现学校竟没有一本比较详尽的中国通史。抗战胜利近一年了，学生们还只知道"满洲国"、多尔衮……你问中华民国有多少省？没有一个学生能够答对。到邮局拍电报，你写"桂林"，收报员都要查地图或看底册；寄往西安市的信，如果不写明"陕西"，会被邮局误投到辽宁的西安县去……隔绝十四年，东北人民对内地太生疏了。东北文化低落如此，政府何不设法挽救？运输枪支弹药的空军飞机，应该留出一点位置来，往东北多运些有价值的书籍。帮助东北文化复员，也是刻不容缓的事！

警觉日本东山再起

抗战胜利之初，与东北苏军并存的，是日侨日俘问题。

日本战败投降后，据估算，有一百六十多万日侨日俘滞留东北，等候遣返。他们的生存状态、思想倾向，自然也成为新闻记者关注的对象。经历过八年艰苦抗战，深知日寇残暴的吕德润兄、徐盈兄和我，在看到日本人可耻可悲下场的同时，几乎不约而同地对战败的日本企图东山再起引起了警觉。

吕德润兄最早到东北，他在 1945 年 12 月的报道中说：

> 赫赫一时的关东军俘虏们，有劳动能力的，苏方已征调到国内做工去了，妇孺及没有劳动能力的，移交给中国处治。……日本人在这里作了十四年的太上皇，作威作福够了，今年是在劫难逃。据说长春还有二十万日本人，老弱妇女多，到现在冻死的也上万了。不过，原来是富翁的，现在还过得相当舒服，大鱼大肉还有钱买，普通人便吃冷风了。日本人在这里开了舞厅、妓院，并公开招考妓女，广告上说：无论有无经验，均可应考。

不过，仅仅一个月之后，他的报道又透露了这样一个信息：一个喝醉了酒的日本人说，他曾接到过华北日本特务组织的命令，要求在华的日本人分别加入国军和共军，他们说："中国不内战，日本永远翻不了身。"日本人的这个阴险策略和他们对中国内战寄予的"希望"，再清楚不过地表明了内战对于国家前途和民族命运的危害。吕德润兄不禁感叹："日本人败了还留下一手，我们胜了却少了合作的两手。"

1946 年 4 月，徐盈兄的报道中有这样的描述：

> 沈阳从日本手中留下了一大片大和式的租界，与二十七万驯顺如羔羊的日人，……日本小孩子穿着大兵皮鞋，女人穿着木屐，声音很重地敲打着正在破坏中的马路，像在记录仇恨似的，令人心头发悸。……沈阳的日人奉天居留民会仍为一有组织之庞大有力机构，每月经费四五百万元，皆由侨民负担。日本侨民组织严密，其小组负责人亦不讳言有军火会埋藏于地下，待机而动。有日本人不甘心地说："过二十年我们还会回来的。"他们是第三次世界大战的最大希望者，他们还想翻身。

徐盈兄的报道重点本在军调小组的活动，他能够注意到日本人的举止言谈，甚至产生了日本女人、孩子"像在记录仇恨"，可见那必定给他留下了深刻印象。

我派驻东北后，也多次报道过日侨日俘的状况，并申明了我对日本军国主义可能复活的忧虑。

初到沈阳，我看到过这样一个场景：一个乞讨的中国孩子到一家日本酒馆要钱。日本老板说，他们已经投降了，实在穷得要命，没有钱给他。那孩子不容分说，上去就是两拳，而那日本人不仅没有还手，还连连鞠躬说好话。我在报道中不禁感慨："日本败落了，过去凶极一时的日本人，不仅没有了往日的威风，甚至在一个不讲理的中国小孩子面前也投降受辱了。"

但是，认真观察日本人的生活，特别是与他们交谈之后，我又常常产生一种对"将来的可怕"。为什么？因为我从另一个角度看到了日本人

第三章 东北烽火·1946

"屈服"的背后：

沈阳旧南满站的春日町，过去一直是日本侨民的商业区，抗战胜利后，也是日侨最集中的地方。许多准备回国的日本人在那里摆摊拍卖他们的东西，一度每天从早至晚，人群扰攘，车马难行。日本人拍卖的虽然全是旧货，但每件东西都很精巧，说明日本生产技术的先进。即使是旧书摊，闲情逸致、无关痛痒的书也很少，大多是有关工农业生产的书籍，尤以工具书为多，如字典、辞典、手册，这也说明着日本如何注重工农业并驾齐驱。

战后的沈阳，有许多以陪侍客人为生的日本下女，她们大多是投降后生活无着的女孩子，或者单身的年轻母亲。这些人并不是人们所想象的那样卑贱，除了少数放纵的以外，多数都是有自尊的。她们的文化程度甚至超过中国客人——每个下女都可以给你从明治维新讲起日本的历史，都能够与客人笔谈。

从沈阳的日本旧货摊和日本下女，我看到了中国的差距。

在沈阳，政府机关、各级官员常常举办舞会、酒会，常有日本男女来做侍役或登台表演。他（她）们总是赔着笑脸，或给来宾倒茶、点烟，或卖尽力气地表演。我写道：

> 过去凶恶如虎的日本人，现在驯服得犹如绵羊。如此能伸能屈，仅仅是因为他们战败了而不得不如此吗？我总是隐隐地感到，那笑脸的背后暗含着他们将来还要崛起的力量。日本这个民族是坚忍的，过去靠这股劲立国，今天又以这股劲投降，将来还会以这股劲崛起。我在南京、上海、天津、北平和东北所看到的日本人，无论军民，面对战败依然有条不紊，一声不响地低下头去。你说他们是因为投降而不得不如此吗？我说这正是我们应该警觉的地方。

沈阳的中苏联谊社是当时记者们的聚会场所。那里有一位姓村井的日本下女，丈夫被苏军拉到西伯利亚去做苦力了，她一个人抚养着三个儿子。有记者直言不讳地谈起她私生活的不检点，她不否认，但她说："今天，在中国人看来，我是一个无耻的女人。等我把三个孩子带回日本以后，我就是伟大的母亲。"她甚至开玩笑说："第三次世界大战的时候，我的儿子又是日本的好壮丁。"我说："你还希望有战争吗？我已经怕了。"她竟笑着回答："我希望有！"这个日本女人的话当然不是玩笑，那是他们渗透到骨子里的军国主义熏陶的结果和渴望"东亚圣战"的流露。

　　日本人并不从内心真的承认自己的失败。我在沈阳和日本人聊天，一提到战胜，他们开口先说美国的强大，却无视中国的牺牲。虽然我也极力与他们争执，但想到当局的无能、官员的贪腐和内战的无休，心里总免不了惭愧……我写道："本来，胜利以后，中国人改变了被奴役的地位，可以与日本人普遍地接触了，这应该是我们认识日本，也是教育日本人认识中国的好机会。可惜，因为我们自身的问题，我们仍未能改变日本人对中国的旧观。这也正是我所说的'将来的可怕'。"

　　后来更多的事实，一再证明了我的这种忧虑。

　　1946年8月，日侨生活发生了变化，最明显的就是日本人走出了投降之初的忧郁，变得乐观起来。我报道说：

> 内战烽火漫天，多少同胞当了炮灰，日本人却在东北欢天喜地。沈阳日侨厚生会举行慰劳留用日本人员大会，到两千余人，盛极一时，内以"何日君再来"一曲最博掌声。在沈之日本歌舞团广告，以"甜甜甜"三个大字吸引中国观众，颇有成效。在此之日人，去岁尚多悲哀，但仍信二十年后可恢复。今日彼等皆一片乐观，有日人公开表示，只要五年日本便可复活了。
>
> 最初日本技术人员自动表示愿予留用，刻均希望早日返国，彼等时常吐露"再建日本"等语。依目前之现象与彼等之心情观察，东北利用日人生产之可能性已趋消灭。惟若干被"接收"之日本少女已在遣返日侨名单中失踪，闻沈阳一地"失踪"日本少女已达千人。彼等与中国人结婚，经当局批准，付三百元手续费即可。更有当初关内飞来接收人员"雇用"之日女，已有将生产者，以致家庭纠纷时闻。继"接收夫人"之后，东北又出现了"合作夫人"。

　　进一步认识在东北遣返前的日侨日俘生活，还可以从当年分别来自锦

第三章　东北烽火·1946

州、抚顺的两篇报道中看出他们"将来的可怕"：

今日的锦州依然存在着日本人的天下。成万的战败日本国民从东北各地向这里集中，等待遣送返国。在管理方面，形式上是受行辕管理，实质上许多事务仍然操纵在日本人手里。他们的生活还是保持着完整的秩序，"善后联络处"的职员们没有一时不在聚精会神地负起他们的责任。派出所设有总务、调度、工务、运输、奉仕、医务等数科，另有病院、防疫队、担架队等卫生设施。他们紧张地工作着，闲眼时，他们谈笑自若地游息在草地上，享受着秋阳的沐浴。教员依然对孩子们进行教育，而我们的人民反而在烽火中度着忧患恐怖的日子。

穿着大马靴的日本统治阶级，依然在一般日本人前表现着英雄的姿态。一声令下，那些日侨和妇孺鞠着九十度的躬，半天不敢抬起头来。从哈尔滨一带来的日侨经过共军国军的两次检查，除了一身旧衣，真是一贫如洗，许多病患者沿途陆续把尸体掷下在中国。迥然不同的是来自长春、沈阳的日侨，差不多都是西服革履，女人也都烫发、高跟，携带的东西更是堆积如山。这些人可以用钱去买大米、白面。为了便利有钱的日本人，集中营中设有各式各样的贩卖店。"善后总署"方面为了联络来往的中国官员们，经常举行酒会，在觥筹交错之中，曾赢得了"中日亲善"口号的重新呐喊和新的宽大。

抚顺日人去矣。与其说他们是战败被遣送，毋宁说是衣锦荣归。他们穿着簇新的衣服，带着不能更多的衣物，彼此彬彬有礼地招呼着。他们竭力压抑住内心的苦痛悲伤，故意装得那么自然随便，日本人的倔强性格便是如此。

日本人是天性服从的，虽然人很多，但井井有条。在预定的时间汇集后，立时便在车皮上写下某中队某小队的字样。他们先把车皮打扫好，放妥当行李，便先叫孩子妇女上车，然后男子们才给自己安排地方。那种从容不迫的神情，令人叹服。

当局派警察护送。那些老中国通不惟毕恭毕敬地唯唯受命，并且早预备好了成箱的啤酒、罐头、点心，备警察途中痛饮大嚼。汽笛响了，车开动了，车上的人都用力地挥动着他们的手、帽子、手帕，以无限感慨的声调，频频地嚷着他们最后的"撒要那拉"！

对于日本人的不忏悔、不反省，当年东北行营日侨俘管理处处长李修业对即将遣返的日籍人员训话，在今天看来，也仍是掷地有声，振聋发聩的。他说：

> 当你们临去之时，应该明白，日本发动侵略战争，非但只是日本军阀掀起的，也是大多数日本人民盲动拥护军阀政策所造成的结果。我们深信，每一个日本人在此十四年中，没有没欺侮过中国人的，没有没打过中国人、骂过中国人的。南京大屠杀，千万的中国人民被你们用机枪扫射惨死。今天，如果中国人民对你们施以报复，你们在中国的几百万日侨一个也回不去！但是，我们仍然让你们安全地回国去，这乃是我们中国的宽大政策，把过去的仇恨摒弃。现在使我们非常难过的是，你们日本人至今还未能觉悟，甚至还怀念过去那种侵略的暴行。十四年来，你们的享受，你们的衣食，都是取之于中国人民的血汗。东北人民在你们的压迫下吃一粒大米、一个鸡蛋就是"经济犯"，愤懑你们的兽性便是"国事犯"，试想这十四年来，东北人民是怎样活过来的？！希望日本人此后要彻底认识中华民族是伟大的，中国人民是善良的，洗清军阀的侵略思想，改变盲目的行动，在你们自己的领土上建设你们的国家，如再憧憬侵略，只有把日本民族引进毁灭。

1947年11月，东北遣返工作基本结束，据当局报告，总计遣返包括中共占领区的百万余日侨日俘。但是，东北究竟有多少日本人，谁也说不清。

大公报记者对中日差距的认识和对日本可能东山再起的警觉，当年是白纸黑字印在报纸上的。可惜，彼时内战如火如荼，很少有人关注日本军国主义复活的问题了。

第三章　东北烽火·1946

军调小组与东北停战

1946年国共全面内战爆发前夕，双方在东北打打停停，冲突不断，局势日趋严重，因此，北平军调部派出执行小组到东北。

国民党东北行营组织了较强的接待班子应对军调小组的驾临，成员中就包括后来在台湾名重一时的余纪忠（国民党中常委、中国时报报系董事长）、李焕（台湾"教育部长"）等人。接待委员会下设总务、警卫、宣传、招待四组。我的武大学长施应霆兄，时任东北保安司令部政治部少将组长兼中苏联谊社（军调小组驻地）总经理，负责招待组，这给我的采访提供了很大的便利。【注2】

中苏联谊社的前身为日商兴建的奉天大厦。高七层，备有中西餐厅、电梯、影院、图书室、理发室、弹子房及配有地毯、沙发、电灯、电话、电风扇和卫生设备的大小客房四百多间，七楼大会议室可容数百人开会，是当时沈阳最大、最豪华的旅馆。日本投降后被东北行营接收，又增建了体育场等配套设施。因当时苏军尚未完全撤退，该社用来招待苏军，故改称中苏联谊社。

军调小组入住中苏联谊社，国方首席代表钮先铭（军调部副参谋长）、副代表蔡宗濂等，住七楼；共方首席代表饶漱石，顾问李敏然，代表伍修权、张经武、王首道、耿飚以及新华社记者刘白羽、周而复等，住五楼。京、沪、平、津驻沈各报记者则被安排在六楼，成为国共双方的"隔离层"。美方代表另住铁路宾馆。

当时，军调小组面临的国共双方在东北的态势为：一方面，中共采取"让开大路，占领两厢"的战略，放弃点和线，控制了中心城市以外的大部分地区；而国军沿铁道线推进缓慢，占领长春后基本停滞不前。长春以北均被中共占领，长春以南国方也只控制了少数城市，广大农村亦被中共掌握。另一方面，四平、长春两战之后，共军主力受创退守北满，孙立人的新一军渡过松花江，进抵双城，逼近中共东北中枢哈尔滨，大有兵临城下之势。

就在人们以为国共双方要展开一场恶战时，1946年6月6日，南京方面突然下达了东北停战令，宣布自7日午时起，双方停止追击、进攻，十五天内商谈解决各项问题。中共方面亦声明，同意并愿促谈判成功。一时东北和平曙光乍现。

然而，8日的大公报社评对此却表示谨慎乐观，因为"停的是东北，时限是十五天。有地限有时限，其范围已经告诉我们，这不是真正的停战。……政府所提出的前提条件，假使这十五天内竟并不能获得完满解决呢？自然是再打内战。……现在是暂时停战了，紧接着自然是商谈。商谈是必要的。用口辩论，总比用手打好。但是商谈可靠吗？也实在让人不能无虑"。

7日、9日，吕德润兄和我分别自长春、沈阳发回专电：

> 长春专电：今日为停止冲突半月之第一日。以纯军事观点而论，双方似皆为强弩之末，国军在东北者除直属部队外，有七个军人马，一时似不足应付正式作战。中共方面，四平街之败，长春之撤退，以及沿途之情形，似足证明中共在东北尚未得到一般民众之好感，民众之组织亦尚疏散。东北在停战十五天后如再有战争，其混乱之程度将更不堪设想。交通若不能恢复，恐将有千万人死于饥寒中矣。

> 沈阳专电：东北的时局像夏季一样，忽阴忽晴，人民过这样的日子已经习惯。东北停战令下后，谁都期待着善为运用这十五天。国军遵令原地停战，杜聿明说如不受攻击绝不越界。军调部在长春设前进指挥部，留沈之中心小组及预备小组尚未奉到任何准备命令。停战令下，各地流亡地主欲武装还乡，若发生寻仇惨案，农村秩序必更陷于混乱。中长路修复困难，拉法危在旦夕，至永吉铁路已不通。

第三章　东北烽火·1946

此后，事态发展果然曲折起伏，不容乐观。请看停战期间大公报刊发来自沈阳、长春、北平的报道摘要：

10日，东北枪声未停，拉法等地国军遭袭击，朝阳以南共军调动，松花江北岸亦有动作，军调部中战报频传。

11日，各方续有战报，钮先铭叹"执行部可以关门了"；美方代表对解放日报将美国行为与日本侵略相提并论甚为不解。

12日，东北战事未停，拉法政府守军被击溃，长官部向在长春之美方白鲁德提请注意。

13日，停战令本应似大雨扑灭东北遍地狼烟，留沈执行小组连续开会讨论时局，三方代表情绪颇紧张。

14日，东北各地昨始入停战状态；朝阳北票间桥梁又遭破坏，朝阳锦州间电话已不通。

15日，东北局势渐见稳定，蒋主席迭令彻底执行。饶漱石与杜聿明晤谈，双方均表示愿为和平努力。

16日，东北调处协议签字，长春分部从速派遣小组；恢复交通已待商妥。东北仍有战讯。

17日，停战显现成果，沈阳长春昨日正式通车。

18日，中共代表李敏然王首道饶漱石抵长春，饶氏拜访熊式辉，畅谈江西乡情甚欢洽。

19日，马歇尔谒蒋，停战期满仅恢复交通获协议，东北停战及整军问题双方距离尚远。

20日，白鲁德饶漱石拟飞哈尔滨访晤林彪，北平军调部三方面均将派新人来沈，增强东北调处工作。

21日，停战令届最后一天，各方力谋打开僵局。

22日，沉重大局稍获转机，停战延长八天，大家如得甘霖。

23日，东北调处尚待加紧，长春指挥所中共代表开始办公，主任饶漱石，参谋长伍修权，顾问李敏然，新闻组长李汇川。

24日，内战进行中，双方兵力均在东北增加，人民对于军粮与兵员之负担不堪其苦。

25日，林彪谈和战，中共希望和平，如未谈妥而先用武力，中共将抵抗，且系全面的。

26日，蒋经国留沈一日晤杜聿明，传达蒋主席对东北命令。

27日，东北前线平静，尚无任何乐观象征。张嘉璈称，行动仍然积极，但觉前途困难重重。

30日，停战今日期满，整军问题仍难协议。何应钦谈和战，称东北之最大问题在双方驻军地域。

同日，中共代表饶漱石途经北平去延安，对本报记者称：此行系因外间对东北联军情形过分隔膜，故除日内飞延向毛泽东、朱德诸氏有所报告外，并将晋京一行，以便对东北问题协商有所帮助。记者询以在东北觉得火药气重抑或和平空气浓厚，据答：六月七日以后，中共除失法库及鞍山以东有接触外，可谓尚能令人满意。……东北人民、士兵皆不愿继续内战，且不愿月底为最后限期，一切须视南京决定。饶氏并声明，此次停战令非三方面联合签发，代表执行部共方之饶氏本人确未接到而已。

至此，东北停战无果而终。

【注2：父亲去世后，施应霆先生在给我的信中回忆说，军调小组到沈阳后，北平、天津、上海、南京等地的新闻记者蜂拥而至，采访、报道消息，沈阳成为当时东北的新闻中心。一天，有一位青年记者来看我。他细高个儿，戴着近视眼镜，风度翩翩，英姿焕发。一见面先递给我一张名片，上面印着"大公报东北特派员张高峰"字样。他带着微笑诙谐地说："来将通名。今天来看你有双重任务，一则我是记者，你是招待组长，要请你给我安排食宿；二则我是武大毕业生，知道你是沈阳武大校友会会长，特来向学长报到。"我连忙说："好极了，好极了！欢迎，欢迎！"我们紧紧地握手，用爽朗的笑声表达着内心的喜悦。我叫营业部给高峰安排好房间，发给用餐券以后说："走，到我家去看看，就在宾馆的斜对面。希望你以后常来，就像到自己家一样。"从此，高峰就在我家"挂上了号"，几乎每日必来，并且经常在我家打电话、写稿件。我把他当做家中亲人，他也不讲任何客套。从那时起到1948年他离开沈阳，将近两年的

第三章 东北烽火·1946

时间里，我们真可谓朝夕相处、情同手足，推心置腹，肝胆相照。他是我一生中最亲密最敬重的挚友之一。

高峰富幽默感，擅长辞令，谈锋极健。那时我家朋友多，经常高朋满座。每逢高峰到场，他必口若悬河，滔滔不绝，庄谐并作，妙趣横生。而且他知识渊博，见多识广，有时一讲就是一两个小时，大家听得津津有味，都被他吸引住了。他的声调和表情每每在我家激起欢乐的浪潮。他是最受欢迎的人。

我和许多朋友敬重他，不是偶然的。

首先是他的风格高，姿态高，有骨气，生活简朴，甘于清贫，专心致志于工作，不计较任何物质利益。当时，一般记者多喜欢向国民党当局伸手"借东西"，如美军的夹克衫、军便服、军大衣，甚至鸭绒被，名之为借，实则是讨。当局把记者看做"无冕之王"，不敢得罪，有求必应。高峰却从不开口，就是主动给他，也决不接受。因此，当局高层人士都认为，大公报的报格高，张高峰个人的品格也高。

其次是高峰的才思敏锐，新闻嗅觉特别灵敏，对事物和局势的观察深刻，采访技巧和报道质量均高人一筹，而且态度公正，实事求是。在军调小组国共代表谈判期间，他和中共代表饶漱石、李立三、王首道、张经武、伍修权，国民党代表钮先铭、蔡宗濂、赵家骧等都谈得来，他以诚相待，无所偏倚。由于大公报名气大，影响广，高峰又风格高逸，学识渊博，所以当时东北军政高级将领、高层人士都很敬重他，乐于与他接触。而他对国民党军队的情况也特别熟悉，兵力、番号、部署、装备、战斗力，以至各部队指挥官的性格特征，他都了如指掌，如数家珍。

——张刃】

军事调处名实俱亡

关外暂时息兵，关内大打出手。1946年6月26日，国民党集中二十万优势兵力，向鄂豫交界宣化店地区的中共六万中原解放军发起进攻，李先念率部突围，国共第二次内战全面爆发。这样，东北的军事调处变得愈发困难，此后的几个月，基本没有什么作为，几近停滞状态。

一般认为，国共形同水火，势不两立，军调谈判也必是剑拔弩张。其实，军调小组初到东北时的工作气氛还是比较融洽的，至少在公开场合颇有君子之风。譬如，谈判开始后，每隔一定时间，双方就要轮流做东，举行鸡尾酒会，邀请各报记者、美方代表、地方人士参加，各自发表谈话或对谈判的意见。

东北停战结束，特别是国共全面内战爆发后，军调长春分部的气氛明显紧张起来，国共双方的谈话也不再那么客气。早在首次十五日停战结束后，吕德润兄的报道就指出了日后危机：

东北停战，松松紧紧，紧紧松松的闹了十五天，现在又延长了八天，八天以后如何呢？打了这么久，谁都不服输，都相信有能力打败对方。林彪将军的谈话是个例子，他认为今后可以把分散的国军零星消灭。而国军的赵家骧参谋长表示，假如非打，我们有够足的交通工具，专找他们的主力，上天可追到灵霄殿，入地可追到水晶宫。谁也不服气谁，这是一个不太好的场面。

廖耀湘将军和饶漱石讲，现在我们打胜了，你们也不如过去光彩。于是在不打中都想和平，都说本身有诚意，而对方无诚意。拖下去，都说对自己不利，对对方有利。可是拖却像是拖定了，虽对自己都不利，可是因为不利就不打了吗？十五天一晃便过去了。在东北的人恨不能把时间捉住，八天又要过去了，想起那十五天的停战期真像

第三章 东北烽火·1946

是昨天的事。双方的军事正呈胶着状态。执行小组在东北像部抛了锚的车子，自己走不动，又没有人推。

真打?! 会打出一个水落石出吗？一位国军将领说："我们的兵是伟大的，真是无条件的打仗。"说着，他又焦虑起来，说现在带兵真难，连一般士兵也想到了为什么要打仗？打完了，接收的人肥肥胖胖，他们可是吃不饱，胜利了的政府对他们有什么好处？在哈尔滨，我问一位民主联军的人，你们的士兵是否愿意打？回答是，不乐意。一位由江苏到哈尔滨的新四军说：快和平了吧！我好回家看母亲去！

7月，东北军调的重要新闻是，长春分部美方代表戴伯尔门多次往返沈阳、长春、哈尔滨，极力斡旋促成杜聿明与林彪的会晤。5日，吕德润兄随戴伯尔门到哈尔滨见到林彪，专电称：

林彪接见中外记者，回答问题一小时许。（一）同意与杜聿明晤面否？答：同意，地点在长春。但最近不能成行。（二）中央对东北整军比例意见如何？答：中共提出五比五，华北不议。（三）中共目前武装人员若干？答：约三十万。（四）你个人对东北意见如何？答：先停冲突，然后再谈。（五）对和战看法如何？答：中国内部实无战争之条件，如无外力及当局误解，可以和平。目前此两种可能均存在。（六）停战期满后之情形如何？答：政府表示共方不进攻，他们不进攻。和平谈判继续，吾等亦愿和平。（七）魏德迈返华中共如何看法？答：中共对魏印象颇佳，返华颇欢迎。（八）对于美军训练整编后之中国军队，意见如何？答：在联合政府及民主基础前提下，中国军需要外国配备。

13日，杜聿明偕其副参谋长李耀慈、政治部主任余纪忠等专机离沈飞长，准备次日与林彪会晤。其副官处长郑平是我的老朋友，临行交谈，我感觉不乐观，因此发专电时比较低调："在南京商谈僵局情形下，此间人士对杜林两氏握手干杯已无多大兴趣。如双方中央各有指示，或好或坏许能谈出点问题。"果然，当天即接中共方面消息，林彪"暂缓行期"，会晤实际被搁置了。

第二部·高峰自述：内战观察

15日，我再发专电："杜林晤面已告流产，此间人士并未感到悲观，盖早已料及，且南京久阴不晴之局面使人民已倾尽悲观情绪。"吕德润兄专电则称："长春盛夏，天气不甚热，惟心中烦躁异常。日来时有不准发表之要人来往，以此观测大局，令人焦虑。如大局未定，东北小组可能如华北各地，仆仆逃命而已。十四年久候关内人之东北同胞，已渐失望。忆记者去秋抵长时，人民遇到关内人多抱头痛哭，而今虽仍有隐隐哭声，但情调大异。"

进入1946年8月，关内战火频仍，东北战事也在酝酿中。最早开始军事行动的是热河，军调部在平泉召开双方指挥官代表开会，双方互推责任，调处流产。热河局面紧张，东北军运益忙，杜聿明频繁赴各防区视察，哈尔滨也传来中共抓紧建立兵工厂，赶造军火的消息……我发沈阳专电："东北阴霾：关内炮火连天，关外也在做着准备。法库被共军包围，鞍山共军亦增援。榆沈交通周来无日不遭破坏。第二军将由海运至东北，相信铁轨、电杆必将更遭大难。沈长间国军调动频繁，东北人心咸感沉重。"

中国内战不可遏制，马歇尔不得不宣布调处失败，北平军调部已名存实亡。9月，长春分部美方代表白鲁德称病回国休养，中共方面准备缩减人员。10月，热河全面开战，东北军调寿终正寝。12月，东北军调小组已经无所事事。我发长春专电："此间气温达零下二十五度，一切都冻结了。政治气候好像更冷。军调分部之工作也随气候而冻结，小组迄今无恢复消息，大家悠哉。国美两方代表前几天集体参观小丰满，中共的人们寂守室内，似修道士。近来国方人员又练习滑冰，开研究会；美方人员则以香槟陶醉自己，两所大楼周围一片静寂。"

1947年1月29日，美国正式宣布"终止其对三人小组和军调部之关系"，命令美方人员尽速撤退。次日，南京政府宣布，解散军事三人小组和北平军调部。2月21日，中共驻北平军调部人员被迫全部返回延安，军调部至此名实俱亡。

第三章　东北烽火·1946

首席代表

李立三撤回延安，军调长春分部共方首席代表先后由伍修权、李初梨担任。执行小组改为分部，由沈阳迁往长春。

伍修权毕业于武汉高师，为武大前身，算是我的学长；我与李初梨交往最多，彼此互通信息，互相帮忙，成为朋友。我在东北所发有限的几条有关解放区的消息，大多来自中共朋友。

1946年11月14日，我自沈阳发专电，公开报道了"东北中共通过省县等组织条例，各级政府均以民主集中制机构力求精简为原则。省府由人民代表大会选举府委及正副主席，组成行政委员会，向人民代表会负责……"的消息。18日，再发专电："中共对战局发表看法，说将转守为攻。"报道设问：内战中中共领导的军队是否能坚持下去，直到取得胜利？然后直接引述延安解放日报社论说："根据四个月的经验，我们十分肯定地回答，完全可以坚持并且可以胜利，是因为中国人民有了自己的军队，有了广大的解放区，而且学会了运动战与游击战争。……我们的敌人乃是思想上的腐化，惧怕敌人，和平幻想，退却逃跑，个人打算，小团体主义，没有警惕性，不守纪律等，应该与这些敌人坚决奋斗，争取反攻的来到。"这些报道当时能够在大公报公开发表，既表明大公报记者不同于其他报纸的记者，也多少表明大公报的某种"中立"立场。

是朋友就要互相帮忙。1946年冬，罗叔章先生（从事工商界和上层妇女统战工作的中共地下党员，后曾任总理办公室主任、轻工业部副部长）与沈丹枫（曾任新华社驻沈阳记者）从上海到沈阳。沈丹枫的丈夫叫王坪，时任哈尔滨东北日报记者，中共党员，与我曾同为国际新闻社社员，抗战时期就是朋友。因此，沈丹枫找到我，说要经长春去哈尔滨，请我想办法掩护她们假扮亲属安全转移。当时，国民党当局对北上人员控制严密，罗叔章这样的人物很难顺利通行。情急之下，我把东北长官部颁发的

第二部·高峰自述：内战观察

记者特别通行证（可在各车站的军人售票口随时购票，有车即走）给了她们，方便她们购票。过江前再寄还给我。说实话，当时我并不懂得"革命"，但我知道要"够朋友"。

因为"够朋友"，我还曾出了一次报道差错，甚至险些丢了性命。起因竟是李初梨提供的一条"假新闻"。

1946年11月某日，李初梨告诉我，国民党新六军二十二师师长李涛被俘了。二十二师全部美式装备，是国军王牌，李涛又是蒋介石的爱将，此事非同小可，我问李初梨，消息可靠吗？他说，来自林彪总部。我信以为真，立即向天津、上海两馆发了专电。不料，第二天在长官部见到杜聿明，他说，被俘的是五十二军一二五师师长李正谊，而非李涛。我听了暗暗叫苦，立刻想到，按照当时的戒严令第四条"造谣生事者枪决"，意识到大事不妙，急忙打电话通知了李初梨，当天就搭乘平沈快车离开沈阳回了北平，以借口不在东北躲避追查。

到北平看报纸，天津大公报未用，但上海大公报却加黑框突出刊登"长春专电：李涛被俘"。据说，李的夫人见报后找到蒋介石哭闹要人，蒋电斥杜聿明"为何不报"，新六军军长廖耀湘也要追查。事情闹大了，我不敢再回沈阳，只得躲在北平。幸亏当时大公报刊登专电多不署名，我可以推脱不知。一个月后，共军渡过松花江发动攻势，国民党忙于应战，无暇过问此事了，才算风平浪静。不过，1948年冬，李涛在辽沈战役中还是被俘了。我"提前"两年发了条消息，开了个大玩笑，还险些掉了脑袋。

1947年1月，北满民主联军渡过松花江南下出击，迫近长春，威胁沈阳。战事紧张时，我与李初梨聊天，想听听他对战局的分析。不知出于什么考虑，他对眼下的军事行动不愿做具体评判，以"不太清楚"婉言回避了。但他认为，东北最近不会发生大的战争，共军南下是因为国军攻打南满；而国军要攻哈尔滨也非易事。理由是，国军在东北的兵力根本不足。如果进攻哈尔滨，必然顾此失彼。他说："你看，国军总是沿着中长路调来调去，铁路上就那么四百多辆车皮，多半都变成了运兵车。沈阳、长春、锦州也总是扣着一批车皮，随时准备调兵。东北各地闹煤荒，而抚顺煤矿堆积得要起火，都是因为火车被征去运兵了。"

说到中长路，又谈到中苏条约和大连问题。他说："条约上规定，中长路是不能运兵的,既然国民党违约运兵,我们也可以利用中长路运兵。条约上规定大连是商港,所以苏联不赞成政府开起军队去接收。大连市内没有共军,苏联愿意中央政府去接收。"他前面所说是实情,但最后一句,显然是官话了。

我问他:"军调陷于停顿,今后是否还能发挥作用?"

他说:"军调部的原则就是三方一致。有一方不遵守就不能发挥作用。现在我们根本没有事做,可谓饱食终日,无所用心了。"

"但国共问题总要设法解决,你看如何打开目前的僵局?"

"依照周恩来所提的两个原则,先恢复政协会议。中共决不会承认国大与'五五宪法',改组政府也是骗人的,应该先把它们搁置,尽快举行和谈,把停战谈妥了,再说别的。"

"马歇尔不是也说'五五宪法'相当民主了吗?中共是不是只反对产生这部宪法的形式,而对其内容尚感满意呢?"

"我们都反对。漂亮话不兑现是没用的。"

"如果停战是和谈的前提,你认为现在的问题是什么?"

"国民党的诚意。"李初梨肯定地说,"我们和国民党周旋了二十年了,不能永远上当。否则便是傻子。"

"你认为这个诚意是决定于国民党全体呢,还是少数人?"

"决定于一个人!"显然,他指的是蒋介石。

对于马歇尔所说的"共党内之自由分子",他说:"假如自由分子的定义是马帅所说的'争取民主与和平的人士',那么,所有共产党员都是自由分子。"同时,他也承认国民党有开明的民主分子,中共愿与他们共谋中国和平。他特别提到了张治中。

聊天中,李初梨还讲了解放区的"清算斗争""农民翻身"和"土改运动"如何好,同时也认为,中国要发展工业,必须经过资本主义阶段;赞成不妨碍主权的外国投资,反对官僚资本垄断和美国最近的经济侵略,等等。这番海阔天空的聊天,使我对中共的许多见解、情况有了更多的了解,或多或少地影响了我对国共之争的认识和立场。

第二部·高峰自述：内战观察

从朝阳到平泉

1946年6月，停战令有效期刚过，国共内战全面爆发。8月，国民党军攻占热河省会承德，并在继续扩大战场。热河成了当时国共交战最激烈的地区之一。我决定到那里去采访。

"热河"得名源自承德避暑山庄内的温泉，温泉水流入武烈河，在当地冬季寒冷的气候下也不结冰，热气蒸腾，故称"热"河。

民国初年，热河为特别行政区，1928年，国民政府正式公布热河设省，属关外东北四省之一。全省辖境约相当于今内蒙古赤峰市全境、通辽市大部（科尔沁以西），辽宁省义县、锦州市以北，彰武县以西区域，以及今河北省承德市大部，辖十五县二十旗，面积约十八万平方公里，人口约六百万，省会设在承德。

"九一八事变"，日本攻占东北三省后，为割断东北与关内的联系，进而蚕食华北，于1933年初进攻热河、古北口以东长城一线。时任热河省主席的汤玉麟不做抵抗，拱手让出承德。3月，热河全境被日军占领，划入伪"满洲国"。抗战胜利后，先是中共控制了热河。后国军开进山海关，沿北宁路强行北上，打到辽宁的锦州、锦西，又连克北镇、黑山、义县、阜新等地，控制了热河与沈阳间的铁路线。随后，石觉所部十三军由阜新沿铁路向西进攻，相继占领了热河的北票、朝阳、叶柏寿、建平、凌源、平泉等地，8月攻占承德。

1933年，我生平第一次见报的文章，就是"骂"汤玉麟弃守热河的。时隔十三年，我当然很想去看看。

1946年10月初，我从锦州出发，坐火车先到朝阳。当时，锦承铁路只通到平泉，每天只有早晨六时一班客车。

那天的列车只有一节客车，其余都是敞篷车，就是说，绝大多数旅客要露天受罪了。我五点钟就到了车站，总算在客车里找到一个位置坐下。

第三章　东北烽火·1946

车厢里挤满了人，我的脚几乎都要抬起来，好让没有座位的人坐在地板上。旅客中商人最多，其次是军人，还有些跟在军人身旁的不三不四的女人。车开了，坐在我旁边地板上的老农脱下衣服拿虱子，对面的女人拿着镜子描她嘴上的口红。我的右座是一位父亲带着两个十来岁的女儿，都闭着眼睛一声不响。那两个女孩穿着又脏又破的衣服，似乎唯恐碰了我，总是往一起挤，想给我让出一点宽裕的地方来——穷人竟这样胆小。"坐得开，你们往我这边坐一点不要紧。"我摸着那个像妹妹的女孩头说。她们的父亲睁开了眼，我们谈起话来。

这父女三人是从黑龙江绥化县来的，老家在朝阳，闯关东七八年，在绥化给日本人种地。胜利后，共产党来了，他们也分到了十亩地。但大户的土地被分了，不再需要雇工；自己分的地硬，又没有牲口，无力耕种；去年老婆也病死了，所以父女三人只好讨饭回家，希望到家乡后能够活下去。可是他并不知道，家乡也有许多人正讨着饭往外逃，也希望换个地方能够活下去。

三天前，他们已经花光了路费，昨天在锦州饿了一夜，今天是偷偷爬上火车的。因为担心查票，肚里又饿，所以才闭起眼来。在一个小站，我下去为他们买了几个烧饼，两个孩子大口地嚼着。只百十块钱，立刻就涂去了她们脸上的饥色。吃饱了的两个孩子把头伸到窗口去看，野外站着比她们更褴褛、更饥饿的孩子。

车到义县，下车的客人很多，马上就有敞篷车上的人跑到客车里来抢占地方。有两位像公务员的客人自嘲地说："把'四大强国'之一的国民装在运牲口的车里，简直是糟改（挖苦、戏弄之意）。"我听了，只能感叹内战中这令人啼笑皆非的场景。

朝阳是当时热河省政府许多机关的暂驻地，我停留了两天。下车后，车站有女检查员，这在东北各地还很少见，据说是为了检查带烟土的女客和共党女间谍。

朝阳是前燕的首都，古称龙城。隋朝改辽西郡，是当时统治长城以北各部落的政治中心。乾隆三十四年改朝阳县。城内有三座古塔，传说是辽金时代所筑，因此当地人又称朝阳为三座塔，但我去时只存两座了。伪满时代，日本人在朝阳没有下过什么本钱，城里没有任何新建筑，街道房舍破旧，市面也极萧条。

朝阳县辖五十个乡镇，当时国民党手里只有三十个。县城虽然被收复了，但两万多老百姓却没有过上太平日子，城里每天都有过境的军队，每天都有民宅被军队占住，大小客栈更几乎成了兵营。我在朝阳与宁城县长成某同住一家小店。据成某说，驻守宁城的国军一周前被共军击溃，县城失守，他逃了出来。他还说，过去伪蒙疆政府德王手下的蒙古军总司令李守信，现在又成了"热河人民自卫军"总司令。许多人奇怪，这个汉奸怎么又成了"国军"？可能连他自己也没有想到，日本人投降了，他还能有招兵买马的机会。据说，李守信正准备攻打阜新附近的小库伦旗，以期获得补给，否则，他会以这个名义到民间去搜刮。

热河省政府是随着军事的进展暂设在朝阳的，省府各厅、处没有房子，就在征用的各处民宅门口挂上一个小木牌，算是办公了，如此寒酸景象，充分体现着政局的不稳定。军调第二十六小组也驻在朝阳，朝阳一时为热省的军政中心。不过，驻承德、赤峰的两个小组撤回北平后，朝阳小组也进入了"冬眠"状态。我在朝阳看到，国美两方代表无所事事，靠逛街打发时间；共方代表则闷在自己的屋里，等候着调回北平的命令。

在朝阳，我见到了路过这里的东北长官部副总司令郑洞国，他说要赶去赤峰前线。看来果然将有战事发生。我发回专电称：

> 记者昨午由沈阳抵此，沙漠以南风沙中之朝阳县气候较平津低约十五度，已感北风刺骨。荒凉之冬季将临，人民已先向秋风投降。战地难民昨日方还乡，今日又出逃，炮火下无法停足。行总有三千吨物资正运往热省，但僧多粥少，不得饱暖者仍占大半。人民对于"谁在此处"已成疑问。
>
> 由车站进城里许，无一车辆，闻近来过境军队极多，征用一空，民房则被军政机关占光。军队天天号房子，连灯油都要老板供给，战时军民已经彻底"合作"了。热省府因承德亦闹房荒，大部仍留此，尚无西迁消息。仅留热境驻朝阳之军调部二十六小组有最近撤回北平之说，如此则热境调处工作全部寿终正寝。
>
> 郑副长官洞国今午后专车过朝阳赴叶柏寿，设前进指挥所。赤峰

第三章　东北烽火·1946

附近或将展开攻守战。在热境作战各师补充之新兵，连日过朝阳西开，士兵尚着单衣，热省今年落雪较早，云贵川等西南各省士兵必感今冬苦于去冬。

漠南文化亦待推展，城中有如此标语："纪念孔子，要实行三民主义"，人民莫名其妙。城里小贩黄昏即赶收货摊回家，入夜口令森严，行人绝迹，偶闻犬吠声，犹如身置一年前之战地。面对桌上欲熄又燃之油灯，郁闷塞满心头。

离开朝阳到平泉，因为换车，要在叶柏寿过夜。但叶柏寿却没有住处，甚至连吃的也没有。郑洞国在叶柏寿成立了前进指挥所，除了军人外，没有居住证的人一律不准进城，旅客们只能住在车站附近，可是那里只有些破烂的土房，容纳不了几百旅客。

火车到叶柏寿时，太阳已经落山。旅客们下车后，像跑警报一样冲过月台去找住处。找不到地方的，只能三三两两找个墙根蹲到天明。我下车后提着行李东找西看，绕来绕去，早已无处投宿。最后撞到车站工务段门前，见一群抢修铁路的工人下班，背着锄拾着镐正往里进，实在没有办法了，我也就随着进去。说明了身份，搭上许多好话，里面一位先生总算允许我跟着这群工人睡在一起。那是一间足能容纳二三百人的大房子，我十分感谢，否则不也要去蹲墙根吗？

放下行李，我想到车站附近找点吃的东西，结果几个小摊的一点东西全卖光了，一家小饭馆里挤满了人，也只有开水喝。饭馆门旁有两辆十轮军用大卡车在兜生意，到凌源县去每人流通券三百元，显见有人趁火打劫。一座破土房门口，站着一位披头散发的女人，几个穿军服的人围着她，那是在谈皮肉生意。谁能想到，战乱之中，几座破房子里，一盏昏暗的油灯之下，居然还有这样的荒淫夜景！

找不到吃的，我在一家小铺买了一支蜡烛回到工务段，把单薄的行李铺在又冷又硬水泥地上，几次躺下又几次坐起，最终还是忍耐了。一群工人躺在我不远的地方大谈原子弹如何厉害，也有人在说宁城战事死伤惨烈。战争让这些工人都不得安生。我侧着身子面对烛光，整个心灵跌在凄楚的陷阱里。

第二天清晨，昨天蹲墙根的客人摸着黑就上了火车，我上车时早就没有了座位。幸亏遇到了救济总署运物资的车队，经负责人同意，我搭上他们的汽车。

叶柏寿到平泉间的公路桥梁全部遭到了破坏，都是用枕木垫起来勉强通车的。每距桥梁数百米，就竖立着一个小木牌，写着"一停再开"，猛然闯过去必出危险。看着那些破烂的桥梁、锯断的电杆，我想，这燎原般的内战之火将要烧毁的是整个国家啊。

平泉是通往喜峰口的交通要道，在军事上颇有价值，因此驻扎的国军很多，以防范冀东共军。平泉之得名，是因为城内有一眼水泉叫"平泉"，严冬不结冰，战时却已经变成一个脏水坑了。平泉没有城墙，只有一条斜长的大街。因为承锦铁路只通到这里，所以平泉又是国军弹药粮秣的集散地，有数不清的仓库、兵站、人力及兽力大队。联合后勤司令部规定了征用人力、兽力的价目，以布告方式贴于街头，一天只一二百元的工钱，吃不饱人，也喂不活牲口。被征用的人只能饿着肚子，赶着比人还瘦的牲口，拉着快要散架的车辆，任劳任怨地为内战"服务"。

内战中的热河

由平泉到承德的铁路正在赶修中。由于沿途有一个隧道，共军撤退时用两个车头撞毁在里面，损毁严重，同时又缺乏材料，一时通车无望。到承德去的人要在平泉换乘汽车，而商营汽车只有三辆，且时常被军队征用。能找到关系的人都坐军用大卡车去承德，一百八十里路，需要三个小时。

我到承德仍是坐救济总署的汽车，同车的有美国华盛顿大学教授卫斯顿博士和管理运输专员潘特。卫斯顿时任联合国救济总署经济审查专员，到热河来考察农村经济状况。他坐在汽车上，拿着照相机和笔记本，一路不停地观察、记录。途中每个村庄都有裸体的儿童，他把那些残破的中国

第三章 东北烽火·1946

农村景象都收进了他的镜头。他对我说:"你们真不应该再打内战了。"这虽然已是老生常谈,但我相信他是深刻地看出了我们的危机。

我在承德住了十余天,做了多方面的采访。

热河历史上就是一个比较瘠贫的省份,北部以畜牧为生,南部可以农耕。但耕地土壤中多砂土与石灰质,又因缺少雨量,农作物产量极低,每亩玉米才打二三斗。遇到好年景,老百姓勉强自给自足,否则一年收成不够一年吃的,何况遭逢战乱。

战时热河省政混乱,财政拮据。我到省政府采访,他们竟没有一张精确的地图可供参考,甚至连南京的行政院也说不清楚热河究竟有多少县份,人口若干当然更无从统计。省政府由朝阳迁至承德,因为没有房子,大部分机关还在朝阳,先来的千余职员散居在民房内,省主席刘多荃也只能住在慈善机构道德会里,其状之惨可见一斑。至于办公经费,据省政府秘书长高清岳说,中央明令以田赋维持,而当年核定热省田赋所得仅够政府两个月的开支,明年经费还没有着落。我问:"以如此瘠贫之地,能征来多少?纵然征来,人民又何以为生?"他除了叹息,无法回答。

因为财政困难,地方建设也只能在办公桌上做计划,实行却遥遥无期。热河教育落后,除阜新师范,全省没有一所职业学校,中学生人数也仅五千余人,因为校舍被破坏,班次人数限制极严。阜新、北票一带要求入学的青年约有千人,却无学可上。

关于民政工作,高清岳说:"目前以清乡与建立各村镇'政治堡垒'为首要工作,同时加强县与县之间的联系,以安定社会。"但我了解的情况是,当局已收复的十四个县,没有一个能够完全控制,广大农村更是中共武装的地盘,境内大战没有,小战不断,各县如无国军驻守,自卫都成问题,社会何能安居?就在我住承德期间,国军攻占了围场,又在赤峰与共军激战。杜聿明过承德时,曾赴围场战地视察。他还说:"待肃清此地共军,可将兵力调回,攻取多伦,切断张家口的后路。"然而,谈何容易?

采访中,我从承德陆续发回专电,简要报告热河情况:

> 记者由平泉乘汽车赴承德。年来时局不定,此百八十里行程,秃山环抱,烽火漫天,农民贫苦,终日不得一饱,十二三岁的孩子们多

第二部·高峰自述：内战观察

裸体，女孩们不过一条破裤子，大人们的衣服也烂得不能再补。记者在此晤联总经济专员卫斯顿博士，沿途的情形，他也看到。他说："中国内战真是不应该。"言下慨然。卫氏回平，准备先代请求大批衣服来救济热省同胞过冬。

承德景色极惨。城内入夜虽无枪声，亦无行人。漆黑黑的大街上有共军撤退时留给国军的标语："弟兄们为谁辛苦为谁忙？"并告诉老百姓："我们要走了，你们看看将来这里的政治作风。"民众像做梦一样地又换了"领导者"。承德本来就穷，现在更穷了。中共之冀察晋边票不准使用，货币仅有伪满钞与流通券。一次变乱人民受害不小。中秋已过，大街小巷仍有穿不上衣裤的孩子们。他们将如何过冬，恐怕只有边打边救济了。

记者抵此周余，面对这秋风里的承德，真叫人痛心。现代建筑完全破坏，人民离不开的邮局也被毁光，敌人曾替我们保护过的清代离宫，塌的塌，拆的拆，烧的烧，景景不全。二百多年的喇嘛庙内，泥像躺在地上，佛心被挖走。武烈河上大铁桥被炸成弯曲脱节的长蛇。一位朋友说："中国的政争就等于毁灭国家。"

承德现有人口八万，省府已迁来，破坏的房舍正在修缮，尚不能集中办公。物价比平津稍低，自来水已部分修复，发电机在北平资委会借了一部，准备运来。承德交通不便，电信困难，人民不知天下事。军政当局为了需要，合资办了一家《公正报》，双十节已出版，为热省之独家报纸。承德已开始复员。今日秋高气爽，记者登山俯视全城，奇峰环抱，河水绕过城边苍松翠柏，喇嘛庙内红绿琉璃瓦闪闪夺目，松涛像海潮，山清水秀，承德真是塞外桂林。然远眺山顶垒垒碉堡，又感到这远不是复员的时候。

离开承德后，我曾写了长篇通讯《热河来去》，详细报道了热河之行。其中写道：

第三章　东北烽火·1946

民国二十二年承德沦陷，当时汤玉麟一枪未放，逃向多伦，占领承德的日本兵不过几十人。汤现在北平已经啃了窝头，热河老百姓还在骂他是草包。去年八月日本人也一枪未放，让苏联军队进入承德。苏军进城的时候，老百姓误以为是国军，曾打着旗去欢迎，当时许多人的手表就被拿去。苏军接着把离宫里楠木殿的大理石拆出，在宫门口建立了一座三丈多高的胜利纪念碑。进城的人们总要抬头看看，他们不认识苏联文字，只知道那是三百年前从云南搬来的大理石。苏军撤退后共军进城，老百姓又以为是国军，欢迎招待。不久城里写了大字墙壁标语："要求国民党政府实行宪政，打倒二日本！"每天几乎都有群众大会，每次会上都攻击政府，这时老百姓才明白，八路军是与中央军对立的。但是他们不知道对立的原因，老百姓彷徨起来。当一个月以前国军进承德时，他们都不敢再去欢迎，怕欢迎错了送掉脑袋。先有苏军的"占领"，再有共军的"解放"，后有国军的"收复"。这三出三入，使承德遭受了历史浩劫，除了人民的住宅外，公共机关、敌伪的现代建筑以及历史的古迹，大部变成废墟。

我们不愿批评破坏的是非，因为各人立场不同，看法也不同。我们但愿双方放下武器，用政治方式作政治的斗争，这样是光明磊落的斗争。把成绩拿给人民看，人民可以大胆的鼓掌喊好，谁给他们造幸福，他们必跟着谁走。如果再以内战的方式继续斗争下去，今天你丢了这里，明天我占领那里，谁也不能在人民之间建立下政治的信仰，恐怕谁也不易得到更多的群众，最后是国家垮台，大家遭殃。

热河沦陷过十二年，日本人除注意到热河有防苏军事的地理形势外，并没有在热河下过多大开发或开垦的工夫，反而一贯剥削与统制。锦承与承平两铁路也不过是为军事的需要修筑，铁路两旁仍是一片荒凉。热河人民自汤玉麟的鸦片极盛时代，经过日本的伪满时代，直到回入祖国怀抱，始终过的是似饱不饱、似暖不暖的日子。日本投降以后，他们满以为今后不但有了饱暖的日子，而且真正地得到自由幸福。谁知内战又起，热河人仍在水深火热的陷阱里，烽火快把热河同胞烧焦了。

从朝阳到承德，这五百多里的途中，看看那些塌陷了无力再重建的农村房舍，成人们穿的衣服像鱼鳞一样，一片一片的将落在地上，孩子们裸着体在村口动也不动，失去孩提的天真，十三四岁的女孩子只多一条裤子和兜肚，在村外拾干柴。热河农民穷困到如此程度，固然有其远因，但不可讳言的内战也是罪恶渊薮。因为内战的原因，多少人背井离乡，多少人当了民夫，又有多少人被拉去当了炮灰。壮丁没有了，谁去耕地？人民该如何生活？

热河人民多么需要安定，又多么需要救济。冀热平津分署派了第五工作队在热境工作，发放面粉、旧衣与奶粉，一时受惠的人民也的确不少。可是你看每个城市的街头，都有奶粉、牛奶卖，饭馆里也会吃到雪白的面粉，那是老百姓不肯吃这些贵重物品，希望换一点钱去买能多吃几天的小米。……热河的老百姓自称是"老背兴"。这"老背兴"三字是人民流着眼泪想出的。

热河各方人才缺乏，亦为可注意之问题。原因是热省地处边疆，比较脊贫，沦陷又早，十数年来，国人对热省情形多隔膜，近来又因战乱阻塞交通，去而难返，以致国人裹足。但当外蒙独立、国际关系复杂的今日，热省正需要大量人才前往开发建设，巩固北部国防，热河是我们不应该忘记的省份。

蒙旗自治问题初探

在承德，除了战争带给人民的苦难，我关注的另一个问题就是当时的蒙旗自治。抗战胜利后，国土光复，但外蒙却"独立"出去了，这使得内蒙古成为不容忽视的问题。

所谓内外蒙古，是以大沙漠为界限，北为外蒙古，南为内蒙古。内蒙古包括东四盟（哲里木盟、卓素图盟、昭乌达盟、锡林郭勒盟）和西二盟（乌兰察布盟、伊克昭盟），共二十四部四十九旗。民国以来，汉蒙杂居范围日益扩大，同时有外力唆使蒙民叛乱，因为内政、外交的两重关系，国

第三章 东北烽火·1946

民政府乃于1928年划内蒙古为热河、察哈尔、绥远三行省,"内蒙古"一词则不复存在。

蒙古的地方行政组织,最高为盟,有盟长;其次为部,有部长;再次为旗,有世袭的札萨克,即旗长;旗下有包,相当于汉人的村落。部旗是蒙古旧制,盟是清代管理蒙古的新制,以剥夺部长之事权而便于统制。热河境内有两盟十部十七旗,人口约四十万。伪满时代,日本人利用分化政策统制蒙古,把东蒙一部分划入兴安省,在热河废了县制,恢复旗制,各县设旗公署,由蒙古旗长治理汉人。在西蒙则有德王的伪蒙疆政府。表面上看,似乎蒙古人由日本扶助翻了身,实际上却是日本的傀儡。

在日本人统治的十四年里,蒙胞的思想观念有了很大改变,懂得了什么是政治关系,如何才能民族自决,为什么要受教育,等等。日本投降后,内蒙古回到祖国怀抱时,蒙胞已经有了长足的进步,他们当中不乏有为青年。我曾接触过一些蒙古族大学生,包括留学生,他们都是有理想、有抱负的。如果政府善加使用,他们应该会在内蒙古的行政治理、经济发展方面起很大的作用。

然而,国民党政府在内蒙古问题上是失策的。

东北境内原有蒙旗四十三旗,人口约二百五十万。伪满时代,日本人将各旗划归四省分别管辖,为的是一则防苏,二则分化,三则离间汉蒙感情。抗战胜利后,国民党政府没有重视蒙旗问题的历史和蒙胞的自治要求,只是派了一个不关痛痒的宣慰团应付差事。东北行辕虽然成立了蒙旗复员委员会,也不能负起实际责任。后来内战打到蒙古族地区,蒙胞同样流离失所,不堪战祸之苦。但中共在其占领的蒙旗各地却与蒙胞合作,并在赤峰成立了内蒙古自治运动联合委员会,更与政府失策形成对比。因此,国统区蒙胞开始酝酿自决自治,热河各县并已恢复了伪满时代的旗政府,各旗长还是伪满时代的旗长。在各汉人所在的区公所地方设有参领公所,在各村镇还有左领公所。每个旗政府都有一定的武装力量,实行自治,不服国民政府的兵役,不负担军队的粮饷,也不纳租税。蒙旗自治由此成为令国民党政府头疼的问题。

在承德,我与一位北京大学毕业、时任国民党热蒙党部特派员的蒙古族青年锡里居泰谈起蒙旗问题,他说:"日本投降以后,蒙胞希望政府很快拿出办法来,实现自治。结果失望了。既然政府没有办法,所以蒙胞根据 1931 年国民政府公布的《盟部旗组织法》,又恢复了蒙旗政府。"我问他:"蒙胞为什么要求自治呢?"锡里居泰说:"打个比方,汉人是个大人,蒙人像个小孩,一同去树下采果子,永远是大人拿得到,小孩吃不着。我们今天需要的是一个'儿童乐园',这乐园需要汉人帮助建成。如果虎狼来了,要大人去打,儿童在大人保护之下,才能开辟自己的乐园。"他又说:"我们希望政府早日实行国民党二中全会通过的边疆问题决议案。"那个决议的第一条就是,在根据三民主义、五权宪法组成之统一民主国家的原则下,宪法须明确规定保障边疆民族之自治权利。第七条甲项关于内蒙古部分规定,恢复原有之蒙古地方自治委员会,并明确划分盟旗政府与省县间之权限。

从锡里居泰的谈话可以看出,蒙胞是倾向于政府的,希望政府保护他们,并在政府领导之下给他们一个自治的机会。然而,国民政府迄未审明汉蒙的权限问题,县政府恢复后,难免有一部分蒙胞误以为是否认蒙旗,剥夺他们的自治权利。所以才有了博彦满都、哈丰阿等人起来闹东蒙自治运动,热河也无形中种下了汉蒙对立的种子。

我就蒙旗问题又请教于热河省教育厅长刘廉克先生。他说:"我是蒙古族人,了解内蒙古的情形。其实问题很简单,蒙人要求的只是自治,政府尽可大胆地由他们去自治。有人说内蒙古要独立,以目前蒙人的低劣条件,如何能独立起来?那真是太不了解内蒙古情形了。纵然自治,也还需要有人来扶助。"

在承德,我所接触过的蒙胞,都承认自己的落后,也知道外蒙是如何独立的以及独立以后的生活情形。他们深知外力的残暴,与其求助外人协助自治,不如求助国民政府。所以刘先生说:"内蒙古像一个病人,急欲站起来,所以求医于国民政府,而政府迟迟拿不出药方,到今天不但没有好的办法,连坏的办法也拿不出来。如此下去,病人再去请别的医生,那可就危险了。"这话很是耐人寻味。

外蒙古独立不过一年,内蒙古问题又迫在眉睫。我在通讯《热河来去》中关于这个问题的报道写道:

第三章　东北烽火·1946

今天治理内蒙古不是用敷衍、拉拢、威吓所以能成功的,他们要求自治,在国民政府指导之下,应该立刻规订出自治办法,不必再拖。其次,多办有利蒙胞的公共事业,如学校、医院、工厂,罗致蒙古人才。我们能以赤诚待蒙胞,并真能给他们创造幸福,这些早已与汉人通婚了的内蒙古同胞,久而久之还会有什么难决的问题?问题是不着手去做,等着问题发霉。

我们还要认清今日热盟在内蒙古地位之重要,一,东西蒙为北部第一线国防,热盟正居其中;二,历史上热盟的文化、教育、商业比较其他各盟进步,尤以喀喇沁三旗的人才辈出,三,整个内蒙古的经济条件也以热盟最优裕。要建立北部国防,就必须巩固内蒙古;巩固内蒙古,又必须先把握热蒙。我们不能与热蒙分开。

我的报道见报后第三天,大公报就此发表社评称:

本报连日所载《热河来去》通信,区区之意,在引起负责当局的关注。蒙胞所祈求为合理限度的自治,然同时则内向情殷,多年如此,今日尤甚。故政府须有远见,能抓住问题中心,且有勇气有决心,以解决当前问题,则内蒙古至少可以说无了不起的繁难问题。反过来讲,负责当局对于内蒙古如果不能把握住今天潜伏存在着的一些问题,或无勇气面对现实去解决这些问题,而听任问题发霉,则冥冥之中,万事堕败,其情势也随时可能恶化……政府对于蒙胞所最感关切的若干问题无确切的表示,无迅速明快的处理,良机坐失,实堪惋叹。幸而及时努力,现在犹未为太晚,失今不图,势将棼乱而治。这是政府应当严切注意的一点。

然而,直到政权易手,国民党政府也没有能够解决好蒙旗自治问题。

第二部·高峰自述：内战观察

承德北平道上见闻

　　离开承德，我准备按计划回北平。听当地的商人说，最近密云怀柔间常有军事冲突。但为了完成这次旅行，我甘愿冒点风险。

　　那天早晨，我们一行五人乘坐救济总署的一辆大型吉普车，由承德出发。承（德）古（北口）公路因为不久前刚刚打过仗，没有多少行人，只有一些商人用自行车驮运布匹等类冒险出塞。公路沿着（北）平热（河）铁路并行，但铁路路基已被挖成长城垛口的样子，铁轨被埋在路基两旁，许多枕木被老百姓拉走当柴烧了，剩下的散乱堆放着，等待不知何时才能修路时再用。滦河上三十孔的铁路桥与水泥公路桥，断成三十节躺在河里。

　　车到古北口，我们停车登山凭吊，并与商家兑换法币。

　　同在一个国家，跨省也要兑换钞票，这也是内战中的一种怪象。原来，抗战胜利后，国民党政府针对东北特殊的经济环境，于1946年特别发行了东北流通券作为区域性货币，限在东北九省流通，不得在关内使用，但可与内地法币兑换，初期比值为一比十。后来通货膨胀，流通券越来越不值钱，流通了不到三年，就随着国民党军事、经济的崩溃而停止发行了。

　　抗战胜利之初，热河不属东北九省，财政系统划为使用法币的平津区之内，通货应该用法币，但由于境内军事指挥系统属于东北保安司令长官部，流通券在军队中普遍使用，因此热河也就成了流通券地区。这样一来，热河用两种货币结算，金融市场陷入了混乱。我们离开热河到北平，就必须把流通券兑换成法币。

　　以后的行程，我的记述如下：

　　　　古北口的确险要。长城在这里不是直线经过，而是像一条带子盘

第三章　东北烽火·1946

旋在崇山峻岭之间，易守难攻，难怪自古就是兵家必争之地。

共军在古北口住过一年多，我们到时，刚刚易手国军。城里只有不到三千人口，街上生意屈指可数。车站和部分房舍都遭到战火破坏。所幸古北口三宗宝——七郎坟、令公庙、琉璃影壁都还在。南门里的令公庙，墙上有"威震边关"四个大字，庙里的泥像一度被苏军拉倒，后来又扶起，由两位道士每天烧香供奉。

一位道士领着我参观了为纪念民廿二年国军关麟征部坚守古北口牺牲将士而修建的敬忠祠。祠堂在杨家庙前院，修建于廿八年。当年我军在这里坚守四个月，敌人终由长山峪迂回占领了古北口。战后，当地人曾在附近山头收集到人骨百余麻包，尸体五百二十余具，修筑了一座大坟埋葬。道士说，一月前，古北口、长山峪一带又有战争，本来已经残破不堪的长城，再度弹痕满墙，更显凄惨。我站在庙前，远眺那古代用于抵御外敌的伟大工程，想想今日内战双方，也在利用它相互残杀，不禁慨叹良久。

车出古北口，直往密云，沿途道路难行，颠簸得人头昏脑涨。途中不时可见农村三五裸身儿童，茫然地看着我们。我对同行者说，战火烧到哪里，哪里的人民必被烧穷，连道路都没有人修了。

车到密云吃午饭，我们顺便探询附近有无战斗，饭馆的人说，从昨天起，城西北八里处就在打仗。说话间，远处传来隆隆炮声，但街头行人若无其事，他们竟习以为常了。我们唯恐南行遇险，不得不到县政府去问个究竟，朱姓县长一早就带着团队去打仗了，别人说不清楚。又到驻军某纵队司令部去探问，一位参谋说，可以大胆地闯过去，公路旁四里的地方才有战斗。

吃完午饭，我们的车开足马力，闯到怀柔。不料过了城门，守城的士兵又阻止我们出城，说前路情形不明。我们商量的结果，还是准备闯闯看。车行五里，在一村口见三五成群的武装农民，而且还有轻机枪，确实有些吓人。他们自称是奉令在村口截击八路的，但八路是不是就是他们自己，我们不得而知。沿途村庄同样武装农民把守，他们不盘问，我们就南开，直至进入怀柔县，才算到了安全地带。而此时，炮声已经追到了我们的背后。

第二部·高峰自述：内战观察

从承德到北平，五百里路，跑了十个小时。车进北平朝阳门时已近黄昏，全城灯火，人潮拥挤，王府井大街更是灯红酒绿，歌舞升平。这些，似乎立刻使人忘记了那些没有裤子穿的人民。

【立此存照·张高峰在"文革"中的检讨　我写的长篇通讯《热河来去》中的有些内容，本想说明内战对人民没有好处，国民党统治区固然民不聊生，解放区人民的生活也不是那么理想。当时我认为，这样提出问题，写出报道才是"超然"和"公正"的，其实是明目张胆地攻击解放区。我凭吊古北口，感叹内战的破坏，混淆了国共作战的不同性质，还影射怀柔武装农民可能是八路军，这些罪行都是白纸黑字印在报纸上的。】

"红军票"始末

1946年6月的东北停战，对于国共来说，都是一个获得喘息的时机。除了军事准备与争夺，双方还需要以相当的精力来经营自己占领的地区，以为自己立足的基础。

国共为什么如此看重东北，并为之诉诸刀兵，大动干戈？因为东北太富庶了。这同样也是1904年日俄两国在我国东北大打出手，以及二战以后苏美两国都觊觎我国东北的重要原因。

仅举若干数据就可以一目了然。

远的不说，"九一八事变"后，日本统治东北十四年，把这块中国领土当做它的"关东州"来经营，使东北工业化水平迅速提高，工业总产值占工农业总产值的比重由百分之二十六点九增加到了百分之五十九点三。1945年，工业方面，东北以占全国百分之十左右的土地和人口，生产了占全国百分之四十九的煤、百分之八十七的生铁、百分之九十三的钢材和百分之九十三的电；交通方面，东北的铁路、公路总里程分别达到一万四千和近六万公里；中长路从沈阳到大连沿线两侧，城市密集成片，工厂烟囱林立，城市化水平居全国之首，沈阳的铁西工业区更被誉为"东方鲁

第三章　东北烽火·1946

尔"。此时，东北工业规模已经超过日本本土，居亚洲第一。

东北如此富庶，因此早在1945年6月，毛泽东在中共七大讲话中就指出："……东北是特别重要的。如果我们把现有的一切根据地都丢了，只要我们占有了东北，中国革命就有了基础。"而蒋介石说得更直接、具体："国民党命运在东北，盖东北之矿产、铁路、物产均甲冠全国。"国共争夺、经营东北，势在必行。

经营自然离不开经济，而经济状况首先反映在财政金融。

1946年六七月间，我在沈阳先后走访国民政府财政部特派员陈公亮、东北行营经济委员会主任张嘉璈，就东北财政金融状况发回专电称：

> 目前东北虽无战事，但仍为变态之局面，故财政金融未能入常轨，九省之税收微乎其微，直等于无收入，一切支应均赖流通券之发行。且东北之货币已达四五种之多，计流通券、伪满钞、红军票、共军票及正在收回之旧印法币。财政部特派员陈公亮谓：恢复经济计划虽有，但在政治未安定以前，一切难如期收效。欲使东北财政稳定，宜先求政治安定，次求产业繁荣云。

> 张嘉璈称，东北接收非如关内接收为和平地送上门来，而是用武力打开的，故紊乱亦所不免。军事本与和平相背，军人没有房子住，焉能不占？……张氏说，流通券为稳定东北物价而发。伪满票在东北发行额为一百三十亿，苏联红军票据苏方自行公布为九十七亿，共军之边币仅在其区域内行使。对于红军票，现正设法收回中。记者询以东北现况表面为军事支配政治，而政治又支配经济；实则为经济支配军事，而军事又决定了政治。为求本末不倒置，对于东北经济前途是否有所改进？张主委笑称：我一向主张合作，单独是不行的，相信慢慢做下去可以改好。抗战时期，我们天天说经济要崩溃，不是拖到今天经济也没有崩溃吗？

陈公亮和张嘉璈所说的流通券和"红军票"，是当时东北市场上流通的两种主要货币，后者更严重地影响着物价的波动。

关于东北流通券，我在前文中已经做了说明。

所谓"红军票"，是指苏联红军在我国东北地区发行的、具有货币性质的战时票。起因于 1945 年 8 月苏联红军出兵东北，根据两国政府协定，苏军所需军费，由苏联红军司令部在东北地区发行红军票解决，战后由中国政府负责收回，送回苏联销毁。

"红军票"有一元、五元、十元和一百元四种面值。钞票正面中央部分为面值额，上方用繁体中文印有"苏联红军司令部"字样，下方印有"为一切支付必使用"字样；背面印有"赝造支票以战时法处罚"的警告语。据苏方后来通报，1945 年 10 月至 1946 年 3 月间，苏军共发行"红军票"九十七亿两千五百万元。

抗战胜利后，伪满币还充斥东北市场，而"红军票"在没有任何物质基础的条件下强行挤入流通，苏军走到哪里，就在哪里凭此票"一切支付必使用"。东北市场上流通券、伪满币、日本军用票、银元与"红军票"同时流通，不可避免地导致钞票贬值，物价飞涨。"红军票"实际上是以中国人民的劳动价值和东北的丰富资源作为准备金，无代价地为一百五十万苏军提供了给养，承担了军费，苏军借此掠夺了大量中国物资。

国民党接收东北初期，"红军票"依然被允许与东北流通券按一比一的比值使用，有法定支付地位。按照约定，嗣后由中国政府收回，损失向日本索赔。1946 年 3 月起，苏军开始撤离东北，事后仅告知"红军票"发行总额，却没有移交印钞版，亦未告知所印钞票号段和各种面额的发行数量。中国政府既无法确认已经在市场上流通的"红军票"究竟有多少，也不敢保证没有新的"红军票"出笼。况且，中国连日本的战争赔款都没有拿到，又拿什么弥补"红军票"大量发行造成的损失？

在这种情况下，国民党怕苏军利用钞版肆意增发或移交给中共，进一步冲击东北金融市场，遂决定停止使用并收回"红军票"。

1946 年 7 月 31 日，张嘉璈召开记者会宣布：一，收回十元以上之"红军票"，十元以下者照常流通。二，百元"红军票"在银行登记，可兑换总额百分之十的东北流通券，其余算作存款，但不计利息，俟与苏联政府洽得票样号码后另定兑换日期。三，百元"红军票"自 8 月 1 日起停止使用。长春、沈阳、永吉十日内登记，其余各县至二十日止。四，储存银

第三章 东北烽火·1946

行之"红军票"存单，可持至国家银行作抵押借款。

国民党政府的这一决定，令东北人民措手不及。8月1日实施当天，沈阳市商会负责人即约见张嘉璈，陈述各同业公会对收兑、登记"红军票"办法提出的要求，其中涉及：对破损"红军票"，如号码仍能辨清数字或破损程度在三分之一以内者，应准予收兑登记；对持有"红军票"存单者，最低限度应按其存单票面额准由银行贷与百分之五十的流通券，以应对市场需要；如十日期间不能办理完竣，应考虑延期；如"红军票"实际发行超过苏方通报的数额，应请政府考虑允许收兑，勿使人民蒙受损失，等等。迫于民间压力，这些要求大多被行营经委会采纳。

尽管如此，办法实施后，沈阳的许多小商店还是宣布停业了，更多的市民则因市场混乱，粮价、肉价上涨而叫苦连天。长春市政府布告，要求所有物价须恢复"红军票"登记前的价格，结果却是没有一样物价不涨，实施不到一个月，物价平均上涨一倍。东北籍参议员王寒生慨叹："政府施策令东北人伤心，收兑'红军票'等于让人民捧着金碗讨饭吃，等于致其死命。"

国民党政府停用"红军票"，中共方面亦紧急应对。考虑到"红军票数量甚大，国民党停用后，如涌入解放区挤购，必然引起解放区物价猛涨，危害国计民生"，因此，在国民党施政次日，8月2日，中共东北行政委员会即紧急命令东北解放区各地"暂时停用红军票，听候处理"。此举同样令当地百姓心惊肉跳。

几乎与此同时，国民党中央社记者报道说，"共军创设东北银行，印制钞票，强行规定与伪满币之比率为一比一，并尽量以东北银行券大量收兑伪满币，而后潜携至国军收复区内，或以之换易东北流通券，或套取大量物资"云云。

中央社的消息是否造谣，我无从考证，但东北中共解放区缺乏棉花、棉布、皮货，直接影响严冬御寒的事实却是存在的，所以，常有商人出入国统区收购此类物资。为此，1946年11月，南京政府国防部特别电令东北行营，"规定封锁棉花、纱布、皮货流入共区办法，如有私运者决严惩，并奖励商人进入共区收购皮棉物资"。同样的，中共方面为获得所需棉布、棉线、棉花，不仅对来自国统区的棉品车辆武装保护，而且对商人实行奖励。据闻，除照价收购外，另有不菲的佣金。商人唯利是图，自然愿意积极收购，以致吉林、长春市场棉纱狂涨两至三倍，有时甚至有行无市。不过，国民党封锁共产党也是害人害己，如造纸需要的原料布、硫黄等被列入"敌伪物资"禁止售运，同样影响到国统区的企业生产。锦州、营口、辽阳三个造纸厂只能局部开工，甚至停产，致使东北各报馆及印刷业用纸大感恐慌。

国共双方展开"金融战""封锁战"，加之苏军曾经的劫掠，造成东北生产不足，供应奇缺，通货膨胀，物价飞涨，经济愈发恶化。由于许多小贩拒收，小额"红军票"也已失信。1947年5月，中央银行宣布，允许收兑十元、五元的"红军票"。这样，除苏军占领的大连、旅顺外，"红军票"基本退出了流通。

1946年8月20日，大公报以"东北虽无枪声，经济战达高潮；停用百元红军票中央失措，最吃亏仍是东北老百姓"为题报道称：

> 东北之经济战刻已进入高潮，经济战中双方之武器为红军票。自经委会八月一日宣布政府区域内百元红军票停止使用后，沈阳、长春等政府区域内之各大都市，金融市场曾一度紊乱，后增订若干补充办法，市场始渐趋安定。然中共区则受打击颇大。因据苏方通知，红军票发行额为九十七亿余，此数至少有百分之六十以上在中共区内，已使中共成"仓促应战"之状。目前中共亦宣布红军百元票停止使用，将施行物物交换，并表示将向政府提出抗议。宣布此办法之初期，政府区各报纸均表示反对，然而最吃亏的仍是东北老百姓，民间所受之损失不减于历次之武器战争。现东北之钞票，政府区流通者为伪满票及中央银行流通券，中共区流通者为伪满票及东北银行流通券，四千多万不分党派的老百姓，只有靠伪满票联系了。

一国军队在他国领土上，以本军司令部的名义，发行没有任何依托做准备金的钞票，而且数额巨大，流通经年，这在世界金融史上是空前绝后的。苏军发行"红军票"，在中国内战和东北局势演变中也起到了一言难尽的特殊作用。

第三章　东北烽火·1946

直到 1949 年 12 月，东北人民政府用东北银行发行的东北币，以三十比一的比例，收兑了所有的"红军票"，才终结了其历史。

关内关外"通与不通"

财政金融需要经济发展的支撑，尽快恢复交通运输和工业生产，是国民党收复东北后的重要目标。然而，我派驻东北最初半年所见，那里仅交通问题就令当局左支右绌，捉襟见肘。

东北铁路四通八达，日伪时期总计里程即达一万四千公里，无论长度、密度，都是全国铁路运输最发达的地区。但截至 1946 年秋，东北铁路能够通车的路段不足两千公里，特别是作为东北铁路主干的中长路，更由于国民党政府与苏联政府签署的相关协定而处在"中苏共管共营"之下，中国人不能完全行使主权。加之内战摩擦，交通时断时续，根本无法发挥其应有的作用。

中长路是中国长春铁路的简称，由中东路与南满路两条干线组合而成。西自满洲里东至绥芬河，北起哈尔滨南至旅顺大连，全长两千一百多公里，呈丁字形。如一条脊梁贯通东三省，对东北经济发展有着举足轻重的作用。但当时长春以北路段均在中共占领区，国统区内政府能够控制的也仅有六百公里左右，而且运输安全没有保障，沿线桥梁都是几经破坏又重新修复的，列车通过时犹如蜗行。从沈阳到长春一段破坏尤甚，因此沿途碉堡林立，布兵严防。客运列车走行需要十四个小时，旅客不堪其苦。

为了解除铁路侧翼的威胁，当局规定，铁路两侧十里以内禁种高粱，代之以其他农作物。因为高粱长成后，密密葱葱，形成一望无垠的"青纱帐"，是共军袭击铁路、潜踪匿迹的最好屏障。十平方里农田面积约三万亩，两侧就是六万亩，铁路延伸一百公里，就是一百二十万亩，不知多少农民因此遭殃！况且，十里没有"青纱帐"，不等于十里之外不能隐蔽，倘若奔袭铁路，也不过一小时行程。显然，这种靠保"线"而"通"的办

第二部·高峰自述：内战观察

法很难持久。让老百姓叫苦的还有，靠近中共占领区的乡村亦接到共军命令，秋天收获高粱和苞米时，只许掰穗，不准全割，保留秸秆以备战，并且严厉限制壮丁不准给国军当兵。内战不停，和平无望，夹缝中的老百姓不知应该服从谁的命令，真是难死了！

　　由于苏军的劫掠和战乱的损毁，无论铁道、车辆都需要修复、更新或购置。我到东北不久，曾与南京交通部东北特派员陈延炯详细谈过东北交通问题，他告诉我，东北铁路原有客车三千余辆，如今只留下百余辆可用（据闻，苏军劫走东北铁路机车的百分之七十五和货车的百分之九十三）。中长路虽有机车三百六十台，但能用的仅三分之一，即使开动起来，也为战争需要，以军运为主，客运寥寥。修车厂只有沈阳皇姑屯一处，机器却被苏军拆走七十二部。原来每月可修机车二十五部，现在只能修理三分之一。而且，修复被破坏的车辆与铁路，还面临材料与工具奇缺的问题。

　　陈延炯还说："目前的问题还不在此，一切的前提仍为确保安全。人手不能与炸弹抗衡。无论关内关外，现均不敢保证夜间行车无事，而平沈路直达通车却必须有一半路程在夜间行驶。用铁甲车压道固然可行，但与列车需要有一站间隔，在此二十分钟内，安全即可虑。有人提出'假通车'办法，即列车白天行驶，过山海关或锦州停一夜，但今后天气渐短，当日是否能于阳光下赶到锦州，同样没有把握。"

　　对于有人建议成立东北公路管理机构问题，陈延炯干脆说："一辆汽车也没有，何必多此一个机构，连带大家都吃不饱。"

　　关于海上运输，由于大连港被苏军占领，东北只有葫芦岛与营口两港可用，但前者为军运独占，后者又太小。陈延炯主张，恢复和平后葫芦岛应脱离军事管理。然而，和平却又遥遥无期。

　　由于交通受阻，影响到关外与关内的经济交流。1946 年 7 月末，我就此采访时任平津区敌伪产业处理局长孙越崎先生，他说："关外与关内不能沟通，两边都受不了。华北生产已受限制。过去有物资不能济运长江各地时，东北物资可以递补，目前却是少有办法。"但他说，一月之后可望有平沈通车的好消息。

　　不过，东北行营经委会主任张嘉璈却并不乐观，他说："通车简单，而前提则在全面和平的实现。北宁路恢复商运，因车辆少，军运忙，故未

第三章 东北烽火·1946

即实现。此时拟研究者，即何种物资可输出，何种可输入。如杂粮可入关，棉布可出关。直达车在夜间通过，覆车之事亦应不再发生。"他担心的仍然是战争的破坏。【见附录】

东北与关内的经济隔绝，始自1931年"九一八事变"。1937年7月全面抗战爆发后，伪满与伪华北政府间关系渐呈松动，华北能够输出到日本的工业原料开始进入东北，而东北亦以杂粮、药材、皮毛及山货输入关内，但数量不多。总之，日寇统治十四年，东北物资出少入多，而且变成了日本的军火库，用东北人民的血汗制造了大量杀人武器，而东北人民的生活却日趋困苦。

抗战胜利，东北回到祖国怀抱，理应与关内融合一体，摒弃旧有殖民地经济，为创造和平的民族产业而努力。1946年秋，东北工矿接收已达百分之八十，一旦电力恢复，大部分民用工业即可复工，市场销路成为不能不考虑的问题。东北经济前途与关内密不可分，因此，关内外经济交流将恢复的消息，曾令各方愁颜为之一展。工商界设想，关外剩余的粮、煤及工业原料可以入关，华北纺织业也将重新获得关外市场。有人说，十四年来日本"纤维统制"配给下生活的东北人民，今年可以自由购买衣着了。

然而，局势的发展印证了张嘉璈的担心，也破碎了工商业者的期待。尽管平沈已经通车，但东北的许多物产却运不出去了。

东北被誉为中国的"粮仓"，正常年代，粮食可供大量输出。但内战把东北割裂为国共分占的两部分。1946年，国统区内的主要农作物的产量，按上年总量估算比例：大豆、水稻、谷子只占三分之一，玉米四分之一，高粱五分之三，小麦不及十分之一。而战争需要大批粮食，扩军征兵的同时，军粮供应有增无减，东北竟然发生粮食匮乏现象，当局不仅宣布禁运粮食入关，而且还须从关内调运粮食以补军需不足。更有甚者，1946年6月底，国民党辽宁省政府以"疮痍未复，匪患待平，节用即以赡军，赡军实为自救"为由，公布节食大米办法。规定除国军外，百姓均应以面、高粱、玉米等杂粮为主食；各饭店、旅馆亦不得供应大米饭粥；所有粮商不得买卖大米。该办法实施三个月才解禁。

东北又以盛产煤炭著称，但由于各矿电力不足，炸药、木材缺乏及机械被拆毁等损失，生产日渐萎缩。1946年秋统计，各矿除自身生产、生活所需外，每月仅余十六万吨可供销售。而当时铁路每月即需十万吨，沈阳、长春、锦州、吉林、四平等城市每月需二十万吨。即使按增产计划全部完成，到年底仍有巨大缺口。无疑，胜利不过一年，东北人民却要挨冻了。

奇怪的事情还不止于此。1946年，南方煤荒极度严重。5月，蒋介石到沈阳时，曾要求东北煤炭南运，以解决上海、南京等地的燃"煤"之急。此后，行政院长宋子文三番五次来电催促，并限每月至少运送五万吨以上。阜新煤矿奉命往葫芦岛发煤，准备装船时却遇到两难境地。一方面，军方宣布，葫芦岛是军港，归港口司令部指挥，任何船只不得随意泊岸装卸（1946年末，国防部才批准葫芦岛港口对商务开放），另一方面，东北行营经委会主任张嘉璈表示，东北煤炭存量产量均不足本年冬季自用，因此宣布禁止煤炭出境。军政打架，上下不通，在葫芦岛负责装船的人只能看着煤叹气。如此反复折腾，两个月才运走了一船煤。耗资费时自不必说，当局统治的混乱可见一斑。

到了1946年末，东北供应愈发趋紧。行营经委会"为防阻敌伪物资私用及调节东北物资起见"，将输出品分为三类：一是经许可始能输出者：钢铁、纸张、毛皮、棉花、胶皮原料、机械等；二是经特别许可始得输出者：米、面、水银、硫黄、木料等；三是不属以上两项者为普通输出类。平津铁路局长到东北求援，希望解决关内铁路所需部分木材及车辆问题，结果空手而归。历来不缺木材的东北，竟然"亦感缺乏，无法补助关内"。其实，当时在哈尔滨以北，木材堆积如山，只因内战而不得外运罢了。

东北交通，关内关外，通与不通，成为两难。

【附录：目睹北宁路翻车记·张高峰（节选）】

半月以来，北宁路上几乎天天有出轨或翻车的新闻，在中国，这已经是很平常的事了，伤亡些旅客又算了什么？旅客没有安全，铁路局也不能保障安全，战乱当中人民是应该死的。

八月十九日早晨，记者乘榆沈特快车出关，先我们一小时开出的是五十四次混合列车，挂着客货车各四节。……车很快地开着，许多客人打着

第三章　东北烽火·1946

瞌睡。过高岭店约四五公里的地方，忽然听到"砰"的一声，大家由瞌睡中惊醒，"有枪声"！接着又响一枪，客人们直着眼想起"八路"来。一会儿接着又是手提机枪声，"八路真的来了！"全体客人极迅速地由坐椅上往下溜，我也被挤躺在车底板上。大家面色苍白，全做匍匐状，有人喊："把行李拿下来！"准备做作防御工事，就好像真看到活"八路"了。每个人的心都在跳，我在地板上翻了一个身，眼睛往窗外看了看，想到"八路"该不会专跟人民过不去吧！难道他们真的扫射我们吗？天哪！中国人的命苦！

我们的车往后退了，大家知道前面出了问题。一位拿手提机枪的路警陪着列车长走进车厢，列车长说："混合列车在前面五里的地方翻了，有四节铁轨的路钉被拔。"大家半喜半忧地由地板又升回原座。刚才的两枪是混合列车上的路警放的。他们在翻车以后马上往回跑，看到我们的特快车开来就用手势阻止前进，早晨有薄雾，司机未看见，仍继续前开，所以他们才鸣枪示警。我们车上的路警一时难辨真相，于是就往天空放了一排枪示威，害得旅客在车底板上演了一幕滑稽剧。

特快车退到高岭店停下来，我就到站长室去问个究竟。知道混合列车的四节客车完全翻下路基，车头出轨未翻，旅客有伤无亡，算是幸运。站长往山海关打电话，请速派救援。山海关站答应即派救援车，同时让特快车拆下车头带着工人先去抢修，并且把未翻的货车挂回高岭店。混合列车的车长、车守、路警都要跟车头去救回货车，他们胆很小，一定要求驻在高岭车站的交通部警察总队派兵保护。而十几位工人却极勇敢，他们背着锄头与饭盒，先步行出发到翻车的地点。

两小时后，山海关的救援车挂着两个车头带着工人、工具、材料来了。我随着车去到翻车的地方，看见车头"下了坑"（出轨），四节客车躺在路基下，车轮与车身分开，枕木被压得粉碎。车上一百多位客人摔得头破血出，拿着小包到前卫车站去了，等着特快车把他们带到沈阳。混合列车的车长说："没有摔死人，是因为他们没有重行李，要是特快车翻了真不知要死多少人。"他很替我们幸运。我仔细看了看铁路破坏的情形，路钉被拔除，可是路轨仍然铺在路基上，司机难得老远地看出路轨被破坏，一定要翻车的。我又想，为什么不把路轨拆除，拆除路轨火车不能通行，不是就能达到破坏交通的目的了吗？何苦让我们无辜老百姓去"滚元宵"，摔得死的死，伤的伤。路旁的电杆都被砍倒，白瓷珠个个被打碎，再看倒掉散了的车厢、铁车轮，真像一个雄健的巨人忽然暴死，谁都痛心，诅咒内战。

经过五小时，路轨修复了。我们的车慢慢地开过新轨到了前卫车站。在距车站二百米处，整齐地站着一百多位穿短衣提小包的人，路警告诉我，那就是翻车的旅客。前卫站的警察害怕客人里有八路，所以不许他们进站，在那里等候检查已经五小时了。受重伤的几个人在站台上呻吟着，轻伤的还在那人群里站着。

天晓得！人民造了什么孽，翻了车，破了头，断了腿，还被认为有八路的嫌疑。先吓得满身是汗，这回又晒得满身冒油。难道八路破坏了铁路再坐上火车去等着翻车吗？多"聪明"的交通警察，多冤枉的老百姓！

（原载 1946-09-17 天津《大公报》）

举步维艰的东北工矿

东北交通受阻，本来就残破不堪的工矿企业，运转愈发困难。当时，对于苏军拆卸及破坏的统计尚无确切数据，但总体看，平均在百分之七十左右，且重工业损失比轻工业为重，军需工业较民用工业为重。

生产首先面临动力问题。1946 年夏秋，国共为电力问题谈判，吕德润兄和我分别发长春、沈阳专电报道：

长春专电：东北工业因机器被苏军搬运及破坏，迄今大部仍停顿中。此残破之工业，又因自己打仗而陷惨境。小丰满送电问题，国共双方正谈判中，共方称哈尔滨之电已停，要求小丰满照常供给，如是则共方将修复至沈阳之路线，供给沈阳一带。如自家能和平解决，以

第三章 东北烽火·1946

目前电力,已可使我们的残余工厂动起来了。

沈阳专电:依照董文琦与李立三之协定,小丰满向哈沈两地放送电力,目前均已实现,此为谈判一再被折中,双方相互遵约实行的唯一协议。哈沈两市人民均将为此喝彩,并愿今后不再破坏,双方遵守并推广,为无辜人民造福,不要因唱武戏而把跑龙套的打了。

我们与人民一样,希望内战不要再打了。而且,我发专电时的九月,正逢南京政府资委会正副主任钱昌照、孙越崎及三十多名专家到东北考察工矿企业,谋划复工问题。大公报以"漫天烽火中空谷足音,建设人才出关"的字样,表达了欣喜之情。

钱昌照等首站到锦西,参观了刚刚复工和正在修理的水泥厂、燃料厂,再赴抚顺、辽阳、鞍山、营口、本溪各地视察。随行采访的吕德润兄写道:"巡视各工矿,见技术人员埋头之叮当修机器声与连天炮火交织着最悲惨的音乐。"

考察团到沈阳后,我采访了钱昌照,并报道称:

中国重工业困难虽多,但远景光明。在外国货尚未大量涌入之目前,决全力树立重工业之基础。"我们抱着宗教家的精神做这工作。我不准资委会的人私人经营工厂,我们不是官僚资本。"对民营工业,钱氏称:"以现在中国的资力,全力经营工业运动尚不够,还争什么民营国营?资委会愿和任何民营企业互相扶持长大。我们是相成的,不是相消的。"钱氏对东北工矿之数经破坏颇多感慨,不过他说:"也好,这是考验中国人的时机,我们要自己动手重建东北工矿,我相信和我一块来的这些专家们都有这决心。"对利用外资之事,钱氏说:"在美国都接洽过了,他们原则上没有问题,不过要看中国的局面演化才能决定。"

中国内战不止,外资何敢贸然而入?还是要先做好自己的事。钱昌照等在沈阳彻夜开会,商定接办东北工矿,其中包括抚顺煤矿、鞍山钢铁公

第二部·高峰自述：内战观察

司、阜新煤矿、北票煤矿、本溪煤铁公司、东北电力局、东北水泥公司、锦州炼油厂、东北金属矿业公司、东北电工器材厂沈阳分厂、华北化学公司葫芦岛硫酸分厂、华北水泥公司锦西厂、东亚纸浆制纸厂、沈阳化工厂、沈阳制车厂（自行车）、沈阳机车车辆制造公司（造火车头）、沈阳胶皮厂等。企业数之多，已超过当时的台湾（台湾工业时占全国的百分之十），为中国第一工业区。

钱昌照一行在东北考察三周，都是国统区工矿企业。离开沈阳前，我再次采访了考察团，并以专电报道：

> 钱昌照认为，东北重工业建设虽非易事，但决全力以赴。接办之各工厂，复建方针均有决定。在今日内战夹缝中，建设工作谈何容易。唯专家表示："我们自己总得在东北流些心血，不让祖先的遗地荒芜，中国人要用自己的力量建立一个为和平而生产的工业区。"对人才之训练，因昔日高级技术人员多属日本人，现在除留用少数并自内地调来者外，将在东北就地取材。对劳工问题，据称，在未开工之时期，困苦难免，开工后将尽力改善。

那么，接办之后的工矿情形如何呢？这里以我曾经采访、报道过的抚顺、阜新两个煤矿当时的情形为例。

抚顺煤矿开发于1904年日俄战争后，最早由俄国人经营，后来转手日本人。因为矿区面积大，煤层厚，煤质优，是工业用理想煤炭。日本人为了保证和扩大生产，下了极大的工夫和本钱，陆续建有发电、机械、制钢、锻造、制油、电石、灯泡、安全灯、耐火砖、电车、焦炭等诸多配套工厂，煤矿生产、生活所需，几乎都能够自给自足。建矿四十年来，日俄用中国人挖中国煤，作为他们侵略中国的资源。日本投降以后，中国工程师才走进抚顺煤矿，开始挖掘自己的宝藏，有了建设自己国家的可能。

据统计，1945年中国煤产量约五千万吨，其中东北占了半数。东北区中，抚顺煤矿年产约一千万吨，相当于全国的百分之二十，可见，中国产煤的重心在东北，东北产煤的重心在抚顺，故抚顺有中国"煤都"之称。但是，1946年，东北国统区的抚顺、阜新等七个煤矿，年产总量不

第三章 东北烽火·1946

过二百四十八万吨，而抚顺只生产了七十六万吨，与胜利之前相差太远，甚至产煤的抚顺黑市煤价比上海还要高。这是为什么？

日本投降前，抚顺日产煤一般可保持在一万两千吨左右，最高两万六千吨。抗战胜利后，员工由十万减至四万，机器设备被苏军拆毁百分之七十，二十八万千瓦的发电机被拆走二十一万千瓦，这些都成为抚顺减产的重要原因。此外，东北战乱不息，抚顺煤矿还不得不出工、出料参与战争，所以，战时的抚顺煤矿，通常日产只能维持在三四千吨之间。我的报道称：

> 现在的抚顺煤矿百孔千疮，处处都在等待医治。
>
> 因为电铲不够，电力不足，为了尽量出煤，顾不得剥离绿页岩与油页岩的工作，只能竭泽而渔地挖下去。矿局局长谢树英说："我们在忍痛出煤。剥离工作停顿，实出于不得已。这是抚顺煤矿的一大危机。年代一久，上层的土岩愈来愈重，下层的煤洞愈来愈空，终有一天会崩垮下来，煤也挖不成了。还有的矿存水近百万吨，电力不足，无法排出，生产受到致命阻碍。矿内需要坑木百万方，却苦于无钱购买。矿区几百公里的铁路，枕木已经三年未修换。厂内运输用的电机车头，每天需要二十一部，现在仅有十三部，平均每天还要修理两部。工具的缺乏，工程的破坏，使抚顺煤矿开了倒车。"
>
> 抚顺的规模与埋藏量，称得上煤都。但是抚顺本身却正像一个病人。这病人躺下不得，四万员工正依它为生。据总工程师谢子贞估计，以目前的生产情形论，只需要一万六千员工，但如果裁去两万四千人，连同眷属六七万人，那是一个极严重的社会问题。产量少，用人多，物价涨，煤价低，抚顺煤矿每月赔累。如此日积月累，抚顺煤矿的沉疴难望有起色……

阜新煤矿的情形如出一辙：日本投降后，苏军进驻、撤退；共军进驻、撤退；国军武力接收，几番折腾，煤矿遭到空前浩劫；矿场七零八碎，备受肢解；地面设备完全破坏，机器拆毁达百分之五十，材料、钢铁零件等被运走百分之八十（据留用的日本人说，那足够两年之用），露天掘井被淹没，每天都在排水，水最多的地方据说要用一年以上才能抽完。

第二部·高峰自述：内战观察

接收人员最初的工作就是排水和修理残破的机器设备，但最大的困难还是资材不足和治安不靖。我的报道称：

> 阜新煤矿现在是渐渐恢复起来了。一万多员工在埋头苦干，产量由百余吨到最近的五千四百吨，但较之胜利前相差甚远。该矿最盛时有员工五万人（内有日籍三千人），产量一万五千吨，有类似协和设备的医院，有十七万千瓦的发电设备。但现在这些只剩了空壳。阴险的日本人，在胜利之初把表册卷宗档案完全焚毁，现在想找点参考资料都非常困难。

> 阜新的业务逐渐恢复了，一位工程师兴奋地说："抗战期间在后方，一两吨的小矿都要顾及，结果白费力气，不出成绩。现在可以专心来开大矿了。只要有钱，安定，恢复到胜利前的产量，我保险一年内就可实现。"我们太需要安定和和平了！国内政局不安，岂止矿厂发展受阻，一切建设事业都无从谈起！

不过，那位工程师过于乐观了。钱昌照走后一个月，我再发专电：

> 东北各厂月初改组，生产工作正进行中。目前之战争使工矿大受影响，锦州年产一万五千吨之大纸厂缺乏木粕，报纸生产已告停顿。当局设法向外国购买，何时到达尚不可期。各煤矿均迫切急需炸药与木材，两个月后如无着落，生产将大量减产，若干矿井甚至停工。炸药一项当局已和美国签订合同，到达期尚不一定。木材一项日本甚多，在今日管制日本之政策下，犹如悬在空中之肉，看看而已。最近当局拟向美购买。然以山林著名之东北，仅吉林东部一角铁路沿线，据确切调查，去年制好存材即有十三万多立方米，足以应对目前。战争结果，已使近在眼前之本国物品弃之于地，而叩头作揖求诸远隔万里之外国。尝谓中国地大物博，在今日已为讽刺之言。

更可虑的是，国货生产不足，洋货乘虚而入，东北工业前景愈发黯淡。11月，我从沈阳报道："美货充斥津沪，现已源源出关，国产成品无法抗衡。仅以皮革论，本地产品少，成本高，货色低。本地底皮每斤三百余元，外货四百余元，面皮本地每方尺五百余元，外货六百余元，致使国产无人问津，商人争相订购外货，沈阳皮革业一筹莫展，日形不振。中美商约实行后，其他民族工业必遭同样命运。"不仅如此，连美国柚子都到了东北。

工业链条的恶性循环

东北经济举步维艰，影响所及却不止东北。

抗战胜利后，复员任务重，运力却不足，全国铁路都在闹车荒。浙赣线是连通沪宁地区与华中的交通动脉，据闻只有十辆机车可用；平绥路全线打通后，平津地区的机车、车辆被调用，结果使唐山开滦的煤堆积如山，运不出去。政府命令开滦每月运十五万吨煤到京沪解救煤荒，也因机车、车辆不足而搁浅；天津塘沽新港工程急需的石料，不过是从唐山与南口运到塘沽，短短百余公里，依然困难重重。至于一般商民托运的货物，更不知积压了多少。1946年6月全面内战爆发后，铁路承担了更加繁重的军运任务，车荒问题越发严重，却又始终无法解决。

交通是国家经济命脉，要解决运输问题，只有增加铁路的机车与车辆。于是，人们把目光投向了东北。东北制造铁路机车、车辆具有得天独厚的条件，有蕴藏丰富的煤矿，有大型钢铁公司，更有铁路机车车辆工厂。

抗战爆发以前，唐山古冶、沈阳皇姑屯和青岛四方，都有属于铁路的机车厂，且有相当规模，但又都只能修理而不能制造。"七七事变"后，日本人在沈阳皇姑屯设立了满洲车辆株式会社，专门制造机车与车辆，附带修理。日本投降时，苏军占领该厂，曾保护利用，维持修车。待其撤退时，却搬走了七十五部重要设备，所余大部尚完整。1946年2月，国民政府经济部派人接收，6月初开工，10月奉令交资源委员会接办，改名沈阳机车车辆公司，成为"惨胜后我们在废墟中得到的一点工业基础"。

第二部·高峰自述：内战观察

1945年冬，国民政府资源委员会在北平召集钢铁生产会议，讨论鞍山钢铁公司的生产计划时，认为成败所系均在运输，其中，车辆不足是运输的最大困难。而增产车辆需要钢铁，钢铁生产又离不开煤炭，因此，车辆制造与钢铁、煤炭生产有着直接或间接的关联。这样一个工业链条，在东北体现尤为明显和重要。

当年东北煤矿的情形如前所述，钢铁生产又如何呢？

鞍钢是当时我国最大的钢铁生产企业。1904年日俄战争后，日本人就成立了南满铁道株式会社，利用铁路掠夺我国东北资源。因为，仅鞍山附近地下埋藏的铁矿，就足够他们发动侵略战争百年之用。1916年，日本人又创设鞍山制钢所，隶属于"满铁"，成为本土八幡以外日本的钢铁工业中心。第一次世界大战时，日本军工的大部分原料就是鞍钢提供的。"九一八"事变后，日本更在东北大刀阔斧展开钢铁生产并进计划，1933年又建立昭和制钢所于鞍山，将原有的鞍山制钢所包括在内，分制铁与制钢两大部门，年产生铁一百九十五万吨，钢材一百三十三万吨。极盛时期，有员工逾十万人，其中日本人几达半数；厂内铁轨全程即达四百三十八公里，无异于一座钢铁的城市。鞍钢成了日本兵工厂的子工厂。我的报道称：

> 日本人在这座钢铁城里制造侵略他人的兵工原料。抗战八年，落在中国人头上的炸弹正是鞍山的钢铁。日本投降后，鞍钢被接收，但机械被苏军拆走了百分之八十。国共在鞍山激战，工厂再遭破坏，加之暴民趁火打劫，鞍钢已经是庐舍废墟，满目凄凉。资源委员会派人去接收时，仅修理办公大楼就需要流通券五百万元，整个工厂的修复费则无从计算了。由于战乱，东北交通运输困难，过去昭和制钢所每天有二十八列车来往运送抚顺煤炭，如今一天运一列都不可能。一九四六年，鞍钢需煤约五十一万吨，但复工以来，每月运到鞍山的煤不到一万吨，如何生产大成问题，生产以后如何运出成品也是问题。

即使在这样困难的条件下，鞍钢还是复苏了。钢铁产量逐步上升，到1946年底，月产已经超过六千吨，为铁路交通的恢复和运能的提高提供

第三章 东北烽火·1946

了不可缺少的原材料。

再看沈阳机车车辆公司。当时有机车、车辆、锻铸、修配四大工厂，员工两千多人，其中日籍留用人员近百名。总经理刘史瓒，上海交通大学毕业，曾在美国密西根与麻省两大学研究院专修汽车制造，回国后曾随军服务，指导修配汽车与装甲车。总工程师孙竹生，系孙越崎先生之子，在美国普渡大学专攻机车制造，并在美国有名的奥尔达温机厂当过工程师。制造机车最难的工作是设计，刘总经理就请了这位青年的工程师担任设计处的工作，自己领导全厂员工积极生产，对外则终日忙于借款购料。

内战开打，一方面，政府的钱大多用于军事了，答应拨付经济复员的资金成了空头支票，如画饼充饥；另一方面，小丰满输电线路被破坏，沈阳机车车辆公司的动力只能依赖抚顺供给，按计划每天需要两千千瓦，实际隔日才能供给六百千瓦，生产常常因缺电而停滞。该公司生产的货车按设计应安装木边，因为中长路断绝，北满的木料无来源，在吉林买好的木料也被征用去修筑工事，厂内等待木料完工的货车，只好重新拆卸改装钢边，如此事半功倍，成本又须增加。内战催涨了物价，也摧残了工业。

尽管如此，1946年9月，沈阳机车车辆公司仍传出了令人欣喜的消息：他们生产出了我国自造的第一部火车头。到年底生产了三辆，超出原计划的百分之五十，可见当时的计划之低。但在工业落后的中国，过去铁路上所有的机车都是从外国购买的，如今实现自造，无异于破天荒的成就。否则，就要用煤、铁、食盐去向战败的日本换购机车，实在令我们这个战胜国有失体面。沈阳机车车辆公司成为当时国内仅有的可以生产铁路机车、车辆的制造厂家，也只有这个公司能够解救国内的车荒。但是，我到该公司采访时却发现，他们生产的机车、货车，因为主管运输的交通部无意购买，竟全部停放在工厂内外。这样一来，产品滞销，资金冻结，公司周转不灵，无力实现再生产。同时，为该公司配制零件的三十多家民营工厂也将面临停工，不仅机车、车辆不能再造，反而制造了一批失业工人。我在报道中写道：

> 自己制造的机车车辆政府不买，却总说政府再三向联总请求拨给若干辆机车与货车，并且向美国订购，这真叫人糊涂。开滦煤矿对这

件事看不过去,因为它的煤要运出来,所以开滦正准备向该公司订购机车三辆,货车百辆,全部价款约三百亿。这笔钱还得向政府去借,买妥以后再租给平津区铁路局使用。事情是这样的绕手,何如交通部买过来,再拨给平津区使用。

问题还不止这一点。该公司的机车现价每辆流通券五点二亿元,如果到美国去买,每辆要流通券七亿至八亿元。两相对照,为什么不买自己的便宜货?自力更生是天经地义的。

更重要的一点是,该公司的生产与东北的煤铁互有连带关系,成正比例增减。一辆机车的钢铁净重二百吨,铁架货车净重二十吨,以该公司现在的生产情形,每月需要鞍山钢铁公司的钢铁原料两千六百吨。现在鞍钢每月生产七千吨,机车车辆公司占去三分之一;鞍山钢铁又必须供销全国,因此要增加生产,增产又需要大量的煤,那么抚顺的煤也就不愁无出路,而且可以尽量生产。这样慢慢地做下去,东北的煤铁工业就可以复活了。

煤铁工业的发达是一切工业发达的先声。如果我们不买自己的机车与车辆,机车车辆由减产而停工,鞍山的钢铁减少三分之一的销路,抚顺的煤也只好存在矿上……我们有什么理由毁灭自己的工业?!东北给我们铺好一条自力更生的活路,我们为什么不走?!

其实,答案很清楚,东北工业链条的恶性循环,根源就在内战。然而,当局似乎并没有认清或者不愿承认这一点。1946年底,东北行营经委会主任张嘉璈接受采访时仍说:"东北经济建设不受军事政治影响,一切照旧推行。……须注意农、矿,然后工业始能进行,而交通又为一切的前提。"对于东北经济不振,他的分析是,"原因可归纳为三点:对外关系尚欠完善、中共扩大占领面积、以及五六十万国军吃穿由地方负担,所以中外资本均视东北为畏途,以至工商业呈疲惫状态。"

我问张嘉璈,经委会工作的进行程序如何考虑?他说:"先求恢复经济秩序,进而恢复经济机能。"然而,战争状态下,当局各地政府忙的不外是筹措军需、募补兵员、建造碉堡、构筑工事……哪里顾得上生产?战争威胁一日不解除,政治局面一日不安定,经济建设无从着手,两个"恢

第三章 东北烽火·1946

复"谈何容易?

【立此存照·张高峰在"文革"中的检讨 我写的关于东北工业交通方面的报道,实际上都是为国民党苟延残喘的经济捧场的。当时我认为,东北被日本统治十四年,现在回到了祖国的怀抱,我作为记者,应该写写这方面的报道,但我没有看到四大家族控制东北经济的实质,所以没有写出揭发、批判的报道。】

东北接收一年间

抗战胜利了,被日本人奴役了十四年的东北人民,十分渴望祖国的温暖。转眼一年过去了,他们的生活怎样,心态如何?

1946年10月10日"双十节"前夕,恰逢国民党接收周年。吕德润兄写了一篇回顾报道,大公报作标题《泪眼看东北:去年今夕处处燃起狂欢之火,今年今日人人偷弹凄楚之泪》。他写道:

> 九日为记者抵东北之周年,亦为政府第一批人员抵东北之周年。去年今日自平抵长春,而今时隔一年,但如一场多变之梦,往事历历,如映目前。连日翻阅一年旧报,如读剧本,啼笑皆非。
>
> 一年多变。去年十一月初军队登陆营口未成,十五日打出山海关,是为国共冲突之始。是月中旬,长春政府人员撤退,为中苏关系一大演变。此可为第一期。苏军后因要求撤兵延期,自十二月一日改为一月三日,复改二月一日,此时期,政府先在十二月底接收长沈两市,随后接收哈尔滨。国共问题复有政协成功,整军方案规定,停战令下,消息接连而至。老实人的心为之一喜。此可为第二期。然好景不长,苏军自动缓期撤兵,中苏谈判毫无下文,内地游行,苏军四月底一撤,东北烽火遍布。此为第三期。此后四平长春争夺,各地大打,执行小组虽到,而一筹莫展。至六月七日停战令再下,此为第四

期。而今全国烽火，东北战事又露新象。此漫长中之黑夜，又不知何日渡过。

去年今日，记者行至街上，即被民众包围，群声欢呼"祖国万岁"，视内地来人为英雄，甚至认原子弹、超空堡垒为内地所造。狂呼声中，人多落泪。一老百姓踉跄挽住记者，且哭且说："我们十四年没见了！"其表情视记者为其子侄。而今事隔仅一年，他们期待十四年之祖国又将如何？"内地造"的原子弹、超级空中堡垒，彼等未见，但炸弹他们却尝到了！十四年他们诅咒日本专制压迫，而今祖国两派内争不已，其痛苦与过去何异？

去年今日，东北物价，以长春为例，大米每斤六元，猪肉十八元，食盐三元，棉花三十六元，白糖六元。而今物价，以沈阳为例，大米八十元，猪肉百元，食盐十五元，棉花一百三十五元。十四年币制仅伪满中行票，而今红军票余波未了，政府区有流通券，中共区有流通券，各不往来。重归祖国的东北人民，在东北可持各地通行之钞票，仍是大日本帝国内阁印刷局印的伪满票。至于内地通用的法币，只能在黑市里活跃。

一年间的大事之一，是遣送了日本人。去年日本投降时，人民见到日本人便打，今日日人堂皇而去，我政府对日本政策，始终默默无言，东北人民心中又作何感想？

十四年中，人民痛恨日本征兵，粮食外运。而今国共双方均积极抽壮丁，田赋征实。过去国民须有国民手账，而今我们有国民身份证，仅名词之差。但是他们究竟是回到祖国来了，多坏总是一家人。他们爱之深，恨之切。他们的声音，在刀枪下是微弱的，但是他们期待祖国统一团结的心却不低。他们十四年没有娘的日子不好过，今日母子见面后，不应是枪炮。东北地在边缘，他们已尝到外患苦果，他们怕再成了没有娘的孩子。

时仅一年，日军已走，苏军已退，自己兄弟们不要打得太热闹了，免得让隔壁的孩子看红了眼。

吕德润兄的这篇报道，充满感情色彩，实为血泪之笔。

第三章 东北烽火·1946

我到东北较晚,没有看到接收之初的欢欣,却目睹了东北百姓的艰辛。这里仅据我当年的报道归纳一二。

先说征兵。我到东北前后,国统区征兵已达四次,初次应征者为十八至三十五岁的男子,后因征集不齐乃改征为抓,抓不齐又改抓为雇,雇一兵约需流通券两万元。后来索性在伪满退伍兵中征集受检,对征检不到者拘留其家属。老年人慨叹:"想不到光复后自己的孩子还要去打仗。"沈阳曾有一老妇因痛子被征,请免未准而碰死在社会局内。有的商铺因怕伙友被捉,被迫停业。为了征兵,沈阳各车站对适龄壮丁不卖车票,行营还特别制定了联保十家连坐法,以防止壮丁逃役。1946年6月,我报道称:

> 内战进行中,双方兵力均在东北增加,人民对于军粮与兵员之负担不堪其苦。据记者所悉,四五六三个月东北军粮之配额约十九万大包,关内需负担十三万大包。兵员补充,第一期定额为六万人,沈阳限七月底征募五千名,此数尚未征齐,又奉增募一千五百名之命令。市府负责人称,因出具证明请求缓役者日多,目前尚未完成全额之半数。共方之军粮与兵员如何征募,数量若干,不得而知,但相信在东北作战则军粮兵员可能出自东北。敌人压榨了十四年之东北人民,再经不起战争的负担,和平应该快到东北。

次说生活。1946年,东北秋收尚可,但粮食价格却一直在涨。虽然某些产区存量丰富,价格不及城市半数,却因战乱或交通问题而无法输出,以供需要。尽管当局已允许向关内输送杂粮,又因交通不畅,车皮紧张,加大了成本,而致粮价上涨。为了筹措军粮,当局一度限制人民食用大米。事实上,不用法令限制,即使是高粱,贫苦百姓也无力购买了。粮价上涨又带来稀缺的日用品涨价。在一片涨价声中,农产品的价格却一再被压低,1938年时,东北农民用一斗大豆可换八尺棉布,到了1946年,已不能换一尺了。如此恶性循环涨下去,东北老百姓只有死路一条。

进入冬季,东北更严重的问题不在粮食,而在取暖御寒的煤。前者还是价格高低问题,后者则是东西有无问题。由于煤矿被破坏,生产供不应求,加之"军事第一",1945年冬季东北就开始闹煤荒了。有限的一点煤，当然要先保证党政军机关和必不可少的铁路、医院等单位。即使煤矿增产了，也因交通受阻而无法外运。为此，当局对煤炭实行了统制分配，但由于监守自盗和押运走私成风，煤价失控，沈阳黑市煤价竟超过不足百公里以外的鞍山一倍以上。没有燃料无法生活，许多百姓不得不以木材、豆饼和破家具代替，还有人到过去日本人烧暖气的煤灰中去拾煤渣，掺上黄土勉强烧用，更有"暴民"在夏天就开始拆毁敌伪空闲房屋。长春、锦州许多空着的大楼和洋房，先被拆掉门窗，然后是门框、窗框、天棚、地板。这些拆尽了，再拆板壁、梁柱，最后连房子也没有了。到了冬季，有人干脆直接烧大豆以取暖。

再说田赋征实。国民党政府的田赋征实，与日本统治东北时期实行的"出荷"制度如出一辙，是对农村经济的压榨。接收之初，政府曾宣布田赋豁免一年，东北农民原以为可以休养生息一下了。但好梦不常，继又传来1946年征实命令，仅辽宁接收的三十八个残破不全的县，就要征实三千万石。然而，战时征兵、动乱，许多农民宁肯跑到城市去做难民，也不愿守在家里种地了。农村劳力不足，许多土地荒芜，哪里去收那么多粮食？一些农民更因为缴不上规定数量而被迫出卖土地，经办者借机大发其财。

还有摊派。我曾报道过某县某屯捐税一览，计：每月负担地方摊派，每户每亩地八十元；县预借金，每户每亩地一次五十元；供应交通警察两人，每屯六千元；供应防空哨三人，每屯七千二百元；屯村联络员两名薪饷，每屯四千元；修建铁路、桥梁、碉堡（随时）每屯每次七千元；事务费，每屯一千五百元；送壮丁费，每屯平均五百元。除此之外，还有无限制的征工和任意抓车等无法量化的负担。1946年7月，沈阳开展"赈灾劳军运动"。据某甲长告诉我：本甲十六户，摊派一千元赈灾戏票、四百元劳军戏票，每户分摊八十八元。沈阳全市有一千一百九十七甲，要收多少钱？况且摊款名目繁多，随用随摊，老百姓叫苦不迭。

同年8月21日，大公报发表社评《我们人民的控诉》：

在这国内政治空气极端低压，战乱发展有增无已的时候，作为中华民国的人民，真是困苦悲愤失望到极点了。我们现在每天不知道要悲惨无告的死去若干的生命，又有数字庞大得难于估计的生命正在死亡边缘上过着饥饿、恐怖、流离、困苦及难于形容的不应该有的非人生活。凡这一切向谁控诉？向谁取偿？怨怼郁积，无可描述。我们也一样的有政府、政党、主义，乃至于形式具备的各种议会，而人民大众和整个国家乃闹到这步田地！……

　　说来尤令人痛心的，是胜利以来因战祸而死于炮火的若干青年战士。其中差不多都是为抗敌而从军者，而现在他们的性命却断送在自己人的刀枪之下……现在都说已踏入人民世纪，我们却都是人民。我们立国的最高原则是三民主义，其中任何一条都离不了民，都为的是民。然而我们在三民主义下的人民，实际上却是苦熬苦煎着。谁也应有一个至低度的生活，而我们人民的生活却无保障。如果全国上下都一样地过着困苦的生活倒也罢了。然而我们试看：从南到北，从东到西，无论哪一个都市中，都有不少的人度着舒适以至于奢侈的生活。尤其胜利以来，京沪一带的奢风，较之战前有过无不及。国家如此闹穷，却为什么有那样多的富翁？这一个鲜明的对比的存在，也就是社会病态的所在。……

东北人民伤透了心

　　东北接收一年，国民党军政人员的劣行成为老百姓的灾难。

　　胜利之初，许多到东北的接收大员，对被奴役了十四年的东北同胞并无同情、体恤之心，而是以"征服者"自居，对"被接收者"摆出颐指气使的姿态，连他们的随从都敢对后者吹胡子瞪眼。"南边来的人"在各种待遇上也是一律从优，甚至开会都要分先后。由此产生的与东北人的隔阂，成为当时东北普遍存在的现象，不仅助长了官场腐败，而且成为日后影响时局的大问题。

　　首先是营私舞弊。以沈阳的房子问题为例。日本人走了，留下的房产

第二部·高峰自述：内战观察

约有三万栋。而从关内来的接收大员及眷属，无论如何也不会比被遣送的日本侨民多，但由于他们和军队的强占、强拆，甚至转手倒卖，从中渔利，沈阳照样闹起了严重的房荒。1946年7月，我发专电：

> 东北敌伪房地产之争夺胜过平津，笔杆敌不过枪杆，锄头又打不过笔杆，总归老百姓倒霉。日本人的房子更不必说，早就挂上了某某公馆的小木牌。交通银行来人，原来的行址被占，应接收的敌产也被占，唯一的办法是交涉请让。国立沈阳博物馆被占，教育部特派员办公处挤在安东省办事处一起。房地产管理局局长说，房子有的是，你能撵他们搬家就行！谁倒霉谁当这个差事！

房子问题只是"五子登科"一角，其他弊案更多。1946年9月，南京方面派来清查团，查处接收中的营私舞弊行为。第一个被检举法办的就是营口市长、警察局局长贪污违法案。在记者会上，我对调查团长钱公来说，希望你们多打老虎，少拍苍蝇。钱公来说，"苍蝇不打，比老虎还厉害。老百姓流眼泪给我们看，我们也流眼泪给老百姓看。"他要流什么泪？我不清楚，但我知道，清查中发现，有的接收单位竟然连原始清册都没有，账目无从查起；而一旦查出，又多是大案。从粮食部特派员梁敬锌，到辽宁省党部主委石坚，从善后分署沈阳办事处长王树森，到吉林省粮政局长林斯贤，涉案金额动辄数千万甚至上亿元流通券，但又大多有头无尾，或一拖再拖，或讳莫如深，或不了了之，没有一件案情大白。财政部特派员张果为因渎职被查处，却依然敢用公款装饰其公馆，被当地报纸将其购物地点、品名、数量一一公布，南京方面才不得不将其解职。善后分署长刘广沛等被人控告贪污，刘等反守为攻，要求法院要原告取保，"以免诬告脱逃"……

南京来的清查团查处了多少"老虎""苍蝇"，人们说不清楚，但许多人知道，"虱子多了不咬"。营私舞弊已不再是新闻，查处贪官污吏也引不起人们的兴趣了。

其次是军纪混乱。国军初到东北时，纪律还算不错，也受到百姓欢迎。连东北的女孩子都以嫁给国军为荣，甚至一度在沈阳闹起军人结婚狂

第三章 东北烽火·1946

潮,街头每天都有军人迎娶新娘的队伍,吉普车护送,军乐队演奏,士兵在饭店门前值岗,煞是威风。但随着趾高气扬的接收大员们的到来,军人也逐渐变成了"征服者"。

大员们可以"五子登科",军人们就敢违法乱纪。占宽敞房子,藏日本女人,一点不比接收大员们逊色。横行街市更是家常便饭。沈阳街头常见军人随意拦车叫停,不仅不买票,而且连执勤的宪兵都打了。有三轮车夫请人在车背写对联道:"坐车有礼真君子,下车给钱大丈夫。"不禁令人想到当年蛮横无理的日本兵。某日,有军人违反禁令到舞厅跳舞,又与纠察队发生斗殴,闹得满城风雨。我发专电报道后,沈阳宪兵团认为这是给他们难堪,竟派人来传讯我,被我拒绝了,并说我的报道是真实的,如果你们认为不实,可以写信来,我转大公报照登。来人走后,我向东北行营反映,希望他们管一管军纪问题。(有意思的是,1956年某日,有执公函者到大公报找我,调查此事经过,我才知道,那个宪兵被捕了,还交代了当年传讯我的事。)

我的经历只能算小事一桩,但军纪问题闹得怨声载道,当局不能不管了。1946年7月,杜聿明组织了军事视察团,分三组到各地整饬军纪。我发专电报道:"长官部参谋长赵家骧任第一组组长,周来率高级官员在沈视察七十余单位,查获违犯军纪擅设留守机关、强占房屋商货、隐匿物资等百余案,犯人二百余名,当即用卡车解长官部审讯。赵氏语记者:我军接收东北各地,因作战关系,难免与民间起小纠纷。本部有力量收复国土,亦有力量整饬军纪。本部现正严加整理,务求合理合法。"

然而,当局整饬军纪收效甚微。特别是那些从战场上下来的伤残军人和散兵游勇,常常在街头寻衅滋事。1946年12月,沈阳各电影院因不堪滋扰,全体罢市,到长官部请愿,要求答复。已经兼任沈阳警备司令的赵家骧不得不再次出面。我再发专电报道:"沈阳各电影院因被打被辱,四日全体罢业。公共汽车女售票员亦时常被辱,私有大车随时被抓。此间军事当局对军纪问题已普遍注意,长官部派员至各区公所,召集人民代表听取整肃军纪意见。警备司令赵家骧称:本人决心整饬军纪,五日赴各伤兵医院训话,严查各部队驻沈办事处是否撤销。保安二十团军纪稍差,已令拨编他部。警备部并通令各部队不得擅征大车。"各电影院得到这个保证,

第二部·高峰自述：内战观察

才恢复营业。

东北接收一年，老百姓可谓伤透了心。走在街上遇到的人，大多一副冷漠的表情，丝毫没有胜利以后的欢欣。我曾问过许多东北人："你们怕不怕八路打进来？"他们有的说："八路来了也不会比现在更苦。"有的说："大鼻子（苏军）、八路、中央军都看了，谁来都一样，我们怕什么？"还有的说："要我们再像日本降伏以后，盼爹娘似的盼好日子，那是不可能了。"他们甚至没有那些等待遣送的日本侨民乐观——战败者们有时还能纵情欢乐一下呢。光复，胜利，对于在敌伪高压下生活了十四年的东北同胞，依然是苦难、艰辛，没有热爱，也没有温暖，只有冰在心里，冷在面上，也冷在1946年一个个的纪念日里。请看：

7月7日专电：沈阳首次纪念"七七"，记者巡视街头，中山大路上有"反对分裂，反对割据"布标语一张，国旗不多，偶然被市民发现，互问"这是什么日子？"。市府门前广场曾举行纪念仪式，各影剧院停止娱乐，追悼死难同胞。然随处有悠扬之华尔兹音乐送进入耳。午后天气骤变，雷雨交加。

8月15日专电：胜利的奇迹还盘旋在人们的记忆里。一位地下工作者说，"去年今日听到日本投降的消息，东北各大城市维持治安的权力还在敌伪军警手里，而全城家家户户就自动插遍青天白日满地红的国旗，欢欣热烈情绪自不必说。妙在这许多国旗十四年来藏在什么地方，一日之间居然挂得这样齐全。今天周年，各家懒洋洋地挂上这面国旗，怕还先要警察局家喻户晓呢！"一个侨俘说，"你们今年的祝日比去年寂寞得多了。"这是一个讥讽，却不能不承认它是事实。一方面烽火漫天，一方面闹哄哄忙过节，国家与民众成了对立，自然便不那么相关了。

9月18日专电：沈阳昨日狂风暴雨，小巷成河。今日"九一八"，仍无晴意，风沙漫天，气候骤变，行人多着棉衣，穷人苦力则萎缩巷角避寒。今冬不比过去的十四年好受。过去十三个"九一八"，日本人放假一日以示庆祝，伪满官员则奉行勤劳为皇军服务去抬煤、

第三章　东北烽火·1946

扫马路。去年"九一八"人民半喜半忧，期待了十四年，从日本铁蹄下翻了一个身，又落在内战陷阱里。松花江名曲至今仍是一片流浪逃亡同胞的写照，广大地区在萧杀秋风里荒芜遍地。今天是东北同胞雪尽耻辱的日子，街头上没有人家挂国旗，也没有标语，只是比往年少了日本兵。这日子被人们忘记了。

10月6日专电：昨日为农历重九节，沈市悄然度过。连日风风雨雨，昨日阴晴不定，白天市民无心登高，更无心远眺烽火。入夜全市无电，一片黑暗。人们面对微弱烛光，商讨御寒之计。

10月10日专电：双十节的沈阳，天虽明朗，而风沙颇大，树木摇摆，落叶飘零。各机关门前均搭着双十字架，并贴有庆祝标语。早晨，学校、机关及民众成群结队从每个十字架走过，涌向市府广场集合。杜聿明致词，军队国家化及政治民主化，并谓人民之痛苦系由国家不安定而致，故须剿匪安民。会议并检阅沈阳民众自卫队万余人。今日民众在处处双十牌楼下穿梭而过，以象征中国人民今日背着双重十字架，度着这漫长的日子。

东北飘雪的时候

1946年11月15日，是国军出关一周年的日子。我特地走访了东北行营参谋长赵家骧，请他谈谈出关前后的感想。赵家骧曾经在东北求学，应该别有一番心境。以下专电记述他的谈话：

赵氏答称：奉命出关前，默察国内种种阻力之发展，心情异常沉重。迨出关后，又觉这种阻力都是违背了人民的意志。记者再问：对此一年中之战争有何感想。赵氏答：不得已而应战，实感无限沉痛。

第二部·高峰自述：内战观察

记者又问：先生在东北为人民服务一年，一般感想如何？赵氏答：东北沦亡十四年，初以为城郭犹是，人民已非，一切都必变成异国情调。但经过这一年细心体察，深知东北父老对于国家的观念仍然是那么浓厚，对于政府的协助仍然是那么热烈，实使我衷心崇敬。

显然，赵家骧高估了东北人民对国民党政府的信赖与感情。因为，此前不久，我还曾报道说：

行总视察员赴长春、四平、抚顺所见，有房必破，无厂不空，战乱频仍；各地粮食有无不能互济，致使粮价逐涨；工厂设备破坏殆尽，到处工人失业，影响社会民生。行总东北分署长语记者，目前救济东北食粮尚无问题。最严重者为今冬之棉花与棉布短缺，估计缺衣者约两千万，无衣者约一千万。盖敌人统制该项物资有年，东北人民每冬必冻馁交迫，今冬将尤甚。其次缺乏卫生医药与器材。大战之后须防疠疫。

饱受了十四年敌伪摧残的东北经不起折腾的了，偏偏胜利又给他们带来了厄运，兵荒马乱，民不聊生。乡村充满战时气氛，检查关卡林立，老百姓不带身份证书寸步难行。据说因为八路军都像老百姓。年青的东北人说："日本把我们当奴隶，苏联把我们做俘虏，八路想拉我们去填炮眼，接收人员又说我们是奴化分子，我们到底算不算是中国人呢？"一位老太太说："鬼子管了我们十四年，我们吃不着大米，吃不着好的高粱米，天天吃豆饼。现在光复了，一切可以随便买卖了，无奈价钱太贵买不起，唉！我们的命真够苦！"受尽压榨的人民，到如今仍然看不见光明。各方面虽然都高喊"民主"、"人民"，但现实都是老百姓不值钱。某县保安支队是过去狐假虎威的伪军，现在摇身一变仍然横行无忌。老百姓说：胜利是他们的。在伪满时代受他们的气，现在还是在受他们的气。

寒冷的冬天，内战的炮火，折磨着东北人民。沈阳煤米之贵，人

第三章 东北烽火·1946

民无法为生，可怜警察们还穿着夹衣，保长说十天有抢案七起。（所幸）今冬气候如秋末，救了多少烧不起煤的穷人。沈阳有了电车，也有了路灯，可是社会秩序永远被一群无纪律的人破坏。入冬以后，街头皮货比北平还贵。美国鞋油充斥市场，穷孩子摆摊擦鞋的一天比一天多，小手冻得通红。因运输困难，长春无煤烧，各报社每以棉衣重重，寒抖工作，不得已派员赴沈呼吁，运煤救济，否则各报有停工可能。东北人民受双重苦难的日子到了。

12月，东北满山遍野飘落着雪花，进入了更艰苦的严冬。某日，沈阳飞雪，到处结冰，街头车少人稀，我也畏缩在斗室里看书取暖。送报的孩子小刘推门进来，放下报纸后没有马上走。外面太冷了，他很留恋我这里的小炉子。我逗他说："小刘，现在比'满洲国'的时候怎么样？""好哇！"他的语气很勉强，又好像带着点讽刺。我有些怀疑地追问："难道你说不好吗？""谁说不好了，日本兵也没有啦，好啊。"但他话锋一转："就是壮丁要的厉害。我是独子，日本人在的时候都不要我的劳工，现在家里为我躲壮丁，花了三千块，人还是偷着跑出来的。"小刘是"九一八"以后长大的孩子，尝过亡国奴的味道。现在翻身居然做了中国的"主人"，所以对现实生活能够体察出彼此的不同。我告诉他，国家还在动乱的时候，"现在还在打仗哪，你不知道？"他说："日本人都打跑了，自个儿还打什么劲？"那张小黑脸似乎质问起我来，好像我就是作乱者。我想再解释给他听，他却满以为自己问得好，得意地拿起他的报夹出去了。

我坐在斗室里，望着窗外飘落的雪花，偶尔抬起头来看看墙上挂着的东北九省地图，觉得小刘的话值得沉思。回想我到东北半年所见所闻，感到1946年的东北很不平凡。于是写下了《东北飘雪的时候》这样一个标题。文章开始，第一个小标题就是"一种猜测"，分析战局：

国军是去年十一月十六日打出山海关的。胜利之初，东北已是残破的江山，再经过自己的冲杀，更显得残破了。

东北连热河在内总面积约一百二十四万平方公里，经国军收复的至多三分之一；共有一百六十三县，经国军收复者七十四县，将及二分之一。虽然收复的面积不大，却包括了东北工商业的精华。正因为对精华的争夺，所以双方都付出极大的人血代价。这是事实。

今年五月十九日国军克复四平街，他们评价此役的战果是"打破共军的口袋战术"，而且"溃不成军"。可是中共说，为保存实力才将主力北撤。但我们知道的是，四平街之战双方死亡之惨，人民逃亡之多，足比得过抗战时候的随枣或南昌之役。如果依中共的说法，将来有一天把主力拿出来一拼，东北岂不是要有比四平街更惨更凶的战斗？我们感到可怕。

十月二十五日国军又收复安东、通化等重要城市，中共仍往北退。现在双方冲突较多的地区是长春与哈尔滨之间。

依我这个不懂得军事又不知道双方军事秘密的人来看，中共在东北的军事一时不易占到上风，因为他们的装备的确是比不上国军。所以他们要争取战略上的胜利，只有巧妙地运用游击与破坏交通的战术，来稳定他们在东北的"解放区"。可是国军是否将来可以一举而击溃中共军队，接收"解放区"呢？我以为也并不太容易。因为中共的军队并不是几天所养大，尤其是它的旧干部。国军目前的火力是超过中共，而兵力似乎还稍嫌少点，要想换来一个更大的胜利须再增加些兵力。

这里就报上所载与政府公布过的，把双方的兵力比较一下，国军在热河有十三军、七十一军，在东北各地有新一军、五十二军、六十军、新六军和已经调防的五十三军。每军战斗兵最多以三万人计算，不过二十一万人，再加上临时调配的通信兵、辎重兵、战车兵等，最多也不过二十五万人（地方团队及各师管区部队为数亦可观，但未计算在内）。中共在东北的部队统辖东北民主联军林彪之麾下，计有吉黑野战军区、吉辽野战军区、辽东野战军区、热辽野战军区、热河军区、冀东军区等。根据政府估计，其兵力有五十四万余人。如果这些数字都正确，那么共军兵力超过国军正式部队之兵力一倍，国军之火力又可超过共军一倍，如此一加一减，正是有时候双方棋逢对手、锣鼓相当，打得热闹的原因。

第三章　东北烽火·1946

> 东北今冬是否要有一次恶斗？我们看国军占领的面积是扩大了，点线也拉长了；中共军队的棉服还不够齐全，而且零下二十五度的气候，不是作战的天时。除非政局有更特殊的变化，或某一方在战略上有更迫切的需要，今冬东北也许只有打两枪放三炮的零星冲突，大规模的战斗开春再见了。

大战没有，小战不断，而且不止军事斗争。我继续写到"经济封锁"问题：

> 东北在国内是个特殊的地方，行政组织、财政系统以及币值情形，都是为了配合现实的需要，另设机构与制度，再加上军事时期。所以东北任何一个问题都有牵连、有利害，因之常常定出一个办法，目的是好的，结果反倒坏了。
>
> 就"统制"来说，东北有食粮统制，为的是不使粮价暴涨。棉纱棉布也要统制，为的是怕流入共区。东北到处有关卡、检查站，弄得商人寸步难行，应该检查的被查扣，不应该查扣的也要为难，如此做生意极其危险，弄不好就给你一网打尽，马上倾家荡产。东北的商人个个感到统制与检查的威胁。而且奉令统治的地区，只管自己不问人家，自己的粮食统制得严密，别人却闹着粮荒或粮价上涨，甲乙两邻县的粮价有时悬殊很大，这就是统治自己封锁别人的结果。经济委员会对这样的统制办法颇不以为然，极力纠正其错误。最近统制棉纱与皮毛也演成坏的结果，货物马上不能畅流，首先受到影响的是中纺公司东北分公司，他们在四乡购到的棉花，不能顺利运到各厂，轧花厂因为原料缺乏，多告停工。总经理桂季恒不得不奔走各方，谋取解决办法。沈阳二百余家民营的纺纱厂也不能开工。统制最大的弊端是借名从中渔利的人太多，其次是把统制看成封锁禁运，所以最初的目的是好的，结果反使工商业凋疲，大家喘不上气来。
>
> 一个月以来，沈阳又闹着物资冻结与解冻的问题。原来，沈阳接收后，有大批敌伪物资流入民间与民营工厂，当局为了防范盗卖与私人隐匿，动员检查队到处查封听候处理，极收效果。敌伪物资的确无

法逃掉，谁也不能白白得便宜。但是，沈阳民营的纺织业、染织业、针织业、铁店业、五金业都因为物资之被冻结，工作陷于停顿，工人失业了。铁西区就有民营工厂三百二十九家因其原料与敌伪物资有关而被查封，请求当局设法解冻，使各厂复工。各业公会也联名请求放宽冻结尺度，解除商困。半个月以前，沈阳各报也都替民营工厂呼吁，希望早日解冻，并且指出，有许多物资是被埋藏在地下，如果一直冻结下去，必在地里腐烂，这对国家将是莫大的损失。冻结该不是毁灭。

令人忧虑的还有教育问题。东北接收以来，各地最感困难的就是教育复员。考虑到日本人在东北统治十四年，推行奴化教育，毁灭民族文化，东北复员最需要的首先也应该是教育，然而，偏偏很少有人注意这个问题。我的报道即以"糟蹋孩子"为题：

几个国立学院闹钱不够，房子少，东北大学复员到现在九个月了，还不能开学。中小学越发的可怜，最大的问题也是没有房子，缺少经费。沈阳市和平区几乎是富人与机关的驻区，有十二万人口，却只有一所小学，只能容纳一千五百人，许多人家的孩子进不了学校，骂教育局为什么不多设几所学校。可是教育局没有办法弄到房子。据教育局的统计，沈阳的失学儿童在六万人以上，这些孩子们每天干些什么呢？住在城区的摆货摊，住在车站附近的天天去偷煤。水果、食盐运来了，他们也想尽办法去偷，甚至明抢。街头与车站就是这下一代的学校，偷与抢是他们的教育课程。这样下去，似乎将注定了中华民族一代不如一代。

在战乱的时候，尤其是目前的内战，许多纯正的青年被夹在缝里，前进无路，后退不得。一位青年寄给沈阳一家报馆一封信，说在哈尔滨听到沈阳广播，凡在共区的中学生，如有逃往收复区内者，各校随到随收。于是他跑出来，先到铁岭，无证件不得入学；又到沈阳，也是不收。另一位青年的信说："出阿城逃到沈阳，在双城被视为国特，监禁十四天。在长春投友不遇，到沈阳考取市立师范，校长

第三章　东北烽火·1946

说明年二月才开学，目前无亲无友，挨不过这两个月，虽然是夫役伙夫也愿意做。"他走投无路了。报馆编者答复："你可以到东北行辕、东北保安司令长官部，或许对你有法救济。"我想，他那副穷学生像恐怕进不了大门，纵然进了大门，他应该找谁？东北正在飘雪，雪地里流浪着这样的青年，他们的命运正像雪花，谁救救那薄命的孩子？

这篇文章，算得是我在1946年的年终总结报道。文章的最后，我写道："庆祝热烈的胜利不久，东北的人心就上了冻。现在东北已经到零下二十多度的严冬，人心冻得更结实了。……街头积雪未化，寒风刺骨，又是一年的尽头。一切要等待明年了，东北今后还有更艰苦的寒冬。"我没有写出来的是，当局可曾想到，人心冷僵了，他们也就失掉了人心？！

大公报人张高峰
第二部
高峰自述：内战观察

第四章
东北烽火
(1947)

多难的辽东半岛

1947年元旦过后，我从沈阳南下，采访辽东半岛。

历史上，辽东半岛多灾多难。1894年中日甲午战争，中国海军战败，入侵朝鲜的日本兵一鼓作气打过了鸭绿江，占领了安东（今丹东），连陷凤城、宽甸、岫岩、金州、大连与旅顺，次年占营口、盖平、海城、沈阳。清廷无力再战，提出议和，被迫签订了丧权辱国的《马关条约》。日本要求割让辽东半岛，遭到早已觊觎这块土地的俄国及其盟友法国、德国的干涉，日本未能如愿，清廷以三千万两白银"赎回"。这是辽东半岛的首次遭难。

1896年，德国强迫清廷租占胶州湾，俄国援例"租借"旅顺、大连二十五年。帝俄未流一滴血，拿走了辽东半岛尖端的两个重要城市。1900年八国联军入侵后，辽东的国际关系更趋复杂，东北成为日俄两国的角逐地带。1904年，日俄战争终于在东北爆发。清廷无力制止，竟在自己的领土上为日俄划出辽东战区，任它们涂炭。日本兵再次打过鸭绿江，占安东、攻旅顺、直下沈阳，一直打到开原。俄国大败，旅顺和大连也从俄人之手"转租"给了日本。这是辽东半岛的第二次遭难。

此后五十年，日本人把辽东半岛当做自己的领土全力经营，直到1945年投降。辽东半岛的中国人从日本的铁蹄下翻了身，却又被踩在内战的脚下——旅顺、大连被苏军占领，普兰店以北是国军，中长路南段以东山地则被共军占领，三地同为中国人，却过着三种不同的政治生活。此为辽东半岛第三次遭难。

辽东半岛多灾多难，我决定实地考察一番。由于军事阻隔，交通不便，我的采访只走到大连以北的熊岳镇。虽然半途而返，却也了解了半岛的近况。

内战中的东北交通，秩序坏到了极点。过去鼎鼎大名的沈阳南满车

第二部·高峰自述：内战观察

站，连电灯都不全，阴天下雨时，票房内一片黑暗，人挤人，人碰人，买票要靠力气去挤，上车更要比力气大小。我若不是随着几位"制服"朋友出行，也免不了买票与登车之苦。

列车照例是晚点开出。我从窗口探望，沿途所见，除了几个大站，几乎全无站牌，如果没人提醒，旅客都不知到了什么地方。路政当局连这起码的工作都没能做到，可见管理混乱。

列车每到一站，下车的旅客目不斜视，直奔出站口，又是一通挤和乱。然而，除了衣着华丽或穿"制服"者，普通百姓是不能随意出站的。他们在路警的指挥下，乖乖地排成长队，要挨个接受检查，说不定还要挨打。据路警说，旅客中可能有"八路探子"，或者有人夹带大烟土，所以要"彻底检查"。倒霉老百姓只好赶紧掏出保甲长的路条，以证明自己是"良民"，而检查人员却可以随意不信任那张破纸条，先把人抓起来再说。

在大石桥车站，我看到了"彻底检查"的一幕。几个黑衣路警端着大枪，煞有介事地押着四位男客和两位女客进了办公室，狐假虎威地让客人举起双手，在身上摸来摸去。路警有没有随便抓人和检查旅客的权力，我不清楚，但我知道，留难、敲诈旅客是伪满路警的拿手好戏。如今伪满完蛋了，为什么他们依然故我？更没有道理的是，在昏暗的房子里，让两位女客人也脱下衣服检查，真无异于日本兵又在凌辱中国妇女。天快黑了，马上就要戒严，路警又查不出什么违禁的东西，却仍不放人，是何居心？直到我离开车站，那几位客人也未被放出。这一幕，使我感到，"光复"了的东北，老百姓还是随时会遭殃的。

营口是东北最早开放的商港。1860 年英法联军打败清廷后，作为东北唯一开放的口岸，曾经一度繁荣。以后大连、旅顺开港，抢走了营口许多生意。日本占领东北时，更以全力建设大连、安东与葫芦岛等港口，营口港则因辽河口淤沙日积，冬天冻港，缺乏优良条件而衰落了。东北光复后，首任市长方引之利用接收机会，勾结属下贪污了几千万流通券，逃之夭夭。后任市长孙甄陶虽然是专业出身，但在动荡时代，对市政改善也毫无办法。

初到营口，第一印象就是破烂、贫困。市内没有一条柏油路，到处坑坑洼洼；几所日本人建筑的楼房也被破坏得没有了窗户。全市三十万人

第四章　东北烽火·1947

口，只有四所中学，没有图书馆；商业凋敝不堪，没有几家大生意，连地摊都少。封港以后，市面更显荒凉。银行虽已开业，业务却有限。唯一的一家纱厂尚未全部开工；盐业生产也因电气设备坏了而停顿，因此工厂常闹工潮；全市只有两辆看上去快要散架的自用汽车，分属孙市长和盐务分局长，成为当时营口市内罕见的交通工具。孙甄陶读大学学的就是市政管理，但他对我说："市财政困难，穷得我一点办法也没有，更办不成什么事。市府至今连科长都配不全，一般职员只能录用伪满官员。目前最头疼的是征兵。首期要一千一百名，结果只征到七百余名。说不定哪天，我就因为办兵役不力而被撤差呢。"

盖平以出产苹果著称。火车进入盖平，沿途的苹果树像北满的森林一样，一望无际。据统计，当年全县果树栽培面积十余万亩，年产量水果两万五千吨，其中近八成是苹果。伪满时代，日本人霸占了部分果园，改良苹果品种，才有了东北驰名的国光、红玉苹果。日本投降后，先是中共进驻，清算了地主的果园；后到了中央军，又给部分果园插上"荣誉军人垦殖果园"的牌子。几番下来，反正是谁有力量谁占领，许多果园的产权纠葛不清。盖平人感叹，抗战胜利了，不知多少果园换了园主。

盖平的另一特产是蚕丝，年产量达一百五十余吨，东北的丝绸原料大部由盖平供给。伪满时代，日本人统制蚕丝，由各"组合"强迫收购，养蚕人无利可图，因此逐渐改行了，盖平的蚕丝业一蹶不振。日本投降，内战又起，盖平的蚕丝业复苏前景渺茫。

中长路南段，火车只能通熊岳，那是盖平县属的一个小镇，我到那里时，小镇已经成为国军指挥半岛南端作战的中心。熊岳以南，国军已攻到普兰店，再往南就是大连的市区范围了，由苏军驻守。苏军在石河驿筑有炮楼，与国军防线连接，虽然没有冲突，但若想越过石河去大连，却极不容易。我的旅行也止于熊岳。

在熊岳，我听到了一个关于共产党员的故事。回到沈阳后，我把它写进了我的报道：

　　熊岳光复以后，先被中共占领，二十三岁的小伙子杨运当了熊岳的区长。他是河南偃师人，参加中共有五年以上的历史。他在熊岳清算了六七十家"大肚子"（富人），现任军民合作站站长王志平就是被清算的一个。我在熊岳的一家饭馆遇见他，他正在那里请客，给几个穿军服的客人点烟倒酒，一口一个"主任"地称呼那些军官。他说他有六千棵苹果树，三百头猪，一百头羊，全被杨运给清算了。国军到来后，他做了军民合作站站长，那些财产又从穷人手里要回，等于没有损失。……杨运被国军抓到，审他的时候他说：为了替穷人争权利，为了打倒剥削穷人的大地主，所以才杀了六七十个"大肚子"。如今，那些"大肚子"的家属要向他索命了。审他的法官说："你们今天失败了，人民并不拥护你们。"杨运说："我个人也许因为年轻识浅，工作失败，但中共的整个理论与政策没有错误，也不会失败。"法官判处杨运死刑，杨运被绑赴刑场，一面走一面喊着"毛泽东万岁"，先挨几棒，最后一枪倒地。杨运死后，我在饭馆问几个茶房："杨运好不好？"他们说："我们不敢说好。"王志平则大骂：杨运该死。而另外一群人是怀念杨运的。

【立此存照·张高峰在"文革"中的检讨　我公开报道杨运的牺牲，也是资产阶级新闻观的表现。因为，这样的内容，当时其他记者是不敢报道的，我为了表现自己的"客观、公允"和"超然于党派"，这样写了，报道了，以示大公报记者的"胆识"，这是资产阶级个人主义的表现。】

辽东半岛采访归来，我发综合专电称：

　　……国共两军在普兰店与石桥间对峙。铁路以东山地全是共军，不时攻扰国军。前两天共军到太平石车站西拆铁路，盖平一度冻结，三天无人出入。将来真要收复大连，共军的威胁不能轻视，除非国军增加兵力。辽东半岛在历史上经过中日、日俄之战，现岛上各城市又成一遍烽烟，到处有战争恐怖。穷人无煤取暖，军方只可烧木炭，地方贫困已极。五十岁以上的人都说，过去的战争是人家要抢占我们，今天的战争是为了什么？在盖平看到抓来穿单衣的八路，再看着穿美军装备而想家的国军，两军之间夹着无衣无食的人民，我们真应该别打了。

第四章 东北烽火·1947

大连接收一波三折

我的辽东半岛之行，到熊岳为止。继续南下就是苏军占领的旅大地区了，那里未经特别允许，不能随意出入。当时，外界人们所得到的大连近况，十有八九都不是看到的，而是听来的。我在熊岳也听到不少，并且写进了我的报道：

据说大连现在有四十六万人口，市政由中国人自理，市长迟子祥由山东半岛越海而来。市内治安由警察维持，苏军只是在那里驻防。他们办有辽东半岛实话报，用中文宣传社会主义与苏联新五年计划。市政府也办有几家报纸，并在街头设立民意箱，人民可以随向市政府提出意见。大连斗争清算事件较少，闻由安东撤退之共军曾被阻城外，后将一部编为地方警察。市内表面上极繁华，有舞厅、剧院、咖啡馆，一群中国官员也讨了日本老婆。

繁华的背面却是饥馑与恐怖。大连目前是一个孤立的城市，没有人敢来往经商，市内食粮最感恐慌，时常有人自杀。去年十月以后，日本人也有跑到忠灵塔前去自杀的，因为他们迟迟不能回国，经济毫无来源。近来，中国人又有一种恐怖心理，常传说国军要接收大连，又传说共军过了石河驿，大连又要有一次战祸。但是大连的人民仍希望早点回到祖国怀抱。过去之日侨学校已改组开学，而学生不多。大连地方政治环境的复杂，难免人心不安，对事情都有戒心，一般人民说话都非常谨慎，因为他们始终不知道为什么大连今年还这样特殊，恐怕得罪一方。

大连究竟有多少苏军，其说不一。闻近来多开往旅顺，因为旅顺是一个军港，停有军舰，与驻北韩的苏军来往调动极便利，随时可增可减。据到过旅顺的人说，苏军在旅顺机场停有许多飞机，大连上空

第二部·高峰自述：内战观察

也可以随时看到飞机过境，架数多少则无从知道。当今世界各国瞩目中国，平津美军未撤，苏军仍占据着旅顺大连，我们只知道美苏在注意中国问题，他们更注意东北这块地方在战略上的意义。苏军何日能撤退旅大，正与美军何日撤出中国同样是一个谜。

【立此存照·张高峰在"文革"中的检讨　我在报道辽东半岛"旅大消息"中，想说明内战对人民没有好处，即使是苏军占领区，人民的生活也不那么理想。我当时认为，这样的报道才是"公正"的，其实是犯了污蔑苏联红军，攻击解放区是罪行。】

日本投降之后，大连问题就列入了国民党政府"全面接收东北"的计划。只因事关对苏外交，加之内战困扰，进展迟缓。1946年12月，事情有了转机，我曾连续发沈阳专电报道：

接收大连问题，外间传说甚多，但综合此间各方消息，国军某部确已抵达老虎山、大南山附近，距市区四十里左右，目前已停止前进，盖最后接收市区问题仍待中苏双方根据友好条约，循外交途径，俾得既稳健而又合理合法之让出与接收。

何日接收大连，经各方证明仅为时间问题。中共之阻力，关系方面未予太多考虑，盖大连地形突出孤立，宜攻不宜守。若外交途径顺利，则在郊外三十余里待命之国军，即可进驻城区。刻国军在普兰店南石河前线已与苏军相晤，双方常作友谊之交往。

1947年1月，美、英政府和舆论也呼吁苏联尽快向中国政府归还大连，重新开放旅顺为自由港。报载，美国国务院向中苏两国提出照会，称："一，在对为数甚少之美军继续驻华大肆批评之际，提醒注意更多之苏军未得中国政府之同意仍驻中国国土之事实。二，美国并未放弃其门户开放政策。三，美国对苏联未能履行其与中国成立之条约表示关切。"英国则"关心大连港问题，盼其能迅速归还中国并早日开放，盖英国亦愿发展与中国东北之贸易也"。

第四章　东北烽火·1947

2月初，担任大连以北防务的新六军军长廖耀湘到沈阳向杜聿明报告防务。据他说，大连苏军已全部撤至旅顺，市区由共军驻守，约四五万人。他"极自信将来接收大连可无任何顾虑，两营兵即可击溃旅大共军"。我问他，就东北局势看，国军兵力是否嫌少？廖称："政治赶不上军事，非兵少问题。且众盼将来接收大连不再流血。"

2月底，南京政府外交部长王世杰到沈阳，人们纷纷猜测与大连接收问题有关。但他"以外交当局之地位，避谈现实"，仅发表书面谈话称："此来纯系视察性质。今后东北政治秩序如何恢复，经济如何复兴，余深盼此行能亲聆东北各界人士及政府负责人员之意见，转达中枢以为今后决策之资。政府对东北工矿交通的重建尤具决心。深盼各界互助，厉行恢复东北繁荣。"又称："中苏盟约为中苏友好关系一大基石，亦即远东和平的一大基石。我政府将严格照约履行。苏联政府亦已迭向我方声明，必严守合约。守约就是善邻之道，这是我们不可摇撼的信念。"

王世杰是武汉大学首任校长，我与他虽未同期在武大，同样尊其为师长，采访时也有些许便利。关于大连问题，他分析说，依据中苏友好条约，中长路治安由中国军队维持，大连行政属于中国，旅顺军港中苏双方驻兵使用。所以，"东北外交上无理由过分焦虑，而焦虑反为内政"。换言之，他认为，内战才是东北问题的焦点。

王世杰在沈阳只停了两天，又匆匆而去了。后来传闻，王氏此来原定与苏军驻旅顺某司令会面，但对方临时托故爽约，所以让王外长白跑了一趟。显然，苏军没有交还旅大的诚意。

由于国民党任命的大连市政府无法接管大连，因此，只能在沈阳暂设办事处办公。有名无实的大连市长龚学遂滞留南京，参加与苏方的谈判、交涉。他给办事处打电话说，要"静待时机"，又说"大连市内粮荒益趋严重，现由武装农民维持治安，每日自杀者有数十起。中共规定由邻居与保甲长负责防止"云云。

进入3月，有关接收大连的消息不绝于耳，沈阳、南京高官往来频繁，准备工作紧锣密鼓，并且已经具体到先派军事联络小组赴旅大，与苏军商洽国军进驻时的技术问题。我再次报道：

第二部·高峰自述：内战观察

大连来人谈，接收旅大之消息盛传，人民窃喜窃忧，不敢公开谈论。市内物资已大部搬空，许多火车头已被装船运走。市内粮商大量抛售，粮价大跌，为年来所罕见。又，大连一带共军连日由水路增加，发现之番号约六七种，人数约为八万，装备尚佳。此一地区纵然接收，则以后之控制保卫，当局必费考虑。闻政府对接收旅大之军事准备业已完成，将陆海并进，并可望得到苏方之协助。

4月初，旅顺、大连、金州各界代表开会，成立了三地最高行政机构关东公署，推举了主席、副主席，并设办事机构。大连接收越发扑朔迷离。我再次南下采访，于4月16日专电报道：

记者周前赴普兰店一带巡礼，今日返沈。在旅顺边缘徘徊旬日，深觉目前酝酿接收旅大消息或因事实困难而暂告搁浅。

记者一行曾设法以书面转致苏军旅顺司令，要求赴旅大，苏方虽未拒绝，但复称不负安全责任。而沿途无交通工具，故折返。据闻：国军与苏军正面在普兰店与石河，目前尚安。苏军依约在界内驻军。旅大粮荒因有鲜米运到，已不若过去严重，惟民食仍艰，故连日有人民来国军防地。逃出者系在夜间从小路而来。

国军认为旅大问题系整个的，不欲零星解决。据新自大连来人讲：旅顺军区内除苏军外，有武装部队，为地方新设之关东公署之警察，彼等无中共番号，外着警察黑衣。中共正式番号及着军装可公开活动者，在石河与普兰店之间之隙地，间或有小接触。对地方武装部队，苏方因事实上已有地方政权存在，可能作警察或自卫部队解释。

日前普兰店会谈涉及虽广，但亦如南京谈商在文字上绕圈子。据悉：接收旅大问题主要症结，在关于旅顺协定第四条"上开海军根据地之防护，中国政府委托苏联政府办理之"。苏方与政府解释不同，此亦为最大之难题。根据此条文之规定，苏军究应如何防护，驻军若干，驻地如何，均须费考虑。又条文规定旅顺海军根据地陆路之界限，目前该线以北全为国军防点，两线之间相距二三十里，此一空间内大部为共军占领，如国军以军事方式接收旅大，流弹势必落海军根

第四章 东北烽火·1947

据地陆界以内，此亦为煞费考虑而待磋商之问题。

国共两军犬牙交错，苏军防线解释不清，加之已有地方政权存在，警察实为换装军人……这就是我所说旅大接收"或因事实困难而暂告搁浅"的根据。

5月，苏方终于同意了中国政府派员赴旅大视察。代表团由东北行辕副参谋长董彦平率领，主要成员包括外交部东北特派员张剑非、中长铁路局副局长王竹亭、大连港副主任徐祖善等十二人。他们4日抵旅顺，8日到大连，原拟分组全面视察，结果12日即行折返，计划未能实现。

视察团回到沈阳后，我采访了有关人士，报道了我所了解的视察团观感及此行经过。摘要如下：

……旅大房屋均未破坏，街道清洁，惟行人稀少，商店不多，物价较沈阳相差无几，惟食粮甚贵，辽南人主食之苞米在沈每斤售价一百三十元，在旅大售三百元。旅大有电灯自来水，由中苏合办之公司经营。大连电车六路行驶，惟乘客不拥挤。货币系红军票及伪满币，惟加盖关东银行之印，该行系关东公署所办。

视察团六日集体参观博物馆及市街，市民多表惊异。十一日由大连去金州，因地方武力拒入而折返。全团曾分三组视察，第一组视察民政教育未果；第二、三组分赴大连视察铁路、港口，觉地方武力之关系颇为微妙。该团到达时，关东公署主席迟子祥及警察局局长周光等曾至岸上欢迎。视察团未正式接见地方行政人员，而地方行政人员亦未正式接见该团，惟双方曾仅非正式晤谈数次。

国民党接收大连工作，就此搁置，再无实质性进展。

内战期间，大连接收问题一波三折，始终悬而未决。直到我离开东北，也没有能够进入大连采访。多年以后，读相关文史资料，我才了解了一些当年大连视察的内幕，也印证了我当年的观察、判断。

日本投降后，旅顺、大连主权名为中国，实为苏联的军事管制区；旅顺口海军基地名为中苏共用，实为苏联独占，是国民党无法问津的"特区"。为了阻挠国民党接收，特别是应对视察团的到来，当时尚未公开活动的中共旅大地委，配合苏军当局，采取了一系列相应措施，例如，抓紧成立地方自治政府关东公署，造成既有政权事实；成立关东公安总局，由中共部队按国民政府制式警服装备；限期完成货币登记及盖印工作，使视察团所携大量"红军票"全部变成废纸，视察团人员连日用品都无法购买，等等。对于视察团提出的视察计划，苏军和中共则"在有组织、有计划、有理有节的限制、拖延下，使其大部分落空"。

内战期间，大连地区实际上成为依托苏联的中共根据地。直到1955年，即苏军占领旅大十年之后，他们才完全撤离。

东北态势

我从辽东半岛采访归来，国共双方在南北两线同时开战。

战事初起于1946年12月。杜聿明集中六个师的兵力对临江、通化地区发动攻势，企图围歼南满民主联军于长白山区，而后回兵北上，以完成其"南攻北守，先南后北"的战略计划。林彪针锋相对，采取"坚持南满、巩固北满"的方针和"南打北拉、北打南拉，密切配合"的战法，一方面由北满三次挥兵南渡松花江，紧逼长春、吉林，迫使国军北顾，另一方面在南满四次击败进攻临江地区的国军。此即共方所称"三下江南四保临江"战役。

战役爆发时，吕德润兄和我分驻长春、沈阳，我们的报道重点在转向军事动态的同时，关注焦点仍是百姓的生存。

1947年1月6日，北满民主联军第一次渡过松花江南下作战。冬季的松花江冰层坚厚，谁也没想到共军会以沙土铺在冰上过河出击，因此打得国军措手不及。随后，战役在二三百里的战线上迅速展开，很快推进到长春以北的德惠，永吉（今吉林市）附近也发生激战。共军声称："打下吉林过年，到长春过元宵节。"

第四章 东北烽火·1947

1月14日，东北长官部参谋长赵家骧专机飞往前线临空视察。回到沈阳后，他对我说，共军此次行动，目的在抢夺粮食和破坏交通。并说，"在上空曾见共军成群结队之粮车北运，其破坏交通目的则未达到。待孙立人所部集结后，沿江战事可见分晓，并无多大严重性。"可见，他当时并没有判断出对手意在"围城打援"，配合南满。即使交通问题，他也没有说长春到德惠的铁路已告中断，吉长铁路受到严重威胁的事实。

东北开战，南京方面又传来美国放弃军事调处，解散军调部的消息。内战双方更可以放开手脚大打了。

这期间，发生了与中共有关的两段小插曲。

其一，哈尔滨《东北日报》发表了一条关于纠正土改中工作错误的报道，我看到后，觉得很有意思，于是摘发了一条专电：

> 东北中共地区普遍展开煮熟"夹生饭"运动，哈埠东北日报以此为头条，号召各部注意。缘中共最近各地检查群众工作，发现了极严重的坏现象，他们把工作坏的地区称之为"半生不熟"或"夹生饭"，特点因各地情形不同，"生熟"程度亦有差别。其共同点为：一，地主恶霸的威风没有打倒，他们仍与农会有联系。二，分地斗争中没有真正发动群众，结果多不合理。三，没有真正正派的劳而又苦的人当积极分子，一群假积极分子不能代表穷人利益。四，群众武装是形式的建立，还没有专心以武装来保卫胜利的果实，因此造成群众间的互相恐怖或不信任。现在，中共对此"夹生饭"地区喊出一个口号："坏蛋充积极，分地不合理，深入了解后，从头再做起。"

我发这条专电，是因为中共纠正土改工作中的错误，对于发动贫苦农民"保卫斗争果实"，积极参加反对国民党的战争，不仅有非常现实的考虑，更有巩固政权的长远意义。而国民党却根本不曾注意这个问题。

其二，由于中共占领的哈尔滨火力发电不足应用，亟须国统区丰满水电站供电。而国民党又曾一再要求中共释放1946年长春之战被俘的政府人员。双方各有需要，于是达成协议，国方同意丰满电供给哈埠，共方答应放回部分重要俘虏，并保证丰满通长沈电路的安全。这是战时双方鲜有

第二部·高峰自述：内战观察

的一次"合作"。

2月14日，被俘的东北行辕经委会主任秘书张大同、专员钱瑶章等被中共释放，回到沈阳。次日，我即走访了钱瑶章，询及他们近一年来的生活。在发回的专电中，我特意写了他介绍的中共解放区一些情况：

……钱氏并谓，在拘禁期间甚感中共方面力量之集中，组织之严密，其新闻纸以教科书方式供给民间。东北共军以乡村控制城市，北满一带分地运动已告段落，乡村普遍成立农会及自卫队，为下层实际政权。上层政治机构为东北各省市人民代表联席会议，其人选按'三三制'分配，即中共代表占三分之一。……

我认为，这都是国统区读者愿意了解，并且也是国民党应该关注的信息。不过，那时的当局已经顾不上考虑这些了。

2月21日，北满民主联军再次越过松花江，向吉、长地区展开进攻。以下是当年我们的有关报道摘录：

长春专电：吉长地区战斗激烈，农安已被共军包围。国军在德惠城郊作战，九台亦告急。长春外围战事将展开，市区已闻清晰炮声，人心惶惶。中长路客运停止，欲逃无路，可怜人民又临浩劫。

沈阳专电：中共主力首予吉长威胁，进而攻扰东北电源地之小丰满。中共颇了解国军南开以及政府兵力之多寡，故由北打来；而政府方面亦了解共军装备之简劣，及以扰为攻之战术，故以坚守对应。但以今日全国各地战斗情形观之，谁胜谁败，不在兵员多少，装备好坏，或用兵拙巧，而士气之盛衰有最大决定性，东北战场亦难例外。又国军有关人士认为，此次南下共军实力，较之去年四平之战有所增强。

长春专电：长春外围激战，三面包围之共军均距市区三四十里。市内赶筑工事，大街小巷都堆有粮秣马匹，大小旅馆住满军人。这里

第四章　东北烽火·1947

又面临自相残杀的局面。战争笼罩下的长春景色真够凄惨，天上隆隆机群，地上轰轰炮声，整个长春在奏着内战的悲歌，就是贝多芬也做不出这样凄凉寒心的调子。这一支无节奏的曲子，使长春人手脚忙乱，他们跑到车站，车站被兵车挤满，人群扰攘，走投无路。回到家里，街头是层层沙包电网，入夜又担心水电断绝。物价一日三涨，高粱米有行无市，青菜更无来源，物价有涨无落，苦坏了人民。

沈阳专电：长春紧张，沈阳亦在戒备，二十六日入夜军警宪联合抽查户口，全城又是一片问口令声。郑副长官洞国谈称：国军已有一切准备，长春绝无问题。国军为巩固大据点，故放弃小若干据点。然二十六日晚七时许，由长春开来军用专车一列，内挂一节新一军眷属车。德惠被共军包围，空军投弹药救援。此次战斗，飞机坦克车均上战场。沈安线尚无通车消息，安东省主席高惜冰被阻沈阳。安东早闹粮荒，今又外通无路，陷于死城，粮荒将更趋严重。吉长路早已断绝，吉林省主席梁华盛由空中返永吉坐镇。

2月底，长春外围共军逐渐北退，战斗中心移至德惠。德惠城区经过几次争夺，大部已毁于炮火。驻守的国军一方面依靠空军接济，一方面等待增援部队解围。杜聿明把在沈阳的空军大部调往吉长地区增援，国军的空中优势给围攻德惠、永吉的共军造成很大压力。3月3日，北满民主联军再次回师江北。

长春、德惠相继解围，国军又趁机沿中长路向北进逼，甚至越过松花江追到了陶赖昭、五棵树、五家站一线。这令南京方面十分欣喜，蒋介石下令"颁奖长春战役有功将士"，杜聿明也在长春发表广播讲话，"盛赞军民合作牺牲精神"。

然而，这边国民党庆功话音未落，那边民主联军又发起了第三次跨过松花江的反击战：

东北大战再度爆发，共军三路猛攻，冲杀惨烈。长春外围军事吃紧，各处传来共军大兵压境消息，中长路长沈间每日南下班车成离长

第二部·高峰自述：内战观察

军眷专列。电台女播音员对空呼号尖锐声与夜空中飞机轧轧声更使人感到局势紧张气息。与此相呼应者是百姓在高涨不已之物价下呻吟声，尽管经委会负责人再三说东北仅涨八倍，但被日本人压榨了十四年的东北同胞早已无力支持。冬去春来，积雪溶化，东北同胞心里堆积的忧愁何时可解？

共军步炮联合向德惠进攻，长春外围酝酿大战。沈阳成立户口总清查委员会，动员党政军四万余人开始检查工作。小丰满至沈阳电路被破坏，沈阳顿成黑暗。各地要壮丁急如星火，石壕吏场面正在东北各个角落上演。只要是十八岁到二十七岁的男人，无论好歹，抓着就走。乡下闹得鸡飞狗跳，壮丁潮水般涌进城市。年长者谋职，无薪水也干；年轻者求学，以致沈阳中学进修班招四百五十人，竟有四千人报名。

松花江两岸连日风云，双方战斗激烈。农安已三面包围，长春附近惨烈杀伐。关外各铁路不时遭破坏，锦榆路前卫、前所间被炸毁，锦承路二百七十六号桥梁被毁，锦阜路义县阜新间六座桥梁被毁，正抢修中。锦阜间交通绕道大虎山新立屯。

安东省主席高惜冰日前向东北行辕熊主席式辉提出辞呈，文中有"农民饥苦未除而倍增，工人失业未减而愈重，商家因困窘无术依旧停业，行旅以道路险阻裹足不前，及兵匪肆虐，地方武力奇缺，无法支撑，致安东省辑安、金川、柳河、辉南各县相继沦陷，烂尸成伍，难胞载途，地方元气亏损殆尽"。等句。

……

1947年4月3日，由赤峰匆匆调防的国军第十三军第八十九师在南满被民主联军全歼。至此，双方缠斗三个多月，结果以国军被歼四万余人，丢失城镇十一座而告终，杜聿明"南攻北守，先南后北"的战略计划全部落空。此役过后，国民党在东北战场由攻势转为守势，中共则在东北站稳

第四章　东北烽火·1947

了脚跟。【注3】

【注3：读 2013 年第 11 期《国家人文历史》所载赵炜口述文章《一道假命令改变东北战局》，始知赵是当年潜伏在东北保安司令部内的中共情报员，是他起草的一份假命令，将十三军诱入民主联军的包围圈，予以重创。而十三军恰恰是参加过晋绥抗战、南口抗战、台儿庄战役、武汉保卫战的部队。当年的抗日英雄，后来的内战炮灰。历史竟如此吊诡。——张刃】

寂寞的鸭绿江

1947 年 2 月下旬，北线吉林、长春地区战事正酣，南线相对平静。我到安东去采访，主要是想看看久闻大名的鸭绿江。

鸭绿江是中朝两国的天然水界，历史上，就是长白山脉所产木材外运的重要水道航路。据说每到伐木季节，大批木排由上游顺流而下，连绵不断，蔚为壮观。但在国防意义上，鸭绿江却因国势衰微，始终没有成为防卫屏障。中日甲午战争时，日军就是从鸭绿江打过来入侵东北的，中国失去了江南屏障朝鲜。日俄战争时，日军再次渡江北上，打败俄国，朝鲜完全变成日本的侵华基地，鸭绿江就是其直趋东北的桥梁。"九一八"事变，东北沦陷，国境一缩千余里，山海关成了"国境线"。日本人从辽宁省内划出一个安东省，十四年来，国人对它已经生疏，很少注意，而日本人却始终在利用它的资源，攫取中国财富，直到投降。

鸭绿江畔最大的城市就是安东（今丹东），为省府治所。伪满时代，是东北六大城市之一，连日韩侨民有四十万人口。日本人很喜欢安东，城西北镇江山上有他们种植的樱花，春季争艳开放，日人络绎不绝，称镇江山为"满洲的吉野"。秋季全山又是一片幽静的红叶，游人多登东天阁，俯视鸭绿江，远眺北韩，风景绮丽。与镇江山东西相对的是元宝山，有"满洲富士"之称。

第二部·高峰自述：内战观察

日本投降后，率先进驻安东的是中共。1946 年 10 月，中共撤退，国军进占。我的报道这样描述当时的安东：

天然风景依旧，市区却已残破不堪，工厂停工，商店关门，街头上游荡着失业的人们。城市虽然紧靠江畔，却看不到多少鱼虾水产。当年江上渔船鳞次栉比，今天想找到一叶扁舟都难。时代还在动荡，周围都有死的威胁，谁又肯冒险去打鱼呢？江的上游有长白山无尽的木材，多被中共占领，过去的安东江面几乎被木筏拥塞，而今天再也见不到一只了。

中共在安东时发行东北银行纸币，国军接收以后停用，金融立显枯竭，市上筹码不够，普遍演成穷相，工商业全破产。土地因为清算未得收获，田赋毫无着落，安东全省等于没有税源。行辕拨给的接收费，不够维持各县公教警保人员之生活费。大家拉紧裤带去从公，工作效率与工作精神也就不难想知。

去秋安东省闹过两次风雨大灾，农村歉收，而且中共撤退的时候又带走了大批食粮，安东除了财政困难，还闹着严重的粮荒。高主席惜冰说，要彻底解决非粮食两千万吨不可，哪里去找那么多的钱？沈安线又哪里能保障运粮安全？安东已成窒息的死城，安东人民是多么的不安啊！

鸭绿江南岸就是朝鲜。日本投降后，朝鲜被切为两个不同的天地，北纬三十八度线以北是苏军占领区，以南是美军占领区，美苏两国政府都说是来协助朝鲜走上民主自由之路。我写道：

美国宣传说："友好、繁荣且民主之朝鲜将为远东之重要稳定因素，美国对朝鲜计划乃为协助鲜民获得民主与繁荣而做，并协助其一切发展南部朝鲜自足自给经济之工作。"可是一年以来，韩国有过暗杀事件，也有许多人入过牢狱，更有过武装暴动，与美军有过冲突，这种情形是怎样发生的，有些令人怀疑。

苏联宣传说："朝鲜人民与苏联红军之合作，政局已经开朗，尤

第四章　东北烽火·1947

其去年实行土地革命，有六十九万多贫苦佃农获得耕地。同时进行民主普选，选举人民委员会，以为苏军的咨询机构。今日的韩国已为未来独立民主繁盛的新朝鲜奠立了经济政治的基石。"可是据一位由朝鲜逃到东北的青年说：朝鲜的人民正想尽办法逃往北纬三十八度以南，这是因为什么？我们也有些怀疑。

日本投降不久，朝鲜一群在国外奔走独立的人们就赶回国去，希望成立临时政府，使朝鲜局面焕然一新。谁知不久美军开到南朝鲜，而北朝鲜则早为苏军占领，美苏在朝鲜之僵局已成。嗣后一九四五年十二月英美苏三外长莫斯科会议，对朝鲜问题经过谅解而订协定，三国同意成立一个临时朝鲜民主政府，以重建朝鲜为独立国家，并首先组织一个联合委员会，由美苏两国驻军司令部代表组织之，协助朝鲜组成政府。但后来因为美苏意见之相左，美方表示退出该会，所谓联合委员会即告夭折。到今天，朝鲜问题仍是一个悬案，不知道是美国不肯放松这东亚大陆间的跳板，还是苏联太注意了朝鲜的战略地理。我们只感到应该解放的朝鲜人民，正背着许多说不出的冤枉。

查阅伪满开发计划，安东有三大事业，第一是完成鸭绿江水电建设，第二是建设大东港，第三是开发铁矿。

"水主火从"是日本人开发安东电力的策略，即尽量利用水力发电，水源短缺才用火力发电。鸭绿江上有一所大规模的水力发电厂，即伪满与朝鲜政府双方出资经营的鸭绿江水力发电厂。合同规定，资金一亿元，双方各半；资产与负债归双方所有；事业经营益损由双方分配负担。电厂1937年开工，预定十五年内在鸭绿江畔建立七处发电所，总发电量一百二十四点五万千瓦。

第一期计划完成水丰洞发电厂，电力六十四万千瓦，日本投降时已完成百分之九十。发电厂设在朝鲜的水丰洞，总水闸在我国的宽甸县拉古哨，发电量约二十四万千瓦。1947年，东北各厂矿复工后，全东北电力需要约为三十五万千瓦，把各地旧毁发电机修复后，至多发电二十四万千瓦。若依据伪满与朝鲜订立的合同，水丰洞发电厂应供我方二分之一电量，即十二万千瓦，正可弥补缺口。但是，我方曾与韩北苏军商谈多次，

第二部·高峰自述：内战观察

没有结果。只能以布匹、食粮每月换电六千千瓦，不足安东之用。

按日本建设大安东的计划，修筑大东港是一项重要工程。旧安东港水深过浅，只能有小轮船来往，且在冬天有四个月封港期。日本人考虑将来安东各工厂第次建立，成品源源而出，需要外运时受阻，决心修建距安东西南三十公里的大东港，水深可保持七八米，四千吨的船只可以自由出入港口，全年吞吐量为二百万吨，并且铺建一条由港口到安东的铁路，便利运输。"满铁"为将来适应大型船入口，还预定修筑可容万吨的德国闸门式浮船坞。但第二期计划刚开始，日本就投降了，大东港仅建立了一个雏形。

日本人在安东最下工夫和本钱的是钢铁工业。

安东有丰富的地下矿藏。以煤、铁为主，并有沙金、银、铜、铅、石棉、滑石、云母等。据日本人调查，安东的煤储量约在一亿吨上下，铁储量在两亿吨以上。1938 年，日本人在长春成立了"东边道开发株式会社"，在通化的二道江设立了制铁所。一年后，"东边道开发株式会社"所属工厂已达一千四百零七家，其中铁工厂十家。可惜，我到安东看到的是，这些工厂已成一片瓦砾。鸭绿江造纸厂以前月产各种纸张一百五十万磅，当时只能利用残破机器生产纸浆；轻金属工厂以制铝为主，日本人预定年产粗铝四万吨，精铝两万吨，当时却连生产一吨的希望都没有了；安东制炼所为冶炼铅铜工厂，伪满时代仅完工百分之八十，内战又破坏了百分之五十；碳素工厂是东北唯一制造碳素的企业，机器全被苏军搬走了。

日本人说，东北的柞蚕工业为世界第一，而安东的柞蚕占东北的三分之一，有工厂、作坊四百余处。日本人用蚕丝做成大量的羊毛代用品与军需品，提供其国内与军用。内战中安东不安，饲育柞蚕的农民日渐减少，柞蚕工业一蹶不振。此外，安东森林面积占全省百分之七十，其另一出产大宗就是浑江地带所产的木材。内战中，鸭绿江上再也见不到一只木筏。我在报道最后慨叹：

> 鸭绿江畔有煤、有铁、有铜，有足够的电力，有出入的港口，有运不完的木材，吃不尽的鱼虾，穿不尽的绸丝，现在呢？只有便宜的

第四章 东北烽火·1947

人命去当炮灰，其他一切全没有了。鸭绿江的水，静静长流，它孤独地在寂寞中。

"请看今日东北之教育"

> 在东北，教育是一个比内战还可怕的问题。教育是东北的脓包，将要使下一代的人们完全腐烂，有谁注意过它？有谁肯向它早日开刀，保留我们下一代的健康？政府要负责任，东北教育当局更要负责。
>
> 胜利之初，大家打着招牌收复东北，东北光复到今天已经一年多了，内战除外，我们在东北做了些什么？最使人不满意的是教育复员工作，最使东北青年失望的也是教育工作。
>
> 过去十四年，日本人在东北的教育政策虽然是"奴化"或"统制"，但他们还有一个计划，且这计划真能收效果。政府今天对东北的教育政策是什么？是"收容教育"而不是"树人教育"，甚至"收容"都没有做到。在各难民收容所，或救济分署门前，还时常看见成群请求救济的学生。东北教育问题的隐忧正多，它已经因为不健康而腐烂，因腐烂而成脓包。

以上是1947年4月我在通讯《请看今日东北之教育》开篇写的两段文字。教育是国家的未来，民族的希望，作为记者，教育始终是我关注的问题，特别是内战期间。

我到东北不久，沈阳就先后发生了小学、中学教师因待遇过低生活困难而罢教的风波，而且各学校面临种种困难。1946年9月29日，我发沈阳专电：

> 沈市读书及龄儿童十二万，过去学舍完整者目前多被军事机关占用，而今能入学者仅半数，失学儿童六万人。幸得读书之儿童，学校

生活颇悲惨。以某区小学为例，全校学生一千九百三十二人，分十八班，而教室只十五个，教师二十五人，全校办公费月仅七千元，至今七月份之经费尚未发下，连买粉笔都成问题。教室无门无窗，百余人挤在一起，三人共椅，六人一桌，作文习字全不可能。假如战争是为这下一代的儿童争民主，将来也许会失望，因为他们那时怕连选举票都不会写了。

伪满时代，全东北公立国民学校（小学）有一万三千八百七十所，私立四千三百五十七所，每年毕业生约一百多万人；中学一千五百一十五所，每年毕业生约七万多人；高等院校二十四所，每年毕业生约五千多人。抗战胜利后，政府收复了辽宁、安东、吉林、辽北四省，这四省在伪满时代也正是教育中心。四省复员的国民学校共五千二百四十八所，学生六十八万四千六百人，分别为过去的百分之二十八和百分之二十四；复员中学约一百五十余所，学生七万多人，分别为过去的百分之十和百分之七十；复员大学只有国立东北大学、长白师范、沈阳医学院以及私立沈阳中正大学等五校，为过去的百分之二十五，而学生人数不及伪满各大学一年的毕业生。可见，东北光复后，各级学校数量锐减，随之而来的自然就是大批失学儿童和青年。我写道：

> 如果说，胜利之初，由于十四年的沦陷与隔膜，政府不能立刻拿出有关教育的适当办法。那么，一年过去了，依然还是没有办法。倒是行政机构叠床架屋地建立起来了，既有教育部特派员办公处、青年复学就业辅导处，又有行辕教育处、各省教育厅，说起来横纵之间都有关系，实际上又都各自为政，只有教育本身被搁在中间，没有人管。至于私立学校，因为普遍贫穷，诚心办教育的人没有钱也弄不来钱。如此，东北教育没有计划，只有凑合；不是复员，只是敷衍。以致有东北青年在沈阳街头打出标语，质问"是谁摧残青年?!"东北的教育就这样的发了霉。

东北本来是个好地方，不仅物产富饶，经济发达，而且现代化程度较高。但内战的连天炮火，使东北成了许多人眼里的危险所在，拖

第四章　东北烽火·1947

家带眷的教授、专家乃至普通教员，大多不肯冒险钻进这内战的火网。同时，东北教育界的待遇一般都低于内地，抗战中已经苦了八年的人们，谁也不肯再到东北来挨饿了。因此，师资的缺乏与恐慌，是东北教育界的普遍现象。

1947年1月初，教育部东北教育视察团工作结束，我发专电报道："该团负责人语记者，目前东北失学儿童已超过百分之六十，小学师资合格者不及百分之十，中学师资更困难，东北教育前途可虑。又谓东北文化食粮不仅量少，品质亦低落，黄色书刊充斥坊间，社会教育亦在后退。"其实，东北的大学师资同样令人悲观。据说东北大学政治系只有一位专任教授，文法学院因为缺乏师资，有时一天都没有课。国立沈阳医学院有日本教授占三分之二，比中国教授还多。那里好像仍然是"南满医科大学"，是日本人在办教育，中国人来帮忙。我在通讯中写道：

> 这样长久下去，有多少能干的教育家能够保证不霉烂？一旦教育霉烂得不可收拾，我们仅有这块土地又有多大的用途？……学校是教育实验的场所，要教育上轨道，先要有像样的政策，然后要有好的学校；要使学校好，必须先有好设备，请好师资，教好学生。这一连串的好，实在是我们这破烂国家的需要。

请看我当年记述的东北各级学校的惨状。

东北大学是当时东北最好的大学。1946年12月初，东大师生召开庆祝复员成功大会，有学生代表当场就学习、生活和校方工作效率低下等问题向校长臧启芳提出质询：复员九个月了，学校建设为何无一处完工？任用自己的女婿充任京沪办事处主任，致使同学露宿马路，是何居心？学校现在教授无人，开学无期，原因何在？……臧氏解答引起学生不满，场内嘘声四起，秩序混乱，迫使臧氏当场表示辞职，学生竟高呼"欢送校长"。会后，东大学生自治会甚至在报端刊登"臧校长辞职欢送大会启事"。此事惊动了正在沈阳的教育部视察团，召见学生代表，居间调解，恳切劝导，才使风潮平息。

第二部·高峰自述：内战观察

东大复员近一年了，宿舍问题仍未全部解决，还有学生睡在图书馆、地板上。我到学生宿舍参观，看到的是门前一片污水，垃圾随处可见，门窗、玻璃破碎，却无人修理；教室的桌椅被搬来代用，电灯电线都是从厕所或教室拆来的。因为设施不全，学校图书馆从未开过门。教室桌椅不全，学生为了抢一把椅子竟致动武。理工学院的实验设备聊胜于无，学生用书也只有几册课本。学校 2 月初开学，到 3 月底教授还差一半……如此办学条件，学生如何能安心读书，教授又有多少兴趣教书呢？

东北大学有两千七百多学生，大部分是临大学生（即经历过伪满时代者），小部分是复员学生（即抗战中学校内迁胜利后返回者）。临大学生因日伪"统制教育"，许多人的英语几乎要从字母学起。由于程度差异，有的复员学生歧视临大学生，双方闹得水火不容，吃饭都是分开的，常有打架发生。学生间的误会仇恨日渐加深，学校当局视若无闻。我写道：

> 东北教育复员，最初有个似是而非的政策，就是要求临大尽量收容学生。救济青年不错，但结业以后不加区别地分发到各大学，却留下了后患。所谓"尽量收容"，目的不过是怕青年学生跑到北边（中共区）去，所以要多收快收。学生多了，程度参差不齐，教学已困难；结业以后，本不该笼而统之地分发，而应根据学生的不同程度送到适当的学校去读书。这是为学生本身着想，也是为东北教育前途打算。实际结果却演成今日东北各大学学生程度之不齐，分子之复杂，而且复杂至不可想象的地步。之所以如此，还有一个原因，即政府特设一种大学先修班，令伪高中毕业生接受"先修"教育，连伪满"军官学校"的学生也被编入。因此，东北大学里有特务，有伪满警察，甚至有带枪的学生。如此，岂不影响了学生，也毁灭了教育？！

东北的中学教育同样可悲，最穷的是省、县公立中学。沈阳比较好的仅有的一所国立中山中学，也是教室漏水如雨，学生几乎要打着雨伞上课；理化实验室空空如也，不见仪器陈设。更可悲的是，为了教育复员，东北许多学校不得不录用伪满教师、公务员甚至日本人，其中许多只是混碗饭吃，张口还是"日满一体""大东亚新秩序"。本来，当时刚刚摆脱

第四章 东北烽火·1947

亡国奴地位的许多东北学生，读写还在用日本语法，"邮便""急行"之类日本词常常脱口而出，动辄起立鞠躬，一副卑鄙相，而对祖国的历史、地理常识却一无所知。继续任用伪满甚至日本教员，更使得十四年敌伪奴化教育的恶果难以消除了。

至于私立各中学，全靠学生人数多寡维持。我写道：

> 在东北，谁高兴了都可"办教育"，贻误青年的私立学校如雨后春笋，到处可见它们的招生广告，名誉董事长赫然印在上面，全是社会贤达或名流，以此号召学生。实际上，这些学校大多并未请准立案，竟如此大张旗鼓招生，谁敢相信这是在办教育？！知情者说，这些"学校"不是招生，而是招财；不为教育，而为私利，有的甚至包庇兵役，连二十多岁的青年都被招来做了"学生"。东北真需要热心教育的人士，但不需要冒名办教育的人。大家多拿出一点钱来，充实一下各县中学的设备，使学生由地板升到椅子上，请些好先生来教他们。如果办教育不是为名利，何如把办私立中学那笔钱全部捐给一个公立学校？

教育的基础是小学教育，东北最惨的也是小学教育。各小学都由最穷的机关县或市政府来办，政府没有钱，拿什么办教育？其实，若只是没有钱还好办，只要有校舍，教职员总会找得到的。但东北各地校舍虽然很多，用作教育的却极少，因为打仗，大部分校舍都被军队占住了。我写道：

> 官方说东北失学儿童六十万，其实何止此数。一百七十万人口的沈阳市，只有十几所小学；和平区有十几万人口，只有一所南昌街小学，容纳三千多学生，教室里挤得水泄不通，望门兴叹的还不知有多少孩子。许多小学因为无法容纳学生，只好分上下午授课，孩子们总有半天是被荒废着。
>
> 一般的小学桌椅不全，学生必须自带板凳，每次放学就像搬家。有的学校叫学生自带棉垫，好坐在水泥地上听讲，一个个像小佛爷弯腿打坐。可怜的孩子们，小学还未毕业，慢慢地变成驼背的小老头。

去冬各校无煤，孩子们的手都有冻疮，这是教育的"成绩"。多少学校因为冷，都提前放了假，开学后又下雪，假期再延长。教室内没有门窗，老师开口讲书，大风吹来，狠狠的被灌一肚子冷风，又几乎被吹倒，孩子们的眼睛都睁不开，这是学校还是地狱！真叫人痛心。

待遇不好，教员闹穷，罢教请愿，甚至卖点图片，向学生兜兜生意，还有向学生要高粱米的，这全是不得已。小学校长摇铃、扫地、巡更，结果叫贼给揍了一顿，这也并不奇怪。奇怪的是，全世界上没有一所像这样的小学，也没有一个政府甘心看着这样的教育继续下去。

"九一八"以后，我们就嚷着收复东北，复兴民族。现在收复了，东北的教育情形如此，如何复兴民族？谁能作答？东北的教育实在等于一个脓包，一切都要慢慢的腐烂了，下一代的健康将无保障。赶快开刀，赶快医治，爱护我们的下一代吧！下一代的健康失去了保障，我们又何必收复东北？！

"关系网"与"新闻官"

内战期间，囿于历史背景和条件，我在东北采访，打交道最多的，还是国民党方面及其所控制的地区或领域。

那个年代，人们关注局势发展，获得信息的主要途径就是报纸。因此，要争取读者，就要抢新闻、抓独家。大公报是当时社会影响最大的民营报纸，做它的记者，必须学会建立一个尽可能严密、周全的个人"关系网"，帮自己"兜"住各种信息，无论轻重大小。没有这个网或网不严密，就可能漏报重大新闻。

抗战以来，我先后在中原、川西、重庆、平津和东北采访，每到一地，必先"拉网"。是战区，侧重军事机关；在地方，联络政府首脑；不仅与高层交往，以获得权威信息，而且与其中下级（如助手、秘书）、社会各界各业人士，乃至同乡、同学、同业交朋友，广设人脉，网布四方，以保证抓到最新、最快的消息。来自中下层，特别是底层的信息，虽然并不"权威"，但却更真实，往往可以补充、修正"权威发布"的不足与错误。

军调期间，我与当时在东北的国共双方高层都有过交往。军调失败，中共人员撤走，特别是我逐步接手东北全面报道以后，采访对象主要就是国民党各级官员和国统区各界人士了。高层行政方面如熊式辉（东北行营主任）、董文琦（沈阳市长）、尚传道（长春市长），军事方面如杜聿明（保安司令）、郑洞国（保安副司令）、赵家骧（参谋长）、楚溪春（沈阳警备司令）、石觉（驻承德十三军军长），经济方面如张嘉璈（东北经委会主任）、孙越琦（中央资委会副主任）、陈公亮（中央经济部特派员）等。

这里特别记述一位与记者关系最为密切的实权人物。

余纪忠，国民党中宣部东北特派员，兼东北行营政治部主任、保安司令部政治部主任兼新闻处长、沈阳中苏日报社长、中苏联谊社总干事等要职，是当时负责东北新闻、宣传工作的"总头儿"。我认识他，是在杜聿明举行的一次鸡尾酒会上，牵线人就是我的武大学长、时任余的主任秘书兼中苏联谊社经理的施应霆兄。更巧的是，我的另一位武大学长熊汇萱，又是余兼社长的中苏日报的编辑主任。由于这样的关系，我很快与他熟悉起来，成为朋友，对他的经历也有了更多的了解。

余纪忠是江苏常州人，大我八岁，南京中央大学政治系毕业。他颀长的个子，戴着近视眼镜，举止稳重文雅，虽然总是穿一身将军制服，却难掩骨子里的书生气。"九一八"事变时，他和同学周书楷（后曾任台湾"外交部长"）等曾参加学生游行，要求政府抗日，与同学在校内办小报，宣传自己的政治主张，他的笔墨生涯就是从那年开始的。抗战爆发时，纪忠正在英伦留学，毅然回国参加抗战。经中央大学教授何浩若的介绍，出任胡宗南主持的西安王曲中央军校七分校政治部副主任，不久又调兰州任西北干部训练团教导主任。在这期间，他先后创办《王曲》《现代西北》两个月刊。纪忠对新闻工作很有兴趣，自己动手写文章，甚至自己设计封面。1942年，他调重庆中央训练团高级班受训，结业时蒋介石亲临训话，纪忠代表学员致答词，题为"多难兴邦，复兴中华"，语气慷慨激昂，蒋为之所动，召见并合影留念，从此敲开上层之门，登堂入室，步步高升。

余纪忠在重庆中央训练团高级班毕业时，蒋经国正由赣南到重庆创办中央干部学校并任教育长，多方延聘学者授课，纪忠应邀讲授国际时事，从此又结识蒋经国。经小蒋的推荐，一度任三青团中央团部干事会宣传处副处长。1944年，国民政府发动知识青年从军运动，成立青年远征军，蒋经国任总政治部主任，余纪忠为二零三师政治部主任，驻四川泸州。谈起我曾去那里采访报道，纪忠说，咱们曾经擦肩而过，现在成了朋友，也算缘分。

1945年日本投降后，小蒋、纪忠分任外交部和中宣部东北特派员，均驻沈阳。当时苏军尚未撤退，小蒋的主要任务就是办理与苏联的外交事务。纪忠则接收了日伪的满洲日报，为了表示中苏友好，创办了中苏日报，同时把接收的沈阳最大的旅馆奉天大厦改为中苏联谊社，杜聿明任社长，纪忠任总干事。凡约请苏联外交官或苏联红军军官参加的一切活动，都在这里举行。后来军调部东北执行小组的国共双方代表及许多采访的记者也都住在这里。纪忠因为工作关系，自然常常露面。

纪忠在沈阳，既是最高"新闻官"，又是"正牌儿"报人，以双重身份与京、沪、平、津各报驻沈阳记者以及当地各报记者相处，关系很融洽。他没有官架子，平易近人，甚少官腔，更不刁难记者，或者滥扣稿件。1946年冬，我写的通讯《东北飘雪的时候》，其中最后一个小标题是《人心上冻》，我写道：

> 庆祝热烈的胜利不久，东北的人心就上了冻。现在东北已经到零下二十度的严冬，人心冻得更结实了。
>
> 为了了解人心上冻的原因，我曾在各地与人民接谈，并且也与东北籍的官员谈过，综合各方面的谈话归纳四点：一，社会秩序反倒不如伪满时代，民生不安；二，人民的某些负担有时比伪满时代更重了；三，自由到了东北，混乱也跟着来了；四，一年来不办汉奸，忠奸不分。由于这些原因，使眼巴巴盼了十四年的东北人民大失所望，距他们所理想的差得太远，所以人心冻结了。

第四章　东北烽火·1947

　　造成这些原因的原因，当然是因为时代还在动乱，不尽如人意者常十有八九，一切罪过可以推给"战乱"身上。但有一次与一位东北籍的官员谈天，他说："最叫东北人寒心的是，不以平等相视。一般无头脑的人们，只要是从南边来的，他们就有一种征服了东北人的心理，一切要占上风，甚至待遇享受上都不平等。所以有人说，东北二次沦陷了。"这话叫人听来痛心极了。难道东北不是中国的版图，东北人不是黄帝子孙，何必"征服"？我以为他用这两个字用得太尖刻了，他说："你不相信吗？过去东北人不太团结，也从来不排外，现在他们懂得排外了，这是为什么？"因为我也是南边来的，含糊地也被他痛骂了一顿。"可是，没有人来东北是服务的吗？"我问。他又正言厉色道："你看见了那些要征服东北，统治东北的人们没有？"我有些不解，但又怕谈多了动了他的火气，还是不往下谈好。

　　我两只脚托着沉重的心，向他告辞，走出门来，街头积雪未化，寒风刺骨，大豆香的时候已经过去，现在又是一年的尽头。一切要等待明年了，东北今后还有更艰苦的寒冬。

这样的文字，显然是非常消极的，简直就是在"骂"当局昏聩、无能。纪忠是当局负责人之一，并且也是"南边来的人"，作为手握实权的"最高新闻官"，他完全有权扣发我的稿子，或者在事后责难于我，但他没有那样做。事实上，我与他交往近两年，没见他召集记者开过一次会，更未听过这位"新闻官"的训话。而且，我在沈阳曾经几次抗拒当局的新闻检查，纪忠都很给面子，没有为难我，使我能够顺利工作，直到1948年初我们分手。

纪忠后来到台湾，官至国民党中常委，但他最大的成就不是做官，而是创办了在台湾乃至全球华文报纸中颇具影响的中国时报报系。他以报人的理念，为自己办报确定了"政治民主、民族认同、稳定大局"的使命，以"开明、理性、求进步；自由、民主、爱国家"为宗旨。因此，中国时报的言论和报道风格从创办之初就富有自由主义色彩，尺度把握也一如他在东北，比较宽松。1958年，台湾当局修改出版法，加强对出版物的官方审查，纪忠认为此举不仅违反宪政精神，更扼杀了新闻自由，于是公开发表社论指出:"若报纸成为一定形式,报人都成为缄口金人,国无诤臣,官无诤友,民无诤言,那我们将不得不为国事前途慨叹了。"当时,岛内还处在"戡乱""戒严"时期,纪忠又身为当局"高官",他敢于挺身而出捍卫新闻自由,无疑是需要勇气的。无怪当时台湾政界、学界乃至社会各界的许多人,都习惯把中国时报的报道与言论作为岛内政治气候的"风向标"。纪忠引领了舆论潮流。

1984年洛杉矶奥运会时,纪忠报系旗下的美洲中国时报客观报道了大陆选手获奖的消息,触怒台湾当局,纪忠在国民党内遭到围攻,被指"为匪作伥"。当局想方设法打击中国时报报系,并以外汇管制的方式扼杀其办报经费。迫于多方压力,纪忠只好宣布美洲中国时报停刊,退出美洲市场。他在大陆一些朋友听到这个消息,觉得应该为他做点事情,表示声援。我与施应霆兄也分别写了文章,回忆我们在东北的日子。我把文章发表在香港,就是为了让台湾读者看到。

纪忠的新闻理念和文人气节,与他当年在东北内战中的态度是契合的,他依然是我认识的那个余纪忠。我至今怀念他,可惜再不得见。

"停进军"与"总餐宜"

当年的东北行营里还有两位比较特殊的人物。

抗战胜利后,国民党政府把原来的东北三省改制为九省,煞费苦心地委派了一批东北籍人士前往接收,以笼络人心。其中一位,就是当年赫赫有名的抗日英雄马占山将军。

"九一八事变"时,马占山任黑河警备司令,率部打响了人称"东北抗日第一枪"。后虽诈降,当了二十三天"汉奸省长",却又再举抗日旗帜,痛歼日寇,日本人对他恨之入骨,派重兵围剿他的部队。1936年末,马占山率部转战到西安,见到了张学良,他赞成张学良的抗日主张,参与了"西安事变",并被张学良任命为骑兵总指挥。抗战爆发后,马占山在

第四章　东北烽火·1947

绥远与傅作义携手率部打击日寇，成为名重一时的抗日英雄。

1946年秋，蒋介石委任马占山为东北保安副司令兼东北挺进军总司令，我曾采访过正在北平养病的他。当时，马占山已经六十二岁，患肠胃病、失眠症，所以身体、精神都远不如当年了。他说，自己手下的直属部队还有两个骑兵师和一个特务营。能否带到东北去，他不知道，对打内战也没有兴趣。但他说，眼下在北平、绥远等地，曾随他转战多年的受伤官兵及阵亡将士的寡妻孤子，多次向他求援，渴望还乡。所以，他还是要争取重返桑梓。

1947年4月18日，马占山回到沈阳，受到空前的欢迎。专车尚未到站，车站周围就已挤得水泄不通，到场群众达三万之众，机关团体代表五十多人。马占山出站被人群包围，几乎寸步难行。20日，沈阳各界召开欢迎大会，六万多人出席，还赠给他一面"民族英雄"锦旗。马占山在东北人民心中的威望可见一斑。

马占山受到东北人民的拥戴，有多重因素。首先，当然是他首揭抗日大旗的光荣历史为人民所感念。其次，反映了东北人民对现状的不满。特别是对熊式辉的治理无方、社会混乱不无微词，也与不满外省人把持东北大权有关。第三，渴望有一位东北籍领袖人物出面为东北人办事，因此对马占山寄以希望。

然而，这种希望是渺茫的。在沈阳，我常去拜访马占山。可笑的是，他的"总司令部"门前居然连个武装警卫都没有，身边也只有几个随从。他对我抱怨说："蒋委员长不给一兵一卒，我向哪里挺进啊！"我笑着回答他："您已经老了，就在沈阳'停进'，颐养天年吧。"老将军也笑了，同时表示出对内战的厌恶心情。

谈话中，我发现他的右手有三个手指截断，以为是抗战时留下的残疾。他说不是的。1938年8月，他的部队驻在陕北榆林，一次打猎伤手，是在延安八路军医院治疗好的。那次，他在延安住了一个多月，出院时，中共中央和陕甘宁边区政府还专门召开了欢迎晚会，毛泽东亲临致词，高度评价了他的抗日行动。

马占山在沈阳"停进"一年多，当个挂名的内战司令，连抗日的声誉都暗淡了。1948年秋，眼见国民党大势已去，他没有"挺进"东北，反

第二部·高峰自述：内战观察

而西"逃"北平了。在 1949 年北平和平解放过程中，他还曾做了劝说老友傅作义的工作。可惜，1950 年，未及参加新政协，马占山就病故了。新华社发表了他逝世的消息，称他为抗日将领，肯定了他当年在东北抗日的功绩。

另一位特殊人物，就是张学良的胞弟张学铭。他被委派了"双料"官职——东北行营中将总参议、保安司令长官部参议室中将主任。不过，与马占山一样，他也是有职无权的"摆设"。

张学良有七个弟弟，唯有学铭与他一母同胞。早年在帅府，人称"二胖子"的张学铭不大受宠爱。据说其中有一段迷信故事：1908 年学铭出生那天，张作霖午睡中梦见了当年被他诱杀的土匪同伙杜老疙瘩（杜立山），醒后惊魂未定，侍从来报：夫人又生了一位少爷，大帅一听，脱口便说："这是个要命鬼。"传闻固不可信，但学铭不受宠可能是真的。但后来，除了张学良，张氏家族中最"出名"的就是张学铭。

1927 年，张学铭在日本陆军学校读书时，张学良怕他沾染贵族、官僚陋习，贻误前程，曾写信给他说："弟能知在异邦奋勉，不贻国人之羞，不丢父兄之脸，兄甚喜。我弟论起东瀛人士皆努力前程，非同吾国之军阀官僚，日以大烟麻雀为生活者可比，兄闻之更快甚，觉我弟知识高进矣。但望我弟永远保守此种思想，将来学成归国，勿践旧官僚之臭习，是为切要。我们将来要为中华民族造幸福，不是为个人谋荣华富贵也。"

1930 年，回国不久的张学铭随大哥率东北军第三次进关，加入中原大战，助蒋打阎（锡山）冯（玉祥），东北军进驻平津。凭借大哥张学良出任全国陆海空军副总司令兼军委会北平分会代理委员长的庇荫，二十二岁的张学铭当了天津公安局长，次年又升任市长。可笑的是，这位貌似天真的"张二爷"还对外人声明："我这个市长可不是张学良派来的，是蒋委员长委任的。"他不知道，这个市长并不好当。

当时，天津还有日、英、法、意四国租界，租界之外才称"中国地"，洋人欺负中国人是家常便饭。1931 年"九一八事变"后，日本人指使汉奸张璧等招募一批天津地痞、流氓，组成一千多人的武装"便衣队"，多次从日租界窜出，袭扰"中国地"。闹得工厂停工，商店停业，人心惶惶，意图制造"天津事变"。年轻的市长张学铭不知所措，幸亏他有个得力助

第四章 东北烽火·1947

手、秘书长于毅夫（后曾任中共东北嫩江省主席）帮助筹划，在大哥张学良的支持下，把部分东北军改装为地方保安队，四出迎战，最终击溃了乌合之众的汉奸"便衣队"。现场指挥保安队作战的，是东北籍青年军官孙铭九、解如川等人。孙就是后来"西安事变"亲手捉蒋的张学良卫队营营长，解则是后来抗美援朝时与美方谈判的中国人民志愿军代表解方将军。

张学铭在天津为官一年，做了这么一件好事，后来张学良因热河抗战失利下野，政局变化，他也辞官不做了。抗日战争期间，张学铭大部分时间在香港与欧洲居住，也曾一度到过沦陷后的南京。那时汪精卫已投敌叛国，朋友们都为他捏了一把汗。

抗战胜利后，张学铭突然到沈阳做了"大官"，是否国民党针对其四弟张学思（时任中共辽宁省主席）而有意为之，我不得而知，但利用他是张学良弟弟的"声望"笼络东北人心的意图不言而喻。因此，"九一八事变"后一度被日寇占据的沈阳"帅府"，先是迎来了"四爷"张学思，后又成了"二爷"张学铭的"官邸"。张学思只是回老宅看了看就走了，张学铭却在门口挂了个"东北保安司令长官部中将总参议张学铭宅"的牌子，俨然帅府新主人。

当时，每逢长官部或行营举行酒会或舞会，我总能见到张学铭的身影。那时他才三十八岁，穿一身中将军服，佩金板双花领章，出入煞有介事。在酒会上，他比谁都能吃能喝。我与他熟识了，开玩笑称他为"总餐宜"，他也笑答："我无议可参，何不'餐宜'？！"

1949年1月天津解放前夕，张学铭没有带家小逃离，说明他对中共有所认识。这与他的岳丈朱启钤先生（中国古建筑学奠基人，曾任北洋政府内务总长、代理国务总理）留在了大陆不无关系。张学良的姐姐和几个弟弟妹妹，当时也都住在平津两地。

1950年，在津闲居无事的张学铭给周恩来总理写信，要求给他以读书学习的机会。于是，他到北京进了华北人民革命大学，毕业后原准备分配他回东北工作，但不知出于什么考虑，他不愿意去，于是又回到了天津。彼时，我在天津进步日报（大公报改组后的新名称）做记者，老友相逢，时相过从。

当时，天津正着手把过去著名的"李善人花园"改建为"人民公园"，

第二部·高峰自述：内战观察

张学铭自告奋勇，担任了公园副主任，而且一干就是十多年。他不辞辛苦，奔走各地，陆续购进不少珍贵的动物与花木，为公园增色不少，颇受天津人民喜爱。有香港报纸奚落张学铭从当年的市长变成了今日的园丁，是从宝座跌入了泥坑。他说："现在的中国人都是建设社会主义的园丁，有何大惊小怪？我见到毛泽东主席，还请他为人民公园题写了匾额呢，我这个园丁与市长又有多大的差别？"据说，毛泽东为公园题词，全国仅此一例。

"文革"开始时，张学铭夫妇在天津，无可逃脱造反派、红卫兵的批斗。然而，未等第二轮冲击来袭，张学铭全家已经迁往北京，住进东四八条他岳丈的私宅里，受到保护。他在天津的家，也被"军管"了。这一切，都出自周恩来的安排。周恩来夫妇还曾亲自到朱家去探望，对张学铭多有教诲、勉励。

未几，张学铭的辽宁海城小同乡、原东北军后八路军冀中抗日名将吕正操（时任铁道部长）蒙冤入狱，株连到张学铭，他也被捕了。直到1973年吕案平反，张学铭才无罪释放。1974年，周恩来已病重住院，仍惦记着一些民主人士，亲自过目了参加国庆宴会的各界人士名单，确定了邀请四位国民党起义将领的夫人韩权华（卫立煌夫人）、郭翼青（程潜夫人）、洪希厚（张治中夫人）、刘芸生（傅作义夫人）出席，并单独批示："林彪利用东北军一案大搞东北民主人士，现吕正操同志已平反，……故邀张学铭出席有此必要。"张学铭对周恩来，终生感恩戴德。

1976年打倒"四人帮"以后，张学铭连续出任天津市政工程局副局长、顾问、民革天津市委副主委、天津市政协常委、民革中央委员、全国政协委员，常年奔走于京津道上。

1982年春，天津市政协开会，张学铭专程从北京到天津参加。同为委员的我们在会上再次相见，彼此还谈起多年往事。我发现他的体态更胖了，步履也艰难，便请他善自珍摄保重。他乐观地说："你放心吧！我一定能看到祖国统一，也一定能见到我汉卿大哥。"我说：、"咱们约定，那一天来临，我首先写你们的'兄弟会'。在你这位西卿先生协助下，我还要争取第一个访问汉卿老将军。"我们的对话，引起室内朋友们一阵愉快地欢笑。

第四章　东北烽火·1947

同年，张学铭还特意到东北抚顺，游览了大哥张学良为厚葬其父给张作霖修建的陵墓。墓地由张学良亲自选定，位于抚顺东今大伙房水库上游的山丘上，背山面水，建筑精美，因周围植有大片马尾松和水杉而得名"元帅林"。

张氏祖坟本在锦西驿马坊，为张作霖生前派专人选定。第一个入葬的是张作霖的母亲王氏夫人，其后便是张学良的生母赵夫人。张作霖遇难后，灵柩停在沈阳帅府内，本拟厚葬。只因"九一八事变"而未能如愿，后由伪满"总理"张景惠出面，报告日本关东军后，移至驿马坊与赵夫人合葬。

"元帅林"始建于1929年。开工次年，爆发了蒋阎冯中原大战，张学良率东北军入关武装调停，1930年11月就任全国陆海空军副总司令，驻军北平。"元帅林"基本竣工后，本拟正式入葬其父，不料"九一八事变"发生，东北沦陷，张作霖的灵柩只得暂厝于锦西驿马坊。1935年，日方曾向张学良提出，代为移葬其父。张学良严词拒绝，誓言其父灵柩必须由他本人亲自移厝。

此后连年战乱，"元帅林"累遭破坏，几近荒败。1973年，抚顺市政府拨款全面修复，工程历时9年告竣，列为重点文物保护单位，并设立了管理所。1982年，张学铭到此游览，曾感叹："如果大哥回来，我们兄弟同游，那该多好……"

不料天不假年，1983年4月9日，张学铭在北京病逝。朋友们为他过早地离开人世而痛惜，我更为他那些良好的愿望未能实现而黯然神伤。他生前未能再见大哥，临终前说："大哥苦熬了四十七个寒暑，我也等待了四十七个春秋。无奈我兄弟终未能见最后一面。咫尺海峡，多少骨肉不得团圆，谁之罪也！"

第二部·高峰自述：内战观察

沈阳"帅府"轶事

在沈阳，提起张作霖、张学良父子，大人、孩子几乎都能给你说几句。但帅府里面的许多人和事，却是鲜为人知的。我与张学铭及其家人多年交往，了解一些帅府轶事。

先说帅府的格局。严格地说，沈阳有两处帅府，一处是张作霖的老帅府，另一处是张学良的新帅府（即张学铭在沈阳时挂牌的住宅）。人们常说的"大帅府"，指的是前者。帅府的主建筑是一座办公、待客用的西式雕花三层大楼，迎面有张作霖的亲笔"天理人心"，出口处匾额上书"慎行"二字。楼前有一座假山，类似影壁，周围植以花草树木，左边两处仿古四合院才是住宅。帅府的大客厅，因为铺设有虎皮，称为"老虎厅"。1929年1月，张学良东北易帜不过半月，就在这里逮捕并处决了"阻挠统一，破坏新政"的奉系元老、总参议杨宇霆和黑龙江省省长常荫槐。

帅府周围的一大片房子，都是为之服务的警卫、司机、随从人员的办公处或住宅。日本投降后，这些房子连同帅府都发还在张学良的名下了，但当时却成了国民党沈阳市党部和图书馆的所在，藏有文溯阁四库全书和许多国学旧籍。至于张学良在沈阳北陵的别墅，日本人在时做了喂马养狗的地方，胜利后已成一片瓦砾。唯不知今天的沈阳大帅府怎样了。

再说张氏家人。张作霖生前，在帅府里出头露面的妻妾共有七人，有的称"夫人"，有的叫"太太"，依序排列为赵夫人、卢夫人、三太太、许夫人、寿夫人、六太太、续六太太。谁称"夫人"，谁叫"太太"，全由大帅"封赐"。夫人自然高于太太一等。

张学良的生母是张作霖的元配赵夫人，寿短，只活了三十来岁。赵夫人除生长子学良外，还生了学良的大姐首芳（冠英），次子学铭。卢夫人生次女怀英、四女怀卿，1974在天津去世，活了九十四岁。三太太，外界不知其名，无出，亦不得宠，后来出家做了尼姑，死于庙中。许夫人生三

第四章　东北烽火·1947

子学曾、四子学思、三女怀瞳、五女怀曦，死于北京，卒年不详。寿夫人生五子学森、六子学俊、七子学英、八子学铨，最受宠，后在台湾病故。六太太王氏，无出，早被遗弃。续六太太马月卿，人称"月姑娘"，小大帅三十一岁，与怀英同庚，生六女怀敏，未及"册封"，大帅就遇难了。后母女同去台湾。

张作霖的七位夫人和太太中，最有权势的是为大帅生了四个儿子的寿夫人。帅府内外的应酬一律由她出面，一切开支须由她认可，连多房夫人、太太吸食的鸦片烟膏也由她发放。而为人精明强干、不卑不亢的，则是张学思的母亲许夫人。

张学良十一岁时，生母赵夫人病故，临终前对大帅说："我死后，小六子他们交西屋妈抚养。""西屋妈"指的就是卢夫人。因为赵夫人住东屋，卢夫人住西屋，帅府上下称卢夫人为"西屋太太"。赵夫人去世后，学良姊弟就由卢夫人督促保姆照护抚养。

"小六子"是张学良的乳名。其由来一说是东北风俗，行六的孩子好活又长命，另一说是他在同辈叔伯兄弟中大排行老六。应该说后者比较靠谱。关于张学良的称谓，后来的人们都称他"少帅"。其实，张学良本人并不喜欢这个称谓，觉得它和"衙内"差不多，会令人把他看做是倚仗父亲权势的"公子儿"。据张学良当年的侍从副官朱海北说，张学良与家人、同僚之间，彼此称呼都很讲究礼仪。他要求部下只称呼他不同时期的职务，如军团长、司令长官、副总司令；与大帅张作霖能够称兄道弟的张景惠、张作相等作为父执，则可直呼其字"汉卿"；于凤至、赵四小姐称他"小爷"，透着亲昵。至于张学良的乳名"小六子"，则除了他的生母赵夫人和大帅张作霖，别人是不敢随意乱叫的。

张学良身为长子，是大帅的眼珠子，最受宠爱，也精心栽培。幼年在家馆启蒙，大帅请了辽阳名儒白永贞，教他按部就班读四书五经，作诗填词，临帖习字。他的字潇洒、飘逸，各有所本。行楷仿清人张裕钊的结体，篆字则取法清末湖南巡抚吴大澂的金篆。十年家学，为张学良的文字（包括书法）及历史知识打下良好基础。论文墨，远远超过了其父，因为大帅只读过两年私塾。

张学良十八岁就被大帅送入东北讲武堂学炮科。他原本的志向是当医生，结果奉父命做了军人，也因此改变了他的人生。讲武堂毕业后，不满二十岁的张学良就当上了团长，两次直奉战争中都亲自带兵出关打仗，积累了经验，锻炼了才干，二十五岁时已成为统帅大军的军团长。

1927年，奉系主宰北方，社会上有人把张作霖与张学良比作唐朝开国的李渊与李世民父子。为此，张学良潜心阅读《贞观政要》后，曾写一长信给幕僚朱秀峰等人谈心得，盛赞魏征的直谏精神，推崇太宗的勇于改过。他写道："弟常奖直言之士，凡言中我失者，无不勉改。人非圣贤，孰能无过。请勿笑弟不能自勉，而求于人也。弟之所求，非为私利，乃确愿保我一身，大则效力于祖国，小则有益于同寅也。"这封信，足证张学良的文墨非一般粗俗武夫所能比。

对于书画古玩，张学良早年在大帅府见过许多珍品，也有一些鉴赏知识。进关后与京、津、保的绅商巨富交往，这些豪门之家多有书画古玩陈设，越发开阔了他的眼界，更引起了鉴赏以致收藏的兴趣。他自号"定远斋主人"，特请复辟党金梁（息侯）为义务顾问，指点鉴别字画、瓷器、金石等的诀窍。张学良触类旁通，眼力越来越高，古玩商轮番登门求售，他对一般常品已无兴趣，宋元名迹才能入眼，甚至不惜高价收买。他曾以四千大洋买了清皇族溥心畬家藏的一套赵孟頫的《松雪六札》，又以二十一万大洋买了北洋政府内务总长朱启钤的一批宋代缂丝。此外，元代黄鹤山樵、清代王石谷的画也收藏不少。

1928年6月4日，张作霖在皇姑屯遇害，左臂炸断，头部重伤，奄奄一息中，断断续续说道："我不行了……快叫小六子回来！"临终，他把希望寄托在了张学良身上。张学良从北京回沈阳奔丧，接替大帅出任东北保安总司令，统率东北陆海空三军，并且顺应大势，实行东北易帜，帮助蒋介石完成了北伐和国家统一。那年他才二十七岁。值得一提的是，大帅死的那天是旧历四月十七，正是张学良的生日。张作霖二十七岁得子，张学良二十七岁丧父。为了悼念父亲，那以后，张学良再过生日，总会避开父亲的忌日，可谓父子情深。那以后，也再无人称他"小六子"了。

张学良十四岁奉父命与元配于凤至结婚。于比张大三岁。北方民俗"女大三，抱金砖"，象征吉利。于凤至的父亲是吉林双辽县商会会长于文斗。1908年，张作霖任二十七师长时驻防双辽，与于文斗相交甚深，主

第四章　东北烽火·1947

动为儿子提亲做媒。于凤至相貌清秀，读过师范学校。张学良十三岁时曾去相亲，见了于凤至之后，回来写了"临江仙"词一首："古镇相亲结奇缘，秋波一转销魂。千花百卉不是春，厌倦红黛群，无意觅佳人。幽芳兰挺独一枝，见面方知是真。平生难得一知音，愿从今日始，与姊结秦晋。"可见对于凤至很满意。次年二人完婚，夫妻相敬如宾，张学良始终称于凤至为"大姐"。于凤至生一女三子，女闾英为长（小铁），依次为子闾玕（小福）、闾珣（小禄）、闾琪（幼年多病早夭）。

张学良家族的婚姻关系错综复杂，兄弟姐妹大多与官宦人家结亲。这与张作霖把儿女的婚事作为筹码，以图扩张和巩固自己势力的政治谋略有关。他把长女首芳嫁给了吉林督军鲍贵卿的儿子鲍毓才，次女怀英嫁给了蒙古达尔汗王的儿子，三女怀瞳嫁给了奉天督军赵尔巽的独生子赵世辉，四女怀卿嫁给了清朝遗老、复辟狂张勋的长子·张梦湖。对儿子的婚姻，他同样包办，长子学良娶了于凤至，次子学铭原配姚佩明，三子学曾夫人就是传闻中张学良邂逅赵一荻的蔡公馆蔡家小姐，四子学思曾与直系的贿选总统曹锟之女订婚，后因直奉交恶而告吹。王子及五女以下的婚姻，张作霖来不及包办就遇难了。

大帅包办的儿女婚姻多不美满，未得白首。首芳、怀英、怀卿三姊妹先后离异，有的再嫁，有的寡居。学良终与"大姐"分手。学铭与姚佩明离婚后，又娶北洋政府内务总长朱启钤的六女儿朱洛筠为妻。而朱洛筠又是赵一荻的同学，赵原比朱小，两人成为妯娌后，朱洛筠笑称："小妹"变"大嫂"了。

由张氏家族的姻亲延伸，张学良的姐夫鲍毓才及其堂弟鲍毓麟，与张学良既是儿时玩伴，又是东北讲武堂同学。鲍毓才的妹妹则嫁给了林则徐的五世孙，林氏后裔也成了张家的姻亲。

更有意思的是，张学铭夫人朱洛筠的哥哥朱海北，曾任张学良的侍从副官；二姐朱淇筠嫁给了周恩来的南开同窗好友章以吴，章以吴的儿子章文晋又是周恩来的翻译，后来的外交部副部长。章文晋比赵一荻小两岁，孩提时代住在外祖父家，经常见到六姨的同学赵四小姐，两人也很熟悉。章文晋生母朱淇筠病故后，章以吴续娶罗婉容。罗的前夫也是周恩来故友，在重庆时曾为周父看过病。周恩来听说章以吴、罗婉容结为秦晋之好，非常高兴，还打趣地说："你们是'章罗同盟'啊！"

有了这种种的关系，周恩来始终对朱家、张家都格外关照。不仅常常去北京东四八条朱宅拜望朱启钤，而且时时帮助张学铭，从他的工作到生活，无微不至。这不仅因为张学铭是朱启钤的女婿，更因为周恩来对张学良的一往情深。

沈阳帅府中还出了一位"叛逆者"张学思。学思比大哥小十五岁，兄弟俩自幼不分嫡庶，感情甚好，加之学思天资聪慧，又肯用功，张学良曾说："七个弟弟中，我最喜欢老四。"

1931年"九一八事变"时，张学思正在北平汇文中学读书，出于爱国激情，曾一度冲进张学良的公馆顺承王府，要求大哥出兵收复东北，雪国耻，报家仇。1933年4月，十七岁的张学思在北平加入中国共产党，彻底背叛了他的军阀家庭。次年，由大哥保送入国民党中央军校第十期学习，成为优秀的军事人才。1938年，周恩来送他到延安，任抗大东北干部队队长。1940年，与童工出身的谢雪萍结婚。

抗日战争胜利后，张学思率部由华北挺进东北，一时城乡遍传"帅府张四爷打回老家来了"。国共双方的报纸上常见他的名字。那时，他叫张学诗，为中共的师级将领，并曾出任辽宁省政府主席。他率部多次打过松花江，与国民党军队较量。在沈阳，他曾回到大帅府，大约是怀念自己的少年时代。但看了看就走了，他说，这些我都不要了。

1947年，张治中到台湾看望幽禁中的张学良，曾说："学思是你的兄弟，他逃跑了（指参加中共），你也有责任。"张学良回答："老四是你的学生，（张治中曾任中央军校教育长）你教出来的。他逃跑了，与我什么相干？"张治中无语以对。

1949年以后，张学思任中国人民解放军海军参谋长，1955年授少将军衔。"文革"中因所谓"东北军案"遭到迫害。张学思宁死不屈，写下了"命反省都成抗拒，态度顽固；说真情毫无印象，谁来明察？为了案循情编造又与实违，愿身殉共产主义视死如归！"的血泪誓言，1975年5月含冤病逝，还不到六十岁。周恩来闻讯深感悲痛，称赞他"是海军的好参谋长"。

新中国成立时，张学良兄弟姐妹十四人中，有六位留在了大陆。其中

第四章　东北烽火·1947

唯一比张学良大的就是大姐首芳。1947 年，张学良身陷囹圄，还托赴台看望他的东北元老莫德惠给在天津的大姐带回亲笔信，报告自己的情况，以释大姐悬念。信中说："我数年来精神甚好，身体也还不坏，唯独眼睛有点花了。就是所谓人过四十才觉得老的道理吧！也许是这几年来菜油灯下看东西的关系……我的一切请你们不用挂念，尤其是身体，我自己会照应我自己的。托尔斯泰在《战争与和平》上说过：哪个混蛋才把身体弄坏哪。……我晓得您手头并不松快，下次不用带东西了，留点钱给孩子们用吧。"首芳五十年代病殁于北京。

张学良最小的八弟学铨，生于 1926 年，适逢张作霖平息郭松龄兵变不久，大帅高兴之余为他起个乳名叫"小太平"。那时，大哥张学良已是统帅大军作战的军团长了。学铨在天津某中学工作，从来不事张扬自己的身世。

1947 年夏季的东北大战

1947 年 5 月 13 日起，中共东北民主联军发动夏季攻势。先打分散守备怀德、昌图、公主岭、梅河口的国民党军各部，迫使国军收缩于长春、吉林、四平、沈阳和锦州等战略据点，后集中兵力围攻连接沈阳、长春、吉林间的交通枢纽四平，血战十八昼夜，以双方付出惨重伤亡，共军撤退结束。

这次夏季攻势历时一个半月。战役第一阶段，民主联军推进很快。当时的战况报道摘要如下：

5 月 15 日，东北夏季战斗扩大。共军主动采取新战略，三路猛扑合围长春，国军迎击，大战即将展开。

5 月 16 日，共军在江东集中，企图攻丰满水电，丰满上游 15 公里共军积极造船，有循水路攻水电准备。

5月17日，永吉郊外昼夜炮声隆隆，小丰满电路一度被破坏。吉市晚间自七时起戒严，实行保甲连坐制，藉防奸究。

5月18日，长春市内闻枪声紧急戒严，怀德陷落，农安亦危。

5月19日，长春西南北郊皆有战事，公主岭一带恶战未已。

5月20日，公主岭、梅河口国军撤退，长春飞机场失守。小丰满电路未修复，沈阳入夜黑暗。

5月21日，熊式辉下午专机自京返沈。闻熊氏此次赴京，系商东北地区增兵问题。共军全面攻势改为据点攻击，长春永吉已在包围中。共军有将长沈路截为数段企图。沈市戒严时间提前，战事新闻成街谈巷议之主题。

5月22日，长春永吉情势愈紧，沈阳美英领署眷属撤至北平。沈阳要员连日开会彻夜工作。多地卷入炮火，高粱大豆多被毁灭，东北今秋粮荒必更严重。

5月23日，共军将四平南铁路线第一站牤牛哨之大桥炸毁，四平沈阳间列车停开。四平已呈战时景象，非军事机关已撤退，商民六时闭门，八时戒严。长春动员三万人修筑城壕。

5月24日，共军重兵集结，四平外围情势紧急，市区已闻清晰枪炮声。鞍山抓兵急，百姓饿抢米。

5月25日，四平市区激战，国军空军整日出动作战。共军如在四平驻足，则北迫长春；国军如解四平之围，则整个战局将有改变。

5月26日，四平双方主力接触，共军均在夜间猛扑，白昼则为国军空军控制。国军援军已有一部北上，共军且在运送物资后撤。梅河口告急，东丰国军撤守，西安电讯联络已失。

5月27日，东北大战二十余日仍未退潮。共军昨夜向四平大举猛攻，一度迫近闹市区，市内子弹炮弹横飞，战况激烈。梅河口冲杀，阵地易手多次。共军炮火炽烈，镇内多处起火。

5月28日，昌图被共军占领，梅河口电讯已失联络。据空军报告，守军一部仍在抵抗中。共军主力继续南下。

5月30日，（蒋介石秘密抵沈，行辕不准各报发消息。）廖耀湘当晚自开原返沈阳参加会议。

第四章　东北烽火·1947

5月31日，蒋主席上午专机离沈返京。据四平来人称：市内物价上涨，无人管理，市府人员大半逃走，市政由军队兼理。

6月1日，沈阳警备司令部宣布特别戒严令，规定每日自下午八时半起至翌日上午六时，除有特别通行证者外一律禁止通行。无论军民，有违反左列特别规定者，一律处以死刑，决不宽贷。一，违反命令或不服指挥者。二，透露军机者。三，乘机放火或扰乱治安者。四，造谣滋事，鼓励风潮及扰乱人心者。五，乘机抢劫财物者。六，通匪有据或隐匿不报者。七，无故破坏交通通讯或建筑材料者。八，破坏铁路或军用通讯工具者。九，夜间戒严时不遵守哨兵制止命令，强行通过警戒线者。十，乘此局势抬高物价者。十一，私藏无照武器或隐匿不报者。

6月4日，开原昌图间共军主力增调已达七师，约五万余人。铁岭连日动员各机关党团及商工市民等积极构筑防御工事。

6月5日，自梅河口逃出者云，此次战役极为惨烈，六天五夜往复冲杀，尸骨成山血流成河。协助国军防守之人民伤亡亦重，双方死伤五万人以上。又辽中战事南移，共军图据山地，普兰店撤守磐石被占，全东北已为烽火笼罩。

6月6日，东北各线昨今无大战，似在酝酿另一波浪，共军有自松北增援南下讯，国军亦有水陆增援东北。杜聿明接见记者称：此次共军南犯不能攻占长春、四平等据点，丙仅四出流窜，国军将改变作战计划寻其主力，如共军进犯沈阳，正为吾所期待。杜患腿疾已卧床近月，近渐痊愈，今日接见外埠驻沈记者十余人，为月来首次会晤。

战役第二阶段，重点集中于四平，战况进入胶着状态，也愈加惨烈。四平在沈阳东北三百华里，距长春为中长路第五站，又有"五站"之称。当地出产丰富，有大豆、高粱、苞米、小豆，所以日本人称之为"南满的米仓"。以四平为中心，有铁路东连梅河口，北通哈尔滨，南接沈阳，西北可直抵昂昂溪，是东北的重要交通枢纽，商业比较发达，形成南满一大集散市场。全市人口八万多人。市区分铁东、铁西两部分，铁东多民宅与零星商店，铁西为商业中心，多西式建筑，各机关与高级官员住宅都在铁西。

　　围攻四平之前，5月初旬，民主联军由松花江南渡，先后包围孤立了长春、永吉，19日攻占公主岭，长春沈阳间交通断绝。国军动员了约三十万兵力堵击，以防止共军南下；而共军却以大兵力从中长路东西包抄而来，不惜深入国军腹地。20日以后，以四平为主攻目标，先后占领四平以东的东丰、西丰、西安、海龙，和以西梨树、辽源、双山、通辽等县，等于两把刀子向四平两肋插来。6月上旬，又攻占了四平以南的昌图、开原两县，这样就封闭了四平外围仅有的缺口，四平被包围了。一场激烈的争夺战就此展开，这就是1947年那场著名的四平之战。

　　当时我在沈阳，一方面向长官部探问军讯，另一方面与四平保持联络，陆续发回专电报道战况：

　　6月9日，东北战事又转紧张，共军回攻四平城郊，一度逼近城郊车站，被击退。

　　6月10日，共军向四平外围集中，国军空运大批军需，双方攻防战在准备中。

　　6月11日，中央社南京消息，中宣部新闻局长董显光谈东北军情称：共军已改变其历来之流动游击战术，而作阵地战，此为共军作战方法之空前转变。……（共军）今番能于甚短期内迅速整补完成，并携带较前更为精良及新式武器再度大举进攻，殊堪注意。另一值得注意之点为协同东北共军作战之韩共部队数目之增加。据最近报告，东北三十七万共军中有十万为韩共军。

　　6月12日，四平外围大战展开，共军增兵炮攻机场、车站。沈阳难民天天增加，逃难学生已达七千余人。

　　6月13日，四平争夺战激烈进行中，共军向市区发炮百六十余发，市内屋瓦震撼。四平至沈阳电话已为炮声震扰不清。

　　6月14日，四平机场经四次拉锯战，迄今仍在激战中。共军已昼夜不停猛攻四平数日，守军处境颇为危险，陈明仁军长致杜聿明长官电，表示以成功成仁之精神保卫四平。

　　6月15日，昨夜共军总攻四平，一小时内发炮两千余发。四平

第四章　东北烽火·1947

巷战，双方已有肉搏发生。昨夜少数共军潜入市内，纵火焚烧，割断电线。突入公园之两千人一部已被守军消灭，惟严重之局面仍待解除。蒋经国下午抵沈，当夜访熊式辉、杜聿明长谈。

6月16日，四平之危局已渡过，市内已转稳定。昨突入市内之共军后路被空军切断，双方短兵相接，进行巷战后即被国军大部解决。四平形势外围仍紧，空军已昼夜不停连续出动助战。蒋经国十六日晨与空军副总司令王叔铭同机飞四平上空视察。

6月17日，四平共军仍由东北西北方猛扑市区，十六日至十七日清晨双方冲杀惨烈。蒋经国十六日飞四平、长春等地视察，当晚返沈，十七日复乘专车赴铁岭、抚顺各地视察，并慰问驻军。

6月18日，四平之战已至白热化，共军不断向市内增援，一部已在市内核心与国军作房屋争夺战。昨日国军空投大批手榴弹供应守军。四平之战为东北大战以来最惨烈者。蒋经国十八日赴鞍山、锦州，即转返京。蒋氏此来系代表当局视察驻军及慰劳。

6月19日，四平市区内之巷战肉搏已进行一周，迄今惨烈程度有增无减。昨夜今日仍在核心争夺房屋中。

6月20日，此间（沈阳）新报十九日刊载南京专电，内有国民党中央政治会上有人讨论缩短战线，对东北主张撤出军队以待国际之处置一讯，经东北当局处罚，自二十日起停刊三日。东北行辕特别公告，表示此说殊属荒谬无稽。

6月21日，四平争夺战昨夜今晨仍血肉相拼，核心地区之房屋均反复争夺，国军市区内之防线已被切断一部，空军每日仍可空投弹药至守军阵地内。昨国军撤守铁路西之阵地，现集中在铁路东核心地区作战。

6月22日，国军分路反击以解四平之围，共军密集炮火向市内轰击。沈阳高级将领连日有重要会议，战事之新发展正酝酿中。四平之战最近几日为决定性攻守战。

6月23日，四平连日在熊火浓烟笼罩中。记者昨下午飞长春时，在四平上空俯瞰，铁道以西一带浓烟大火七八处。最近一周间之战局发展大可注意。

6月24日，四平宁静，炮声疏落，共军久攻不下有撤退迹象。据由四平逃出之难民称：四平被围以来，铁西大部毁于炮火，巷战以后，飞机轰炸，人民死亡颇众，白天飞机炸，入晚大炮轰，不得不相继逃亡。市内食粮尚无问题，燃料已起恐慌，多以桌椅取火做饭。由四平至昌图沿路均有人民死尸，臭气难闻，五十里外尚能见四平熊火浓烟。末谓四平平矣。

6月25日，四平之战仍相持中，未经证实消息称共军主力已撤离。北援国军克昌图迫公主岭。

6月26日，四平之战二十五日至今晨共军攻城益为激烈，步炮联合向国军阵地冲击，国军固守并予还击。共军今后是否在四平外围与增援国军大战，目前尚不能判明，惟四平北之公主岭、四平南之双庙、泉头之得失，对四平颇有影响。

6月27日，国军两路竞趋四平，共军攻势顿挫。另据此间和平晚报载：二十六日夜共军千余撤退时误入国军预设地雷与汽油房内，经国军放火，共军悉数烧死。

6月28日，26日共军猛攻市区后即转移，其主力可能早已撤离四平。解救四平之国军南下北上两路均有进展，北上国军昨越泉头，南下国军昨在公主岭外围。据推测，共军主力似避免与增援国军作战，四平本身之危险已过。

6月29日，国军由中长路南北夹击四平，四平城内仍有小接触，但不如往日激烈。

6月30日，国军会师，四平解围，沈阳各报出号外。共军向八面城退去。熊式辉等昨飞四平视察。

第四章 东北烽火·1947

魏德迈到沈阳

1947年7月，东北夏季大战刚刚结束，美国政府特使魏德迈率团到中国进行调查，并于8月5日到沈阳，做了来去匆匆三十九小时的访问，我全程跟踪采访报道。

魏德迈，美国陆军中将，抗日战争后期（1944年10月）接替史迪威出任盟军中国战区参谋长及美军指挥官，直到1946年4月离任。他在华一年半，对中国抗战的胜利做过贡献，对中国的许多问题有自己的见解，包括批评、建议。

由于对中国问题的熟悉，以及与蒋介石的合作远好于史迪威，1947年初，马歇尔调停国共之争失败后，曾一度传闻魏德迈将出任驻华大使。7月，美国总统杜鲁门指派魏德迈为特使，率团到中国调查。据闻，其使命是，对中国目前及计划中的政治、经济、心理及军事情况"做事实调查"，作出评估并提出报告，以为美国政府考虑对华政策及援助提供参考。

调查团成员由美国国务院、财政部、陆军部、海军部和一位报社编辑等九名顾问组成。7月22日抵达南京。魏德迈发表声明称："余之任务主要系在调查实况，并非根据吾人所希望者为真实之事实，而系根据客观彻底之考察而断定为真实之事实。余将竭尽所能执行使命，调查与政治、经济及军事局势有关之良好或恶劣之事实，将其互相连贯，予以评价……"

蒋介石对魏德迈来华寄予很大期望，认为他将带来新的军事、经济援助和美国对华政策的改变。魏德迈率团访问了上海、北平、天津、沈阳、青岛、台湾、广州，每到一地都接触了政府官员、军事将领和持各种政见者，研讨局势，了解中国人、外国人包括美国人的看法。

魏德迈到沈阳，来去匆匆，他都做了些什么？不妨照录我当年的专电报道，可以看得很清楚：

第二部·高峰自述：内战观察

8月3日，魏德迈特使定五日来沈，此间准备提供之资料包括军事、工业、贸易三大项，均由行辕统一汇集，军事由长官部提供；工业则以煤、铁、电力三项之毁坏情形及今后生产计划为主，由资源委会提供；贸易由东北经委会编制"东北贸易"一册，说明"九一八"前后及光复后东北贸易情形，供魏氏参考。又闻民意机关将有十五项意见提出。抚顺已列入魏使行程。

8月5日，沈阳的人们知道历史在演变，五日到北陵的路上两旁站满人，迎接胜利以来从未有过的贵宾。下午五时半，魏德迈使团一行乘三星专机在东北问题的中心沈阳降落。魏氏着灰西装，腋下的黑色公文袋好像装着许多问题。美驻沈领事华特介绍与熊主任式辉、郑代长官洞国晤面。魏氏与前在印缅作战的廖耀湘军长最熟悉，一握手就问："你也在这里？"于斌主教赶上来介绍几位在四平无教堂可住的神父。魏氏检阅全副美式装备之仪仗队后入城，至铁路宾馆。

魏氏稍事休息，换蓝色西装，赴行辕回拜熊主任式辉，谈话约半小时。七时，全体出席熊主任招待会，各界首长五十余人亦被邀参加，与魏氏偕行之各顾问分别被东北财政、金融、政治、工程等负责人员邀至旁室或室外花园叙谈。八时散会。

晚八时以后，魏使回行馆与美方在沈人员、总领事华特、副领事胡贝德及顾问等开会，并无接见我方人士消息，仅接受各方面提供之书面报告多种。东北当局曾拟请魏使多留一日，赴鞍山参观，魏使以时间匆促辞谢。又魏使随从人员称：此行在着重"事实的调查，"据新闻顾问华生称：魏使不拟答复记者询问。

沈阳不比北平，更不比南京，这里是战争的一个中心，是与苏联毗连的一块土地，其余就是一些劫后的工矿，那么魏使团来此，他们所想寻求的事实，亦就不难推测。可是魏使这几天的确够累的，晚九时与美方人员集会后，十时就睡了，他的团员在深夜还在替他整理资料。

8月6日，魏德迈特使晨八时偕一部团员乘车赴抚顺参观。廖耀

第四章 东北烽火·1947

湘军长代表熊主任式辉、抚顺矿务局局长谢树英、鞍山钢铁公司总经理邵逸周、东北电力局长郭克悌等陪往。

九时半抵抚顺，检阅国军二零七师，魏氏询问某士兵能否吃到肉，该士兵瞠目以对；又问一着秋季美式背心之士兵热否，答：不热。魏特使并对全体官兵作五分钟讲话，旋赴煤矿及炼油厂参观，由抚顺矿务局局长谢树英按图解说，魏使晋询及日籍员工生产情形及人才训练问题。

魏德迈特使午后二时半由抚顺返沈，三时换穿戎装，在美领事馆接见郑代长官洞国，约谈一小时。四时接见参政员王化一及美商。五时以后与美方人员及驻沈美军联络团辛格罗少校等有所集会，并同进晚餐。

魏使政治顾问施博思及财政顾问任金斯六日未去抚顺，在沈做搜集资料活动。沈阳人民团体致魏德迈特使函件约五六十件，以私人名义提出者甚少。据美方某人士称：所收各函件内最使人注意者为"苏联"与"中共"字样至多。午间，任氏至美领事馆访总领事华特，施氏则于午后一时接见国大代表宁恩承，三时接见参政员王化一。宁氏曾任李顿调查团参议，熟悉东北情形。

参谋总长陈诚六日下午两点偕随员二十余人专机抵沈。魏德迈使九时由美军事联络团返铁路宾馆行邸，陈总长即往访，谈话约一小时，无他人在座。陈氏此行似有暂将坐镇东北之意。

8月7日，魏使团匆来匆去，一切按照既定行程，在东北三十九小时，仅用一小时酬酢，这是西洋人的工作精神。七日晨准九时一行飞青岛，完成半个北中国的旅行。飞机上又装走一包东北人的意见。中国问题足够美国人消化的。

魏使团结束其东北"寻求事实"的任务，魏使个人只接见了郑代长官洞国与东北参政员王化一，与王氏谈话四十五分钟，曾问到贪污与无能是否因为制度不好。王氏向魏使提出争取民权等问题，并举例。魏使更问到军纪与人民对苏联之感情。据悉，魏使早已获有资料，到此不过问问看看而已，也就是所谓着眼"事实的调查"。其余要见魏使的团体代表很多,有的由顾问们分别接见。六日晨七时有旅大青年百余人至魏氏行邸致敬,并持有"我们要回旅大"的标语。魏使公忙,由行辕刘科长代见。

魏德迈中国之行获得了什么印象?8月22日,他应邀在南京参加了国民政府委员和部长联席会并发表讲话,坦言:"我相信中共的运动不能用武力击败,中央政府若要获胜,只有立即改进政治及经济状况,以争取人民群众的拥护。"他对国民党施政提出了诸多批评。他批评了贪官污吏剥夺贫苦农民,"使农民离开土地,形成匪群";批评富人子弟逃避兵役、出国留学,而"不协助自己的国家";批评官兵骄横粗暴,"以征服者的态度对待人民",使人民有"憎恨和不信任之感";批评政府组织"责任与职权叠床架屋,因而发生摩擦与无效能",并且"引用私人甚为普遍……利用职权不顾国家与人民的福利而谋取巨利"。魏德迈或许希望向国民党猛击一掌,促使他们有所改变。

8月24日,魏德迈离华前夕又向新闻界发表声明:"在今天的中国,我发现许多方面消沉而麻木,看到许多中国人卑怯的失败主义,令人丧气。……要重获和保持人民的信任,中央政府必须立即实行激烈的、远大的政治经济改革。诺言已经不够了,实践是绝对需要的。中国人心一致热望和平,仅靠武力不能消灭共产主义。中共若爱国,亦应放弃武力破坏;政府则应痛除无能及贪官污吏。"

关于东北问题,据闻魏德迈认为,国民党政府不仅无力接收东北,甚至连掌控华北都有困难。因此他向蒋介石建议,在企图占领东北之前,先致力于华北的收复和巩固。对东北本身,则建议由中、美、英、俄四国共同监管,或依照联合国宪章实行托管,直至中国政府有能力接收。

魏德迈的调查结论,把国民党对他能够带来大量美援的期望彻底破灭了,于是反过来批评他没有公正地搜集材料,未能了解中国情况。魏德迈回到美国后写的报告,也被美国政府以"涉及绝密"为由扣压了。

第四章 东北烽火·1947

于斌及其他

我的有关魏德迈到沈阳的报道，有几段需要说明或补充。

一是关于于斌其人。

于斌时任天主教南京总教区总主教，曾在意大利留居十年，1933年回国。拥有三个博士头衔，据说精通英、法、德和拉丁文，但我见过他写的中国字，实在不敢恭维。抗战爆发后，于斌出任国民参政会议员、驻重庆的乐山地区主教。那时我在乐山武大读书，许多人都知道他公开协助军统活动，戴笠也经常派手下与之联系，经他介绍，不少天主教徒为军统工作。于斌与蒋家父子的关系也一直非常密切。由于他经常忙于各种政治活动，被媒体称为"政治主教"。

1946年9月，内战已经爆发，于斌到广州活动。大公报驻广州记者陈凡兄发专电这样报道：

> 于斌主教穿着宗教外衣，作政治旅行。其在广州之行程，自七日中午由沪抵此起，至今日已告结束。于氏留此四日，酬酢甚忙，其容态之温和与言论之尖锐，适成一明显之对照。据于氏发表，其来粤任务为视察天主教务暨调查粤省灾情，但就其与一般社会之接触观之，则充满浓厚之政治意味。
>
> 于氏接见记者与出席各界欢迎会及对天主教学校员生与广州公教人员演讲中，均一再重复对共产党及苏联与中共之抨击。于氏称：苏军在我东北之搬运物资，与日军之掠夺无异，中共之到处掠夺亦然。于氏认为，国际合作之无成，乃由于苏联无诚意；国内和平之无成，乃由于中共无诚意。彼称：目前世界已分两大壁垒，一为民主壁垒，一为极权壁垒。民主壁垒主张全民政治，极权壁垒则主张实行阶级独裁，而国内问题又为国际问题之缩影。彼大声疾呼须加注意。彼演讲

第二部・高峰自述：内战观察

"天主教教育特点"时作比较称：共产党教育为恨的教育，三民主义教育教人亲爱精诚，而天主教教育更进一步，乃教人爱人如己。彼称三民主义为世界最完善之政治理想。记者问其对国民党之批评如何，彼称：彼望国民党能好好实行三民主义。至共产党则为无神主义者，天主教徒当然反对。记者复问中国天主教徒是否准备组党，彼谓尚无此意。

1947年7月，四平之战结束三天后，大公报南京专电：

蒋主席在官邸召见禁烟委员会主席王德溥及于斌主教，对东北一般情形垂询颇详。于斌、王德溥除对蒋主席保持东北主权领土始终不变之决心表示绝对拥护，并对捍卫四平之忠勇之将士深致慰佩外，对挽救东北危机曾贡献数点意见，颇蒙蒋主席注意，而对积极发动民众组织，充实地方武力，扩大绥靖总司令制度，以唤起东北同胞自救救国之精神与努力一项建议，尤蒙蒋主席采纳，并勉东北同胞尤其公务人员应精诚团结，公而忘私，以达成完全收复东北之任务，而实现蒋主席以东北人建设东北之宿愿。

蒋介石召见并"垂询"于斌对东北问题的意见绝非偶然。8月4日，魏德迈一行到沈阳前一天，于斌即以"总主教"身份乘坐蒋介石派的专机飞抵沈阳。我因采访关系，与他有所接触，对他的"从政"活动留下深刻印象。

那天，他胸前戴着光闪闪的十字架，左腋下夹着一个装满文件的黑色大皮包，从飞机舱中走下来。在沈阳铁路宾馆（东北行辕给魏德迈准备的官邸），我问于斌，此行的任务是什么？他狡猾地回答："为视察教会而来。"我又追问一句："于先生今天到沈阳，魏德迈明天到沈阳，是计划中的事还是巧合呢？"他假装不能理解这句话的意思，打着哈哈回答说："真是巧合！"但他并不否认早已知道魏德迈明天到沈阳的消息。下午，他就去了东北行辕拜访熊式辉，显然不仅仅为了"视察东北教会"。

8月5日早晨九时，"视察东北教会"的于斌夹着他那装满情报的大皮包出席了行辕召集的紧急会议。熊式辉主持，而穿着黑色教衣、带着十

第四章 东北烽火·1947

字架的于斌却比那些金板三花的国军高级将领们还高一等,在会上做了训话式的主要发言。他说明了蒋介石给他的任务——"协助东北当局,满足魏德迈使团所需要的情报"。他还详细地报告了在南京三次谒见魏德迈的情形,以及魏德迈"最感兴趣的事物"。熊式辉根据"总主教"的指示,把长春、抚顺等地的首脑们招来面授机宜,并且布置临时组织若干"人民团体",准备了向魏德迈提供"控诉"中共与苏联的五六十份文件;又组织了部分学生以"旅大人民"的名义,做好"我们要回家乡"的手旗,准备到魏德迈住的铁路宾馆去请愿。

当天下午五时半,魏德迈使团专机在沈阳降落,于斌与熊式辉等到机场迎接。魏德迈走下飞机时,于斌首先上前握手,其次才是美国驻沈阳领事华特。到机场欢迎魏德迈的,还有四平天主教堂的法国神甫,那也是于斌事先布置好的。华特介绍熊式辉、郑洞国与魏德迈见面后,于斌用手势把三个法国神甫从人群中招呼过来,介绍给魏德迈,希望魏德迈能够召见他们,谈一谈四平战后"无教堂可住"等问题。显然,那也不仅是宗教问题。

8月6日,魏德迈去抚顺,我随同采访,不知于斌在做什么。7日,魏德迈走了。8日,于斌也离开了沈阳。又是"巧合"?

对于斌的这些活动细节,我在发回报社的专电中都做了隐讳的记述。当时上海、天津等地的一些报纸,也发表了于斌在沈阳活动的专电。上海出版的《人物》杂志还把这些专电汇集起来,以《人物点滴》栏目刊出。于斌看到后很是尴尬,派人向记者"打招呼",希望不要再发关于他的消息。他是贼人胆虚,恐怕暴露了自己的政客嘴脸。1949年,于斌终于随着蒋介石去了台湾。

二是关于魏德迈到抚顺检阅二零七师。

我在专电中写士兵"着秋季美式背心",意指青年军全副美式装备,竟没有像样的夏装,酷热中还要穿毛质薄呢军服;又写:"魏氏问某士兵能否吃到肉,该士兵瞠目以对。"显然是指他吃不到肉,却不敢讲,又不想昧着良心说假话,所以露出一副呆傻相。消息见报后,二零七师认为我有意丑化他们,派人到沈阳找我"问罪",要求"更正"。我说:"我的报道是真实的,是同情士兵。伏天穿毛料,难道不热死人?我若说士兵每天都能吃到肉,那才是假话,士兵们若是说我造谣,再来兴师问罪,难道再让我更正一次？莫如你们写信，大公报来函照登，说我报道失实，士兵没有穿毛料，每天都有肉吃，不是更好？"来人说回去再商量，结果二零七师不干，还闹到行辕去了。行辕的朋友劝我息事宁人，无奈之下，我只好再发专电，索性给它一个"此地无银"。内称："二零七师全体士兵系根据政府优待青年从军办法之规定，每人每日食肉三两、黄豆二两、油一两、盐五钱、青菜十九两，足能维持个人营养。且该师装备整齐，士兵精神饱满，极注重培养国防人才。复据该师某负责人称：七日报载魏德迈特使在抚顺询问士兵生活，与实际情形稍有出入。"这条消息不厌其详地介绍二零七师的待遇，显得很突兀，读者看了，就明白是军方找麻烦的结果，而非简单的"补正"。唯不知二零七师的人看了作何感想？

三是关于我报道调查团注意有关苏联与中共的情况。

恰在魏德迈在沈阳期间，大公报刊发了一条美联社报道，成为一个佐证。该报道称："据此间权威方面消息称：魏德迈特使中国之行已获结论，即美国可以援助中国国民政府，以使战胜中共，并恢复正常经济状态。美政府迄今尚未获得苏联直接以军需品援助中共部队之证据，但中共部队所获沦陷之前日军重要武器则甚多，此等武器系中共自日军方面缴获者。又称：大多数专家均认为美国须派遣一批重要之经济、军事人员赴华，充任中国行政机关及军队之顾问，并予以十至二十亿美元之援助，以提高中国中央军之士气而澄清目前局势。据称：美政府似不拟改变其对华政策。"

最后是关于陈诚。

我报道中写道，陈诚到沈阳"似有暂将坐镇东北之意"。这个猜测很快就被证实了。另据传闻，陈诚与魏德迈单独会谈，就有魏请陈向蒋介石转达，建议撤换熊式辉等"无能官吏"的内容。后来也成为事实。

东北"新政"

四平战后，7月12日，陈诚以参谋总长身份到沈阳，连日召集军事会

第四章 东北烽火·1947

议。杜聿明因病请假,郑洞国代理长官部司令。当时,沈阳已经盛传陈诚将要主政东北,但陈本人对此不置一词。

其间,陈诚曾到四平慰问军民,又到铁岭为廖耀湘的新六军举行了授勋仪式。此举颇令熊式辉、杜聿明尴尬。因为四平战后,熊、杜只为坚守四平的七十一军军长陈明仁和增援四平的五十三军军长周福成请功,而对行动迟缓的新六军未予褒扬。许多人觉得,陈诚是在向熊、杜"示威",并借以笼络人心。

7月18日,陈诚回南京之前举行记者招待会,他说:"东北战局四平为转折点,以后东北局势好坏不在共党而在自己,要处处实行自我检讨,对别人不要批评太苛刻,而对自己不要太宽厚。"他暗示,政治腐败和指挥失当是导致东北国军屡败的主要原因。他还说:"至于剿共军事何时才能完成,我不是诸葛亮、刘伯温,不能作预言,但如实行总动员,一定可获成功。"他又暗示,旧历年时剿共军事即可结束。记者们掐指计算,陈诚当指六个月为限。一般认为,陈诚此行,为他主政东北埋下了伏笔。

8月6日,陈诚再到沈阳,与魏德迈会谈后没有回南京,而是连日召见各级官员谈话。很快,军方就传出"东北行辕与长官部合并,由行辕统一指挥军政"的消息。但行辕主任一职是否将有变动,语焉不详。

14日,我在行辕见到参谋长董英斌,他证实,撤销长官部的命令已到沈阳,杜聿明将任行辕副主任,郑洞国亦极有出任可能。行辕下辖四个兵团,司令分由孙渡、廖耀湘、周福成、陈明仁充任。又说,原政治、经济两个委员会无变动,但如日侨管理处、兵役委员会及不必要的附属单位将一律撤销。我试探熊式辉的去向,他否认有变动。

16日,东北军政机构改组命令正式发表,长官部并入行辕。但行辕高层人选依然扑朔迷离。不过,中共却似乎有意要给国民党东北当局可能的变动一个"下马威"——17日,我发沈阳专电:"共军以西安一带为基地,现由松北开来十万人,当地征兵约八万;国军亦开来部队,双方时有接触。东北战云密布,人们谈话多以何时大战开始为题,实有暴风雨前夕之感。"

与此同时,东北经济状况也是难题。8月初,我即报道:

第二部·高峰自述：内战观察

东北今年粮食供应堪虑。据经委会农林处长潘简良称，历年存粮经最近月余之大破坏，少数损失，大部为共军掠去，加之辽河泛滥，损失甚大。国军控制区域缺粮达七至八万吨，加之铁路破坏之惨，老百姓受直接损失最大。开原附近河桥被破坏，潘氏等候三日始由一小船漂过。政府大官尚如此，小民何堪。潘氏又至公主岭试验场视察，见乳牛二百头，种羊无数，已被中共运过松花江。农林部奉令为铁路找寻枕木，但因森林地带已失，无法供给，于是到处滥伐民树，但除此实无办法。东北又连日落雨，沈阳至本溪铁路被冲毁，水势又形泛滥。各地撤退至沈阳工作人员身无长物，其状至惨。

8月29日，陈诚兼任东北行辕主任的命令终于到了沈阳。我见到郑洞国，请教军事动向，他认为共军第六次攻势可能在9月中旬，并说"东北决战期日近，政府正全力注意，此实为新阶段之开始"。

9月1日，陈诚抵沈。同日，我见到从北平来的立法院委员刘不同，与他谈到独裁与民主问题。我觉得有意思，可以为当前局势作个注脚，于是就发了一条两句话的专电："立法院委员刘不同抵沈称，封建关系之独裁制度必腐化与无能，只有民主始能促政府永久年轻，并为人民服务，但需共同努力。"

2日，熊式辉与陈诚办理交接。我报道说，"熊氏向部属盛赞陈氏之才能。陈氏则谓熊氏请辞多次，中枢一时难有适当人选，故被派来东北。"据闻，熊式辉确曾几次请辞，试探南京方面意图。而蒋介石也几次"驳回"辞呈，要其安心东北。岂料今日又突然换将，令熊深感蒋的权谋之术高深，却又有苦难言。此时，杜聿明因病情加重已离开东北，郑洞国出任行辕副主任。

同日，陈诚发表告东北军民书，内称："今后行辕之首要任务，即在执行政府剿匪政策。次宜及时去奢崇俭，力挽颓风。至于军队纪律，尤当彻底整饬，如有违法苛扰，定必严予惩处。同时吾人更宜各就岗位，各尽职守，于艰难困苦之中，寻求自力更生之道。"陈诚"新政"初露端倪。

此后几天，陈诚连续发表公开谈话，宣示其施政方针。如："共匪六次攻势难免，然政府亦有充分准备，绝不容其幸逞。本人重视军风纪之整饬，对青年之学风思想更应善为指导。贪官污吏亦为吾人之革命对象。""东北要建立成三民主义模范区，故地方自治为首要，培养人才为急务。贪污与整饬风纪问题，应先使不必贪污。一切当先由军队做起，更先由行辕本身做起，如不许占民房，工厂应交资委会或地方政府办，倘有贪污事实，可纠举，必开刀。裁并机构，取消政经两委会及行政院各部会属之特派员办公处；经济方面使工业交通专责办理，勿使其他机构牵制。物资供应不只应注意军队机关，而需注意人民之缺乏与需要"等等，颇有雄心勃勃的气势。

陈诚也确实很快就采取了行动。

7日，出台东北役政新规定："新收复区六个月不征兵，取缔拉夫，严禁自行征募。"后来还亲下手令："征兵首由富绅及官宦家庭子弟着手进行，以垂范一般市民。其名册应于开征前呈报行辕，并于征兵完了后行辕再调查，以严兵役。"

8日，下令逮捕以兵学研究会名义经商谋利并开设舞场的现役中将田湘藩。此整饬军风纪"第一枪"，令那些经商的军人不得不停业以观动向。

10日，召集各省市首脑，要求他们"以身作则，提倡节约，戒除宴会、跳舞、打牌。已收复各地应安定民生，发展经济，组训民众，加强自卫力量"。

陈诚自己率先迁入办公室住宿，"以倡风气"，并令行辕各处长每天集中办公。接着，又下令将职能重叠的三个接收机构裁撤合并为一，削减了冗员。在"新政"压力下，国统区之外已被任命却无法进驻而滞留沈阳的各省市长主动提出，尽快迁移至省城接近地区，"以便抚慰流亡，并相机随军前进。"陈诚不仅予以支持，而且进一步压缩各省市府编制，以节省开支。

实事求是地说，陈诚着手整饬的，确实是东北官场的弊政。

沈阳机关之多，即使行政专家也说不清其职能何异。例如，国统区铁路通车只有不足两千公里，管理机构却有十个，而工作效率、经济效益又极差。中长路有"每运四吨货要用一吨煤"之说，可谓世界纪录。战后铁路桥梁亟待修复，可他们说无钱无人无利，办不成。机关太多，职责不明，谁都多一事不如少一事。

东北接收后设立了政治、经济两个委员会，原是辅助行辕办事的，但又下设统一接收委员会、房地产管理局、生产管理局，而且都有各地分支机构；行政院各部会也都有各自的特派员办公处，机构之庞大，费用之浩繁，可想而知。当时，国统区城市只占东北半数，地域仅百分之二十，怎么能够负担得了这么多机关、冗员的开销？况且，对敌伪产业只管接收，不加利用，坐吃山空，又怎能产生效率和效益？

"庙"多"菩萨"多，常常为了推诿责任打架。东北原有"谷仓"之称，但粮价飞涨；东北有大量的煤，但冬天没煤烧，更影响生产。管工业的骂管交通的无能，管交通的骂管财政的穷酸，管财政的反骂生产不复员，政府没有钱，于是又一起骂共产党。可老百姓说，沈阳早就没有八路了，该骂谁？反正倒霉的是穷人。

东北穷困，却无碍官员享乐。夏季大战烽火漫天时节，沈阳各餐厅酒馆依旧载歌载舞，杜聿明不得不下令取缔，"以期共赴时艰"。陈诚要推行他的"新政"，也不能不从整顿吏治入手。他派出的督察组四处严查，也确实惩办了一些贪官污吏，震慑了各种违法乱纪。我曾报道说："东北的坏风气在向好处转，没有人敢再抢房子了；已占的还要腾出，不三不四的招待所奉令关门，行辕官员准时上下班。为了节约，都不预备香烟招待客人，省下的钱改善勤务们的生活。各大饭店前的包车群已少见。近来行辕办案抓人，谁都存戒心。"

秋冬大战

然而，局势的发展容不得陈诚稳步推进其"新政"，或者说，他的"新政"还包括更急迫的军情。9月中旬，我连发专电：

> 东北战局密云不雨，国军除大批增援部队出关外，并将各保安部队一律改师。共军主力大部仍集中梅河口、西安一带，国军某有力部

第四章　东北烽火·1947

队前往营口、辽南一带布防。现东北秋高气爽，青纱帐起，战争变为易攻难守，一般人均有暴风雨前夕平静而沉闷之感。

东北军事双方在息战状态，共军六次攻势尚无象征。据悉：国军在东北收复区之耕种土地仅及百分之七，人口为百分之四十五，比例悬殊，食粮首先成问题。且东北电源地小丰满至辽南高压线路中途被共军占领切断，辽南各地工业与民间用电迟迟不得解决，沈市入夜半暗半明，工厂减产，失业增加。故国军势必设法扩大收复区，以解救目前困难。但国军攻势何日成熟，惟视鲁豫战局之发展而定，盖攻势须用重兵，关内外调动灵活尤为首要。

如果说，陈诚搞政治还有两手的话，那么，在军事上却难当大任。到东北之前，他在山东战场已被陈毅、粟裕的华东野战军打得惨败，还丢了王牌精锐暂编七十四师。到东北后，他没有接受教训，依然刚愎自用，甚至解除了坚守四平、打败林彪的陈明仁的职务，按照自己的部署作战，结果在东北战场又是一败涂地。

林彪的秋季攻势（国民党称"第六次攻势"）从9月中旬开始，（郑洞国的判断不错）主战场在辽西，专打国军兵力部署薄弱地区。迫使国军四处调动疲于奔命，并对锦州至山海关间的铁路实行彻底破坏，切断了国军关内与关外的联系。

东北战局恶化，蒋介石于10月8日飞临沈阳，召集会议，指示机宜，连在北平的傅作义都赶来了。这是1947年蒋介石第二次到沈阳（第一次是5月夏季大战时），可见东北在其心目中的分量。蒋在沈只停留了四个小时就飞走了，但答应陈诚，从华北战场调六个师增援东北。

10月10日，陈诚在国庆纪念会上分析军情，依然嘴硬地说："我们可以把剿匪分成三个阶段，匪方一是盘踞，二是流窜，三是溃散，我们一是进剿，二是追剿，三是清剿。今日陕北与山东之匪已进入第二、第三阶段，我们可能在匪军进入第三阶段的初期达到清剿目的。至于东北，说来惭愧，兄弟到此已有四十天，仍然使匪发动了攻势。但只要大家努力，我们只准匪有第六次攻势，而不容其有第七次攻势。现在险期已过，至少已不可怕。讨匪战争不完全是斗力，同时也要斗智，希望集中力量，注意智力的斗争。共匪的特长是利用机会，制造机会，今日双十节，所以我们不举行游行，不给他们机会。"我听了，感到陈诚在说大话。

14日，辽西战事急转直下，傅作义再次到沈阳会商军事。17日，陈诚又召北平行辕参谋长徐启明、河北绥署副主任上官云相及驻承德的十三军军长石觉到沈阳商讨军事。据石觉说，辽西之战为共军有计划地隔绝关内外交通。关外不能孤立太久，平沈交通必须早日恢复并确保。热河与辽西走廊也要打通，使冀热辽连通一气。看来，陈诚自己也沉不住气了。

后来的战局发展，越来越令人捉摸不透。我发专电报道：

10月19日，东北大战揭幕后，发展甚为国人瞩目，两旬来双方主力迄未硬战。共军先自辽西发动攻势，不肯放手，自有其目的，即切断冀、热、辽之联络；阻止出关东进国军，并向北吸引，削弱将来沈长间国军作战之力量。日来吉长间之战斗，或视为攻扰牵制，试探国军虚实，再向吉长两城作进一步之战略计划。

11月2日，东北战事彼此兜弯，又像拉锯，你退我进。共军企图仍在切断东北对外交通，期与国军在东北拖延周旋。

11月8日，东北战局演变至今，忽紧忽缓，共军到处进攻，国军随处迎战，六日官方发布消息称，长春以南大战一触即发。七日复称，长南共军大部向西南逃窜，吉长地区渐趋缓和。共军东西调动，企图拖延战争时间。

11月9日，东北战事如重性疟疾，忽冷忽烧，共军之作战方法令人难以捉摸，一会东西对打，一会南北夹攻，有时干脆不动观望。看来东北战事要拖延到年底。沈阳市内交通要道及大马路中心正动员构筑工事，闻月内完成市内碉堡一百五十个。

11月14日，陈诚检讨东北施政，环境不同难期经济正常发展，军事展开前不做无计划建设，今后努力不许再有七次攻势。

11月16日，历时五十天的新一轮东北大战结束，各战场渐趋沉寂，沈阳宣布解严。经过这次战事，国军被歼近七万人，丢失城市十五座，地域近四万平方公里,进一步收缩于中长路和北宁路的几个孤立城市内,陷入更加被动的局面。

即便如此,中共也没有给陈诚以喘息的机会,仅仅一个月后,又发动了冬季攻势(国民党称"第七次攻势"),并且直指国民党东北军政中心沈阳。12月上旬起,沈阳再次戒严。外围战事逐渐向核心逼紧,沈阳陷于孤立,市内物价飞涨,电力中断,煤荒严重。偏偏此时陈诚旧病复发,并已卧床。

12月24日,郑洞国从南京谒蒋后飞抵平,接见记者称:

> 蒋主席训示:实情已经知道,照原定计划好好地做去,东北一定没有问题。在此严寒天气中,共匪进攻,其本身损失必大,有害无益。记者询以外传永吉、长春将作战略放弃,有无此事?郑氏称:本人赴京报告时尚未闻此说,但自纯军事见地言,吉、长殊无固守必要。作战就是今天能放弃,明天也能收复。记者又询以是否要关内出兵夹击。郑氏称:当然希望如此。关于此项配合,已拟就全盘计划。对于东北经济恐慌,郑氏称:希望东北自己设法解决,譬如煤炭本为东北丰产,当然不能用飞机从别的地方运来。记者询以国军冬季装备是否已较去年为完善,郑氏答称:能够做到的均已改善。郑氏发言始终沉重,了无笑容。

12月25日,东北行辕宣布,奉最高当局令,26日起恢复新闻检查,并以戒严法十二条为约束,通知各记者遵守。

12月29日,沈阳外围战火愈炽,城内闻炮声。市参议会电请速派援军。长春电力垂危,用豆饼发电,而全市储存仅敷半月。

1948年1月2日,大公报发表社评《万方多难念东北》称:

> 当此岁序更新之际,举目中国,处处烽火,鼙鼓急,兵马乱,炮声伴随着哭声,一片凄凉肃杀。……天气这样冷冽,人民生活在缺煤缺粮无热无光的苦刑之下。长春永吉孤悬,辽西野战方酣。近百万人在冰天雪地里混战。可怜这九省锦绣江山,可怜这三千万做了十四年

奴隶的同胞们。……胜利以后，中国确有和平统一与合理解决国事纠纷的机会。政协功败垂成，关键就在"东北除外"。把东北置于停战令外，就在这疮口上蔓延了中国的溃烂，就在这缺口上泛滥了中国的洪水。"东北除外"的政协决议墨迹未干，关外便叮叮当当的打起来了。仇恨由此复燃，战祸因而蔓延，终至陷国事于不可收拾的地步。……念无辜苍生，看漫天烽火，东北这富饶无穷的资源，非但无从开发，而且痛遭破坏。放眼东北，真使人欲哭无泪。我们不但为东北父老悲，尤其为国家大局痛！唉！战乱不已，中国怎了？

1月10日，蒋介石再次飞抵沈阳。这次还带来了杜聿明。那天，沈阳市内戒备极严，全体宪兵出动放哨，重要街道禁止通行。蒋下午三点抵沈后，即召集军事会议，到晚上十点仍未结束。据闻，会议将决定撤销东北行辕，成立东北剿匪总部。11日上午，傅作义也赶到沈阳，与蒋介石谈话后，中午又飞回北平。外间纷纷猜测，东北局势严重，可能又有人事变动。

1月22日，新任东北行辕副主任兼东北剿匪总司令卫立煌到沈阳。次日即召见行辕各处室负责人，商讨成立总部事宜。24日召见师长以上军官征询东北军事意见。26日，我走访卫立煌，问他对东北局势的看法，困难抑或乐观？他却不做任何表示，只说正在研究检讨，期得结论后再奉答。

2月1日，东北剿匪总部正式成立，但没有任何仪式，卫立煌在沉闷中开始视事。由于行辕缩编，军事全由"剿总"负责指挥，陈诚得以脱身。12日，蒋介石电告东北行辕：在陈诚病假期间，行辕主任职务由卫立煌兼代。事实上，陈诚已经被撤职。

陈诚到东北，实际主政不过五个月，损兵折将，丢城失地，激起国民党内一致声讨。有人指他"求功心急，措置操切，反失军心民心"，更有人提出"杀陈诚以谢天下"。事实上，正如李宗仁所说："东北的败征已见，全部沦陷只是时间问题，任何人都不能起死回生，陈诚更不是能够挽狂澜于既倒之材。"后来东北局势的发展，不仅印证了李宗仁所说，而且表明，卫立煌同样不可能扭转败局。

大公报人张高峰
第二部
高峰自述：内战观察

第五章 东北烽火（1948）

一言难尽写东北

东北是在遍地烽火中迈进 1948 年的。

元旦过后，我在考虑怎样写一篇回顾式的综合报道。想来想去，竟有一言难尽之感，不知以什么为题才好。国内各种问题层出不穷，而东北问题更多，更复杂。因此，索性名之为《无题写东北》，综述四平战后的东北问题种种。通讯开篇，我写道：

> 写东北的报道很需要费考虑。应该说，一篇通讯就应该是一张照片，实在无法修饰，阳光就是阳光，阴影自然是阴影。既要国家前途有希望，纵然东北有点阴影，也无遮掩的必要。
>
> 今天的东北，以松花江为界。江北（中共区域）情形外人不知，单说江南。沈阳、锦州、长春、永吉是政府在江南的四大城市。沈阳为军政中心，等于心脏；长春、永吉像两双眼睛，看守着江岸；锦州则是东北的后门。四个大城正像桌子的四脚，支撑着政府控制区的若干县份，极能表现力量。

四平战后，中长路沈阳长春间不通，吉长路永吉长春间中断，北宁路锦州沈阳间时断时续。"四脚"之间许多地区又被共军占领，不要说通车，连步行都有困难。沈吉长三城几个月来只能依靠军事路线联络，其中，吉长两城处境最感局促。沈阳的情况稍好，起初还有营口、葫芦岛两个港口可通内地，有平沈路可以入关，"呼吸"还算通畅。年底第七次交战开始，共军以沈阳为目标，四处出击，令国军摸不到头脑，沈阳对外交通起了变化。冬天营口封港，通沈阳的铁路也早就中断了两个多月。葫芦岛到沈阳的铁路中间战事不停，物资虽能入港，却无法内运。平沈路断断通通，以不通为主，到了年底，似乎更难有通车希望。至于空中运输，平

第二部·高峰自述：内战观察

沈班机停航四十天，1月9日才复航，还不时脱班。12月8日京沪平津寄出的航空信，1月5日才到达沈阳；沈阳1月10日才看到平津12月21日的报纸。我写道：

邮路的阻滞，表明这时代已经开始"窒息"。去年10月间的六次交战，对方就有意把握辽西，目的是围困沈阳。现在主力战场仍是辽西，这块地方很被双方重视。稳定沈阳要确保辽西，围困沈阳也要掌握辽西。想"呼吸"的要用鼻子与嘴，想"窒息"的要堵着鼻子与嘴。

东北的日子一年比一年难过，甚至连上月都不如。沈阳外围吃紧后，再次实行戒严，本来就不景气的市面更显得荒凉了。随之而来的是物价飞涨。粮价领先，其他物价跟着赛跑。加之缺煤缺电，进而影响到用水，东北人民吃尽了苦头。

秋季大战开始后，我曾连续报道战时人民生活窘境：

10月4日，东北大战复起，粮源堪虞。辽宁境内到处烽火，市场富于敏感，三日来物价涨一倍，有的竟跳了两倍，高粱米六百元流通券一斤，且有行无市。人们说，不是吃不起，是活不了。

10月24日，沈阳物价飞涨，尤以布、米为最，当局硬性管制，所有报纸只准登载官定价格，否则触犯紧急戒严法，但以此价格购物却非易事。吉长两地物价不出旬日倍增，棉布每匹由五万元涨到八万多，棉花每斤由一千八百元涨到三千元，高粱米由一百七十元涨到二百四十元。私商涨，官商也涨，一片涨价声笼罩着松花江岸。

10月28日，长春物价疯涨。大米每斤由五百元一跃跳过八百大关，薪水阶级和家无隔日粮者闻之胆寒。当局枪决四名奸商，阻遏涨潮，并公布日用品限定价格，布告甫出，市上立即缺货。

11月12日，沈阳今日大雪，气温降至摄氏零下八度。街头冷落，多少难民无棉衣，多少人家无煤火，今冬不好过。各院校无力筹购冬煤，多准备下月底放寒假。

第五章　东北烽火·1948

11月14日，东北经济状况日濒窘境。自九月战火复炽后，东北对关内外交通全被切断，货物及食粮均无法出关，故物价飞涨冠于全国。流通券除节省纸张与印刷费外，其价值与法币无异。东北各厂矿因缺煤电减产且滞销，国营者每月损失法币不止千亿元，民营者更无从统计。食粮问题以目前控制区土地与人口比例，年差三十八万吨。今秋粮收损失尤大。冬煤炭各主矿非毁即失，本月供应较实需数字差四分之一。东北已几度飘雪，煤价大涨，各地多未举火取暖。冬赈与寒衣募集工作各方正在推动。大局不明朗，东北经济状况难望好转。

11月23日，长春市内无水无电无煤，人民生活艰苦万分，多以伐木取暖。汽油更匮乏，闻市长孙桂籍已改乘三轮。水源不畅，当局劝市民凿井，然地冻挖井亦不可能，故用水亦渐感困难。

11月28日，今冬东北比去冬更凄惨，老天不睁眼，隔几天一场大雪，长春气温零下二十八度，沈阳零下二十四度。锦州块煤黑市四十二万流通券一吨，沈阳三十五万，长春根本无煤，电厂靠烧豆饼发电。机关、学校、人民都以艰苦精神抗寒，办公室坐着冷站起来，教室冷不上课，街头冷躲在屋里。宣传已久之粥厂经费不足，难民暂缓登记，想开锅还得募捐。东北之艰苦正待多方救济。

沈阳各校无煤，教室墨水、砚台结冰，难以伸手笔记。市立各中小学下月中旬将放寒假，各校门前凄凉冷落。沈阳私立大中学同学会招待记者称：二十四日当局宣布停止平价配售粮煤，同学立感恐慌，伙食由两万升至七万元，下月各校伙食团将断炊，且冬煤无着，教室奇寒，少数同学尚无棉衣，呼吁当局救济。

11月29日，东北各地大雪，沈阳道路积雪盈尺，电车停驶，三轮车亦敛迹，煤价再涨，市民叫苦。

12月4日，沈阳物价波动未止，尤以粮价为甚。窝头一个要流通券二百元，比铜元大点的烧饼也要二百元，苦力嚷着难活。煤油六千元一斤，无电点不起灯，东北大学学生每晚八时即入寝。沈阳四联分处奉到蒋主席手令，内称："日来物价飞涨，纯系游资作祟，应即停止贷款，到期放款即予收回，紧缩信用贷款，压低物价。"该处奉令后即遵照执行。

第二部·高峰自述：内战观察

12月6日，长春煤电恐慌，用水困难，市民已汲取中正公园之水塘积水，市郊之建筑物亦多被拆毁取暖。闻市长办公室尚未举火。因燃料缺乏，各市立医院多不能取暖，致病房冷如冰房，患者均裹足不前，此对医院实一致命打击，已面临停业之危机。

12月8日，沈阳又大雪，平沈班机本周内将难复航。平沈车昼行夜宿，入暮靠站。夜间时闻枪声，旅客久处乱世罕有惊惶。

又沈市电源不足，市内黑暗，各报经常午后出版。

12月19日，东北环境益感艰苦，冬煤尤荒。沈阳孤立，物价逼人，以法币计算，大米每斤三万五千元，高粱两万元，煤油八万元，面粉一百四十万元一袋。十八日起除军事机关外用电全停，全市一片漆黑。五时以后街头行人即告断绝。

12月21日，东北经济已遭遇史所未有之困难，无粮、无煤、无电、无水，物价跳动逼人，全家冻饿而死者时有所闻。沈市当局准备成立购粮队，分向四乡强制购粮。

12月22日，东北粮价上升，气温下降，人民夹在饿寒之间，欲活无路，自杀、抢案、冻死、饿死者东北已成普遍现象。沈阳粮荒情形空前严重，粮价以法币计算，大米每斤六万元，高粱米四万元，棒子面三万元，兵船面二百零五万元一袋，煤油九万元。又，沈市粮价二十二日午后再涨，大米九万元一斤，高粱米四万五千元一斤，兵船面粉二百六十万元一袋，煤油十一万元一斤。沈阳外围已无大接触，但市内物价正与人民作战。

物价飞涨，不用说穷人，就是月薪十几万流通券的公教人员，也难以维持生计了。柴米油盐、老婆孩子不算，那点钱只够买自己一个月吃的高粱米（吃大米简直是奢望），如果一口粮食一口水能救活自己，已是造化。而与此形成对比的是，有钱的赶快囤积，有粮的趁机抛售，目的都是发财。既无钱又无粮的人，不想饿死，就得铤而走险。沈阳市参议会请求物资调节委员会配售存粮，政府也鼓励人民自动下乡运粮，行辕又布告保护粮食车进城。当局筹款向关内购粮，即使购得，也需以打通铁路为前提，而共军发动作战，主要目标即切断交通，如此，谈何容易。

第五章　东北烽火·1948

交通破坏，生产停顿，东北物资缺乏并非反常现象。乱世中，有奸商开始"研究"补充的方法：苞米面里掺大豆面，穷人宁肯让肚子委屈点，也得买这类"混合面"。豆油里掺米汤，搅和后看不出有假，总算还有"油"吃。沈阳无电，煤油既缺且贵，卖煤油的就在桶里掺凉水，黄昏时趁着朦胧天色叫卖。许多买主发现第二天煤油上冻了，才知道上当。我写道：

> 东北的粮食，有与无是一个问题，寡而不均又是一个问题。有的人家绝对有，无的绝对无。战乱本身就是痛苦，战乱背后痛苦更多。人民被战乱压得无法喘息。粮食本来在东北产量极富，今后东北的粮食，恐怕要有一部分依靠南方接济。目前东北市场伪货还能代替真货，物资能继续"补充"，经济短期内尚不至于马上崩溃。

战乱还制造出大批难民。东北有广大的战场，更有收容不完的难民。据1947年11月末统计，东北收复区难民总数达八十三万四千人，其中沈阳二十二万（包括流亡学生一万四千人）；长春九万余人，吉林六万余人，这些难民如何救济？能救济多少？全是问题。

这里特别记述一笔东北还乡义勇军的境遇。

东北还乡义勇军是指流亡归来的当年东北抗日义勇军旧部及其眷属。"九一八事变"后，为抗击侵略者，东北各阶层民众和部分东北军、警察部队官兵纷纷自发组成各种抗日武装力量，后统称抗日义勇军，人数最多时达三十万人以上，活动遍布全东北，给日寇以多次沉重打击。日军为消除对其威胁，于1932年冬集中兵力"讨伐"，义勇军虽顽强作战，终因孤立无援又缺乏统一领导而大部溃散。其中，吉林、黑龙江约四万义勇军（包括眷属）退至苏联境内，后经西伯利亚转赴新疆。途中千难万险，牺牲惨重，到达新疆时，残部及眷属已不足两万人。

抗战胜利后，这些义军思乡心切，携家带眷回到东北，其中沈阳就有四千多义军及眷属。他们当中，老的已经白发苍苍，少的也多娶妻生子，暂时分住在铁西区三个招待所里。当局曾给他们每人发了十万元流通券，做还乡、谋生之资，然而，这点钱勉强度日都不够，还乡、谋生谈何容易。义军们只能继续住在招待所里，苦熬零下三十度的寒冬。

1947年冬，我曾到义军住处参观，并专电报道：

> 记者十日应邀赴还乡义军招待所参观，见当年驰骋白山黑水之勇士，今已老弱，横卧无窗无门仓库内，衣不遮体，食不果腹，个个冻馁呻吟，妇孺跪地哀号求救。甫经出招待所门，即见一壮年义军吞鸦片自杀，眼手微动，群人围观，回生乏术，空气至为沉重。嗣经该所负责人引导至后院，见雪地中陈尸十一具。义军多有家不得归，壮年有待介绍谋生之路，老弱只有救济。

曾经的抗日英雄尚且如此，其他难民的生活可想而知。

战争炮火之下，东北的工矿、铁路毁的毁，困的困，停工的停工，减产的减产，几乎没有一个是完整的。煤矿无电产不了煤，电厂无煤发不了电，极端的矛盾造成罕见的现象。既有煤矿又有电厂的东北，如今到处无煤无电，冬天无法取暖，夜里无法照明。由于煤电脱节，自来水也就变成装饰。我写道：

> 又冷又黑的日子，虽然人民能挨，心理上却难免受着极大的影响，多少人都在祈祷温暖与光明。为了应付这又冷又黑的时代，东北一些事业机构已经着手解救自己的痛苦，以减轻经济负担。资委会在东北有二十多个事业单位，十三万员工，也到了不得不紧缩裁员的时候。要裁出多少人？确数不知道。被裁以后的职员与工人退到那里去？能否再找到工作？都是值得注意的问题。
>
> 东北铁路被拆毁炸崩，现有的行车路线短到不能再短，其业务本已不甚繁复。东北铁路员工人数约五万以上，各局也在准备紧缩裁员。另外还有一些因经费困难或业务行将终了的机关，必须撤销或紧缩，又要送出一批失业的人来。

第五章 东北烽火·1948

惹恼南京的《东北在变》

《无题写东北》之所以无题,与我此前两个月写的另一篇通讯《东北在变》有关。在那篇报道中,我写道:"东北不幸,动荡的时代使它在变,多变少,富变穷,美变丑,善变恶,有变无。历史方向愈错,东北变化的愈多。"不想,通讯见报后,国民党的南京《中央周刊》发表针对文章骂我,说我是在"为共产党张目",我所说的"变"是想往共产党那边变,还说,"一旦中国全部被苏联占领,《东北在变》的作者必然还要写一篇《中国在变》",意指我终有一天会背叛民族做汉奸。

因此,当我再次提笔写东北,我想,既然明确写了标题被曲解,并指为共产党,我就来个"无题",看看他们还能怎样。结果风平浪静。不过,后来国民党再找我的麻烦,就不仅仅是文骂了,而是告上了法庭。此为后话。

以下是我写的通讯《东北在变》节选:

树枝枯黄,雪花飘飞,动乱的时代又配上了这凄楚的季节,棉衣、粮食、冬煤都该准备,却都没法准备,家家忧愁,人人贫困。看看日历,这是胜利后第二年,太平的日子还在梦乡。

东北沦陷过十四年,始终是国人怀念的地方。收复后的两年来,东北又是战乱的中心,一直被国内外所注意。东北不幸,动荡的时代使它在变,多变少,富变穷,美变丑,善变恶,有变无。历史方向愈错,东北变化的愈多。

富变穷

战争本身就是富变穷的主要因素,炮火赶着善良的百姓家败人亡,东北大好的河山与建筑多毁于自己的炮火。战争不停,物价在滚汤圆，愈滚愈高，人民老赶不上。九月以后，东北对外交通断绝五十多天，物价翻了身，又折了个儿，高粱米卖流通券五百多元一斤，大米要八百元，美国纸烟在三千元以上，许多人都说戒烟的时候到了。但饭却比较难戒。沈阳街头讨饭的人群没有"戒"的勇气，老的坐在地上呻吟，小的追逐行人，呼爷爷，叫奶奶，谁也不肯掏出一百元的流通券。讨饭的孩子们死追，钱没有要到，西北风灌满一肚子，回到母亲面前被痛骂无能，孩子们哭了。我们不相信这些人的家庭早就有讨饭的传统。不久以前，他们也许有自己的田园与锅灶，最近才变穷，而沿街求乞了。

东北本来是个好地方，二十年前，没有办法的人就打主意"下关东"，到了关东，吃喝衣住可以完全解决。现在不行了，到处都需要救济。各地的小学教员维持不了一饱，也在分头请愿。流亡的学生苦得在沈阳街头卖报。学生哪里会做买卖？这明明是穷途末路。学生们在饭馆里低三下四的向客人求售一张报纸，有时被茶房赶出去，还不是穷的压迫？这时代使美的变丑了，我们同情这群苦的学生。沈阳国立二中全体教员因感生活的压迫，组织了话剧团准备售票公演，收入作为生活补助。先生们将要粉墨登场，为人师表者出此下策，这正是一面镜子，照给丑的时代看。虽然这件事最近被该校校长阻止了，我们仍同情这群苦先生。

前些日子沈阳警备局长毛文佐在临时参议会席上报告警察生活，一等警月薪一万九千三百元、二等警一万九千元、三等警一万八千元。以现在的物价计算，每人每月最低伙食费要四万元，所以有的警察下了班就去蹬三轮，有的每天只吃一顿饭。东北社会一片穷相。

多变少

东北地大物博，任何生产几乎都超过内地各省，大豆、高粱、煤、铁、木材更非内地所能比。不幸得很，胜利后东北的生产数字正由多变少。农产品过去东北年产三亿五千万担，占全国的百分之二十一，今年生产一亿五千万担。一九四五年日本投降时，东北年产煤两千五百万吨，今年十月为止，煤产量不到三百万吨；林木采伐量为四百九十七万立方米,现仅四万四千五百立方米,不到百分之一。铁路里程原长一万四千公里,现在吉(林)局管辖之永吉长春段十月份起已中断,沈(阳)局仅管辖沈阳至本溪,沈阳至营盘两段,合计不过三百多里。锦(州)局管辖沈阳到山海关段,齐(齐哈尔)局路段在中共手里,已无路可管。中苏共管之中长路,以沈阳为中心,北通开原,南至汤岗子。这样总计起来,政府控制区铁路全程约一千多公里,而且各路线被切得零零碎碎。运输力量原来六百五十万吨,现在机车与车辆天天在毁,路基与路轨天天被扒,运输力量已经减到三四十万吨。工业生产原为九百万吨,现仅一百二十五万吨。矿业出产三千万吨,现仅六百万吨。六次大战以后,工矿业生产数字又要打一个大折扣,而那不能再减少的运输力量,又很难按照计划使工矿业出品运抵各地。出品减产与滞销,资金冻结,成本亏损,重重困难,正逼得各厂矿负责人无路可走。

东北行辕陈主任说:"东北产业及资源,本较关内为丰富,然今日之形势,已大不相同。正常的经济发展一时已不可能,欲恢复原来的基础,恐非短期内与加倍努力所能做到。况今日国际形势的紧张,尤其我东北的险象环生,使得吾人惊心怵目。"

有变无

世界上可分成"有"与"无"的国家,东北则是"有"的地方。国际间常因"有""无"而战,国内之战,在政治上各有目的,在经济上也难免一争"有""无"。但今天的战争破坏多于建设,"有"的也给打"无"了,"无"的更"无"了。"有"的东北要变成"无"的东北。

东北已经零下十余度,亟须的是煤。东北冬天没有煤,不仅工厂要停摆,活人也得停摆。煤的供应情形怎样?照需要的数字差得太远,政府控制区原来有阜新、抚顺、北票、烟台、营城、本溪、西安七矿。今年五月间西安煤矿失守,北票煤矿被毁,尚未复工,十月间营城煤矿失守,阜新煤矿主矿被毁,全矿停工。十月以后煤的供应问题就严重多了。十一月份东北用煤只有七万吨,若分配实感不够,不分配更不够，铁路用煤就要九万吨（现在交通线更短了，也许稍低于此数）。闻当局已下令，吉长区十一月升火，辽南十二月升火，可是东北已经三次飘雪了。

煤荒的第一个原因当然是战争，第二个原因是运输。阜新矿存煤七万吨，到现在还不能运出救急。抚顺有露天矿，煤本可尽量挖，但运输工具不够，无法大量生产，生产后也无法大量运出。永吉小丰满是东北电力的渊源，因为所有输电路多被破坏，六万千瓦的电不能往需要电的地方输送，全部放入松花江水里。而辽南辽西与长春各地全赖火力发电维持光明。又因为无煤，辽西锦州发电厂十一月七日停电，长春电厂只能维持到十一月二十四日。动力没有了，城市失去照明，大小工厂也多先后停工。东北原来是有电的，现在到处感到黑色恐怖，造成工业经济的危机。

东北的产粮区大部在北满。政府现在控制了东北面积的百分之十，而人口却占全东北的百分之四十七，比例悬殊太大，食粮首先感到供应不足。中共区域粮食过剩，不论用什么方法封锁，究竟是在一块土地上，总可以偷运，政府区域也不一定就闹粮荒。但是战争接连不断，到处炮火，人民逃难都来不及，不会有人冒险运粮。再者，打仗的军队要征车、征工、征牲口，想运也运不了。所以乡村的食粮到不了城市，城市闹起粮荒。有人说这是暂时现象，东北农村到处有粮，战争缓和后，食粮的供应即可恢复常态。可是战争偏偏是长期的。据熟悉粮情的人说："东北真正的粮荒不在今冬，而是明春。东北是产粮的地方，现在开始向外购粮了。

美变丑

日本战败了，几百万在东北的日本人全低下了头，恭敬着我们这胜利的人民。东北接收之初，任何公共招待的场合都少不了侍应的日本下女，吹吹打打的日本乐队。每个日本人见到中国军人马上九十度的鞠躬，日本人都不敢坐中国人蹬的三轮车，多少日本女人愿意嫁给战胜的人们。这固然是一副胜利者的美景，日本人的丑态。胜利已经过去了两年，这美景也跟着消逝。

第五章　东北烽火·1948

虽然日本人大都回了国，剩下的日本人在马路上一样与我们并肩而行，九十度的鞠躬恐怕要等到再一个胜利的时候。日本人也坐上了中国人的马车与三轮。不愿意回国的日本女人与中国人过了两年的日子，了解了战胜的人，甘求离婚回到日本去。留用的日本技术员工与中国人一齐工作了两年，懂得了我们是怎样胜利的国家，也纷纷请求回国。一位从葫芦岛回来的朋友说：日本人上了船，汽笛一响，人人脸上带着无限愉快，回过头来，用手指着岸上，不知咕哝说什么。这位朋友怀疑日本人在骂我们丑。

东北有日本人留下无数的房产，接收以后，变成中国人的摇钱树，张顶给王，王顶给刘，刘顶给赵钱孙李，大家都从中取利。沈阳市有多少不三不四的"招待所""酒馆""餐厅""筹备处"，随便占领了房子，里面表演着纸醉金迷的丑事。

东北在变，我们相信"物极必反"的原理。东北会由少变多，由无变有，由丑变美，由穷变富，到那时候，我们的子孙又该打算着"下关东"了。

严寒中的东北

1948年初，卫立煌接手东北的烂摊子，比陈诚接替熊式辉时更糟，不仅经济越发委顿，民生更加艰难，而且军事方面压力极大。而后者，正是这位"剿总司令"的首要任务。

1月19日，卫立煌甫抵沈阳，平沈路新立屯战事正酣，一周后即告失守。共军意图显然在切断沈锦间、关内外的联系。

1月24日，我冒着零下三十三度的严寒到山海关采访，发回报道称：

榆锦段时通时断，原定隔日通车一次，惟当日不能到达，误点甚多，无形中变为不定时车。因交通不畅，出入关旅客稀少，西北风已吹两昼夜，寒流再来，滴水成冰，路静人稀，市面萧条至极。另据由锦到沈某商人称，锦沈段四百多里路程要走八天，路上行人稀少，沿途村庄荒凉残破。铁路钢轨翻身，枕木被烧，数十里不见几根竖立的电杆。自新民到锦州大小车站未遭破坏者不过一二，票房只剩四壁，扬旗、路闸等亦被炸毁倾倒。

2月1日，东北"剿总"开张，距1948年旧历春节只有九天了，举目遍地烽火，人们根本没有心情过年。此前一天，东北行辕新任副主任罗卓英飞北平，与李宗仁、傅作义、范汉杰等彻夜开会，商谈东北与华北联防问题。我报道分析：

东北共军攻势渐次南移，威胁锦州。范兵团出关增援，正为弥补东北、华北之缝隙，期能阻止共军南下，保障平沈路畅通。关系人士称，东北还是一个拖的局面。经此次协商联防后，不外为两方面灵活运用兵力，维护北宁铁路及秦皇岛、葫芦岛港口之畅通，以华北支援东北，用东北掩护华北。榆关内外将为华北、东北之主要战场。

1948年2月，我以《严寒东北》为题，综述东北时局。开篇即结论："军事无开展，政治无改革，经济又枯竭，再加上人性变坏，东北的局面虽未天翻地覆，却已沉重万分。"而后分述各节。

军事攻守。1947年的冬季大战，像是中共存心对陈诚"只准共匪有六次攻势，不准有七次攻势"这句话的嘲弄，不仅激烈、持久，而且进展顺利，愈攻愈凶。两个月先后占领了彰武、黑山、康平、辽中、台安、盘山、海城、辽阳等县，致使吉长孤立，沈阳被围，关内外陆路完全断绝，军火、物资的接济都很困难，于是外间纷传国民党准备放弃东北。我当时的分析是，如果国军退到关内，再想打回关外绝非易事。而共军占领了东北，将有多余兵力调往华北，华北国军的负担势必加重，整个北方局面也许更坏。如果国军能够全部退出关内，增强华北作战力量，改变华北局面，也未尝不是一计，但共军在辽西早已扎根，国军撤退必遭打击，未必能够全身而退。

第五章　东北烽火·1948

1月11日蒋介石到沈阳，决定东北还是要守，并成立东北"剿匪总部"。于是才有了卫立煌接掌东北、范汉杰增援辽西的举动，其首要任务就是打开东北的门户——平沈路。

就在东北军事机构改组，范汉杰兵团分批在葫芦、秦皇两岛登陆之际，共军又加紧了辽西、辽南两路攻势。沈阳锦州间激战，新立屯、大虎山、沟帮子等车站失守，共军截击范兵团，再破平沈路，把东北的"门户"关得更紧了。辽南共军以多占据点，多吃国军小股部队的战术，步步逼近沈阳外围。国民党则紧急调集精锐空军到东北助战，据说还"发明"了一种残酷的"冻结战术"，即机群盘旋空中，迫使共军卧于雪地不敢动作，时间拖长可以冻死人。我分析说，"空军固然得力，但东北要想渡过目前难关，范兵团不可有太大损失，而且要实现打通平沈路，使东北先能'呼吸'。沈阳守军若无力击退来犯共军，至少不能再使共军包围缩小。否则东北局面不会因有空军与援军而好转。"

政治混乱。东北政治最高决策机关是行辕政务委员会，组织机构庞大，既少政务又难推动，养了许多闲人。国统区所辖十四个不完整的县市、三个更残破的省份（辽宁、吉林、辽北），其中吉林省只有永吉与长春两市。其他兴安、安东、松江、黑龙江、合江、嫩江、大连、哈尔滨等六省二市政府只能流亡沈阳，两年来变相虚设，开支浩繁，不能为乡梓服务，反为乡梓之累。各省市主席无所事事，常常现身机场或酒会上，某省主席曾戏称自己是"仪仗队"。记得军调时代，中共代表李立三说过："我们有哈尔滨市政府，政府也有哈尔滨政府，双方各有开支。"他的意思是，消耗就等于作战。不能不说其虑深远。

新年以后，东北政治活动比较热闹的是国大代表、立法委员、参议员的竞选。我描写说："投票开票以后，你骂他无政治家风度，他骂你伪满余孽，'为民之主'的人民反被闹得头昏脑涨。"

东北的贪污案不少，但起诉的不多，第一个被开刀的是营口稽查处长宁苞，结果是人是鬼成了一个谜。沈阳工务局长李荣伦借修筑城防工事之便，勒索回扣四千九百万流通券，处了死刑。我写道："若以贪污数字定刑，李可能有点冤。但粮价飞涨时，抢粮青年王治国以戒严法被处死刑更冤，那些囤粮抛粮发财、操纵粮价的人却仍在为所欲为。治标不治本，永

第二部·高峰自述：内战观察

远解决不了问题。"

经济枯竭。进入1948年，东北国统区煤矿或失守或被围，收入毫无，粮食告罄，处处都有数万人等待救援。远东规模最大、产量最丰富的阜新煤矿全部设备被彻底破坏，生产完全停顿，矿井大部分被水浸没，矿方已考虑关闭。鞍钢被围困月余，因电力不足停工，万余员工生活困难，公司决定裁员三千。小丰满虽仍发电，但因输电线路被毁，除小部分供给吉林市，大部分电都送到松花江里加热了水温，以致严寒中江水冒热气。罗卓英到吉林见此"今古奇观"，有诗句曰"天助还须人自助，松花江水热汤汤"。

东北时局动荡，工矿基础垮塌，资委会所属二十几个企业大部停产，无力再养活十三万员工。为减轻负担和责任，决定把关外的员工就地资遣，关内的员工撤回平津，因此包了几十架次的专机运送员工及眷属出关。到1948年2月，东北只保留了军事必需的抚顺煤矿、本溪煤铁公司、沈阳机车车辆公司和东北电力局维持生产，并移交"剿总"代管，实等于军管。事实上，东北行辕离开了这几个企业根本无法运转。

民间痛苦。战争一向是人民的致命伤。打仗就要不断补充兵员，共军方面我不清楚，国军1948年的征兵计划是十五万人，十八岁到四十五岁的青壮年全在被征之列。兵役制度是"征"，实际办法是"抓"，不问年龄，不管独子，一律要抓。东北各地的农夫、商贩几乎被抓兵吓破了胆，花钱运动保甲长，还要东躲西藏，终难漏过抓兵人的眼睛。我住的沈阳中旅招待所有员工近百人，某日来了抓兵的，一群服务生吓得钻到七楼的戏台里去，结果还是被抓去了五个人，其余的钻出来问我："还要抓多久？"只有天知道！给我送报的报差对我说："我天天躲到当兵的朋友家去睡觉，您能给我弄一个证明缓役吗？"我又怎能帮上这个忙？

乡间除了抓兵，还要抓车抓马，要吃要喝。东北国军士兵中流传："打大米，骂白面，不打不骂小米饭。"然而，老百姓有多少米面可供军队？民间何堪其苦！东北农村的主要交通工具就是双辕马车。接收以后，无数的东北大车与骡马就归了军队，今天你征去拉太太，明天他抓去送弹药，农民不仅损失了车马，还要赔上赶车人。人力、兽力是农民的唯一财产，随意抓车抓马，造成东北军民严重对立。回想胜利之初，国军进驻沈

第五章　东北烽火·1948

阳时正是严冬，老百姓送去被褥、鞋袜、鱼肉，双方感动落泪，那已成为历史。

由于平沈路不通，许多物资无法陆运出关，沈阳粮价自不必说，鸡蛋卖到两万元一个。长春三分之一商店歇业，没关门的也是有出无进。吉长交通断绝四个月，永吉粮价一日三涨，一件皮衣换不到一斗高粱米。仅仅一年时间，米价涨四百倍，布价涨七十九倍，柴价涨一百六十倍。由于缺煤，市内树木砍伐一光。锦州过年如过关，除夕紧闭城门，夜查户口，初一即闻四郊枪炮声起，初二还要每户出一人去修整城防。老百姓说："沦陷十四年都没受过这样的苦，没遭过这样的罪。谁想到今天……"

进关人潮。东北局面日非，富人陆续进关，原来一心到东北工作的人们，眼见无煤、无电、无水、无交通、无事可做，也都大失所望，纷纷设法离开。

由于平沈线被阻，营口港不通，平沈空运通航以后，中航公司办事处门前人潮涌动，混乱至极，"黄牛"趁机抬价，不得不请来宪兵维持秩序。人手不够，管理不善，终致 1 月 20 日班机因超载失事。后来央航公司也到沈阳设站，但要跑的人太多，两个公司一天四架班机仍嫌太少。2 月 1 日起，所有班机位置改由行辕、防守部、运输总局合组的机票审查组统筹支配，每天前往登记乘机的旅客，黑压压的挤在马路上，成为国内民航稀有的热闹场面。结果是有办法的先走了，没办法的只能继续等。

游资入关。有钱人出逃，大量资金也随之入关，扰乱了平津金融市场。陈诚到沈阳以后，曾严禁一切汇款，防止资金内流。无奈共军接二连三发动攻势，关内外交通断绝，物资无来源，工商又不能自由汇兑，只得囤积货物观望，致使物价飞涨。年关时东北银根甚紧，物价超过 1937 年的二十一万倍，连军政开支都发生困难。当局不得不于 1 月 8 日开放工商汇款，一方面使流通券回笼，作军政开支，另一方面让商人抛旧货买新货，压低物价。

入关的飞机客带的多是金银珠宝，流通券在关内贬值，没有人带现钞。天津是关内外转汇枢纽，大量资金集中天津。资金流入关内回不来，货又不能出关，报载关外游资万亿元在平津市场捣鬼。东北各商业银行放款无法收回，周转失灵，遭受打击。但当局仍无意停止汇兑，金融成为东北一个微妙问题。

多年以后读有关史料，我更了解到，切断平沈铁路，全力拿下锦州，打乱东北局面，是中共为形成"关门打狗"之势的战略。如此说来，当时国民党搞"东北华北联防"，不是没有看清中共这步棋，但由于自己屡出"漏招"，屡走"臭棋"，以致一败涂地。

新闻检查与巧妙周旋

卫立煌从陈诚那里接过来的，还有一项过去没有现在"烫手"的"工作"——恢复新闻检查制度。

1947年12月26日，东北行辕新闻处"遵照上峰电令，对新闻'负责严格控制'"。当天中午召集外埠各报驻沈记者开会，宣布即日起开始新闻检查，并以戒严法为约束。大家知道时局恶化，无法抗检，于是一团和气散会。当天，各报即停发新闻专电。

当此东北战争愈打愈紧，新闻电报愈发愈多，报道东北局势进入艰苦阶段之际，停发新闻就是记者失职，我们等于没有了工作。因此，外埠记者联谊会致函行辕，请求协助购买军用机票，大家准备离开沈阳。函由新闻处转呈，参谋长董英斌批回四个字"不应离沈"。新闻处赵尺子科长把董参谋长慰留各同业的意思转达后，自28日起，大家又恢复发专电。

1948年1月10日，蒋介石、傅作义等先后飞抵沈阳，各报记者发出专电。当晚十时左右，赵尺子从电报局打电话给我说："蒋主席及傅总司令电报奉令检扣"，并且说，中央社的电报也不准发，由他负责。我问他："南京各报记者能不发蒋主席飞沈的电报吗？"他说："我不清楚南京如何办，只管沈阳不准发。"我说："如果明天国内各报都有主席离京北飞的消息，却无主席到沈阳的报道，飞到哪儿去了也不知道。岂不闹笑话？报社也会说我漏报新闻。"他说："我是奉命检扣，你不要抗检。"我回答他："悉听尊便。"谈话很不愉快。

第五章 东北烽火·1948

不过，你扣你的，我发我的。第二天，我找到傅作义，佯称有急事，搭乘他的专机飞回北平，还是发了蒋介石到沈阳的消息。事后其他驻沈记者质问新闻处，既然扣发我们的电报，为什么大公报记者可以抗检？新闻处知道我走了傅作义的"后门"，却也不便声张，只好以"张高峰没有在沈阳"含混应对过去。后来，赵尺子见到我，阴阳怪气地说："你很有办法啊，报道也很左哦。"我不理他，他却一再检扣我的专电。

国民党的新闻检查制度，抗战胜利后有过几次演变。

1945年9月12日，国民党中宣部部长吴国桢宣布，自10月1日起废止战时新闻检查制度，但收复区在军事行动尚未完成以前除外。同时，希望新闻界能够"以国家民族利益为前提，善意向政府提供有建设性之建议；对社会负导师之责任，做到有正气，有骨气，有朝气；珍重自身之立场，采谨慎从事之态度"云云。

1946年3月5日，吴国桢又宣布："新闻自由为政府既定方针及中国国民党一贯主张。前以战事关系，不得已采取检查制度。现政府已电饬各收复区，将所有新闻检查予以取消。"

此后内战爆发，有关战局的报道常常引发各报与当局的龃龉。1947年5月18日，南京国防部通令全国各部队"严禁摧残言论机关，如遇报章所载传闻失实或言论记事其有涉及军誉之处，可权衡轻重，报由主管机关请予更正，或诉诸法律直接裁决"。

然而，时隔五天（23日），国民党淞沪警备司令部就以"连续登载妨害军事之消息及意图颠覆政府，破坏公共秩序之言论与新闻"为罪名，查封了上海文汇报、联合晚报和新民晚报，造成中国新闻史上一大公案。

6月1日，天津当局也宣布实行新闻检查，大公报津版专电、特稿大半被检扣。大公报沪版发表社评说："这固然是大公报的不幸，其实更是国家的不幸。显然是与保障自由、尊重舆论背道而驰。……检查新闻，原是抗战时期的非常办法。为了抗战的关系，人民牺牲了新闻自由，是迫不得已的。虽然如此，新闻检查制度的弊害已遗毒不浅。这制度，使政府与人民都受了蒙蔽，掩饰罪恶，包庇顽邪，使报纸丧失了信用，而一切撒谎欺惘的责任都由执行新闻检查的政府一肩承担了。……我们一再思考，无论如何不能发现复活这已死的恶劣制度的必要。"

第二部·高峰自述：内战观察

舆论的呼吁，迫使国民党当局不得不有所收敛。6月11日，北平行辕电令所属各机关："查政府对于新闻自由及保障新闻从业人员早有明令规定在案，希即按照规定，对于新闻自由及新闻从业人员依法妥予保障。"天津当局随即宣布停止新闻检查。

同年10月30日，行政院新闻局长董显光再次重申："政府绝无恢复新闻检查之意，国防部已分电各行辕绥署，对新闻电讯不必检查。"但不到两个月，就在国民党政府宣布行宪的第二天，东北恢复新闻检查的事实，再次打了他们自己的耳光。

对于新闻检查，我早有防备。为了避免当局因报道找我麻烦，我曾与上海馆总编辑王芸生、天津馆总编辑张琴南商定，凡是我发的东北专电，不要以发报地为准，而以电头后"××消息"为准，刊出时改为"××专电"。如"本报沈阳专电，长春消息"，刊出时就改为"本报长春专电"。这样声东击西，当局弄不清大公报的消息来源，即使找我的麻烦，我也会推脱、搪塞"不知道""我始终在沈阳，不知谁发的专电"。王芸生、张琴南同意我的办法，并告知了编辑部。这样，大公报频频刊出除沈阳之外的长春、吉林、抚顺、锦州等各地专电，详细报道时局变化。

东北战场吃紧，蒋介石几次亲临沈阳督战。蒋的行踪是国人关注热点，蒋到沈阳说明战局不利，因此当局竭力封锁消息。我的应对办法是，以蒋的专机"美龄号"代称发专电，编辑部接报则明了蒋的行踪，改动"美龄号"为"蒋主席"，照样刊出。直到东北恢复新闻检查，逐字逐句检扣，以前的办法行不通了，才有了我搭乘傅作义专机发专电的"新闻"。

无独有偶，躲过了东北"剿总"的事前检查，躲不过华北"剿总"的事后麻烦。"搭专机发专电"不久，我在北平又遇到一次新闻检查。

1948年3月10日，华北"剿总"新闻处组织记者团到平东香河县去采访，据说是那里打了胜仗。这次采访本应由办事处负责军事报道的戈衍棣兄去，他临时有事，由我代劳。

到了香河，军方介绍作战经过，描述如何击败共军，我则以当年四平采访时的态度，想知道共军情况如何，老百姓又倒了什么霉。于是一方面询问共军俘虏，另一方面巡视街头，找老乡了解情况，回来发消息称：

第五章　东北烽火·1948

  北平中外记者二十余人由华北剿总阎副处长陪同，于十日晨乘汽车赴香河战地参观。到达县府后，指挥此次作战之某师长报告战斗经过，……自俘虏口中得知，共军组织极强，约束力大，干部欲降即遭士兵枪杀，士兵欲降则遭干部枪杀。又谓：共军此次虽蒙重大损失，必不甘心，仍希望政治多配合军事，确保面的占领。……此距北平一百三十华里之香河县城，人口仅九千余人，其中两千人系外乡来此避难者。踌躇街头者均系妇孺，绝少见壮年。记者自西门巡视至东门，未能发现一家商店，仅有零星花生烟摊，描述战乱之荒凉景况。全县二十二乡镇，截至十日经国军占领者六，每月税收不及八千万元，不足县府开支。食粮同样恐慌，自卫队每日需小米两千斤，购存不易，故该队兵士几每日下乡征粮，甚少训练机会，而省粮亦不容缓缴。日前结束之香河东部战役，阵亡国军待购棺掩埋者五十人，每口木棺两千万元，五十口即十亿元。此不足五万人口之香河，全县含泪负担战乱之重债。该县长谓：人民生活之苦，史无前例。

这条消息见报后，华北"剿总"新闻处很不满意，并传话给我。我表达自己立场的目的已实现，也没有必要再理睬他们。

  【立此存照·张高峰在"文革"中的检讨　我发这样的新闻，除了有反对内战的一面，另一面还反映了我的资产阶级新闻观。我与其他记者同到一地采访，都会注意别的记者不注意的情节，尽可能不写别的记者都要写的千篇一律的内容。你们报道国民党打了胜仗，我还报道共军情况如何，报道要老百姓拿钱给被打死的国民党官兵买棺材，表示我站在"百姓立场"，"独具慧眼"，能为老百姓说话，而实质是资产阶级哗众取宠的记者作风。】

在通讯《严寒东北》的最后，我专题写到新闻检查：

  检查阻碍了记者的工作，伤害了新闻本身。一月十九日中宣部东北办事处招待记者，大家提出许多意见，取消检查仍无希望。一月底，检查工作由行辕新闻处移交防守司令部办理，不久就是东北成立剿匪总部，行辕缩编改组，范兵团登陆，每件都是比较有分量的新闻，沈阳各报全有刊载。因为行辕缩编为三组的新闻说行辕范围太小，触怒某人，各报曾受到责备，负责新闻检查的科长朱定南被扣押。如此一来，在电报局检查新闻的科员更胆小了，每见一条新闻，是扣是发，不敢做主。二月一日，新闻处的陈副处长亲自检扣电报，当日范汉杰抵沈、剿匪总部正式成立、以及物价波动、游资入关等新闻几乎全部被扣。二日起外埠各报记者再停发电报，只可向环境低头，纷纷离开沈阳。现在奉馆令留在沈阳的外埠记者只有三位，极盛时代曾近三十位。四日以后，东北民报连开天窗，为东北新闻史上首次记录。六日陈诚回京，沈阳各报都未能刊登。如今东北尚是严寒时候，许多新闻记者已不愿等待春暖了。

这篇通讯写于 1948 年 2 月 15 日。东北的"严寒"已非仅仅是气候意义上的。既然不能写新闻发专电，我也"不愿等待春暖了"，随即奉调返回北平，离开了我工作近两年的东北。

从关内看东北

回到北平后，大公报有关东北的报道仍由我负责，只是采访途径、消息来源大多要靠我在东北的"关系网"，报道方式也由专电改为电话（给天津大公报）。直到后来有通讯员接手。

东北战事南移，迫近华北，关内关外连成一体，从关内看东北，视野更宽阔些。以下是 1948 年春节后一个月我从北平发的报道记录，可见东北局势严重之一斑。

2 月 20 日，据悉，中央最近讨论东北问题：为固守沈阳，永吉、长春、四平等据点须苦撑；范汉杰兵团以锦州为指挥基地，集重兵打

第五章　东北烽火·1948

通热河走廊，争取热河包围东北而掩护华北；为使战局改观，增派精锐战机集结于华北；授命卫立煌全权处理东北军事、政治、经济等问题，必要时可不受中央法令限制。又东北剿总昨电冀省府，速拨新兵三万，补充东北兵源。

2月21日，鞍山巷战激烈进行，钢铁公司厂内落弹甚多，与北平联络已中断，员工均陷绝境，国内八成炼钢人才撤退无路。东北民航已停航一周。沈阳戒严时间提前，下午六时街上已断行人。难民纷纷逃至沈阳，露宿街头，追人要钱，政府无力再救济。

2月22日，鞍山钢铁公司弃守，损失之巨无从统计。沈阳营口间交通线上失去辽阳、鞍山、海城等重要据点，纵使营口最近解冻，利用海路已告绝望。

2月23日，本溪已被包围，通沈阳之铁路已中断，煤铁公司亦告停工，电源不能再输送沈阳，员工万余人钱粮两罄，飞机空投亦为难事。共军赶修铁路，国军空军经常出动轰炸。

2月24日，郑洞国赴京过平称：沈阳无危险，现仅有空中接济，将来陆路上打通就好了。记者问东北现在需要什么？他说"需要打胜仗。"又问打胜仗需要什么？他说"需要兵械粮弹。"再问赴京请求什么？他说"将实情向中央报告，中央自有处理办法。"复问吉、长在目前战略价值如何？他说："能够守住比将来收复容易。"又辽西紧局未解，长城内外好似风筝断线，承德外围占领圈一缩再缩，因应危局转机要看锦县和沈阳的撑持。承锦线支离割裂，阜新孤悬一隅，平泉、滦平国军偏安。

2月25日，东北处境窒息，人民更为饥饿所逼。吉林铁路局、小丰满电厂、沈阳铁路局之员工均以豆饼充饥，且因饥饿多无力工作，当局欲解救无策。东北行辕指示，煤、电、机车三厂在任何困难情形下必须维持开工。抚顺安危关系沈阳甚大。

2月26日，锦州为修筑城防工事，砍伐城郊大小树木，苗圃也被拉光。更因砖石缺乏，拆房多处。因历次征兵限额均未完成，决凡流亡在锦适龄壮丁必须应征。街头时有三五成群逃回被俘及负伤士兵，褴褛不堪，沦落异地乞讨。

第二部·高峰自述：内战观察

2月27日，新民被围攻后，沈阳外围据点仅余抚顺、铁岭两县城，且铁岭至沈交通已告中断。又东北物调局空运面粉，每日可运沈三四百袋，系专供公教人员食用，必要时移为军用。

2月28日，营口战事达最高潮，伤亡惨重，战火迫近市区。共军企图在解冻前占领营口，彻底掌握辽南。沈阳外围国军防线愈短，共军用兵声东击西，国军疲于奔命。市内繁华闹市太原街一带商店十有八九倒闭，人们大量抛卖旧货，但买主不多。各小学多被伤兵医院借用，大批学生到平津投亲求学。流通券贬值，大米法币十万元一斤，兵船面四百万元一袋，猪肉二十万元一斤。

3月1日，近日东北天气渐暖，各地冰雪融化，难攻易守，共军大量军火及援兵南运，必趁机加紧抢占据点，巩固辽西基地。新民争夺益烈，车站已毁于炮火。共军增兵，国军援路已被切断。营口国军撤守，闻当地军火物资损失甚巨。

3月2日，罗卓英在平谈战局称："目前东北与华北两战场已打成一片，国军决确保辽西，与共军决战于长城以外，打破其进关威胁华北企图。"罗并表示：七次攻势中，共军有一与前不同特点，即炮兵增多，兵力集中使用，虽受很大损失，疲惫中仍有不避更大牺牲的积极企图。他说："东北国军过去不仅要保护战略据点，而且要保护资源经济据点，因此兵力分散，使共军乘隙攻扰。春季解冻以后国军援军到达，情况可望改善。"

3月3日，东北、华北事实上将成为一个战场，以棋局比战局，永吉、长春、四平、沈阳都成了"卡眼"，察绥算是完整的"眼"，河北的"眼"不甚完整。春节以来的扫荡是"作眼"。华北必需有两个"眼"方能成为活棋，有了这片活棋来支援东北，连接局促在锦州、葫芦岛的那个"眼"，才可用"死子打接"，在长城以外拼杀，谋救沈阳，不然相当危险。局势紧张中，恐怕共军不允许傅作义和楚溪春两将军从容在河北"作眼"。按过去经验，共军在东北猛打，关内向关外增援时，当在华北发动牵制性作战。

3月4日，近日沈阳外围战事较前平静，然并不能视为共军攻势已疲或成过去，而是另一战斗正在部署。辽南共军一面抢运大量物资

第五章　东北烽火·1948

到安全地带，一面移动北上，阻止国军南下作战。某军事权威人士语记者，东北危机并未渡过，扭转危机需要力量，这力量如何培养或由哪里抽调，我也在蒙在鼓里头。

3月5日，国军空军出动频繁，分向营口、辽源及四平周境轰炸扫射。四平共军于三日夜分向四平机场以西及北地区进攻，业经守军击退。又政府控制铁路一再缩短，今通车里程不及六百公里。又东北发行不久之千元流通券已不足应付市面，央行自四日起发行两千元一张券。

3月6日，永吉为吉林全省除长春外国军仅有之据点，二十公里以外全被共军包围，迄今已三四个月，市内贫民多由豆饼改吃豆渣生活。高粱米法币七万一斤，盐三十万。如此物价，逼死多少人。梁华盛主席说"活人住在死城里"。又东北工矿接收以来所受损失，据初步估计，约值美金百亿元。

3月7日，四平机场守军已转移。罗卓英搭机离平返沈，行前记者询以传说东北与北平两行辕将合并，有无可能？他说："东北华北事实上不可分，精神上且已完全统一。"问目前形势是否锦县已较沈阳重要？罗说："并不见得。鞍山、辽阳虽被共军侵占，但国军仍确保抚顺、新民，沈阳仍具有重大战略价值。不过锦县将为东北军事开展之重要基地。"记者再询所谓东北军事开展后，营口海运与北宁路陆运两者孰重要？他说："后者价值较大，而且比较容易打通。国军确守新民，当为在北宁线上接迎援军。"问除军事以外，将怎样把握全面，倾出全力？他说："今后东北与华北都要特别注重政治、经济与交通，力求面的开展，当然一切需要军事掩护和交通联系。"

3月8日，沈阳难民激增，食粮问题仍严重。国军空军在东北活动增强，营口之大轰炸系先以驱逐机低飞扫射，使地上无疏散机会，继以轰炸机投掷大量而富有杀伤力之重磅炸弹，地面上死伤狼藉。在东北未解冻，增援部队未完全到达前，国军将以空军强袭限制共军活动，稳定沈阳外围，以待陆军之配合反攻。

3月9日，四平鏖战，缩小防线。永吉国军撤离，市内已无电照明。锦沈铁路中断已久，不能内运到沈，中航央航两公司奉令开辟锦沈航线，俾能空运。惟锦县不靖，班机每日须返平过夜。

3月10日，四平孤立，守军弹药全赖空投接济。北上增援国军被阻，无法解四平之围，守军已转至铁东地区，铁西全被共军控制。四平去年六月全城毁于炮火，修整未久，再经摧毁。

3月11日，四平城区激战未已，战事渐入尾声。四平为辽北省会，且为全省国军控制之仅有城市，新省主席徐梁尚未及到任，全省已无一县、一村在国军掌握中。

3月12日，李宗仁举行记者招待会称：诸君所最关切者必为目前东北之战局可能影响华北之安危。余敢向诸君确实保证者，即政府将以最大力量挽救东北之危机。但剿匪戡乱不能专靠政府力量，而需要全体人民之支持与协助。又东北局势虽稍定，物价不见下跌，欲入关者仍比比皆是。物调局运面回程飞机，经行辕政委会批准各机关包订者已九十四架次，要飞五十天始能运完。此次撤退后，沈阳可减轻约五千人之食粮负担。

3月13日，共军大部集结于长春沈阳间之公主岭、四平、开原、昌图一带，围攻沈阳之兵力已转移，平静已久之长春孤城，形势顿呈紧张。郑洞国一周之间两度由沈飞长，显系国军在吉长地区将有新行动，待郑氏亲往指挥部署。

3月14日，吉林省府由某军掩护自永吉转进至长春。小丰满水电厂尚有一部国军驻守，但日内是否有新变化尚难预卜。又北平至永吉无线电报两日前已停收，盖永吉已无电台收报。

3月15日，四平国军撤守。为谋将永吉易手后之共军主力与两地重要设施加以重创，国军日来不分昼夜出动重轰炸机，飞临该地上空轰炸，并对小丰满发电厂重要设施投下燃烧弹，阻止共军恢复利用。闻小丰满水电厂已毁。【注4】

四平易手，是东北战局转折的又一标志。为了争夺这个战略重点，1946年到1948年两年间，国共双方在此四次激战，最终以国民党失败落幕。四平易手，切断了国民党在东北最重要的两个大城市沈阳、长春的联系，陷其于首尾不能相顾的境地。而对于中共来说，则有了运转兵力和军需物资的更大便利。东北局势进一步向着不利于国民党的方向发展了。

【注4：因为是从北平报道，当年所有见报消息大部分标明"据××来人谈"，以示新闻源。文中从略，下同。又因新闻检查，文中"撤守""转进"均为撤退、战败的委婉表述。——张刃**】**

东北元老"请愿"

东北内战愈演愈烈，留居关内的东北人对乡梓十分关切。

"九一八事变"后，平津成为许多东北士绅富豪的寓居之地，其中的几位元老都是有影响的代表人物。除了前已介绍的马占山将军，其他几位还有：

万福麟，东北军老将，先后为张作霖、张学良部下，曾任黑龙江省督办、东北边防军副总司令，抗战期间任国民政府军事委员会委员。张作相，绿林出身，后追随张作霖，人称"辅帅"，曾任东北边防军副总司令兼吉林省主席，1933年热河抗战失败后寓居天津。王树常，日本陆军大学毕业。曾任黑龙江督军参谋长、河北省主席、天津卫戍司令，后长期寓居北平。邹作华，东北军炮兵高级将领，参加过抗日战争，胜利后曾任东北接收大员、吉林省主席。冯占海，抗日名将，被誉为"吉林抗日第一人"。后因不堪中央军排挤而下海经商。抗战胜利时，万、张、王都已年过花甲，最小的冯占海也四十六岁了。其中，除冯占海外，都曾官拜上将；张作相还是冯占海的姨夫。

1948年春节刚过，万福麟邀请同乡士绅聚餐，讨论东北问题。这次聚餐，缘起日前陈诚电邀张作相、万福麟赴南京讨论东北问题，北平行辕并已派人赴津接张作相到平。聚餐会上，大家推举张作相、万福麟、马占山、王树常等为代表，晋京申诉东北近况，并陈述意见。当时，我以大公报负责东北报道的特派员身份，加以万福麟祖籍直隶宁河，与我还有同乡之谊，我与马占山将军也比较熟悉，因此得以跻身采访、报道相关活动。

2月17日，张作相自津抵平。在车站，我与他谈起东北前途，他说："办法需要大家想。现在的东北人心并不比以前坏，要想收复人心也不困难。现在主要是增加兵力。"对于东北人事问题，他不愿表示意见，只说"需要人做事。"我问他："如果政府邀请先生去东北，先生的意思怎样？"他说："我六十七岁了，老了，脱离军政已久，恐怕不能负什么责任。"我请马占山谈谈东北局势，他也不愿表示意见，只说"愿一切服从中央"。但他同时表示，"对两年来政府在东北的策略始终不甚明了。"显然，他仍对自己无兵无权，做个"空头司令"耿耿于怀。

此后两天，他们连续开会谈话，交换看法，征集和归纳东北人士意见。2月19日，我报道称：

> 东北局势的严重，从北平也可以感觉得到。资源委会人员的撤退，东北人士的频频接触，华北军政当局对东北的注意，在在说明那里的变化与北平息息相关。东北为什么演变成了现在的局面？政府为什么不能完全接收东北，而使东北遭受了空前的糜乱？有人认为是外交的牵制，有人认为当初国军没有打铁趁热，而了解东北情形最深的人士，则认为国军接收之初忽略了两个主要因素：一是东北特殊的历史传统，二是沦陷时期地下活动的实况。张作霖父子与东北有特殊的不可分性。张作霖在东北维持主权和应付日本人，自有他的一套办法。谈起东北问题，人们就很容易想起张作霖父子。张学良现在幽居，张作霖孤寂地睡在他的太夫人墓前，与风雪战乱的东北一起忍受着无限的凄苦。
>
> 东北赴京代表意见书大致拟定，包括：一，兵源：应多扶植地方武力；二，粮源：除南粮北运外，扩大产粮地区；三，经济：改革币制，减轻人民负担；四，政治：减少牵制，加强效率。

同日，黑龙江、嫩江、兴安三省旅平同乡会举行茶会招待马占山等人，马占山致词时火气很大，说："我当松北绥靖总司令，只是东北行辕给个名义，中央并无正式命令，工作不死不活。近来东北局面真严重，共

第五章 东北烽火·1948

军有五十万大兵,壮丁也多被他们掌握。东北若垮台,国军想进关都不容易,华北也非垮不可,所以希望中央多接受人民意见,支援我们。再增调三五个军到东北,不一定能解决问题,还是要多扶植民众自卫力量。今天的军队,甲挨打乙看着,乙挨打甲旁观,这正是我们的弱点。共军是马,我们是牛,赶不上人家。"兴安省主席吴焕章则说,东北近三年的变化,等于一部二十四史,真是无从说起……

2月22日,张作相等飞上海,次日招待中外记者,呼吁全国人士及舆论界重视东北问题。报告谈到:"一,东北两年来每天皆在大量破坏之中,农村破产,工矿残毁,已无国计民生之可言。行政方面则机关庞杂,军民脱节,社会不安,不能不大声疾呼,请政府予以彻底革新。二,亟待解决的问题是粮食缺乏,沈阳二百余万人民已有五分之一每天以豆饼豆渣充饥。加以四乡难民陆续逃入城中,如运输不通,全城人民即有断炊之虞。三,目前流通券发行额数已在万亿,严重贬值,且禁止法币出关,相形之下所差十倍,不能不请中央予以补救。四,东北军事已至严重阶段,现有据点必须保持,应尽先打通榆沈交通。因此必须立即增加华北武力,以就近相机采取有效行动。五,东北青年屡经变乱,多属热心爱国之士,保卫乡土之念最强。如中央能有适当之办法,相信定能负起保卫国家之责。六,东北问题非一隅之利害得失,而是整个国家的问题,为东北呼吁亦即为整个国家呼吁。"

张作相发言说,今日之东北已非放弃不放弃问题,实为放得下放不下问题。你一旦放下,他人即将取去,东北一失,华北之威胁必更严重。此为东北华北方面一致看法,军事当局亦久有相同观点。同人等此来即是希望大家对东北之主要有深切认识。

2月24日,张作相等由沪到京。据悉:政府研究东北当前的安抚、救济等问题,要请张作相诸氏出来办理这些事。

2月27日,张作相等应央行总裁张嘉璈之宴,就东北当前金融问题交换意见。下午到美国驻华大使司徒雷登官邸谈叙。

2月29日,蒋介石在官邸邀见张作相、马占山、万福麟等,并设宴招待。中央社电:"中央对东北有决心、有办法,即将派大军出关,并即恢复交通。此为蒋主席对东北耆宿所表示者。"

第二部·高峰自述：内战观察

下午，东北旅京同乡开会欢迎东北元老。张作相说："东北光复之后，军事从未停止，共军和国军中多是东北青年，死的伤的也都是国家青年。想起东北的情形，真是一言难尽！只要能够把东北家乡的痛苦完全解除，谁到东北去都受东北人民欢迎。"马占山重复了他说过的话，"假如东北丢了，华北马上要失，华中也站不住。非自力更生不能把中国扶起来。"

3月2日，作为元老们的"后援"，东北民众代表请愿团王化一一行离平。行前王化一接受采访时说："东北三大问题需要早日解决：一是兵，二是粮，三是钱。要守东北，政府就拿出办法；不要东北早说，我们自己想办法。这次去京，东北人民嘱咐，得不到结果，别回东北。"

3月3日，大公报发表社评《东北同胞的呼吁》，内称：

> 东北局势的确很严重，很紧急，连美国也说感到沉重威胁。问题好像已不是谈论，而是应行动的时候了。一张一张变化甚大的战报不断的飞来，局势好坏完全由战事决定，整个东北一片烽火，国军几个据点多已成为危城。形势之非不自今日始。中央接收东北两年余，好些事都是早就该办的，不能全办也该有个未雨绸缪的打算。弄到今天已有点措手莫及。可遗憾的便是在这里。……东北如不守，不到三个月华北必遭沦陷，不到半年大江以南也将受其威胁。东北耆宿们这种观察并不夸大其词。……
>
> 特别使我们关怀的是无辜受难的东北同胞。在严寒刑罚之下，在战火煎熬之中，他们过着无热无爱的冬天，度着吃旧高粱、小米，拿豆饼充饥的日子。人民生活得已十分哀苦，对战事固然如惊弓之鸟，就像乱抓壮丁，市民寝不安席，也足以构成祸乱。我们曾一再指陈，接收民心比接收土地财产还重要。过去政府在东北的种种施政，无可讳言的有许多地方不能令人满意。政治的过失对军事的变化要负一部分责任。今天谈挽救东北危局，不要忘记，振作民心还是重要的事。沦陷十四年归来的东北同胞又遭战祸，又受政治的灾殃，在经济上又活不下去，实在太可怜了。……
>
> 战火无情固应诅咒，但人为的故意的破坏也屡见不鲜。后一种的

第五章　东北烽火·1948

破坏更可惋惜。不论那一方面，我们觉得都应爱护国家的事业，避免作不必要的过大牺牲，随便一个工厂，一损害就值几万亿元，建设匪易，破坏起来只要一把火。为保存国家元气，保护建国的基础，我们特呼吁停止破坏。尤其对技术人才，我们特别挂念着他们。技术者献身科学，与政治距离甚远，我们祈祷战火不要灼伤了他们。爱护人民，保存工矿事业，为国家保存些元气。

3月7日，东北元老们由沪返平。张作相拒绝了采访，万福麟称："政府决不放弃东北，但东北如病人，一服药是治不好的。"马占山说："政府对东北形势已有认识，现正部署军队，但共军能否给机会则是个问题。人家很机警，会抢会吃。"据闻，此前各位都表示，若回东北就要做事情，不想当顾问。

3月21日，返平的东北民众代表请愿团向东北旅平同乡及同学会报告请愿经过。王化一说："救东北首先要想办法，我们必须团结一致争取办法。"他向在场的东北学生表示："一定要救济收容，就是要饭也领着学生们一齐要。"又说："组织地方武力，东北人愿接受。但练把式也得有个场子，如今东北只有那一点儿地方，四十多个乡，把九省主席二市长及各厅长分任正副乡长还有多余，何谈效率？"东北政务会委员马骏说："接收东北，失尽人心，东北敌伪物资敌伪并未带走，是我们自己从后门搬走的，入了私人腰包，要请政府查办贪污。政府再三表示不放弃东北，东北监察使谷凤翔在永吉也说政府不放弃东北，可是请愿团还未离京，谷凤翔刚离永吉，永吉已经撤退，让我们怎么相信？"

4月23日，已被任命为东北政务委员会主任的张作相接受采访说："东北问题政治要跟着军事走，军事没有开展，政治无法推行。如果目前的局面再支撑相当时间，也许还有挽回的余地，但今后不加强军政力量，挽救东北无能为力。过去说民力、财力、物力都没有运用，现在更是越来越小，只剩下点和线，线也被割断了。"谈到新职，他说："中央任命义不容辞，但中央总得有点办法，军政能配合，方可做点事，否则便没有把握。"

5月7日，东北旅平同乡会欢送张作相、马占山赴东北。他们表示：

回东北不是去做官,而是服务乡梓。马占山更说:若东北局面能支撑一个月,我们回去可以支撑一个月零两天。

然而,两天后的 5 月 9 日,沈阳当局就宣布疏散人口,预定三十万人要进关。不必要的机关、学校一律疏散,单身难民可从军或参加生产。显然,东北已经难以支撑。

1948 年初东北元老们的"请愿"活动,表面看受到了南京政府的重视,实际上并无实质意义。从张作相、马占山的言谈中可以看出,他们也缺乏信心。事情拖了三个多月,元老们总算赴任去了,结果,马占山不久即返回北平。万福麟身为东北"剿总"副总司令,却在沈阳失守前夕,率先跑回了北平。张作相则在锦州被俘,受到解放军礼遇,派人一路护送回津。天津解放前夕,蒋介石曾派人送来飞机票,请他去台。张作相没有动心,反劝一些国军将领留下来。1949 年 4 月,张作相在天津病逝。

1949 年留在大陆的还有王树常、冯占海、王化一。曾分任全国政协委员、吉林省体委主任、国务院参事,均于"文革"前病逝。

万福麟、邹作华随国民党政府去了台湾,分别于 1951 年、1973 年病逝。

日渐"干枯"说东北

1948 年过去了五个多月,北平已经入夏,气候温润。遥望东北,这一百五十多天里发生的巨变,却恐怕只有"干枯"二字可以描述。再写东北综述,我便以《干枯东北》为题了。

以下是我当年所写报道,除少量删节,基本全文照录。

最近半年,东北朋友纷纷携眷入关。关内不一定比关外好多少。关内比较湿润些,而关外整个环境干枯得使人窒息,不论军事、政治、经济、工业、教育都需要大量的"水",需要重新努力"灌溉",

第五章 东北烽火·1948

否则，无人敢保证东北不因干枯而龟变，由龟变而整个崩溃。

东北何以形成今日干枯的局面，分析起来很简单，也不简单，战乱的因素显而易见，而人与事的因素或更复杂。日前几位东北朋友来谈天，面对胜利后的大失望，牢骚、抱怨，恐惧将来的崩溃，正是他们入关的原因。

军事的演变

"不放弃东北"只是保证，事实上许多地方不能守或不必守。所以，辽阳、鞍山、营口、盘山、四平、永吉先后放弃了。其中永吉的撤退太突然，三月八日深更半夜传来撤退消息，老百姓不摸头尾，穿上衣服蹬好鞋，足有十万人随军撤退，三天三夜逃到长春。弹药的遗弃、途中的伤亡都无法计算。长春并没有给十万人预备好吃住的地方，要想活下去，还得自己想办法。拖过了几天后，人们经不住饥寒交迫，又陆续回到永吉去，颇有何必当初之感。长春市民领略了这个所谓"中国大陆的敦刻尔克撤退"的教训，惶惶不可终日，多虑的买好了胶鞋，准备跑路方便。接着是吉林省政府改组，郑洞国以行辕副主任身份代理主席，飞往长春坐镇，人心慢慢安定下来。

永吉本来早已孤立，迟迟不撤退，是希望长春形势好转，能把吉长路打通，两点连成线，仍可偏安一时。再则小丰满水电厂每日发十六万千瓦的电力，足够东北各厂开工与城市的照明，永吉能守还是守。可是孤立的日子太久了，长春的形势终未好转，接济永吉军火太困难，小丰满的电也因电路被破坏或占领，不能再输送到各地。永吉反为国军一个负担，也是累赘。

永吉撤退的目的是集中兵力于长春，巩固长春的防务，等待沈阳外围的形势好转。不幸三月十三日长沈间的四平又被共军占领，已经孤立的长春更孤独了，与沈阳南北相望六百里，中间隔着被共军占领的辽北全省。六百里以外的孤点再也没有多少军事价值，然而长春撤退并不容易，漫长的六百里路必有惨烈牺牲，长春变成吃不进去、吐不出来的鲠骨，卡在喉咙里。在孤立的过程中，长春军民苦度岁月，无煤、无电、无粮、无柴烧。人民在担心不久来到的冬天，冬天的长春常是零下三十度。

第七次攻势以后，东北的变化很大，吉林只剩下长春一城，辽宁还有沈阳、新民、本溪、抚顺、铁岭、辽中、锦州、锦西、绥中、义县、兴城等十一个不完整的县。因为平沈路的中断，整个东北也是孤立的，一切补给及运输全赖空运解决。空运的力量有限，东北的军事一直采取守势。三月底共军七次攻势暂停，重新摆布下战斗阵图，重兵包围沈阳，一部主力指向长春，辽西地区留有机动部队，随时流动窜扰。以过去的经验，夏秋之交，东北又快到了作战季节，人们推测第八次攻势就要开始。长春、沈阳、锦州三大据点，共军先攻哪一个？今冬长春的冷，沈阳的饿，大成问题，既有饥寒袭击，共军必不直接攻沈长两城，索性拖到冬天。东北下一次的战斗，可能以锦州葫芦岛为中心，在热辽边区展开。葫芦岛是港口，锦州是空运基地，共军若能占领全部辽西，虽然国军还能控制沈长两城，东北大势已去掉多一半。辽西这盘棋非常重要，一旦战斗开始，必演成血肉横飞的惨烈争夺。

农村的崩落

天天逃难，时时逃兵，既不能安生，如何种地？再劝人民"务农为本"，简直是梦话。壮丁连征带逃，农村里剩下的是老头老婆。物价飞涨，无法生活，牛马骡杀光，到城市去换几斗粮食，沈阳街头到处可见便宜的骡马肉。农村缺乏人力畜力，春耕荒芜遍野。东北行辕政委会看出秋后无粮的危险，四月上旬组织春耕督导团到沈阳、铁岭、抚顺、新民、辽中等县察看一遍，各处人烟稀少，土地多未耕种。四月二十日谷雨，俗话说"谷雨种大田"，大田里野草横生。"过了芒种不能强种"。东北仅有的十一个县份，再任土地荒废，秋后要饿死更多的人。

辽宁省府经过一番探讨，拟定了《荒芜土地代耕办法》，同时，东北行辕先后核发农贷四百亿流通券，以今日的财政情形，凑成此数已不容易，平均每亩可得十五万元。贫农的地租多少不论，单说种子、耕具、牛马，吃的吃，征的征，卖的卖，烧的烧，重新添置绝无

第五章 东北烽火·1948

可能。一头小骡要两三百万流通券,一辆破车也得百万流通券,一个人工每天吃喝需七八万流通券,(高粱米三万多一斤)十五万的农贷,两天半就能吃光。杯水农贷无法解渴,况且农村的病态并不是几火车钞票所能解救复苏的。

战乱的背后是骚乱,炮火刚过去,骚乱进入农村,循环的抓车、抓马、抓丁、征粮、征草、征工,农村被炮火轰平,农民又躺在三抓三征的担子下,站也站不起来了。"土地政策"是理论,"不安定"是现实。农民逃难,脱离生产,土地无人耕,也无力耕,秋后东北难免有大饥饿。

饥饿的担子

日子一年不如一年,生活一天不如一天。在战乱中能吃饱的是少数人,东北的饥饿比全国各地都严重。粮荒与物价是造成东北饥饿的两大原因。半年来东北闹着粮荒,十二个不完整县市,食粮的产量与储存量无法再供应近千万的人口(包括国军与地方团队)。粮荒已经到了如何程度?举个例子,国军士兵的伙食早已由大米改吃高粱,后又改为每月二十六斤高粱掺入三斤大豆,一般人民的主食干脆直降到豆饼。饿死过人吗?除非你整天住在洋楼里,不然到处可以看见饿殍或自杀的穷人。

解救东北粮荒,在占领区未能扩展以前,唯有南粮北运接济。东北当局曾在江南订购了五十万袋面粉,预计第一期运南粮四千万斤,希望能度过青黄不接的六七月。南粮只能运到葫芦岛或平津,然后再空运沈阳。这些食粮若一天运到沈阳,需要一万三千多架飞机,一个月运完也得四千架,谈何容易?目前已经开辟了青沈、平沈、锦沈、津沈四条航线,加紧运南粮,但运输力量有限,不能立刻解决粮荒问题。

纵然这批粮面全部运到沈阳,不过能供应二百万人一个月的食用,可是沈阳的人口约一百五十万,能吃到南粮的必不是全体人民。远水不解近渴,沈阳的粮价有涨无落,高粱米每斤最高法币四十万,大米超过五十万,面粉两千多万一袋,每月收入两三千万的公教人员，以全部薪水也只能买到五六十斤高粱米。每人每月需要食粮三十斤，两口之家想吃饱高粱米都不可能，改以豆饼豆渣豆面为主食，委屈了肠胃，影响了健康，代价是不至于立即饿死。

"压发薪水，不许借支"（高级官员当然有例外），在财政困难的情形下，是东北各机关、学校同有的惯例。公教人员个个囊空如洗，家无隔宿之粮，饥饿了想买豆饼，各处哀求借债。各县市的警察，各厂工人，无业难民，失业人群，一天三餐豆饼也吃不到。

因物价飞涨，食粮恐慌，沈阳民营小型工厂随着经济崩溃而纷纷倒闭改行，遣散工人。沈阳原有两千九百五十三家民营小厂，半年之内倒闭了一千六百四十八家。成千成万的人群失业，面临饥饿的威胁，挣扎、苦斗，也突不破饥饿的难关。

饥饿给出两条路——死与活。有勇气的自杀了，更有勇气的铤而走险，大小城市随时有抢杀案，东北乡间到处有土匪。为防止饥饿，安定社会，东北物调局自五月份起，每天拨配一百五十吨大豆加工制成豆面、豆油、豆渣、豆饼，配售给贫民。最近更计划大量疏散人口。战时的食粮与子弹同样重要，军队没有子弹会投降的，人民没有食粮自然会闯大祸。

流通券漏洞

胜利后，政府发行东北流通券和台湾银行券，目的是求地方经济不受内地法币膨胀的影响。当时流通券与法币的比值是一比十三，台币与法币的比值是一比三十。两年以来，烽火漫天，只有台湾还没有炮声，而且台湾的出口日增，所以台币升值，涨到一比三百多。而东北烽火燎原，钢铁、煤炭、大豆、猪鬃等全运不出去，出口月减，所以流通券贬值，降到一比十，黑市更跌到一比六。这罪过不在流通券本身，而在战乱。

一年来东北军事失利，占领面积日渐缩小，流通券一再贬值。物价则因流通券贬值而天天往上跳动（全国生活指数东北最高，五月份为八十万倍）。物价飞涨，流通券势必大量发行，且票面增加，以维持军政开支，循环的累进增加。今日所谓东北，几乎仅指沈阳，流通券不能入关使用，汇兑亦受限制，每月发行的几千亿流通券，等于以沈阳弹丸之地负担全东北的"战争"。人民实在挑不起四十万大兵与九省三市军政开支的担子，所以东北人民代表请愿团在京请政府准许流通券入关，法币出关，打开币制的界限，由全国人民来负担东北的"战债"。

　　法币不能出关，最大的原因恐怕是内地钞票早已供应不足。若法币不能供应东北，法币与流通券必发生差价，流通券将再贬值。流通券不能入关，是因为关内已有多种钞券，若再增加流通券，则更复杂纷乱，所以财政部主张从缓。再则东北流通券陷入中共地区者为数颇可观，一旦流通券入关使用，难保大批物资与黄金不被中共套取。东北军事逆转，政府压低流通券价值，加之流通券的准备金是东北敌伪产业，那些产业都到了谁的手里，人民很清楚。以上几个原因，使人民担心流通券的信用，唯恐有一天变成废纸，所以谁的手里也不存流通券，尽量购存物资，难怪东北的物价永远不能平抑了。

　　由于东北需要流通券回笼，对汇兑等于无限制，一些有钱有势的人利用流通券与法币的差价暴发。他们在东北搜刮了人民血汗，把流通券按照法定的比值由银行大量汇入内地，购置产业，囤积物资。内地物价的波动，就是东北游资在作祟。还有人在平津黑市以一比六或七收购流通券，用飞机空运沈阳，再以法定的一比十从沈阳银行汇回平津，来往一次可生利三四倍。法币与物资并未被中共套取，套取法币与物资的是"自己人"。

　　流通券的存在，漏洞太多，对穷公教人员与一般市民，干脆说没有半点好处。好处给予了另一群人。中央银行把流通券运到东北去，他们把流通券从东北运回来，来回来去吸取人民血膏。流通券的价值是血淋淋的，叫东北人看得可怕。

　　东北干枯现象已成，正进入龟变阶段，要防范整个崩溃，需要大量的"水"，应该重新下番普遍的"灌溉"工作。

第二部・高峰自述：内战观察

《观察》中的"烂污东北"

　　碍于大公报的"立场"，《干枯东北》并没有写尽东北问题之严重，许多具体细节也无法披露。倒是储安平办的《观察》杂志，为我提供了一块"园地"，可以放开笔墨。

　　储安平是我在重庆时结识的朋友。抗战胜利后，他在重庆主编《客观》周刊，我在大公报做记者，因为彼此志趣相投，成为朋友。1946年9月，他到上海创办《观察》周刊，以"无党无派，客观独立，追求民主、自由、进步"为基本原则和主张，放言论事，对国家政治、军事、经济各领域的焦点问题，做尽可能客观的报道和评论，因此成为当时中国进步民主运动的一面旗帜，影响很大。我任大公报特派员时，储安平邀我做《观察》的特约记者，我欣然接受，并不时给他写去有关时局的通讯。

　　1948年3月，我给《观察》写了一篇《烂污东北》，比较详细地综述东北问题的严重，披露了一些内幕，指名或不点名地指斥了部分高官。现节录如下：

　　"东北在搞什么？"答："在胡搞。东北今天弄得乌烟瘴气，就是胡搞的结果。"

　　（一）军事：熊式辉、杜聿明先后出关，当时东北人的印象里只有杜长官，不知道行辕还有一位熊主任。熊杜两人共事不久，就貌合神离，军政不协调。每次东北大战，杜一人担当，很少与熊商讨。杜有兵权，熊是牌位，两人的裂痕随着共军的攻势，一天深似一天。杜聿明与孙立人也合不来，究竟是由于派系不同，还是彼此轻视，或两者兼有，难下断语。事实上，杜极力排挤孙。去年六月共军五次攻势的时候，国军连丢十几县，杜曾向孙表示：如今我们只可代最高当局受过。孙就向外人说："最高当局有何过？如果有过，就是用杜当了

第五章 东北烽火·1948

司令长官。"当局大概很清楚东北军政首脑间的摩擦内讧，所以才调走孙立人，撤销东北保安司令长官部，扩大行辕职权，熊杜一齐离开东北，派陈诚兼东北行辕主任，统揽军政大权。

陈诚去年八月到差，即向东北人民发出"支票"，要整军风、政风、学风。六次攻势时正值双十节，陈在纪念文告里说："只许共匪有六次攻势，不许有七次攻势。"言出未久，十二月十二日共军的七次攻势上场。陈总长指挥不灵，国军丢盔败甲，一风未整，局面已经不可收拾。

换上卫立煌为东北剿匪总司令，东北人对卫尚无恶感，因为一，卫上任不久，二，卫不滥发"支票"。正在今年二月初沈阳形势最紧张的时候，陈登机而去，不许地方报纸刊登新闻，起初市民多以为陈还在坐镇沈阳，后来才知道总长已经溜走了。

市民歌颂陈诚："陈总长真不善，火车南站通北站，不打八路军，专给自己干。""火车南站通北站"是指铁路太短了。"不打八路军"是真是假，只有八路军知道。"专给自己干"，倒不是说陈搜刮了东北。陈总长一身廉洁，在东北军政大员里还算第一人。老百姓骂的是那些军官与政客。军人的罪状太多，老百姓都能睁眼看到：某军长接收了长春、沈阳两家印刷厂，办了两家对开报纸，吹嘘自己战功。又到处接收医院，扩充自己的军医院。他究竟是打仗，还是办报，还是办医院，叫人弄不清楚。去年在阜新阵亡的某师长太太，被这位军长勾引，两人姘居，引起家庭纠纷，自己成为了双重"内战"主角。驻长春的某军长整天与红舞女"苹果小姐"鬼混，长春市民无煤无电，他们却三天两头开跳舞会，挥霍军饷。团、营、连、排长搞得更乱，到处讨老婆、抢房子，凡是人民的就是军队的，难怪共军登高一喊，全体缴枪。

现在东北国军还控制着长春、沈阳、本溪、新民、抚顺、铁岭、锦州、锦西、兴城、绥中等十个不完整县。政府说"绝不放弃东北"，沈阳剿总说"我军有万全把握"，谁也不信了。

（二）政治：更是一团糟，九个省政府，除吉林辽宁两个省府还有点事可干外，其他省政府在沈阳住闲，哈尔滨、大连两特别市政府也整天闲荡。南京方面从不考虑这些机构究竟有无存在的价值，为什么不早下令暂时解散？真的掌握了全东北，再成立各省政府也不晚，何必现在徒增人民负担？他们唯一的作用是消化已经膨胀了的流通券。没事打打麻将，迎来送往，是七省二市的经常工作。沈阳告急了，大家一齐飞去。平时吃白饭，战时就登天，人民恨透了这些官员。

东北最高的政治监督指导机关就是东北政务委员会，一所四层大楼之内，设着财务、农田、水利、文化、教育、交通等处，养活着几百人，也是终日无所事事。东北仅有四十八个乡，还谈什么交通、农田、水利？纯粹是一个空架，是公文袋，叫人民扛着背着。政委会有六位常务委员，朱怀冰、王家桢、冯庸在北平，张作相在天津，只有代理主委王树翰老头子与副主委高惜冰在沈阳，要开会都不够法定人数。另外六七位委员，也有一部分离开沈阳进关了，还指导什么政务？

再看看东北官员们的丑态：最高政治首长的内弟，借势力在沈阳办银号，关外的钱流到江西去的不少。父亲掌握东北经济大权，儿子处处违背父亲的"计划经济"政策，又有江苏人的优越传统，在沈阳经营工厂，开贸易公司。姐夫、父亲表面是清官，小舅子、儿子暗中摸钱。另一位管粮食的大官，东北闹粮荒的时候，曾一度南飞购粮，其实他个人的囤粮最多。卸任不久的某特别市长，连运垃圾扫马路的工作都未做好，自己办公室却放着一对"姊姐花"，女学生向市长请愿，一谈一个上午。市长虽然垮台，但还有国大代表的身份，现在他已经飞到南京去了。某流亡主席在沈阳无事可做，就顺便讨妾。一个仅管辖两个城市（三月九日以后只有一城）的某省主席，从来没有到过北方，他是珠江流域的人，现在北平有他一所华丽的住宅，哪里来的钱？在省会专修游泳池运动场，邀女教员去游泳，又在私邸"召见"，哪一点资望像"主席"？修游泳池用的是救济分署以工代赈的面粉，分署长被五省二市控告，这也是一个原因。署长有办法，徒刑换来免职处分，可是分署辽宁办事处长及辽北吉林两办事处许多职员都入了牢。最高军事机关的某主任，接收了数不尽的敌伪物资，东北籍官员联名告发，要给他立贪污纪念碑，国防部军法处派人来彻查，某部长也到了沈阳，案子不了了之，人钱一齐入关。

第五章　东北烽火·1948

东北政治无能到了顶点，使什么收揽人心，凭什么打八路？七次攻势，共军连下十几个县城，沈阳也要丢，才有人民代表请愿团晋京之举。这请愿是否有作用，不得而知。其中一位代表在北平临时参加请愿团，说是吉林人民代表。他本身是松江省财政厅长，明明是政府官吏，硬说是人民代表，简直是欺骗人民，居然政府也接见了他。请愿团已经回了东北，他还留在上海，请问他是替谁请愿？以上虽然全是个人隐私，也足能看出政治的无能。人民冤枉死了，但是没有了人民，哪儿来的官吏？

（三）经济：日本投降时，东北物价相当稳定。政府怕内地物价影响了东北，才发行流通券，用意良苦。可是两年以后，关外的物价高于关内三倍以上，流通券已经不起隔离作用，且每随东北战事贬值，由一比十一点五的法定比值，跌到一比六，所以有人主张收回流通券，东北也改用法币。问题是收回流通券需要大量法币，这笔印刷、纸张、运输等费用也相当可观。在全国币制还有问题的时候，流通券的问题只好暂时摆在东北。

东北每月军政开支要两千亿流通券，虽然最高的面额已经两千元，但是印刷仍来不及，最好是叫钞票多回笼。政府去年发行了多少流通券，我们不知道。可是去年一年，国军放弃了二十几个使用流通券的县份，"那正是共军套换政府物资的工具"。如果允许流通券进关使用，难保关内物资不被共军套换，影响物价。所以政府考虑结果，限定凡持有飞机票副张的入关旅客，可以在平津国行以流通券兑换法币，有火车票的旅客，可以在山海关兑换法币。如此规定，似乎是叫共军手中的流通券变成废纸。但依常识判断，共军必有一套运用流通券的方法。前些日子沈阳黄金暴涨，无理由的可以相信有一部黄金被共方收购而去。

真正有力量扰乱关内外物价的不是共产党，而是政府区域的人们及官员，譬如飞机带黄金出关，关外黄金比关内高半倍或一倍。在东北换了流通券又从银行汇入关内，往返一次可以年利一倍。关内流通券贬值，所以有人在关内大量收购流通券，用飞机带到关外，再从关外以法定的比率汇入关内，轻而易举就可以发财。政府只想到共产党是敌人,其实政府的官员专门拆政府的台。

(四)文教:从接收到现在,东北就没有使文教工作走上正轨,甚至连伪满时代都不如了。近一年来,东北文教工作的没落,更非所能想象。沈阳五家大报非党即军,全纸官方言论,看了一家就等于看了其他几家,淡而无味。每当时局紧张,件件新闻蒙蔽人民,从来不能指责是非,报导事实。中宣部东北办事处招待记者讨论新闻工作,大家意见很多,不外是如何"协助政府戡乱,消灭共匪"。偏巧就有一位总编辑发言:"今天社会上有许多问题应该指责,可是编辑记者拿起笔来就发愁,揭开问题,自己要负责。骂吗?又要惹祸。想来想去没有办法,还是骂骂共产党吧!我们今天只有骂共产党的自由。"这句话说到大家的心坎上,全堂大笑。

两年来,在东北没有听说谁扶植过戏剧或艺术工作。市面上专写"共匪不灭,国不富强"一些八股宣传的标语,坊间流行的是有毒素的黄色刊物,学生想找一本精细英文字典都很少。政委会的文化处从来没有发动过一件有益于文化的工作,专门研究学生思想,如何控制他们,如何逮捕他们。

谈到教育,地方有罪过,教育部罪过更大。东北大中小学,连难民收容所都不如,学生老师吃不饱,三天一逃难,五天一搬家,校舍随时被军队占用,现在还有许多中小学在操场上课。国立东北大学更是糟糕,没有教授,学生是一百多个单位保送去的,一部分学生程度不如初中。私人办学,教育部一向不过问,沈阳私立中正大学招收一两千学生,杜聿明自任董事长,张忠绂挂名校长,余协中代理校长,无头无尾搞一阵,最近下个命令解散了。学校不是军队,把教育当成儿戏,难道只喊"打倒共产党"就够了吗?沈阳还有一些不三不四的独立学院,如私立辽东学院、私立河北大学等,滥收学生,教授是一群教中学都有问题的混子。朱部长去年到过沈阳,曾否真正了解东北教育情形?

十几年来喊着收复东北,东北也是政府摧残的对象吗?今天的罪过太大了,想想吧,你们这批人究竟在东北搞些什么?

(原载《观察》第四卷第七期)

第五章 东北烽火·1948

急转直下的东北战局

1948年9月，共军开始围困锦州，先打兴城、锦西，争夺外围义县，沈阳、长春越发混乱。当年报道记载：

> 沈阳益形窘困，九月初旬全市公共汽车停驶，中旬电车公司全部遣散，盖均无力维持。东北电力局亦在苦撑。战前电费每一度收价可抵高粱米十斤，现仅抵一两。又抚顺、本溪两大煤矿采掘杀鸡取蛋，员工情绪因受生活之累，日渐低落。辽西各地火海一片，东北仅沈阳周边本溪、新民、铁岭、抚顺、辽阳稍安，烽火持续，秋收大减，故沈阳有再遣散人口计划。

> 长春市内既无耕耘之田，又乏进粮之路，燃料已告断绝，发电无能为力。空投食粮只充为军用，民众只能找野草、瓜花、豆荚、糠皮充饥。有粮人以少量米便可换得许多东西。十斤米可易少女出嫁，一条裤子不过换一根细葱。饥饿势如洪水猛兽，侵袭着长春善良百姓，四顾饿殍横陈，一片凄凉景象，友好之间互视而歔欷，不知何时被饥饿的魔手掳去生命。

> 十月二日下午以后，锦州义县电讯中断，范汉杰飞往侦察，城破垣毁，战痕斑斑，民房大火，余烬未熄，军民尸体累积。十七天残酷拼杀，收得两万人头代价。义县、兴城先后失守，锦州不免断臂之痛。刀兵毁灭最无情，但不知黎民涂炭几时休。

此后，东北局势急转直下。廖耀湘兵团自沈阳西进彰武，并在锦西塔山海滩登陆东进，企图救锦州之围，遭到共军强力阻击。10月13日起，

第二部·高峰自述：内战观察

共军向锦州发起总攻，双方激战四昼夜，锦州周边焦土积尸，市区普遍落弹，10月16日，共军攻克锦州。

当天，蒋介石再次到沈阳督战，后经葫芦岛回北平，召集卫立煌、傅作义、杜聿明等商讨军事。杜聿明再度出任东北剿总副总司令兼冀热辽边区司令。然而，东北败局已定，谁去坐镇都回天乏术了。来自沈阳的消息说，那里候机待飞的旅客已达十二万人，而沈阳每天最多只能运四千人入关。18日下午五时起，长春与平津的无线电联络突告中断，是为不祥预兆。其时，长春守军六十军曾泽生所部已经起义。

10月20日午夜，沈阳接获郑洞国当晚呈蒋介石电，内称："职率本部副参谋长杨友梅及司令部与特务团两个营全体官兵及省府秘书长崔垂言共约千人，固守央行，……我外围守兵均壮烈成仁。刻仅据守大楼以内，兵伤弹尽，士气虽旺，已无能为继，今夜恐难渡过。缅怀受命艰危，只以德威不足，曾部突变，李军覆灭，大局无法挽回，致遗革命之羞，痛恨曷已。职当凛遵训诲，克尽军人天职，保全民族气节，不辱钧命。惟国事多艰，深以未能继续追随左右，为钧座分忧，而竟革命大业为憾。时机迫促，谨电奉闻。职郑洞国，十月二十日晚十一时亲印。"

21日凌晨，郑洞国放下武器，率部投诚。

有意思的是，中央社自称"直到长春一切命运都明显而肯定地摆布出来的时候才化装脱出"的记者，跑到沈阳发专电，也不得不写道："粮荒消减了士兵的体力和民族意识与国家观念。从九月二十日前后，士兵开始吃豆饼麯子。二十五日锦州大战爆发，空投粮运一度中断，米价最高每斤达法币五十亿。十月初前后，长春已渐入混乱，匪方的传单、标语到处都是，市内枪声整日不断，成群的难民由长春向外流亡，难民牺牲了不少，堆积男女老少尸体不下十五万具。"这些话，与之月前报道有天壤之别。

长春丢了，沈阳危在旦夕。请看大公报有关东北局势的最后几天报道：

> 10月29日，沈阳豪门将旧存食粮几全部抛出，准备入关，故沈市粮价一跌再跌，街头旧货地摊增多，人民对此现象揣测不安。据悉：沈阳各机关电台已奉令停止发报。故平沈间官商电报拥挤，平电

第五章　东北烽火·1948

信局除发沈加急电外，其他普通电报暂停收。

10月30日，沈阳各机关彻底紧缩遣散，各流亡主席、高级文官及各国行经理已于前昨两日陆续抵平。中国、中央两航空公司平沈班机自即日起暂时停航。又万福麟搭机抵平，暂不返沈。

10月31日，沈阳市内已闻炮声，面价大跌且不易脱手。东北政委会统筹资遣东北各流亡省政府人员，包机飞平，每机载五十人，不准带行李，故机场遗留行李数卡车，返平人员情形颇狼狈。沈阳街头张作相布告，国军集中兵力守卫北陵、浑河、东塔三机场，以保空中通路。政委会仍有包机十架，日内陆续飞来。平沈间商电自三十日起暂停收，军电官电照收。

11月1日，沈阳形势紧张，中国、中央两公司及民航大队撤退后，高级官员及一般公教人员均无法入关。东北政委会副主委高惜冰、辽宁省主席王铁汉、沈阳市长董文琦等十月三十日联名电留平之马占山、万福麟，请速谒总统拨飞机五十架，撤退东北各省政府人员。惟此项电报到达时，蒋总统已南返。马氏等即急电南京吴秘书长铁城，转呈蒋总统。又沈阳三机场感受威胁，机场门窗均被炮弹震动，三十日下午所有飞机均飞返北平。

又，沈阳战事于十月三十日入夜后即趋沉寂，三十一日平沈间已无电信往来。辽宁省主席王铁汉、安东省主席董彦平、沈阳市长董文琦、东北政委会副主委高惜冰、委员王家桢等于三十日下午奉令飞葫芦岛，三十一日飞抵平。又卫总司令立煌、杜副总司令聿明、赵参谋长家骧亦已安抵某安全地区，继续指挥作战。未及撤离沈阳者尚有高级官员一部分。三十日以前抵平者，有东北剿总副总司令马占山、万福麟、董英斌，黑龙江省主席韩俊杰、兴安省主席吴焕章、哈尔滨市长毕泽宇等。

沈阳吃紧，先跑的都是高官。事实上，10月30日，杜聿明在蒋介石的督促下，曾由平飞沈，但因飞机无法降落而折返。当天，卫立煌、赵家骧由沈阳飞抵葫芦岛"安全地带"，杜聿昕又赶去会合。11月1日下午，共军已经进入沈阳。中旬，又相继攻克锦西、葫芦岛、承德，至此占领东北全境。

　　再说廖耀湘。锦州战役结束后,廖的第九兵团试图从黑山、打虎山南下营口,从海路撤退,但被阻未果。林彪挥师自锦州回援,将其包围全歼,廖耀湘带着李涛等人化装脱逃。11月6日,廖耀湘被俘。随后,两年前曾被我误报被俘的李涛真的做了俘虏。

　　国民党败退关内,"善后"首先要办的就是追究东北当局高官的责任。11月10日,蒋介石发布命令:"东北剿匪总司令卫立煌迟疑不决,贻误战机,致失重镇,着即撤职查办。"随后,国民党监委侯天民等二十七人提案,纠举卫立煌、高惜冰、王铁汉、董文琦等"于沈阳陷落前未能从容应变,且相率仓皇弃职潜逃,以致影响戡乱大局,使国家人民蒙受极大损害,特请政院将卫立煌等暨东北剿匪总司令部及东北各省市弃守潜逃各地之高级文武官吏分别严加惩处,以振纪纲,而儆效尤"。

　　11月28日,监察院辽安行署委员崔淑言由沈化装抵平,他接受采访时说:"此次沈阳仓促撤退出人意料。如事前有计划,两日半时间足可利用,不致有大小官员数百人被俘,且未及通知各领事馆撤退,实感可耻。本人日内赴京报告撤退实况。"

　　12月9日,中央社南京电称:"监委崔淑言目击沈阳陷落情形,对卫立煌弃城仓皇潜逃深表不满。据称:卫氏于十月三十日下午乘机悄然离沈,事前未通知任何方面,对部属亦未发布任何口头或文字之命令,以致三军无主,未克做有组织之突围撤退。据当时情报,卫氏离沈时,匪军部队距沈市尚在百里之外,而我方兵力雄厚,三十一日五十一军尚在东陵打一胜仗,城内计有装甲车一百五十辆,卡车五百辆加油待命,卫氏如不仓皇潜逃,即做突围部署或做坚守之战,应无问题。故崔委员认为,卫氏应负沈阳弃守之最大责任。深望负责当局从严惩处,以儆效尤,而振纪纲。"

　　卫立煌成了东北战败的罪魁祸首,蒋介石的替罪羊。

第五章　东北烽火·1948

回首东北三年

从抗战胜利后三个月国民党接收东北，到1948年辽西大决战，中共占领东北全境，前后整整三年时间，东北局面发生了天翻地覆的改变。这期间，我作为大公报特派员，负责东北的采访、报道，几乎见证了这历史转折的全过程，应该有一个总结。1948年11月2日，沈阳易手的第二天，我完成了这篇报道，题目就是《东北三年》，节录如下：

胜利景色，一年不如一年的拖过去了。以东北论，今年的变化最大，也最快。

溯三年前接收东北，曾经过一番中苏交涉。国军计划在大连登陆，苏联说那是商港；改在营口登陆，前一天又被中共占领。三十四年十一月十六日杜聿明率领十三、五十二两军，由山海关打进东北，直入沈阳。半年过后，双方以松花江为界。

两年大变

三十五年十一月十六日，东北保安司令长官部庆祝国军出关周年纪念。算一算战功，东北连热河十省，总面积一百二十四万平方公里，国军控制了约三分之一。连热河在内共一百六十三县，国军进驻的七十四县，约占二分之一。此后，国军在松花江以南成立了锦州、沈阳、中长、齐齐哈尔四个铁路局，有五万员工。另外抚顺、本溪、烟台、营城子、西安、阜新、北票七大煤矿开工。仅次于日本八幡的鞍山钢铁公司也恢复了生产。动力有小丰满水电厂，每天十二万千瓦的电力用不完。要火车，沈阳有全国只此一处的机车车辆公司，每月出机车两辆、货车百辆。用汽油，抚顺有月产十万加仑的炼油厂。用纸张，尽管向辽宁纸浆造纸公司去订购。讲民食，各省各县有吃不完的大豆、高粱、玉米。

转眼又过了一年。三十六年春季，林彪大军已经养成，渡过松花江，一直采攻势。一次、两次、一直到第七次。杜聿明司令长官、陈诚主任、卫立煌总司令都是林彪的有力对手。七次攻势打得太凶猛，东北局面目全非。以沈阳为中心，东至抚顺，西到新民，南达苏家屯，北通铁岭，四周不出一百五十里。七大煤矿剩下抚顺、本溪两矿，军煤、机煤、民煤闹起恐慌。四个铁路局管辖的铁路只有五百里。小丰满水电厂失陷了，各城市成黑暗世界。鞍山钢铁公司丢掉，机车车辆公司缺乏原料。辽北全省放弃，缺少了一个重要米仓，人民没有了食粮。东北完全变了。

一篇旧账

当初，若干接收东北的人似乎是以"征服"的姿态出现，凡是伪的全是"接收"的对象。但有例外，十四年的奸伪不在内，一个也没办。各机关留用人员与南来的人员在待遇上打一个折扣。如此歧视，叫人寒心。这些人给东北带去胜利，也带去混乱与负担。

东北有的是财物宝藏。东北接收敌伪产业共值两亿零三百一十一万金圆（全国敌伪产业总值三亿两千余万金圆）。东北敌伪产业中，被各种机关与私人接管的值一亿两千三百三十二万余金圆，等于苏浙皖三省的敌伪产业总值。那些敌伪产业在若干机关与私人手中似乎一直在变，愈变里面愈空，愈变愈破烂。由东北敌伪产业处理局接收保管的工厂、房产、物资等共值七千九百七十八万余金圆，过去只侧重接收，不曾办理标售。今年十月上旬，奉政院令大量标售时，东北人民已经穷得连粮食都买不起，敌伪产业自然无人问津了。

胜利以来，东北人民的负担加重了。十八岁到四十五岁的男子，被征为预备兵与民夫的在十五万人以上。三年过后，农村见不到耕种的壮丁。军粮、车辆，一步逼一步地向人民征借。所以军民之间一条鸿沟，从胜利起一年年地加深。

去冬七次攻势以后，国军控制下的是不完整的十四个县份。高高在上的是剿总政务委员会，所辖九省三市，面积仅四百平方公里，人口二百五十万。政治机构形成头重脚轻的病态。人民一头挑着九省三市的庞大开支,一头挑着庞大的军费。政府从未考虑过怎样彻底紧缩无业务的闲散机构,减轻人民的负担。东北的支出真是太浩繁了。钞票运不及的时候,沈阳、长春两地由国行发行本票,长春发行本票总额七千亿流通券,沈阳约三千亿流通券,人民被钞票给淹没了。

哀下一代

教育是下一代的摇篮。没有下一代新生的力量,收复了东北又有多大希望?胜利之初,东北教育行政机构叠床架屋,没有一个政策,也没有可循的轨道。大学缺教授,少图书,学生参差不齐,还有靠人情送进去的。中小学校今天做了兵营,明天借给伤兵医院,操场做讲堂,砖头做桌椅,这是什么景象?今年东北四院校在平招生,有考生竟把"罢免权"写成"罢兔权"。国文题"故都之秋",考生误解为"故乡之秋"。下一代受这样的教育,教育部从不过问,东北当局也根本不管。

今年四月以后,东北学生纷纷入关,集中在平津两市。学生自己去找庙宇或难民所,似乎各不相干。学生没有吃的住的,东北地方政府也不积极设法救济安置。"七五"事件演出了,沈阳喊起来:惩凶、抚恤。东北各界民众代表慰问团来到北平,给子弟们办丧事。但子弟们活着受罪的时候,却难得有人来管![注5] 东北大学、长白师范两校荒废了十个月,最近才在北平开学。沈阳医学院搬到北平来,连一架显微镜也没有。长春大学迁到天津,教职员与学生在报上登大幅广告诉苦。办教育的人们真是对不起学生。十月二十九日东北四院校联合招生发榜,录取了两千多人,房子不够用,仪器设备在哪里?怎么教学生去学习?

战局急转

自从去冬沈锦交通断绝后,沈阳、长春变成孤点,一切补给靠着葫芦岛的港口,以及锦州空运基地去接济。三月八日政府决定撤退永吉,曾泽生率部作二百里的突围行军,弹药兵马粮秣遭受不小的损失。林彪不等国军撤退长春，就在三月十四日攻占了沈长间的四平重要据点。郑洞国指挥曾泽生、李鸿两军苦守长春。对方以围困代替围攻。当锦州告急的时候，郑洞国奉令率曾、李两部突围南下。曾部于十月十七日发生突变，长春终告不守。林彪蓄意攻打锦州已久。九月初旬，聂荣臻、李运昌先后在平古路与北宁路唐山、山海关间发动攻势，切断了平榆交通。林彪就在此时从热辽边区分路围攻锦州。双方半个月的苦斗，国军二十九日退出兴城，三十日失绥中，十月初义县撤守，锦州外围据点全被占领。林彪重新部署，从东西北三方进攻锦州。冀热辽边区总司令范汉杰极感应战吃力，十月十三日退守城垣，十四日陷入混乱状态，十五日"对外联络中断"了。紧接着沈阳也被攻了。转眼三年，情势大异。尽述所知如右，以飨读者。

东北三年，国民党三易主帅。熊式辉是个政客，不懂经济，更不懂军事，权术与谋私倒是拿手好戏，国民党内对其早有非议。好在他下台时东北局面还能够支撑，因此没有受到过多追究。陈诚为官还算清廉，主政东北时也曾大刀阔斧地整饬风纪，但他刚愎自用，军事上并无韬略，结果铩羽而归。若非蒋的心腹，下场也难说。卫立煌不是黄埔出身，亦非蒋的亲信，但他统军能拼善打，在国军中有"嫡系中的杂牌"之称。加之当时在东北领兵的杜聿明、郑洞国、范汉杰、廖耀湘都曾是卫立煌统领远征军时的部下，因此成为收拾东北残局的最终人选。

卫立煌认为，东北是苏美利益之所在，势在必争。沈阳系东北重镇，有战略价值。只要保存实力，占据地盘，即有可为。因此他到东北后采取了"固守沈阳，以待事变"的战略，连四平、永吉、甚至长春失守，他都不肯轻易出兵增援。据说蒋介石曾要他率军退守锦州，他也没有执行。后来有传闻他与中共有秘密联系，但缺乏确证。不过，他与蒋貌合神离是无疑的。

东北战败，卫立煌被撤职查办。不想时局骤变，蒋介石下野，李宗仁代行总统之职，恢复了卫的自由。在后来的回忆录中，李宗仁还为卫立煌说了几句话："东北在大势已去之后原不应死守，而蒋先生一意孤行，下令死守到底，实犯兵家大忌。最后锦州之战，如果蒋先生从卫立煌之议，不胡乱越级指挥，则国军关外精锐不致丧失殆尽，华北亦不致

第五章 东北烽火·1948

随之覆没，则国民党政权在大陆或可再苟延若干时日。蒋先生不痛定思痛，深自反省，反将全部战败责任委诸卫立煌一人，立煌不但被拘禁，几遭枪决……"

李宗仁的话是否中肯、实情，还需要更多考证，算得一家之言。但国民党政治腐败，军事无能，经济崩溃，社会混乱，以致自毁江山，却是无法改变的历史事实。

东北全境易手，我对东北的报道也就此终结。【注6】

【注5】：七五事件发生于北平，后文有详细记述。——张刃】

【注6】：曾任东北长官部政治部少将组长、军调期间专门负责接待工作的施应霆先生，作为我父亲的学长，1990年给我写信，回忆他们在东北的日子时写道：

"1946年7月，国共内战全面爆发，国民党的精锐部队如新一军、新六军、七十一军等王牌均集中于东北，气势汹汹。高峰对东北局势的观察却有其独到之处。他从这场战争的全局战略形势、东北战局的发展、双方兵力和士气的对比、民心的向背以及国民党军队内部的矛盾等各方面深入考察，综合分析，预言国民党败局已定，无可挽回，且其最后命运很可能是覆没。

1947年3月，我脱离国民党军政机关，应武大老师、当时的鞍山钢铁公司总经理邵逸周先生之邀，改任鞍钢沈阳办事处处长。高峰认为这是一个正确的选择，深为我祝贺。以后的事实证明，国民党在东北三易统帅，每况愈下，直至1948年辽沈战役，全军被歼，果不出高峰之所预见。

高峰不但观察深刻，文笔洗练，读来朗朗上口，引人入胜，而且尤富正义感，不畏强暴，敢于揭露国民党统治的阴暗腐败，甘当人民喉舌。由于国民党政府忙于打内战，教育经费无着，正常教学难以为继，教育事业濒于危境。高峰目击心伤，从沈阳发出长篇通讯，反映教师待遇菲薄，学生生活困顿，教育质量下降，学校有名无实，为教育，为师生吐诉苦水，深得社会各界好评，迫使当局不得不对教育事业稍加经费。

高峰不愧为新闻记者中的佼佼者。我永远怀念他。"

如今，施应霆先生亦作古。——张刃】

大公报人张高峰
第二部
高峰自述：内战观察

第六章
故都学潮

1948年春，由于东北当局实施新闻检查，我在那里已很难工作，大公报调我回到北平办事处，再次与徐盈、子冈夫妇合作，同期先后在办事处做记者的还有戈衍棣、谭文瑞两兄。按照分工，除了继续关注东北问题，我主要负责北平的教育、文化报道，直到1949年1月北平和平解放。

北平是历史古都，文化底蕴丰厚，教育事业发达，历来领全国风气之先。特别是在战乱频仍社会动荡的年代，知识分子、青年学生更有独特、突出表现。我负责这方面的采访、报道，可谓前列观潮。并且，抗战期间我在武大时的许多老师、同学，当时也在北平从事教育、文化工作，给我工作提供了很大便利。

1948年的北平，学生运动前所未有地风起云涌，波澜壮阔。从年初的"反饥饿、反迫害"斗争、"师大流血事件""反美扶日运动"、到"七五血案""特刑庭拘捕学生事件"等，几乎贯穿全年。由于我与北平许多大学和学生建立了很好的合作关系，特别是当时的学生运动中心——北京大学的学生自治会，有什么事情都会通知我；外面有涉及学校、学生的信息，包括当局针对学校、学生的行动，我也会及时告诉他们。虽然当时我并不清楚北平学运的背后有中共地下党的周密组织、指挥，但我知道北大学生会的主要负责人柯在铄、王先铸等是中共地下党员；我没有党派身份，但我同情、支持学生，因此，学生们也信任我，彼此联系紧密，许多事件我都是亲历者，做过翔实报道。

第六章　故都学潮

"反饥饿、反迫害"风潮

1948年4月的北平学潮，缘起3月首由北大学生自治会提出的要求公费生活——因为物价飞涨，有的自费学生交不起饭费，已经饿肚子了。3月15日，北平各大中学更成立了"抢救教育危机联合会"，学潮迅速扩大到平津两地各校。

3月20日，北大、清华、燕京、中法、师院和南开、北洋等平津七大学学生自治会，联署上书蒋介石及教育部长朱家骅称："目前战乱未已，物价无止境上涨，教育已面临最严重的危机，……国立院校经费与实际所需相差甚巨，设备改善无从谈起，教师薪金收入不能维持温饱，难以专注于学术研究。公费学生虽可免于饿死，但健康情形极坏，北大有肺病的同学达百分之二十，营养不良者竟达百分之八十以上。半公费、自费学生当此物价高涨之际，实无力负担不断增长的膳费。私立大学学生整日为伙食借贷典当，还要为巨额学费焦急，情形严重，已达极点！长此以往，教育将濒于绝境，民族生机将从此断绝。为民族文化想，为国家命脉计，我们不能不大声疾呼：救救青年！抢救教育！"

3月27日起，华北学联组织了平津学生大联欢活动。29日是联欢的最后一天，适逢国大开会、青年节、黄花岗纪念日，学生们准备举行纪念大会，并预请了多位教授演讲。不料，当局深恐学生到社会闹事，当天一早，北大沙滩附近戒严，如临大敌，架上铁丝网，由军警把守，学生准出不准入。下午开会前，当局又弄来一批清道夫和自卫队，说是要进去听演讲。学生关起大门，以防他们捣乱。当晚，北大民主广场举行了平津同学万人营火大会，学生们宣誓："同甘苦，共生存！一校受迫害，八校支援；一人被摧残，全体营救。"

同日，北平行辕奉令查禁、解散华北学联，并有"关系方面"发表"学潮综合分析结果"，指"学联"与"学潮"都是"共匪的组织与策动"。

次日，学联发表郑重声明："华北学联是华北各院校学生自治单位联合的组织，成立以来，一本同学要求，争取民主团结，谋求生活福利，一切工作无一不公开而合法。查禁学联命令的公布，是进一步残杀学生的严重信号。"学联更指出，在短短一年内，政府公开杀死爱国学生四名，打伤百余名，重伤致残者五人，无故遭受凌辱者不下千余名，特务机关秘密杀死的尚不在内。"这笔血债，任凭政府抹杀事实，任凭'造谣公司'中央社歪曲真相，亦难欺骗社会人士，减低人民之愤慨。"

3月31日，北大经济系学生卢一鹏去汇文中学访友，被几个便衣执抢人扣留拷打，押送宪兵队，深夜带伤释放。4月1日，北大快报标题："这是大迫害的开始！"4月2日，北大、清华、燕京、师院、中法、南开、北洋、朝阳、铁院等大学学生自治会派代表两次赴行辕请愿，抗议查禁学联及非法捕打学生未果，遂决定自3日起罢课三天，以"保卫学联，保卫自由，保卫自己"。

学生们的行动引起教工共鸣。北大、清华两校讲师、助教、职员、工警及北平研究院助理研究员联合行动，宣布自4月6日起罢教、罢研、罢工三天。在记者招待会上，负责人说："事实发生的原因很简单，就是为了'活不下去'。我们有权利要求政府保证我们有'不虞饥饿'的自由。"我在报道中描述："环顾招待会上的助教、工友、校警，大多面有菜色，他们真不像是不安分的捣蛋者，每个人身后都背着一份家累。"

4月5日，北大等七大学学生自治会发出"反迫害、反饥饿罢课宣言"，呼应教工行动，决定自6日起继续罢课三天。学生们还主动代替罢工的工友烧锅炉、守校门、管水电，甚至负责北大红楼的敲钟工作。同日，北平警备部致函北大，说北大学生自治会捏造当局曾经刑讯，要求查出首要分子，严予处分。函称："查本部对于获案人犯，从无刑讯情事……该自治会对于本部依法执行之公务一再公然侮辱，实系触犯刑章……"人们从中嗅出，政府与学府之间不只是对垒，而且有了火药气息。

4月7日凌晨，北大被军警重重包围。四点，秘书长郑天挺接到警备部通知，要求八点前将"鼓动罢工、罢课"的学生柯在铄等十二人送警备部，否则入校捕人。郑天挺星夜找北大训导长贺麟商讨，天亮后同去警备部交涉，希望延期并请依法传讯。北大全体学生也召集临时紧急大会，反

第六章　故都学潮

对无理搜捕，并提出"一人入狱，大家坐牢；一人受审，全体投案"的口号。校方亦坚持"警备部无权逮捕学生"。最后达成妥协，警备部把十二名学生的案卷送到法院，法院发出传票，定10日传讯。

8日，九院校学生自治会为当局索捕北大学生事，发出快邮代电，分致胡适、梅贻琦、张伯苓、袁敦礼，认为"此恶例不可开，恳望诸校长重视此案，以期维护自由，维护学府尊严，保护师生安全，请向政府要求切实保障人权"。与此同时，北大、清华教授一百五十余人对各校罢课、罢教、罢工签名援助，连教会学校燕大学生自治会也宣布罢课两天，声援北大、清华等校同学。

一波未平，一波又起。9日凌晨零时三十分，和平门外师院忽有便衣人群冲入，手执短枪、木棍、铁尺，趁着学生熟睡，闯进宿舍打人，造成多人流血昏迷，并捕走学生八人。其他同学听到惨叫，想来营救，外面又响起十数枪声。天明学生集合，将重伤者送医。我闻讯赶到现场，看到学生自治会办公室、英语学会、教育学会、知行图书馆门窗全被捣毁，英语学会的收音机、留声机、唱片等全被劫走。从南部斋宿舍到校门口二百多米长的石板路上血痕斑斑。九时，师生结队到行辕去请愿,要求"讨还血债"。

师院血案消息迅速传到北大，北大敲起警钟，集合了千余人，赶到行辕声援师院同学。城外三十里的清华、燕大学生千余人也徒步入城。下午五点，行辕门前已集合了各校请愿学生五千多人，部分教授、讲师也加入其中，群情激昂，要求立刻释放被捕的八位同学，保障人身自由，惩办凶手，赔偿损失。

北大秘书长郑天挺、教务长郑华炽、训导长贺麟、清华教务长吴泽霖、训导长褚士荃、师院教务长黄国璋、训导长温广汉、燕大文学院长梅贻宝等恐生意外，纷纷赶到行辕门前慰问学生，自愿代表学生向行辕请愿。黎锦熙、焦菊隐等二十几位教授也赶到现场慰问、声援学生，全场喊着"先生学生是一家"，掌声许久不停，许多师生感动落泪。天黑了，行辕答复令警备部准校方保释八名学生，同时宣布晚十点全市戒严。请愿的师生们唱起"团结就是力量"，决定看不到被捕的同学回来，全体不返校。十点半，师院训导长温广汉由警备部回来报告，被捕的八人已经保释并送北大医院疗伤。夜深了，市内已经戒严，学生们一天没有吃饭。"救出了被捕同学，我们得到初步胜利。"同学们点燃两个大氢气球，火光映照外面写着的"团结胜利"四个大字，从请愿群中飞上天空，飘荡到很高很远的地方……

4月10日，我到师院采访被捕归来的同学，听他们讲述经过。据说，行凶者持木棒铁尺专打学生头部。邱锡恩同学被打惊醒时，已满头是血，不及穿衣就被架到大门外。外面四五步一岗，电筒光照耀。他们被带上门前的卡车，眼内被洒一把灰，视线受阻……在拘押处，学生们被命令在潮湿的泥地上蹲下，饿了一天。后有同学找到一点钱，请看守给大家买了一点小米面饼子。八时决定释放，拿来一包旧白制服给学生穿上，并要他们洗去脸上的血迹，到了警察局，见到训导长温广汉，大家放声痛哭……

同日，师院教授会发表罢教宣言，提出"惩凶、赔偿、保障员生安全"三项要求，并称："政府视学府为寇仇，箸青年于鱼肉，庶几执政宵旰无忧耳。以上三端，为本会最低要求，倘遭漠视，誓不复教。"因师院事件，北大被索捕学生案搁置。

"四九惨案"博得各校及社会同情，北大教授沈从文、费青、王铁崖、吴恩裕等三十六人发表告员工同学书，支持他们的合理要求外，同时希望大家尽快回到各自的岗位，恢复工作、学习，做"艰苦而长时期"的准备。学生接受劝导，10日总罢课一天后，决定12日复课。至此，这次学潮本可进入平静阶段。然而，国民党当局却再次挑起事端。

4月11日，忽有"北平市民众反暴乱反罢课肃奸大会"在天安门举行，到会者一万多人，高叫"戡乱建国""肃清共匪""反对罢课"。中午分发馒头，每人五个，而后组织大队游行，定沙滩北大与和平门外师院为必经路线，同时北大与师院附近戒严，军警宪驻守防卫，禁止通行。游行大队出发，直奔北大，沿街留下反共反罢标语，随后包围了沙滩北大。事后，北大校方发表遭害经过称："游行大队行至北大，集中队伍持砖头石块，向红楼及东斋教授眷属宿舍投掷，达十分钟之久。复分出一部窜入东斋教授宿舍，手持大刀、铁棍、砖石等武器，首将号房及工人住宅大肆破坏，并将电话电表挂钟花盆等物，及工友所有用具全部用大刀、铁棍予以砍毁。继将吴恩裕、赵广增等教授住宅及厕所门窗玻璃捣毁一空，且将门首所悬之'教授眷属宿舍'木牌劈作数段，并向各住宅大肆搜索。学生

第六章 故都学潮

数人被强迫游行,然后释放。"在师院,学生们事先回避,并给校门上锁。但游行者包围不去,派出三十多人强行入校,撕毁壁报,捣毁布告栏。嗣后,适逢一女生返校,被抓到痛打,警卫师院的宪兵不忍旁观,上前营救,却已鼻青脸肿,北大医院又多了一个学生伤员。游行者还到行辕请愿:"肃清潜伏共匪、下令各校复课。"显然,这是一次有预谋、有组织的行动,重点在北大,目的是反共。

"四一一事件"发生,针对的已不仅是学生,教授与学校也受到了伤害。12日,北大教授会决定罢课一周,并发表宣言:"……暴行发生之时,学校四周宪警林立,竟任暴徒逞凶,殊不可解。同人处此情势,殊感教学工作时在威胁之中,难以进行……各校同人一再苦心劝导学生,学生亦一再接受劝导,然暴行与血案迭出不穷,势非刺激学潮达到摧残教育目的不可,用心何在?实非同人所能了解,自不能不要求政府予以解答。罢教绝非同人所愿,然为情势所迫,不得不暂时忍痛出此,以维护学府之尊严,并争取安全之保障与讲学之自由。"

14日,师院教授会再发声明:"……结队破门于戒严之夜,鸣枪掠劫于警卫之区,而军政首长不闻,警宪机关不察,岂特尊严学府之忧,亦为法治国家之耻。……前凶(指"四九惨案")未惩,后患又起,十一日夜复侵袭本院,肆意捣毁,拦殴学生,凶焰不衰,逃生无路。国家设置学府之谓何?而可寇仇鱼肉视之耶!本院为国立学校,院长办理不善,教部可以撤换;同人教导无方,院长可以解聘;学生在校不守校规,学校可以开除学籍;出校逾闲荡检,自有司法制裁。私拘暗审,于理何居?夫学生有其合法学籍,同人忝为师长,营救保护,义不容辞。且祸出无名,人谁不畏?逮捕私行,纪纲何在?"同时,北大、清华、师院、燕大等校联名向北平行辕与警备部提出抗议,并再电国府、行政院、教育部,呼吁保障人权,维护学府尊严,惩办凶手。

殴打、逮捕、捣毁事件连续发生,社会不安,北平各院校也提高警觉,组织联防,保卫自己。北大、师院两校大门紧闭,由学生参加守卫,检查出入行人,有事随时敲钟报警。城外燕大、清华两校因离某兵营很近,有过被打经验,因此也警戒起来。教授们同情学生,捐钱买水果,慰劳守夜的学生。14日,北大召开师生员工大会,强调团结自卫,"站起来，不要躺下去。"

15日，国民党北平市党部主委吴铸人发表谈话称："当局将以疏导方式平息学潮，但政府威严必须维持，华北学联仍须查禁，'四一一'事件之肇事人应依法办理，学生亦不得再有反政府之宣传。"19日，吴铸人再次公开说："每次学潮皆为'奸匪宣传'，'忠告三位教授勿再受奸匪利用'。"23日，北大、清华、师院、燕大等校教授九十人声明，辩驳与质询吴铸人："不但歪曲事实，存心威胁，而且是进一步迫害的先声。……目下学潮正在渐趋平息中，而党部主持人竟又加以刺激，用心何在？令人诧异。无论吴铸人所忠告的三位教授是指何人，我们要质询：所谓'受奸匪利用'究竟有何证据？第二次闻一多事件是否已在预谋制造中？我们愿意提醒当局，闻一多教授的被害，不但没有消除学人对于现状的不满，反更加深了他们的警惕与愤慨。假令政府容许在这文化的古城再演一幕同样的惨剧，则足以表现其颠顸与残暴而已。"

16日，南京政府派青年部长陈雪屏到北平处理学潮，连日开会座谈，他说，"以中央意旨转告地方当局，慎重疏导，使其平息。青年不满现状并非坏现象。教育应培植青年养成分析问题探求问题之精神。但过去一年，全国各校罢课累计四百七十二天，学业浪费亦值得重视。"18日，警备部司令陈继承、北平市长何思源致函北大，对东斋事件表示歉意。23日，警备部及市政府联合致函师院教授会称："对'四九'及'四一一'两事件表示骇异，除道歉外，并将严究肇事责任，依法办理，赔偿一切损失（包括医药费），嗣后尽量设法避免类似事件发生。"

24日，陈雪屏招待记者，说了一番颇有意思的话。照录当年报道如下：

> 陈氏认为，今日政府已给予人民极大自由，据称："近半年来，北平各院校有显著变化，一切表面化，公开诋毁攻讦政府，日前曾见某校壁报画一群乌龟指为国大。"陈氏言至此也不禁失笑，继称"若说政府压制舆论，我甚替政府冤枉。但北大、师院事件实为不幸，亦为严重错误。希望政府能依法处理学潮，不再刺激，免生事端"。陈氏旋又以极肯定语气称："目前形势摆在眼前，谁亦无法保障今后不

第六章　故都学潮

再发生任何事件,且事件之发生属于两方面者,故连日与各教授谈话,均感忧虑。治安当局亦在考虑逮捕反政府学生,以后设法负责送入解放区,请其参加中共,与政府作政治斗争。"至于法院传讯北大十二名学生问题,陈氏笑答:"北大红楼许多玻璃已被砸碎,有人认为双方可以抵账。"

25日,北平师院学生会发出休罢宣言,对当局未严惩凶手仍表不满,但为珍惜学业,决定接受教授会劝告,全校于26日复课。至此,北平学潮暂成过去。我报道称:"但愿伤害从此收场。不太平的天下,别再制造不太平的事件。乱的时代,保留几个静的角落,正是人民的乞求。"

"反美扶日"运动

北平四月学潮刚刚平息,又传来了美国公布"特赖伯计划",减少日本战争赔偿,扶持日本经济复苏的消息。这不仅直接伤害了浴血八年的中国人民的感情,而且危及到中华民族的长远利益,深知日本军国主义侵略本性的中国人一片反对之声。

率先果断行动的还是青年学子。5月4日,上海一万五千多名学生集会,宣布成立"反对美国扶植日本,挽救民族危机联合会",22日,又发起十万人的反美扶日签名运动。华北学联立即响应,决定迅速在平津掀起反美扶日运动。30日,北平各校学生联合举行示威大会,天津各校也派代表参加,但游行动议被否决。

同日,美国驻沪总领事卡宝德演说声称,中国学生的教育费用"皆出于美国农民血汗所得及纳税人慷慨贡献",显然侮辱中国学生忘恩负义。6月4日,美驻华大使司徒雷登发表声明,在为扶日政策辩护的同时,指责反扶日运动是"被利用""有阴谋",甚至威胁,若运动继续,"可能致不幸之结果"。次日,上海学生举行反美扶日大游行,当局事先派出警宪封锁交大、复旦等校大门,随后对集结于外滩的学生大肆逮捕,多名学生被打伤。

这一切都深深地刺激了北平学生。首先行动的就是司徒雷登曾任校长的燕京大学。7日,燕大学生代表联席会决定,联合各校举行总罢课,并请司徒返校。8日,燕大师生工友致司徒信草就,其中写道:"美国扶日政策,对于中国人民、美国人民以及世界和远东的安全都有不利,……先生几十年来教育中国青年,了解是非真伪,勇敢地负起时代的任务,燕京'因真理,得自由,以服务'的校训,不但是我们学习的准绳,而且现在成为我们行动的指针。……我们热诚地希望你回来继续从事你工作了一生的教育事业,这对燕京,对中国,对你自己,将更有价值。"

本来,6月6日、7日是各校大考前夕,但许多同学放下了书本。北大各系级、社团更一致主张罢课游行,把反扶日的声音喊到街头去。8日,北大学生自治会发动签名罢课,师院、清华也积极呼应。当晚,华北各院校宣布总罢两天,各校代表紧急会议,决定次日大游行,但消息对外保密。我从北大学生自治会得知动态,持续跟踪采访。以下是我当时的报道:

> 北平各大学学生为反扶日,九日起总罢课两天,并分别出发游行,在街头张贴标语,高呼"反对美国扶植日本"及"打倒美帝国主义"等口号。各校学生中途受阻,不能会合。北池子附近曾有警察鸣枪六响,阻止学生前进。但城外燕大、清华学生千余人终于冲过西直门,并在西四牌楼与铁院、师院同学会合。北大、朝阳、中法三校学生游行大队七百余人则被阻于东华门大街约四小时。被围学生到午后仍环立街头,歌声不断。警察欲分批驱散,未得结果。烈日当空,午后二时,南池子附近警察开枪,并以皮鞭、石子向学生攻击,学生有负伤者。北大、朝阳、中法三校学生拟冲出警察重围,警察遂二次鸣枪,并以皮带砖头揶打男女学生,负伤倒地者均被学生救护队抬往北大。街头民众远避墙隅。此时清华、燕大、师院、铁院学生突破包围,赶到东华门大街,游行大队遂增至四千余人,警察则将枪支收藏于附近胡同内。学生也结队唱歌,返回北大。

第六章　故都学潮

在北大民主广场，学生召开反扶日示威大会。楼邦彦教授出席讲演说，"政治学说从没有说人民不能公然反对政府的。在民主国家里，政府代表人民，人民当然可以反对政府，而且可以公然反对政府。不过，如果政府不是代表人民时，那你们就要小心了。"费青教授说："当我们看到真理的时候，至少我们要有讲出来的自由。这是最起码的权利。"全体学生举行宣誓，坚决反对扶植日本，要奋斗到底。五时许各队返校。入夜后沙滩北大仍有军警守卫。又，反扶日游行时东交民巷戒严，美总领馆大门紧闭，由军警把守，禁止通行。记者打电话给美国克乐伯总领事，他说，不知道东交民巷内军警增加，听说学生们流了血，他十分惊讶。如果学生派出代表，他可以接见。对于反扶日的意见，他说电话中不便说。

9日大游行，还有几个细节值得补记。

因为保密，突击行动，游行大队出发时，北大门口仅有八九个徒手警察试图拦阻，被学生轻松突破。途中，路旁军警不仅不加干涉，而且说他们也反美扶日。城外清华、燕京的游行队伍到西直门时，当局还蒙在鼓里，把门的只有几个警察，因此顺利冲过城门，与西城的同学会合。据说当局把兵力都集中在东交民巷，然而学生根本没有向美领事馆示威的打算，这也是这天没出大乱子的原因。

同学们在街头演出了美国纵容日本欺负中国人的活报剧，吸引了大批行人，都说："不能让鬼子再来呀！"一个五岁的孩子捡起一块石头，哭着要冲进纠察线，打死那戏中的日本兵。同学说那是假日本，他还不相信，一直追了很远。后来问明，那孩子的父母都被日本人惨杀了。

游行队伍被阻，学生喊着"警察学生是一家"，靠近了刺刀连成的封锁线。警察们情急，接连对空鸣枪，一个女同学用嘶哑的声音悲愤地喊道："我们游行是为了反对美国扶植日本，并没有扰乱治安。八年抗战，我们受过日本鬼子的残杀、奸淫，不知流了多少的血才把他们赶走。现在，在美国的扶植下，日本鬼子又要复活了，又要来打中国。我们游行是要唤醒同胞，你们为什么要开枪呀？"警察们很受感动，一位警长说："我们也怕日本鬼子复活，对你们的游行也很同情。但上峰的命令不能不执行。真是没办法，请你们原谅。"

双方僵持很久，北大训导长贺麟赶来当场交涉，同学们呼喊着要向前冲，军警也密密排着，严阵以待，一时紧张万分。有的外国记者想把这场面收进镜头去，遭到警察阻止。僵持中，朝阳大学同学在街头临时组织了一个百余人的儿童队，都是十二三岁的贫苦孩子，他们因为受过日本人的虐待，也喊着"打倒日本帝国主义！""反对美国扶植日本！"的口号，唱着"团结就是力量"的歌，向封锁线冲去。同学们报以热烈掌声，跟着他们唱歌，呼口号。警察们起初很惊讶，及至孩子们靠近封锁线时，又用闪亮的刺刀吓唬他们。孩子嚷着"为什么不许我们爱国"撤退了。

下午两点多，快报组传称西城队伍已到中南海。东城的同学马上整肃起来，向东华门冲去。军警顿时连成数道防线，同学们挽着膀子向前冲，军警们先是阻拦，后就动武了，木棍拳头齐挥，旁边还有特务掷石块。同学们只顾冲，没有还手，也不及闪避，十几人被打伤了，皮破血流。接着，枪声又响起来了，同学们匍匐街头。喧闹的东华门大街，成为血的纪念地！

东华门紧张，把守南河沿的警察赶来增援，反而腾出一条通道来。东城的同学站起来，高唱"团结就是力量"，向南前进，西城的队伍向北前进，两支队伍终于会合了。南河沿青年在流动，旗帜在飘扬，歌声在震荡，五千多人喊着反扶日的口号。唱着"让我们筑成一座铁的长城！……踏着新生的路，前进！"，返回北大。

9日大游行后，平津学生又掀起抵制美援的热潮。发起者是天津北洋大学学生自治会，经全校三分之二以上同学签名，"为了对反美扶日运动采取比罢课更有效的行动"，决定从12日起停止分配美国救济团赠送作学生营养补助的鸡蛋。签名书还要求"联合平津各校一致拒绝美国任何非善意的救济"。

18日，有美国背景的燕大学生率先发表拒绝接受美国营养救济品宣言，内称："中国学生为了反对美国扶植日本，抢救中华民族的惨重危机而展开爱国运动，得到全国同胞的同情和支持，却受到了美国政府的污辱诋毁，更想以救济物资塞住我们的嘴。我们不反对美国人民对中国一切友谊的援助，但对美国政府用作手段的救济却决不愿意接受。我们这样做只

第六章　故都学潮

是表示并代表全中国人的坚决意志,反美扶日到底。"

20日,清华大学教职员发表声明:"为表示中国人民的尊严和气节,我们断然拒绝美国具有收买灵魂性质的一切施舍物资,无论是购买的或给与的。"北大学生自治会决定,自22日起拒绝接受美国救济品,解散校内专为办理此项救济工作而设之学生福利救济委员会。华北学生反扶日联合会抗议书称:"今日中国学生已经有无数次考验,水龙、木棍、砖石的滋味都饱尝过,无论遭遇任何严重迫害,我们总是不为暴力所屈。"

6月23日,司徒雷登到北平,在燕京大学度过他七十二岁生日,我赶去采访,他对学生问题不做任何表示。25日,司徒雷登回南京前夕,我再次趋访,他依然王顾左右而言他。其秘书傅泾波还随时提醒他注意,不要说话太随便,尤其是面对记者。我知道,司徒雷登已经接到燕京校友的一封信,指出,他这么做下去,损害了他在中国文化教育界中的地位与名誉。又说:"这非出自你的内心,希望你赶快辞职。"

"反美扶日"运动的发生,一方面加剧了美国政府对国民党统治前景的担忧,甚至不再对其抱有希望。另一方面,国民党政府在对日态度上悖逆民意、屈从美国的政策,也招致社会各阶层的指责,包括部分上层精英的不满,使得其统治基础发生严重动摇。更重要的是,美国扶植日本的政策一定程度上改变了中国知识分子对美国的认识,其中许多人逐步放弃对美国的幻想与期望,有的更在政治、思想上开始倾向共产党。

跌在"糟房"里

"糟房"是指酿酒的作坊。因为酿酒过程中会产生酒糟,所以酒坊又被称为糟房。酒糟则是酿酒的原料在酒精被提取后剩下的渣滓。内战中的东北教育就如同糟房,几乎毁掉了一代青年。因此,我当年写东北教育问题报道时,用"糟房"做了比喻。

进入1948年,东北战火愈烈,学生已经不可能安心读书,一部分更

第二部·高峰自述：内战观察

逃入关内，北平成为东北流亡学生最多的城市。我的报道也始终关注这命运多舛的群体。请看当年报道：

3月14日，东北流亡学生来平者日渐增加，无衣无食、无处住、无书读，长此下去必沦为乞丐。东北教育已入无人过问之混乱状态。

3月28日，沈阳医学院学生流落平、津、唐山等地，回沈不能，公费停发，欲向其他大学借读又不可得，进退失据，情形极惨。该校院长徐新明自去年赴京尚未返校，训导长促院长北返也一去不归，在校大部分教职员已准备进关。

4月2日，沈阳私立中正大学未经教部准予立案，既不能结束，亦无人负责续办，贫寒学生五百余人断炊，三百人饿倒床上。东北大学学生发动迁校运动，八十五名学生被勒令退学。

4月23日，国立东北各院校大部陷于停顿，不仅无教授，且各校负责人多已南去，校政无人过问，陷于混乱状态，读书空气低落，时起纠纷，东北教育面临破产。政府明令长春大学迁平，但该地孤悬，政府对交通工具迄无详示，亦未肯代为解决。

5月7日，政府拟在平津设立东北临大、临中，专为收容东北入关青年。但恐影响人心，无意将国立东北各院校内迁，东北教育更形分裂散漫，关外之各院校将彻底变相停闭。

5月9日，辽宁省主席王铁汉语记者：辽宁某些学校瞒报班次，套取学生空额，从中自肥，教育界之罪恶实为深重。

5月15日，东北临大临中消息传至东北后，东北大中学生纷纷入关，无处收容，流浪街头。临大临中校址仍无着落。

5月18日，东北避难来平学生住处无着，多数露宿街头，社会局接洽广济寺寮房一所，可容纳八十人，不及需要十分之一。

5月25日，东北流亡学生博得同情，北平各院校抢救教育危机委员会捐赠四千万元并发动募衣募书工作。流落北平城墙洞内无宿无食之东北学生二百人暂时收容于绒线胡同青年团内。

5月27日，长春松北联中因当局下令将十八岁以上学生编入军队，学校解散。部分学生冒险入关，学业荒废。北平师院同学每天轮

第六章　故都学潮

流去为他们教课，北大医学院专派义务治疗队为学生诊病。大学生挑起救人的担子，流亡的一群说："我们相信天下还有正义。"据悉：平市当局之不能好好招待学生，是怕流亡在天津的东北学生也来北平。

6月20日，十八日夜落雨，住在怀仁堂前走廊下的东北流亡学生四百余人全被淋湿，于深夜搬入正准备开市参会的怀仁堂。警察分局派人交涉，学生不肯搬出。十九日晨学生派代表去市府请愿，市府叫他们搬到宣外法源寺去，学生以与和尚为伍不易，希望市府先开导和尚，做救济善事。前次市府叫他们搬到拈花寺，曾遭和尚拒绝。怀仁堂左右不是没有大房子，北平的慈善家也很多，市政当局何以对这批年轻人如此悭吝？

6月21日，沈阳中正大学迁平以来，校务无人掌理，学生无人负责，同学无书读、无饭吃，日处困窘之境，凄惨状态，不亚难民。同学向余代校长协中请愿，并呼"打倒教育骗子"。余氏动怒，通知社会局停止配给该校学生面粉，四百余同学断炊挨饿。

6月28日，中南海怀仁堂前走廊客迁往广化寺后，承德流亡学生三百人又寄居廊下，每日赴北城棉花胡同热河同乡会喝两顿粥，往返四次约三十里。怀仁堂现正开参议会，汽车飞驰，廊前学生面迎尘灰。

……

6月底，我写出长篇通讯《跌在糟房里》：

十七年前父母逃亡，十七年后子女又流浪，东北两代人都交的是厄运。流亡在平津的东北四五千学生，住庙台，睡走廊，风吹雨打，吃不饱饭，读书无消息。他们伤心地说："我们不如猪狗，猪狗是有主人照应的。"

胜利后比抗战时更混乱了，无组织，无政策，一切越出常轨。东北的教育早已翻车，不论公立私立的大中学，从无人把它看成是"树人"的摇篮。教育部除供给应有经费、来往公文外，别的不管。主校政的由这学期敷衍到下学期，教了什么，学了什么，是先生与学生的事。在两不管的夹缝中，东北的若干学校就成了"糟房"，青年被腐蚀着。

最近一年来，因军事关系，东北师生心理上大感不安，无一不酝酿迁校风潮，一整学期是在半停顿状态下荒度。学生不甘心腐烂在"糟房"里，肯进取的、厌恶炮火的，卖尽身旁所有，成群结队入关，想找到一个安定的读书环境。他们承认在"糟房"里被腐蚀到了一定程度，半年来没有好好上课，以往所学到的也不够用。虽然是向往着平津著名的学校，但无力参加转学考试，所以他们希望教育部在平津"宽收严教"，给他们一个新的上进机会。流亡入关的东北学生一再增加，两个月以前，东北人士在南京呼吁，教育部才决定在北平设东北临时大学，在平津设两所临时中学。但只是一道命令，并无准备。这消息很快由南京传到东北，各报大字标题，说是收容东北流亡学生，有公费，有书读，有住处，从此被贻误多时的东北学生如潮水一般涌进关来，由一千增到近五千人。北平临大只有黄寺的三栋房子，临中连影子也没有，学生一批接一批地走进庙宇与难民所。原在东北的各学校，还留有少数走不动或不想走的学生，守着像死过人的空荡教室与宿舍。关内外东北教育，在一个不彻底的教育计划下，半身不遂，甚而四肢瘫痪。政府对学生不能救济，反而造了孽。

照今天东北情形来看，大学教育不能循正规前进，环境不安（长春大学在火网里，长白师范由永吉撤出一半到沈阳），教授不齐（没有一校一系有足数专任教授），既不能教书，也不能读书。教育部应该有个断然处置，索性下令国立各院校迁平，集中为联大，或分别上课，教授、图书、仪器都有点大学的样子，比之另设临大要好。办大学不是搭棚，今天动工，明天完成，将来给予学生们的是什么？现在是临大一定要设立，原在东北的各院校继续办理，弄得虎头蛇尾，两边全不够大学条件，同样是"糟房"，要泡烂了学生。

更令人不解的是，教育部并无命令国立东北大学、沈阳医学院、长白师范学院迁平，而三校校长全在北平处理校务，半数以上学生分批飞来北平，图书仪器也在装运。而东北今年暑假高中毕业生两千

第六章 故都学潮

人,无大学可入,无力进关升学,无职业可就。沈阳参议会呼吁东北要保留一所大学,辽宁教育厅长来平,请求国立院校到东北去招生,卫立煌电清华大学派人去沈阳设招生处,并可补助用费。东北国立各大学随便迁走了,高中学生没人管,混乱程度一至如此,各校当局与教育部如何向东北人解释?

临大收容工作还没有完全做好,教育部的命令却先到平,除国立院校学生外,不收容私立院校学生。理由是私立院校未立案,学生无学籍,或未呈报停办。如果这些全是过错,也不能加在学生身上。学校未立案而招生开学,是教育部不管。朱家骅部长、东北教育视察团、教育部督学黄曾樾等都到过东北,看出多少问题?为什么任其滥收学生,不就地下令封闭?今天反把学生当罪人,于情于理讲不通。未呈报停办是学校的责任,如沈阳私立中正大学,沈阳私立女子文理学院等,像一阵风似的刮过去就完了,现在已经停办,教育部追问过责任吗?关心过学生的出路吗?不管不问,耳不听心不烦的态度要不得。光复迄今,东北教育有什么改革?教育部说,东北"师生很艰苦,虽然环境不安,各校上课情形良好",那是掩耳盗铃,自欺欺人。

临大负责人谈起不能收容东北私立院校学生,另有一个理由确是接近实情,"有几个私立院校在东北继续招生,收了学费,发给一张学位证,学生拿着进关,要求入临大,临大必有人满为患之虑。"东北最高当局不能再放任,一定要干涉那些假教育家。教育部也不能视若无闻,让他们继续做教育生意。

负责办教育的把教育本意完全糟蹋了,受教育的也被教育贻害了。逃到北平的东北学生几次招待记者控诉:"学校是否立案,我们不知道。成立东北临大的宗旨是收容东北流亡学生,把我们摒弃临大门外是没有理由的。"教育部要赶快想办法解决,如果认为私立院校学生程度不够,可采取甄审办法,分别收容。若根本不收容私立院校学生,应该通知东北地方,私校学生不必再入关。私立院校,教育部事前不管,事后不问,任其自生自灭;临大收容,事先不说限制,事后又要限制,弄得不好收拾。教育是不能开玩笑的,贻害青年是对国家的罪孽。青年变成教育的玩物,世界上只有中国的教育政策如此。

平津两临中校长侯敬敷、汤树仁早已派定，侯氏到平一个多月，没有经费，找不到房子，不敢与学生见面。汤氏远在长春，飞机不能降落，无法出来。上月教育部发言人在南京说"平津两临中已着手筹办"，显然是谎话，简直活见鬼！是对流亡学生的欺骗。汤校长不能入关，教部改聘留平的长春临参会议长毕泽宇筹办天津临中；侯校长不露面也不辞职，教部就应该另派别人，早点拨款，限期筹备，不能再拖。各地方当局不能略尽地主之谊，协助找校址，在情理上也讲不过去。

以难民身份寄居北平的那些私立院校学生，每人每天由教育局发给玉米面一斤，每顿吃两个窝头，副食费没有，青菜盐水，灌满肚子过一天。有几处借不到蒸笼，煮两顿粥，就点咸菜，一出汗又饿了。住难民所的睡砖地，门口写着"苦斋"两字，真是苦了他们。住庙的露天睡庙台，天一亮老和尚念经，大家跟着惊醒，睁开眼，满身露水，仰脸望着灰白的天空，想家的又闭上眼，偷偷流泪水；抑制不住郁闷的哼哼流亡曲。太阳出来了，往背阴的地方搬；下雨再找避雨的房檐。"早知道这样，何必进关"，他们对自己的行动发生了疑问。对那不如猪狗的生活，忧郁、烦闷、痛苦，多少人已经开始病倒。麻疹、脑炎、夜盲症、疥疮在普遍传染，有的几经交涉请求送入医院……从东北走出"糟房"，到北平跌进另一个"糟房"，这"糟房"天下，叫青年失望到底。

"七五惨案"始末

对东北流亡学生境遇的漠视乃至歧视，终于酿成了一场惨案——震惊全国的北平"七五事件"。我当时就在现场采访，并追踪报道了事件的后续发展。事后又给《观察》写了长篇通讯，详细记述了事件的来龙去脉。

1948年7月5日上午，四千多名东北流亡学生聚集北平参议会门前，

第六章 故都学潮

抗议该会此前通过的"东北流亡学生救济案"（主要内容为"凡确有学籍及身份证明者，应予以严格军事训练；身份不明、行为悖谬者，予以管制；学力不合者拨入军队入伍服兵役"）。因无人接见，学生们情绪激动，冲进去捣毁了各办公室。下午又到东交民巷北平参议会议长许惠东住宅请愿，与前来镇压的军警发生冲突，军警两度开枪向徒手学生扫射，造成死八人，重伤十八人，另有路人中弹身亡的惨案。次日，各报刊载中央社消息："有自称东北学生者聚众捣毁北平参议会。在许议长住宅前，警戒部队及徒手军警赶到，突有暴徒开枪，戒严部队为自卫计，向空放枪，警告制止。双方发生冲突，互有伤亡。军警伤亡二十余人，暴徒死二人，受伤十余人。八时许，暴徒呼啸而散。"

惨案发生，震惊全国。中央社的报道与事实相去万里。北平当局也曲解事实，嫁祸学生，公开指"奸匪策动无疑""疏导已不可能，只有戡乱"。惨案中开枪士兵所在的二零八师师长段云还说"当天有两名携带冲锋枪的士兵在混乱中被人架走，不知下落，可能被秘密处死"，显然是血口喷人。东北留平同乡会提出："请治安当局公布死伤宪警名单与住处，同乡会派代表去慰问。学生没有能力掳走两名士兵，两挺冲锋枪也无处收藏，偌大的北平城，无法暗中掩埋两个尸首。"当局对此闭口，无所应答。

7日，北大、清华、燕大为冤死的东北同学向在平的副总统李宗仁请愿。李说："我绝对同情东北学生，但因有职无权，不能给地方长官下令，只能把意见转告地方当局。"同日，我赶去参加沈阳中正大学殉难学生许国昌追悼会，见灵位前除香烛纸箔外，只有几个馒头、窝头祭奠，观者无不落泪。

9日，东北华北学生联合发动"反剿民、要活命大请愿"，矛头开始指向华北最高长官傅作义。北平街头万人高呼："谁是凶手？""傅作义！""谁杀死东北学生？""傅作义！""严惩凶手傅作义！""枪毙陈继承！""反对政府剿民政策！"马路墙壁上也写满了同样的标语。次日，傅作义接见各报记者，走进会客室时竟没有发现自己的绑腿已经脱落，显见心不在焉。他满脸悲痛地说："搞政治就是牺牲。"并以林肯与甘地为例，说明自己"不怕牺牲"。

11日，北平市府举行记者招待会，发表对目前学潮看法称："从

'枪毙傅作义''反剿民'口号来看，已由量的积累而达质的变化，已非东北学生要求读书生活问题，而成为政治性的反国策行动，政府对此特别注意。"同日，北平各大学教授四百余人联署发表宣言，敦促政府尽快公允处理"七五事件"。

12日，鉴于政府杀人不偿命，一味"混账"抵赖，东北旅平人士成立了"七五血案"后援会。东北、河北、北平籍的国代、立监委五十余人开会讨论"七五"善后与肇事责任。到华北劳军的南京政府监察院副院长刘哲（吉林人）也应邀参加。会上发生意见冲突，东北籍年青立委刘博崑说："政府不允许共党利用学生，但亦不能玩弄学生，把全体学生当共党对付。开枪打死东北学生，绝不是地域性问题，而是政府对人民尤其对青年的态度问题。"刘哲说："一个巴掌拍不响，大家要以国事为重。"主张多一事不如少一事。刘博崑指着刘哲痛骂"老混蛋"，刘哲拍桌跺脚，反骂刘博崑"党混子"，会议不欢而散。

沈阳也成立了"七五血案"后援会，坚决主张清算杀人责任，为死去的孩子们雪冤，并决定举行追悼控诉大会。由于光复后沈阳从无以政府为攻击对象的公开集会，东北剿总起初想制止，但由于华北严限东北流通券入关，阻遏东北经济，东北早对华北不满。既然控诉攻击的目标是傅作义，所以未加阻止，卫立煌还捐助大会流通券一亿元，甚至允许会后游行示威。

17日，北平警备部、市党部、市政府联合招待记者，表示"七五事件"大体告一段落，希望记者们多与他们联系，并称"当局向中央社送的稿子最可靠，希望以此为准绳，各报标题不要刺激，不要用头号字力行言诛笔伐。要配合政府，配合国策，否则其责任自己负担"云云，公然压制舆论。

18日，东北各界"七五血案"慰问团抵平，慰问受伤学生，调查肇事真相，要求追究凶手。傅作义会见慰问团时说明，二零八师是警备部队。意指非行辕所属。因此，慰问团返沈前发表书面谈话，明确要求政府严惩陈继承与开枪的士兵，理由即二零八师开枪杀人，该师系警备部队，归警备司令陈继承指挥，所以陈继承应负间接杀人责任。谈话最后，还特别提出感谢傅作义处理"七五事件"的公允态度。

第六章　故都学潮

20 日，华北剿总聘请东北、河北籍国代、立监委十八人，组织"七五事件"调查委员会，包括调查陈继承的责任，并曾通知陈到会谈话，陈则指派参谋长代表出席。经过一周调查，起草报告书时，委员会内部又起纠纷。有人主张，在报告中必须写入陈继承与在现场指挥的北平警察局副局长白世维。有人主张，开枪的是二零八师不知名士兵，陈、白两人无责任。几次讨论争执不休，最终拥陈派失败，陈继承、白世维的名字写入报告书内。

23 日，东北方面久候惩凶无消息，"七五"后援会准备 8 月 1 日发动罢市、罢工、罢教、罢课、罢公。25 日，刘哲到沈阳劳军，竟说："国代、立监委全罢公，丢了官职，哪里去吃饭？我若辞了监察院副院长也会立刻挨饿。"刘哲引火烧身，东北籍立委王化一，政委会委员马愚忱等一怒发动驱逐刘哲出境，吉林同乡要求政府罢免刘哲，东北学生几十人还到刘哲住处去"欢送"。刘哲弄得焦头烂额，只住了两天就飞回北平，还气呼呼地说"我献身党国四十年"云云，意指从未受到如此难堪。

由于"七五事件"可能引起东北的骚乱与内斗，卫立煌请东北监察使谷凤翔飞南京，报告东北人的情绪，请政府早日处理善后，免招将来恶果。本来，死了几个学生，政府并不介意，没想到事情越闹越大，东北人可能要与政府离心离德，南京方面慌了，派国防部次长秦德纯与谷凤翔、胡文晖等飞平，调查事件真相。

8 月 2 日，秦德纯抵平，对记者说："政府有令给东北，宣布临时戒严，防止滋事。"又说："事件对我是一张白纸，只在报上片断地看到新闻，不知详情。这次到北平，只负责调查，不负责处理。"他还回忆起 1935 年北平学生的"一二·九"与"一二一六"抗日运动，说："我当时以市长身份，命令警察不准带枪，连指挥交通用的木棍也不许带，凡是被学生打伤的警察可以受奖。怎能叫部队用机枪扫射学生呢？后来学生闹到东交民巷，向日本使馆示威，日本兵架起机关枪，我们才用水龙冲散了学生，虽然打伤了一些人，总比机枪打伤要好受。"他颇为当初自己处理得当而自得，却在有意无意中把眼下的北平当局置于不仁不义了。

秦德纯还曾到"七五血案"现场视察，看到了被子弹打穿的铁电杆。又召见在现场指挥的二零八师营连长，他们否认有穿甲弹，甚至很滑稽地说："我们来去时的子弹一颗未少。"东北籍立委李峰、国代尹冰彦等去见秦，尹问秦，究竟是谁下令二零八师去镇压学生的？秦说："我问过傅总司令，他说当天下午陈继承打电话给他请派军队，他说不需要吧！陈说需要，傅说派军队可以，但须徒手。陈又说徒手不行，傅说带枪不能开枪。"如果傅作义所言不假，那么，至少陈继承的间接杀人罪是成立的。李峰提示秦德纯："东北人的情绪高涨，若真酿成罢工罢市，半壁河山是要变色的。北方出了事，你回到南京也还得赶回来调查。"

"七五事件"调查报告原定 8 月 5 日发表，因秦德纯来平，那份报告送到华北剿总，请傅作义定夺，傅又把它转交秦德纯带回了南京。"七五事件"真相只能等待南京发表了。

"七五"死难的东北学生家属向北平地方法院提出自诉，控告陈继承、许惠东、白世维等唆使杀人。法院依诉讼程序，自诉人必须是直接受害人，未予受理。枪伤初愈的学生石启明、杨伯鸿、陈玉琦等也联名向刑庭自诉，控告陈、许、白唆使杀人，法院开庭当庭验伤，受理后准日内传讯被告到庭。其实，法院处理这个案子也很棘手，那些一向判罪他人者怎能接受别人判罪于己呢？所以法院始终没有传讯许惠东与白世维。而陈继承是军人，据说"应依军法办理"，所以原状上已将被告陈继承的名字撤销。

"七五"那天在现场指挥的北平警察局副局长白世维，自从被学生向法院控告后，就有"要倒霉"的预感，所以曾招待在现场采访的记者们吃饭。他多喝了几杯酒，说："今天调查委员会调查我，明天法院又要传讯我，还当他妈的什么副局长。出事的那天，我请示刘（瑶章）市长，拿不出办法；又请示陈司令，也拿不出办法。我无权指挥二零八师。如果枪毙了我白世维，这政权能稳固，这社会秩序不再混乱，我愿马上被执行。我白世维十四岁离家，自己创业，今天绝对不含糊。万一有一天我到了法庭，请诸位老兄去作证，请你们主持正义，我只这一点要求。"

"七五"那天，白世维对学生的确很嚣张，绝无同情之心。不过，若说罪过全在他的身上，也有点冤枉。据说"七五"出事后，陈继承给白世维补去一道命令，说二零八师归他指挥。这又是一个嫁祸他人的手法，难怪白世维酒后满腹牢骚。

"七五事件"的真相是什么？下令调二零八师的是陈继承，现场指挥的是二零八师营长赵昌言和白世维,开枪的是几个机枪射手。至于谁下令开枪,在当局推卸责任、蔑造事实的情形下,恐怕很难调查清楚。但我们知道的是,当天下午七点零五分第一次扫射学生时,赵昌言不去制止,白世维袖手旁观;第二次又扫射,他们也没下令停止。这是多少人眼见的事实,这不是有意屠杀吗?可是他们一口咬定第一枪是从学生群中打出的,起初说是一共党学生放的,以后又说不一定是学生,也许是第三者有意造成惨案。他们想借口学生先开枪,二零八师出于自卫才扫射,以减轻杀人罪过。但在现场的中外记者、学生、宪兵、警察都不能证明学生有枪,更无法证明学生先开枪。

于是他们又设法分化东北学生,列举学生的劣迹,同时指使他们的"职业学生"检举他们认为的反政府的"职业学生",以使社会对东北流亡学生失去同情心,冲淡"七五血案"的责任,混过这笔血债。我在通讯的最后写道:"政府一方面要向人民立威信,一方面又不敢打老虎,只敢撵几个苍蝇。我们等待看看谁是苍蝇,谁来抵偿这'七五'的血债吧!"

"七五事件"还暴露了傅作义与陈继承及北平当局的矛盾,但傅作为华北最高军政长官,不能不承担责任,他也确曾致电南京,请求处分和引咎辞职,北平的民众团体则上书为之辩解。蒋介石最终不得不处分了陈继承和北平的几个官员。但无论他们是"苍蝇"还是"老虎",都没有人为那些枉死的东北流亡学生偿还血债。

特刑庭与大拘捕

"七五血案"引发了"七九"学生大请愿,喊出了"枪毙傅作义"等口号,也引起了当局的注意,指"七五"单纯而"七九"变质,官方报纸更叫嚣"学运是共匪的第二战场",要"清除学匪"。为此,当局一方面挑拨离间,力图拆散东北与华北学生的团结,另一方面扬言追究"七九"责任，给华北学生以恐吓。对此，东北学生反驳："七九"与"七五"同样单纯，有"七五"才有"七九"。北平同学提出，各院校要提高警惕，加强团结，防止破坏。

分化不成，当局改变策略，先拿"七五血案"中死伤学生最多，因而表现最激烈的长白师院"开刀"。8月4日，借口校内学生斗殴，派员入校抓捕十五名同学，旋即移送特刑庭。北平地方法院也陆续传讯东大等校同学。这样，压制了东北学生，当局转而全力对付华北各院校。

8月10日，北大发现海报，说当局要逮捕五百余同学，名单已经拟就。同日，清华、燕京接到恐吓信，一时谣言纷纷，人心惶惶。12日，国民党青年部长陈雪屏悄然抵平，化名住进北京饭店，与多方密谈，而北大同学却始终找不到他。又据说，其随行者还有特务头子毛人凤，更显得神秘、恐怖。

外面的风声越来越紧，"入校搜捕"的传闻更炽。北大同学频频谒见校长胡适、训导长贺麟，请校方保护同学安全，要求当局尊重学府庄严。胡、贺两人的态度模棱两可，说学校也没有保障，同学的行动要自己负责。校方能够做的，是通知校务人员提防外人进校。

18日，南京公布《清除后方匪谍办法》，军警入校搜捕成为"合法"行动。北平当局宣布，为"预防潜伏分子滋扰"，自18日起每晚九时戒严。当晚，北大校方表态：尽力拒绝搜查，但对拘传事，希望当局依法律程序办案。事实上，十一院校当夜已同时接到特刑庭拘传学生的传票，北大一校就有七十一张。统限19日上午九时到庭，否则，20日上午开始入校逮捕。

特刑庭，是国民党政府为"戡乱"而设立的"专门办理危害国家紧急刑事案件"的特种法庭。自1948年3月起，在各省市陆续增设，由司法及军法官混合组织，直属司法部管辖。为此，北大、清华、燕大、师院、南大、北洋等校学生自治会曾上书南京立法院称："设立特种刑事法庭，把普通罪刑特殊化，把审判机关军事化，把诉讼程序原始化，致使人民仅有的法律上的基本权利以及普通司法机关权利都被摧残净尽。这与人民要求生存的权利相去千里，政府实施宪政的'决心'实难令人置信。我们对于宪政的推行关心最切，对于法治的践现期望最殷，因而对于摧残人权的

第六章　故都学潮

制度也痛恨最深，……我们要求贵院立即撤销特种刑事法庭，并取消'戡乱时期危害国家紧急治罪条例'，以保宪法，以维人权。"

然而，国民党一意孤行，特刑庭成了他们迫害学生的工具。在北平，更出现了特刑庭监狱人满为患，要将犯人迁入中南海的奇闻。8月18日北平报载，"特刑庭庭长何承斌称：因草岚子胡同原址不敷应用，乃由陈总司令通知搬入中南海，……为保安起见，或将拉设电网。……特刑庭人犯解入中南海，候讯犯人兼可游园，铁锁叮当声响彻初秋的中南海，平添肃杀景色。"

19日晨，北平各报登出"特刑庭拘传职业学生名单"共二百四十八名。军警对各院校的包围更紧，出入须验学生证，对黑名单；城内城外交通也告断绝；但军警尚未冲入校内。师院和北大师生开会商讨对策，认为特刑庭违宪违法，根本无权拘传人民。"危害国家"也是一个莫须有的罪名，因此坚决拒绝拘传。

院校当局方面，师院、艺专表示，愿保障同学安全，北大校方希望大事化小，小事化了。不过，也有校方想息事宁人，或存心与学生对立，师院、辅仁两校，经学生检举，凡在名单上而未离校的"职业学生"一律被拘提到庭。中国大学由总务长"劝导"，被拘传的学生很少漏网。朝阳大学训导员李贵民更带领宪警入校搜捕学生。

20日上午，特刑庭公布了第二批拘传名单，共七十四人，其中包括各校大部分学生自治会理事。至此，特刑庭共发出拘票传票三百二十四张，收押男女学生四十三人。并声言，对抗传学生将直接拘提，对潜逃者下令通缉。情势越来越严重，未在名单上而被捕者日多，各校的包围也更紧，随时有被冲入的可能。

对于当局的大拘捕，北大、师院教授发表抗议宣言，指政府根据不合理的法令迫害学生是违法的，"只觉得政府目的在制造事件"。北大五十余教授上书胡适校长：一，特刑庭的设立，根本违宪。学生如有犯罪证据，应由法院传讯；二，第二批名单中所列学生多为自治会理事，何以指为"匪谍"？请校方拒绝接受；三，为维护政府尊严，请阻止军警入校搜查、逮捕学生；四，请向当局要求，立即撤销监视包围学校的军警。一位教授说："我只有一个意见，请胡校长问问行政院，还要不要办教育？政府如要继续这样做，胡校长就像当年蔡元培先生那样提出辞职好了。"

北大自 20 日起被警宪包围。西郊的清华、燕大校车三天没有进城，校内电话对外不通，师生有私事要托外籍教师带口信进城。胡适、梅贻琦两位校长一度拜访当局，希望无论如何不进学校搜查，以免发生意外，但 21、22 两天，师院、燕大与清华终于被搜查了。北大成为"孤岛"，周围卡车越来越多，办公电话失灵，"今晚可能被搜查""保卫北大""向胡校长请愿去"的海报贴满民主墙。学生组织了纠察队，全体集中红楼，用讲桌堵住所有通道。校外马路上宪警检查学生证，校内学生检查生疏面孔。北平警察局局长杨清植到北大讨论拘传学生的技术问题，校方也连日开会商讨如何劝导学生出庭。

22 日晚，北大校方布告，限令四十八名同学于 23 日下午三时前到训导处报到，赴特刑庭投案，否则即停止学籍。同学闻讯大为不满，派代表向胡校长要求收回成命，并决定继续集中红楼，声言无论如何要守住这最后的堡垒。校方一再保证军警决不会进来，并透露，布告是一种姿态，决不与同学为难，且停止学籍与开除学籍不同，为应付当局不得不如此。

24 日上午，包围红楼的警宪增加，校门许进不许出，大有搜查模样。紧张中，周炳琳教授对同学说，再忍耐些时候就可解围了，并亲自留在门口任纠察。十时许，警备部汪处长、宪兵团梅团长等来与胡适校长接洽，又由训导长贺麟带领到民主广场和红楼转了一圈，便乘车归去。官样文章交卷，门口宪警全部撤走，北大总算免于入校搜查。事实证明，北大校方确实在设法保护同学。这在事后披露的胡适与陈继承的通信中，可以看得清楚。

8 月 23 日，胡适致函陈继承，对特刑庭传讯的北大学生五十人，分别以查无此人、已到庭、开除学籍、已离校、已毕业、不在校等不同情况做了说明，称"上项报告，我认为绝对真实，故敢转抄给先生。我们现在正查明凡确在北平而避不到案之本校学生，均一律停止其学籍，决不许其注册，亦决不许其潜居校内活动。我很诚恳的盼望先生与贵部同人相信我的报告与保证。"

24 日，陈继承函复胡适称："特刑庭传拘学生事，治安机关有协助执行责任。先生负责保证贵校被拘传除到案者外，已无他人在校，我们当

第六章 故都学潮

然相信,并据宪警负责人报告,他们进校调查结果与先生调查的一样。希望凡确知不在北平的学生,请校方转知从速到当地法庭投案,否则开除学籍。如他们或其同党再在学校活动,负有司法警察任务的宪警将根据职权随时到学校逮捕。"

有意思的是,为特刑庭拘捕学生事,南京方面,立法委员刘不同与行政院院长翁文灏也曾有往来通信,节录如下备考。

刘不同函称:"政府此次以学生为'匪谍'大量拘捕,旬日以来各校莫不杯弓蛇影,人心惶惑。窃以为,青年学生以言论行动过问国家政事,乃其国民天职。查学生之存心,亦无非期政府对政事有所改善而已,用意至善,未可厚非。至其中或有共党籍之所谓'职业学生'渗入其中者,想为数亦不多,总不会超过国民党籍之'职业学生'人数。其余之大部分,无所谓'共',亦无所谓'国'。观此辈青年,目睹国事日非,政府之种种措置多不能使人满意,故出而批评,出而请愿,蔚为运动。不图政府不自检讨,反偏执此为共产党操纵之运动,且所依据之事实,多为出自官方学生之报告,而此类报告又多出自同学间私隙之捏造,政府不审事实,遽而以'匪'论罪,加以拘捕,施以拷打,学生们之学业、自由、生命予为牺牲。际此人权与民主思想发达之时代,出现如此反常现象,实为中华民族前途忧。天下父母将子女送入国家学校,乃基于对政府之信心,政府应如何管之教之,养之卫之,庶副千万父母喁喁之望。今政府未尽公仆之责,反将其子女谤为匪谍,系之囹圄,千万颗慈爱心肠焉不寸断耶?……万祈善处其事。无罪学生迅行释放,有罪者从轻发落,询问过程须依法律程序,保障人权,莫为冤狱。"

翁文灏复函称:"……目前现象,比之抗战以前诚多退步,无可讳言。揆其所以致此者,政局不安,官僚腐败,以致青年学子心怀感愤。尊论所及,自极扼要。但另一方面,中共正多方活动,于国家亟须安定之时,散播破坏秩序之行。徇以国家利害,政府职责所在,不能不酌饬教育机关及学校主管,就其尤甚者妥为处理。……惠函所举为至理名言,政府本怀决当如此,承办此事者亦宜守此不渝。"

8月25日起,"肃清学校匪谍"告一段落。据北大、清华、燕大、师院、中法五校统计,传讯拘讯到过特刑庭的学生一百零七人,取保释放约四十人。北平似乎恢复了常态。但陈继承说军警以后可随时入校逮捕，学生们亦准备与之抗争到底。

此后，被捕学生大多陆续释放，但超期羁押者仍有不少。我曾两次去探监，报道如下：

8月23日，草岚子胡同北平地方法院看守所几乎全部借给特刑庭，羁押了拘传的几十名大学生。看守所门口，每天总有来探望学生的家属或同学，吃的、穿的、用的都可以经法警转送到监房，但不允许直接与学生见面。所里十几个小监房，每间住六七个人。学生们手脚上没有镣链，在监内行动自由，他们唱歌，哼小调，法警也很少干涉。每天下午可以到一个没有树的泥土院子放风，排好队，法警在周围持枪保护。吃的是窝头咸菜，十几天前进所的东北学生，脸色有些不大好看，胡子也长了许多。最近刚入所的新伙伴们靠着在学校的一点营养，还都满面红光。

10月25日，北平记者集体访问草岚子胡同地方法院看守所，那里寄押着特刑庭的"奸匪嫌犯"四百六十六名，其中除了经济犯五六名，盗匪两名外，大部分是学生。

到达时已近中午，风很大，天很蓝，太阳无力地照着大地。看守所里内外两个院落，三所监房，拘押着终日看不到阳光的人们。犯人们听说记者来访，纷纷从门缝里向外张望，期待着记者们的问话。一股恶臭的气味也趁着热闹冲出来。

"你们都是买卖人吗？"几位记者一齐发问。"不，因为要隔离，每个监房里商人、学生或盗匪都有，熟人不能住在一起。"看守所秦所长很谦虚地代犯人们答了。所长身后站着狱吏。一间七八尺见方的小屋子，住着四个人到七个人不等，半尺高的木板床上乱堆着被褥，床与门只有一两尺之隔，便桶就摆在那里。"一天几餐？""两顿窝窝头，可以吃饱，但吃不到咸菜。开水也不够喝。"一个穿西服戴眼镜的人还从被窝里拿出一个冷窝头来给记者们看。他说："我们都是知识分子，亟盼能看到报纸，可是这儿连党报都不准看。"一个学生说："学校送书来已经很久了，还没有看到。"这时，另一个监房门口围满了记者，听一位四川学生激昂慷慨地发了一顿牢骚，并说他是学法律的，懂得刑事诉讼法之类。但记者们未能继续往下听，就被请到别处去参观了。

大监房情形更惨，住了三十一个人，连木板床也没有，被子就铺在地上。一个年轻的小贩见了记者竟号啕大骂起来，说他是保定车站卖卤鸡的，被捕押平后就一直住在这里，到现在已两个多月，还不曾过一次堂。没有棉衣，没有被褥，家中还有父亲和妻儿，全仗他卖卤鸡赚钱过活。和他同来的还有一个六十岁的老人，长长的胡须，眼睛都哭红了。他本来在保定东关卖纸烟，因为被人密告做情报工作而被捕。老人诉苦的时候，站在他身旁的四五个大学生也都哭了。他们希望新闻界呼吁社会人士为他们捐募一些棉衣、棉被御寒，更希望得到一些精神食粮，借以解愁。

他们每天早晚可以放风两次，每次十五分钟，在屋子里跑跑步，做做体操。案情不太严重的每天轮流服役做炊灶、缝纫、外役等苦工。和家人朋友通信可以，只是不能接见。四百六十六人中已起诉的一百一十九人，其中五十人已判决。

11月初，北大、师大、清华等校训导长与北平特刑庭交涉，要求对被捕学生早日审讯，无罪者准保释。9日，又联名电陈雪屏称："仍有六十余人羁押狱中，既未起诉，又不许保释，各方甚为关切，深恐另生枝节。务乞转达中央有关各部，速饬此间特刑庭，速予结案，以符中央爱护青年之意旨。"事情拖到12月，解放军已经大兵压境，最后一批被捕学生才被释放。

第二部·高峰自述：内战观察

五万青年渡难关

1948年的北平，最引人注目的是学潮，而学潮的背后，却是整个教育事业的濒临破产。

当时，北平有各级各类学校六百三十八所，学生二十万人，占全市人口十分之一，是为文化古城的一大特色。但在社会动荡中，北平的教育事业举步维艰。请看几则我当年的报道：

6月19日，物价腾跃，书价亦然。商务、中华、世界三家书店接沪电，所有书价自十八日起自六万倍增为八万四千倍，所以琉璃厂书店街又一致造成涨势，其他书店闻风亦自行酌加。现距暑假开学尚有两三个月，今秋文化古城将又见若干莘莘学子为书费难筹而失学。一位书店顾客叹息说：咱们干脆改成"中华涨国"吧。敌伪时曾称高粱米为文化米，三轮为"文化出品"，文化城里目前只有这可以代表文化了。

7月19日，教育界危难重重。各私立学校学费尚未决定，公立学校成为众鹄之的，致形成公立学校人满，私立学校无人之畸形状况。此种情形往年虽有，于今尤烈。市立中学平均二十人录取一人，比往年比例数字增加颇巨。去年度市立中学报考者总数为两万五千七百八十六人，今年各地学生逃入平市，预计投考市中者将在三万人以上；而私中之冷落亦殊空前，教育已临破产阶段。

8月31日，好年头，每年暑假，升学就职已是难关；这两年，烽火漫天，物价飞涨，学生们的遭遇更难了。大学毕业生到处碰上紧缩裁员，不易找到一个工作。中小学毕业生，多数被庞大的费用推出校门，无力升学。东北、热河、山西流亡的学生，没有吃喝，没有住处。最近十一院校被包围，逮捕"职业学生"又是一场轩然大波。算

第六章　故都学潮

> 一算，今年暑假，北平足有五万青年，要闯过这时代所给的各种难关。大学生闯就业关，中小学生闯升学关，东北、山西、热河学生闯流亡关……关口重重，不知牺牲了多少青年。

《五万青年渡难关》是我在1948年8月末写的一篇通讯，除了前面已经写到的学潮"牢狱关"，还做了其他分述。

就业关。大学生交过毕业论文，十六年的学校生活从此结束。走出校门，踏进社会，到哪里去找一份工作？四周一望，前路茫茫，看不见一点希望的影子。毕业时的愉快心情消失殆尽。

1948年，北平的北大、清华、燕京、师院、朝阳、铁院、中法、辅仁等十院校毕业生共三千零十七人，其中文法学院的占三分之二，出路最感困难。除各校法律系司法组学生由司法部直接派工作外，其余各系两千多人，想找一个科员的职位都不容易。况且，许多去年毕业的同学还在等待机会，今年只能继续等待。

过去，理工科学生就业比文法科学生相对好些。上年，资委会、铁路局、各省建设厅都向各大学邀聘理工科毕业生，清华大学每人都有两三个机会可供选择。然而，内战愈演愈烈，铁路里程一再缩短，各地建设让位于"军事第一"，特别是资委会自东北大撤退，原有的技术人员尚无处安插，工业人才突呈过剩现象。1948年，资委会在全国三十个大学的毕业生中只聘用了二百七十五人；空军在全国十个大学中聘用电机、土木系毕业生三百人；平津、平汉两铁路局遵照部令，尽量容纳国立铁道学院的毕业生，也不过三十余人；战乱倒是需要新人从事军火生产，但应聘学生不多。总之，北平各校理工学院毕业生，由政府安置的仅约五分之一，大部分还要求亲托友，等待机会。"就业关"前，人愈集愈多。关门打不开，学生们多半将走向"毕业即失业"的道路。

升学关。1948年，全国报考北大、清华的学生两万余人，他们大多希望考取后靠公费维持学业。8月间两校发榜，全国只录取了九百多人，比例为二十三比一，打破往年记录。落榜而仍要升学的，只好转考私立大学。私立大学的费用在三四亿之间，有钱的不在乎，没钱的是难关。家长靠典卖负担教育费用，否则只好让子女半途而废。失学而又找不到职业，

第二部·高峰自述：内战观察

真是难为了两代人。

小学或初中毕业生同样专找公立中学投考。北平有公立中学及专科学校十六所，私立中学及专科学校六十所，百分之七十九的中学生在私中。私中费用太高，学费、宿费、膳费合计要交十袋面，因此，三万多名小学与初中毕业生一齐涌向市立中学报名。相比之下，私中招生比往年冷落许多，报上一再看到私中第二、第三次招生的广告，甚至注明"流亡学生半价收费"。市立中学僧多粥少，高中录取比例为十五比一，初中三十比一。家长或学生东西奔走，托人情，求面子，都怕落榜失学。升学确是一大难关。

宪法规定，"六岁至十二岁之学龄儿童一律受基本教育免缴学费。"但北平现有的国民学校收容不了十几万学龄儿童。入私立小学要缴两三袋面，一般人家负担不起，所以市立小学也出现了空前的拥挤现象。孩子想入学，到处托人情，校方苦苦应付。同时，1948年的北平小学还面临一个新难题，即东北流亡学生无处栖身，强行占用了许多校舍，虽经多方交涉，很难迁出。教育部规定每班以四十五人为限，实际每班都超过了八十人。即便如此，北平的失学的儿童仍有近六万人。

流亡关。1948年，东北、山西等地战局逆转，国统区面积日渐缩小，许多学校停办。东北近一万六千名学生首先流亡入关。接着，热河学生一千五百七十八人越过古北口流亡到北平。6月间太原吃紧，山西学生一千四百五十九人也飞过雁门关到了北平，合计流亡学生一万八千多人。他们分住在大小庙宇、难民所、城门楼等近百处地方，社会局发给每人每天一斤玉米面，副食费没有，开水就窝头吃，近半数营养不良，皮肤病、肠胃病占四成。

东北学生因不满意北平市参议会叫他们当兵的"救济"提案，闹出了"七五惨案"。此后，教育部决定在北平设立三个临中，到暑期结束也没有半点头绪。学生不耐烦再住庙宇、城楼、难民所，纷纷外迁，一气占领了北平十七所公私立小学，连当局高官刘汝明、万福麟、宋哲元的公馆也被占领，赶不出去，撵也不走。北平国民学校教职员联谊会向教育局请愿，要求劝东北学生迁出；教育局向剿总请求，赶快给东北临中找房子，免得影响小学开学。有责任大家推，有事情大家拖。半年了，东北流亡学生还

第六章　故都学潮

没有校址，没有住处，在流亡中徒耗光阴。

山西学生在北平遭遇着同样的苦难。中学生住在天坛，暑热中连点冷水都找不到，蚊子咬，挨雨淋，日子比东北学生还苦。8月29日，七百多山西学生把故宫的太庙抢占了，故宫博物院电南京行政院告警。山西大学生先是住在阎锡山的公馆，后来人愈来愈多，住不开，趁着北平行辕结束，雇了四辆大卡车，搬到中南海的瀛台与勤政殿去住。瀛台是慈禧囚光绪皇帝的地方，勤政殿过去是李宗仁办公的地方。北平行辕结束后，北平市府曾计划把中南海开放为公园，也增加一笔财政收入，没想到竟被山西流亡学生抢先占领了。警察当天就奉令封锁了中南海，学生许出不许进，连饭都不准送入中南海，三百多山西学生从此困守瀛台。每天因为送饭，学生集合在中南海南门向警察哀求，仇恨日深，双方终于动武了，学生警察各有受伤。

时间进入10月，我继续报道在平流亡学生状况：

> 秋风飒飒，流亡学生薄衣单被，人们所早料及的寒冷威胁已经开始向各庙宇袭击学生。露天走廊，夜间被单时常叫风给吹起，连被单都没有的挤与别人一起睡，藉大家的体温来温暖自己。各地流亡在平的学生，据报有两万一千四百八十余人，除了东北几个国立院校学生有了归宿以外，山西学生最惨，他们住在风吹雨打的天坛。还有东北几个私立院校的学生，半年了没有一个归宿，分住在十几个地方。天渐渐的冷了，学生的问题似应该早点解决。有吃、有穿、有书读，能使学生复杂的情绪变简单。最近又传说山西大学迁张垣，学生们说："一定留平上课，我们不想再流亡了。"

流亡学生越来越多，北平当局不堪负担。据调查，还发现有冒领或重领粮食者，加之"戡乱"时期，为"肃清非学生身份别有意图者，受匪利用作谍报工作或宣传者，组织暴力团体对同学施以暴力者，强抢房舍者"，11月初，北平市教育局奉剿总命令，对流亡学生实行全市总点名，以确定实际人数，照数配发粮食。拒绝点名及签名或不在集中地点食宿者，停止发给。

点名于 9 日晨开始,按流亡学生所在地,分一百三十七个组同时进行。当局指示工作人员,如有拒绝点名者,可迳行抓送警备部管训。10 日,点名结束,初步统计约为一万三千人。此后,因点名发生问题的流亡学生,连续两天前往教育局申述理由,要求配发食粮。当局不得已,于 20 日又做第二次点名,结果反比第一次少了五千多人。当局决定不再发粮,流亡学生必须集中食宿,且限期报到。

当局煞费苦心,情况并未见多少好转,11 月末,我报道:

> 北平西单、西四一带大小饭店不堪流亡学生干扰,二十三日大部停止营业,即油条烧饼小贩亦多躲避,饭店业公会拟请当局保护。某当局表示:政府对于流亡学生向以"学校管制学生,政府支援学校"为原则,任意捣毁或拒付饭账,可报警法办。据悉,东北流亡学生尚有两千余人未及登记,或分发后临中以校舍不足,未予收容;但教育局对分发而不入校报到之学生,一律自二十二日起停止配发食粮,故此两千学生多告断炊。

进入 12 月,平津战役开始,当局岌岌可危,也顾不得流亡学生了。

【立此存照·张高峰在"文革"中的检讨 现在检查,我写有关北平学潮和流亡学生的报道时,在感情上是同情学生的,但由于立场与思想没有得到根本的改造,有的文章又表现了反动观点。如《记北平学潮》中,记得有这样的话:"一波未平,一波又起,乱了,一切全乱了,乱是祸的根源。北平学潮压不下去,反被推动起来。"这话本来是对国民党政府说的,现在重新认识,这话的作用无异于是说对学生用压的手段不行,应改变一套办法,实质则等于向国民党献计。】

大公报人张高峰
第二部
高峰自述：内战观察

第七章 风雨飘摇

1948年，北平学潮迭起，是整个社会动荡的缩影和凸显。学潮之外，已然一片乱象。以下记述的，就是当时风雨飘摇中北平社会、经济生活的现状以及我经历的两段公案。

病态的北平社会

1948年3月29日,南京召开了"行宪国民大会",选举蒋介石、李宗仁分任总统、副总统,至5月1日闭幕。此时,北平学潮正炽;当局更为东北局势逆转,华北岌岌可危而积极筹谋东北华北联防,以求偏安。

联防离不开打仗,打仗需要兵源,征兵成为一大难题。因为亏欠名额过多,当局不得不以抽签方式征募壮丁。就在"国大"闭幕当天,北平发出中签征集票。民政局并会同华北剿总及法院,对逃避兵役者提出惩戒办法,"拟没收其家属财产,作为优待入伍新兵之用。对其户主,除没收财产外,并将依照妨害兵役惩治条例规定,处三年至五年有期徒刑"。此举一出,人心惶惶,"代役"行情大涨,每人的安家费由三千万元涨至一亿元以上。5月5日,有市民代表一百四十余人到市府、市参议会请愿,呈文称:"此行强迫抽签,稍有违误即予逮捕,施行以来人心惶惶,其结果乃有:一,逃亡壮丁轻则游离失业,重则走险资敌;二,工商业壮丁逃亡,将为本市繁荣之大打击;三,人心惶惑,对配合戡乱之组训民众工作,均将遭受影响,而兵贩子因此大发财源,徒招致社会不安,增加宵小渔利机会。拟请展宽为两个月,并清查户口,强制漏报者服役,严惩失职当局,以维役政而平民愤。"

修筑城防工事也是巨大工程,但政府税收困难,市库空虚,连雇员薪金都要借发,因此邀集各厂矿劝募认捐。警察局要组训劳役,维持治安,首批即人力车夫,而后是影剧院、旅馆茶役,饭店伙友、女招待,以及粪夫、水夫,甚至和尚、老道都不能例外。一般市民生活尚且难过,又平添负担。

这边征兵难,那边难民多。5月中旬,子冈报道:"各地难民麇集平市已达五万之众,所需食粮甚成问题,当局拟将冬赈停办之粥厂恢复十六处,可供一万两千难民每日食粥一次。"然而,"物价大翻身,为四万一斤的玉米面压得不能透气的人太多,北平冬赈后仍保留八个粥厂,每日就食贫民约八千人。现难民纷至沓来,虽各难民所已收容六千余人,距实际需要尚远。社会局所辖平民食堂每日就食平民约四千人,周来更形拥挤不堪,欲增设数处,但实已力不从心。"

进入 6 月,乱象更甚。一方面,为避战乱,许多殷实富户纷纷南迁,中航公司登记拥挤,赴沪机票预约排出一个多月。北方工业资本也在南迁谋划中,一些大企业已经在香港开设分厂。另一方面,更多的百姓为物价困扰。端午节前夕,玉米面卖到近六万一斤,小米八万,小站稻十二万多,糯米近十六万,粽子更是随时涨钱,广东粽子最贵卖到十万一只。徐盈、子冈报道说:

> 史无前例的通货贬值发生了不少新现象:一,商业交易多有毁约发生,虽有保人及预缴定费,但都不能算数。新订货契约都要预缴货价百分之八十。二,市场没有了定价,望风捕影。一些商人一天数度加价,却不知为什么而加。当局无力管制,怕限价之后即有拒售发生。此即恶性通货膨胀现象,不是没有物资,而是没有了购买力。三,最显著的是大饭馆多已不能维持,街上看到也是饭馆关门最多。定价不能一天数变,付出货物不能以售价买回。四,零售商资金越周转越小,本来是逐年逐月耗蚀,如今一天之内就耗蚀了几许。中小商人如抬价过高,商品就无法出售,则自己就把资金丧失殆尽,如童话般一夜变成赤贫。五,华中为华北游资作祟,华北又为东北游资作祟,各地都设闸防止邻省通货洪水到自己区域内泛滥,但每个区域的洪水都涨平了槽,而上游的水源却无法断流。……

物价与水银柱赛跑,而且越跑越有劲了。官方用悬赏方法来平抑也无用。市府发言人称:十九日平市棒子面十二万多一斤,稻米向三十万直冲,一袋面粉已逼近七百万大关。市长和社会局长都很"着急",但对于这全国性的普涨实无办法。市上猪肉三十万一斤,买主多为军人,一拉半只一只,弄得三、二斤的小买主向隅。蔬菜价亦无不加成。救济特捐加在米面商头上的特高,又成为加价的口实,真是

第七章　风雨飘摇

羊毛出在羊身上。月月有涨风，节节有涨风，小民要问新阁：如何是好？

"新阁"指的是"行宪国大"后翁文灏领衔的行政院。大局垂危，他们能有什么办法？一个月后，北平的粮价再次暴跳，面粉每袋售价已是上月的三倍。子冈以她特有的笔法这样描述市景：

> 秋老虎在南北各大城市大踱方步，北平也不例外。八月涨风造成更高记录，棒子面已突破30万一斤，真是骇人听闻。立秋贴膘人少，由猪牛羊肉销行记录上得到证明。三轮车夫叹气说：车份儿昨天四十万，今天就五十万！他们火气挺大。公园北海游人多，茶座饭馆人却少见。伙计们说："一天卖两亿，我们分百万够干吗的呢？"公共汽车电车见了摇头票、点头票就头痛，掌柜的见了签字食客伤脑筋，那多是特权身份的人。一签字还签英文，赛蛇赛蚯蚓，要他签中国字，他说"我是华侨。"收账收不到。月前有中将阶级的人到漪澜堂请客，结果也是掌柜的会了账。有学生装束或荣军装束的人占座推牌九，掌柜的还得垫赌本，挨输家的骂。柜上总管得时时小心伺候这些摆大谱耍无赖的人。宴席捐一加再加，虽然羊毛出在羊身上，但是捐多了自然影响生意。今年雨多，摊贩皆叹气捞不回本钱。秋天没给人们带来清凉剂，怅望湖水亭台，直喊心烦。
>
> 纸币急速贬值声中，人们追求感官上的片刻舒适，造成了今年"七夕"盛况空前，而且有佩特别徽章的人在各戏院门前踊跃欲看《天河配》，以致几处拿出刺刀，闹得关铁门防凶殴。各班对剧场秩序难维持，头痛已极。若干《天河配》中已加入现实意味，如牛郎向嫂嫂说："饼的颜色不对，怕是有毒！"嫂嫂回答："八成你是吃惯黄金塔，对烙饼都认不出来了。"其嫂大啃西瓜皮，一面感叹："就这还卖五万一块呢！"荣春社学生以莲花灯砌成"天下太平"时，博得掌声不少，似是由衷之音。

文中"摇头票、点头票""佩特别徽章""拿出刺刀"等语，多指散

第二部·高峰自述：内战观察

兵游勇滋事。不仅如此，这些兵痞还常常因为被拒绝"白蹭戏"而砸戏园子，闹得戏班"回戏"（停演），戏园停业，艺人们吃饭又成了问题。因此，华北剿总也不得不召开军风纪检讨会议，要平津两地警备司令部及各兵站、后方医院派员参加，讨论如何取缔散兵游勇、取缔军人不购票乘电车及公共汽车、取缔军眷占住民房、取缔士兵单独携带武器、禁止军人无票进入娱乐场所、保护公共建筑物、部队设留守处须遵照国防部规定，等等。

然而，社会、经济问题积重难返，并非整饬军风纪可以解决。8月21日，北平公共汽车终因欠债太多，"摇头票"屡禁不止而停驶，成为北平公用事业崩溃第一声。9月，北平电车一度停驶。电车公司称，每月收入仅及开支三分之一。每天乘车有半数人不买票。且一个月被流亡学生殴伤员工四十余人。望社会人士予以同情、援助，不然，公司就办不下去了。10月，北平电信局三千职工为改善待遇发生怠工，二十个小时内，除军政及新闻电报电话外，其余一律停止收发。难怪北平参议会开会，有参议员公开指责政府："只管用民、防民，未能养民、保民。"

秋风料峭中，北平因难民、难生激增，人口突破二百万。救济工作日形繁重，粮食用罄，无以为继。连监狱里的囚粮都发生严重短缺，不得不让百余犯人保释。接踵而至的是冬煤供应问题。北平煤栈业公会向社会局报告诉苦，煤价高涨，称所有存煤被人抢购一空。经向门头沟煤矿购运，门矿提出，工人因饥饿多有走散，产量锐减，要求以粮易煤。但市内粮食禁止出境，且黑市粮价过高，煤栈业无法换煤，营业陷于停顿。

11月，国民党在东北已经一败涂地。华北压力骤增，在平外侨开始撤离。北平征兵实施新办法，按户籍编役政互助小组，配额万名限月底前完成，抗命者或强制入营或加倍缴款。同时要求优待征属，保障生活安定。12日，在孙中山先生诞辰八十三周年纪念会上，傅作义致词时承认："今天我们纪念总理，真有无限惭愧，革命几十年还不能完全实现总理的主义，民生凋敝，国运艰危，不胜感慨。现在华北每一个人心里都感到严重的威胁。……我们检讨东北军事的不战而败，是失败在本身的腐败无能上。"

年底时，北平难民总数已超过十二万人，可供救济的粮食却不及十

第七章　风雨飘摇

之一。当局决定扩大民众组训，凡十八至四十五岁的壮丁均须参加，"接受政治认识，协助锄奸，增密警察网。"女店员、女招待、乃至尼姑、妓女由女警队分类编队训练。

1948年，北平社会生活已陷入畸形病态。

目击处决王揖唐

1948年9月10日，华北头号大汉奸王揖唐在北平被处决。我到现场采访，目睹了这个敢卖国却怕死的老贼，在连呼"请蒋总统开恩"声中，结束了他可耻的一生。

王揖唐，安徽合肥人，1877年生，清末最后一科进士，早年曾留学日本学习军事。袁世凯窃国后，图谋恢复帝制，王曾极力劝进，是袁的宠臣。袁死后，王揖唐又以同乡关系投靠段祺瑞，成为安福系头子之一，官至国会议长。1922年7月，直皖战争中段祺瑞垮台，王揖唐逃往日本避居两年。1937年抗日战争爆发，北平沦陷后，王揖唐第一个叛国投敌，与王克敏、汤尔和等组织伪临时政府，出任赈济部部长。1938年底，汪精卫叛国，在南京成立伪国民政府。1940年，王揖唐出任汪伪政府考试院院长。同年6月，又回北平任伪华北政务委员会委员长、伪新民会会长，成为伪华北政权最高首脑，头号汉奸。因为他常年留着白长胡须，人称"王大胡子"。

王揖唐就任伪职后，又两次到日本，参拜靖国神社，进谒裕仁天皇，甘为奴才，卖国求荣。他在华北高喊"中日提携，建设大东亚新秩序"，竭尽全力为主子开展新民运动，实行强化治安，屠杀爱国志士和无辜百姓；推行奴化教育，戕害国人、青年；发动献铜献铁，招募华工，支援圣战……可谓罪恶累累。

日本投降前夕，伪华北政局风雨飘摇，王揖唐见势不妙，谋划脱身。清朝末代皇叔载涛曾给我讲了这样一个故事：

第二部·高峰自述：内战观察

某日，王揖唐突然来访，载涛莫名其妙。因为，日本占领北平后，王揖唐叛国投敌，"风光无限"，载涛却保持气节，闭门不出，两人走的根本不是一条路。

王揖唐进门后，看到满园姹紫嫣红，先是赞羡载涛的生活，说他优哉游哉，不像自己整日"劳累"。说来也是。王住赵堂子胡同，载涛住山老胡同。两家地位不同，公馆格局与气氛也大不相同。王府门禁森严，但院内冷冷清清；载涛家出入方便，往来都是文人墨客。此时此刻，王揖唐羡慕载涛也在"情理之中"。

接着，王揖唐便迫不及待地说："涛贝勒，您是政界、军界名流，有主政、主军的经验和才干。我老了，干不了，想请您出山来帮帮我。"载涛一听，心想：现在日本人的日子越来越不好过，你想打退堂鼓，玩金蝉脱壳，拉我去当垫背的，我才不干那种傻事呢！论年龄，王比他大九岁，的确是老了，但载涛绝不肯去做他的"替死鬼"。因此，他双手一抱，向王作了个揖，打趣却又认真地说："老兄，你饶了我吧！我可没有福气坐你那小汽车，还是骑我的自行车自在。"王揖唐落个没趣，悻悻然离去。

1945年8月日本投降。12月，北平当局即以"通敌叛国"罪名逮捕了王揖唐。次年5月，河北省高等法院检察官起诉王于高院刑庭，列举王揖唐通谋敌国罪状十二项："倡演敌伪提携，建设东亚新秩序，完成所谓'圣战'；高唱新民运动，抑制民众爱国思想，消灭民族意识；五次强化治安运动，消灭我地下工作人员，惨杀无数良民；利用职权，资敌助战……等等，罪无可赦。

王揖唐入狱后就称病不起，每次开庭都是法警用担架把他从监房抬到，他照例一言不发，装死耍赖。待法官宣布退庭，法警再把他抬回监房。此时，他躺在担架上，才偷偷地睁开眼睛瞟一瞟四周。当时到庭采访的子冈这样描述王揖唐的丑态：

> 这个七十老狐，满身血腥的刽子手，仰卧在藤睡椅上，肤色正常，发须苍白，双目紧闭，头向左倾，在被审讯的二小时半时间内，他没有动一动，没有哼一声，在棉被覆盖之下，一群苍蝇在环绕着他那赤足飞舞，这行尸走肉竟毫无反应。……据悉，王逆揖唐在调查庭

第七章 风雨飘摇

时,在发言中最多之两句为:"我是地下工作者"、"蒋委员长知道我。"公开审理时,则即此亦不敢言,可见公开胜于秘密。……这腐尸宛如物化,到终了也没有动一动,响一声,他也许知道同逆中陈公博、褚民谊雄辩滔滔也不免一死吧。

1947年9月7日,河北省高等法院判处王揖唐死刑,由刑一庭长何承焯宣读,王揖唐依然一言不发。

一个月后,王委托律师刘煌等,突然举行记者招待会并散发声明,承认附逆降敌、有罪于国的同时,声称审他的何承焯曾在伪司法总署任职,也是一个汉奸,"以小汉奸高踞堂上审大汉奸,将何以杜悠悠之口"?消息传出,社会轰动,连国民党《中央日报》亦罕见地发表社论称之为"怪事"。这篇题为《肃奸史上的污点》社论称:"……河北高等法院刑一庭庭长何承焯,就是前伪法官养成所的教务主任,并且一直受伪华北政务委员会的直接指导,是王逆揖唐的直系汉奸。就在他的审讯下,判决不少巨案。以奸审奸,当然是眉眼传情,汉奸理论说来加倍中听。法官与罪犯在心底起了共鸣,焉有一个个不判成无罪开释的呢?司法行政当局铸成如此大笑话,第一证明了司法行政的腐败,第二说明了河北高等法院审判不合理。我们除了要求司法当局引咎以谢国人,并且要求重审其他被开释的汉奸们。为了求政府的清明,维持法律的尊严,要求重惩何逆承焯,以及荐举和任用他的负责人。我们愤怒,我们惊诧。纪纲呀!纪纲!中国需要你!"

无奈,南京司法部只得撤销何承焯职务,另委派吴盛涵为庭长,重新审理王揖唐汉奸案。河北高等法院根据事实,依法判处其死刑后,王揖唐又两次申请复判。复判仍是死刑。

1948年9月7日,拖了一年后,南京执行王揖唐死刑的命令终于寄到北平河北高等法院。8日,北平第一监狱典狱长吴峙沅把判决书副本送交王揖唐,王亲笔签收,两手抖索着对吴哀求说:"你救救我,请找刘煌律师替我抗告辩论。"10日,高等法院通知监狱:今天上午执行王揖唐死刑。九时许,高院检察官原屏篱、书记官周精业率法警十余人,乘车到达监狱。

第二部·高峰自述：内战观察

刑场设在监狱的宽敞后院，摆了一张长方桌，铺上白布。桌上放一本《六法全书》、一只朱笔，连同王揖唐罪证案卷。周书记官当场写了一张条子："请提王揖唐执行死刑。"着黄制服紫帽箍的法警手执此条到监房提王揖唐。

病监大门启锁，再打开王揖唐的小监。法警说："检察官来了，验一验你的病况。"王从床上坐起，老老实实地上了担架。九点五十分抬出病监，记者开始照相，守门的法警说："我们躲开点，别跟他照在一起。晦气！"十时到刑场，担架放在检察官的小桌前土地上。检察官问："王揖唐，你多大岁数？""七十一岁。"他居然说话了。担架是凹进去的，他不能看见自己已经身置刑场，更没有看见周围执抢的法警。"你家住在哪里？"答："我没有家。"他在北平已经没有直系亲属，三个儿子在国外，两个女儿在上海，都与他断绝了关系。两年来，在监狱里照顾他的是外甥顾明德。"最高法院判你死刑，你有遗嘱吗？"王的话音颤抖了，结结巴巴地说："我还要上诉……我已经……不……不明白了。说……说不上来，想……想不起。"他躺着睁开了眼睛，呆望着蓝天，阳光照在他的脸上，脸色苍白。"你还有说的没有？""请……请蒋总统开恩。"他也知道蒋介石当了总统。"你的财产怎么处理？""现在都完了。""还有说的没有？""就是一句，请……总统开恩。"这时，周书记官站起，宣读王的最后一次口供，然后让王画押，法警扶着他的右手盖了食指手纹。

十点十分，法警把王揖唐的担架又抬出十几米远。王由法警扶着从担架上坐起，身披薄棉被，脸朝西墙，背对着检察官的坐席。法警何兆福举起一只光绪年间的汉阳造大枪，瞄准王的后脑，前四枪不响，第五枪砰然一声，子弹从后脑打进穿出，王斜身伏倒担架之外，两手紧紧地抓着他那件黑色夹袄，鼻孔发出呼呼的鼾声，不死。法警奉命再补一枪，又是连发四枪不响。枪老了，子弹也老了。换了一支枪，这次枪响了，王的前额炸开，十时二十五分气绝，结束了他可耻的罪恶一生。十一时，他的侄子王德镛赶到刑场收尸掩埋。

王揖唐被执行死刑后，我还曾到他住过两年的监房里去看了看。墙上挂着一张观音像，他活着的时候常祈祷。床下一堆凌乱的水果皮，床边放着几本书，有词选、英语发音学、英语常用字表。日本人的时代过去了，

第七章　风雨飘摇

王揖唐也知道当时是美国的"天下"，他还想在英语方面下点工夫。莫非他还有幻想？真是可笑。

【立此存照·张高峰在"文革"中的检讨　国民党对汉奸迟迟不处理，这次处决王揖唐也不过是做个假象给人民看，表示它在处置人民憎恨的汉奸，我发这样的新闻，也是替国民党做了欺骗人民的宣传。】

我陪徐悲鸿出庭记

1948年秋，我曾有幸陪同享誉世界的艺术家徐悲鸿先生出庭，为青年画家齐人枉死打了一场官司。先生爱护青年的襟怀，刚直不阿的神仪，给我留下深刻印象，至今感念不已。

当时，徐先生在北平中央艺术专科学校任校长，我因采访关系，与先生及艺专的一些画家熟识，其中就有我的朋友齐人。

齐人本名齐振杞，1916年生，北平密云人。年青习画，初期作品就开始被京华美专的先生们所重视。抗战爆发，他投笔从戎，与臧克家先生等在一、五战区从事抗敌宣传工作，尝尽人间辛苦，也从现实中汲取了许多作画的素材，官兵与农民都推崇他的作品就像他们生活的照片一样。1942年夏，齐人到重庆，认识了徐悲鸿先生。同年，重庆举办画展，他的作品有四五件被选中参加，徐先生评价他的作品"充满战争气氛和现实反映，非闭户造车者可比，虽大学任教之名流中亦不多见"。1943年，齐人正式加入徐先生的中国美术学院为研究员。1946年，齐人随徐先生到北平国立艺专任教，不断有新作问世，还为天津益世报主编艺术周刊，甚为活跃。这样一位年轻有为的青年艺术家，竟在32岁时英年早逝，而且是枉死的！

廖静文女士在她的《徐悲鸿一生》一书中记载，抗战胜利前后，徐先生在重庆筹备成立中国美术学院，常在月明之夜与工作人员漫谈艺术，"画家齐振杞曾写了许多日记，记录悲鸿当时的那些谈话，打算以'月下清谈'为题发表。但后来齐振杞先生不幸早逝,这些日记也就不知下落。"我写信给廖女士,问她是否记得齐人之死,她回信说记不清了。其实,徐先生那次到法庭,正是为了齐人"不幸早逝"而申冤的。

1948年6月,齐人发现便血,经北平市立医院外科主任杨静波确诊为内痔,需住院手术。6月15日,这位穷教师夹着一个小包袱,入住该院三等病房。那时住院要有保人,保证将来偿清住院医疗费用。齐人住院的保人便是悲鸿先生。

6月17日,杨静波为齐人动了手术。术前,齐人还对杨静波说:"等我病愈,给你画张画,谢谢你。"术后,齐人遵杨处方医嘱,每日服消炎片十二片。不料,第二天就出现了恶心呕吐、小便困难的异常现象。我们在齐人身边陪伴的人急忙找护士和杨静波,护士说那是"正常现象",而杨静波则不见踪影。他当时还兼职北平同仁医院、国民党北平空军医院外科主任数职,自己还开设了一个诊所,妻子又是开业的助产士,可谓四路进财。而当时的医院三等病房,就是穷苦病人的"寒窑",小小穷教员、区区割痔术,在杨静波眼里根本不当回事。

19日,齐人病情恶化,而护士照样要他服用消炎片。请杨静波不到,齐人痛苦地对我们说:"三等病房住不得,快想办法把我转二等病房。"而院方却说:"二等病房费用加倍,恐怕齐先生住不起。"我们商之悲鸿先生,他说:"多少钱也花,立刻转,救人要紧。"20日,齐人转入二等病房,这时他已两天无小便,面部明显浮肿,神志时有不清。我们急着找杨静波来抢救,他却依然不知去向。齐人病情恶化,引起医院一些大夫的议论,其中有我的朋友,好意地告诉我,齐人很可能因为连服消炎片而喝水较少,引起肾脏结晶转尿毒症,应即转内科,最好请院外泌尿科大夫会诊抢救。当我们向院长陈非莫提出这样的要求时,他不但不予支持,反而说,依照规定,他们不接受外院大夫会诊,并且刁难说:"会诊是要金条的,你们有多少?"为了争取时间,我们只好要求先转内科,再谈会诊问题。22日,齐人转入内科病房,病情更重,连续抽风、咬破舌头,全身浮肿,神志昏迷。情况如此紧急,内科竟无大夫接手治疗。他们认为,病人是在外科不治才转来的,仍应由杨静波继续治疗。但杨静波始终没有露面。我们找院方交涉,也是推脱。齐人病情一误再误,失去了抢救机会。

第七章 风雨飘摇

23日，院方才勉强同意请来外院泌尿科专家刘士豪大夫会诊，确认已转尿毒症，抢救无望了。会诊时，杨静波也到场，这是他手术后第二次来看他的病人，但病人已经奄奄一息。我们问他怎么办，他无可奈何地说："再看看吧。"未作任何治疗处理便走开了。24日，齐人不幸死亡。他手术后只活了六天，杨静波开创了割痔致死的世界纪录。

齐人死后，一场官司开始了，斗争十分尖锐、激烈。

按照事先与悲鸿先生商妥的计划，在齐人死后一小时，我和艺专代表冯法祀教授、保人徐悲鸿代表廖静文女士、北平地方法院检察官潘守谦（我的同学）即到达陈非莫的办公室，要求封存齐人病历。陈自然不肯。潘守谦即以检察官名义要求其交出。随后，我们即将病历逐页编号，并加盖廖静文特地带来的徐悲鸿先生的图章，防止院方篡改、伪造病历。同时，艺专派出学生守护齐人尸体，并连夜购买冰块防腐。次日，北平艺专向北平地方法院提出诉讼，要求对玩忽职守、草菅人命的杨静波、陈非莫治罪，法院受理了。同日，把齐人尸体送协和医院解剖化验，证明确实死于肾结晶尿毒症。我还利用新闻同业关系，向各报记者透露这场官司的新闻。"齐人割痔冤死案"一时轰动平津。

杨静波方面，先是托人伪造解剖化验结果，未能得逞；后又受到舆论压力，知道这场官司不易收场，于是花大价钱请出当时北平著名刀笔、曾专为大汉奸辩护的律师刘煌为其辩护人，向法院方面活动，希望不予起诉。我们针锋相对，也找了法院方面的同学、朋友主持公道，终于6月28日宣布提起公诉。

杨静波一计不成又生二计，不惜血本拿出六七亿法币，以刘煌的名义大摆筵席，两次宴请平津两地各报的编采负责人，拜托以后不要再发齐人一案的新闻。我将这一情况报告悲鸿先生，他异常气愤地说："无耻之尤！既敢作恶，又不敢承担，非好汉也。这场官司，我们一定要打下去。"

杨静波还通过当时的北平市卫生局长韩某等，转托朋友向我说项，愿以十五根金条做赔偿，私了此案。我自然不能接受，并报告了悲鸿先生。他极鄙夷地说："在杨某等眼里，金钱是万能的。岂知我们这些人向不为金钱所动。振杞死后，杨静波的这些可耻活动要揭发，让世人看到当今社会的黑暗。"他还嘱咐我："官司要打下去，有什么困难咱们共同克服，不胜诉不罢休。"

　　北平地方法院开了几次庭，每次都在杨静波与刘煌的狡辩中休庭。主审法官朱德钦明显倾向被告，我断定其中有鬼。商之我的两位检察官同学，他们建议再请有力律师。于是我到北京大学拜访了法律系著名教授费青（费孝通先生之兄），说明齐案经过及杨静波的卑鄙活动，请他支持我们的诉讼。费青先生当场答应担任我们的义务律师，随即正式向北平地方法院提出，再开庭时传熟悉齐人之死全过程的证人徐悲鸿、张高峰出庭作证，与被告当场对质。悲鸿先生表示，不治杨静波之罪，誓不罢休。

　　1948年10月22日，北平地方法院第三次开庭侦讯。悲鸿先生由义务律师费青教授和我陪同出庭，引起全场的注意，法官、检察官、书记官、被告及旁听观众都投以惊异的目光。悲鸿先生当时53岁，头发已花白，身体文弱，着长袍，但很有精神，安详地坐在那里。我相信这是他生平仅有的一次出现在法庭。

　　被告杨静波当庭承认，他一周才到三等病房查房一次，但不承认齐人是因为他的贻误转症致死。还狡辩说，护士一直认真护理齐人，病历有记录可查。那么，齐人究竟怎么死的？病危之时，杨静波可曾到场抢救？法官竟不加追问。

　　当法官问到徐悲鸿先生的时候，他拄着手杖站起，悲愤地说："齐振杞先生之死太惨了。法庭是神圣的地方，我凭着良心来讲话。齐先生入院是我介绍，我亦为保人。6月20日，他病情忽然加重，我去看望，他说想呕吐，不能小便。通知了主治大夫杨静波，因居三等病房，不予重视，亦不予治疗。22日，齐君转尿毒症，病入膏肓，仍不见主治大夫。23日，杨大夫才到病房，而齐君已处弥留状态，不能挽救。区区割痔小症，竟陷齐君于死，杨静波实应负杀人之责，而齐君诚可谓黑暗时代之牺牲者。齐君是本校身体最健壮的，其生前作品正在艺专展览，他才三十二岁。有今日这样的优秀成绩，在国内不过五人，竟被名医杨静波疏忽转症致死，实在可惜。如我是大夫，疏忽置人于死，纵无人控告，受良心责备，我也去自杀。……更有甚者，杨静波自知罪责难逃，竟大摆宴席请新闻界，妄图封锁开庭受审消息，又托人愿出黄金十五条私了此案。杨静波若不治罪，天理何在？！"徐先生仗义执言，悲愤、严正、有力地指控"杀人"者杨静

第七章　风雨飘摇

波,痛斥社会的黑暗,迫使被告和他的律师与证人哑口无言,旁听席的观众默默地赞佩敢于抱打不平的徐悲鸿。

我知道齐人的病历有几页是后来填写的,所以我当场提出:"在场作证的护士小姐,谁能证明齐振杞的病历全是真的,请签字。如果今后查出有假,请负法律责任。"无人应声。我又说:"齐先生手术后三天即转尿毒症,病情日益加剧,主治大夫杨静波一直不予过问,哪里来的逐日病历记录?假的就是假的。从齐先生住院到死亡共六天,主治大夫杨静波只看他两次。齐先生病危时,杨静波一直不露面,不抢救,草菅人命,致齐先生于死地,现有病历与解剖化验结果证明,试问杨静波该当何罪?"

我还指出:"陈非莫身为院长,对病人见死不救,又不许外院大夫会诊。齐先生死后,他故意拖延时间,妄图尸体腐烂,无法解剖化验。陈非莫也是罪不可恕。"

杨静波、陈非莫在场无言以对。他们的辩护律师刘煌站起发言:"齐振杞是否转症死于尿毒症,这是一个医学上的问题,不是法律所能解决的,建议送南京司法行政部法医研究所鉴定。"这些话显然是他们事先商妥的,当时平津已是解放大军压境,他们有意拖延判决,准备趁机南逃。法官朱德钦不避包庇之嫌,竟接受刘煌的要求,宣布休庭。直到北平解放,再未开庭。

打官司的同时,徐悲鸿先生和我(化名)还在当时颇有影响的《中建》杂志上发表文章,悼念齐振杞,揭露杨静波。

徐先生文章的题目是《艺术家齐振杞遭暗杀》,他写道:"艺专教员、青年有为画家齐振杞先生,多才多艺,尤长绘画;每星期必有新作,精勤不懈;章法自然,卓然成家;尤以'东单地摊'为极成功之作,虽置之世界作家之列,亦无愧色。其为人,有热情、义气、慷慨、直爽,秉北方人优美性格。其为教,又循循善诱,深受学生爱戴;兼之体干魁梧强健,故艺术界文化界咸寄以无限期待希望。讵知因割痔为北平市立医院杨静波医士玩忽而致死!竟使一代艺人,盛年殂谢!而查医院在齐割治后,有三日无病情报告,已据张高峰先生等查明;但闻近又发现报告,其为伪造无疑。玩忽如是,杨静波医生虽无意杀人,实无异其手杀之,虽有如簧之舌,不能辩也。闻杨医生因手术高超,各医院争为罗致;身兼三四医院外科主任之职，视齐君区区割痔小症，不加注意，亦无瑕注意，遂致陷齐于死。是杨应负杀人之责，而齐诚可谓时代之牺牲者也！……齐君并有老父弱弟，生前待其赡养，死后尤深惨痛，谅法院定有以申法纪，而平多人之悲愤也。伤已！"

我文章的题目是《谁杀死了齐人教授？》，其中写道：

> 我们相信司法界是公平的，杨静波不能逃出法律。新闻界也是公平正派的，杨静波用一点油饭不能堵住舆论的嘴。齐人教授所得的是不治也不会死的内痔症，是因为他穷，住了一个无人照管的三等病房，又碰上了身兼数职不负责的杨静波大夫。今天艺专向法院所控告的不是杨静波，而是控告这不道德的中国社会，草菅人命的医生。我们不禁替齐人教授呼冤，你一个穷书生，这黑暗的社会，黑暗的势力就永没有公平，你能含冤长眠九泉吗？

徐悲鸿先生关心齐人在家乡的老父和弟弟齐振栋的生活，特地把振栋安排在艺专做总务工作。

1949年1月10日，法庭宣判，处杨静波两年徒刑。当时北平已被解放大军包围，半个月后，杨静波、陈非莫以及北平卫生局长韩某都去了台湾。齐人冤案未得昭雪。北平解放后，齐振栋又向人民法院提出诉讼，经受理后判决，民事部分由杨静波在北平的妻子田凤銮从杨的财产中拿出若干斤小米做赔偿。刑事部分待杨静波归案后再作处理。这场官司始告终止。

"金圆券"与罢教风波

1948年10月，由于通货膨胀、供应不足，北平刮起抢购风潮，继而出现学生饿饭、教师罢教风波，并且扩散到天津。这一切，都源于两个月前的币制改革。

第七章　风雨飘摇

8月19日，蒋介石以总统名义颁布《财政经济紧急处分令》，宣布：一，自即日起，发行金圆券以代替法币和东北流通券。发行额为二十亿元，金圆券每元可分别兑换法币三百万元或东北流通券三十万元。二，限期收兑人民所有黄金、白银、银币和外汇，禁止在国内流通、买卖和持有。三，限期登记管理本国人民存放国外之外汇资产。四，整理财政并加强管制经济。规定全国各地各种物品及劳务价格照1948年8月19日各该地价格，依兑换率折合金圆券出售，由当地主管官署严格监督执行；自金圆券发行之日起，所有按生活指数发给薪资办法一律废止；禁止封锁工厂、罢工、怠工；上海、天津证券交易所暂停营业。

8月21日，南京政府又在上海、天津、广州设立三大经济管制区，以图确保币制改革顺利实施。然而，由于国库空虚，所谓"实足准备金"形同虚设，而内战所需的庞大军费支出有增无减，结果金圆券越发越多，远远超过预期，政府的限价令也根本无法维持，物价如脱缰野马，完全失控。10月2日，上海率先发生市民抢购风潮，并迅速蔓延至全国各大都市。

10月7日，大公报报道：抢购之风由京沪传至北平，并发生拒售情形。粮布市况萧条，几陷停顿，商店提前打烊，暂避其锋，当局禁止拒售外运。徐盈、子冈和我连续报道：

> 七日晚上的秋雷响声怪异，但也没有驱走北平市升斗小民心上的云翳，大家把希望寄托在明天，但是明天比昨天究竟能好多少呢？中层阶级以上的人才有剩余的金圆抢购，小民们只为糊口忧愁。市场上乡下人新运进来的玉米面要价太高，吓退了买主。"黄牛党"在北平人听来是新鲜的，也许那些出入市场闹市、手拿大包小裹的人就是吧。大部商店停业，小部以劣货或空架子应付，霎时间老板和小伙计可以要出悬殊的价格。东安市场玩具摊都早早地收市了。洋点心货架空空，只剩下依照限价六分六一块、小如麻将牌的点心在作自我讽刺，而无人抢购。各摊贩的物价暗中上涨，新上市的冰糖葫芦仍然一毛一串，只是果小糖少。上海被逼得星期五无肉，北平某洋人经营的牛奶厂宣告每星期停奶两天以节省饲料。他们说，依照限价亏本，而

又不愿违心地掺水或供给脱脂奶。许多人被逼得戒了纸烟，无意中如了许多主妇的心愿。货物税局该为这笔减少了的税收蹙眉了。谁能预言这样的日子何时可以过去，他就是最应该被祝福的人了。八日郊外又闻炮声，已不能引起人们更大的恐惧。

国庆双十与废历重九接踵而至，佳节连连，但在物价、粮价空前大波动到无止境的今天，节日已引不起人们多大兴趣。点缀重阳的美酒加税不已，菊花少人问顾，螃蟹却在跌价，几乎与烤白薯并驾齐驱，无奈得不到体力劳动者的欢心。重阳花糕在限价与拒售的情况下已冷落异常。故宫博物院大门高悬宫灯，上书"天下太平""国泰民安"等吉祥字样，路人过者无不注目。

北大教授、教员八十余人集会讨论生活问题，以物资奇缺，生活无法维持，致电留京之胡适校长，要求继续维持配粉办法，以稍免饿寒，而得努力工作。北大讲师助教联合会要求：薪水如不能解除冻结，即按八一九限价配给必需品实物。又，北大二百余自费生有断炊之虞。北大学生自治会上书训导长贺麟，说明公费不能维持最低之伙食，副食费更无济于事，请向政府要求将公费改为全部配面，副食费亦按官价调整。

市立国民小学全体教职员数千人，因收入无法维持生活需要，自二十日起请假四天，将分向蒋总统及平市府请愿，要求改善待遇。上蒋总统书略谓："教职员薪俸低薄，久在困苦中支撑生活，自币制改革以后，方信从此可以稍缓，初不意物价波动竟如脱缰之马，旬日来已上涨七八倍；而教员等薪俸业已冻结，且时届三秋，饥寒交迫，不堪忍受，不得已请假四日。敬请钧座饬令北平市政府，速予救济，不胜迫切待命之至。"刘市长瑶章发表谈话，略称：希望教职员明了，我们一切的苦难只是国家整个苦难的一部分。目前还在军事时期，交通困难，物资有限，财政枯竭，手续周转，万一不能全部达到要求，也希望教职员特别宽让一步，未请假者不再请假，已请假的早日销假。

第七章　风雨飘摇

监院冀热察区监察委员行署以周来物价飞腾，黑市猖獗，而公教人员之待遇却仍在冻结中，特电于右任院长，请向行政院提出纠正案，以维公教人员之生活。原文称："溯自八一九币制改革施行经济管制以来，初则发生物资逃避及民众抢购现象，继则黑市猖獗，物价飞腾，一切日用必需品均较限价超过数倍，食粮且上涨将及十倍，而公教人员之待遇仍在冻结中。以平津而论，一般中级人员每月俸给之所得，仅足购买一袋面粉之用；且北地天寒，对于御寒之棉衣炉火，尤属无力添购。处此饥寒交迫之时，群情惶恐，势必影响行政效率。今平津等地迭有罢教怠工之事发生，要求加薪之声浪已成普遍现象。监署认为行政院对全国公教人员之待遇未能配合实际情形随时调整，故有纠正之必要，理合电请钧座发交主管委会迅予审议，向行政院提出纠正案，以维公教人员生活，而利戡乱。"

平市国民学校教师十月份下半月薪水二十三日发放，同日复课；惟学生事前不知，故缺席者甚多。教育局长王季高在对教师请愿团讲话时，院中有斜树一株欲倒，周围堵以砖头支持，王氏即自比斜树，诸位教师比作砖头，请早日复课，勿使局长垮台。

事态的发展没有如当局所愿，反而持续恶化。

10月24日，北大教授八十二人发表停教宣言："改革币制以后，物价和我们的薪给被冻结了，物价虽被冻结，我们却不能照限价购得食用所需，因此每月收入仅够几天的生活。我们宁可饿死而不离开工作岗位。但我们及眷属在为饥寒所迫的时候，难于安心工作。政府对于我们的生活如此忽视，我们不能不决定自即日起忍痛停教三日，进行借贷，来维持家人目前的生活。"

25日，师大教授会、清华讲师助教会为支援北大教授停教借贷，分别决议自26日起停教五天。天津南开大学教授、讲师、教员、助教决定，从27日起停教三天。清华教授会要求校方向政府借月薪三倍；每人发冬煤两吨。如无果，则考虑停教。

同日，北大学生自治会为声援师长，也决定罢课五天，并上书校长胡适说："师长们难于安心工作，我们怎能安心读书？目前要活命，要温饱，已是全校师生员工共同的迫切要求，相信校长能向政府积极交涉，以谋求根本解决免于饥饿的途径。"在致教授慰问信中，他们写道："……我们要问，在我们所处的社会里，还有没有公德，有没有正义？师长们！我们痛苦，我们愤慨，我们以虔诚的心情支援你们的行动；在争取活命与公正的道路上，我们永远追随着你们。"当天，北大各院全部停课。

北大学生成立了"争温饱委员会"，与清华、燕大、师大、中法学生自治会联合发表宣言，称："自政府改革币制，厉行限价以来，公教人员的薪给被冻结了，黑市物价反倒一刻三涨，而更严重的还是市上根本买不到东西。我们要问政府，是否有意让人民饿死？师长们身受的苦难，就是老百姓身受的苦难；他们的行动是合情合理的，我们决以全力支援。同时，我们对政府如此忽视师长们的生活，不能不提出严重的抗议。"

26日，清华大学教授会公告："同仁等支援本校教联会争取合理待遇停教事，自27日请假四日。"清华学生自治会决议：27日起总请假四天；请政府全面配给日用品，增加公费及奖学金名额，改善奖学金制度；成立"反饥饿争生存委会"。师大讲助会响应教授行动，宣布自27日起停教五日。

大学师生"争温饱"，中小学教师闻风而动。27日，北平市立中学代表开会商讨生活问题，教育局长王季高闻讯赶往劝解，被请退席。代表会决议：即日起停教四天，要求市府借支三个月薪水；借大米百斤；配冬煤两吨。国民小学教师联谊会立即响应，提出同样条件，并称，如无圆满答复，下周起全体请假。

同日，北大教授会开会，胡适主持，决议要求政府取消限价，由各地学术机关调查编订生活指数，以此为准发薪，维持购买力。

28日，燕大教授会、讲助职联合会分别开会，决定即日起停课3天，发表宣言称："国立各院校教职学生以物价暴涨生活艰危，先后停教、停课，提出具体要求，同人等以本校虽系私立大学，所受影响亦无异致，经济煎迫切身有关，特议决忍痛停教，尚望政府急筹有效办法，挽此危局。……在目前情形下，要想安定同人生活，学校当局已无能为力，必须政府负责实施全面配售公教人员生活必需物品，国立、私立教职员应有同等的权利。政府实属责无旁贷。"私立中法大学讲助工联会宣布:"物价如此高涨,我们几乎终日都在饥饿状态下,现在被迫停止工作五日。"

29日,北大、燕大、清华、东大、中法、师大等六校学生自治会致中小教师慰问信:"在一日三餐窝窝头都挣不到的今天,首先对诸位坚守岗位,服务教育界终身的精神,谨致崇高敬意慰问。为神圣教育事业而工作,但得到的报酬不够一饱,你们的子女无钱交学费,你们自己穿着补了又补的衣服。金圆券发行以来,物价狂涨,物资逃避,眼看冬寒已经到来,灶里无煤,锅里无米,幸而拿到一点钱,排队也不能买到东西。薪水被冻结的公教人员,勒紧裤带也撑不过死亡的威胁,为了吃饭,为了活命,被迫采取了最后的行动。我们愿全力支援你们为争生存的合理要求。为了维护教育,保持国家元气,所有政府雇用的公教人员,有权利向政府要温饱,一切饥饿的人们应挽起手来,向政府要饭吃。"

11月1日,南京终于被迫宣布取消了实施仅七十四天的限价法令。11日,又宣布取消金圆券发行二十亿元的限额,并把金圆券贬值百分之八十。与此同时,准许人民持有金银和外币,且兑换率一律提高四倍。此举随即在各地引发了挤兑黄金的狂潮。如此出尔反尔,政府及金圆券信用一落千丈,愈发不得人心。

北平各校陆续复教了,但更深刻的危机也在酝酿中。

北平围城杂记

1948年11月下旬,东北林彪大军挥师入关,华北进入战时状态,平津逐渐被围困。22日起,华北剿总命令,包括平津、唐山、张家口、承德、保定在内的全地区实行戒严。

我们困坐危城,每天不断以电话、电报向天津、上海、重庆编辑部报回北平动态。除我负责的教育、文化报道,大多出自徐盈、子冈之手。

北平局势日益紧张,市府宣布实行战时体制,要求"无关重要工作酌情停止。"社会人心浮动，搬家迁徙者日众，平津间火车连车顶都坐满了旅客，且常常误点。北平求购机票南下者，登记已至1949年初。各地难民纷纷涌来，政府无力救济，宣布暂停登记。但为防"匪谍混迹其间"，当局加强了户口检查，同时劝导流亡学生入学，停止发粮，转由学校解决。对在外滋事学生，将予"不客气的处理"。鉴于北平征兵缺口过大，当局决定抓捕散兵游勇抵补，再以漏报户口的壮丁补足。

11月30日，为整饬军队纪律，确保社会治安，傅作义发表告平津同胞书说："把纪律踏在脚下的已不配为军人。对冒充军人为非作歹者绝不纵容。警宪尤应负责保障善良人民。"

经济方面，由于金圆券宣布贬值，兑者拥挤不堪，金银狂涨，物价飞扬。当局拟定对策，严禁囤积，管制粮食交易。对因产品售价低廉，不能维持再生产的国营工矿，要求统筹配合军事，将物资清理造册呈报，凡合军用者予以征用，禁止自行变卖。

12月6日、7日，宣化、密云、怀柔国军相继撤离，北平市内连日兵车络绎，交通为之阻塞。继突查户口之后，又实行五家联保连坐法，"互保不得通匪窝匪及扰害治安，一家犯法四家负责"。为了减轻负担，节省囚粮，监狱开始假释在押囚犯，第一批出狱的多为汉奸、盗匪、吸毒犯人。"北平已满披武装，完成军事上之一切准备。"

11日，北平警备部通告市民："非常时期应注意事项，包括：镇静守法；不听信谣言；不妄动不盲从；不收听匪方虚伪广播；减少不必要的应酬；不留不明来历之亲友居住；要有应付一切紧急事变的准备；接受警宪的保护和指挥；遇有意外事件发生时，在家者不可轻出，行路者立即停止等十三项。"

12日，华北剿总副总司令郭宗汾谈战局称："天津为工业中心，北平为文化中心，太原为兵工基地，国军如能确保以上三基地，华北局势尚有可为；从津、平经张垣到大同、绥包是一面大墙，这面大墙虽已不甚完整，仍旧有它的作用，使共军兵团不能南北运动，共军自然要求决战来推倒这面墙，决战地点离我们越近，对我们就越有利。"他这样说，并不能消除人们的忧虑，北平人都在通过各种途径打探消息。

13日，林彪所部进攻北平西北郊清河镇，并迅速占领海淀，开始了

第七章　风雨飘摇

对北平的围城。傅作义把剿总司令部从西郊迁入中南海，北海、景山、太庙也都驻了兵，宣布"依城野战"。报载，城外清华大学曾经落弹，并炸伤了人。清华、燕京学生纷纷逃入城里，西郊道上车水马龙。城郊居民及学校的搬家车辆整日奔驰街头，北平西北各城门堆积沙包，检查甚严。市内宵禁提前。

14日，平津交通中断，北平各机场已不能降落飞机。外界急需了解北平情况，我们的报道也尽可能详尽：

> 北平城区尚安静，由晨至暮街头军车疾驰而过，武装行人陡增。各重要城门大都关闭，出入困难，陆空对外交通已暂时断绝。中航公司门前及东车站清晨即为旅客所挤满，下午天空机声轧轧，候机旅客升起无限希望，然飞机在天空盘旋甚久，终未降落。至薄暮时分，街头已行人稀少，宵禁仍提前于晚八时开始。
>
> 市民处此战火逼近的紧张状态下，除由郊外迁入城内之市民手提行李彷徨街头略显失常外，大部市民镇静，似已有应急准备。店铺照常开业，住户生活秩序一如往日。只是大家奔走各处，探听消息。谣言极多，随时传播，皆与大局有关。各新闻单位由清晨至深夜电话不断，都是要证实无法证实的谣传。城内水电供应正常，枪炮声忽断忽续，清晰可闻。北海、太庙及中山公园均只有武装游客络绎。昨银根奇紧，粮价上升。全城粮店拥挤着购买配粉的市民。平市内外仍旧一片搬家声，各城门车辆拥挤。石景山工矿完整无恙，附近已成真空状态。

15日，华北剿总电令加强通讯管制，天津进行收音机登记。各国驻平领馆纷纷采取应变措施，购置粮食、日用品，通知各自国民必要时集中领事馆居住。北平空路交通恢复，胡适等离平。

> 北平战时即景：十五日上午平市很安静，太阳很好，许多人在金鳌玉蝀桥上看严冬冰融的奇景。下午炮声渐紧，各城门增设工事，断绝行人，清华、燕京两校校车亦均停开。黄昏时分，全城无灯的街

上，同着一片夕阳的暗淡，渐渐有了紊乱拥挤的现象。军民众多，车马挤成一团，至宵禁以后，方告清寂。电源未至，晚报亦未出版，暮色来临时，由天津借电到达，路灯及自来水方告恢复。电车多停在中途无法返厂。自晨至暮，飞机在空中飞翔不已，市内飞机场彻夜赶工，候机客遥望伐树拆墙的烟尘，抱了无限的希望。

16日，新成立的北平督察总监部开始运作，规定禁例："破坏治安、抢劫财物、强奸妇女、盗卖侵占毁坏公家物资、擅离职守放弃责任因而影响军事及谣言惑众者当场处决。"

  平市十六日整日炮声忽远忽近，各要路口挤满了市民，在看军用大卡车满载军队及整箱弹药出城，经合署的大汽车运面粉进城。闹市上有坦克穿梭往来，骆驼和骡马在人群中搬运柴草，撒满了各路，而搬家的车辆仍络绎不绝，各种车辆在几天的忙乱中，据说三轮车被撞坏的已有百余辆。电车停驶，当局节制用水。
  撤退的眷属四大卡车昨天上午到了南苑，只有三分之一能飞去，其余因机场落弹又重新回来。两千多市民荷锄修建机场，两架大推土机破土拆房十分起劲。物价也渐渐由停顿而爬高。由于飞机未能运到钞票，银根仍紧，米面已升高，菜蔬更见俏，白菜三圆半，菠菜到八圆一斤，咸鱼干货生意尤趋兴旺。金银黑市仍在市场角落上滚转，从事这种营业的人却一天比一天更多了。
  平市私立中学校现有七八处为部队借用，学生家在北平者已经回家，其他住宿生由学校负责管理；小学现有四十处拨归陆军医院应用，另有十余处为军队借用，其余未被借用各校均照常上课；如军队需用可随时腾出。清华燕京与城内电话联络中断。

17日，北平市郊竟日炮声，搏斗激烈。新任督察总监楚溪春谈军风纪及北平治安情形：

  据称：平郊虽已激战数日，但市内秩序尚称良好，人心亦极安

第七章　风雨飘摇

定，因此维持秩序工作易于见效。至于入城部队官兵占住民房问题，楚氏表示当局正在妥筹安置办法，入城部队住入已经结业的小学校、中学校以及业务已结束的团体机关，以防务为原则；安置妥当后，如再有占住民房事件发生，决军法从事。同时在原则上各大学校也不准许各部队官兵占住。楚氏并表示：连日入城部队甚多，虽有占住民房者，但军民间尚未发生大纠纷，相处颇能相谅，除少数不肖分子散兵游勇外，大部分正规官兵风纪尚好。

楚溪春十七日午后乘避弹汽车巡视平市城防，记者随行采访。行车途中，城外炮声正密，城内有些路口已筑简单防御工事；而街头市民从容镇静。楚氏认为，此种情形对当局维持治安极有帮助。西直门大街军民往来一如平时状态，城门半闭并堆有沙包，出入皆为军车及部队，并须持有准许证。由驻防长官陪同登城眺望，烟尘万丈，隐有军马行走，炮声吼叫不息，据说都是国军部队所发射。楚氏笑向守城官兵慰问说："你们辛苦了。"应答是："请总督放心。"登车转往阜成门，遇石觉司令官暨随员数人亦在巡视防务。城门仅留一缝，以备部队出入。楚氏携记者登城时，突闻轰然一声巨响，原来是守城官兵为了清除射界，正以火药爆破城外房屋，一阵浓烟扑面，视界所及之处不见炮火。城边沙包堆集甚高，据说随时准备堵塞城门。楚氏折至复兴门时城门已堵塞，未下车即转往广安门。据楚氏说：东西便门皆已堵塞。至广安门已至薄暮时分，行人稀少，景象略显零乱。楚氏携记者步行出城，曾为守城士兵所阻，经说明身份后始能通过。城外正在拆除房屋清除射界，沙尘迷目，枪炮声极为响亮。街头随处皆是军装人员，亦有少数携包裹之百姓立在街旁，希望得到机会入城。途遇某部队长，劝阻楚氏勿再前行，恐在军马丛中便装巡查诸多不便。楚氏终与记者折回城内，至永定门时夜幕已落，城头油灯如豆，仰风摇曳，冷风袭人，城外枪炮声零落，战争气氛甚浓。楚氏巡视城防一周后，认为守军实力雄厚，士气极旺，平市城防绝无问题，三两日内局面即可廓清。

18日，平东单摊贩因修筑广场迁到王府井大街南口，西单摊贩也甚拥挤。兵船粉面粉喊价二百圆卖二百二十圆，杂合面每斤也要三圆二到三圆九。市上银根奇紧，行庄都在收缩放款。军人比市民更注意战事消息，减半数量的报纸到处都被高价一抢而光。河北省府动员职员停止伏案，编队协勤，将不重要文卷开始焚毁。平津电讯联络不畅，有线电话中断，无线联络已不收商电。

19日，平津间长途电话中断，我们的报道只能改为电报：

  北平各城门戒备，有阻城外载菜入门者，以致价格高过十倍，傅总司令以此举危害经济治安，特令城防当局修正。十九日载菜入城较多，价亦趋跌。又，市府及若干机关将不再维持星期休息之例。警局劝告市民，修建简易避弹壕，预防炮弹落下之危险。司法当局准备大批假释囚犯，以减耗囚粮，凡十五年徒刑以下者均可望假释，现已释放第六批。

20日，剿总宣布，"根据学生要求"，成立华北青年自救先锋队，其任务为：协助维持校内秩序，配合正确宣传，促进军民合作，以一部分武装协助军警维持交通，镇压暴动。

  北平二十日晚广安门外战斗再起，枪炮声断断续续清晰可闻，西南城市民多被炮声惊起，下弦月色暗黄，全城一片犬吠声，枪炮声紧密为一周来所未有。二十一日上午广安门及西直门内仍有激烈战斗。

21日，北平研究院院长李书华、清华大学校长梅贻琦等连眷属分乘两机离平飞京。北平实行释放囚犯后，法院已无公可办。监狱中只有两三百犯人。报载：德胜门外第二监狱七百余囚犯全数逃去，而看守职员八十余人则困守狱中。

22日，北平围城第九天，市内电源受阻，水源亦不畅，时断时续，居民普遍整修旧井。煤油蜡烛奇昂，兵船面五百圆一袋，玉米面

第七章　风雨飘摇

八圆一斤。棺材铺反生意兴隆。平各机关膳团因蔬菜昂贵，均只备饭无菜，公务人员多自备花生及咸菜佐餐，自来水亦无法供应。天坛机场正由五千军民赶筑中，据称此机场修竣后，较东单机场大约三倍，可与西郊、南苑机场相媲美，巨型飞机降落均无问题。长约三十余公里之内城马路，经一周来之努力已告竣工，城墙下前经日人所建之防空洞中，现住满战士。

23日，北平倚城野战已达十日，武装满街，马草遍地，物价较炮声更为刺激，但当局决再度以军事压制经济。正阳门前自城外抢运前来之米袋如山，观者如堵，城郊尚有以面粉代水泥筑工事者，当局有意以盐易粉，俾可减少损失。平四郊扫除射线的工事经十天来部署已大致完成。平郊近二日来无炮声，东西直门亦每日作定时开放，俾使蔬菜进城。

24日，北平周边战事逐渐远离城郊，城门开放。但警备部发布市民出入城门须知："一，须由原住之保出具证明并须携本人国民身份证。二，城外菜贩进城须有警察局所发许可证及身份证。三，公私机关运送物资须有原机关正式证明文件或同业公会证明。"鉴于国民党北平市党部书记长金克和擅离职守南遁，北平开始审核离境。当天，恰逢西方圣诞节前夜，子冈报道："北平穿上戎装，昔日风光绮丽的古城今日已变为森严堡垒，围城内的圣诞节外国人仍然很有兴趣，圣诞树以一块鸡蛋糕的价钱一扫而空，中国人陷在生活的苦井内，一天的奔波已不足糊口了。"

26日，华北剿总发表，张家口、新保安撤守。北平公用交通已全部停顿。蒋介石电复华北七议长称："中央对戡乱国策决贯彻到底，尚希领导华北民众，坚定信心，集中力量，协助政府，达成戡乱救国任务。"同时，他又颁布"戡乱时期邮电抽查条例"，北平据此开始新闻检查，华北剿总特派政工处参谋、警备部秘书到中央社北平分社办公，统一发布新闻。时近年底，由于京沪邮件无法北来已达半月，北平又实行新闻检查，各报消息来源匮乏，都不得不减缩篇幅，但版面仍难排满。

28日，北平市府宣布不过新年，元旦照常办公。市长刘瑶章说，军事沉寂是暂时的，我们不应松懈长期守城工作。但北平准备南下的"贵客"登记已逾七千人，只是没有民航飞机到平，他们一时跑不了。与此形成对照的是监狱冷落，华北第一监狱中无期徒刑囚犯亦将适用开释条例，伪华北政委会委员张仲直、伪河北省长吴管成、伪青岛市长赵斌等均已出狱，在押者不过几十人，看守人员比囚犯还多。

29日，北平天晴，运输机络绎不绝，半月来的沉寂为之一扫而空。汽油黑市仅为官价三分之一，囤油者均大批放手，市上小汽车盛极一时，煤油则需要多且无来源，黑市涨过官价一倍，囤户哭笑大不同。郊外海淀已进驻共军，城内厂甸恐难开放，警局通知全市花炮至今春禁止燃放。央行钞票已有三飞机到平。十架专机自津向平运输配面，平物价普升，惟各大商店仍门可罗雀，肉八十圆一斤，油一百二十圆一斤。平市电车及自来水均已恢复，惟路灯及一般市民住宅尚无电供应。平大部公私立中小学校均已驻兵或拨做军用。

30日，入九已有四天，平市天气大寒，各校均在停火中。师大煤炭已罄，校中只有一口咸水井，大家敲冰汲水洗脸吃饭，教职员领下一点配给布，但也没钱买棉花。

华北剿总连日整饬城内官兵军风纪，必要时将用重刑，占用公私房屋者正在纷纷退出。官方表示：傅总司令作义、贺议长翊新住宅均曾住兵。北海公园一度禁止游人入内，兹因驻军他移，该园自三十日起照旧开放。

平津炮声低沉，长途电话渐通，往来的一片报物价声。平市围城已近二十日，物价比炮声更能激人感情。十五位外籍记者坐着外国旗的汽车，跑遍了古城内外，各显身手，如今也词穷了，大家候机到南京去再作一次新的采访战斗，他们没有必要在等候经济煎熬。

1948年年终之时，北平乃至华北的国民党当局已经完全失去了对局势的控制，政治、经济、军事等诸方面已呈一片败相。

第七章　风雨飘摇

胡适在北平的日子

抗战胜利后，北大复员。1946年夏，胡适离任驻美大使回国，出任北大校长，到1948年12月15日离平飞宁，前后近两年半时间。以下记述的，是胡适在北平期间的部分活动与谈话节录。虽然并非都是我的报道，但因为是胡适在大陆最后一段经历的记录，而且多为即时谈话，可能不见文献，或有一定史料价值，值得整理记载。为保存历史，尽可能引用报道原文。

1946年7月29日中午，胡适偕长子祖望，乘中航班机抵平，回东厂胡同寓所后，李宗仁即往访。下午五时又招待记者。子冈以生动的笔墨翔实报道了胡适在北平的第一次亮相：

"呵呦，对不起，对不起！"是胡氏举行记者招待会时的第一句话。满脸笑容，比出国前丰腴多了。他灰绸长衫，绸裤，黑鞋袜，坐在屋角沙发上，谈笑时眼镜片闪闪发光。摄影记者用镁光时，他说："对不起，我动了。"第一印象是对记者不要官腔。

他回忆廿六年（1937）七月九日离平去牯岭，二十八日下山去京，九月二十日自港去美，所以二十九日归来整九年，似是一个纪念。"北平似乎还少损害，学校也差不多。只是老友钱玄同、马裕藻、孟心史皆已故去，别人也多白发萧萧。关于北大的将来，还不敢说，一切曾由傅孟真（斯年）偏劳。对国事，对北大，九年出国皆不清楚，愿作一年小学生，如能借九年存报一读更好。"

记者问对李闻案观感，他说："以我们提倡思想自由的人来说，觉得一个人如为了思想言论关系而被害，自然十分愤慨，主依法严办。与李不识，一多是老友，不仅是诗人，且对国学如诗经楚辞研究甚深，极可惋惜。今后北大仍将继承蔡孑民的容忍精神，我要自由，也得让别人自由；我主无神，也得让别人信教自由。盎格鲁撒克逊之自由精神最可贵。北大辜鸿铭拖辫子也能讲学，刘光汉筹安会保皇派一样授课，皆不排斥。如今许多人没有容忍雅量，但我们认为自由思想还要继涨增高，如今只是开始。

记者问以归国后观察国内的信仰思想言论自由如何？他说："局部小事不免，大体说进步了。共产党报纸在京沪发行，董必武、张君劢等年前在联合国会上和我朝夕相处，谈论问题，今晨在京也见到董。文汇报被罚停刊一周，如在美国，被压迫的报纸不服可以起诉，不要存马虎及怕麻烦心理。独立评论过去每被查扣必质问。试以历史科学家的看法，凡事要小题大做，勿大题小做。总之，进步是有，不要性急。"

有人问五四以来新文学成就的检讨以及大学女子教育的回顾，他说："新文学成就有两障碍，一是政府太守旧，公文条例仍用文言；二是报纸仍有大部分用文言。但也在大公报上找到可喜的进步，如某日电讯一条极简捷，富风趣，且漂亮，不因白话而啰唆。又如胡先骕星期论文中，居然也有了五六十句白话（众笑）。要努力用白话创造个人的文格与表现意见。广播语言更可仔细研究，成为字字可懂的语言。但很难几分钟做到，广播常要一周的预备。"对大学女子教育，他尚未思索过，但二十年来中国女子的体格、学识上的解放、进步很快。中国女性美在世界上过去谈不到，现在可以说是极美之一种。在座有女记者数位，他也认为是进步的一端。男女教育应否雷同，他勉励记者们研究研究。新闻界由对人而转到对问题的探讨是一进步。

有人要他评断共产党的新文化，他说未去过解放区，不敢说。问他有机会去不去呢？笑答："看吧。"胡氏又说：毛泽东是北大旁听生，范文澜也是北大老人。

谈到美国对华政策，他说，百年来的政策没变化，一直盼中国团结强盛现代化，也注意门户开放。些许具体小的转变仍非政策之变。胡氏最后说："至少要在平住一二年，你们少考问吧。'水经注'是我的玩意，与抗战和平民主无关。在美讲学多为中国思想史。英文讲义年后可以印出。大规模讲演，医生不许，因曾犯心脏病。"他好像

第七章　风雨飘摇

很怕热，纸扇摇个不停。傅斯年口中含烟斗进来护驾，胡称他保护人。对于周作人附逆事，胡说二十七年他曾有诗寄周相勉，周复诗说绝不对不起朋友。胡说："照法律，当人受审讯时，别人不应议论他。我只觉很伤心，不愉快。"

8月4日，北大校友举行欢迎会，胡适致辞说：

我廿六年出国是被傅孟真一泡泪哭出去的。充军九年，其中四年大使任期内未签一条约！或借一笔债。局面太大，个人是无从而且也不应想在众人的努力中立功成名的。

五四运动也不是我胡适之搞出来的。五四是星期日，陈独秀在北平写了一天文章，我在上海欢迎杜威，五五才惊讶各报没有北京专电。五四的历史事实是，巴黎和会中我国要求失败，一群捣乱的孩子们自发而没人领导地弄出来的。以上非谦虚，因怕将来有人写错了变成假历史。

说到北大，又要说到中国五千年古国而无五十年历史的大学，是一桩羞耻。北大的历史是四十八年。贵族政治时领袖人物出自贵族，民主政治领袖人物出自大学。从科举书院制度中挑人才的时代过去了。我们要坐稳第五把国际交椅地位，除政治外，主要因素仍是学术。要迎头赶上不难。意大利伯罗尼大学有千年历史，巴黎大学九百多年，牛津剑桥八百多年，芝加哥大学与我五十五岁同年，被公认第一流大学的加利福尼亚研究院二十多年，普林斯顿"研究院的研究院"为称雄而被政府办，爱因斯坦等第一流教授都在那边，学生须有博士资格。才二十多年，成绩已极辉煌。北大如能赖政府、社会花钱努力，十年后定有可观。这十年自必须安定。

子冈在报道的结尾处特别加了意味深长的一笔："学术与安定不可分，胡校长早已洞悉。如今又是巴黎和会开会的时候了。"

1946年10月10日，北大举行开学典礼。子冈报道：

国会街的北京大学第四院门前交叉了两面同样的国旗，跋涉三千里来的与在北平受了八年苦难的学生，菜色的脸上同样兴奋地在出出进进。迎门的欢迎胡校长的标语是，要求学术自由与思想自由，那屏风似的大壁报的尾声上写着：纪念双十节要——"打破士大夫阶级的可怕的冷静"、"宣泄几十年来在统治阶级下的苦情与怨恨"。

十日准十时，大礼堂——过去的"民主会场"楼上楼下都坐满了学生。一阵嘶哑的铃声摇过去，教授们在台的两旁入了座，党旗与国旗交叉的台上出现了长袍马褂的胡适校长。没有任何仪式，大家安安静静地坐着，他站着便开了口："今天是三十五年的双十节，我们举行一个仪式，这是北大的传统作风。"

在内战的阴影笼罩下，在举世民主斗争的阴影笼罩下，胡适校长掀开了北大四十八年的历史，他称为"说几句家常话"，是一位考据教师用半个世纪以来的历史混合着诗人的感情与外交家的声音，像最复杂的交响乐似的，他说了一个半小时。时代的小儿女们有笑声，有掌声，有唏嘘，有愤怒，更有时是眼睛蒙眬了，有的用愤怒之火烧干了，有的眼泪直向内流。

小小的梦想，作一个像样的学校

胡适校长的"历史的叙述"我要记在最后，最主要的应当是他的"梦想"。他说："我只做一点小小的梦想，做一个像样子的学校，作为一个全国最高学术的研究机关，使她能在学术上、研究上、思想上有贡献。这不算是个太大的梦想罢。就是这样卑之无甚高论的两个方向：一，提倡独立的、创造的学术研究，从理、文、法到农、工、医，从社会科学自然科学以及应用科学（这是蔡先生的传统，以全学校讲，理学院为首院，以文学院讲，哲学系为首系）；二，对于学生，要培养利用工具的本领，做一个独立研究，独立思想的人。"

胡适校长说到这里自作疑问号："你们大门上贴着欢迎我的标语，要求自由思想，自由研究，为什么我要你们'独立'而不说是'自由'呢？要知道，自由是对外面的束缚而言，不受外面势力的限制与压迫，这一向正是北大的精神。而独立是你们自己的事，不能独

第七章　风雨飘摇

立，仍然是做奴隶。我是说，要能不盲从，不受欺骗，不用别人的耳朵当耳朵，不用别人的眼睛当眼睛，不用别人的头脑当自己的头脑，我提倡你们应有走独立的路的工具。"他于是大声道："学校当然要给你们以自由，但是学校不能给你们独立，这是你们自己的事。"

校内勿闹党派，切不要毁了学校

胡氏说："我是一个没有党派的人，我希望学校里没有党派，即使有，也如同有各种不同的宗教思想信仰自由一样，你是国民党，你是国民党的左派或右派，你是共产党，你是什么各种党派，但是学校是学校，学生要把学校当做学校，学生也不要忘记自己是在做学生。"

胡适校长用手指轻轻地叩一下讲桌，眼光从眼镜片中射出来，认真而坚定。到北平两个月，他比初来时略胖了一些，而头发的斑白也大为减少，谁能想到他差四岁就是六十的人呢？

"我们没有政治上的歧视，但是先生们及学生要知道这学校是做人做事的机关，不要毁了学校，不要毁了这个再过多少年不容易重建的不惭愧的学术机关。学生们不要忘记了自己是学生。我们有句俗话，越想越有至理。活到老，学到老，活到老，学不了。我五十六岁了，才知道这句话的深刻。我批孙中山先生的知难行易，就是批评武断、专制、愚昧的去行。我现在要做小学生。昨天还有人问我：你是安徽人，你知道安徽主席是谁吗？我说不知道，我真是要做小学生，不是规避。"（大笑）"我想起七百年来朱夫子同时的吕祖谦，他的《东莱博议》上有八个字，我要念给诸位听，那就是'善为易明，礼为易察'。"

一席家常话，四十八年历史

胡适校长的训话到这里终止了。转回头去再记他的四十八年校史分析，他是分为五期来追述。指出，这四十八年来是中国的多难之秋，有着多少可纪念的史迹。

"第一期是开创时期，从戊戌变法到民国四年（1898到1915），那是所谓京师大学堂时代，所谓官僚养成所，其实她还是革命思想的中心，是革命的同情者，得到清朝与袁世凯的猜忌，民国二年一度开不了门。"

"第二期是革新时期，从民国五年蔡孑民先生来校到国民革命为止。（他环顾左右，今天到场的曾与蔡先生同事者不过一二人）蔡先生不是有口才的人，也不是笔锋上带感情的人，他的口才讷讷，写文章不过三百字，可是他能以学术为目的，我们来剥夺他的权，他反而高兴。他真是大公无私，他能给别人以权力，他信任别人，他配做领袖。就在这个时期内，有了五四运动、思想革新、文学革命。这时候，除了山西大学之外，只有我们一个大学，而预科也只有我们一个，虽然各种方面都不错，但外面的猜疑与忌妒使蔡先生几次要去职。幸赖他的弟子蒋梦麟先生参加，冲淡了军人与政府对蔡先生的误会。北大这时虚名大，但实不符名。直到国民革命前夕，有的离开，有的留下，教授与学生很牺牲了几位。"

"第三期是过渡时期，许多同事都留在南方。从十七年起，北大就没有了，我们不作政治工具，北大成为北平大学区的一个学校。许多人要恢复，我说我不热心。历史上的人物是不能不死的，就算死了，也没有人能取消这一段历史，埋葬这一段历史的。"

"第四期是中兴时期，二十年一月，蒋梦麟从教育部长台上下来了，我正为了编辑委员会到北平来，这时各校教授正作'有系统的缺课'，我们请蒋校长回来，由中华教育文化基金找到一百万基金，为北大设了二十二个研究讲座。这时候，理学院及法学院来了新院长，除留一二位之外全换了。全国的名教授集中北大，就是这时奠定了基础。蒋先生说'辞旧人我来做，新人你去找'，这对北大真是伟大的贡献。"胡校长提高了声音，非常有现实感的大声说："我们自一月忙到九月，定十七日开学了，第一天很高兴，第二天就知道"九一八"了，我们知道这不仅是国内的，而是国际性的，我们不能安心了，但是蒋梦麟先生很镇定，长城作战的时候，朝阳门外三十里就是战争，可是我们没有动，就在战争威胁之下，我们却认真工作了四年。除了聘请教授讲座的余款，我们还盖了三所大房子，即新学生宿舍、新地质馆及新图书馆，一方面是利用余款，一方面对民间也起了

第七章　风雨飘摇

不少安定作用。在这六年内，工作最紧张的六年中，我们北大的自然科学、社会科学、文史刊物，中文的及外文的都得到了全世界的注意。"

"第五时期就是八年抗战流亡时期。抗战的局面太大了，我们非迁不可，先由王世杰、傅斯年和我决定设临时大学，由长沙而转昆明，改为西南联大时期我没有参加。从外面看，有两点很值得称赞：一，在艰辛中奋斗，学术上教育上均有成就。生活的苦，如先生洗马桶，太太摆小摊，国际上都知道了。二，合作的精神，只有西南联大合作到底。今年是第九年，我们要一起招生。我们北大也向例是把荣誉给别人。"

今天的北大是大多了，有联大学生七百零九人，临大分来的一千五百六十二人，新生四百五十八人，工学院新生九十二人，先修班六百八十六人，医学院试读生七人，以上共三千五百一十四人。这还不连沈阳新生，青年军，抗战有功子弟，政府分发者，可以说，比临大时期大了一倍，比旧北大大了三倍。学院也加了三个。"我们有精神上的财产，有蔡先生三十年的遗风，独立研究，自由创造，再加上八年来的吃苦耐劳。如在座的白雄远先生，他的吃苦耐劳就是北大精神，我们谢谢他。"（全体大鼓掌，白氏起立，面红微笑，向胡氏一鞠躬。）

胡适校长在报告中对于抗战中在北平代管校产的钱玄同、孟心史等者加以赞美。几位职员，一位保护蔡先生相片在家，一位运汉简至沪安全运美。特别是对沈兼士的地下工作更表敬念。"今天我们已比较有基础，十一万卷书没有少，外面的正运回，新设的农学院正在建设中，医学院的人才及设备不说是第一，也该是第二。"所以他说："我有一点小小的梦想，不算太奢侈。"

1947年5月3日，北大举行纪念五四晚会。子冈报道：

雨后空气清新，夜凉如水，阴云不雨，月色在挣扎隐现，台阶作成自然讲台。女同学作主席，出席同学及校外人士约达二三千，厨师校警也参加。记者退席时，见小学生也在哀求警岗进门。

胡适校长回忆五四前后之新文化运动，在"新思潮的意义"一文中说明拥护赛先生、德先生，引用尼采学说，用评判眼光，重新估价旧的一切，考虑过去美的、好的，现在是否丑的、坏的。对旧文学、女子小脚也予抨击，有桐城妖孽之讲评，拉车卖豆腐的言语反可成为平民文学，三千万孩子享受到白话功用。蔡元培、陈独秀反对孔教作国教，大家号召重新估定国家思想价值。胡本人被讥为"戴红顶子讲革命"，即一面做官一面提倡危险思想。杨朱墨翟被视作洪水猛兽，胡说过"杨"即是死了的东西，贞操是吃人的礼教，最后慨叹一声"老了，昨日少年今白头，我们一部五四过来人还愿意重新估价一切。"（同学报以掌声）

1947年9月7日，胡适在南京参加中央研究院筹委会选举后返抵平。就中国教育前途对大公报记者发表谈话，谈到了他的"学术独立十年计划"：

此行与蒋主席、张群院长谈及希望能定出个争取学术独立十年计划。因今年官费留学生有二百名，自费者亦有一千二百人，考官费未取而允许与自费同等者又有六百人，此笔留学费用共计四百万美金。而有五千学生之北大一年所得只一万五千美金，此浩大支出若给我们学堂，可以做多少事？自己学术上有了地位，又何必一定非要到外国第二三四流学校去镀金不可？美国学术地位经三十年努力，已由学术独立做到领导地位。中国专科以上学校有一百四十单位以上，大家都在吃稀饭，一千年也爬不上去。中国应学日本，明治维新以后倾全国之力，只办东京及京都两帝大，到最近十几年才以余力在九州、汉城、台湾添了几个。

我这个学术独立十年计划，就是第一个五年由政府指定五个大学做到第一等地位，这自然非有一点偏私不可。依我推荐，这五个大学应为北大、清华、浙大、武大及中大。到第二个五年再培植五个大学，以此达到争取世界学术地位。至少要比外国的二三等大学有地位。

第七章　风雨飘摇

胡适这个"学术独立十年计划",终因内战不已而告吹了。
1948年5月9日,胡适出席国大后返平,接受记者采访:

> 胡适说:"这次国大开的不能算错,我本来也是不赞成有这个组织的,因为这是一个三千多人的团体,极不易运用。这个团体的来源本是学苏联的最高苏维埃,是绝对的统制才有效。开制宪国大的时候,我就说不容易统制。中国本是一个讲个人主义的国家,有反统制的倾向,如今三千人的大团体,更不易做好。但事实上,国大的投票是绝对的自由、独立、民主,没有舞弊。我坐在主席团的第二排,我很清楚,足有一千多人从我的面前走过,使我非常感动,于是使我感到我的批判的不公道。这次大会的代表大部分来自民间,来自田间。一,足以表现中国之大,民族之多,衣服的复杂,姓名的不求同而求异。一位云南缅宁县师范教员说:我读你的文章几十年,难得有此机会见你。昆明裕溪纱厂选出一位女工,用了两个半月来教育她,怎样开会,怎么选举,她和我们坐在一起,我怎么也分不出来了。我们共处一个月,她受教育,我们也受了教育。二,无记名投票法是自由意志的表现,譬如说,你给我十亿元,我收了,甚至写了收条,但我仍然可以不选你。这种不记名投票法使一切都不发生效力。这两千七百人发生了很大的效果。三,不能说没有人想统制,但结果没有哪一党能统制了谁。我们在总统选举揭晓前的头一天,曾做美国式的猜测,也猜不出。第二天决猜不出第三天的情形。一切都比上次有秩序。记者询以李宗仁先生有何革新主张?胡氏答称:我没有听到李氏有什么革新主张,副总统所有的只是一个崇高的地位。有询以胡氏是否仍将返京者,在匆忙中亦未及作答。

5月19日,南京记者团赴北大访胡适,谈到行宪后的新改革、党派、教育改革等问题:

> 胡氏认为,每个国家政治均有其持续性,且有人的因素在,突然一新人民耳目的大改革不可能,除非是暴力革命或经济上有变更。行

宪后能否有轰轰烈烈的改革，他个人还看不出从那一方面来。总统就职后，胡氏以国民的立场，希望新政府对技术机关用专门技术人员，给以全权、充足的经费与技术的自由，不要像农林部一样来回送礼。立法不应该专求一致，每院部一套部长、次长、司长，如考试就用不到设一个院，有的国家只是一个文官考试委员会就够了。

问民青两党若退出政府，会不会又变成一党政府，胡氏说：这是小问题，不必谈。问对共产党问题的看法，胡氏答：一个国家真正有政治秩序、社会秩序，共产党不成问题，英美等国家是个例子。最近西欧共产党成了问题，那是政治秩序、社会秩序被希特勒给搞乱了。故我们与其吃药，不如健康。

谈到教育问题时，胡适说：二十几年来，学校里虽有三民主义课程，但党化程度很浅，不能说是党化的教育制度。谈到教育改革，他说，北平九十多个中学，仅一个市立职业学校。很可惜，这并不是学制有过错，是政府未办，私人无力。谈到宪法规定教育经费占全国总预算百分之十五，胡氏说：台湾教育经费占百分之二十五，我们为什么做不到？教育是一种投资，希望眼光要放远一点。北大各院每月吃饭要三百亿，办公才十四亿，你们看看！某记者问，若胡先生当了教育部长是不是还要提高教育经费，胡氏说：教育部长不会是我，我也当不了部长。大家全笑了。

8月13日，胡适在《周论》杂志上发表对自由主义的看法：

自由主义最浅显的意思是强调尊重自由。自由主义就是人类历史上那个提倡自由、崇拜自由、争取自由、充实并推广自由的大运动。没有自由就好像长坂坡里没有赵子龙，空城计内没有诸葛亮一样，自由是由于自己，"不由于外力"，是要解除束缚。在信仰与思想方面，东方的大胆人士不少，但因没有抓住政治自由的特殊重要性，所以始终没有走上建设民主政治之路，这就是要拥护民主，容忍反对党，尊重少数人的基本权利，造成和平的政治、社会改革的唯一基础。例如英国从一八三二年以来的政治革新到今日的工党政府，都是不流血的

第七章　风雨飘摇

和平革新。在民主政治已上了轨道的国家内，自由与容忍铺下了和平改革的大路，自由主义者也就不觉得有暴力革命的必要。

1948年底，北平局势日益混乱，胡适已经没有心情再谈学术了。11月29日，北大行政会议，讨论五十周年校庆筹备事宜：

> 胡校长对于外传"北大南迁就是胡校长带着几位校长和几位接近政府的教授和那颗关防大印一齐南飞"的话，郑重表示，北大决不迁移，而且关防也并不等于学校。没有仪器，没有图书，只有几个人来办，也不算是学校。在没有教学环境的地方来办学校，我们是不做的。

12月14日，胡适对北大文学院院长汤用彤说，"照旧筹备五十周年纪念，我不会离开北平。"但当天下午，北大即传出"胡校长走了"的消息。傍晚，徐盈兄赶到东厂胡同胡适公馆一探虚实，正遇到清华大学梅贻琦校长到访，但他们谈了什么，不得而知。胡适只是对徐盈抱怨："为什么要把一个瞎子（指陈寅恪）留在北平，不让他飞走?！陈先生是中国的国宝，我们不能让他受损失。"对于自己的去留，他避而不答。

15日，胡适最终乘飞机离开了北平，从此再也没有回来。

17日，在南京的北大校友集会，纪念北大五十周年校庆，胡适到会讲话，大公报南京消息说，胡适"以沉重语调叙述北大之长成及历次所遭之忧患，并祝愿北大能如以往平安渡过此次灾难。胡氏于述及离开北大六千余教员及学生来京时，连称'无面目再见大家'，言时泪下如雨。会场空气极为沉重，聚会于简单之酒会后散会"。

第二部·高峰自述：内战观察

战云笼罩下的文化城

北平围城，我的采访、报道依然关注文化、教育。1949年元旦后，我就着手写一篇有关的通讯。通讯开篇写道：

> 北方的战局变得太快了一点。仅一个多月的时间，林彪的部队从东北源源入关，渐渐逼近平津两城。去年十二月十四日，人们一觉醒来，共军已经跃过清河镇，向北平的城郊进犯。两天以后，北平四郊枪炮声密集，故都被内战烽火笼罩了。
>
> 电源断绝，自来水停止供应，市内一度呈现罕见的紧张慌乱状态。军车横飞，每天都有行人被撞死。马路上不能再维持过去的清洁，到处铺着零乱的稻草、马粪。民宅、商店、庙宇、学校驻满了守城的部队，十字路口和内外城门修筑了无数个沙袋碉堡。市内各高地被利用为炮兵阵地。景山、北海、太庙驻兵后，游览区变为禁地。西苑、南苑两个机场不能使用，市内加紧动工，修筑两个新机场。天坛几百年的古松被砍伐了几百根。炮火逼近故都，一切失去了常态。

文化故都战云密布，令所有文化人痛心。12月5日，北大法学院院长周炳琳教授发表题为《构成混乱局势的几个因素》的演讲说："近百年来中国的中心问题是革新问题，但社会进步不可能是跳跃的，而是一天一天的演进。近几十年中国有如戏剧化的节目，都是革新运动的一页。要解决中国问题，应不迷信武力，而有能容纳异己的雅量，在和平中求进步。"他预言："中国可能还有五十年到更多年的混乱，或许有更多的戏剧性节目出现。"

北平的一批文化人士更向南京政府呼吁，建议划北平为非军事区域，以免遭受炮火破坏。他们说，万一北平毁灭，将不仅是中国的损失，而是

第七章　风雨飘摇

世界文化的损失。

然而，笔杆不敌枪杆。早在围城之前，北平各校就在讨论是否南迁的问题。11月24日，北大召开教授会，胡适主持，通过了"北大决不迁校"的决议。校方并决定借款给教职员每人暂发九月份旧薪以济急。26日，胡适又与梅贻琚等人讨论华北局势，一致认为，人力、财力、时间上均有困难，决定各校均不迁移。

12月12日，胡适、梅贻琚、袁敦礼、陆志韦四校长联合宴请北平警备司令周体仁、警察局局长杨清植等人，"希望在此艰苦时期，能经常与治安当局取得联系。胡适表示，为治安上的必要，如有任何措施，应与学校当局取得合作。如此次民主墙上有若干言论，当局认为不妥，即通知训导处纠正，此种方式最好。周体仁希望各校力持镇静，照常上课，治安当局决依法办理。各校当局当表示对于学生方面当力为疏导。"

12月15日，当局放弃海淀后，西郊的清华、燕京两大学即与市内失去联络。清华校长梅贻琚于此前进城，称校方已宣布自14日起暂行停课。燕大亦陷停课状态，校长陆志韦日夜留居燕园，与巡逻员工同甘苦。惟胡适于当天飞离了北平。

十二月十七日为北大五十周年校庆，两个月前即筹备节目，该是极富历史意义又热闹的场面。然当日晨平郊战火更趋惨烈，枪炮声又近又密。北大红楼屋顶只多添了一面五色校旗，并不像是在过五十周岁。各院原已邀妥四十七位名教授作学术演讲，讲题公布后，多少人都准备往听。炮火毁灭了一切希望，学术演讲停止。理学院长饶毓泰说：这些天学生心情虽不好，但对功课尚努力。

当天的纪念会在子民堂前举行，教授三五成群议论战局。清华梅贻琚校长没有等到开会即离去，也没有官员到场，会场上只有两盆长绿树挂着红色纸条。待揭幕的蔡先生铜像下有一个小小的花篮。向全国校友广播用的天线已装置起来，但因为没有电，且胡校长也走了，所以没有广播。汤用彤院长对着不足百人的集会先表示感激，各方贺电也临时决定不予宣读，即在全体脱帽中举行蔡先生铜像揭幕礼，由唐兰及刚从台湾赶回的魏建功教授主持，庄严肃穆，无限感慨。白发白髯的老校友周养庵站在最前一列，双目充满热泪。蔡氏铜像也戴着眼镜，以深沉的目光注视着他的徒从。汤用彤院长以轻微的声调说："北大是戊戌政变的产物，到五四阶段有了新的生机。存在五十年来，渡过多少次难关。今天又是炮声不停。我们纪念北大，有无限感慨。这多灾多难的时代，北大是能继续渡过的；我们的学校并不是过去的大学，而是勉励向着将来。"徐悲鸿氏代表来宾致辞，他是民六北大绘画研究馆的导师，也是蔡先生的同事。他说："北大精神的建立，使中国学术走向近代化。"周炳琳氏代表校友致词说："胡校长本来决定参加校庆，后来被政府强约，暂离平赴京，校内许多事都措手不及，农学院尚有俞院长及一部师生在战火中不能进城。我们纪念校庆心情极沉重，但是也并不奇怪，北大之创立是在人民要求革新的时候，国家民族的灾难中，北大也跟着受难，这是北大的荣誉；但在某种关系上，北大对过去的一切灾难逃不掉责任，在历史上，有许多灾难是北大自己贡献的，北大也要自己来担当。北大努力的并不够，一方面要求前进，一方面要建立学术的基础。这个社会是我们创立的，现在应该变了。在时代的洪流中，我们能把握自己，这是靠着蔡先生的传统教育学术思想的自由。"

北大各展览会均于下午分别开幕，观众最多者为校史部分及各已故教授李大钊、鲁迅、刘半农、沈兼士等遗物展览。法学院独办四个展览会及社会主义书籍展览为最大，内有敌伪时代禁书一千余种。

同日，闻罗道庄北大农学院已遭战火破坏，并有一部学生下落不明。秘书长郑天挺为此到剿总请求证件，并派卡车自出城绕道前往，因战线纵横，终未达到目的。下午，农学院一部师生突围进城，没有住处，要求校方准暂借住孑民堂，校方不准，发生不愉快的事件。周炳琳院长说，"我们不能妥善地照顾师生，很觉惭愧。今天北大又跟政府受难，本身是有责任的，受难是北大罪所应该。"据闻此次损失将使农院无法复兴。

19日，清华大学两次被空军误投炸弹。据走小路进城的清华学生说，那天下午四时许，一架飞机在清华园低空侦察，投下炸弹四颗。5点多

第七章 风雨飘摇

钟,同学们正在吃饭,又来了一架,投下炸弹五颗。两次投弹,毁了几间房子,并未伤人。嗣后华北剿总解释,据情报称,清华园内有匪军卡车,遂派飞机去侦察,但不准投弹或扫射,那九枚炸弹或是误投。学生说,国军退出海淀后,清华、燕大虽在共军控制范围内,但共军并未入校,仅有一次共军某部主任偕政工人员到两校参观过,并且在清华校门贴出布告,不许共军入校骚扰,另有林彪布告一张,说明共军的城市政策。现在留校的师生都很安全,照常上课。在两不管的状态下,清华、燕大或可免于炮火。

  文化方面,故宫博物院四门紧闭,松柏参天的景山及太庙均停售门票。马衡院长心脏病已愈,连日在院督导所属,包装珍品入库,全院员工无一离职。马衡谈:该院所存古物颇多,均为名贵宝物。在此烽火紧急时期,国宝应当全力保护,以俾存国粹重宝;唯在目前情况下,古物无法搬动,即制造木箱将古物收藏亦颇不易,盖每制一木箱成本即需千圆以上,全部古物若均装箱,此笔费用至少亦在千万圆以上,且如能装箱,在目前交通情况下亦无法外运。北平图书馆在北海分馆所藏之一部图书遭受损坏,傅总司令作义大怒,严办肇事人员。

  据颐和园事务所逃平职员称:万寿山虽一度处于炮火下,但名胜古迹一无损失。惟园内寂静,游人绝迹,此种情况为二十年来所未有。颐和园中袁大少爷克定仍安定如恒。林彪所部有小股入园,允职员有家眷者可返城。

北大、清华两校长胡适、梅贻琦,先后于 12 月 15、21 日乘教育部专机离平飞京。北大校务由周炳琳、汤用彤、郑天挺三人负责,清华校务由冯友兰负责。19 日,北大学生自治会急电胡适称:"北平吃紧,学校惶懼;罗道庄发生战事,农学院部分师生未克撤离,情况不明,请设法营救,并请宽筹经费,火速返平主持校政。"可惜,胡适一去不返。

1949 年 1 月 7 日,教育部又接走了第二批教授。据说南飞资格为:各院校系负责人、与党团有关者、中央研究院院士、有学术地位者。北洋大学校长张含英自行悄然南飞,激起师生愤怒。北大学生包围郑天挺等三人,要求同甘共苦,不准离平。

时局紧张,学校在闹财荒、粮荒、煤荒,校方负责人及教授一批批南飞,不能不使学生心理受到极大影响。

胡适南下以后,他所创办的《独立时论》宣告停办,称:"华北局势严重,军事经济情形已使本社不能不放弃原来志趣及工作,停止发稿。"北大在胡适寓所门外高挂校长公馆名牌,北大一部教授助教迁入,以免被兵占住。十二月三十日,当局命令,清华燕大学生禁止往来城乡,出城不准再入。燕京照旧上课,文教界对坐镇贝公楼负责到底的陆志韦校长咸表钦佩。

北平围城将近半月,全市的粮源、煤源、财源都遭受到严重阻碍。国立各院校经费及教职员待遇,是根据"八一九"限价后调整五倍发给,而物价实际涨了六十倍,收支悬殊,生活难以为继。教育部电告各院校说,一至三月份的经费已汇平,但平央行始终没有收到支付通知,各校负责人天天忙于借贷。学生的副食费每月三百零六圆,而一斤香油二百多圆,如何维持?款借不出来,几次向政府催款,迄无下文。北大各伙食团自七日起改吃窝头,校方筹借食粮也没有结果,准备动用仅存的少量应变面粉。师大煤荒,劝导学生集中住宿,节省煤火。清华在城内有旧存面粉,运不出城,校内食粮仅能维持十天。

东北迁到北平的东大、长师、沈医、商船专科各院校,早就有许多待解决的问题。北平围城以前,教育部曾下令分别南迁,各校内部意见不一致,校方多主张立刻迁移,所以长大校长刘树勋、长师院长方永蒸早在两个月前就到福州与长沙去觅校址。北平围城后,各校无人主持,学生闲着无事,终日逛马路,有的竟在街头买卖银圆,校方无法劝阻。最近,随着北平的窒息,东北各院校更陷于不可解救的艰困局面。十一月份以后,各校已无存粮存煤,冻饿难忍。各院校负责人集会,不再谈应变与课业,只需要钱买煤买粮,好活下去。东北在平的大中学生及教职员约一万多人,如不能立刻拨款接济,严重后果真是不可想象。

北平私立的辅仁大学,于放寒假后又在本月七日开学,每个学生必须选一门课,由神父或修女教授,目的是防备学校驻兵。朝阳大学

第七章　风雨飘摇

在围城后几次演出血案，校外的人到校内打学生，打得遍体鳞伤，且不许出校门，各报也不敢刊登这类新闻。朝大在恐怖中结束了本学期。中国大学一向被称为北方的三民主义堡垒，现在是青年自救先锋队的总部，训练着调集的各校大中学生，协助保卫北平的战争。保定、冀东、热河随军退到北平的中学生，还有三五千人，在吃不饱、穿不暖地过着难民生活，几次在北平的报纸上看到他们呼吁救济的函件。在"军事第一"的口号下，无力顾到这几万师生，他们也只好"苦撑待变"了。

这篇《文化城散记》成稿于1949年1月8日，9日寄出。15日，天津即告解放，大公报随即停刊。同日，由上海大公报刊出，不意竟成为我在旧大公报刊出的最后一篇署名通讯。

大公报人张高峰
第二部
高峰自述：内战观察

第八章 翻天覆地

历史的年轮进入 1949 年，这一年，注定成为中国历史上翻天覆地之年。对于我个人经历和记者生涯而言，同样是一个重大的、根本性的转折。

　　新年之后不过一个月，华北最大的平津两市解放，天津大公报也奉令停刊了。这是新记大公报在它的发祥地创刊二十三年后出版的最后半个月（截至 1949 年 1 月 15 日），其时政报道作为一种历史记录，或有一定史料价值，因此，以下的记述将不限于我的报道，也不限于北平，甚至更多的还是天津报道，并尽可能保留了当年的原始记录。

走向崩溃的平津

谁都没有想到，1948年的最后一天和1949年的元旦，大公报北平办事处的全体人员，是在"禁闭"中度过的——

12月30日晚十点，办事处突然遭到特务搜查，并抄检走了一些并无什么价值的资料。而后，大家被集中在一间屋子里，禁止外出。次日，连来访的朋友也因为"许进不许出"而被扣押，但我们始终不知道大公报犯了何种"罪名"。徐盈兄作为办事处主任，四处联络，提出抗议，华北剿总、北平警备部的朋友也来解围，并声称此事与他们无关。后来，连"蹲守"的特务都不耐烦了，要我们快些找到"保人"，他们也好撤守，回家过年。如此六十多小时，直到1月2日上午十一点，我们才重获自由。

事后了解到，这次出面搜查的是北平警备部稽查处，但背后指挥的却是军统。据说，他们得到情报，刚刚被查封的上海《观察》杂志主编储安平秘密到了北平，住进徐盈家，因此寻踪而来，不想扑空，所以派人"蹲守"。我与储也是朋友，但我并不知道此事内情。我想，那也许是中共地下党的秘密。

一场风波就这样过去了，我们迎来了新年。

1949年元旦，蒋介石发表新年文告，大公报刊出时，以这样的标题概括了其要点："愿见中共诚意和谈，谓和战关键不在政府，个人进退绝不萦怀，如中共坚持决与周旋。"然而，在同日华北七省市议长会商和平问题时，北平参议会议长许惠东却说了一番比蒋的文告更切实际的话："现在谈和平尚有一段距离，国民党要进步，要废除官僚政治；共产党要进步，要能适合中国的民情，大家要以中华民族为立场努力进步。"

新年的平津气象如何？请看当年这两座围城的报道：

北平：元旦平市寂静，无炮声亦无爆竹声。上午各机关会报，略

第二部·高峰自述：内战观察

有酬应；下午两时起，治安当局普查全市户口。平市肉荒严重，猪、牛、羊来源已缺两旬，城内畜养者初因粮食极力宰杀，刻已残存无几，今后将临素食。四城中之物价一度因和谣下跌，一日又行上涨。平郊城门关闭，许多人家为一件事苦恼着，就是家里死了人没法抬到坟地去，每个寺庙里都停满了灵，眼看死人也要闹灾荒。市府刻决议建市内军民临时公墓，以安死者。

天津：一夜炮声响，迎来一九四九年，各机关奉令照常办公。围城战以来，只有军事机关日夜加班，工作紧张。自卫队大检阅，行列里有人穿制服，多数着便装，一万多人游行过市，整整过了一个钟头。街上人更多，三五成群，踏着泥浆，绕着沙袋堆成的工事，到处闲逛。商店仍是半开门板营业，摊贩冲出了摊贩旧市场，推展到罗斯福路大商店门前。繁华中心的劝业场，尽管门前堆着重重沙袋，人们照旧向里挤；光明电影院已变为军营，其他娱乐场所仍在奉令停业状态。火腿比猪肉便宜，榨菜比咸菜贱，西服料最高级的每套不过千圆。今年元旦除满街工事和断续炮声外，毫无新气象可言，傍晚一片喊卖晚报声，人们若有所待。……

市内豪商多南迁，剩下欲走不能，坐守不可的商号，统在艰难局面下挣扎，遑言盈利；即保存原有实力亦属渺茫。尤其非食用必需品，销路更为迟滞。年终发薪，许多工厂拿不出现钞，用厂内实物分配。商号十分之九皆欲裁员紧缩开支，惟事实上皆不易办到，仍须继续坐耗下去，拖到何时，无人能晓。所以，新年一般商人见面，已不似以前互谈盈亏，而是希望随着新年来的生机。

2日，北方二十九省市国大代表开会，讨论如何促成国内和平。通过致蒋介石电，拥护元旦文告；另致毛泽东电，请放弃武力争取政权，派人与政府共商和平大计，解救全国人民倒悬。

3日，大公报以《津门艺人末路》为题的一篇报道，为国代们所称的"倒悬"做了一个惟妙惟肖的注脚：

第八章　翻天覆地

各娱乐场所停业已使杂耍艺人生活大起恐慌，闻名平津的小蘑菇、赵佩茹、高德明、王长友、三蘑菇等不得不降格"撂地"说起相声来。在胜利桥摊贩市场尽头的空地上，十位名艺人摆下阵势，每天下午轮流"登坛说法"，在零度以下的寒风里，依然竭尽嬉笑怒骂之能事。因为天冷，听的人并不多。十个人一下午不过敛个四五百圆。每人也就只分到五六斤棒子面钱。有人以为这些艺人总会有些积蓄来维持生活，实际上几年来都弄到山穷水尽了。不知多少艺人已经改行做小买卖，甚至饿饭了。

又讯，围城战第十六日，津上空阴云终日，战局沉滞。市民注意力逐渐转往物价。玉米面八圆一斤，大白菜六圆多，一个煤球价值一角，鸡子六元一枚，月拿三百多圆的小公务员，等于每天赚一枚鸡蛋。市内工事仍在积极构筑，甚至许多交通要道亦设有栅栏门及沙袋，三轮车东绕西绕，仍难免钻入死胡同。流落街头的破家难民加多，偎坐路旁，厥状甚惨。

4日，在北平。楚溪春表示：平津空运即日恢复，首为军机飞行，部分重要乘客亦可搭机。然而，当时北平申请南飞者已逾万人，只能分批发送，首批约六百人交楚溪春亲自审定，结果只批准了二百余人。不过，我们拿到了北平围城之后天津发来的第一批邮件，此前平津断邮已达二十二天。天津传来令人哭笑不得的消息说，一架自青岛载客十余名的飞机抵津，旅客甫下机，郊外突响炮声，飞机竟顾不得卸下旅客行李，旋即升空飞返。

5日，天津各院校教授呼吁当局保全平津："……战争决策唯有以人民祸福为准的。前日报载张垣国军循人民请求，作有计划撤退，所有工矿均未破坏，如此举措明爽果决，……平津为华北精英，世界名城，其重要在张垣之上爰止百倍，国军既肯保全张垣于前，何独不可保全平津于后。用特联合呼吁，为免平津四百万人民于浩劫，当局如必欲一战，亦应一本战火不及市区之原则，以达到保卫平津之真正目的。"

同日，大公报刊出天津各界呼吁和平通电："……年来阋墙之争，毁坏人民生命财产难以数计。战争目的既系为国为民，今以人民所不能忍受者强加之人民，则为国为民之说已失根据。平津两市一为数百年文化古城，一为华北五省工商荟萃要埠，而又有四百万以上之市民喘息余生，眼见大祸临头，不能不迫切呼吁，战争终有了局，和平即是光荣，万恳发大仁慈，即将平津地区先行停止战争，以谋全面和平解决，而免生灵再遭涂炭。"

7日，天津防守司令部政工处答复各院校教授关于保全平津的呼吁，称："诸先生云，'请突围转进于市区三十里外平原旷野，杀敌致果。'但论事应衡之双方，庶不失其平。吾人奉命防守，初非求战，苟中共不来天津，自无战祸可言。……今使天津蒙受战祸，在攻守双方究是谁家之责，此知识分子所不难以明辨者也。今日究以守者转进为合理否乎，抑是攻者撤离为得事之平乎？"

8日，天津实施交通管制，宵禁提前至每晚六时开始。同日报道称，留平德侨魏伯昨越火线中流弹身亡，合众社记者伏地幸免。魏伯在华十五年，曾任德文报纸驻华记者。

9日，津郊困战第二十三日，外围激战愈烈，西营门外争夺极惨烈，市区落弹多枚并有死伤。王串场长江造纸厂及六百余户民房几全被焚毁。北洋大学落弹二十余枚。市民多赶挖地窖，堵塞门窗，以备万一。街谈巷议莫不以"避弹"为题。整日普通交通管制，上午行人稀少，下午略增，商店大半未开，仅数家食品店隔着铁栅栏门做生意，顾客围在门前，像探监一样。据天津老市民说，民国以来津市历经多次内战以及抗日战争，周围五十里内向无剧战，这次可谓空前。以前每次事变尚有租界可躲，市民仍不免惊恐万状，这次隆隆炮声中，市民表现反而颇为镇静。和平消息虽渐沉寂，但一般市民仍感兴趣。报贩大喊"和平消息"，军民争购，看个究竟。寒风刺骨，炮声震耳，入晚马路上一片死寂，时有冻死骨发现，有位三十多岁的棒小伙子居然也被冻死路旁。郊区居民再度搬家，扶老携幼艰难过市，状极凄惨。

战局紧张，炮声隆隆，津市内机场仍无法降落，民航机昨空投邮件五袋。大小商店均未开门。公共汽车电车皆未出厂，三轮车人力车亦形稀少，遍街多是土袋卡口，无臂章行走不易。银行钱庄照常办公，因各业市场均陷停顿而极清闲。各米面铺配售面粉继续，挨购配粉大众，一群又一群涌现门前。摊贩聚集的场所一片冷寂，银元叮当的响声渺不可闻，偶有

第八章　翻天覆地

菜贩出现街头，要价奇昂。各饭馆亦均停歇。虽零吃如烧饼油条豆腐等，亦无处去买。摊贩从窗户洞出售咸菜，购者踊跃。

10日，平市围城近月，国立各院校煤粮渐闹饥荒，北大各伙食团正分别自筹粮源，八日起多改食窝头。校方准备动用仅存之少数应变食粮。师大煤荒，劝学生集中住宿减少煤火。清华食粮尚能维持十天。物价波动甚大，学生一月份副食费仅够用十天。东北内迁之国立院校及流亡中学生约万余人，在平生活已濒不可解救之艰困状态，教职员月薪不足购买一袋面粉。东大、长师两校长南去未返，各校课业已半停顿。各地流亡学生即有断炊之虞，记者昨见万福麟公馆中有以门窗代薪炭者。平教育局长王季高擅离职守被撤职。平市府再电中央，请空运面粉万袋，拯救粮荒。北平加强疏散人口，对愿出境者给予便利。紧缩消费，严管市场，抬价者犯就地正法。

津市交通管制仍将继续实施，市民非有臂章不能步出家门，只好在家闷坐。电车恢复行驶，乘客远不如过去拥挤，秩序自动好转。商店十分之八九以上坚闭铁门，几家百货店半闭小门营业，里面熙熙攘攘，手电筒与煤油灯均畅销。街上到处堆置沙袋，除非轻车熟路，否则必受辗转之苦。三轮车冒险出动拉座，因之车价大增。搬家避弹的人渐多，且大多是贫苦百姓。街上除了担架之外，扶老携幼的难民最引人注目。津郊拼战惨烈，炮声紧密，边缘区工厂多成据点，工厂被迫停工，数万工人面临失业危机。监狱犯人大部保释，汉奸温世珍、徐良等都出狱。

国民党告我"三宗罪"

1月10日起，平津外围形势骤然趋紧。后来才知道，那天，中共中央军委决定成立平津前线总前委，以林彪、罗荣桓、聂荣臻三人组成，林彪为首，加紧了对平津的攻势。

也是在这一天，远在千里之外的重庆大公报接到地方法院传票，要发

第二部·高峰自述：内战观察

行人王文彬 19 日到庭受讯。传讯的理由是"违反出版法第二十一条及国家总动员法第二十二条，应负出版法第二十八、三十二条及妨害国家总动员惩罚暂行条例第八条治罪之责"。所列十条"罪状"中，我的东北报道竟占了三条，而且，原告是国民党重庆市政府，背后是重庆绥靖公署。来头不小。

从 1946 年起，我做了三年东北报道，除了专电，凡我署名的长篇通讯，大多都被我冠以消极、沉闷的标题，如《东北在变》《东北的悲剧》《无题写东北》《严寒东北》《干枯东北》《烂污东北》《东北的脓包》等等。原因无他，只因我对东北的局面越来越失望乃至绝望。"严寒"暗示没有春天，"烂污""脓包"是指腐败，"无题"寓意一言难尽，而"干枯""悲剧"则更是完蛋了。这些肯定为当局所不满。但是，如果说 1947 年 11 月我写《东北在变》，招致南京中央周刊的谩骂还算"及时"的话，那么，现在已是 1949 年，我久已不写东北报道了，为什么又被告上了法庭呢？显然，国民党是在搞"欲加之罪，何患无辞"。

按照诉状，大公报被控的"罪证"如下：

1. 1948 年 2 月 25 日《严寒东北》（高峰）。摘要："东北政治军事均甚紊乱，人民痛苦，一片惨相。"审查意见："违反政令，称共匪为共军，夸大东北危机。"

2. 1948 年 4 月 25 日《杯酒一席谈》（何永佶）。摘要："政府得到美援，并未应用于国家，为一般中饱份子贪污了，又拿到美国去购置产业。"并谓，毛泽东是革命者。审查意见："毁谤政府，为匪辩护。"

3. 1948 年 7 月 11 日《由新民报停刊谈出版法》（社论）。摘要："出版法已不合时代，与宪法相抵触，应予废止，何可引为根据。民主国家言论应极自由。"审查意见："为新民报辩护其为匪宣传之事实，淆乱视听。"

4. 1948 年 7 月 8 日《跌在糟房里》（高峰）。摘要："流亡平津的学生不如猪狗，因猪狗是有主人照应的。"审查意见："刺激学潮。"

5. 1948 年 7 月 15 日《反对政府违宪摧残新闻自由并为新民报被停刊抗议》。摘要："毛健吾等联名请求立院应即修正此违宪出版法。"审查意见："故意刊载此反对政府言论，刺激人心。"

第八章　翻天覆地

6. 1948年4月23日《干枯东北》（高峰）。摘要："东北不论军事、政治、经济、工业、教育均无办法，人民痛苦万分。"审查意见："毁谤政府，夸大危机。"

7. 1948年8月16日《山东流亡学生在京乞讨度日》（本报讯）。摘要："南京各大街道发现许多学生集队乞食。"审查意见："刺激学潮。"

8. 1948年11月6日《武汉有和谣》；摘要："武汉有政府与共匪谈和谣言。"审查意见："故意刊载和谣，扰乱军心人心。"

9. 1948年11月16日《碾庄地区战事持续，宿县郊外搏击猛烈》（本报讯）；摘要："津浦路南段两侧几全线为匪扰乱。徐埠间交通难恢复。蚌埠南匪谍不时出没。"审查意见："夸大匪军力量。"

10. 1948年11月25日摘要："共匪广播声明反对美援"；审查意见："故意转载此类消息，为匪张目。"

因为这"十大罪状"，重庆绥署一方面请内政部予大公报以停刊三天的行政处分，一方面令重庆市政府控告大公报于地方法院。我的东北通讯位列一、四、六条，倘若"罪名"成立，我必难逃厄运。因此，重庆大公报经理王文彬写信给我，要我设法"暂避一时"。北平的朋友们也说，国民党现在穷途末路，抓人杀人不眨眼，还是躲避一下为好。我想，重庆远在千里之外，北平已被重重包围，国民党恐怕顾不得我了，小心一点就是。不久，北平和平解放，重庆又陷困境，此事也就不了了之了。不过，从重庆当局的"指控"，人们可以想见当年报纸要坚持客观、真实报道的不易，以及新闻记者要保持职业操守的艰难。

其实，国民党对新闻界的控制、干涉，始终没有停止过。1948年大局逆转后，这种控制、干涉愈发肆无忌惮。仅举数例：

4月8日，上海《国讯周刊》被勒令停刊。"因该刊近来所刊文字多对政府不利，并为共方宣传，故依法予以制裁。另，世界知识和时与文两周刊，前者经常攻击友邦美国，挑拨国际感情；后者对政府肆意攻击，故都予以警告，不得再有违法言论。"

7月8日，南京《新民报》被永久停刊。"据内政部消息：该报屡次刊登为匪宣传文字，散布谣言，煽惑人心，近更变本加厉，谎报事实，污蔑国军，妨害戡乱军事，违反出版法之规定。"

8月24日，北平《益世报》"因刊登稿件熏染纱布上涨，有违财经紧急处理办法，经市府勒令停刊一日，以资警告"。

9月1日，记者节。此前一天，华北剿总文教委会主委秦丰川招待在平记者称："对一个消息，希望大家有一致的立场，变为一个整体。'七五事件'发生后，社会对学生运动异常敏感，故对每一消息要研究不刺激学生，亦不刺激社会。在同一尺度下，大家仍可自由刊布新闻。但此尺度宽狭如何，值得大家研究。"

9月2日，北平《中国晚报》因刊登粮食、纱布、油等价格均超过"八一九"限价，"与事实不符，殊属不合"，被停刊一日。

10月11日，蒋介石在南京国民党中央党部纪念周讲话中，针对"币制改革"后造成的混乱，"警告"媒体说："……平津报纸天天登载京沪各地如何发生抢购风潮，人民心理如何恐慌，社会秩序几乎不能维持……加以过分的渲染。上海的报纸又说平津一带抢购风潮如何严重……我盼望新闻界人士特别注意，切不可报道刺激人心的新闻，应该在国家民族的前提下，负起领导舆论的责任，共谋社会的安定和进步。"

10月12日，上海当局"奉蒋总统代电"，勒令《大众夜报》永久停刊。正言报社评《不要再制造王孝和了》："立论殊足影响公共秩序，实已触犯出版法……依法暂行禁止该报出售散布。"记者询问市府发言人，"暂行禁止出售"究是几天？答曰："不知道。"

11月2日，北平《新路周刊》因言论不当接到严重警告。

12月2日，天津当局通知各报及各通讯社，自即日起实行"自动的"新闻检查。并对刊登新闻规定如下原则："一，天津警备区以内之消息，均由警备部政工处发布。其他谣传或'据某地来人谈'之消息，则请联络后，可以发布者再行刊登。二，警备区以外之消息，由华北剿总发布，各报须根据中央社发表，不得与之相违背。三，关于军事撤守、转进等消息，在中央社或华北剿总未发表之前不得发表。因一地之撤守必有其理由，或为军事上之计划，应以中央社为标准。四，社论方面，不得有侮蔑元首、于军事不利或违反国策之言论，如最近之和谣即是。总之，凡足以影响军心之消息，务请大家注意。对以上各原则如有违反情形，当予劝告、警告、短期停刊及永久停刊之处分。"

第八章　翻天覆地

12月8日，昆明警备部消息："查本市观察日报屡次登载诋毁政府、为匪张目之荒谬言论，违背戡乱时期危害国家紧急治罪条例及出版法之规定，勒令停刊一周，以示薄惩。"

12月10日，重庆党政军当局宣布，各报今后刊登消息与言论应注意下列事项：一，不得诋毁政府及元首；二，不得刊载动摇民心、降低士气之消息、言论；三，不得刊载刺激学潮、工潮之消息、言论；四，不得刊载刺激物价之消息、言论；五，不得刊载有损邦交之消息、言论；六，称"中共"必须称"共匪"或"匪军"；七，凡军事匪情消息，须采用中央社或官方正式发表之消息，否则应负法律责任；八，报道消息必须确实，道听途说、谣言不得刊载；九，不得刊载共匪广播或共匪发布之消息、言论；十，标题与内容相符，不得夸张失实，蛊惑人心；十一，不得借题发挥，以古讽今；十二，凡有关评论政府措施之文字，应提出具体意见，作积极性之建议，不得侮辱谩骂；十三，转载他报或刊载收听之任何广播消息、言论，以及刊载他人之演讲，应与自行撰拟报道者负同样法律责任。

12月13日，天津警备部奉华北剿总电称："天津真善美报内幕新闻栏载'沈阳撤退惨况记详'一文，披露匪方布告八项，不仅动摇民心，且涉为匪张目之嫌，令即查照具复。"警备部依据戒严法之规定，令该报停刊三日，"并严禁再有此类谣诼之刊登。"

12月17日，京沪禁止《观察》及《新路》两刊物继续发行，中建杂志北平版接当局通知，即日停刊。

12月24日，上海《观察》杂志被查封，命令称："查观察周刊，言论态度一贯反对政府，同情共匪，曾经本部予以警告处分在案。乃查该刊竟变本加厉，继续攻击政府，讥评国事，为匪宣传，扰乱人心，实已违反动员戡乱政策，应按照总动员法及出版法之规定，予以永久停刊处分。饬缴原领登记证送部驻销。"

12月26日，北平开始新闻检查，华北剿总特派政工处参谋、警备部主任秘书即日起在中央社开始办公，统一发布新闻。

1949年1月6日，天津《新星报》因"记载失实"被停刊。当局称："查该报屡为不正确之记载，登载动摇人心之言论，如'人民上了政府的当'，'谁应负政治责任'等篇，歪曲事实，攻击政府，而为匪张目；恶意批评，侮辱元首，虽经再三善意劝告，置若罔闻。……值兹大敌逼境，战士浴血之际，似此淆乱人心，或竟动摇士气，则全市涂炭何堪设想，岂仅影响大局而已。本部不得亦不应再事姑息，故予以暂行停刊之处分。"

1月19日，香港大公报刊登重庆通讯，披露当局控告大公报，是"欲加之罪岂无辞，以卑劣手段打击民间报，抄过时文章构成新罪嫌"的同时，制作了一个很长的标题。引题为"'防民之口'以图挣扎，重庆滥施新闻统制"，主题是"用'十三条'绞杀新闻自由，挑剔电文罗织人罪打无耻官司"，通讯写道：

> "争取新闻自由"的口号喊了好多年，新闻自由不仅没有获得，政治力量加之于新闻界的枷锁却愈来愈牢了。虽然中国有"防民之口，甚于防川"的古训，更有因"防口"而引起的事变屡见于史章，但是到今天，言论依然被严格封锁着，报纸因而动辄得咎。
>
> 重庆的几家报纸虽然照常出版，强撑腰杆为社会服务，但其窘境不堪言状，既要应付当前的经济逆流，又要适应当前的政治环境。报人常为别人呼冤，自己的辛酸泪却只有往肚子里流。就这样，政治环境还不能允许，警告是常有的事，停刊也时有可能。……报纸对于担当"人民喉舌"的资格大有问题了。但是，我们却哪里知道他们的苦衷？
>
> 去年十二月十日，重庆党政军的新闻官联合招待了一次新闻界。席间发下一张书面谈话，希望各报今后刊登消息和言论时，按照上面所列十三条办，意思是"新闻自由"就在这官定的十三条里。看看这十三条，真令人寒心！每一条就是一条锁链！每一条新闻都会触犯其中的任何一条，哪里会有"新闻自由"？！在统制新闻的历史上，这真是破天荒的最严格的统制。任何地方的新闻统制，对这十三条都要瞠乎其后呢！
>
> 各报社负责人接到"十三条"后，心情惶恐，报联总干事高允斌即席说话，除说明重庆新闻界自抗战以来拥护政府的事实外，希望当局放宽新闻尺度，只要各报社的言论、新闻能符合大原则，其他事项最好能容许据实报道。并说：现在重庆的报纸吃的是草，挤出来的是

第八章　翻天覆地

牛奶；以后草吃完了，奶也不会有了。

会后，各报纷纷拟文呼吁新闻自由，话虽然是委婉的，力量却还是有的。报人是有骨气的！他们说：政府既要"下决心打到底"，认为"宣传重于作战"，又需要"赶快收拾人心""争取人民拥护"，则对新闻界的管制应放松点，对于新闻与言论的事后检查，尺度也要愈宽愈好。除军事外，似不必花费很多精力，斤斤计较，字字挑剔。他们举例说：过去物价的狂涨，并没有因报纸不刊黑市价而停涨。今天接近战区的逃难潮，也不因报纸的刊载与否而停止疏散。同样，前线军事偶有失利情事，更不应迁怒到报纸的记载。有的报纸则于苦恼之余根本取消社评，避免官方加罪。有的则于激愤之余，愿意当局恢复新闻检查制度。

在重庆做报纸确是越来越难了。新闻记者一向被社会赐以"无冕王"。这话在今天不能通用了。新闻记者在今天是有冠者，他们戴的是荆棘之冠啊！

【立此存照·张高峰在"文革"中的检讨　在解放战争期间，一方面，我有错误观点，写了一些反动文章，另一方面，我又追求资产阶级的"民主""自由"，按照自己的资产阶级世界观去观察事物，在许多文章中也揭露了我所不满的社会现象，而这也不过是所谓"文人论政"，根本不能触动当时的社会本质。即便如此，却招致国民党的"控告"，可见其反动。】

火光中局势开朗

重庆官司未了，平津战役开打，局势急转直下。

10日，津郊因战第二十四日，炮声暂疏，市民情绪反转紧张。街上行人增加，惟商店仍多未开门。临时摊贩突增，以旧衣物摊最多，价格低廉，许多人急于脱售旧货，易购食粮。银元市场逐渐蔓延，米面市买卖甚盛。飞机空投物资，降落伞冉冉下降，市民多站高处翘首，街谈巷议。

北平物价昨稍回跌，楚溪春等微服私访，"决心杀掉几个人以平物价"。民政局决定疏散难民万人，每人一次发给小米五斤，金圆券一百五十圆，限期离境。

11日，据天津军方消息：十一日下午西营门外共军以一个师以上兵力，采人海战术，波浪式向国军阵地猛烈冲击。迄晚九时半，冲锋达八九次之多，均经国军炽烈炮火严密封锁制压，八时后激战最烈，枪炮声接连一片，为津郊攻防战中最猛烈之一次。

北平广安门阜成门外炮战，市内加强防务设掩护体。前市长何思源返平，谓来此从事和平运动。文教界代表说：我们保卫北平文物，北平文物也保卫我们。平各大学学生生活均至断炊边沿，东大学生均吃麸皮馒头，每人日发玉米面一斤，无煤难而成粥。

12日，津市炮火弥漫，交通断绝，信件包裹发不出，邮政陷于停顿。津郊激战昨日晨逐渐沉寂，当局一度解除交通管制，惟至下午东郊大战突爆发，南郊共军亦发炮轰击市区，情势陡紧。至三时汽笛突鸣，恢复普通交通管制，行人急奔，秩序颇乱，四时后街上行人稀疏，西营门外大战继起，国军炮兵自市区向外发射重炮，声震屋宇，与机、步枪交织一片，空军赶来助战，迄晚八时始转沉寂，九时后仍有稀落重炮声。津参议员建议，照北平先例，请疏散人口。物价一日三跳，但万变不离其宗，食物始终领先。棒子面已卖二十圆一斤，各种不应时的货色也都成了珍品，敌伪时期番茄罐头、澳洲制怪味沙丁鱼都以大价上市。中层以上者半月已不知肉味，下层更是连窝头咸菜也难办了。

参议员丁作韶等再度自共军区返津后，态度较为沉默，但绝未表示放弃争取和平。丁氏等自称：曾在共军处效秦廷之哭，各参议员于语及二百万市民生命在火线上时，声泪俱下，对方颇为感动，且曾允诺尽可能不使炮火伤害老百姓。丁参议员当以陈司令所说"敌如来犯，角逐屋战斗，寸土必争"相告。对方说："到那时候，凡没有敌军的房屋仍然不射击。"最后丁氏告对方："津市二百万市

第八章　翻天覆地

民莫不祈望和平，故打来炮弹颗颗如打中人民心头，但愿顾念老百姓，少施炮火。"

华北剿总布告禁止盗卖军粮，查出即就地正法。商人知情隐匿者同罪。平市古迹不幸，除天坛古柏外，景山西大高殿前之"弘佑天民"大牌楼十一日午被军用卡车撞毁。东单为扩大机场，金碧辉煌的三牌楼亦定日内炸倒，民工千人已到达，东交民巷旁一片灰尘腾扬。平市电车点头票比以前更多，每天收入除付电费外不足维持员工每天半饱。该公司站长以下职员决组织哀告队，分赴各站，向点头票哀求购票，以维市内交通。平郊共军十二日晨零时许分向永定门外大红门及德胜门外第二监狱、土城一带攻扰，双方炮战达一小时，国军由市内发炮轰射，市民多被惊醒。德胜门外城关落弹多枚。楚总监溪春十二日午前往视察。又，张学良大姊张冠英在平谈，希望飞京转台，迎她的弟弟回来。她说"现在好像晚了。他出来已没有什么用。"

13日，津市周边冲杀苦斗，东郊肉搏北线炮战。市区多处落弹，死伤甚众。北洋、南开遭波及损失颇巨。警备部劝市民挖避弹壕。北平中山公园已成为大练兵场，朝夕军歌及杀声震天。

展修东机场正式开工，炸障碍物之巨响不绝，民航暂停，但军机仍络绎不绝。

14日，津全市完全陷入炮火笼罩下，十一个区普遍落弹，居民伤亡益重。共军自晨六时沿四郊猛攻，枪炮声密集，猛烈情形为津攻防战以来所仅见。共军猛攻不已，国军数度以战车及炽烈炮火制压，双方惨烈肉搏。午时炮战达最高峰，电信局、电力公司、自来水厂、南开东院等处均落弹，本馆亦飞入弹片多块，其中一弹落于极近处，本报全楼震撼，同人均安。当局采紧急措施，自中午十二时半断绝交通，街上救护车、消防车及军车急驶，行人道上则常见扶老携幼、披被挟包裹之难民。

下午，市区多处大火，中纺七厂、德士古油库及罗斯福路盛锡福数处火势最大，东车站等处亦有火，消防队全体出动，奋力扑救，但因水源断绝，仅能将火区隔断，不使蔓延，故火光冲天，烟屑弥漫。据消防队报告，全市十四日大小火警在二十起以上。

炮战迄下午四时后稍寂，被阻于外之市民纷纷回家，电车因电源断绝，仍散置中途，沿街可见。电线切断甚多，发电所对外失去联络，高压线全被打断，全市除极小地区外，完全停电。电话线多遭破坏，致多处电话失灵。全市除十区外完全断水，十区水厂断而复续，水质混浊。至晚六时以后，战事转入内线，尤以西线逐屋争夺最为激烈，东线地势开旷，炮兵尚能继续施展威力，故隆隆炮声，迄晚九时复未停，西线则仅闻一片密集枪炮声。

津警察局李汉元局长十四日扶病竟日在局办公，指挥员警维持市内治安，迄深夜十一时始与外部最后一次通话，以"他们来了"中止。又，受炮火影响，复因电源断绝，津市各报大多自动停刊，中央通讯社亦临时因故停止发稿。

15日，津市历一月之围困，郊区经数日激战，演变迄今已经踏进一新阶段。闻军政当局十四日深夜举行重要会议，对当前的局势有所商讨。同时，工业界领袖李烛尘、杨亦周诸氏鉴于津市二百万市民所受炮火威胁过于严重，倘继续作战，不但仅存之工商企业将无以维系，即一般市民恐将更无生路，乃决定于今晨亲赴共区，续向共军领袖作诚恳之呼吁。李氏等昨与地方军政当局一度接触，谈话极为具体。睡前与本报记者由电话中接谈，稍感欣慰，亦多慨叹。李氏以六七高年，不辞辛劳，为保全平津奔走。据判断，此行必获相当结果，故今晨一时以后，市区炮声已渐停。天津市民于饱尝一日炮火惊恐后，今兹可以松一口气矣。

15日的天津大公报，同时发表两篇社评。《可惊怖的一日》写道：

昨天是天津全市最可惊怖的一日。炮弹纷纷，火光熊熊。人民所刻刻提心吊胆祈祷着避免的牺牲，竟不能完全避免，这真是大不幸！

本报津馆同人今露立在炮弹纷飞中，甘冒生命危险，愿为读者服务。虽水电供给都已断绝，电讯来源都成问题，同人仍愿克服种种能够打破的困难，为读者勉尽忠实报道的职务。昨午炮弹险些落在本馆

第八章 翻天覆地

屋顶,全楼震撼,弹片横飞,门窗摇晃自开,玻璃纷纷坠地。当此之时,同人等悼念我死伤流离以及在惊悸悲苦中的市民大众,并各自惭悚未能善尽舆论界一卒的职责。一个月来,大家所郑重呼吁的是停止作战,保全天津,以免市区遭受炮火。然而人民的公意,舆论的呼号,竟不能够挽回狂澜,避免破坏,这真正可痛惜,然而也并非完全出乎意外。

时至今日,只需大家有希望,有信心,还可以看出有一片开朗的远景。今天所遭的种种苦难,都可以看做应该支付的一种代价。……这一次炮火的冲洗正是大家忍受困苦煎熬的高潮。现在只有勇敢而坚定的迎接这苦难,不沮丧,不灰心,倒下去的建筑工厂还可以站起来!暗淡停摆了的机器还可以回复运转!只要我们市民心理不至于随昨晚街景而暗澹消沉下去,我们整个的天津,当然还可以辉煌起来。我们愿告慰全市市民,苦难的日子不会延长!油灯下草此文,炮声似已稀疏,敬祝市民且安睡一宵,今日再报道让大家安心的消息!

《火光中局势开朗》称:

本市工商界领袖李烛尘、杨亦周诸氏,定于今晨出城接洽停战问题。这是二百万市民在万分惊怖中所渴想伫盼的大消息。以当前情势论,以李先生等的地位名望论,我们深信,此行当有圆满结果。我全体市民可少安毋躁,静候局势豁然开朗的报道。

当然,即令今天能够停战,也不免时晏之叹,因为昨日一天市区的损害已经可观了。所以事到今天,我们除希望市民提高警觉并力持镇定外,更希望地方当轴能够把握住这一个机会,为市民减轻痛苦,并消除纷乱,才期市尘不扰,七邑不惊。警察在此时正是为地方忠勇效命的时候,以其平日素质和训练说,自能荷此重责,胜任愉快。至于满目疮痍的市区如何迅筹善后,紧急救济,预料局势开朗以后,自有适当措施,此刻无须讨论。

我市民骤经惊扰,心情一时不能遽归平静。然应注意之大端,不妨先行说明:其一,大家各守岗位,各安所业,勿妄动,勿信谣言,

第二部·高峰自述：内战观察

务期秩序得早恢复；其二，工厂员工务须加意护厂，切勿轻离，已离者须速回厂；其三，商店须尽可能开门营业，尤以出售日用必需品的商店为然，切勿惜售居奇，哄抬市价。以上只列举三点，为全市秩序安定所关，亦即所以减轻全市损害及人民痛苦。望我市民警觉注意！

后来听天津的同人说，因为没有电，那天的报纸是印厂工人们用手摇平印机一张张印出来的。清晨，战事未停，报童和报贩们都还躲在家里。同人在报社门前摆出条案，临街叫卖起来。正当市民争购时，来了两位佩带军管会臂章的解放军，提示他们，在未获得军管会批准以前暂停发售。结果，那天的报纸，也是新记大公报天津版最后一天的报纸，据说仅售出两千余份。

1月15日下午，天津战役结束，国民党守军被全歼，天津警备司令陈长捷、天津市长杜建时等被俘。

北平方面，社会各界人士成立了"华北人民和平促进会"，为和平解放积极奔走。不料，17日凌晨，促进会首席发言人、前北平市长何思源家被炸，其二女儿不幸遇难。显然，这是南京方面在搞杀一儆百，企图破坏和平努力。但这种倒行逆施是无效的。一个例证是，北平街头的"戡乱""剿匪"标语都消失了。

1月21日，蒋介石宣布下野，李宗仁代行总统职责，对和谈表示了某种程度的让步。22日，傅作义即与中共签订了《和平解决北平问题协议》十三条。双方停战，国民党二十万守军开始从城内陆续撤防。北平的兵荒马乱逐渐为和平景象所取代。28日是阴历除夕，北平人民终于过了一个平安年。

1月31日，解放军入城接管防务，宣告北平和平解放。正在筹备人民日报创刊的范长江，邀请了部分在平的老记者，与人民日报记者一道，配合采访入城式新闻，我应邀参加。这是时隔两年多，我再次见到长江。我想，他这样做，不仅是因为人民日报记者对北平的情况不熟悉，希望得到我们的帮助，同时还有团结更多的记者在自己周围的意思，一如他当年组织"青记"与国新社的工作。那次采访还有一个细节：长江怕大家赶不

第八章　翻天覆地

及回家吃饭，给每人发了一定数额的、刚刚发行的中国人民银行纸币作为饭费。那是我第一次使用解放区的货币。在东安市场吃豆腐脑，我们付账时，店家还不肯接受这种新货币，我们反复解说才收下。我觉得，长江依然是热情、周到的。

【附录：鹿钟麟夫人忆趣·张高峰】

这是一个戏剧性的历史故事：天津解放那一天，共产党把反共的"摩擦专家"鹿钟麟逮捕了，四小时后又把他释放。几年后，毛泽东主席还向他发出了任命书，请他出任中华人民共和国国防委员会委员。前嫌尽弃，化敌为友，"阶下囚"变成座上客，事情竟如此蹊跷。

鹿钟麟这位西北军的老将领，戎马生涯四十年，有得意的经历，也有惨痛的教训。1924年，第二次直奉战争中冯玉祥倒戈，发动北京政变，鹿钟麟率部星夜回师，仅三天就控制了北京，并出任京畿警备司令。11月，又奉命带领军警直入清室，以炮轰威慑，将逊帝溥仪驱逐出宫，废为平民。这段"逼宫"的历史正是鹿钟麟的得意之作。抗日战争期间，1939年，蒋介石任命他为冀察战区总司令兼河北省主席，在太行山麓邢台一带，消极抗日，积极反共，结果落个"摩擦专家"的秽名。这段历史又使鹿钟麟懊悔终身。1945年日本投降后，蒋介石特地指派与华北有深厚渊源的鹿钟麟为华北宣抚使，从此他定居天津，直到1966年因肠粘连病逝，享年八十二岁。

鹿钟麟在天津期间，我是他家常客。那时他已经七十多岁，记忆力还很强，往事历历在目，侃侃而谈，只是不愿提他当河北省主席那段历史。解放后，我听说他一度被捕，这件事便也不好问起，因为与他当年在河北省敌后反共搞摩擦大有关系，所以他被共产党先擒后纵的事，至今在外界是个谜。

前几天，在天津街头巧遇鹿夫人王士萍女士。她是天津八大家之一"益德王"家的小姐，十足的天津卫，满口天津腔，爱说爱笑，约我一定去她家串门。

她还住大理道十八号老地方，那里我已十六七年没有去过了，居然一切陈设如常，毛泽东主席签署颁发的"第一届全国人民代表大会常务委员

第二部·高峰自述：内战观察

会议决议，任命鹿钟麟为国防委员会委员"的任命书，依旧悬挂在室内。经过"文化大革命"，她或许也受了冲击，那么现在已经"拨乱反正"了。我问到她生活的情况，她打趣地说："鹿先生留下的财产，稳保我一生无虞，更何况天津市政协每月还定额补助我一部分生活费用呢。"鹿钟麟只有一儿一女，我问到他们的近况。乃铭原在上海工作，现已退休。乃萱在北京，一直主持家务，兄妹都七十多岁了。

不知在什么情况下，我们谈到了鹿钟麟被中国人民解放军先擒后纵的故事。三十二年前的往事，鹿夫人竟记得一清二楚，绘影绘声，说得很生动。

"1949年1月15日天津解放时，鹿先生和我住在陕西路一所小楼里，楼下租给兆丰公司。16日上午，忽然敲门进来几位解放军，问有无空房借住几天，兆丰公司一个职员习惯的顺口说，你们问楼上的鹿部长吧！这一下泄露了天机，他们立刻上楼。鹿先生很沉着，谦恭地自我介绍说，我叫鹿钟麟，1941年做过国民党政府的兵役部长。好么！国民党这么一个大官潜伏下来了。于是，我们失去了自由。当天下午两点钟，一辆军用吉普车把鹿先生拉走，还要逮捕兆丰公司的人。鹿先生说，他们确是买卖人，不信可叫他们打打珠算，这是临时学不会的。你们不必逮他们，把我带走就行了。解放军真的接受了他的意见。"

"鹿先生被逮走，我又急又悔。平津局势紧张时，蒋介石多次电催他去南京，若是一走了之，何至于今天入狱？"

"刚刚是祸从天降，不久又是喜出望外。下午六点多钟，鹿先生竟又坐着那辆吉普车回来了。陪送他的解放军彬彬有礼地与他道别，这使我很惊讶，难道鹿钟麟在四小时之内就改变了身份？不是敌人是朋友了?！"

"鹿先生说，他在一个似乎是解放军的团部里，接受军官的审问：'你为什么不逃往南京？'他说：'我不想给蒋介石陪葬，决心在天津等待解放，同时等待冯玉祥先生从美国归来……'他与冯先生的关系是人所共知的。"

不错，在西北军的人物里，第一名是冯玉祥，顺序往下数，鹿钟麟出不了前五名。1926年，鹿曾是冯玉祥国民军的参谋长。至于冯玉祥，与中国共产党有很好的个人关系，邓小平就在他的身边工作过，那么鹿钟麟留

第八章　翻天覆地

在天津等冯回国,这也并非随便一说,显然鹿是事先有所考虑的。

还是继续听鹿夫人的谈话吧。她说:"解放军之所以立刻释放了鹿先生,他估计这绝不是自作主张,而是请示了北京的。果然,第三天,鹿先生的西北军老朋友、中国人民银行行长南汉宸派人从北京送信给鹿先生,信上说已向天津当局打了招呼,今后不会再发生类似的误会,请安心在天津度晚年。不久,南汉宸又专程到天津,与鹿先生促膝叙旧,鹿先生竟兴奋得数夜不眠。"

共产党的宽宏气度,老朋友的热情关怀,使鹿钟麟已经有些暗淡的心绪突又激动起来,他不顾赋闲家居,在大理道附近不断做些有益于公众的事情,从而赢得了人民的尊重,老少一律称他"鹿老"。北京的《新观察》杂志还曾载文介绍这位国民党的兵役部长变成了新中国街道工作专家的事迹。

1954 年,中共天津市委统战部长于文登门拜访鹿钟麟,问他还愿否为国家做些工作,他很巧妙地回答:"解放台湾时,我愿当一名老兵。"不久,毛主席颁发了任命书,请他担任国防委员会委员。鹿夫人说:"解放台湾,他去当一名老兵,如今看来,那是旧观念了。我们现在希望和平解放台湾,不要动兵,海峡两岸的中国人岂不都是亲骨肉?鹿先生如果活到今天,我们要去台湾,看看老朋友们,为台湾回归祖国做一些事。"

分手时,鹿夫人说:"瑞伯(鹿先生字)临终前,多次嘱咐我要设法转告在台湾的老朋友,只要给人民做了一点好事,共产党就不会忘记,他就是例子。张先生,你是记者,希望把这些话通过报纸,转告在台湾的鹿先生的老朋友们。"归来吧,台湾!

我一边应话,一边握手告别。

(原载 1981 年 8 月 23 日香港《大公报》)

第二部·高峰自述：内战观察

大公报的停刊与改组

天津解放的第二天，1月16日，包括大公报在内的天津各报奉令停刊。谁也不知下一步会怎样、该怎样。

1月下旬，对大公报的"处置"终于有了说法：检讨过去，改组易名，重新登记后出版发行。这个消息是中共派到天津的杨刚、孟秋江、宦乡等宣布的。杨刚、孟秋江都曾是大公报记者，大家都比较熟悉。他们与报馆内刚刚公开身份的中共地下党员杨邦祺(李定)、李光诒、胡邦定、谭文瑞、傅冬菊、刘桂果等一道，负责领导大公报的改组工作。在北平的地下党员徐盈、子冈夫妇也赶到天津，成为报社领导成员。我也同时奉调回津。

2月3日开始，报馆编辑部人员（后来扩大到全体人员）以联谊会或分组形式，学习共产党的政策，检讨大公报的过去，重点为揭露和批判旧大公报的政治立场与宣传手段，许多人都做了发言和自我检讨。19日，召开全社职工大会，通过了四项决议：一，决定将天津大公报改名为进步日报；二，通过"同人宣言"；三，通过相关章程；四，选举张琴南、杨刚、宦乡、徐盈、孟秋江、李纯青、高集、李光诒、彭子冈等九人组成临时管理委员会，作为报社最高权力机关，由宦乡为主任兼总编辑，张琴南、徐盈（兼经理）为副主任，李纯青任副总编辑。同时建立了报社党组织，杨刚任党组书记兼主笔。

1949年2月27日，天津《进步日报》正式创刊，成为解放区出现的第一张民营报纸，但它既不同于解放前的私营报纸（有中共党组织，接受中共领导），也不同于解放后的各级党的机关报（自负盈亏，没有任何政府补贴）。虽然它的人员大多是旧大公报原班人马，但与当时还存在的大公报沪版（总管理处）、渝版、港版都没有隶属关系了。

三个月后，杨刚、李纯青、宦乡相继调离，改由孟秋江任党组书记兼经理，徐盈任临管会主任兼主笔，张琴南任总编辑。不久，徐盈调国务院

第八章　翻天覆地

宗教事务管理局,子冈调人民日报,我虽留在了进步日报,但我的旧大公报记者生涯也至此画上句号。

《进步日报》的创刊号,刊登了一篇由张琴南、杨刚、徐盈、高集、彭子冈、赵恩源、李光诒等人署名的《〈进步日报〉职工同人宣言——代发刊词》,对旧大公报作了极严厉的批判:

> ……我们要说一说大公报的真实面目。大家知道,在北洋军阀时代,大公报是依附于军阀官僚买办统治集团而生长起来的。等到蒋介石代替了北洋军阀,建立了卖国独裁的反动政权以后,它就很快的投到蒋介石的门下,成为国民党政学系的机关报。

文章列举了近 20 年来,每逢重大政治事件,大公报都与蒋介石政权"分解不开"的事例,更指大公报主持人"善于在所谓的'社评'宣传上运用狡诈手段":

> ……他们懂得如果完全正面为罪恶昭著的反动统治阶级说话,是徒劳无功的,因此,他们总是竭力装成"在野派"的身份,用"在野派"的口气来说出官僚家要说而不便直说的话……小骂大捧是大公报的得意手法。它所骂的是无关痛痒的枝节问题,和二、三等的法西斯小罗喽,它所捧的是反动统治者的基本政策和统据国家地位的法西斯匪首,即其所谓"国家中心"。长期处于言论不自由的情况下的读者,看了大公报的小骂,觉得很舒服,无形中却受了它的"大捧"的麻痹。大公报以"小骂"作为欺骗读者的资本,也以"小骂"来向他们的主人要索更多的代价。……因此,大公报在蒋介石御用宣传机关中,取得特殊优异的地位,成为反动政权一日不可缺少的帮手。

《宣言》还这样描述了"同人"的工作,并总结说:

> 在这样一张报纸中工作,实在百端痛苦,……虽曾努力想通过这张报纸发表些有利于人民的言论和报道,但不仅因此而个人受到排

挤、歧视和警告，并且所写的东西经过删削、限制而透露到版上时，也只能被利用来作为这张报纸反动实质的拥护。这尤其使我们痛心疾首，不能不向广大读者深表愧憾。……我们的一切经历使我们不能不下个断语：大公报实在是彻头彻尾的一张反动报纸，名为"大公"，实则大私于独夫；名曰无党无派，实则是坚决地站在反人民的立场上，做国民党反动派的帮凶。

这篇"宣言"，无异于一纸旧大公报的"死刑判决书"，并被新华社以通稿方式发布。次日，香港大公报一字不改地照登，演成大公报载文自己"痛骂"自己的吊诡一幕，称得上世界新闻史上一大奇闻。

更重要的是，这篇"宣言"还对后来关于旧大公报的评价产生了深远的恶劣影响。即使此后上海解放，大公报沪版发表由王芸生执笔的《新生宣言》（6月17日），也没有使用进步日报"宣言"中那样结论性词句。到1962年，王芸生、曹谷冰奉命写了《1926年至1949年的旧大公报》，作为文史资料并公开发表之后，有关大公报对国民党"小骂大帮忙"、是"政学系机关报"、乃至"反动报纸"等语，就几乎成为定论了。因此，曾经在旧大公报供职的记者，自然也就成了"反动记者"。此论三十多年不变。

需要说明的是，某些关于天津大公报改组、通过"同人宣言"的记述，说什么"欢呼""一致"之类，是不真实的。当时的实际情况是，那篇"宣言"的始作俑者，一部分身为中共党员或进步分子，确实对报纸的新生感到高兴，对新社会充满期望，因而表现积极；另一部分则以"接收者"自居，表现出"极左"倾向，视自己曾经供职的大公报为"罪恶渊薮"，视许多同人为"留用人员"。他们也是后来"清洗"几乎所有"老大公人"的执行者。事实上，对当时大公报的多数同人来说，解放、共产党、报纸的阶级性等等，都还是新事物，不可能在短短数日就有那么高的觉悟。实事求是地说，大多是在惶惑中"随大流""保饭碗"罢了。至于我自己，一方面，看到国民党因腐败无能而垮台，对共产党新政权抱有期待，愿意接受新的转变；另一方面，仍希望做一个无党派的"自由"的新闻记者，却没有想到，这种转变一开始就会对大公报做如此彻底的"清算"。【注7】

第八章 翻天覆地

【注7：据我所知，当时确有大公报老记者因无所适从，曾悄悄准备另谋职业。后来披露的历史事实也证明，当年将天津大公报停刊，改组易名为进步日报，与中共中央的初衷并不吻合。1948年11月8日，中共中央做出了《关于在新解放城市中中外报刊通讯社处理办法的决定》。对于像大公报这样的私营报纸，按照"决定"精神，应该是"不得没收，亦不禁止其依靠自己力量继续出版，在出版时应令其登记"，对报社人员"一般采取争取、团结与改造的方针，应以我们党员及进步分子为领导组织新闻团体，进行学习，改进工作与生活等方式，加强对他们的领导"。天津解放后，军管会即命令天津各报一律停刊，显然有悖中央精神。为此，中共中央于1月18日发出了《关于不要命令旧有报纸一律停刊给平津两市委的指示》，19日又发出了《关于天津旧有报纸处理办法给天津市委的指示》，23日再次发出了《关于天津大公报、新星报、益世报的处理办法的指示》，纠正了一些不妥做法。根据中共中央的指示精神，天津改而采取了"对停刊各报除已确定封闭者外，即以秩序恢复为由，先令出版，待审查后再发许可证"的办法，以做补救。后来，中共中央决定保留沪版大公报，进而于1952年底又决定进步日报停刊，与沪版大公报合并，1953年元旦起在天津重新出版大公报。这些，或许也可视为对进步日报"同人宣言"某种程度的否定或纠正吧。——张刃】

评价旧大公报之我见

改革开放以后，有关旧大公报的讨论不再是禁区。1985年，为纪念抗战胜利四十周年，曾任上海大公报副总编辑、天津大公报副社长、当年进步日报临管会成员之一、时任台盟中央评议委员会主席的李纯青先生，撰写了一篇论文《抗战时期大公报》，（经济日报作为内部资料刊登时曾改题为《为评价大公报提供史实》）以其亲身经历和感受，有针对性地对有关大公报的不实之词做了不同于"主流"说法的客观评价，试图以一个老报人、老党员的良知,还大公报以本来面目,给大公报一个公允的定位。

这篇文章在不同的层面引起不小的波澜。有人大加称赞,有人极力反对,但李纯青先生"听之任之",又写了一篇《战后大公报见闻》,这两篇文章,成为他对自己在大公报工作十七年的全面回顾。

李纯青先生的文章,在许多老大公报人中反响最烈,于是有人也希望我谈谈对大公报的评价。实事求是地说,谈论旧大公报的是与非,评价大公报的功与过,我不够资格,因为我参加大公报的时间晚且短,又只是一个小伙计——普通记者,听使唤而已,不了解许多内幕。所以,要谈,也只能根据我在旧大公报的经历和感受,提供一点材料,供后人评说。

1949年以后,关于旧大公报的评价,主要有两个说法,一是说它对国民党政府一贯"小骂大帮忙",二是说它是国民党政学系的机关报,因此,大公报是一张"反动报纸"。这似乎已经成为定论,乃至在历次政治运动中,凡是在旧大公报工作过的人员,都要"奉命"从这个结论出发,"检查交代","触及灵魂"。

事实果真如此吗?

我入大公报,没有任何人事关系,可谓"两眼一抹黑"。完全是靠投稿,先做通讯员,然后正式入馆的。大公报内部有无派别,我不知道,反正我不属于任何派别,也没有人来拉我加入某党某派。我只管给报社写新闻,从报社领工资。

大公报用人是大胆的、放手的,给以锻炼的机会。我本是报社从未见过面且不了解的一个小小通讯员,只因稿子写得被认可,报社竟发给我一个只有特派记者才能使用的"收报人付费新闻电报凭证",上面有我的照片,写明"大公报记者张高峰"。它对我如此信任,促使我越发认真工作,愿意为之争光。

从1940年到1949年,我为旧大公报工作了九年,经历了抗日战争、解放战争,曾经在四川、西康、陕西、河南、安徽、重庆、天津、北平、沈阳、长春、承德等地采访。我没有接到过报社任何领导的任何指示,也没有哪位领导或明或暗提示过我,写报道要注意对国民党政府遵循"小骂大帮忙"的"原则",更不必说有什么政学系的"指示"或意图必须照办。我个人思想上,不仅没有"小骂大帮忙"这样的概念,反倒是一有机会就

第八章　翻天覆地

要"骂骂"国民党政府，而且往往是"大骂"，绝无半点"帮忙"之意。我的"小骂""大骂"报道，大公报没有一篇不刊出的。因为"大骂"，才有1943年2月重庆大公报被勒令停刊三天。（《豫灾实录》是引火线，《看重庆念中原》才爆发）因为"大骂"，才有1948年底重庆当局把渝版大公报控告于地方法院。罪状十条，其中三条是我写的东北通讯。我还敢肯定，与我比较要好的大公报编辑、记者同样持有我这样的态度。例如子冈写的报道，几乎都是"大骂"国民党的，同样照登不误。"小骂"也好，"帮忙"也罢，要拿事实来说话。

虽然报社没有人给我讲过什么"办报方针"，但我有自己做记者的原则和信条，那就是必须忠于新闻事实。撒谎的记者最终会失去读者，自己垮台。我在旧大公报工作了九年，竟没有开过一次记者会议、编辑会议，大家只是埋头工作。现在看来简直是怪事。更奇怪的是，不论在报社所在地采访，或派往外地采访，大公报从未向我发过任何指示，总编辑、副总编辑都未与我通过信。我像是断了线的风筝，采访活动可以说是信马由缰，没有人约束我，采访什么、怎样写，都由我自己决定。我从各地发出的专电或通讯，上海、重庆、天津三版几乎没有不刊出的，在文字上也几乎没有改动。例如，内战期间，我写报道提到中共军队时，按照国民党政府的"戡乱动员令"，应该称"共匪"，我却一直称"共军"，编辑部也从未更改过。因此我感到，在大公报工作没有什么强制约束，心情舒畅，可以大胆工作，很自由。同时，也可以说，如果没有报社的支持，我也会失去在报道中一再"闯祸"，与国民党当局对抗的勇气了。

据我所知，大公报与国民党原来并无关系，总编辑张季鸾与蒋介石也没有渊源。北伐战争中，蒋宋结婚时，张还写文章骂过蒋："好话为先生说尽，坏事为先生做绝。"有传言说，张后来成了蒋的策士，那是因为蒋介石主政后，某次在南京大宴群贤，竟不计前嫌，奉张为上宾，一时震惊四座，从此两人关系发生变化。又据说，张季鸾对后来的总编辑王芸生说过："我与蒋先生有交情。今后你写文章，只要不碰蒋先生，任何人都可以骂。"那么，这是不是可以成为"小骂大帮忙"的证据呢？我想，同样不能。"不碰"的只是蒋介石而不是国民党；"可以骂"的除了蒋，包括任何人，不是很清楚吗？

第二部·高峰自述：内战观察

当然，作为无党派的民营报纸，大公报也有其两面性，应该全面地、辩证地作一分为二的分析。一方面，它对我国新闻事业的发展有过重要贡献，培养了一批优秀的记者，成为当时国内首屈一指的舆论领袖，这是无法否认的。此外，胡政之掩护记者吴研农（中共党员），资助他去日本；发表范长江的西北通讯，刊出中共抗日十大纲领，以及大公报在抗战中的坚定立场，也都说明它并非"一贯反动"，甚至有进步的一面。另一方面，张季鸾、王芸生确实都曾有过拥蒋反共言论，白纸黑字留存于世，同样无法否认。需要指出的是，有关旧大公报的批评，大多是指抗战胜利以后，特别是内战期间的言论。这并不是大公报的全部，不能概括我"一贯"。而且，即使仅指内战时期，问题的关键也在于，"骂"与"帮忙"何者为主要方面。这需要深入分析才能定论。

关于大公报与政学系的关系问题，我没有发言权，曾向新记大公报创刊初期的老记者曹世瑛兄请教。他说，"……（李）纯青强调大公报同政学系没有组织关系，没有经济关系，没有派人，没有给大公报任何指示，等等，都是事实，但这不等于'没有任何关系'。张季鸾不是同盟会，不是国民党，不是国会议员，自然谈不上政学系。但是，他曾两度担任政学系机关报中华新报的总编辑（曹谷冰也在该报干过），和那一伙人混在一起。后来他做了大公报的总编辑，但思想没有改变。可以这样说：张季鸾是非系的政学系，思想上的政学系，否则他怎么会成为蒋介石的座上宾呢？"他还指出，纯青没有做过大公报的记者、编辑，曾经只是社评委员会的一员，而他写的社评又大多经过王芸生之手，有些话不好说。我想，曹世瑛兄所言，自有其道理，至少是实事求是的一家之言，令人能够接受。但这同样不能成为"大公报是政学系机关报"结论的佐证。

还有一个被人们有意无意"忽略"的问题，即抨击旧大公报的意见，列举的绝大多数都是它的言论，特别是社评。这固然是一种依据。但是，一张报纸并非只靠言论而能够生存，更多的还是它的新闻报道。即使白纸黑字能够证明大公报的言论确有拥蒋反共的内容（也非全部），也不能因此就认定它"一贯反动"。因为，大公报人并非铁板一块，更非一党一派，都是具有独立精神的自由知识分子，他们发表的文章，特别是不同的记者所发新闻报道也非千篇一律，同样有白纸黑字留存，为什么不能全面考

第八章 翻天覆地

察，而只"攻其一点不及其余"呢？再退一步说，如果一张报纸全部都是"骂"政府的，它还能够生存数十年吗？

还有一件不能不说的事情。二十世纪八十年代中期，有少数人忽然提出恢复大公报问题，并且通过各种渠道制造舆论。这件事虽然八字没有一撇，却在老大公报人中间再次引起了波澜，有人赞成，有人反对，而反对者又多以抗战胜利前加入大公报的老人为主。

赞成者认为，大公报在大陆出版了六十四年，历史悠久，影响很大，"文革"中停刊是当时的历史条件使然。如今改革开放，环境宽松，应该恢复，也有条件恢复。还有人提出，可以把恢复后的大公报作为民主党派的机关报。

反对者认为，大公报是历史的产物，它的生存、发展乃至停刊，都离不开具体的历史条件。事实上，1949年以后的大公报已经不是原来意义上的大公报了，"文革"中停刊也是一种必然。即使恢复，除了报纸的名称，实际上也不可能再办成"不党、不私、不盲、不卖"的大公报了，而"四不"正是大公报的"魂"。没有"魂"的大公报还是大公报吗？

我个人认为，恢复大公报不可能也不必要，甚至犹如梦呓。

所谓"大公报"，严格地讲，当指1926年吴、胡、张接办后的新记大公报，1949年以后它的历史就彻底结束了。后来的大公报是新生的财经专业性质的报纸，可以说不是"那一个"大公报了。所谓"恢复大公报"，恢复什么呢？恢复当年新记大公报的"四不"办报方针和"民间立场"特色吗？显然是不可能的。还有那样的编辑、记者吗？当然是没有的。不问方针、特色，没有人才、机制，只要"大公报"三字，徒有其名，又有什么意义？何必多此一举。与其不伦不类，莫如就让它成为历史。

如果要恢复财经专业性质的"大公报"，现在已经有了经济日报，而且办得不错，有什么必要要以"大公报"取而代之呢？又能起什么作用呢？在我看来，没有作用，因此没有意义。

至于要办民主党派的报纸，自可另起炉灶，重起报名，何必借助"大公报"三字呢？况且，当年的大公报并没有党派色彩，而是民间报纸，是一群志同道合的知识分子组合，以"文人论政"的方式，以知识分子为读者对象，报道新闻，批评时政的。在新的历史条件下，这都已成为历史了。

　　最后想说的是，当年，为了诋毁大公报，某些人曾经把它骂得狗血淋头，说得一无是处；现在，为了"恢复大公报"，某些人又对它一味称颂，说得完美无缺，都不是实事求是的态度，甚至令人怀疑其动机。总之，对大公报，应该有一个客观的、历史的、公允的、实事求是的评价，俾使对国家新闻事业的发展有益。

　　以上所说，姑妄言之，姑妄听之吧。

附 录

附录：张高峰年表

1918 年　出生。

农历十一月廿日出生于河北宁河芦台镇。

父亲张继曾（字伯鲁，1897~1925），北京大学化学系毕业，天津南开中学理化教员。祖父张彭述（字信儒），清末秀才、当地书法家。曾祖父张鸿逵、高祖父张廷良，均为前清举人。

1925~1932 年　7~13 岁。

7 岁丧父。家道没落。在家乡读小学。

1932~1934 年　14~16 岁。

在天津私立河北中学、省立第一中学读初中。1933 年，首篇见诸报端的文章《可杀的汤玉麟》，发表于天津《中南报》。

1934~1935 年　16~17 岁。

在北平私立弘达中学读初中。参加"一二·九运动"。

1935~1936 年　17~18 岁。

在天津河北省立水产专科学校读书。撰文抨击伪冀东自治政府保安队，被军方追捕，母亲多方求助，幸免杀身之祸。

1936 年　18 岁。

在北平私立弘达中学读高中。与同学合办《小学良友旬刊》，宣传抗日。到大中华通讯社勤工俭学。

1937 年　19 岁。

7 月，"卢沟桥事变"，平津沦陷，8 月返回家乡。

10 月，自天津乘船经青岛、济南流亡到南京。参加国军二十军团干部训练班。

11 月，到河南许昌颖桥镇受训。

1938 年　20 岁。

2 月，在河南宝丰等地参加宣传和组织民众抗日活动。

3 月，随二十军团八十九师抗敌宣传队增援台儿庄战役。

4 月中旬，部队开赴河南南阳整训。投稿于邹韬奋主办的《抗战》三日刊——《我们在最前线服务》。

第二部·高峰自述：内战观察

8月，随军参加武汉外围保卫战之江西瑞昌战役。

10月，因病脱队。武汉失守，流落长沙，参加刘良模主持的"青年会军人服务部"，作战地服务工作。见周恩来、史沫特莱。结识范长江，加入范主持的国际新闻社，任特约记者。

11月，长沙大火，转广西桂林、浙江金华，继续"青年会军人服务部"工作。

1939年　21岁。

1月，参加服务部前方工作队，赴浙西北安吉县梅溪镇，在敌后做群众宣传、组织工作。

3月，刘良模被追捕，"服务部"解散。经江西到湖南，经范长江介绍，正式转为国际新闻社社员，并任（中共）邵阳《观察日报》特约记者。到南岳，欲参加国共合作的游击干部训练班未果，首见汤恩伯、叶剑英。在南岳任小学教员。

7月，随干训班战时工作队经湘西、川东、鄂西到河南。

9月，过黄河，欲回平津，终因封锁严密未果。到晋东南、中条山及豫北采访，了解八路军根据地情况，在林县采访孙殿英。

11月，回到河南镇平，在三十一集团军任汤恩伯文化副官。

冬，随枣战役，在湖北老河口第五战区长官部首见李宗仁。

1940年　22岁。

4月，到重庆。经范长江介绍，参加中国青年记者学会。结识沈钧儒、阎宝航、陈翰伯、徐盈、彭子冈等。

8月，入乐山武汉大学政治系读三年级。在重庆新华日报发表新诗《儿童哨》。秋，受聘大公报西川通讯员。

12月，在重庆新华日报发表新诗《狂流》。

1941年　23岁。

在武大，因积极参加社团活动，举办全国报展，主办壁报，引起国民党特务学生注意，列入"危险分子"黑名单。

1942年　24岁。

10月，毕业后被强制离校。到重庆，首见王芸生，受聘大公报战地通讯员，赴河南工作。

附 录

12月,从重庆出发赴河南。途中在青木关曾被逮捕。后经陕西到河南,目睹是年灾情惨状,开始深入采访。同时任三一出版社代理社长。

1943年 25岁。

1月17日从叶县发回通讯《饥饿的河南》。

2月2日重庆大公报改题刊出《豫灾实录》。3日,王芸生配发社评《看重庆,念中原》,触怒当局,处罚大公报停刊三天。

3月,在河南以"共产党"罪嫌被捕,因查无实据,改为拘押。

6月,转安徽临泉鲁苏豫皖边区总部管束,驻临泉刘兴镇。

7月,采访黄泛区。继续向大公报重庆、桂林两馆发稿。

1944年 26岁。

4月,日军发起中原战役,追踪采访,目击国军败溃。

6月,在西安及重庆又两遭逮捕,大公报具保始被释放。是时,大公报桂林馆关闭,人员撤回重庆,人满为患,失业。

8月,化名张雷,在重庆新华日报发表《"祖国的温暖"》。

9月,由大公报资助(兼任西川通讯员),经朱光潜批准,再入武汉大学历史系读书。

11月,赴西昌采访。与刘文辉一席谈。

1945年 27岁。

春夏之交,沿岷江采访内迁工厂,发表长篇通讯。

8月15日,日本投降,时在民生公司"民联轮"初航随船采访。20日,在内江采访冯玉祥。

9月,回重庆大公报任外勤记者,负责外交、内政报道。同时为大公晚报采写社会新闻。

10月,为抗议黄仁霖刁难,"罢宴"蒋介石官邸,拒发新闻。

12月,经南京飞天津,参加大公报天津馆工作。

1946年 28岁。

1月,在大公报天津版任编辑,3月,调北平办事处。

2月,发表通讯《淹死了三十二万人》,报道黄泛区情况。

4月,中共在北平出版的《解放报》被军警搜查、捕人,与彭子冈共同"探监",促成事件的解决。采访审判日本战犯及部分汉奸在押情况,发表通讯《看审战犯记》《从方孔看群奸》及《北平房屋争夺战》。

5月，任大公报东北特派员，派驻沈阳。前期重点报道东北经济、社会状况，特别是工矿、交通情况。

6月，采访鲍莱调查团，发表通讯《崩落中的沈阳》。

7月，随军调小组活动，报道东北停战。

10月，由锦州经承德到北平，发表长篇通讯《热河来去》。

11月，接手东北全面报道，发表通讯《中国的长春铁路》。接中共方面消息，误报新六军二十二师师长李涛被俘。

12月，发表通讯《东北飘雪的时候》。

1947年　29岁。

兼任储安平主持的《观察》周刊特约记者。

1月，采访辽东半岛，发表长篇通讯。

2月，发表通讯《西康问题不容忽视》。再次采访辽东半岛，发表通讯《鸭绿江的寂寞》《钢铁的家乡》（鞍钢报道）。

4月，发表通讯《且看今日东北之教育》。

5月，东北民主联军夏季攻势开始，报道战况。

6月，发表通讯《我们开始自造机车》《东北的悲剧》。

7月，继报道四平战役后，发表通讯《哭四平》。

8月，魏德迈到沈阳，跟踪采访报道。

9月，陈诚到东北。发表通讯《一条活路不走》。

11月，东北冬季大战。发表通讯《东北在变》

1948年　30岁。

1月，卫立煌到东北。发表通讯《无题写东北》。

2月，发表通讯《严寒东北》，其中专题批评当局新闻检查。随即调回北平，负责文化、教育报道，同时兼顾东北报道。

3月，发表通讯《烂污东北》。

4月，报道北平"反饥饿、反迫害"学潮。发表通讯于《观察》周刊。

5月，报道北平学生"反美扶日"运动。

6月，发表通讯《干枯东北》《跌在糟房里》。

7月，报道北平"七五惨案"，发表通讯于《观察》周刊。

附 录

8月，报道北平特刑庭拘捕学生事件。

9月，发表通讯《五万青年渡难关》《王揖唐死了》《我们要活命》。

10月，报道北平罢教风波。月末，陪徐悲鸿先生出庭，为冤死的齐人教授打官司。

11月，发表通讯《东北三年》。

12月，北平围城。31日，大公报办事处突被军统特务搜查、禁足，至1949年元旦始撤离。

1949年　31岁。

1月，重庆绥靖公署以"违反出版法及国家总动员法"起诉重庆大公报于地方法院，所列十项罪名，张高峰署名者有三，被控"毁谤政府"、"夸大危机""刺激学潮"。

1月15日，天津解放，大公报停刊。

2月，大公报改组为进步日报，调回天津任记者。

1950~1952年　32~33岁。

任进步日报记者。婉拒出任采访部副主任。

1950年，经李烛尘介绍，参加中国民主建国会。

1952年底，中央决定，天津进步日报与上海大公报合并。

1953~1956年　35~38岁。

1953年元旦，大公报在天津恢复出版。

1955年，肃反审干结束，结论"一般历史问题"。

1956年，大公报迁京。评薪定级为行政十三级。先后任商业记者组长、天津记者组长和华北记者站负责人。

1957年　39岁。

中共整风，储安平、徐铸成等发表"党天下"和"拆墙"论，曾与他们有通信，表示赞成。反右开始后即作交代，侥幸"过关"。

1958~1960年　40~42岁。

任大公报记者，1958-12~1959-11下放密云水库劳动锻炼。

1961~1963年　43~45岁。

作为旧大公报抗战时期老记者中最后一个被"清洗"者，下放黑龙江，到松花江地区改做商业工作。

第二部·高峰自述：内战观察

1963~1965 年　45~47 岁。

调天津工商联、民建搞文史资料工作。

1964 年在香港大公报长篇连载《绿林元帅张作霖》

1965~1966 年　47~48 岁。

到天津大沽参加"四清"工作队，写《大沽渔业小史》。

1966~1967 年　48~49 岁。

"文革"初期，预感将受冲击，未敢介入。

1968 年　50 岁。

3 月，"清队"中被"揪出"，罪名为"国民党残渣余孽"、"反革命老报棍"。此后，批斗、审查，接待大批外调人员，以证明各种社会关系。随即停发工资，全家按照最低生活标准发生活费。

12 月，下放天津市"五七干校"。

1969 年　51 岁。

在天津市"五七干校"劳动，继续接受审查。

1970~1975 年　52~57 岁。

1970 年 6 月，审查结束，定性"历史反革命，从宽处理，作为人民内部矛盾，给予行政降四级处分。"未执行。7 月，下放天津东郊区新立村公社西杨场大队插队。

1975 年底，"借调"天津市蓟运河水源保护办公室"帮助"工作。奉命申诉，要求改正历史结论。

1976~1977 年　58~59 岁。

改正历史结论，平反。继续在蓟运河水源保护办公室工作。

1978~1989 年　60~71 岁。

1978 年调天津市政协文史办公室工作，任副主任。

1980 年增补为天津市政协委员，后连任三届至去世。除编辑、出版文史资料外，写了大量新闻、旧闻通讯，发表于海内外报刊，且以香港大公报为主。其晚年作品，以宣传爱国统一、歌颂改革开放、客观记述历史为主线。

1989 年正月初二，再次因病入院，4 月 6 日病逝，享年七十一岁。海内外十数家报纸刊发讣告和祭文，送别这位笔耕五十六年的新闻"老兵"。

后 记

书稿付梓,还有一些话要说。

写父亲,是在他去世后产生的念头。他在世时,我只知道他对自己选择的职业那份执着的追求、付出的艰辛,对自己人生道路的坎坷与磨难,坦然面对,无怨无悔,却没有认真想过这是为什么,更无法体会他从中获得的成就与乐趣。父亲去世的前两天,他还说,春暖花开了,又挺过大病一场,还有几篇东西要写。他配了一副新眼镜,很高兴,我还特地拿来相机为他拍照,根本没有意识到他会突然离去。他用了一辈子脑子,最后竟被脑梗塞夺去了生命;他才刚刚度过七十岁,而此前至少有二十年他是在困境中挣扎的……

父亲去世后,家人遵嘱丧事从简。没想到,送别父亲那天,那么多我认识和不认识的人自发赶来,海内外多家报纸发布讣告、悼文,使我感到了父亲人格的魅力,觉得自己有责任写写父亲。从最初的充满感情色彩的追忆文章,到回顾他曾经亲历过的历史事件、历史人物;从千字短文,到大块文章;直到后来结识了《黄河》杂志的刘淳兄,在他的鼓励下,我才第一次比较系统地写了长篇《张高峰与〈大公报〉》,此后,又写了父亲自述体的回忆《我的抗战》。

近年来,随着大公报研究的"禁区"被打破,越来越多的人开始探讨"大公报"的成败得失。作为有代表性的父亲那一代大公报记者,不断地被研究者一再提及。而我作为在大公报氛围里度过童年、少年时代,并且始终以子侄身份与老一辈大公报人交往的后来者,对他们的了解、认知,至少在感情与理解上比一些研究者亲近许多;特别是自己也从事新闻工作二十多年,对记者这个职业有了切身体验后,我想,我应该,也可以写一写我所知道的大公报人了。

知道我准备整理父亲遗稿,几位大公报前辈和与我要好的朋友都多有鼓励,认为这是一件有意义的工作,特别是2009年吕德润伯伯去世后,我更意识到,耄耋父辈日渐凋零,自己也已年近花甲,时不我待,必须抓紧了。因此,加快了写作进度。

我知道,这本书还很不成熟,亦不失肤浅、谬误,但它毕竟不是我一个人的作品，其中更蕴含了许多人的心血。肤浅是我学识不足，谬误由我负责，而对那许多人的心血，我是必须表达敬意的。

关于此书的编辑，尚作两点说明：一、基于政治立场，父亲在其内战期间的报道中，对国共作战双方，均使用不含倾向的"国军""共军"称谓；引文使用保持原貌；整理他的自述，也依历史原貌照录。二、关于大公报、新华日报、观察日报、解放日报、东北日报、联合晚报、文汇报等报刊名称，为方便读者阅读，没有使用书名号，只是在易产生歧义之处，加之。

历史记录，白纸黑字，任由读者批评吧。

张　刃
2016 年 5 月于北京